Gesundheitstourismus und Spa-Management

von

Prof. Dr. Kai-Torsten Illing

Oldenbourg Verlag München

Bibliografische Information der Deutschen Nationalbibliothek

Die Deutsche Nationalbibliothek verzeichnet diese Publikation in der Deutschen
Nationalbibliografie; detaillierte bibliografische Daten sind im Internet über
<http://dnb.d-nb.de> abrufbar.

© 2009 Oldenbourg Wissenschaftsverlag GmbH
Rosenheimer Straße 145, D-81671 München
Telefon: (089) 4 50 51-0
oldenbourg.de

Lektorat: Wirtschafts- und Sozialwissenschaften, wiso@oldenbourg.de
Herstellung: Anna Grosser
Coverentwurf: Kochan & Partner, München
Gedruckt auf säure- und chlorfreiem Papier
Gesamtherstellung: Druckhaus „Thomas Müntzer" GmbH, Bad Langensalza

ISBN 978-3-486-58659-6

Vorwort

Reisen auf der einen Seite und Gesundheit auf der anderen Seite waren in der Vergangenheit Dinge, die als Marktnische in Form von Kurreisen oder Aufenthalten in Schönheitsfarmen weniger Beachtung fanden als der große Tourismus, der unter dem Zeichen von Sonne, Sand und Erholung von den Reiseveranstaltern organisiert wird. Der Megatrend Gesundheit, der im Zeichen einer alternden Gesellschaft, stark zunehmender chronischer Erkrankungen und eines wachsenden gesellschaftlichen Drucks auf den Menschen im Sinne eines durch Vitalität und Attraktivität gekennzeichneten Körperbildes steht, führt zu verstärkter Aufmerksamkeit gegenüber Reiseformen mit gesundheitlicher und vitalisierender Motivation. Dabei müssen zahlreiche Phänomene und Begriffe wie z.B. Wellness, Vitaltourismus, Therme und Gesundheitstourismus oder Vorsorgetourismus genau betrachtet, voneinander abgegrenzt und hinsichtlich ihrer Dauerhaftigkeit am Markt beurteilt werden unter Berücksichtigung nationaler Unterschiede im Stand der Entwicklung.

Die vorliegende Arbeit ist keine Abhandlung über Krankheiten, ihre Genesis und ihre Therapie. In ihr werden weder Bewertungen zu Therapiekonzepten abgegeben, noch eigene Interventionsstrategien konzipiert. Ausnahmen bilden kurze Definitionen und klarstellende Erläuterungen. Sie will Überblicksdarstellung sein als auch Planungstool in erster Linie aus der Sicht des Managements. Dass dabei auch immer wieder die Gesundheitswissenschaften berührt werden, kann und soll nicht vermieden werden. Viele Anregungen, Trendaussagen und Prognosen berühren auch die internationale Dimension des Gesundheitstourismus, wobei der Schwerpunkt sicherlich auf dem deutschsprachigen Raum liegt.

Der Autor dieses Buches ist Professor an der FH JOANNEUM in Bad Gleichenberg/Graz im Studiengang Gesundheitsmanagement im Tourismus, Unternehmensberater sowie Qualitätsauditor (ISO 9001). Er versucht gleichermaßen die wissenschaftlich-analytische Seite wie auch die Sachkenntnis des operativen Geschäftes in das Buch einfließen zu lassen. Im Rahmen eines Lehrbuches werden immer wieder auch Grundlagen dargestellt z.B. im Bereich der Marketing-Kommunikation, der Organisationsformen, der Materialwirtschaft und der betrieblichen Abläufe eines Spa. An anderer Stelle muss aus Platzgründen auf Themen verzichtet werden, wenn diese keinen unmittelbaren Bezug zur Spezifik von Spa und Gesundheitstourismus haben.

Das Buch richtet sich an:

- Praktiker der Gesundheitstourismusindustrie, die im operativen, aber auch im planenden Geschäft stehen und jeden Tag wieder für Erfolg oder Misserfolg des Unternehmens verantwortlich gemacht werden.
- Studenten und Studentinnen an Hochschulen.
- Politiker auf Landes- oder Lokalebene, die ihren Ort und ihre Region an der Schnittstelle von Gesundheit und Freizeit bzw. Tourismus weiterentwickeln wollen.

Zur besseren Veranschaulichung der relevanten Märkte werden immer wieder konkrete Hinweise auf Verbände oder Leistungsträger gegeben. Dies bedeutet keine einseitige Hervorhebung zu Werbezwecken. Nennungen konkreter Institutionen sind immer nur beispielhaft und können keinen Anspruch auf Vollständigkeit erheben. Die wiederholte Nennung der gleichen Institution ist nicht als einseitige Hervorhebung zu verstehen, sondern nur exemplarische Veranschaulichung.

Alle Berufs- und Tätigkeitsbezeichnungen erfolgen aus Gründen der Lesbarkeit in der männlichen Nennform, was keine Diskriminierung der weiblichen Form bedeutet.

Die eine oder andere Wiederholung zum besseren Verständnis mag entschuldigt werden.

Inhaltsverzeichnis

Abkürzungen

A$	Australische Dollar
DALY	Disability adjusted life years. Um Behinderungen bereinigte Lebensjahre; genauer: Durch Frühsterblichkeit verlorene Lebensjahre (YLL) zuzüglich der mit Behinderungen verbrachten Lebensjahre (YLD)
Dipl.	Diplom
durchschn.	durchschnittlich
Ebda.	Ebenda (an diesem Ort)
EU	Europäische Union
F&B	Food&Beverage (Essen und Trinken)
GKV	Gesetzliche Krankenversicherung
km	Kilometer
KV	Krankenversicherung
med.	medizinisch
mind.	mindestens
Mio.	Millionen
Mrd.	Milliarden
MS	Manuskript
m^2	Quadratmeter
m^3	Kubikmeter
od.	oder
o.D.	ohne Datum (Jahr)
ÖPNV	Öffentlicher Personen- und Nahverkehr
o.S.	ohne Seite
PKV	Private Krankenversicherung
S$	Singapur Dollar
TCM	Traditionelle Chinesische Medizin
YLD	Years lost due to disability, d.h. mit Behinderungen verbrachte Lebensjahre
YLL	Years of life lost, d.h. durch Frühsterblichkeit verlorene Lebensjahre
z.B.	zum Beispiel
$	US-Dollar, auch mit US$ bezeichnet
s.	siehe
S.	Seite
u.	und
z.B.	zum Beispiel
zzgl.	zuzüglich

Mathematische Zeichen:

/	dividieren
*	multiplizieren
+	addieren
-	subtrahieren
:	Im Verhältnis zu

1 Voraussetzungen und Umfeld

1.1 Begriffe und Terminologie

In diesem Kapitel werden relevante Begriffe diskutiert, definiert und voneinander abgegrenzt. Wo nur anglophone Begriffe existieren, werden auch nur diese verwendet.

1.1.1 Gastpatient

Da eine sachliche Trennung zwischen dem Status eines Patienten und dem eines Gastes bzw. Kunden im vorliegenden Kontext nur selten zielgenau vorgenommen werden kann, soll der Begriff Gastpatient verwendet werden.

1.1.2 Patientenmobilität

Patientenmobilität bzw. Gastpatientenmobilität ist die Bereitschaft, räumliche Distanz zu überwinden, um zumeist medizinische oder klinische Dienstleistungen in Anspruch zu nehmen, wobei auch begleitende Dienstleistungen wie Transport, Unterbringung und Verpflegung genutzt werden.

Es sei an dieser Stelle darauf hingewiesen, dass es auch eine erhebliche Personalmobilität in gesundheitstouristisch relevanten Betrieben gibt.[1]

1.1.3 Tourismus

1.1.3.1 Abgrenzung von Tourismus, Reisen und Freizeit

Zur Abgrenzung grundlegender Begriffe der Tourismuswissenschaften soll die folgende Abbildung dienen[2]:

---

[1] Zur Mobilität von Ärzten s. mehr unter: Kopetsch (2008).
[2] Der obere Teil der Abbildung in Anlehnung an: Freyer (2001), S. 47.

Arbeitszeit	Freizeit
Reisen (Reisender) (In- oder Ausland)	
Geschäftsreise (Geschäftsreisender)	Urlaub (Urlauber)

Tourismus (Tourist) (In- oder Ausland)	Tagestourismus, Ausflug (Tagestourist, Ausflügler, zumeist Inland)

Charakteristika:

Distanz	Ortsveränderung mit größerer Distanz
Häufigkeit, Regelmaß	Fall tritt seltener und unregelmäßiger ein
Dauer	Längere Abwesenheit vom üblichen Wohnumfeld, jedoch nicht länger als ein Jahr
Übernachtung	Übernachtung in einem Beherbergungsbetrieb ist Bestandteil
Determination	Geringere Determination; mehr Ungewissheit, weil unbekanntes Terrain

Charakteristika:

Distanz	Ortsveränderung mit weniger großer Distanz
Häufigkeit, Regelmaß	Fall tritt häufiger und regelmäßiger ein
Dauer	Kürzere Abwesenheit vom Wohnumfeld, Aktivität im Bereich des Wohnumfeldes
Übernachtung	Übernachtung in einem Beherbergungsbetrieb ist kein Bestandteil
Determination	Größere Determination, weil bekanntes Terrain betreten wird

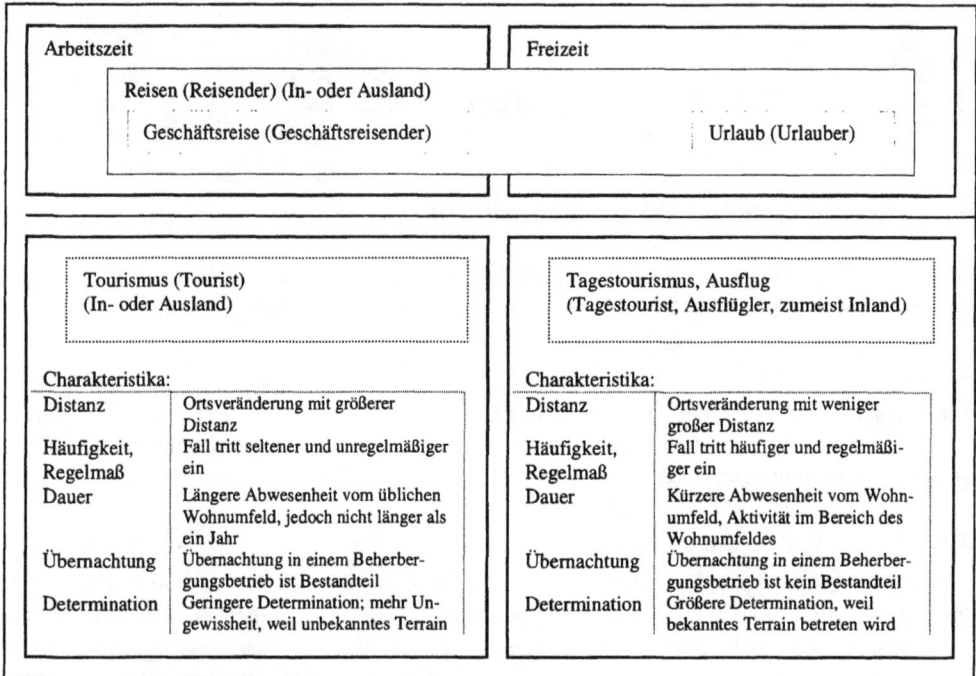

Abb. 1:   Abgrenzung von Tourismus und Freizeit

Der Begriff des Reisens lässt sich am besten vor der Folie von Arbeitszeit und Freizeit betrachten:

- Reisen können sowohl in der Arbeitszeit (z.B. Geschäftsreise) als auch in der Freizeit (Urlaubsreise, Erholungsreise) stattfinden (oberer Teil der Abbildung).
- Der Begriff Tourismus hingegen ist durch eine Reihe verschiedener Aspekte charakterisiert und grenzt sich gegenüber dem Tagestourismus bzw. dem Ausflug ab (unterer Teil der Abbildung).
- Natürlich können die Begriffe Tourismus und Tagestourismus zu Reisen oder Urlaub zugeordnet werden, wenn darauf die Charakteristika der beiden zuerst genannten Begriffe angewendet werden können. Auch Reisende und Urlauber können – je nach Situation – Touristen oder Tagestouristen sein.
- Dem Begriff des Besuchers soll eine übergreifende Bedeutung zugewiesen werden als jemandem, der seinen ständigen Wohnort verlässt und sich zeitweilig an einem anderen Ort aufhält.

Spa- und Gesundheitstourismus verhalten sich entsprechend der Tabelle oben:

- Eine zweiwöchige Reise ans Tote Meer aus dermatologischen Gründen würde unter die Definition des Tourismus fallen, wohingegen
- ein dreistündiger Besuch des Thermalbades im Nachbarort dem Tagestourismus zugerechnet würde.

Eine klare Zuordnung von Betriebstypen zu Tourismus oder Tagestourismus ist jedoch nicht immer möglich. So kann z.B. ein Fitnessstudio sowohl eine Einrichtung sein, die vornehmlich von Menschen aus der näheren Region ohne Übernachtung besucht wird als auch eine touristische Einrichtung, wenn es Bestandteil eines Hotels ist.

1.1.3.2 Erholungstourismus, Gesundheitstourismus, Sporttourismus und Medizintourismus

Erholungstourismus
Erholung kann definiert werden als:

> „... die spontane, primär nicht ärztlich gesteuerte Wiedererlangung (Rekompensation) körperlicher und seelischer Gleichgewichte nach einseitiger Über- oder Unterforderung in einer Entlastungssituation, die kompensatorische Aktivitäten und Ruhephasen erlaubt."[3]

Der Begriff der Entlastungssituation kann als touristische Situation interpretiert werden, nämlich als das entspannte Verweilen fernab vom Alltagsstress des gewöhnlichen Lebensumfeldes.

Gesundheitstourismus
Gesundheitstourismus beschäftigt sich nicht mit den beiden folgenden Sachverhalten:

- Reisemedizin[4] im Sinne der medizinischen Notfallintervention bei gesunden Reisenden vor Ort, also im Reiseland (bei Biss durch Seeigel, Salmonellen-Vergiftung etc.).
- Reiseverhalten von Kranken, die eine Reise ohne das Motiv der Förderung ihrer Gesundheit angetreten haben.

Gesundheitstourismus, der ja schon durch seinen Begriff etwas anderes sein will als bloß nur zwei Wochen Sonne und Strand auf Ibiza, grenzt sich von Erholungstourismus einerseits durch das Primat gesundheitswissenschaftlich gesteuerter Intervention, andererseits durch den Willen des Gastpatienten ab, im Kontinuum von Gesundheit, Bodystyling[5] und Wohlbefinden gesundheitlich bewusstes und nachhaltiges Bemühen zu zeigen. Die Steigerung von Erholung zu Gesundheit könnte in Anlehnung an die obige Definition geschehen, indem „spontan" ersetzt wird durch „willentlich und systematisch angestrebt" und „nicht ärztlich" durch „ärztlich".

Der Begriff Gesundheitstourismus wird sehr verschieden definiert, abhängig davon, ob Ärzte, Tourismus- oder Wirtschaftswissenschaftler, Gesundheitsförderer oder Angehörige anderer Berufe dafür verantwortlich sind. Die einfachste aller möglichen Definitionen, nämlich „Reisen aus gesundheitlichen Gründen" erscheint unzureichend, weil in der Kürze keine Erläuterung und Abgrenzung der Begriffe stattfindet. Im Folgenden werden einige Beispiele genannt, bevor eine eigene und zusammenfassende Definition versucht wird (siehe Kapitel 1.3).

---

[3]   Kirschner (o.D.), S. 25.
[4]   Siehe dazu z.B.: Cook (1995).
[5]   Mitunter wird auch von Bodymodification gesprochen.

Kaspar definiert wie folgt:

„Gesundheitstourismus ist die Gesamtheit der Beziehungen und Erscheinungen, die sich aus der Ortsveränderung und dem Aufenthalt von Personen zur Förderung, Stabilisierung und gegebenenfalls Wiederherstellung des körperlichen, geistigen und sozialen Wohlbefindens unter der Inanspruchnahme von Gesundheitsleistungen ergeben, für die der Aufenthaltsort weder hauptsächlicher und dauernder Wohn- noch Arbeitsort ist."[6]

Die Definition von Kaspar speist sich aus drei Elementen:

- der Begriff Ortsveränderung harmoniert mit dem kurmedizinischen Ansatz, der besagt, dass eine Ortsveränderung für den Therapieerfolg eine wichtige Voraussetzung ist.
- Der Gesundheitsbegriff lehnt sich an die WHO-Definition von 1946 an.
- Dass der Aufenthaltsort weder hauptsächlicher noch dauernder Wohnort sein soll, entstammt einer gängigen Definition der WTO[7] für Tourismus.

Diese Definition hat besonders mit der Definition von Gesundheit zu kämpfen, die durch ihre umfassende Inanspruchnahme vieler Lebensbereiche aus dem Gesundheitstourismus ein gigantisches Marktfeld machen würde, das nur schwer von anderen Reiseformen abzugrenzen wäre.

An anderer Stelle wird wie folgt definiert:

„Tourism associated with travel to health spas or resort destinations where the primary purpose is to improve the traveller's physical well-being through a regimen of physical exercise and therapy, dietary control, and medical services relevant to health maintenance."[8]

Diese Definition konzentriert sich einseitig auf den körperlichen Aspekt von Gesundheit und lässt die geistig-seelische Gesundheit unberührt. Auch wird die Region als Ort der Gesundheitsförderung für Touristen nicht erwähnt.

Offene Fragen

So manche Frage wird in Folgenden zu klären sein:

- Welche Einrichtungen sind gemeint, wenn von Gesundheitstourismus die Rede ist? Auch Akut- oder Rehabilitationskliniken, oder Fitness- und Beautystudios?
- Wie ungesund bzw. unmedizinisch darf es sein, damit eine Reise noch als Gesundheitstourismus deklariert werden kann?
- Wird eine Reise ins Ausland zum Zweck einer kosmetisch-chirurgischen Behandlung als Gesundheitstourismus gewertet, die zwar unter medizinaler Leitung steht, jedoch nicht vordergründig gesundheitsfördernden, sondern vielmehr kosmetischen Zwecken dient?

---

[6] Kaspar (1996), S. 55f., zitiert nach: Lanz-Kaufmann (2002), S. 34.
[7] WTO hier als World Tourism Organisation.
[8] Gee et al. (1997), zitiert nach: Rulle (2004b), S. 20.

- Dürfen auch Reisen, die ganz oder im Wesentlichen von Sozialversicherungsträgern finanziert werden, als Gesundheitstourismus bezeichnet werden?
- Kann sich Gesundheitstourismus auch in der Phase der Tertiärprävention abspielen oder nur mit Primär- und Sekundärprävention assoziiert werden (s. Kapitel 1.1.5.3)?
- Wie viel ungeprüftes Wohlfühlen darf sein, damit noch von Gesundheitstourismus die Rede sein darf?
- Wie breit oder eng wird der Gesundheitsbegriff gefasst, um einerseits den Markt gegenüber anderen Reiseformen klar abzugrenzen, gleichzeitig aber der Vielschichtigkeit von Gesundheit Rechnung zu tragen?

Zur weiteren Klärung werden zunächst noch andere verwandte Begriffe erläutert, ehe dann in Kapitel 1.3 eine Zusammenfassung versucht wird.

Sporttourismus
Viele Aktivitäten verdienen es, gleichermaßen mit Sport- oder Gesundheitstourismus bezeichnet zu werden. Sportwissenschaftlern liegt sicherlich der Begriff Sporttourismus näher, doch gibt es einige von dieser Disziplin erstellte Tourismuskonzepte, die ebenso gut auch mit Gesundheitstourismus bezeichnet werden könnten. Dennoch liegen in diesen beiden Begriffen wesentliche Unterschiede: Sporttourismus ist eine Form von Gesundheitstourismus, die in erster Linie die körperliche Aktivität betont. Er kann jedoch differenzierter betrachtet werden:

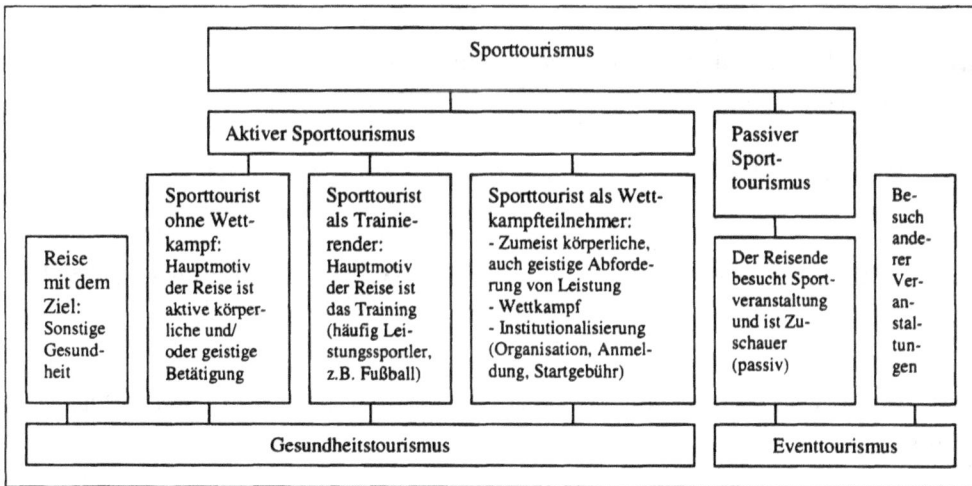

Abb. 2:   Sporttourismus und Abgrenzung von Gesundheitstourismus und anderen Reiseformen

Anmerkungen:
- Strittig ist der „Sporttourist ohne Wettkampf": Wenn es sich dabei um Aktive handelt, die gemeinsam wandern und innerhalb der Gruppe ohne institutionelle Wettkampfbedingungen Leistungsziele vereinbaren („heute mindestens 20km", „die Strecke innerhalb von vier Stunden zurücklegen"), kann auch von Sporttourismus gesprochen werden.

- Der „Sporttourist als Trainierender" tritt häufig mit einem Doppelmotiv auf. Er will zum einen trainieren und zum anderen Spiele gegen andere Mannschaften unter Wettkampf-bedingungen bestreiten.
- Wenn Fans z.B. ihre Fußballmannschaft ins Trainingslager begleiten, ist von Eventtou-rismus zu sprechen.

Medizintourismus

Der in anglophonen Ländern verbreitete Ausdruck Medical Tourism hat verschiedene Va-rianten:

- Zum einen meint er Reisen ins Ausland, um medizinische Dienstleistungen in Anspruch zu nehmen.
- Zum anderen meint er Reisen ins Ausland, um medizinische Dienstleistungen in klini-schen Einrichtungen in Anspruch zu nehmen.

Um den Medizintourismus klarer vom Gesundheitstourismus abzugrenzen, soll er wie folgt definiert werden:

> Medizintourismus beschreibt Reisen, deren zentrales Motiv der zumeist stationäre Aufent-halt in klinischen Einrichtungen ist, in denen Ärzte Wahleingriffe[9] durchführen.

Somit steht Medizintourismus nicht gleichberechtigt neben Gesundheitstourismus, sondern ist eine Variante desselben.

1.1.4   Destination und Gesundheitsdestination

Gesundheitsdestination:

> Unter Gesundheitsdestination soll ein Kleinraum (Hotel) oder Großraum (Land) verstan-den werden, die der Gastpatient als Reiseziel auswählt. Der Raum enthält sämtliche für einen Aufenthalt notwendigen Einrichtungen für Beherbergung, Verpflegung, Unterhal-tung/Beschäftigung unter besonderer Berücksichtigung einer die Gesundheit fördernden Infrastruktur. Die Gesundheitsdestination wird als Wirtschaftseinheit wahrgenommen und in diesem Sinne strategisch geführt.[10]

Im Tourismus wird statt von Regionalentwicklung gerne von Destinationsentwicklung ge-sprochen.

---

[9]   Im Unterschied zum Akuteingriff (Notfall) sind Wahleingriffe vorher geplant und somit vorher-sehbar. Hier ist der Patient zumeist reisefähig und entscheidet gemeinsam mit seinem Arzt und seiner Krankenversicherung über den besten Termin des Eingriffs.

[10] Der Begriff der Gesundheitsdestination erfolgt aus dem von Bieger vorformulierten Bedeutungskern dessen, was eine Destination im Sinne der Tourismuswirtschaft ist. Bieger defi-nierte (2005), S. 357: „Eine Destination ist ein Raum (Ort, Region, großes Hotel), den der Gast (oder ein Gästesegment) als Reiseziel wählt. Sie enthält sämtliche für einen Aufenthalt notwendi-gen Einrichtungen für Beherbergung, Verpflegung, Unterhaltung/Beschäftigung. Sie ist damit das eigentliche Produkt und die Wettbewerbseinheit. Sie muss als solche strategisch geführt werden."

1.1.5 Gesundheit und Krankheit

Gesundheitstourismus und Ethik

Eine Ethikdiskussion, die sich mit dem Möglichem, Erlaubten und Verbotenen im Kontinuum von Krankheit und Gesundheit beschäftigt, ist bislang von der Spa-Industrie nur in Ansätzen geführt worden. Dabei zeichnen sich derzeit Tendenzen ab, die auch von der Spa-Industrie rezipiert werden sollten:[11]

1. Ausweitung medizinischer Diagnostik und Therapie: Darunter kann die Tendenz verstanden werden, körperliche, psychische oder mentale Zustände bzw. Befindlichkeiten als krank und therapiebedürftig zu erklären, die es bislang nicht waren wie z.B. den Jetlag oder die Menopause (Wechseljahre). Dazu gehört auch die Umdeutung sozialer Probleme wie Konzentrationsschwierigkeiten und Lernschwäche in medizinische Kategorien. Unter dem Begriff der Medikalisierung ist die Tendenz zu verstehen, die zuvor genannten Zustände und Befindlichkeiten zu therapieren.
2. Entzeitlichung von Krankheit: Unter dem Stichwort des präventiven Risikomanagements wird Krankheit in Zeiträume verlagert, in denen kein manifestes Krankheitsbild vorliegt. Beispiel dafür ist die prädiktive Gendiagnostik, mit deren Hilfe genetische Besonderheiten identifiziert werden sollen, die möglicherweise zu einem späteren Zeitpunkt zu einer bestimmten Krankheit führen. Stichworte wie „genetische Diskriminierung" oder „genetische Risikoperson" sind in diesem Zusammenhang brisant, weil sie – interessant für Versicherungen und Arbeitgeber – Menschen in einem gesunden Stadium in potenziell Schwache, Kranke oder Kurzlebige einteilen.
3. Perfektionierung und Transformation der menschlichen Natur im Sinne einer Körperoptimierung über das bislang Übliche hinaus umfasst das Doping des Alltags mit Hilfe chirurgischer und medikamentöser Maßnahmen. Das Implantieren perfektionierter Körperteile jenseits eines konkreten Krankheitsbildes oder die tägliche Einnahme von Leistungsförderern in Form von Psychopharmaka sind in diesem Zusammenhang nur wenige markante Beispiele.

Zukünftige und gleichzeitig schon lange geführte Diskussionen dürften sich auf politisch-legislativer Ebene auf das Erlaubte und zu Verbietende bzw. auf gesellschaftlicher Ebene auf das Akzeptierte und als Trend zu Bezeichnende erstrecken. Darüber hinaus wird zu fragen sein, in welchem Ausmaß das natürlich Gegebene als Schicksal hinzunehmen ist bzw. in welchem Maß Körper und Geist als Plastizierobjekte der Perfektion zu betrachten sind.

Definitionen

Als eine der wenigen international be- und anerkannten Definitionen von Gesundheit gilt die von der WHO 1946 entwickelte:

„Die Gesundheit ist ein Zustand des vollständigen körperlichen, geistigen und sozialen Wohlbefindens und nicht nur das Fehlen von Krankheit oder Gebrechen."[12]

---

[11] Siehe ausführlicher: Wehling et al. (2007).
[12] World Health Organisation (1946). Auf Englisch: "A state of complete physical, social and mental well-being, and not merely the absence of disease or infirmity".

Diese Definition geht weit über das Verständnis von Gesundheit als Abwesenheit von Krankheit hinaus. Sie umfasst Dimensionen, die dem US-amerikanischen Verständnis von Wellness verwandt sind. Kritisiert wurde diese Definition, weil sie durch ihren umfassenden und ultimativen Charakter utopisch erscheint. Zudem wurde angemerkt, dass diese Definition zu statisch ist und den permanenten Wandel des Gesundheitszustands jedes Einzelnen nicht hinreichend berücksichtigt. Bahnbrechend war sie, weil sie sämtliche Dimensionen der menschlichen Existenz zu berücksichtigen versucht.

Die Bedeutungsbreite der Definition erschwert eine Marktabgrenzung des Spa-Tourismus von anderen Reiseformen. So könnte die traditionelle Pauschalreise nach Ibiza, die als erlebnisorientierte Sommerreise geplant war, dann als gesunde Reise klassifiziert werden, wenn erfüllende Bekanntschaften gemacht wurden, die das soziale Wohlbefinden gesteigert haben. Allerdings wird solch eine Reise gemeinhin als Pauschal- oder Ferientourismus in die Statistiken aufgenommen.

Einen anderen und vor allem soziologischen und leistungsbezogenen Zugang zum Begriff Gesundheit hatte Parsons gefunden:

„Gesundheit kann definiert werden als der Zustand der optimalen Leistungsfähigkeit eines Individuums für die Erfüllung der Aufgaben und Rollen, für die es sozialisiert wurde."[13]

Später hat die WHO den Begriff Gesundheit im Kontext der Gesundheitsförderung wie folgt gefasst:

"Health is a resource for everyday life, not the object of living. It is a positive concept emphasizing social and personal resources as well as physical capabilities."[14]

Dimensionen von Gesundheit

Die verschiedenen Dimensionen von Gesundheit lassen sich zunächst in einer Gegenüberstellung vom biopsychosozialen Modell auf der einen und dem medizinisch-wissenschaftlichen Modell auf der anderen Seite darstellen:

- „Dem biopsychosozialen Modell liegen drei Komponenten zugrunde, die Gesundheit und Krankheit bestimmen. Mit bio sind die biologischen Gegebenheiten körperlicher Erkrankungen angesprochen. Psycho und sozial bedeuten die Anerkennung der Bedeutung psychischer Faktoren wie Emotionen sowie sozialer Faktoren für das Gesund- oder Kranksein. Aus der Sicht des biopsychosozialen Modells ist Gesundheit ein positiver funktioneller Gesamtzustand im Sinne eines dynamischen biopsychosozialen Gleichgewichtszustands, der erhalten bzw. immer wieder hergestellt werden muss.
- Die medizinisch-wissenschaftliche Definition von Krankheit stützt sich allein auf messbare und empirische Kriterien. Krank sein bedeutet die messbare Fehlfunktion bestimmter Körperteile, und Gesundsein bedeutet das richtige Funktionieren des gesamten Körpers mit allen seinen Teilen. Krankheit, nach diesem Modell, ist ein Abweichen von

---

[13]   Parsons (1967), S. 71.
[14]   Ottawa-Charta zur Gesundheitsförderung (o.D.).

festgelegten Normen. Medizinische Behandlung ist darauf gerichtet, das normale Funktionieren bzw. die Normalität wieder herzustellen. Das Normale wird dem Gesunden gleichgesetzt mit dem Ergebnis, dass Änderungen von einmal definierten Normen dessen, was normal ist, und ihre Neufestlegung zu einer Verschiebung von Gesundheit und Krankheit führen. Es gibt von da an mehr Gesunde oder mehr Kranke."[15]

Beide Modelle sind auch für den Spa-Tourismus relevant:

- Das biopsychosoziale Modell strebt ein Gleichgewicht verschiedener Existenzdimensionen an, das im europäischen und touristisch geprägten Wellness-Gedanken eine große Rolle spielt (ganzheitliches Wohlbefinden, ganzheitliche Gesundheit für Körper, Geist und Seele).

- Das medizinisch-wissenschaftliche Modell zielt auf Linderung und Heilung konkreter Leiden und verweist so auf das Geschehen in klinischen Einrichtungen, die unter dem Begriff Medical-Spa auch eine touristische Ausprägung gefunden haben.

So genannte Lebensstilkonzepte, aber auch das amerikanische Wellness-Modell, ziehen wesentliche Kraft aus der Kritik an dem medizinisch-wissenschaftlichen Modell. Lebensstilkonzepte als alternative Modelle von Gesundheit und Gesundheitsverhalten ergänzen den vornehmlich somatischen Ansatz um psychische und soziale Aspekte.

1. Soziologische Lebensstilkonzepte und eben auch das Gesundheitsverhalten als Teil des Lebensstils erklären sich aus einer soziokulturell geprägten Lebensweise, die durch Anpassungs- und Bewältigungsstrategien im Hinblick auf das jeweilige soziale Umfeld geprägt sind. Im Rahmen dieser Verhältnisse kann der Mensch sein Verhalten nur begrenzt gestalten, und auch das Gesundheitsverhalten ist geprägt durch diese Verhältnisse (traditionelles Essverhalten der Region, Einstellung zu Bewegung und Sport etc.).

2. Wellness lehnt ähnlich wie das Lebensstilkonzept die somatische Einengung ab. Die Vielzahl der geistigen Väter lässt jedoch eine klare Definition kaum zu. Allerdings ist den meisten Wellness-Modellen eigen, dass sie den Menschen und seine Gesundheit ganzheitlich erklären (s. Kapitel 1.1.6.2).

Eine weitere Differenzierung erlaubt das Begriffspaar statischer versus dynamischer Gesundheitsbegriff:

- Der statische Gesundheitsbegriff beschreibt Gesundheit als Guthaben, welches der Mensch mit Geburt mitbekommen hat und abhängig von seiner Lebensweise schneller oder langsamer verbraucht.

- Der dynamische Gesundheitsbegriff beschreibt Gesundheit als täglich erneut anzustrebende Homöostase (Gleichgewichtszustand) zwischen körperlichem und seelischem Leistungsvermögen (Innenaspekt) einerseits und den tagtäglichen Anforderungen von Umwelt und Mitwelt (Außenaspekt) andererseits, die in jedem Lebensalter neu zu definieren ist.

---

[15] Kulturreferat der Steiermärkischen Landesregierung (2006), S. 45.

Krankheit

„Krankheit ist das Vorhandensein von subjektiv empfundenen und/oder objektiv feststellbaren körperlichen, geistigen und/oder seelischen Veränderungen bzw. Störungen."[16]

Im sozialversicherungsrechtlichen Sinn bedeutet Krankheit:

„... das Vorhandensein von Störungen, die Krankenpflege und Therapie erfordern und Arbeitsunfähigkeit zur Folge haben."[17]

1.1.5.1   Zentrale Vorgänge im Spa: Behandlungen, Aktivitäten, Muße

Die folgende Abbildung zeigt, dass das Spa zum einen spezifische und zum anderen unspezifische Dienstleistungen bietet:

- Viele Menschen suchen das Spa mit unspezifischer Motivation auf. „Mal wieder mit dem Partner alleine sein und Zeit für ihn haben" könnte das Motto vieler sein, die einen Paaraufenthalt im Spa buchen. Somit ist das Spa eine geeignete Plattform für jene, die den Aufenthalt im Spa dafür benutzen, ihre privaten Probleme zu identifizieren und zu lösen.
- Spezifische Dienstleistungen infolge eines konkreten Auftrages vom Gastpatienten oder seiner Sozialversicherung (z.B. Interventionsstrategie zur Gewichtsreduzierung).

Dienstleistungen im Spa sind von überaus vielfältiger Natur. Sie umfassen Bereiche wie Behandlungen, Aktivitäten und Muße. Essen und schlafen gehören häufig nicht zu den zentralen Dienstleistungen im Spa selbst und sollen an dieser Stelle nicht berücksichtigt werden.

- Der Begriff Behandlung umfasst gleichermaßen Anwendungen wie Therapie:
  - Der Begriff der Therapie wird in dieser Arbeit im Sinne von medizinisch indizierten Verfahren verwendet, um Krankheiten und Verletzungen zu lindern oder zu heilen.
  - Der Begriff der Anwendung hingegen meint Dienstleistungen durch Menschen am Gastpatienten, die jedenfalls nicht im medizinischen Sinne indikations- oder diagnosebasiert sind. Hier geht es z.B. um Streichelmassagen oder Wohlfühlbäder, die zwar eine heilende Wirkung haben können, jedoch eine medizinisch-therapeutische Wirkung nicht in erster Linie intendieren.
- Aktivitäten umfassen outdoor- (z.B. Walking) und indoor-Bewegung (z.B. Fitness).
- Der Begriff der Muße hingegen subsumiert eine Reihe beliebter Tätigkeiten im Sinne tätigen Nichtstuns mit eher passivem Charakter wie z.B. Entspannung oder Wohlfühlbäder.

---

[16]   Krankheit. (1986), S. 905.
[17]   Krankheit. (1986), S. 905.

```
┌──────────────────────────────────────────────────────────────────────────┐
│         ┌────────────────────────────────────────────────────────┐        │
│         │      Typische Vorgänge von Gastpatienten im Spa          │        │
│         └────────────────────────────────────────────────────────┘        │
│                                                                            │
│  ┌─────────────────────┐  ┌─────────────────────────┐  ┌───────────────┐  │
│  │  Behandlungen        │  │  Aktivitäten             │  │  Muße          │  │
│  │  1. Gastpatient      │  │  1. Gastpatient aktiv    │  │  1. Gastpatient│  │
│  │     tendenziell      │  │     und bewegungs-       │  │     tendenziell│  │
│  │     passiv           │  │     orientiert           │  │     passiv     │  │
│  │  2. Behandlungsort   │  │  2. Therapeut/Arzt/      │  │  2. Gastpatient│  │
│  │     häufig im Spa    │  │     Fachkraft teilweise  │  │     selber     │  │
│  │  3. Therapeut/Arzt/  │  │     anwesend und         │  │     Leiter des │  │
│  │     Behandler        │  │     teilweise Leiter des │  │     Prozesses  │  │
│  │     anwesend und     │  │     Prozesses            │  │  3. Ziel kaum  │  │
│  │     Leiter des       │  │  3. Methode u. Ziel      │  │     definiert  │  │
│  │     Prozesses        │  │     teilweise definiert  │  │                │  │
│  │  4. Methode und Ziel │  │                          │  │                │  │
│  │     definiert        │  │                          │  │                │  │
│  └─────────────────────┘  └─────────────────────────┘  └───────────────┘  │
└──────────────────────────────────────────────────────────────────────────┘
```

Anwendung, (med. nicht indiziert)	Therapie (Heilbehandlung), med. indiziert	Personalisierte Aktivitäten	Depersonalisierte Aktivitäten	
Kosmetische Gesichtsbehandlung u.a.	Med. Trainingstherapie nach Reha u.a.	Joggen mit Fitnesscoach u.a.	Wandern alleine u.a.	Liegebereich, Ruhebereich, "Lümmelecken", Whirlpool, Leseecken, tätiges Nichtstun u.a.

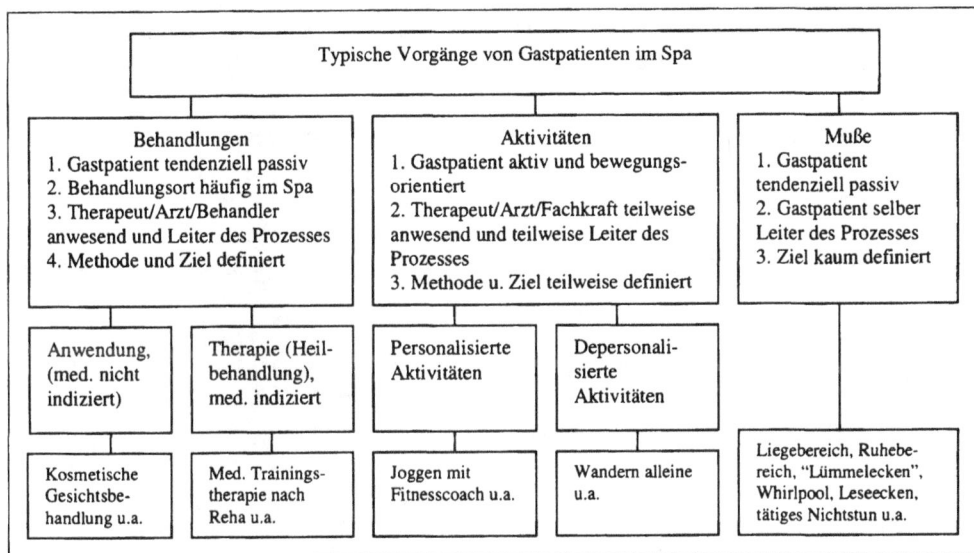

Abb. 3:   Behandlungen, Aktivitäten und Muße als zentrale Vorgänge von Gastpatienten im Spa

Beide Begriffe, Anwendung wie Therapie, beschränken sich nicht auf manuelle Dienste am Menschen (die durch die Hand ausgeführte Massage, die Zubereitung einer Moorpackung), sondern umfassen auch Instruktionen, also mündlich ausgesprochene Hinweise, Vorträge und Schulung (z.B. Ernährungsberatung). Analog zur obigen Abbildung wird im vorliegenden Buch auch von Therapeut und Behandler gesprochen.

1.1.5.2   Salutogenese

Als Gegenbegriff bzw. Gegenentwurf zur Pathogenese[18] stellt die Salutogenese (lateinisch salus = gesund; griechisch genesis = Entstehung) die Frage, wie Gesundheit entsteht. Einer der wichtigen Repräsentanten dieses Ansatzes war und ist der israelische Arzt Aaron Antonovsky (1923-1994). Ausgangspunkt seiner Forschung war die Frage, durch welche Rahmenbedingungen bzw. Faktoren Menschen in die Lage versetzt werden, ihre Gesundheit zu erhalten. Den Anstoß dazu erhielt Antonovsky durch die Beobachtung überlebender Häftlinge der Vernichtungslager der NS-Diktatur, von denen einige die körperlichen und seelischen Torturen überraschend gut überlebt hatten. Zur Unterscheidung jener, die krank werden, von jenen, die gesund bleiben, hat Antonovsky in vielen Forschungen die folgenden drei Voraussetzungen heraus gearbeitet, die Gesundheit erhalten:

- Unter „Comprehensibility" versteht er Belastungen und Ereignisse im Leben, die strukturiert, vorhersehbar und erklärbar gemacht werden müssen (Verstehbarkeit).
- „Manageability" meint Ressourcen des Menschen, mit Hilfe derer die zuvor genannten Ereignisse und die damit verbundenen Anforderungen bewältigt werden können (Handhabbarkeit).

---

[18]   Lehre von der Krankheitsentstehung.

- „Meaningfulness" besitzen die zuvor genannten Anforderungen dann, wenn die zu ihrer Bewältigung notwendigen Bemühungen lohnen und für den Einzelnen Sinn machen bzw. Bedeutung geben (Bedeutsamkeit).

Diese drei Aspekte bilden zusammen den „Sense of coherence", also das Gefühl, in einer verstehbaren, zu bewältigenden und sinnstiftenden Welt zu leben. Das Gefühl von Kohärenz ist nicht statisch oder angeboren, sondern entwickelt und verändert sich mit zunehmender Lebenserfahrung. Mit anderen Worten: Jeder Mensch ist aufgerufen, an seinem Kohärenzgefühl zu arbeiten und auf diese Weise seine Gesundheit zu fördern. In diesem Sinne definiert Antonovsky:

> „Das Kohärenzgefühl ist eine globale Orientierung, die ausdrückt, in welchem Ausmaß man ein durchdringendes, dynamisches Gefühl des Vertrauens hat, dass 1. die Stimuli, die sich im Verlauf des Lebens aus der inneren und äußeren Umgebung ergeben, strukturiert, vorhersehbar und erklärbar sind; 2. einem die Ressourcen zur Verfügung stellen, um den Anforderungen, die diese Stimuli stellen, zu begegnen; 3. diese Anforderungen Herausforderungen sind, die Anstrengung und Engagement lohnen."[19]

Selbstverständlich haben die Ergebnisse der Salutogenese-Forschung ihre praktische Relevanz auch in gesundheitstouristischen Betrieben, da ihre Anwendungsfelder ebenso in der Gesundheitsförderung oder Prävention wie auch im Bereich der Psychosomatik oder Rehabilitation Anwendung finden können. In jeder Situation eines gesunden oder kranken Menschen können Bewältigungsstrategien (Copingstrategien) entwickelt und gestärkt werden. Den Vorwurf, den man der Salutogenese nach Antonovsky machen kann, ist der, dass sie sich auf Individualstrategien konzentriert (Verhalten) und die Bedeutung der Verhältnisse (Politik, Gesetzgebung u.a.) vernachlässigt. Im weitläufigen Sprachgebrauch des Begriffs Salutogenese heutzutage werden gesundheitserhaltende und -schaffende Maßnahmen sowie Begleitumstände jenseits der medizinischen Intervention subsumiert.

1.1.5.3   Gesundheitsförderung und Prävention

Gesundheitsförderung

Gesundheitsförderung ist ein Sammelbegriff für alle gesundheitsbezogenen und nicht medizinisch-therapeutischen Interventionen. Es lassen sich verschiedene Dimensionen unterscheiden, in denen Interventionen der Gesundheitsförderung umgesetzt werden:

- Die persönliche Ebene zielt auf die Stärkung von Kompetenzen und Selbstbestimmungsrecht über die eigene Gesundheit (Empowerment).
- Die gesunden Lebenswelten (z.B. am Arbeitsplatz, im Kindergarten oder Schule) zielen auf gesunde Umwelten dort, wo sich die Menschen gewohnheitsmäßig aufhalten (Setting).
- Die intersektorale Ebene zielt auf die Einbindung verschiedener gesellschaftlicher und politischer Gruppen (z.B. Politik, Gesundheitsdienste, Vereine), um auf systematische Weise gesundheitsfördernde Rahmenbedingungen zu schaffen.

---

[19]   Antonovsky (1997), S. 36.

Zentrale Handlungsprinzipien der Gesundheitsförderung sind:

- „Strategien an Determinanten ausrichten.
- Gesundheit in all ihren Dimensionen verstehen (Stärkung von Ressourcen und Potenzialen), salutogenetische Perspektive.
- Sozialraum-bezogene, nachhaltige Systemlösungen anstreben.
- Partizipativ vorgehen.
- Interdisziplinär, ressortübergreifend handeln."[20]

Setting (auch Lebenswelt genannt) ist ein soziales System (Umfeld), in dem sich Menschen gewohnheitsmäßig aufhalten wie z.B. Schule, Universität, Wohngegend, Arbeitsplatz oder Freizeitverein. Der Setting-Ansatz als Kernstrategie der WHO geht davon aus, dass Veränderungen im Sinne eines gesünderen Lebensstils nur dann möglich sind, wenn die dazugehörige Methodik im Alltag der Menschen angreift. Die Schaffung gesunder Rahmenbedingungen in Settings schließt die Freizeit und solche Stätten mit ein, in denen gesunde Aktivitäten im Rahmen des alltäglichen Lebensumfeldes stattfinden. Touristiker haben davon auszugehen, dass viele Gesundheitsberufe die praktische Umsetzung von Prävention und Gesundheitsförderung in den zuvor genannten Settings sehen, also nicht an einem Ort, an dem sich die Menschen nur selten aufhalten wie z.B. Hotel oder Ferienort weit weg vom Wohnort.

Prävention
Prävention wird in der Regel in die drei unten stehenden Varianten untergliedert. Dabei ist zu bedenken, dass es Meinungsverschiedenheiten über die Abgrenzung gibt:

- Primärprävention: Aktivitäten von Menschen in weitgehend gesundem Zustand zur Vermeidung von Krankheiten mit dem Ziel der Senkung der Neuerkrankungsrate (Inzidenz).
- Sekundärprävention: Diagnose von Krankheitsfrühstadien z.B. durch Vorsorgeuntersuchung und daraus folgend gegebenenfalls therapeutische Maßnahmen zur Vermeidung der Arbeitsunfähigkeit. Frühbehandlung krankheitswertiger Risikolagen. Erhaltung der Arbeitsfähigkeit und Vermeidung vorzeitiger Rente.
- Tertiärprävention: Verhütung der Verschlimmerung von Krankheiten mit dem Ziel, Leistungsfähigkeit wieder herzustellen bzw. Pflege zu vermeiden.

In diesem Sinne erscheint die Primärprävention für einen medizinisch nicht hochgerüsteten touristischen Betrieb als geeignetes Geschäftsfeld, um z.B. mit Bewegungsangeboten in sauberer Luft und landschaftlich bevorzugtem Umfeld Angebote zu entwickeln. Sekundär- und Tertiärprävention erfordert eine anspruchsvolle medizinische Infrastruktur, die eine strategische Entscheidung eines touristischen Betriebes erfordern würde, wenn er sich neu diesem Geschäftsfeld widmen wollte. Zwei weitere Termini sind im gesundheitstouristischen Kontext zu berücksichtigen:

- Verhaltensprävention zielt auf das individuelle Verhalten des Individuums ab zur Vermeidung von Krankheiten.
- Verhältnisprävention bezieht sich beispielsweise auf die technische und soziale Umwelt des Menschen (z.B. Einführung von Nichtraucherzonen oder Reinigung asbestverseuchter Räume).

---

[20] Schwartz et al. (2003). S. 185.

Die folgende Abbildung zeigt verschiedene Formen der Prävention in ihrem Verhältnis zu verschiedenen Betriebstypen, von denen die meisten für den Gesundheitstourismus eine Relevanz haben:[21]

Symptomatik/ Zustand	Formen der Prävention	Beispiele für Betriebstypen und Einsatzgebiete bei entsprechender Spezialisierung							
		Spa	Gesundheitsregion	Fitnessstudio	Diagnoseklinik	Arzt (niedergel.)	Kureinrichtung	Akutklinik	Rehabilitationsklinik
Gesund	Primärprävention	xx	xx	xx	x		x		
Exposition oder personengebundenes Risiko		xx	xx	xx	xx	x	xx		
Präklinische Schädigung	Sekundärprävention	x	x	x	xx	xx	xx		
Krankheit (ambulant)		x	x	x	x	xx	xx	x	x
Krankheit (stationär)	Tertiärprävention					x	x	xx	xx
Bleibender Defekt, chronische Erkrankung		x	x	x	x	xx	x	x	xx

Abb. 4:   Formen von Prävention und Symptomatiken in Verbindung mit relevanten Betriebstypen
Zeichenerklärung: xx = mit besonderer Bedeutung

Die Kur im Sinne der Primärprävention kann dann verschrieben werden, wenn das Risiko einer Erkrankung erkennbar ist. Ziel ist hier ein verzögertes Auftreten der Krankheit und eine Aufrechterhaltung der Arbeitsfähigkeit. Die Kur im Sinne der Sekundärprävention zielt auf Menschen mit chronischer Erkrankung und versucht eine Verschlimmerung zu vermeiden. Auch in der Phase der Tertiärprävention finden Methoden der Kurmedizin Anwendung.

Abgrenzung von Gesundheitsförderung und Prävention
Ziel der Gesundheitsförderung ist die Gestaltung von Rahmenbedingungen, um die Gesundheit und das Gesundheitsverhalten von Individuen und Gruppen positiv zu beeinflussen. Prävention hingegen umfasst alle Maßnahmen, die gesundheitliche Beeinträchtigung vermeiden helfen sollen. Ziel der Prävention ist die Reduzierung der Inzidenz von Behinderung, Krankheit und vorzeitigem Tod.[22] Zahlreiche der zuvor genannten und erläuterten Begriffe können mit Hilfe der folgenden Tabelle zusammengefasst werden[23]:

---

[21]   In Anlehnung an: Schwartz et al. (2000), S. 152.

[22]   Der Begriff Krankheitsprävention beschreibt das Ziel, das Auftreten von Krankheiten zu vermeiden. Mit Hilfe von Vermeidungsstrategien sollen in erster Linie Auslösefaktoren von Krankheiten ausgeschaltet werden.

[23]   Hurrelmann et al. (1998), S. 398 und Ergänzungen des Autors.

	Interventionsschritte			
	Formen der Prävention			
Bezeichnung	Gesundheits-förderung	Primär-prävention	Sekundär-prävention, Früh-behandlung	Tertiärprävention, Rehabilitation
Zielsetzung	Beeinflussung von Verhältnissen und Lebensweisen, noch vor Risiko-reduktion	Beeinflussung von Verhalten/ Risikofaktoren, Lebensstilände-rung, Risiko-reduktion	Beeinflussung der Krankheitsauslöser, Verhinderung von Chronifizierung	Vermeidung von Folgeerkran-kungen, Bewäl-tigung von Krankheitsfolgen
Interventions-zeitpunkt	Im Gesundheits-zustand	Erkennbare Risikofaktoren	Im Krankheits-frühstadium	Im chronischen Stadium einer Erkrankung, nach akuter Krank-heitsbehandlung
Zielgruppe	Gesamtbevölkerung	Risikogruppen	Patienten	Rehabilitanden
Interventions-orientierung	Ökologischer An-satz	Vorbeugender Ansatz	Korrektiver Ansatz	Kompensato-rischer Ansatz

Abb. 5:   Begriffe der Prävention und Gesundheitsförderung im Überblick

1.1.5.4   Kur, Kurort und Rehabilitation

Kur und Kurort
Der Begriff Kur kann wie folgt definiert werden:

„Die Kur als Begriff umschreibt den besonderen therapeutischen Prozess einer Heilbehand-lung mit besonderen Mitteln, Methoden und Aufgaben in Heilbädern und Kurorten mit cha-rakteristischen Strukturmerkmalen. Zusammengefasst ist die Kur in Heilbädern und Kurorten eine komplexe, ärztlich geleitete Übungsbehandlung zur Vor- und Nachsorge (Prävention und Rehabilitation) und eine kurative Behandlung für geeignete chronische Krankheiten und Leiden während bestimmter Phasen in einem länger dauernden Krankheitsverlauf. Verbun-den mit einem Orts- und Milieuwechsel, soll sie den Patienten auch zu einem krankheitsspe-zifischen individuellen, aktiven, lebenslangen Gesundheitsprogramm anleiten."[24]

Es ist darauf hinzuweisen, dass der Begriff Kur zumindest in Deutschland seit 2000 kein Begriff der Sozialversicherungen mehr ist, auch wenn er weiter lebt in Komposita wie z.B. Auslandskur, Kurort, Kurmedizin oder Kurmittel[25]. Die Fachbezeichnungen sind jetzt: Am-

---

[24]   Begriffsbestimmungen – Qualitätsstandards für die Prädikatisierung von Kurorten, Erholungsorten und Heilbrunnen (2005a).

[25]   „Im weitesten Sinne versteht man unter Kurmittel alle Heilmittel, Verfahren und Faktoren, die in einer Kur auf den Kurgast als Reiz einwirken. Im engeren Sinn werden darunter – vor allem im Krankenkassenrecht – die ortsgebundenen (ortsspezifischen) Heilmittel wie Heilwässer, Peloide (Moor, Naturfango, Fango, Schlämme, Schlicke und Heilerden) sowie Heilgase, ‚schonende' oder ‚reizende' Klimabedingungen und Kneippanwendungen gemeint." Quelle: Was ist überhaupt eine Kur? (o.D.).

bulante Vorsorgeleistungen in anerkannten Kurorten (§ 23 Abs. 2 SGB V), Ambulante Rehabilitation (§ 40 Abs. 1 SGB V), Stationäre Rehabilitationsmaßnahmen (einschließlich
Anschlussrehabilitation nach Krankenhausbehandlung) (§ 40 Abs. 2 SGB V), Medizinische
Vorsorge für Mütter und Väter (§ 24 SGB V) und Medizinische Rehabilitation für Mütter
und Väter (§ 41 SGB V).[26]

Ein Kurort wird wie folgt definiert:

„Kurorte sind Gebiete (Orte oder Ortsteile), die besondere natürliche Gegebenheiten – natürliche Heilmittel des Bodens, des Meeres, des Klimas oder die Voraussetzungen für die
Physiotherapie nach Kneipp für Kuren zur Heilung, Linderung oder Vorbeugung menschlicher Erkrankungen aufweisen. Sie müssen die allgemeinen Anerkennungsvoraussetzun-
gen sowie die jeweils für die einzelnen Artbezeichnungen speziellen Anforderungen erfüllen. Sie haben den Erfordernissen des Umweltschutzes Rechnung zu tragen."[27]

Der Begriff Heilbad ist ein Prädikat an Kurorte, die über medizinische Einrichtungen für
Kurmaßnahmen verfügen. Heilbäder dürfen die Bezeichnung Bad im Ortsnamen führen.

Rehabilitation

„Alle medizinischen, psychotherapeutischen, sozialen und beruflichen Maßnahmen, die
eine Wiedereingliederung der Patienten in Familie, Gesellschaft und Berufsleben zum Ziel
haben."[28]

Im Rahmen einer von Sozialversicherungsträgern bezahlten Rehabilitation in Fachkliniken
spielt die medizinische Rehabilitation eine besonders wichtige Rolle. Damit wird angedeutet,
dass es auch noch andere Formen der Rehabilitation gibt wie z.B. die soziale.

1.1.5.5   Komplementäre Medizin

Die Begriffe alternative Medizin oder komplementäre Medizin beschreiben eine Gruppe
diagnostischer und therapeutischer Disziplinen, die sich außerhalb der in westlichen Ländern
gelehrten und angewendeten konventionellen Medizin (Schulmedizin) bewegt.[29] Dabei han-

---

[26]   Was ist überhaupt eine Kur? (o.D.).
[27]   Begriffsbestimmungen – Qualitätsstandards für die Prädikatisierung von Kurorten, Erholungsorten
und Heilbrunnen (2005a).
[28]   Aigner (2007).
[29]   Siehe mehr dazu unter: Eisenberg et al. (1993) und: Astin (1998).

delt es sich um ein nahezu unüberschaubares Feld ganz verschiedener Ansätze, von denen nur einige wenige Aufnahme in den Leistungskatalog der westlichen Krankenkassen gefunden haben (z.B. Akupunktur), andere jedoch (z.B. energetisches Heilen) im Hinblick auf ihre Wirksamkeit nur wenig nach westlichen Standards nachgeprüft sind, gleichwohl eine nicht zu vernachlässigende Anhängerschaft besitzen, insbesondere auch in gesundheitstouristischen Einrichtungen. Eine Auswahl dieser komplementären Disziplinen sind Traditionelle Chinesische Medizin (TCM), Ayurveda, Aromatherapie und Meditation.[30]

1.1.6   Wellness

1.1.6.1   Wellness im historischen Kontext

Wellness und seine US-amerikanischen Wurzeln

Aus dem Jahr 1654 stammt die bislang älteste vorliegende schriftliche Quelle, in der das Wort Wellness verwendet wurde. Es ist im Oxford Dictionary[31] nachzulesen: „I ... blessed God ... for my daughter's wealnesse" wird jemand zitiert, der zum Ausdruck bringen wollte, dass seine Tochter nicht mehr krank ist. Der immer wieder zu lesenden Aussage, dass Wellness ein aus Wellbeing und Fitness zusammengesetztes Kunstwort der US-amerikanischen Wellness-Bewegung des 20. Jahrhunderts gewesen sei, muss somit widersprochen werden. Es ist ein altes Wort, das durch diese Bewegung zu neuer Popularität gekommen ist und mit einer modifizierten Bedeutung versehen wurde.

Wichtige Wurzeln des noch heute in den USA so verbreiteten Wellness-Konzeptes stammen aus dem 19. Jahrhundert, ohne allerdings in jedem Fall den Begriff Wellness zu verwenden.[32] Konzeptionelle Meilensteine auf diesem Weg waren:

- Spirituelle Natur von Gesundheit:
  - William James (1842–1910) legte mit seinem Werk „The Varieties of Religious Experience" die Grundlage für das, was er mit Mind-Cure-Movement bezeichnete, später jedoch durch die Bezeichnung New Thought and Christian Science bekannt wurde. In seiner Arbeit legte James dar, dass insbesondere der geistig-mentale Zustand des Menschen für seine körperliche Gesundheit verantwortlich ist.
  - Auch Phineas Quimby (1802–1866) war überzeugt von der Wichtigkeit der Haltung und Einstellung („ideas") von Menschen und behandelte in diesem Sinne als nicht ausgebildeter Mediziner eine große Zahl von Patienten.
  - Mary Baker Eddy (1821–1910) gehörte zu Quimbys Patienten und gründete eine Lehre, die unter dem Namen Christian Science bekannt ist. Sie führte ihre Genesung von schweren Leiden auf die auto-suggestiven Techniken von Quimby zurück und versetzte ihren Ansatz des spirituellen Heilens mit religiös-christlichen Elementen. Neben ihrer Gesundheitslehre gründete sie eine religiöse Gemeinschaft, die besonders in den USA, aber auch in Europa eine breite Anhängerschaft fand.

---

[30]   Siehe mehr dazu unter: Zollmann et al. (1999).
[31]   Wellness. (1971), S. 3738.
[32]   Siehe ausführlich dazu: Miller (2005).

- Spirituelle Gesundheit und Ernährung:
  - Auch Horace Fletcher (1849-1919) war Anhänger des zuvor bereits erwähnten Ansatzes des positiven Denkens. Er fokussierte seine Lehre auf die Ernährung und betonte, dass zum einen natürliche Lebensmittel, aber auch das bewusste und lange Kauen nicht nur die beste gesundheitsfördernde Maßnahme ist, sondern darüber hinaus auch zu höchstem Genuss führt.
  - John Harvey Kellogg (1852-1943), aufgewachsen im Geiste der Seventh Day Adventisten, war der Meinung, dass der menschliche Körper Tempel für den Heiligen Geist ist analog zu Aussagen der Bibel (Korinther 6:19-20). Folglich habe der Mensch alles für einen gesunden Lebensstil zu tun, um den Heiligen Geist nicht zu beleidigen. Kellogg war der Meinung, dass besonders eine gesunde Ernährung zum Ziel führen könnte, wobei insbesondere Fleisch, Alkohol und Tabak zu vermeiden seien. In diesem Zusammenhang experimentierte er mit der Lebensmittelproduktion und entwickelte z.B. die noch heute bekannten Corn Flakes. Als Mediziner gründete er eine Klinik in Battle Creek (Michigan), die es zeitweise zu großer Bekanntheit brachte und sogar der Mayo-Klinik Konkurrenz machte in dem Sinn, dass sie viele Reiche und Berühmte des Landes anzulocken vermochte.
- Wellness-Konzepte des 20. Jahrhunderts:
  - Halbert L. Dunn (1896-1975): Nach seiner Ausbildung als Arzt und Tätigkeiten an verschiedenen Kliniken wurde er später Leiter des National Office of Vital Statistics in Washington. Auf der Basis seiner umfassenden statistischen Kenntnisse hatte er eine herausragende Stellung in der Gesundheitsberichterstellung seines Landes. Dunns Ausgangspunkt war eine Unzufriedenheit mit der Art und Weise, wie Schulmediziner Körper von Geist und Seele trennen, und er propagierte eine ganzheitliche Sichtweise. In seine Schaffenszeit fällt die Verabschiedung der WHO-Verfassung (1947) und ihre ganzheitliche Definition von Gesundheit ("a state of complete physical, mental, and social well being and not merely the absence of disease or infirmity"), die Dunns Anschauung von dem, was Wellness ist, sehr nahe kam. Die soziale Komponente war für Dunn besonders wichtig. Sie ging allerdings über die Schaffung gesunder Lebensräume hinaus und beschäftigte sich mit Eugenik und in diesem Zusammenhang mit Fragen der Auslese gesunder Menschen. Ziel eines Jeden sollte nach Dunn das so genannte High Level Wellness sein, das er als "integrated method of functioning which is oriented toward maximizing the potential of which the individual is capable"[33] definierte. Dieser Gedanke der optimalen Förderung der persönlichen Potenziale wurde von seinen Nachfolgern immer wieder aufgegriffen.
  - John Travis (*1943) erhielt seine Ausbildung im Bereich der Gesundheitsförderung (Public Health) und betonte im Unterschied zu Dunn in starkem Maß die individuelle Verantwortung für die eigene Gesundheit. Als erster Theoretiker zum Thema Wellness vertrat er die Wichtigkeit der körperlichen Bewegung. Travis entwickelte ein so genanntes Wellness Inventory, mit Hilfe dessen jeder Mensch seinen Wellness-Status anhand von 12 Kriterien (Ernährung, Bewegung, Selbstliebe u.a.) feststellen kann. Unter http://www.thewellspring.com findet man die letzten Entwicklungen dieses Modells. Im Unterschied zu Dunn gelangte Travis zu großer

---

[33]   Dunn (1961), S. 4f.

Bekanntheit, weil er Dunns mehr theoretischen Ansatz in konsumierbare Produkte verwandelte und darüber hinaus die Politik immer wieder auf Travis' Ideen zurückgriff und sie auf diese Weise popularisierte. Immer wieder zitiert wird die unten stehende Abbildung, die ein Kontinuum zwischen vorzeitigem Tod einerseits und High Level Wellness andererseits darstellt:[34]

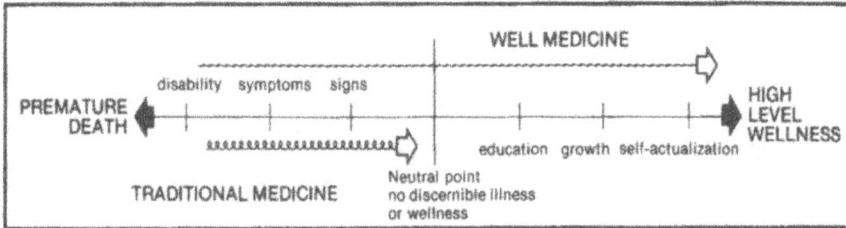

Abb. 6:   Das Wellness-Kontinuum von Travis

–   Donald Ardell (*1939) gelang es, Wellness zu popularisieren und es als Guru vielen Menschen nahe zu bringen. Seine Bücher wie z.B. „14 Days To a Wellness Style" wurden zum Bestseller. Im Unterschied zu Travis und Dunn bereinigte Ardell seine Lehre allerdings um die christlich-spirituellen Elemente, hegte jedoch Sympathien komplementären, darunter auch fernöstlichen Medizinsystem gegenüber.[35]

1.1.6.2   Wellness und Bedeutungsdimensionen

In der zweiten Hälfte der neunziger Jahre des 20. Jahrhunderts begann der Begriff Wellness seinen Siegeszug in Europa: Der Konsument war begeistert, weil endlich seine Ansprüche im Kontinuum von Gesundheit, Wohlbefinden und Bodystyling mit dem Begriff Wellness eine begriffliche Heimat gefunden haben. Auch die Leistungsträger der Freizeit- und Tourismusindustrie waren begeistert, weil auch indifferente Angebote nun mit dem Label Wellness einen attraktiven Stempel erhalten konnten. Allerdings erfuhr der Begriff bald eine Bedeutungserosion, weil sich alle möglichen Produkte verschiedener Qualität dieses Begriffes bedienten. So mancher Vertreter der Heilbäderverbände sah in der Wellness-Welle der neunziger Jahre eine Bedrohung der Kurorte und Heilbäder. Mit dem berechtigten Hinweis, dass früher (damit meinte man die Zeit vor der Sozialversicherungskur, also vor dem 2. Weltkrieg) Kur ohnehin Wellness gewesen sei, reklamierte man die Erfindung von Wellness für die Kurorte.

---

[34]   Abbildung zitiert nach: Ardell (1977), S. 10.
[35]   Unter Seekwellness.com (o.D.) bietet Ardell Produkte rund um das Thema Wellness an.

Wellness im ganzheitlichen und US-amerikanischen Sinn hat nie einen Hehl daraus gemacht, dass das westlich-schulmedizinische Modell als einseitig empfunden wird. Daraus resultiert die folgende Tabelle, die pointiert jene Bereiche herausstreicht (rechte Seite), in denen Wellness seine Stärken gegenüber der Schulmedizin (linke Seite) sieht. Jedoch muss betont werden, dass die Schulmedizin im Hinblick auf Diagnose, Wissenschaftlichkeit und chirurgische Expertise unerreicht ist:[36]

Naturwissenschaftliches Schulmedizin-Modell	Modernes, US-amerikanisches Wellness-Modell
Problemorientierung	Kein Problem (Optimismus, positives Denken)
Der fragmentierte Mensch	Der holistische Mensch
Behebung von Krankheit	Förderung von Gesundheit
Behandlung von Symptomen	Therapie der Ursache
Behandlung mit Technik (Schulmedizin)	Behandlung mit natürlichen Heilmitteln
Externe Kontrolle (Arzt, Fremdverantwortung)	Interne Kontrolle/Verantwortung (Eigenverantwortung)
Angst als Motivation	Ganzheitliches Wohlbefinden als Motivation
Nicht spirituell	Spirituell
Konzentration auf Lebensquantität	Konzentration auf Lebensqualität
Konzentration auf ein einziges Medizinsystem	Nutzung komplementärer Medizinsysteme
Konzentration auf das Notwendige	Liebe zum Schönen, Ästhetischen, Sinnerfüllten
Gefühlsarm	Gefühlsbetont
Genussfeindlich	Genussfreundlich
Krankheit ist lästig	Gesundheit macht Spaß
Betonung des Objektiven	Betonung des Subjektiven
Auf einzelne Lebensphasen beschränkt	Das ganze Leben begleitend
Wirksamkeitsnachweis durch Wissenschaft	Ausweitung ins Subjektive
Der Patient ist eine Nummer	Der Kunde ist König

Abb. 7:   Gegenüberstellung von Schulmedizin- und Wellness-Modell

Es gibt viele verschiedene Quellen, die im Rahmen von Gäste- bzw. Kundenbefragungen eruiert haben, was die Menschen mit dem Begriff Wellness assoziieren oder was die Menschen tun, wenn sie Wellness konsumieren. Einige dieser Quellen sollen vergleichend dargelegt werden. Dabei werden die Nennungen mit abnehmender Priorität gelistet:

---

[36]   Siehe dazu auch: Armentrout (1991), S. 58.

1[37]	2[38]	3[39]	4[40]	5[41]	6[42]
Entspannendes Wannenbad	Sich etwas gönnen, verwöhnen	Ganzheitlichkeit	Entspannung	Indulgence, Sensuality	Entspannung, Relaxen
Massage	Seinen Körper pflegen	Nichts tun	Wohlfühlen	Self-Reflection	Gesund fühlen, etwas tun
Gesundes Essen	Energie tanken für Beruf und Alltag	Aktiv Sport treiben	Erholung	Stress Management	Wohlfühlen, Befinden
Lange ausschlafen	Stress abbauen		Gesundheit	Body Aesthetics, Appearance	Anwendungen, Bäder
Besuch bei einer Kosmetikerin	Zeit für sich selbst haben		Körperpflege	Health	Bewegung, aktiv sein
	Den Kopf frei bekommen		Zeit für sich selbst	Self-Discovery	Leben genießen, Vergnügen
	Einmal frei sein von Zwängen		Erholung von Körper und Geist	Physical Fitness	Körperpflege, Aussehen
	Gesünder leben		Fitness		Gesunde Lebensweise
	Den Körper trainieren, fit halten		Gesunde Ernährung		Wasser, Wellenbad

Abb. 8:   Assoziationen mit dem Begriff Wellness

In vielen Fällen bleibt die Methodik bzw. Absicht der Umfrage unklar. Gleichwohl können verschiedene Rückschlüsse aus der obigen Tabelle gezogen werden:

- Wellness neigt in erster Linie zu Muße und passiven Vorgängen.
- Wellness hat viel mit Entspannung zu tun (Seele- und Geist-Orientierung).
- Wellness hat viel mit Körperschönheit zu tun (Körper-Orientierung).
- Wellness hat sehr viel mit Sinnenvielfalt zu tun.
- In nachgeordneter Priorität hat Wellness durchaus etwas mit Gesundheit im Sinne von Bewegung und Fitness zu tun (Gesundheits-Orientierung).

Im Kontext der englischsprachigen Länder zeigt Wellness trotz aller Differenzierung immer wieder gemeinsame Bedeutungsfelder, deren Verwandtschaft zur Gesundheitsförderung offensichtlich ist:

---

[37]   Wellness-Tag (o.D.). Frage: Wellness-Tag: Was gehört unbedingt dazu?
[38]   Wellness-Motive (2004/2005). Frage: Was verbinden Sie mit Wellness?
[39]   Lanz-Kaufmann (1999), S. 43.
[40]   Mediaedge:cia (2006).
[41]   Saretzki et al. (o.D.). Frage: Assoziationen mit dem Begriff Wellness.
[42]   Gesundheit & Wellness, Repräsentative Bevölkerungsumfrage in Österreich und Deutschland (2002), S. 2 und 22. Frage: Was verbinden Sie mit dem Begriff Wellness?

- Betonung des Lebensstils für die Gesundheit.
- Individuelle Verantwortung für die eigene Gesundheit.
- Ausschöpfung von Potenzialen zu besserer Lebensqualität.
- Multifaktorielle Ursache von Leiden.
- Ganzheitlichkeit im Menschenbild.

Angesichts dieser Bedeutungsvielfalt und regionalen Differenziertheit kann eine integrative Definition des Begriffs Wellness wie folgt aussehen:

Im Unterschied zu den anglophonen Ländern zielt der Begriff Wellness in Mitteleuropa weniger auf Interventionen auf gesundheitswissenschaftlicher Basis, sondern vielmehr auf ein komplexes Feld von Motivatoren im Kontinuum von Gesundheit, Bodystyling, Verwöhntwerden und Entspannung, deren Zielsetzung zwischen nachhaltiger Wiederherstellung körperlicher sowie seelischer Gleichgewichte einerseits und kurzfristiger Bedürfnisbefriedigung andererseits schwankt.

Infolge der Vielschichtigkeit des Begriffs Wellness wird in dieser Arbeit außer in Zitaten nicht von Wellness-Hotel gesprochen, sondern von Spa-Hotel oder Spezifikationen wie z.B. Medical Spa-Hotel.

Medical-Wellness
Der Begriff Medical-Wellness wird im Zusammenhang mit Spa diskutiert (s. Kapitel 1.1.13.2).

1.1.7   Selfness und Mindness

Der Begriff Selfness soll dazu dienen, durch Konkretisierung des Wellness-Begriffs zu einer klareren Formulierung zu gelangen, was in Zukunft in Wellness-relevanten Märkten passieren wird. Allerdings werden dem Begriff Selfness sehr verschiedene Bedeutungen zugeschrieben:

- „Die Fähigkeit, sich gesund zu ernähren, Sport zu treiben, fit zu bleiben (körperliche Kompetenz).
- Die Fähigkeit zur Work-Life-Balance und zum positiven emotionalen Umgang mit der sozialen Umwelt, mit Partnerschaft, Beruf, Familie (emotionale Lebens-Kompetenz).
- Die Fähigkeit, selbstständige Entscheidungen in komplexen Lebenssituationen oder Krisen zu treffen (biographische Wachstums-Kompetenz).
- Die Fähigkeit, Lernen und bewussten Erfahrungsgewinn bis ins hohe Alter fortzusetzen (Reifungs-Kompetenz)."[43]

Selfness grenzt sich gerne von Wellness ab mit dem Hinweis, Wellness bedeute nur kurzfristiges Wohlbefinden, Selfness jedoch langfristige Veränderung. Unter dem Begriff Selfness firmieren inzwischen sogar ganze Unternehmen[44] im weiteren Umfeld der gesundheitstouristischen Industrie.

---

[43]   Horx (2004), S. 2.
[44]   Selfness Center (o.D.).

Mindness sieht sich als mentale Ergänzung zu Selfness, indem es mit Hilfe neuer Denkmuster, z.B. durch offenes Denken in Alternativen, zur Selbstveränderung beitragen soll. Dabei geht es neben der Integrationsfähigkeit in einer sich rasch wandelnden Gesellschaft auch um Strategien der Problembewältigung und um Techniken der Entfaltung von Glücks- und Denkpotenzialen.

1.1.8 Hedonismus

Der Begriff Hedonismus und sein Bedeutungsinhalt gehen auf griechische Quellen zurück und bezeichnen in der Philosophie von Epikur eine Lebenseinstellung, in der Vergnügen (hedone) im Sinne von Freude und Gemütsheiterkeit der bestimmende Lebenszweck ist, und zwar ganz und gar in positivem Sinn.[45] Begriffserweiterungen wie Egoistischer Hedonismus oder Altruistischer Hedonismus differenzieren zwischen einer Lebenseinstellung einerseits, in der das auf das Individuum gerichtete Vergnügen Lebenszweck ist, und einer Lebenseinstellung andererseits, in der das dem Kollektiv zugute kommende Vergnügen Lebenszweck ist. Solche Gedankenrichtungen wurden immer wieder von der europäischen Geistesgeschichte aufgegriffen und diskutiert wie z.B. von Jeremy Bentham (1748-1832) oder John Stewart Mills (1806-1873). In unserem heutigen Sprachgebrauch wird der Begriff Hedonismus gerade in Zusammenhang mit der Wellness-Industrie tendenziell abwertend verwendet, wobei ausdrücklich zu betonen ist, dass die Fähigkeit zu entspannen und zu genießen vielen abhanden gekommen ist und allemal ein bedeutender Beitrag zur individuellen Gesundheit sein kann.

1.1.9 Wohlbefinden

Der Begriff Wohlbefinden wird in dieser Arbeit im Sinne des subjektiven Wohlbefindens definiert:

Wohlbefinden ist die subjektiv empfundene Zufriedenheit in und mit dem eigenen und ganzheitlich gesunden Körper sowie mit der Position in allen menschlichen Außenbeziehungen (z.B. Beruf, soziales Umfeld).

Es gibt verschiedene Erklärungsansätze dessen, wie subjektives Wohlbefinden[46] entsteht. Dazu einige Beispiele:[47]

- Wohlbefinden entsteht durch die Erreichung eines persönlich gesteckten Zieles.
- Wohlbefinden entsteht durch eine genetische Prädisposition.
- Die Adaptationstheorie geht davon aus, dass das subjektive Wohlbefinden durch Gewöhnung an negative Einflüsse im Gleichgewicht gehalten wird.
- Aktivitätstheorien gehen davon aus, dass Wohlbefinden aus Tätigkeit und Betriebsamkeit resultiert.

---

[45] Als einer der Schöpfer der hedonistischen Lebensphilosophie gilt Aristippus von Cyrene (435-366 v.u.Z).

[46] In der Literatur werden die Begriffe Wohlbefinden und Glück häufig austauschbar verwendet.

[47] Siehe dazu mehr unter: Dittmann et al. (2007) und: Gilbert et al. (2004), Kapitel 2.1.

- Nach anderer Meinung entsteht Wohlbefinden durch wiederkehrende globale Neigungen (Trends), Dinge positiv zu sehen („Positive Thinking"-Bewegung).
- Schließlich gibt es Ansätze, die sagen, dass Wohlbefinden auf individueller Ebene als Folge vieler positiver Erfahrungen zu erklären ist.

1.1.10   Seele und Selbst

Seele und Selbst beschreibt einen touristischen Ansatz, bei dem die Gefühle, geistigen Vorgänge und psychischen Defizite im Mittelpunkt der Aufmerksamkeit stehen. Dabei bezieht sich der Begriffsbestandteil „Selbst" auf die Sicht des Gastpatienten auf seine persönliche Situation und Problem- wie Bedürfnislage.

1.1.11   Sport, Fitness, Bewegung und verwandte Begriffe

Im Folgenden werden Begriffe im Kontinuum von Sport und Therapie erläutert.

Sport wird definiert wie folgt:

„Tätigkeiten, die vorwiegend körperliche Bewegungen (motorische Aktivitäten) darstellen, ... die zielgerichtet nach körperlicher Leistung streben, d.h. auf bestimmte Gütestandards bezogen sind, bei denen die Beherrschung der leiblichen Motorik thematisiert und zu einer Fertigkeit gemacht wird, die man lernen und üben kann; ... die kein Produkt im engeren Sinn fertigen, d.h. nicht dadurch Sinn erfahren; ... die in einer Sportart, also nach definierten Mustern stattfindet."[48]

Fitness kann unter sportbiologischen Gesichtspunkten wie folgt charakterisiert werden:

„Zustand überdurchschnittlicher psychophysischer Leistungsfähigkeit in gesundheitlicher und sportlicher Hinsicht."[49]

Sport- und Bewegungstherapie:

„Sport – und Bewegungstherapie sind ärztlich indizierte und verordnete Bewegung mit verhaltensorientierten Komponenten, die vom Therapeuten geplant, dosiert, gemeinsam mit dem Arzt kontrolliert und mit dem Patienten alleine oder in der Gruppe durchgeführt wird."[50]

---

[48] Wallner (o.D.). in Anlehnung an: Grieswelle (1978).
[49] Weineck (2000), S. 18.
[50] Was ist Sport- und Bewegungstherapie? (o.D.)

Gesundheitssport:

„Körperliches Training mit dem Ziel einer Verbesserung physischer und psychischer Parameter der Gesundheit."[51]

Die Ziele des Gesundheitssports und der Sporttherapie sind vielfältig:

- Salutogenesemodell (Stärkung der individuellen Gesundheitsressourcen).
- Bewältigungsmodell (Bewältigung z.B. von Beschwerden und Missbildungen).
- Risikofaktorenmodell (Meidung und Minderung von Risikofaktoren).
- Befindlichkeitsmodell (Stabilisierung und Verbesserung der Befindlichkeit).
- Lebensstilmodell (Integration von körperlichen bzw. sportlichen Aktivitäten in den Alltag).

Teil der Definitionsarbeit ist die Feststellung, dass Gesundheitssport einerseits und Sporttherapie andererseits für gewöhnlich in verschiedenen Einrichtungen stattfinden:[52]

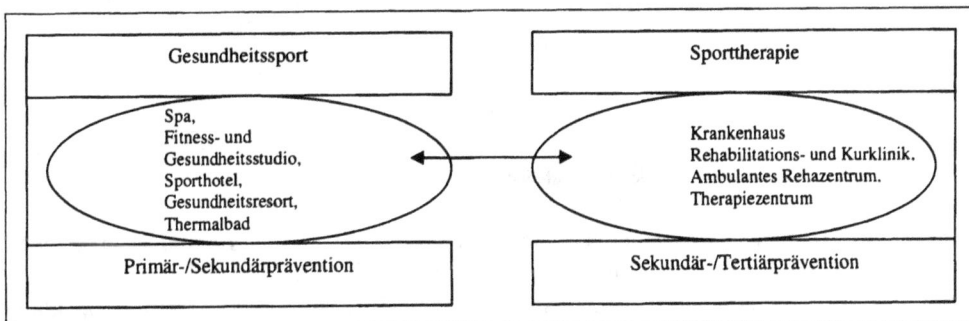

Abb. 9:   Orte für Gesundheitssport und Sporttherapie

Trainingstherapie:

„Therapie nach trainingswissenschaftlichen Prinzipien, Inhalten und Methoden innerhalb einer Rehabilitationsmaßnahme mit dem Ziel, funktionelle und morphologische Störungen zu behandeln."[53]

Die Medizinische Trainingstherapie (MTT) wird ärztlich verordnet und überwacht.

---

[51]   Samitz et al. (2002).
[52]   In Anlehnung an: Schüle et al. (2004), S. 7.
[53]   Röthig et al. (2003).

1.1.12   Finanzierung von Gesundheit

1.1.12.1   Erster und Zweiter Gesundheitsmarkt

Wenn der Konsum gesunder Produkte von den Menschen aus eigener Tasche finanziert wird, spricht man vom zweiten Gesundheitsmarkt. Gesunde Dienstleistungen, deren Kosten von einem Sozialversicherungsträger (z.B. Krankenkassen) übernommen werden, zählen zum so genannten ersten Gesundheitsmarkt:

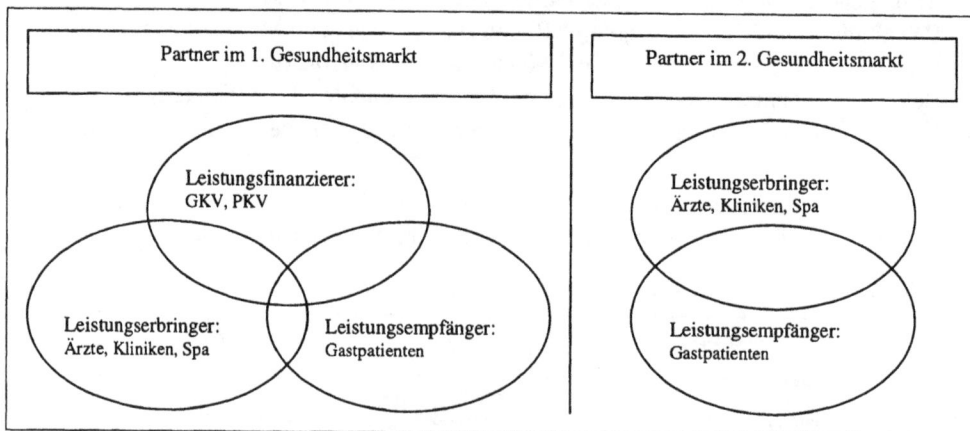

Abb. 10:   Partner im ersten und zweiten Gesundheitsmarkt

Eine genaue Trennung zwischen erstem und zweitem Gesundheitsmarkt ist nicht leicht, weil es nur noch wenige Leistungen ohne Selbstbehalt gibt. Außerdem zeigt sich, dass es im Vergleich verschiedener europäischer Länder sehr verschiedene Anteile der privaten Zuzahlung für Gesundheit gibt. Viele Indikatoren weisen darauf hin, dass der so genannte zweite Gesundheitsmarkt ein deutliches Wachstum erfahren wird:

- Zunehmendes Gesundheitsbewusstsein und anhaltend hohe Bereitschaft, eigene Mittel für Körperpflege und Bodystyling aufzuwenden.
- Budgetäre Überforderung der Krankenkassen und somit Notwendigkeit, jedem Versicherten mehr Kosten bzw. Eigenverantwortung aufzubürden.
- Demografische Entwicklung: Alterung der Gesellschaft und damit verbunden zunehmende Nachfrage nach gesunden Dienstleistungen.
- Zunehmende Würdigung durch die älteren Generationen von Werten wie z.B. gesundes Altern.
- Zunehmende Bereitschaft von Dienstleistern des ersten Gesundheitsmarktes (niedergelassene Ärzte, Krankenhäuser), so genannte individuelle Gesundheitsleistungen (IGeL) anzubieten.
- Angesichts steigernder Kosten durch fortschreitende Technik im Gesundheitswesen werden im Rahmen des durch Krankenkassen finanzierten Gesundheitswesens in Zukunft wahrscheinlich mehr und mehr Durchschnittsleistungen angeboten. Leistungen besonderer Art (z.B. die künstliche Hüfte aus zuzahlungspflichtigem Titan gegenüber einer Hüfte aus Material, deren Kosten übernommen werden) werden dann aus eigener Tasche bezahlt werden müssen.

### 1.1.12.2	Selbstzahler, Privatzahler, Fremdzahler

Die Finanzierung gesunder Produkte kann aus verschiedenen Quellen erfolgen:

- Der Selbstzahler bezahlt ein gesundes Produkt aus eigener Tasche, ohne eine wie auch immer geartete Versicherung in Hinterhand zu haben.
- Der Privatzahler verfügt über eine private (Zusatz-)Versicherung, die ihm die Kosten der gesunden Maßnahme oder Teile davon zurückerstattet.
- Der Fremdzahler ist derjenige, der die Kosten oder Teile davon von einem Sozialversicherungsträger (z.B. gesetzliche Krankenversicherung) erstattet bekommt. Dieser Gast wird in der Literatur auch als Sozialversicherungsgast bezeichnet.
- Der Zuzahler ist derjenige, der als Gastpatient des ersten Gesundheitsmarktes (Fremdzahler) für gewisse Leistungen (z.B. Komfortzimmer) bereit ist, dazu zu zahlen.
- Der Sonstzahler verfügt über weitere Finanzierungsquellen für Gesundheit wie z.B. die eigene Firma oder eine Wohltätigkeitsorganisationen.

Bei vielen gesunden Interventionen aus dem Leistungskatalog der Sozialversicherungsträger liegt eine Mischform der Finanzierung vor, da den Patienten Eigenleistungen (Zuzahlungen) abverlangt werden.

### 1.1.13	Spa

Die Etymologie des Begriffs Spa ist umstritten. Viele Quellen geben an, dass der Begriff Spa lateinischen Ursprungs und eine Zusammensetzung der Anfangsbuchstaben von S, P und A ist:

- S steht für salus (Gesundheit, Wohlfahrt) oder sanus (heil, wohl, gesund, natürlich).
- P steht für per (durch, mit Hilfe von, infolge von).
- A steht für aqua (Wasser).

Gesundheit durch (Heil-)Wasser (salus per aquam) weist auf die Affinität der Römer für die Badekultur hin. Unbestritten ist jedoch, dass die Badekultur in (Thermal-)Wasser keine römische Erfindung ist, sondern auf viel ältere Vorbilder zurückgreift.

Definitionen

Es gibt eine Vielzahl von Definitionen des Begriffes Spa. An dieser Stelle sollen einige wichtige genannt werden. Die ISPA[54] definiert wie folgt:

"Spas are places devoted to enhancing overall well-being through a variety of professional services that encourage the renewal of mind, body and spirit."[55]

An dieser Definition fällt auf, dass das Ziel nicht in erster Linie durch Wasser erreicht werden soll. Es muss betont werden, dass im US-amerikanischen Sprachgebrauch ein Spa auch dann ein Spa sein kann, wenn es keinen Wasserbereich hat. Die folgende Definition hingegen sieht Wasser als zentrales Element der Behandlungen:

---

[54]	International Spa Association.
[55]	Association Fast Facts (o.D.).

„A business offering water-based treatments practiced by qualified personnel in a professional, relaxing and healing environment."[56]

Für das vorliegende Buch soll gelten:

Ein Spa ist ein Ort der besonderen Hinwendung zu Bedürfnissen im Kontinuum von Gesundheit, Wohlbefinden, Entspannung und Bodystyling, die durch geschultes Personal und
häufig unter Zuhilfenahme von (Heil-)Wasser ganzheitlich befriedigt werden.

Damit ist eine breite begriffliche Klammer gegeben für Kur- und Thermalbäder, so genannte
Wellness-Bereiche in Hotels oder auch Einrichtungen der Freizeit- und Lifestyle-Medizin.
Schwerpunktbildungen können begrifflich z.B. mit Medical-Spa oder Beauty-Spa vorgenommen werden. Ein Fitnessstudio herkömmlicher Art würde man nicht als Spa bezeichnen.
Wenn es allerdings über ein vielfältiges ergänzendes Angebot wie z.B. Sauna und Kosmetik
verfügen würde, könnte es als Day Spa bezeichnet werden. Orte z.B. im Sinne von Kurort
werden nicht als Spa bezeichnet, ebenso wenig auch Regionen, selbst wenn sie über eine
betont gesunde Infrastruktur für Einheimische oder Touristen verfügen.

1.1.13.1   Komposita mit Spa
Day-Spa

"A spa offering a variety of professionally administered spa services to clients on a day use
basis."[57]

Der Unterschied zum Spa kommt bereits in dieser Definition klar zutage, nämlich dass keine
Übernachtungsmöglichkeit im gleichen Gebäude vorhanden ist bzw. dass es kein zusammengehöriges Hotel und Spa gibt. Im Unterschied zum Kosmetikinstitut verfügt das Day-
Spa in der Regel über ein breiteres Produktsortiment. Über die Ausstattung eines Day-Spa
gehen die Meinungen auseinander:

- Als Mindestausstattung könnte genannt werden: Jeweils zwei Gesichts- und Körperkabinen sowie eine Massagekabine. Darüber hinaus sollten auch Ruhe- und Beratungsraum
  sowie eine Teebar vorhanden sein.
- Optional können auch bei größeren Einrichtungen Sauna und Schwimmbad, vielleicht
  sogar ein Fitnessraum vorhanden sein. In diesem Fall werden leicht 400m² Gesamtfläche
  erreicht.

Destination-Spa: Spa-Hotel und Hotel-Spa
Im Gegensatz zum Day-Spa umfasst das so genannte Destination-Spa auch eine Übernachtungsmöglichkeit im selben Gebäude und beschreibt folglich ein Hotel mit Spa:

---

[56]   Spa definition and total spa numbers (2001-2008).
[57]   Day Spa. (o.D.).

Ein Destination-Spa ist ein Ort mit Hotelbetrieb der besonderen Hinwendung zu Bedürfnissen im Kontinuum von Gesundheit, Wohlbefinden, Entspannung und Bodystyling, die durch geschultes Personal und häufig unter Zuhilfenahme von (Heil-)Wasser ganzheitlich befriedigt werden.

Die Begriffe Spa-Hotel und Hotel-Spa deuten eine differenzierte Gewichtung an:
- Zählt im Spa-Hotel das Spa zu den zentralen Angebotselementen, so
- stellt es im Hotel-Spa keinen zentralen Geschäftszweig dar.

Club Spa
Der Begriff Club-Spa betont den Aspekt der Zulassungsbeschränkung. So können nur Club-Mitglieder die Spa-Infrastruktur nutzen (z.B. Golf-Club).

Residential-Spa
Ähnlich wie der Begriff Club Spa beschränkt der Begriff Residential Spa die Zulassung auf bestimmte Menschen, meint hier beispielsweise die Bewohner einer definierten Wohnanlage.

Cruise Ship-Spa
Der Begriff beschreibt ein Spa auf einem Kreuzfahrtschiff.

Mineral Springs-Spa
Der Begriff weist auf ein Spa hin, in dem mineralisiertes Wasser eingesetzt wird. Dadurch wird die Möglichkeit für den therapeutischen Einsatz des Wassers angedeutet.

Spa-Retreat (Retreat-Spa)
Der seltene Begriff Spa-Retreat bezieht sich auf ein Spa, das sich als spirituelles Zentrum versteht.

Private-Spa
Ein Private Spa ist ein Teil des Spa-Bereiches oder ein eigener Spa-Bereich im Hotelzimmer, das exklusiv gemietet werden kann bzw. nur vom Bewohner des Hotelzimmers genutzt werden darf.

Medical-Spa
Der Begriff Medical Spa weist auf ein Spa, in dem vor allem medizinische Behandlungen angeboten werden.

Beauty-Spa
Ein Beauty-Spa macht in erster Linie kosmetische Angebote.

Fitness-Spa
Ein Fitness-Spa ist auf Fitness spezialisiert und bietet darüber hinaus weitere Angebote (z.B. Wasserbereich).

1.1.13.2   Medical-Spa, Medical-Wellness und Medical-Beauty

Auch dieses Kapitel diskutiert wie das vorige Komposita mit Spa, ist allerdings wesentlich komplexer und bedarf somit einer eigenen Überschrift.

Die Begriffe der Überschrift stehen wie keine anderen für Symbole einer sich wandelnden Zeit, in der sich der von seiner Sozialversicherung zunehmend Mangelversorgte mehr und mehr um seine eigene Gesundheit kümmern muss und auch möchte, da er unabhängig vom Leistungskatalog seiner Krankenversicherung sehr viele Konsumbedürfnisse im Kontinuum von Gesundheit, Wohlbefinden und Bodystyling entwickelt. In dieser Präferenzmedizin kommt es zu definitorischen Grauzonen zwischen der zu behandelnden Krankheit und den subjektiven Präferenzen des Gastpatienten, der in gewisser Beliebigkeit schöne und mitunter auch heilsame Dinge auswählt jedenfalls dann, wenn er als autonomer Selbstzahler auftritt. Auf Anbieterseite sind nicht mehr allein die von Ärzten und Verwaltern der Sozialversicherungen formulierten Leistungskataloge maßgebend, sondern Produkte aller Art, deren Erfolg nicht mehr nur dem Primat des Heilens, sondern mehr und mehr vom Primat des Verkaufens und der Gewinnmaximierung definiert wird. Therapie ist letztlich nicht nur Heilung oder Linderung von Krankheit durch Ärzte, sondern vielmehr Optimierung der Performance jedes Einzelnen. Es sind auch nicht mehr die traditionellen Räume (klinische Einrichtungen), in denen Medizin verabreicht wird, sondern der Konsument sucht sich andere, die seinen komplexen Bedürfnissen entsprechen.

Medical-Wellness und Medical-Spa sind Hoffnungsträger für Unternehmungen, die zuvor kaum eine Konkurrenz gewesen sind, nämlich Hotels auf der einen und Kliniken auf der anderen Seite. Im Zeichen sich wandelnder demografischer und gesundheitspolitischer Rahmenbedingungen werden diese beiden unterschiedlichen Gruppen von Unternehmen zu Konkurrenten um jene Gäste, die Reise mit Gesundheit verbinden wollen. Dieses Szenario zeichnet sich derzeit erst ansatzweise ab, wird jedoch in Zukunft an Bedeutung gewinnen. Dabei bringen beide Gruppen von Unternehmen ganz verschiedene Voraussetzungen mit:

- Kliniken verfügen über eine komplexe medizinale Infrastruktur und das entsprechende Wissen darüber. Diese Qualität fehlt den meisten Hotels. Menschen, die einen Klinikaufenthalt aus der eigenen Tasche bezahlen, erwarten sich in der Regel ein Unterkunftsniveau und Hotelambiente, das über das von vielen Anbietern Gebotene deutlich hinausgeht.
- Hotels bieten im Sinne von Hardware eine bessere Unterkunftsqualität (hochwertig und großzügig eingerichtete Räume) sowie besonders im 4-Sterne- und 5-Sterne-Hotelstandard eine vorzügliche Servicequalität des Personals (Software). Eine Verbesserung der Hardware erfordert oftmals Investitionen in Baumaßnahmen für eine medizinisch-therapeutische Infrastruktur.

Die folgende Tabelle konzentriert sich auf touristische Aspekte von „medical" und „Wellness" und versucht gleichermaßen eine Abgrenzung von Wellness-Tourismus einerseits und Kur-/Reha-Aufenthalten andererseits:

Abgrenzungs-kriterien	Wellness (-Tourismus)	Medical-Wellness (-Tourismus)	Kur (-Aufenthalte)
Motive, Ziele	Starker Fokus auf Wohl-befinden, Bodystyling und Entspannung	Medizinische Versorgung und Aufenthaltsqualität auf hohem Niveau, Prävention	Gesundheitsförderung, Primärprävention, besonders Sekundärprävention[58]
Rolle des Arztes	Eher unwichtig	Kundensouveränität stärker vertreten, Rolle des Arztes wichtig, aber nicht allein bestimmend	Sehr wichtig
Entscheidungen, Motivation	Eigeninitiative durch Gastpatienten, keine Krankenversicherung im Hintergrund	Eigeninitiative stärker vertreten, Therapie seltener durch Sozialversicherungs-träger veranlasst	Einweisung bzw. Bewilli-gung durch Arzt (bzw. med. Dienst) als Voraussetzung
Reglementierung	Art, Dauer und Häufig-keit der Behandlungen nach Belieben	Mitbestimmung durch Gastpatient, teilweise Autonomie	Strikt zu befolgender Kur-plan
Aufenthaltsdauer	Noch kürzer als bei Medical-Wellness, in der Regel zwei bis vier Tage	Oft nur ein Wochenende oder eine bis zwei Wochen	In Deutschland in der Regel drei Wochen wenn vom Sozialversicherungsträger finanziert
Finanzierung	Ausschließlich zweiter Gesundheitsmarkt	Zweiter Gesundheitsmarkt stärker vertreten, jedoch auch erster Gesundheits-markt	Erster Gesundheitsmarkt, Übernahme der Kosten durch Sozialversicherungs-träger rückläufig
Behandlerischer Fokus	Beauty und Massagen; nur selten Anwendun-gen unter ärztlicher Führung gefragt	Keine methodisch-therapeutische Begrenzung	Kurmedizin (z.B. Balneolo-gie, Klimatologie, Physio-therapie)
Outcome-Qualität	Überprüfung der med. Qualität nur teilweise wichtig	Überprüfung der med. Qualität sehr wichtig	Überprüfung der med. Qualität sehr wichtig
Ambiente, Unterkunft	Kunden mit höheren Ansprüchen an Unter-kunfts- und Service-qualität	Kunden mit höheren Ansprüchen an Unter-kunfts- und Servicequalität	Unterkunftsqualität weniger im Mittelpunkt, sofern Einrichtung des ersten Gesundheitsmarktes
Leistungsträger	Hotels oder Multifunk-tionsbäder, keine klinischen Einrichtun-gen	Klinische Einrichtungen und Hotels sowie ausge-suchte Multifunktionsbäder od. Fitnessstudios	Kurkliniken und Kurhotels
Image	Image grundsätzlich positiv, jedoch durch den erodierten Well-ness-Begriff gefährdet	Grundsätzlich positiv, viele Verbraucher können sich darunter noch nicht viel vorstellen	Von jüngeren Generationen mit kritischem Image be-frachtet
Mitbestimmung durch Gastpatienten	Groß	Zwischen Wellness und Kur angesiedelt	Gering, da Interventionsstra-tegie im Wesentlichen durch Geldgeber (Versicherung) bestimmt ist
Inanspruchnahme natürlicher Heilmittel	Kann eine Rolle spielen	Spielt keine bevorzugte Rolle	Spielt eine wichtige Rolle
Alter d. Gast-patienten	Im Wesentlichen 35+	Im Wesentlichen 48+	Im Wesentlichen 55+

Abb. 11:   Abgrenzung zwischen Wellness-Tourismus, Medical Wellnes-Tourimus und Kurtourismus

---

[58]   In Deutschland nach § 23 SGB V (medizinische Vorsorgeleistungen).

Gesunderhaltende touristische Angebote, die eine hohe Kompetenz in beiden Bereichen (medical + Wellness) haben, gibt es auf niedrigem Niveau wachsend zunehmend. Stellvertretend für andere sei hier auf AMAS (Austrian Moderate Altitude Study)[59] hingewiesen und ihre touristische Umsetzung im Rahmen von Welltain[60]. AMAS zielt auf eine medizinale und sportwissenschaftliche Vergleichsuntersuchung von identisch verbrachter Freizeit in Höhenlage einerseits und Tallage andererseits. Die Ergebnisse zeigen klare höhenspezifische Benefits.[61] Dieser stark auf klimatologischen und bewegungsphysiologischen Parametern ausgerichtete Gesundheitsurlaub weist so manche Unterschiede zur Kur auf:

Kur	Welltain
Überwiegend Kassenleistung (erster Gesundheitsmarkt)	Überwiegend Selbstzahler (zweiter Gesundheitsmarkt)
Eine große Zahl passiver Interventionen	Vorwiegend aktive (Sport-)Angebote
Weniger starkes Gewicht auf Outdoor-Aktivitäten	Starkes Gewicht auf Outdoor-Aktivitäten
Aufenthaltsdauer häufig drei Wochen	Aufenthaltsdauer meist ein bis zwei Wochen
Unterkunftsniveau weniger hoch	Unterkunft in 4-Sterne-Hotels
Stärken in allen Varianten der Prävention	Stärken in der Primär- und Sekundärprävention

Abb. 12:   Abgrenzung zwischen Kur und AMAS-Welltain

Medical-Wellness

Der Grund für das seit kurzem inflationäre Auftreten des Begriffs Medical-Wellness liegt in den folgenden Ursachen begründet:

- Mehr und mehr Dienstleister entwickeln ein Bewusstsein dafür, dass die Bedeutungserosion des Begriffs Wellness voranschreitet und durch den Zusatz Medical aufgewertet werden kann.

- Durch stagnierende gesundheitstouristische Märkte in vielen westeuropäischen Ländern infolge eines stärkeren Wachstums des Angebotes als der Nachfrage werden Auswege gesucht, die sich z.B. in einer Medizinalisierung (Medical-Wellness), Spiritualisierung (Mental-Wellness) oder Ökologisierung (nachhaltige Bewegung in gesunder Natur) niederschlagen.

- Auch die Gesundheitspolitik in vielen Ländern Europas trägt ihren Teil zu der Entwicklung bei, indem die Menschen durch Leistungskürzungen der Krankenkassen in eine stärkere Eigenverantwortung für ihre Gesundheit gedrängt werden und sich nun als mehr oder weniger autonome Kunden und den damit verbundenen Ansprüchen dem Gesundheitsdienstleister ihrer Wahl zuwenden können.

Beide zuvor abgebildeten Tabellen haben zunächst wichtige Bedeutungsdimensionen von „Medical" einerseits und „Wellness" andererseits herausgearbeitet. Der nächste Schritt ist eine Definition, in der die berechtigten Einzelinteressen dieser verschiedenen Welten zusammengeführt werden:

---

[59] Das alpinmedizinische Höhenprojekt AMAS 2000 und die Umsetzung in das medizinische Tourismusprodukt „Welltain®" (o.D.).

[60] Welltain (o.D.).

[61] Schobersberger et al. (2006), S. 99.

Medical-Wellness ist ein Bündel komplexer Produkte im Kontinuum von Gesundheit, Wohlbefinden und Bodystyling, welche allesamt unter gesundheitswissenschaftlicher Aufsicht stehen und dem Primat des Heilens bzw. der Linderung von Krankheit, der Gesunderhaltung und der Steigerung der Lebensqualität verpflichtet sind. Die Kundenorientierung im Sinne der Befriedigung subjektiver Bedürfnisse wird ernst genommen und in einem Ambiente umgesetzt, das durch Großzügigkeit und Aufenthaltsqualität gekennzeichnet ist.

Analog zur spezifischen Bedeutung des Begriffes in den USA und in enger Anlehnung an das deutschsprachige Verständnis von Gesundheitsförderung definiert die US-amerikanische Medical Wellness Association wie folgt:

"Medical wellness is an approach to delivering health care in which the multiple influences on a person's health are considered. Accordingly, there are multiple options for treating and preventing disease."[62]

Die gleiche Quelle fügt hinzu, dass Medical-Wellness...

- "... provides a balanced, appropriate application of wellness practices within the clinical setting, based on evidence-based practices.
- ... promotes a cross-disciplinary approach to patient care, based on informed consent and decision support between the practitioner and patient.
- ... establishes a foundation for dialogue and collaboration between conventional and complementary practices with the primary goal of promoting optimal health and well-being.
- ... promotes the development and application of professional standards for wellness practices across clinical practices."

Medical Wellness im Sinne der anglophonen Länder bedeutet eine doppelte Ganzheitlichkeit, nämlich zum einen die Ganzheitlichkeit des Menschenbildes mit der Vielzahl von Einflussmöglichkeiten auf den Gesundheitszustand und zum anderen die Ganzheitlichkeit der Therapie unter Zuhilfenahme verschiedener, eben auch komplementärer Therapiesysteme.

Medical-Spa
Die International Medical-Spa Association definiert Medical-Spa wie folgt. Diese Definition unterstreicht das breite Portfolio medizinischer Intervention auf der einen Seite, betont aber auch die Spa-Atmosphäre, ohne diese näher zu erläutern:

„A medical spa is a facility that operates under the full-time, on-site supervision of a licensed health care professional. The facility operates within the scope of practice of its staff, and offers traditional, complementary, and alternative health practices and treatments in a spa-like setting. Practitioners working within a medical spa will be governed by their appropriate licensing board, if licensure is required."[63]

---

[62]   What is Medical Wellness? (2004), S. 1.
[63]   Medical spa definitions and guidelines (o.D.).

Als Alternative zur vorher zitierten Definition kann die weiter oben dargestellte Definition von Medical-Wellness nun herangezogen werden, um Medical-Spa zu definieren:

Medical-Spa ist eine Einrichtung, in der ein Bündel komplexer Produkte im Kontinuum von Gesundheit, Wohlbefinden und Bodystyling angeboten wird, welche allesamt unter gesundheitswissenschaftlicher Aufsicht stehen und dem Primat des Heilens bzw. der Linderung von Krankheit, der Gesunderhaltung und der Steigerung der Lebensqualität verpflichtet sind. Die Kundenorientierung im Sinne der Befriedigung subjektiver Bedürfnisse wird ernst genommen und in einem Ambiente umgesetzt, das durch Großzügigkeit und Aufenthaltsqualität gekennzeichnet ist.

Medical-Beauty

Der Begriff Medical-Beauty lässt sich auf zwei Aspekte konzentrieren:

- Zunächst wird durch einen Dermatologen eine gründliche Hautanalyse durchgeführt.
- Anschließend werden individuell auf den Gastpatienten zugeschnittene Pflegeprogramme konzipiert.

Der Begriff Cosmeceuticals als Wortschöpfung aus Cosmetics und Pharmaceuticals beschreibt einen Markt, in dem immer mehr Menschen medizinische Interventionen wählen, ohne dass diese unter therapeutischen Gesichtspunkten notwendig wären. Die Medizinalisierung von Beauty ist Zeichen der Zeit und soll einen Qualitätsausweis gegenüber herkömmlichen Kosmetika darstellen. Die Marken medizinischer Kosmetika – so genannte Doctor Brands – sind nach eigenen Aussagen durch hohe Konzentration und besondere Qualität der Wirkstoffe charakterisiert.

Infektionen, Nervenverletzungen und Dermatosen z.B. infolge von Piercing oder Henna-Tätowierungen sind nicht selten und lassen eine medizinische Begleitung im Sinne von Medical Beauty als sinnvoll erscheinen. Analysen und Eingriffe erfolgen meist apparativ, nicht operativ. Allerdings sind in der Branche auch Kooperationen mit plastischen und ästhetischen Chirurgen zu beobachten. Besonders nachgefragt werden:

- Faltenbehandlungen (z.B. Injektionen mit Botulinumtoxin).
- Peelings (z.B. Mikrodermabrasion).
- Body Figuring.
- Body Contouring.

Das herkömmliche Beauty-Studio mit seinem Schwerpunkt auf der präparativen Kosmetik wird nur in seltenen Fällen Verkaufsort von Doctor Brands im Sinne medizinischer Kosmetik sein. Vielmehr können sich Medical-Spas, Arztpraxen, Apotheken mit Kabine oder größere und spezialisierte Kosmetikinstitute sowie dermatologische Einrichtungen mit Hilfe von Medical-Beauty profilieren.

1.1.14   Bad

Ein Bad steht im Allgemeinen für einen Aufenthalt im Wasser zur Reinigung des Körpers oder Linderung von Leiden.

1.1.14.1   Thermalbad bzw. Multifunktionsbad

„Wässer, deren Temperaturen von Natur aus am Austrittsort mehr als 20°C betragen, können als Thermen oder Thermalquellen charakterisiert werden."[64] Aus dieser Definition des Deutschen Heilbäderverbandes folgt, dass so manches Bad, das z.B. mit erwärmtem Leitungswasser arbeitet, gar keine Therme bzw. Thermalbad ist. Im allgemeinen Sprachgebrauch der mitteleuropäischen Länder steht Therme für ein Bad mitunter mit Thermalwasser und mit ganz besonders vielseitigen Angeboten für Sport und Spaß, Familien und Gesundheit und mitunter Kur[65]. Dazu kommt häufig noch ein Hotel („Thermenhotel"). Solche Einrichtungen sollen im Folgenden mit Multifunktionsbad bezeichnet werden. Wenn dieses Bad dann auch noch über Thermalwasser verfügt im Sinne des Heilbäderverbandes, wird der Begriff Multifunktions-Thermalbad verwendet.

1.1.14.2   Andere

Bäder können nach verschiedenen Gesichtspunkten systematisiert werden. Dabei lassen sich manche Begriffe besser durch den Angebotsschwerpunkt, andere besser durch die Zielgruppe charakterisieren:[66]

Begriff	Angebotsschwerpunkt	Häufige Zielgruppe
Freibad	Ein Bad mit künstlicher und nicht überdachter Wasserfläche, häufig nur saisonal betrieben, zusätzlich Liegewiese und Angebote für Sport und Spiel	Zielgruppen der Freizeit, Entspannung sowie Spaß
Hallenbad	Ein Bad mit künstlicher und überdachter Wasserfläche	Zielgruppen der Freizeit, Entspannung sowie Spaß
Hallenfreibad	Kombination aus zuvor genannten Bädertypen	Zielgruppen der Freizeit, Entspannung sowie Spaß
Naturbadestelle	Ein Bad mit natürlicher Wasserfläche (z.B. See), häufig ohne WC und Umkleide, keine Wasseraufbereitung	Zielgruppen der Freizeit, Entspannung sowie Spaß
Naturbad	Ein künstlich gebautes Bad in einem betont naturbelassenen Setting; mit WC. Umkleide und oftmals Wasseraufbereitung	Zielgruppen der Freizeit, Entspannung sowie Spaß
Kurbad, Heilbad, medizinisches Bad	Verschiedene Wasserangebote (Bewegungsbecken, Thermal- und Mineralwasser)	Bad zu präventiven, kurativen u. rehabilitativen Zwecken. Zielgruppen häufig aus erstem Gesundheitsmarkt

---

[64] Begriffsbestimmungen – Qualitätsstandards für die Prädikatisierung von Kurorten, Erholungsorten und Heilbrunnen (2005a), S. 50.

[65] Zur chemischen Abgrenzung und Einteilung der Heilwässer siehe: Kussmaul (2001), S. 10ff.

[66] Die Tabelle in Anlehnung an: Richtlinien für den Bäderbau (1996), S. 32.

Begriff	Angebotsschwerpunkt	Häufige Zielgruppe
Schulbad, Lehr- schwimmbecken	Infrastruktur zum Lernen von Schwimmen und zur vertiefenden Kenntnis bestimmter Fertigkeiten (z.B. Tauchen)	Bäder mit überwiegender Nutzung durch den Schulsport
Leistungssportbad	Infrastruktur für das Bahnen- schwimmen steht im Mittelpunkt, dazu Ergänzungen (z.B. Fitness, Regenerationsbecken, Sport- wissenschaft)	Bäder mit überwiegender Nutzung durch den Leistungs- schwimmsport
Sportorientiertes Bad	Infrastruktur für das Bahnen- schwimmen steht im Mittelpunkt	Bäder mit Nutzung für die Öffentlichkeit, Schul- und Schwimmsport
Freizeitbad	Ganzjährig geöffnete Bäder mit umfangreicher Infrastruktur (ver- schiedene Becken mit unterschied- lichen Nutzungsschwerpunkten)	Bäder mit Nutzung für die Öffentlichkeit, Schul- und Schwimmsport
Spaßbad	Vielfältiges Wasserangebot, Rut- schen, Spaß-Infrastruktur	Auf Spaß, Vergnügen und Entspannung ausgerichtete Bäder, besonders für jüngere Zielgruppen
Öffentliches Bad		Eintritt für jede Person mit gültiger Eintrittskarte mög- lich
Nicht öffentliches Bad		Eintritt nur für definierte Personengruppen möglich (z.B. Hotelgast, Kurgast, Rehapatient)
Multifunktions- Thermalbad	Siehe voriges Kapitel	

Abb. 13:   Nach Funktion und angesprochener Zielgruppe differenzierte Bäderformen

1.2   Märkte unter makroökonomischem Blickwinkel

In vielen Industriegesellschaften weltweit ist der Lebensstil durch hohen Konsum an Nikotin und Alkohol, Stress, Fehlernährung und körperliche Inaktivität gekennzeichnet. Daraus re- sultieren eine Vielzahl von Erkrankungen wie z.B. Übergewicht (Adipositas) oder arteri- osklerotische Krankheiten wie Herzinfarkt, Apoplex und periphere arterielle Verschluss- krankheit. Zur Korrektur des Lebensstils und zur Vorbeugung, Heilung und Rehabilitation von Erkrankungen – auch unabhängig von Lifestyle-Erkrankungen – wird eine Unmenge von Angeboten im Bereich des ersten und zweiten Gesundheitsmarktes gemacht. Dies reicht von Bewegung in der Natur bis hin zu operativen Eingriffen wie z.B. Magenverkleinerung zur Hemmung des Appetits. Begriffe wie Gesundheitstourismus und Spa und die dazugehö- rigen Geschäftsfelder sind nicht neu, erfahren jedoch eine neue Bedeutung in einer sich wandelnden Gesellschaft, in der Gesundheit immer größere Bedeutung gewinnt. Auch in einer globalen Dimension lassen sich allgemeine Trends identifizieren, die für das Thema dieses Buches von großer Bedeutung sind. Nicht alle Trends gehen jedoch in die gleiche Richtung, manche widersprechen sich und werden auch in Zukunft widersprüchlich nebeneinander stehen.

Die Dimension der Konsumenten und der Gesellschaft
- Das Individuum und die Öffentlichkeit schenken dem Thema Gesundheit immer mehr Aufmerksamkeit. Gesundheit durchdringt immer mehr Lebensbereiche (gesunde Ernährung, gesunde Kleidung, gesundes Wohnen etc.) und wird auf diese Weise immer facettenreicher.
  - Zunehmende und umfassende Sensibilisierung und Kenntnisse der Menschen im Gesundheitsbereich (von Wellness über kosmetische Chirurgie bis hin zur AIDS-Prävention).
  - Es bieten sich immer neue Absatzmöglichkeiten für die Wirtschaft.
- Der Mensch erachtet Gesundheit als käufliche Ware und gestaltbar und unterwirft sich ihr nicht mehr ohne Widerspruch. Mit anderen Worten: Der Mensch tritt zunehmend als autonom handelnder Konsument auf.
  - Für Geld sind Gesundheit und Schönheit machbar bzw. käuflich.
  - Wenn Gesundheit nicht mehr Schicksal, sondern Ware ist, unterliegt sie wie Waren anderer Branchen einklagbaren Garantien und Gewährleistungen.
  - Gesundheit als Ware unterliegt wie Produkte anderer Branchen marktüblichen Prozessen (Lebenszyklen, Trends, Launches und Relaunches).
- Gesundheit ist gestaltbar im Interesse der Präsentation eines vom Menschen geschaffenen und gleichzeitig von der Umwelt beeinflussten Images (Individualisierung von Gesundheit).
  - Zwecks optimaler Inszenierung der eigenen Persönlichkeit in der Gesellschaft wird unter dem Gesundheitsbegriff eine immer größere Plastizierbarkeit des menschlichen Körpers machbar (schlank sein durch Diät, Schönheit durch chirurgische Eingriffe, Sozialzugehörigkeit durch Tattoos u.a.).
  - Es zeigt sich eine zunehmende Bereitschaft, Leistungsfähigkeit, Attraktivität und Wohlbefinden im Alltag mit Hilfe von Medikamenten zu erreichen (Cosmetic Psychopharmacology).
- Durch globale Trends (Demographie, Ernährungsverhalten u.a.) drängen sich neue Märkte auf wie z.B. Altersgesundheit, Zivilisations- und chronische Krankheiten.
  - Es bietet sich die Chance für die Wirtschaft, sich mit spezialisierten Sachgütern und Dienstleistungen zu profilieren.
  - Das 20. Jahrhundert war das Jahrhundert des Bevölkerungswachstums, das 21. ist das des Alterns. Viele altersgerechte Produkte auch mit Relevanz für die gesundheitstouristische Industrie werden entwickelt.

Der Gesundheitsbegriff erweitert sich zusehends und ist nicht mehr nur Abwesenheit von Krankheit, sondern vielmehr auch Sinnstiftung, Instrument der Selbstdarstellung, Mittel zu mehr Lebensqualität u.v.a.m.

Die Dimension der Wirtschaft

- Die Wirtschaft hat das Marktpotenzial erkannt und diversifiziert ihre Angebote.
  - Neue Geschäftsfelder (z.B. Biotechnologie) werden ausgebaut.
  - Der positiv besetzte Begriff Gesundheit wird strapaziert und auch da verwendet, wo es gar nicht um wirklich gesunde Produkte geht. Das gleiche ist mit dem Begriff Wellness geschehen.
- Die Wirtschaft stellt sich aber auch dem Rationalisierungsdruck in klassischen Gesundheitsbranchen (z.B. Krankenhäuser, niedergelassene Ärzte).
  - In diesen Branchen wird der Druck auf Personal andauern (Lohnverzicht, Entlassung etc.).
  - Berater, die Rationalisierungspotenziale identifizieren oder die Betriebe zu neuen Geschäftsfeldern führen, sind gefragt.
- Die Marktgestaltung obliegt nicht mehr nur den traditionellen Gesundheitsberufen, sondern zunehmend auch neuen Marktteilnehmern aus der Bio-, Medizin- und Informationstechnologie sowie der Werbebranche.
- Die hohen Wachstumsraten in der Gesundheitswirtschaft rufen immer mehr Marktteilnehmer auf den Plan.
  - Zunehmende Konkurrenz ruft nach Abgrenzungsinstrumenten im gesundheitstouristischen Markt (wie z.B. billiger sein durch Rationalisierung, besser sein durch Qualität, origineller sein durch Innovation).
- Die Gesundheitswirtschaft bietet zunehmend neue Finanzierungsmodelle an (Gesundheit auf Raten).
- Die Diversifizierung der Angebote wird eine Unterscheidung zwischen therapeutisch notwendiger Intervention einerseits und modisch-austauschbaren Behandlungen andererseits immer schwieriger machen.
  - Es wird neue Berater in diesem Geschäftsfeld geben (Health- und Lifestyle Coaches), die dem Endverbraucher Richtung weisen und Information geben.
- Die Wirtschaft treibt die Medizinalisierung der Gesellschaft voran. Auch nichtpathologische Wechselfälle des Lebens werden als Krankheit deklariert und mit der dazu passenden Medizin versehen wie z.B. Schwangerschaft, Haarausfall oder Jetlag.[67]

Zur Erklärung des Megabooms Gesundheit werden auch immer wieder die Kondratieff[68]-Zyklen bemüht. Der Theorie zufolge führen Basisinnovationen seit Jahrhunderten dazu, der Weltwirtschaft einen Schub zu geben. Auf diesen Boom folgte stets ein Abschwung, der dann wieder durch eine neue Basisinnovation inspiriert wurde. Auf die Basisinnovation Dampfmaschine (Zyklusbeginn ca. 1780) folgten die Eisenbahn (Zyklusbeginn ca. 1830), die Elektrotechnik (Zyklusbeginn ca. 1890), das Automobil (Zyklusbeginn ca. 1930), die Informationstechnologie (Zyklusbeginn ca. 1960) und schließlich die Gesundheit mit den Aspekten von Biotechnologie, psychosozialer Gesundheit, aber auch Fitness und Wellness (Zyklusbeginn ca. 2000).

---

[67] Siehe mehr unter: Flöhl (2002).

[68] Der russische Wirtschaftsforscher N. Kondratieff lebte von 1892-1938. Seine Theorie ist von L. Nefiodov weiterentwickelt worden.

Dimension der Politik

- Angesichts steigender Kosten wird die Rationierung von Gesundheit ein zunehmend dringliches Thema.
  - Ausdünnung des Leistungskataloges der Sozialversicherungen (erster Gesundheitsmarkt) in zahlreichen Ländern Europas.
  - Anhaltender Kostendruck auf Leistungserbringer (z.B. Krankenhäuser) mit den Folgen kürzerer Liegedauer, effizienterem Einsatz des Personals u.a.
- Allerdings erkennt die Gesundheitspolitik auch die Notwendigkeit zum gesetzgeberischen Handeln und erweitert in ausgesuchten Bereichen den Leistungskatalog der Sozialversicherungen (z.B. Primärprävention).
- Der Druck auf die Politik steigt, das rasche Entwicklungstempo der Märkte durch die Erledigung politischer Aufgaben (z.B. Marktregelungen, Definition von Gewährleistungen in neuen Märkten) zu halten.

1.2.1 Marktvolumina und Marktentwicklung

Gesundheitsausgaben und Beschäftigte im Gesundheitswesen

Die Gesundheitsausgaben in den verschiedenen Ländern steigen kontinuierlich an. Der Grund für diese Zunahme ist besonders

- dem medizinischen Fortschritt (bessere und teurere Therapien),
- dem zunehmenden Gesundheitsbewusstsein und
- der Alterung der Bevölkerung geschuldet.

Mit steigenden Gesundheitsausgaben geht eine wachsende Anzahl von Beschäftigten im Gesundheitswesen einher.

Wellness-Markt Deutschland

- Wellness im Allgemeinen: Aus den unten genannten Zahlen wird deutlich, dass die Marktabgrenzung ganz entscheidend für die Größe der Märkte, bemessen z.B. am Umsatzvolumen, verantwortlich ist.
  - Unter Berufung auf verschiedene Marktforschungsinstitute bezifferte die Lebensmittelzeitung den deutschen Wellness-Umsatz 2000 auf ca. € 62 Mrd.[69] Hier wurde der Begriff Wellness sehr weit gefasst und umfasst Bereiche, deren Wellness-Bezug nicht ganz eindeutig ist. Die Lebensmittelzeitung hat nämlich all jene Märkte berücksichtigt, bei denen subjektive Wohlfühlaspekte wie auch im weitesten Sinne gesundheitsfördernde Aspekte zu identifizieren sind. Dazu zählen Bücher/Zeitschriften, Kosmetik/Körperpflege, pharmazeutische Produkte, Lebensmittel (Wellness-Food im Sinne von Obst/Gemüse, OTC, Bio, Diät, Functional Food), Sanitärausstattung/Saunen, Fitness/Sport, Urlaub/Kuren, Massage/Physiotherapie.
  - Der Wellnessverband Deutschland zitiert Zahlen von 1999, denen zufolge der Wellness-Markt in Deutschland 2005 ein Umsatzvolumen von € 72,9 Mrd. haben soll.[70]
- Wellness-Hotellerie in Deutschland: „Mehr als 4 Mio. Hotelgäste wurden im Jahr 2004 maßgeblich durch das Vorhandensein eines attraktiven Wellness-Bereiches in der Wahl

---

[69] Die gesunde Kaufkraft (2000), S. 14.
[70] Die Wirtschaftsdaten zum Wellnessmarkt Deutschland 1999 bis 2005 (2004).

ihres Hotels beeinflusst. Die Hotellerie profitierte von dem daraus resultierenden Über-
nachtungsvolumen mit 20 Mio. Übernachtungen. Das von den Wellness-Gästen initiierte
Umsatzaufkommen erreichte in der Hotellerie rund € 2,5 Mrd. Damit wurden ca. 50.000
Vollzeitarbeitsplätze gesichert."[71]

Gesundheitsreisen im Aufwind

Die folgende Abbildung bildet jenen Anteil der Wohnbevölkerung in Deutschland ab, der
im angegebenen Zeitraum eine der unten stehenden Reiseformen bereits unternommen hat.
Die Zahlen 2004 bis 2006 sind Prognosen und setzen den Aufwärtstrend gesunden Urlaubs
fort:[72]

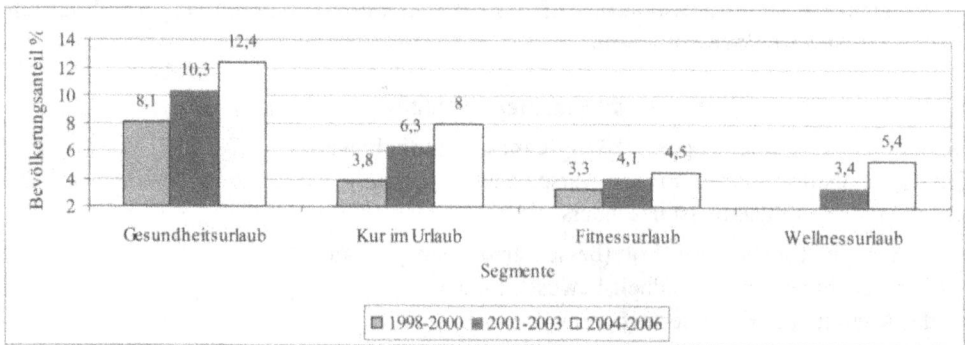

Abb. 14:   Segmente im Gesundheitstourismus und ihre Entwicklung

Die verschiedenen Reiseformen werden wie folgt charakterisiert:

- Im Vergleich zum Fitnessurlaub spricht Gesundheitsurlaub eine ältere Gästegruppe an,
  die weniger bewegungshungrig ist als der Fitnessurlauber und auch mehr die medizinale
  Unterweisung sucht.
- Kur im Urlaub spricht Menschen im Alter von 55+ an, die unter besonderer Berücksich-
  tigung von Kuranwendungen einen eher passiven Aufenthalt in Kurhotels verbringen.
- Fitnessurlaub ist durch Bewegung und Sport charakterisiert.
- Wellnessurlaub neigt mehr zu passiven Verwöhn- und Beautybehandlungen.

Zu einer positiven Prognose kommt auch das Institut für Freizeitwirtschaft.[73] Zuwächse und
Anzahl der Reisenden nehmen in Deutschland im Zeitraum von 2002 bis 2010 deutlich zu,
allerdings müsse nach verschiedenen Typen innerhalb des Gesundheitstourismus differenziert werden:

---

[71]   Hank-Haase et al. (2005), S. 5.
[72]   Gesundheitsurlaub im Aufwind (o.D.).
[73]   Marktchancen im Gesundheitstourismus (2003), S. 282ff.

Reiseform	Beschreibung	Interesse	Anzahl Reisende	Markt-volumen
		im Zeitraum von 2002 bis 2010, Zunahme in %		
Health-Care-Urlaub	Kuren, Anwendungen, Behandlungen zur Vorbeugung, Linderung und Beseitigung gesundheitlicher Probleme	+36	+46 (Zahl 2010: 2.030.000)	+54
Anti-Aging-Urlaub	Maßnahmen, um beim Älterwerden körperlich und geistig fit zu bleiben	+217	+2500 (Zahl 2010: 260.000)	+1800
Wellness-Urlaub	Körperlich und seelisch entspannen, sich verwöhnen lassen und Kraft tanken	+83	+97 (Zahl 2010: 1.560.000)	+88
Beauty-Urlaub	Behandlungen, Programme und Beratungen, die das äußere Erscheinungsbild verbessern helfen	+59	+106 (Zahl 2010: 350.000)	+90

Abb. 15:　Marktentwicklung gesundheitstouristischer Reiseformen

Kommentare:

• Anti-Aging-Urlaub: Die starken Zuwächse resultierten aus der Tatsache, dass diese Reiseform noch neu sei und auf niedrigem Niveau in Zukunft stark wachse, jedoch bezüglich der absoluten Zahl der Reisenden hinter den anderen Reiseformen zurückbleibe.
• Health-Care-Urlaub sei bereits gut etabliert und zeige demzufolge geringere Wachstumsraten.
• Die Gesamtausgaben der privaten Haushalte in Deutschland für Gesundheitsreisen stiegen von € 2,1 Mrd. 2002 auf ca. € 3,7 Mrd. 2010.[74]

Auch die 23. Deutsche Tourismusanalyse vom BAT Freizeit-Forschungsinstitut kommt zu einer optimistischen Einschätzung des gesundheitstouristischen Marktes[75]: „Erholungs-/Wellnessurlaub", „Medical-Wellness/Kurzurlaub" und „Berg- und Wanderurlaub" gehören zu den fünf erstplatzierten Reiseformen, an denen Befragte „persönlich in Zukunft interessiert" sind. Allerdings ist hier anzumerken, dass die Umschreibung der zur Auswahl stehenden Reiseformen nicht immer klar formuliert ist.

Multifunktionsbäder in Österreich

Der so genannte Thermenmarkt (Multifunktionsbäder mit Thermalwasser) in Österreich hat sich in den letzten Jahren deutlich abgeschwächt im Hinblick auf staatliche Zuschüsse, Anzahl der Neubauten und Anzahl der Besucher. Konnten die Anbieter in den neunziger Jahren noch jährliche Zuwächse von bis zu 10% im Hinblick auf die Anzahl der Besucher verzeichnen, so hat sich diese Zahl auf 3 bis 4% abgeschwächt. Aus dem Wachstumsmarkt ist ein Verdrängungsmarkt geworden. Als Gründe können genannt werden:

• Hohe Preise im Vergleich zum umliegenden Ausland. Attraktives und preisgünstigeres Angebot in Nachbarländern (vor allem Ungarn und weiter östlich).

---

[74]　Marktchancen im Gesundheitstourismus (2003), S. 285.
[75]　BAT Freizeit-Forschungsinstitut (2007).

- Zunehmende Anzahl attraktiver Angebote im Bereich von Spa-Hotels und Thermalbädern.

Fitness

Fitnessstudios in Deutschland haben eine zwanzigjährige Erfolgsgeschichte hinter sich. Die Anzahl der Mitglieder in Fitnessstudios stieg in Deutschland von knapp 1,5 Mio. zu Beginn der neunziger Jahre auf ca. 5 Mio. 2006 an[76], wobei bis auf wenige Unterbrechungen ein kontinuierliches, sich jedoch abschwächendes Wachstum zu beobachten ist. In verschiedenen Ländern Europas wie auch in den USA ist eine ähnliche Erfolgsgeschichte zu beobachten. In Folge des geplanten Präventionsgesetzes in Deutschland bietet sich für Fitnessstudios die Chance, stärker als bisher vom ersten Gesundheitsmarkt zu profitieren. Dies setzt allerdings eine Medizinalisierung von Fitness voraus, also eine stärkere Ausrichtung auf die medizinische Qualität von Personal und Geräten.

Der Umsatz von Fitnessstudios setzt sich wie folgt zusammen:[77]

- Ca. 70% Mitgliedsbeiträge.
- Ca. 10% Aufnahmegebühren.
- Ca. 20% sonstige Umsätze.

Pro Gast wird im Jahr ca. € 650 Umsatz gemacht.[78]

Gesetzliche Rahmenbedingungen

Gesetzliche Rahmenbedingungen spielen eine große Rolle für die Spa- und Gesundheitstourismusindustrie.

- Das geplante Präventionsgesetz in Deutschland wird die Marktverhältnisse verschieben zugunsten der durch Krankenkassen finanzierten Primärprävention. Diese soll neben der medizinischen Behandlung, Rehabilitation und Pflege zur eigenständigen Säule im deutschen Gesundheitswesen aufgebaut werden. Neben lebensweltbezogenen Leistungen (Settingsansatz) für Schulen, Kindergärten und Betrieben werden auch touristische Unternehmen (Spa, Gesundheitshotel) von Subventionen für Kurse (z.B. Rückenschule, Ernährungskurse) durch die Sozialversicherungsträger profitieren können.
- Im Rahmen der Dienstleistungsfreiheit hat die EU aufgrund verschiedener Urteile des Europäischen Gerichtshofes den Bürgern eine grundsätzliche Wahlfreiheit bei medizinischen Behandlungen im In- und Ausland zugestanden. Dies erleichtert Reisenden des ersten Gesundheitsmarktes, Aufenthalte zum Zweck der Primär-, Sekundär- und Tertiärprävention auch im Ausland in Anspruch zu nehmen. Eine weitere Folge ist, dass relevante Gesetzgebungen im Umfeld solcher Aufenthalte (z.B. HACCP) in den neuen EU-Mitgliedsländern auch eingeführt worden sind bzw. werden müssen.

---

[76] Auszüge aus den Eckdaten 2006 (o.D.).
[77] Der deutsche Fitness- & Wellness-Markt im Jahr 2005 (o.D), S. 13.
[78] Ebda, S. 12.

Spa-Entwicklung in Asien

Die Spa-Entwicklung in Asien zeigt in den verschiedenen Ländern ein kräftiges Wachstum:[79]

	Australien	Indonesien	Malaysia	Philippinen	Singapur	Taiwan	Thailand
Anzahl Spas	503	390	151	87	173	317	590
Davon Day-Spas in %	65	42	54	76	58	81	43
Davon Destination-Spas in %	28	52	40	20	14	6	57
Wachstumsrate in % im Zeitraum	129/ 2002– 2006	160/ 2003– 2007	202/ 2002– 2006	74/ 2003– 2006	63/ 2003– 2006	–	157/ 2002– 2007
Spa Größe m² innen	237	713	393	609	603	457	–
Behandlungsräume	6,0	9,0	7,7	10,9	8,7	7,8	–
Preis ($US) 1 Stunde Body Wrap	94	27	48	31	71	78	–

Abb 16: Spa-Kennziffern für Asien

- Spa-Entwicklung in Thailand[80]
  - Derzeit werden 585 Spas in Thailand gezählt (51% Day-Spas und 49% Destination-Spas).
  - 2007 beschäftigte die Spa-Industrie 11.240 Menschen, was einen Zuwachs von 228% seit 2002 bedeutet.
  - 2007 konnten ca. 3,6 Mio. Besucher verzeichnet werden.
  - 2007 belief sich der Umsatz auf ca. US$ 263 Mio. (ca. Baht 8,3 Mrd.), immerhin ein Zuwachs von über 200% im Vergleich zu 2002.
- Spa-Entwicklung in Australien[81]
  - Derzeit werden 554 Spas in Australien gezählt, von denen 69% Day-Spas sind und 31% Destination-Spas.
  - 2007 beschäftigte die Spa-Industrie 5.026 Menschen, was einen Zuwachs von 78% gegenüber 2002 bedeutet.
  - Im Laufe der letzten fünf Jahre stieg die Anzahl der Besucher in Spas um 15%, und 2007 konnten ca. 2,3 Mio. Spa-Gäste gezählt werden.
  - 2007 belief sich der Umsatz auf A$ 296 Mio. (ca. US$ 271 Mio.), immerhin ein Zuwachs von 136% im Vergleich zu 2002.

Untersuchungen über den Iran haben gezeigt, dass auch solche Länder ein Potenzial im Hinblick auf natürliche Heilmittel besitzen, die bislang keine Rolle im internationalen Gesundheitstourismus gespielt haben. Ca. 125 belegte Orte mit natürlichen Heilmitteln (besonders

---

[79] Spa industry profile benchmarks Asia Pacific report (2008), S. 22.
[80] Thailand spa benchmark report (2001-2008).
[81] Australien spa benchmark report (2001-2008).

Heilwässer und –peloide[82]), deren Heilanzeigen und Gegenanzeigen allerdings zum großen
Teil noch ausständig sind, markieren eine gute Ausgangslage. Allerdings fehlt die dazugehörige Infrastruktur (Spa, Unterkunft, Gastronomie) im überwiegenden Teil noch gänzlich,
jedoch sind erste Schritte einer Entwicklung zu beobachten.[83]

Spa-Entwicklung in den USA
In den letzten Jahren hat die Spa-Industrie eine robuste Entwicklung gezeigt. Die Zahlen
beziehen sich auf den Zeitraum von 2003 bis 2005:[84]

- Die Umsätze sind um 18% von US$ 7 Mrd. auf US$ 9,7 Mrd. gestiegen.
- Die Anzahl der Einrichtungen ist von 10.128 auf 13.757 gestiegen (16%).
- Die Anzahl der Besuche ist von 109 Mio. auf 131 Mio. gestiegen.

Spa auf Kreuzfahrtschiffen
Neue Kreuzfahrtschiffe werden zumeist mit großzügigen Spas ausgestattet. So verfügt die
Queen Mary 2 über ein Spa von ca. 1.900m^2 und ca. 50 Mitarbeitern. Die Spa-Konzepte der
Kreuzfahrtschiffe versuchen mitunter, in ihrem Behandlungsangebot den Bezug zum Meer
und Meeresprodukten deutlich werden zu lassen.[85]

1.2.2   Märkte im Umfeld der Spa-Industrie
Die Spa- und Gesundheitstourismusindustrie bewegt sich im Rahmen von angrenzenden
Geschäftsfeldern, deren Kenntnis zur besseren Einschätzung der Gesamtsituation von Nutzen
ist.

Lebensmittelindustrie
Lebensmittel mit Zusatznutzen (Functional Food) erfreuen sich wachsender Nachfrage. Dabei geht es zum einen um die dem Lebensmittel beigefügten Zusatzstoffe mit (versproche-
ner) präventiver (z.B. Margarine mit Cholesterin-Senkern) und zum anderen mit verschö-
nernder Wirkung. In diesem Zusammenhang spricht der französische Nahrungsmittelkonzern
von Benefit Food und bietet unter der Marke Essensis ein Joghurt an, das durch Wirkstoffzu-
gabe die Eigenschaft der Haut, Wasser zu speichern, erhöhen soll. Damit – so das Verspre-
chen – soll die Haut voller und straffer werden[86]. Die Markteinschätzung von Fachleuten ist
die, dass in einem wenig dynamischen Molkereimarkt nur über Verdrängung oder neue,
innovative Produkte bestanden werden kann. Die Marke Actimel von Danone hat bei den
probiotischen Drinks immerhin einen Marktanteil von über 30% und erwirtschaftet € 300

---

[82] „Peloide sind durch geologische und/oder biologische Vorgänge entstandene anorganische oder
organische Stoffe, die entweder bereits von Natur aus feinkörnig vorliegen oder durch einfache
Aufbereitung in feinkörnigen bzw. feinzerkleinerten Zustand gebracht werden und in der medizinischen Praxis in Form von schlamm- oder breiförmigen Bädern oder Packungen Verwendung
finden." (Quelle: Fresenius et al. (o.D.). S. 39).
[83] Ebrahimzadeh et al. (2004), S. 69ff.
[84] International Spa Association 2006 Spa industry update (2006), S. 2.
[85] Siehe z.B. mehr unter: Münster et al. (2004).
[86] Lebensmittel mit Beauty-Effekten von innen werden auch als Nutricosmetics bezeichnet.

Mio. pro Jahr alleine in Deutschland.[87] Funktionelle Milchprodukte im Allgemeinen haben in Deutschland einen Umsatz von € 982 Mio. Auch der Einzelhandel arbeitet intensiv an Lösungen innovativer Konzepte: So ist geplant, am Eingang zu Lebensmittelgeschäften einen Körperscan durchzuführen, der Sekunden später darauf hinweist, welche Lebensmittel besonders positiv auf die festgestellten Mängel wirken.

Gab es in Österreich Mitte der siebziger Jahre 30 Bio-Betriebe, so sind es heute knapp 20.000. Viele gesundheitstouristische Betriebe werben mit regionalen Lebensmitteln und versuchen allein durch diese Formulierung den Eindruck zu erwecken, dass solche Lebensmittel energiereicher und gesünder seien als andere.

Andere Branchen

Der Markt der Friseure in Deutschland zeichnet sich durch eine angespannte Lage aus. Eine zunehmende Konkurrenz erhöht den Druck auf die Preise. Auf der anderen Seite gibt es Salons, die ihr Portfolio beständig erweitern um Dienstleistungen wie z.B. Sauna, Farb- und Stilberatung. Die überwiegende Dienstleistung der Friseure sind der Haarschnitt und die Fönfrisur.[88]

Was für die Friseure gilt, gilt auch für die Kosmetiksalons: Eine große Zahl von Wohnzimmerbetrieben und Gelegenheitsanbietern werden durch die Statistik nicht erfasst wie z.B. auch nicht die Kabine in der Parfümerie. Von den amtlich erfassten Kosmetiksalons sind es knapp 80%, die die Umsatzschwelle von € 100.000 nicht erreichen. Ca. 35% des Umsatzanteils wird durch den Produktverkauf erwirtschaftet.[89]

Apotheken stehen an vielen Fronten in einer Verteidigungsposition (Ärzte wollen Impfstoffe verkaufen und verabreichen, Versandapotheken und Drogeriemärkte wollen Medikamente verkaufen). Die Folge wird sein, dass Apotheken ihrerseits in neue Geschäftsfelder expandieren und z.B. medizinische Selbstzahlerleistungen anbieten werden.

Auch Drogerien erweitern systematisch ihr Geschäftsfeld, indem sie z.B. Kosmetikkabinen vorhalten oder seit neuestem in Deutschland auch apothekenpflichtige Arzneimittel verkaufen dürfen. Day Spa-Konzepte verschiedener Art in Drogerien werden dem üblichen Day Spa-Geschäft in Zukunft möglicherweise mehr und mehr Konkurrenz machen.

Akutkrankenhäuser: Akutkrankenhäuser erfahren derzeit besonders in Deutschland eine Bereinigung des Marktes. Große Kapazitäten werden vom Markt genommen, öffentliche Einrichtungen von privaten übernommen. Unter der Maßgabe notwendiger Kostensenkung (z.B. als Folge des Abrechnungssystems nach Fallpauschalen (DRG)) und Qualitätsverbesserung werden neue Modelle probiert (z.B. Patientenhotels, Schwerpunktkrankenhäuser[90] u.a.).

Jugendherbergen und ähnliche: Das private Unternehmen der Jugend- und Familiengästehäuser (Österreich) verfolgt eine betont gesundheitsorientierte Strategie. Viele der Häuser haben einen eigenen Schwerpunkt im Bereich gesundheitsfördernder Angebote entwickelt wie z.B. Radsportzentrum, Gewichtsreduktions-Ferien für übergewichtige Kinder u.a.m.

---

[87] Fründt (2006).
[88] Friseure und Kosmetikinstitute (2006).
[89] Friseure und Kosmetikinstitute (2006).
[90] Krankenhäuser, die sich auf bestimmte Fachrichtungen (z.B. Gynäkologie) spezialisieren.

Lifestyle-Chirurgie
Ungesunder Lebenswandel und seine Konsequenzen (erhöhte Morbidität und Mortalität der Betroffenen, hohe Gesundheitskosten für die Gesundheitssysteme) lassen immer häufiger operative Eingriffe wie die Magenverkleinerung zur Dämmung des Hungers stattfinden.

Verschiedene Organisationsformen
Ambulante Therapeuten aus verschiedenen Organisationsstrukturen (physiotherapeutische Praxen, Fitnessstudios) beginnen, sich in Kettenform zu organisieren und mit Hilfe telemedizinischer Unterstützung effiziente Strukturen im ersten Gesundheitsmarkt aufzubauen. Für die (medizinische) Spa-Industrie Europas, die bislang von Einzelunternehmen ohne besondere Vernetzung geprägt ist, könnte auch dies ein Modell für die Zukunft sein.

Gesetzliche Krankenversicherung
Infolge der demografischen Entwicklung und der damit verbundenen hohen Kosten haben viele Krankenkassen in Europa und außerhalb mit erheblichen Finanzproblemen zu kämpfen. Die Konsequenzen sind wie folgt:

- Erhöhung der Beiträge und Selbstbehalte der gesetzlichen und privaten Krankenversicherung in vielen Ländern Europas und außerhalb.
  - Im Zeitraum von 1995 bis 1999 einerseits und 2000 bis 2005 andererseits sind die Reallöhne in Österreich um 2% gestiegen. Im Zeitraum von 2000 bis 2005 sind die Selbstbehalte in der gesetzlichen Krankenversicherung für Rezeptgebühren im Vergleich zum vorherigen Zeitraum um 36%, für Krankenhausaufenthalte um 88% und für Brillen um 248% gestiegen.
  - In den USA sind die Prämien für private Krankenversicherungen zwischen 7% und 10% pro Jahr gestiegen und damit mehr als doppelt soviel wie die Inflationsrate oder die durchschnittlichen Lohnzuwächse der Arbeitnehmer.
- Kürzung des Leistungskataloges der gesetzlichen Krankenversicherungen.

Pharmaindustrie
Die demografische Entwicklung hat für die Pharmaindustrie zur Folge, dass in Zukunft vermehrt Produkte gegen altersbedingte Leiden nachgefragt werden. Dabei handelt es sich z.B. um Erzeugnisse gegen Herz-Kreislauf-Erkrankungen, Stoffwechselstörungen und Rheumatismus, aber auch um eine Reihe von Lifestyle-Mittel wie Anti-Falten-Präparate. Untersuchungen zeigen, dass Lifestyle-Medikamente ein deutlich stärkeres Wachstum zeigen als der um Lifestyle-Medikamente bereinigte Pharmamarkt.[91]

---

[91]   Demografie Spezial (2002), S. 7.

1.3   Zusammenfassung – Gesundheitstourismus

Die in den vorigen Kapiteln vorgenommenen Begriffsbestimmungen deuten an, dass die Abgrenzung von Tourismus einerseits und Gesundheitstourismus andererseits einer differenzierten Diskussion bedarf. Die gängige Urlaubsreise hat schon dem Begriff nach den Anspruch des Ausgleichs körperlich-geistiger Defizite, doch sind gesundheitsfördernde Aktivitäten im Rahmen einer solchen Reise häufig doch sehr dürftig. Party und Feiern bis in die Morgenstunden machen Spaß, müssen jedoch nicht gesund sein. Auf der anderen Seite kann eine Kulturreise durch die erfahrenen Inspirationen zu einer Wiedererlangung des körperlich-seelischen Gleichgewichts beitragen, auch wenn Gesundheit nicht im Titel dieser Reiseart vorkommt. Am Beispiel der Fortbewegung mit Füßen soll der Übergang von gängigen touristischen Aktivitäten zu typischen gesundheitstouristischen Aktivitäten dargestellt werden:[92]

Kriterien	Spazieren gehen	Wandern	Medizinisches Wandern
	nicht medizinisch ──────────────────────────────► medizinisch		
Zeit	1 bis 2 Stunden	> 2 Stunden	> 2 Stunden
Länge	2 bis 5 Kilometer	> 4 Kilometer	> 4 Kilometer
Charakter	Ausgleich zum Sitzen	Echtes Freizeithobby, Ausdauersport	Aktivität geleitet durch Sportwissenschaftler
Stehpausen	Viel	Wenig	Wenig
Wege	Bequem, befestigt, möglichst eben	Naturbelassen, schmal, mit Steigung	Naturbelassen, schmal, Steigung, Wegeprofil nach sportwissenschaftlichen Gesichtspunkten ausgesucht
Landschaft	In der Nähe von Ort oder Parkplatz	Wald und Feld, ortsnah, naturnah	Wald und Feld, naturnah, bei Ausgangs- und Endpunkt Check-Up-Station
Infrastruktur	Viele Sitzbänke, Cafés	Markierte Wege, Fernziele, Hütten	Sportwissenschaftlich markierte Wege (Höhenprofil, Hinweise und Orte für Dehnübungen etc.)
Vorbereitung	Keine	Materialstudium, Planung	Medizinischer Check-Up, Dehnübungen
Nachbereitung	Keine	Keine	Sportwissenschaftlicher Abschlusstest
Ausrüstung	Regenschirm, Mantel	Gute Kleidung, Verpflegung, Orientierungs-/Notfallhilfen	Professionelle Bekleidung, Verpflegung, Orientierungs-/Notfallhilfen
Hauptmotive	Beine vertreten, frische Luft tanken	Naturerlebnis, körperliche Herausforderung	Prävention (alle Formen)

Abb. 17:   Von der Erholung zur Gesundheit am Beispiel von Spazierengehen und Wandern

---

[92]   In Anlehnung an: Roth (2000), S.15.

Systematisierung gesundheitstouristischer Reiseformen in der Zusammenfassung
Verschiedene Untersuchungen kommen zu dem Ergebnis, dass sich Reiseformen im Bereich
des Gesundheitstourismus in verschiedene Subgruppen untergliedern lassen. Es zeigt sich,
dass jede Untersuchung verschiedene Zielgruppen herausarbeitet, für die auch die medizinische Komponente eine wichtige Rolle darstellt (Zeile 3 und 4).

	Danielsson/Lohmann[1]	Institut für Frei-zeitwirtschaft[1]	Lanz-Kaufmann[3]	
1	Wellnessurlaub: mit Schwerpunkt Verwöhn- und Körperpflegeangebote	Beauty-Urlaub	Anspruchslose Erholungsgäste: fokussieren auf Erholung und Entspan-nung, besonders in der Natur. Umfang-reiche Wellness-Infrastruktur ist hier weniger wichtig	Hotelorientiert
2	Fitnessurlaub: mit bewegungslastigen indoor- und outdoor-Aktivitäten	Wellness-Urlaub	Selbständige Infrastruktur-Benutzer: legen Wert auf umfassende Wellness-Infrastruktur	
3	Gesundheitsurlaub: hetero-gene Aktivitäten, Naturerleben in gesundem Klima u. med. Betreuung	Anti-Aging-Urlaub	Anspruchsvolle Gesundheitsgäste: Schwerpunkte sind Betreuung, Infor-mation, Fachkompetenz, umfassendes Wellness-Infrastruktur-Angebot	zunehmend klinisch
4	Kur im Urlaub: mit den Schwerpunkten Kuranwen-dungen, medizinische Betreuung und Naturer-leben in gesundem Klima	Health-Care-Urlaub	Betreuungsintensive Gesundheitsgäste: legen besonderen Wert auf Heilung, The-rapie, Rehabilitation und Gesundheits-förderung, wichtig sind hier auch Fach-kompetenz und individuelle Betreuung	

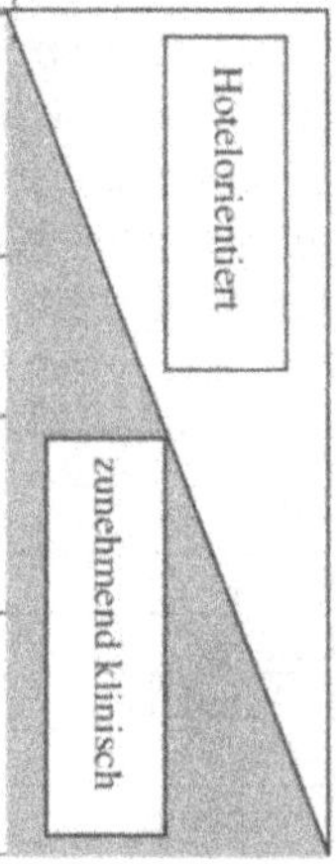

Abb. 18:   Verschiedene Reiseformen im Kontinuum von Gesundheit und Bodystyling

Gesundheitstourismus in Spannungsfeld von Krankheit und Gesundheit
Die Abbildung unten soll auf andere Art und Weise Gesundheit und Krankheit im touristischen Kontext darstellen:

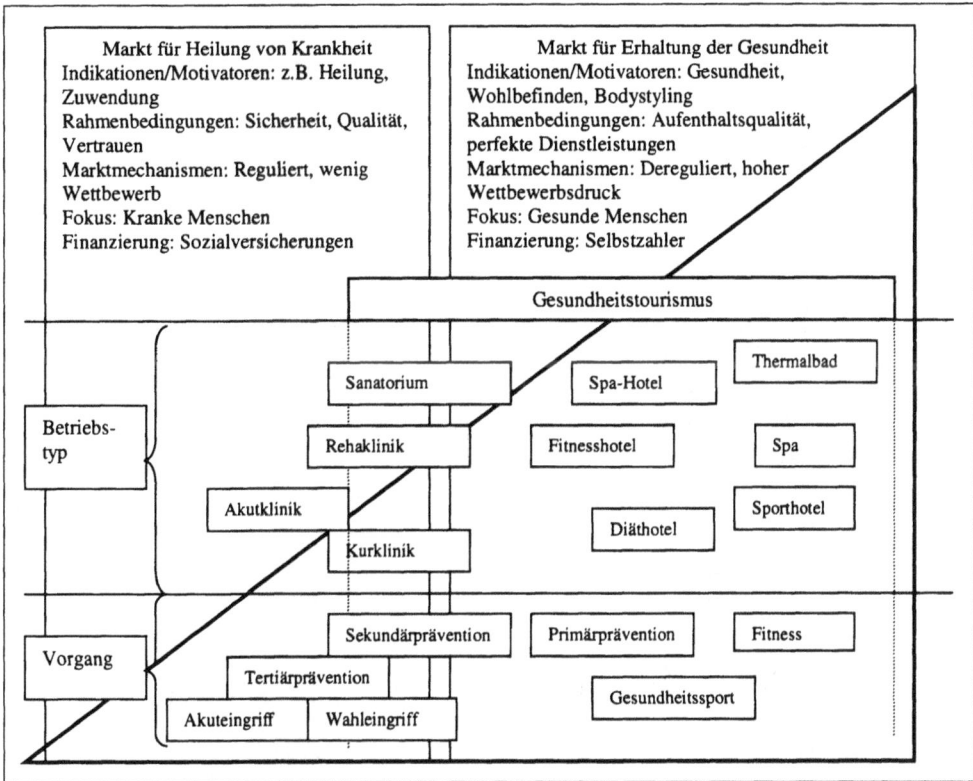

Markt für Heilung von Krankheit	Markt für Erhaltung der Gesundheit
Indikationen/Motivatoren: z.B. Heilung, Zuwendung	Indikationen/Motivatoren: Gesundheit, Wohlbefinden, Bodystyling
Rahmenbedingungen: Sicherheit, Qualität, Vertrauen	Rahmenbedingungen: Aufenthaltsqualität, perfekte Dienstleistungen
Marktmechanismen: Reguliert, wenig Wettbewerb	Marktmechanismen: Dereguliert, hoher Wettbewerbsdruck
Fokus: Kranke Menschen	Fokus: Gesunde Menschen
Finanzierung: Sozialversicherungen	Finanzierung: Selbstzahler

Gesundheitstourismus

Betriebs-typ

Sanatorium   Spa-Hotel   Thermalbad
Rehaklinik   Fitnesshotel   Spa
Akutklinik   Sporthotel
Kurklinik   Diäthotel

Vorgang

Sekundärprävention   Primärprävention   Fitness
Tertiärprävention   Gesundheitssport
Akuteingriff   Wahleingriff

Abb. 19:   Abgrenzung von Krankheit und Gesundheit im Gesundheitstourismus

Definition von Gesundheitstourismus
Im Sinne der zuvor genannten Betrachtungsweisen und Spannungsfelder kann Gesundheits-tourismus wie folgt definiert werden, und zwar unter dem Leitgedanken der charakterisie-renden Aspekte von Ziel, Methode und Ort:

Gesundheitstourismus hat das Ziel, einen Gleichgewichtszustand zwischen körperlichem und seelischem Leistungsvermögen und den tagtäglichen Anforderungen von Umwelt, Mitwelt und Selbstwelt zu erreichen. Die zur Zielerreichung verwendeten Verfahren (Me-thoden) sind salutogenetische, medizinische sowie ergänzende und werden an Orten (Spa, Region) abseits vom gewöhnlichen Lebensumfeld angeboten, die durch die behandlerische Kompetenz der dort arbeitenden Fachkräfte wie auch des Gebäudes und der natürlichen Umwelt gekennzeichnet sind.

So gesehen ist ein Spa ein Zentrum der modernen Welt, in dem der Mensch Anleitung erhält, wie er vital, attraktiv und leistungsfähig sein Leben meistern kann, und zwar häufig unter gesundheitswissenschaftlicher Anleitung.

2 Nachfrage

Die Nachfrage wird in diesem Buch definiert als Bedürfnisse und Bedarfe von Käufern bzw. Konsumenten, Produkte (Sachgüter und Dienstleistungen) im Bereich von Spa- und Gesundheitstourismus zu konsumieren. Die folgenden Kapitel machen deutlich, dass die Nachfrage auch im Spa- und Gesundheitstourismus überaus komplex ist und von sehr vielen Einflussfaktoren abhängt.

2.1 Systematisierung von Nachfrage und Einflussfaktoren

Grundsätzlich gibt es ganz verschiedene Modelle und Methoden, mit deren Hilfe Konsumentenverhalten erklärt werden kann:

- Sozio-demografische Ansätze erklären Konsum aufgrund von Lebensumfeld und Lebenslage (Alter, Bildung, Geschlecht, Beruf, Einkommen, Haushaltsgröße, Art des Freundeskreises, Wohnort, Sparverhalten u.a.).
- Psychische Merkmale beziehen sich auf Einstellungen und Meinungen der Menschen (Lebensstil, Modebewusstsein, Interessen, Persönlichkeitsmerkmale, Präferenzen).
- Verhaltensorientierte Ansätze konzentrieren sich auf das tatsächliche Kaufverhalten (Mediennutzung, Markentreue, Nutzungsanlass, Zahlungsverhalten, Einkaufsstättenwahl, Kaufmengen u.a.).

Die Besonderheit des gesundheitlichen Aspektes führt dazu, dass im gesundheitlichen Kontext die gängigen Erklärungsansätze aus der allgemeinen und touristischen Konsumentenforschung nur teilweise anzuwenden sind. Die Determinanten des Konsumentenverhaltens im Spa- und Gesundheitstourismus unterliegen deshalb einer Besonderheit, weil Teile des Konsums fremd-, andere selbstbestimmt sind:

- So sind Aufenthaltsort und Therapieabfolge im Wesentlichen dann fremdbestimmt, wenn z.B. eine Kurmaßnahme durch einen Sozialversicherungsträger bezahlt oder bezuschusst wird. In diesem Fall beeinflussen oder bestimmen der Arzt und Geldgeber was, wann und wo konsumiert wird. Auch medizinische Tätigkeiten wie Anamnese und Diagnose sind zum Konsum dazuzuzählen, weil daraus der weitere Konsum des (medizinischen) Produktes resultiert.
- Wenn jedoch der Gastpatient als Selbstzahler nach eigenem Willen und arztunabhängig eine Wohlfühlmassage bucht, ist dies im Wesentlichen ein selbstbestimmter Konsum.

Die folgende Abbildung versucht aus verschiedenen, konsumerklärenden Ansätzen wichtige Aspekte zu übernehmen und um Einflussfaktoren der Gesundheit zu erweitern. Das RESTILE-Modell des Konsums ist als Kunstwort von den drei Phasen des gesundheitlichen Konsums der Spa-Industrie abgeleitet:

- 1. Ressource/Stimulus,
- 2. Decision und
- 3. Response/Lifestyle:

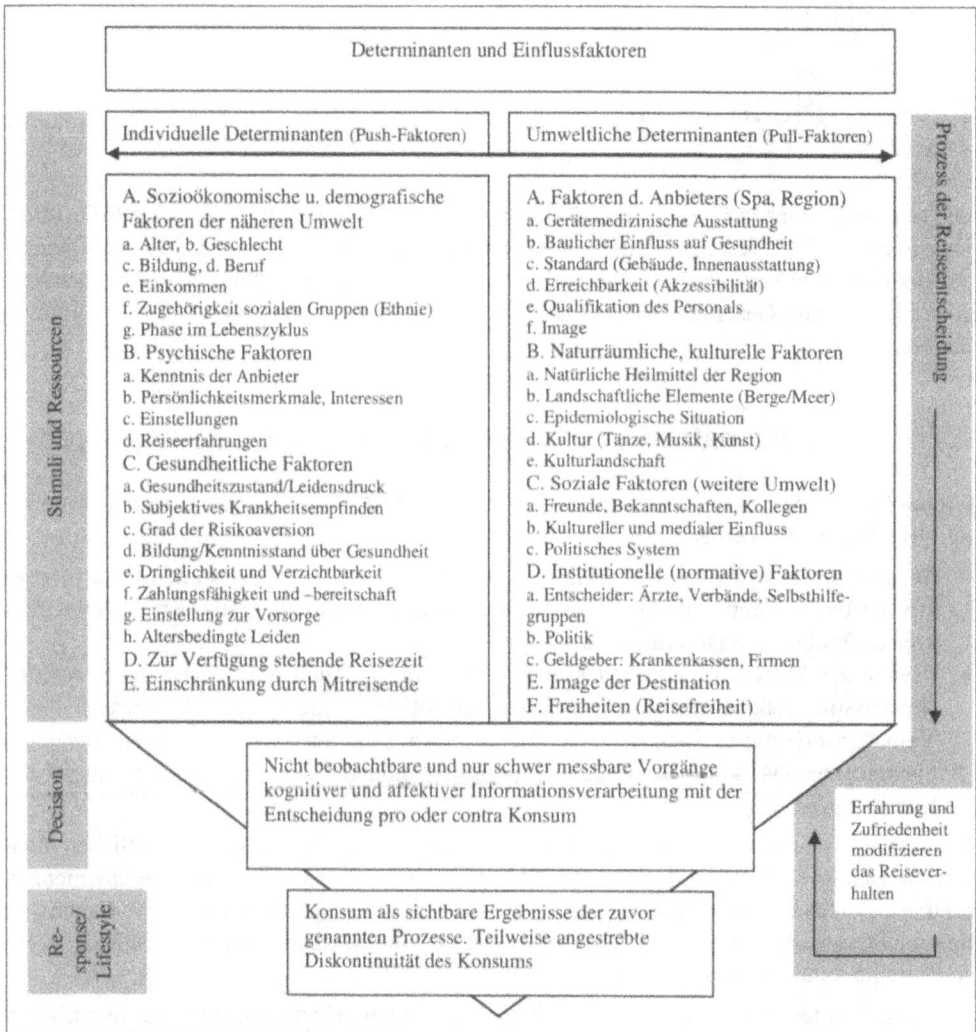

<table>
<tr><td colspan="2" align="center">Determinanten und Einflussfaktoren</td><td rowspan="8">Prozess der Reiseentscheidung</td></tr>
<tr><td align="center">Individuelle Determinanten (Push-Faktoren)</td><td align="center">Umweltliche Determinanten (Pull-Faktoren)</td></tr>
<tr>
<td>
A. Sozioökonomische u. demografische
Faktoren der näheren Umwelt
a. Alter, b. Geschlecht
c. Bildung, d. Beruf
e. Einkommen
f. Zugehörigkeit sozialen Gruppen (Ethnie)
g. Phase im Lebenszyklus
B. Psychische Faktoren
a. Kenntnis der Anbieter
b. Persönlichkeitsmerkmale, Interessen
c. Einstellungen
d. Reiseerfahrungen
C. Gesundheitliche Faktoren
a. Gesundheitszustand/Leidensdruck
b. Subjektives Krankheitsempfinden
c. Grad der Risikoaversion
d. Bildung/Kenntnisstand über Gesundheit
e. Dringlichkeit und Verzichtbarkeit
f. Zahlungsfähigkeit und –bereitschaft
g. Einstellung zur Vorsorge
h. Altersbedingte Leiden
D. Zur Verfügung stehende Reisezeit
E. Einschränkung durch Mitreisende
</td>
<td>
A. Faktoren d. Anbieters (Spa, Region)
a. Gerätemedizinische Ausstattung
b. Baulicher Einfluss auf Gesundheit
c. Standard (Gebäude, Innenausstattung)
d. Erreichbarkeit (Akzessibilität)
e. Qualifikation des Personals
f. Image
B. Naturräumliche, kulturelle Faktoren
a. Natürliche Heilmittel der Region
b. Landschaftliche Elemente (Berge/Meer)
c. Epidemiologische Situation
d. Kultur (Tänze, Musik, Kunst)
e. Kulturlandschaft
C. Soziale Faktoren (weitere Umwelt)
a. Freunde, Bekanntschaften, Kollegen
b. Kultureller und medialer Einfluss
c. Politisches System
D. Institutionelle (normative) Faktoren
a. Entscheider: Ärzte, Verbände, Selbsthilfe-
gruppen
b. Politik
c. Geldgeber: Krankenkassen, Firmen
E. Image der Destination
F. Freiheiten (Reisefreiheit)
</td>
</tr>
</table>

Stimuli und Ressourcen

Decision

Nicht beobachtbare und nur schwer messbare Vorgänge kognitiver und affektiver Informationsverarbeitung mit der Entscheidung pro oder contra Konsum

Erfahrung und Zufriedenheit modifizieren das Reiseverhalten

Response/Lifestyle

Konsum als sichtbare Ergebnisse der zuvor genannten Prozesse. Teilweise angestrebte Diskontinuität des Konsums

Abb. 20:   RESTILE-Modell zur Erklärung von Konsumentenverhalten im Gesundheitstourismus

Determinanten und Einflussfaktoren

Die Begriffe Ressource und Stimulus deuten auf das komplexe Zusammenspiel von eher affektiven Bedürfnissen (Wärme, Wohlbefinden) einerseits und kognitiven Vorgängen anderseits hin, die auf der Basis verschiedener Ressourcen (Wissen, Geld) eine ausgewogene Entscheidung in Sachen gesundheitlichen Konsums möglich machen. Darüber hinaus ist das Wechselspiel zwischen äußerlichen und innerlichen Einflüssen zu berücksichtigen. Die Trennung von individuellen und umweltlichen Determinanten muss unter der Maßgabe betrachtet werden, dass sich beide in einem permanenten Interaktionsprozess befinden.

Mit individuellen Determinanten werden innere und sich im Menschen abspielende Vorgänge bezeichnet, die einen Einfluss auf das Konsumverhalten haben. Die inneren Prozesse können ebenso von inneren Reizen (Hunger infolge leeren Magens), von äußeren Reizen (Blick auf Gourmet-Menu löst inneres Bedürfnis nach Teilhabe aus) oder von körperlichen Zuständen (z.B. Rückenleiden) hervorgerufen werden.

Sozio-demografische Determinanten der näheren sozialen Umwelt beeinflussen Konsum aufgrund von Lebensumfeld und Lebenslage:

- Die so genannte nähere soziale Umwelt wird bestimmt durch Menschen, mit denen der Konsument in einem intensiven und dauerhaften Interaktionsverhältnis steht wie z.B. die eigene Familie oder enge Freunde. Das so genannte weitere soziale Umfeld wird durch die (Sub-)Kulturen bestimmt, in denen sich der Konsument aufhält (z.B. Parteienzugehörigkeit, Stadtteil). Beide Umwelten zusammen beeinflussen Werte, Einstellungen, Bildung oder Dinge wie private oder berufliche Lebensziele.
- Die Schönheitsideale differieren von Kultur zu Kultur erheblich und sind in hohem Maße verantwortlich für Spa-Präferenzen wie z.B. unterschiedliche Vorlieben im Hinblick auf die Hautfarbe im Vergleich von Europa (braun) und Asien (weiß) oder unterschiedliche Präferenzen im Hinblick auf Schlankheitsideale im Vergleich von Europa (schlank) und vielen arabischen Ländern (stämmig).
- Die Bedeutung des Alters ist im Hinblick auf seinen Einfluss auf den Konsum unbestritten, allerdings gibt es verschiedene, zum Teil konträre Modelle wie z.B. das Lebensspiral-Modell und das Lebenszyklus-Modell. Morbidität und Mortalität zeigen eine starke Abhängigkeit vom Alter und somit auch der daraus resultierende Konsum.
- Ein geschlechtsspezifischer Spa-Konsum lässt sich immer wieder beobachten (siehe Kapitel 2.1.4.1).
- Neben der Differenzierung nach Geschlecht entscheidet auch die Zugehörigkeit zu einer sozialen Schicht über den Gesundheitskonsum. So fühlen sich Männer und Frauen der unteren Schichten kränker als andere. Mortalität (Sterblichkeit) und Morbidität (Krankheitshäufigkeit) zeigen ebenfalls Unterschiede im Vergleich verschiedener sozialer Gruppen. Der sozioökonomische Status (Bildung, Einkommen, Ansehen im sozialen Umfeld, Stellung im Beruf) zählen ebenfalls zu den wichtigen Faktoren im Hinblick auf das subjektive Gesundheitsempfinden und auf den Konsum im Kontinuum von Gesundheit, Bodystyling und Wohlbefinden. Unter dem Einfluss von Beruf, Einkommen und Bildung unterscheiden sich die Erkrankungsrisiken zwischen den Geschlechtern deutlich. „Diese Zusammenhänge lassen sich dadurch begründen, dass Angehörige niedrigerer sozialer Schichten aufgrund eines stärker instrumentellen Körper- und Gesundheitsverständnisses und einer daraus resultierenden Ausbeutung des Körpers keine Langzeitperspektive im Denken und Handeln besitzen, die wiederum für Eigenverantwortung und Eigenvorsorge erforderlich ist."[93]

Psychische Merkmale beziehen sich auf Einstellungen und Meinungen der Menschen (Lebensstil, Modebewusstsein, Interessen, Persönlichkeitsmerkmale, Präferenzen). Im Bereich der psychischen Determinanten können aktivierende Prozesse[94] von kognitiven Prozessen

---

[93] Kern (2005), S. 1581.
[94] Siehe dazu mehr in: Kroeber-Riehl et al. (1999), S. 49ff.

unterschieden werden. Aktivierende Prozesse sind verhaltenssteuernde Prozesse, die durch innere Bedürfnisse stimuliert werden (z.B. Hunger, Bedürfnis nach Zuwendung). Kognitive Prozesse hingegen sind solche, die sich analytisch und abwägend auf die Informationsverarbeitung konzentrieren und natürlich auch Verhalten steuern (z.B. Entscheidung darüber, ob dieses oder jenes Spa-Hotel geeigneter ist, Preis-Leistungsverhältnis abwägen). Beides, aktivierende wie kognitive Prozesse, sind natürlich auch von Alter, Geschlecht und anderen soziodemografischen Einflüssen abhängig.

Gesundheitliche Determinanten sind ganz verschiedener Art und haben allesamt einen wichtigen Einfluss auf den Konsum:

- Gesundheitszustand/Leidensdruck: Die Bereitschaft, für die eigene Gesundheit aktiv zu werden, hängt stark vom Leidensdruck ab. Nur langsam setzt sich der Gedanke fest, auch in einem gesunden Zustand etwas für die Gesundheit zu tun (Primärprävention).
- Subjektives Krankheitsempfinden: Die individuelle Einstellung zur Gesundheit variiert abhängig von Lebensalter, Geschlecht und sozioökonomischen sowie -kulturellen Orientierungen. Gesundheit ist demnach kein objektiv-statischer Begriff, sondern höchst individuell.[95]
- Grad der Risikoaversion: Gastpatienten scheuen in verschiedenem Maß das Risiko eines medizinischen Eingriffs. In diesem Sinn ist der Umgang mit Risiko konsumsteuernd.
- Zahlungsfähigkeit und -bereitschaft: Der gesunde Konsum ist in hohem Maß von der Fähigkeit und der Bereitschaft abhängig, für gesunde Produkte Geld auszugeben.
- Einstellung zur Vorsorge: Die Wertschätzung präventiver Maßnahmen ist individuell verschieden und zeigt deutliche Unterschiede nach Geschlecht, Alter und sozialer Einbettung.
- Altersbedingte Leiden: Gesunder Konsum ist stark vom Alter abhängig, weil bestimmte Leiden altersspezifisch sind.

Umweltliche Determinanten im Spa-Konsum umfassen die relevanten Einflussfaktoren von Um- und Mitwelt:

- Die physische Umwelt sind Gebäude und Infrastrukturen, die für gesundheitstouristischen Konsum eine Rolle spielen (am Aufenthaltsort: Kurhaus, Hotel, Restaurant, Spa; auf dem Weg zum Aufenthaltsort: Flughafen, Straßen, Fähren).
- Die naturräumliche Umwelt ist durch das, was der Ort bzw. die Region in Form von (Kultur-)Landschaft und Kultur zur Verfügung stellt, charakterisiert. Dieser Aspekt ist besonders im Spa- und Gesundheitstourismus von großer Bedeutung, weil die Natur eine Vielzahl gesundheitlich wirkender Mittel zur Verfügung stellt wie Ruhe, Kräuter, Heilmittel u.a. (siehe dazu Kapitel 5.1.7).
- Die soziale Umwelt im weiteren Sinn in Form von Presse und Medien als Sprachrohre der gesellschaftlichen Meinung ist ebenfalls für den Konsum verantwortlich, weil sie Empfehlungen ausspricht („dieses Thermalbad war besonders gut") oder ein gesellschaftliches Korrektiv darstellt („Männer mit Glatze machen eine schlechtere Karriere").
- Die institutionelle Umwelt sind Organisationen (z.B. Krankenkasse) und Menschen in Institutionen (Arzt der Krankenkasse), die aufgrund ihrer Autorität (Krankenkasse gibt Geld, Arzt verfügt über Fachwissen) den gesunden Konsum erheblich beeinflussen. In

---

[95]   Siehe dazu mehr unter: Schwartz et al. (2000), S. 25f.

diesem Bereich gibt es die persönliche Meinung des Arztes, vor allem aber auch Normen, die aufgrund gesetzlicher Grundlage konsumsteuernd wirken (z.B. Wasserhygiene in öffentlichen Bädern).

- Image: Das Image eines Spa oder einer Region wird wohl in der Regel auf die Gegebenheiten vor Ort (landschaftliche Situation, Vorkommen natürlicher Heilmittel u.a.) aufbauen. Darüber hinaus jedoch obliegt das Image der Strategie des Managements („Wir wollen eine gesunde Region werden") und dem Können der begleitenden Werbefirmen, das angestrebte (neue) Image zu kreieren und in den Köpfen der Menschen zu verankern.

- Freiheiten beziehen sich auf das politische System und zielen auf einen globalen Kontext, in dem Reisefreiheit und Infrastruktur nicht immer in dem Maß vorhanden sind, wie der Gastpatient sich das wünscht. Freiheiten spielen natürlich auch bei den individuellen Determinanten eine Rolle: Ohne die finanziellen Mittel z.B. ist gesunder Tourismus nicht möglich, insbesondere dann, wenn es sich um den zweiten Gesundheitsmarkt handelt.[96]

Decision/Entscheidung

Die Entscheidungsphase wird in der Konsumentenforschung mitunter auch als Black Box bezeichnet, weil die Vorgänge, die im Menschen ablaufen und zu Konsumentscheidungen führen, nur mit großen methodischen Problemen beobachtet und gemessen werden können.

Response/Lifestyle

Die komplexen Entscheidungsfindungsprozesse auf dem Weg zur Konsumentscheidung schlagen sich schließlich im Response auf die zuvor stattgefundenen Prozesse nieder. Dies zeigt sich z.B. in der Konsumstättenwahl (welches Spa, welche Region), in Spa-Präferenzen (Buchungsverhalten), in der Wahl des Standards und in Kaufmengen oder in der Aufenthaltsdauer. Der gesundheitstouristische Konsum schließlich zeigt bestimmte Lifestyles, die Grundlage für Zielgruppensegmentierungen sein können. Diese ermöglicht die Einteilung in konsumähnliche Gruppen wie z.B. Kurlauber, Fitnessgäste oder Gäste mit dem primären Wunsch, Gewicht abzubauen.

Diskontinuität des Konsums: Die in vielen Einrichtungen angestrebte Änderung des Lifestyles mit dem Ziel eines gesünderen Lebenswandels hat eine zielgerichtete Modifikation des Konsumverhaltens zur Folge. In diesem Sinn erwartet die Anbieterseite den gleichen Konsumenten das nächste Mal mit einem veränderten Konsumverhalten.

2.1.1   Konsum systematisiert nach Motivatoren und Indikationen

Der Zugang über Indikationen und Motivatoren bietet ein Verständnis zum spezifischen Konsum in gesundheitstouristischen Einrichtungen:

- Indikation ist der Grund, ein diagnostisches und/oder therapeutisches bzw. medizinisches Verfahren (Intervention) einzuleiten aufgrund eines objektiven Krankheitsfalles oder subjektiven Krankheitsempfindens. Diese Intervention wird in der Regel auf Rat von Ärzten oder Krankenversicherungen empfohlen bzw. bezuschusst. Antrieb zur Intervention ist in

---

[96] Der Gedanke der Freiheit im Zusammenhang mit Gesundheit, Wohlbefinden und Sozialstaat wird mit besonderer Betonung der 3. Welt und Armut besonders bei Sen (1985), Nussbaum et al. (1993) und Alkire (2002) unter dem Begriff Capability Approach weitergedacht.

erster Linie ein Mangelempfinden (Beschwerden wie z.B. Schmerz oder z.B. auch der soziale Druck der Umwelt in Bezug auf die Unzulänglichkeit der Körperproportionen).

- Motivatoren resultieren stets aus einem Mangelempfinden. Sie gehen jedoch über den Mangelbezug hinaus und formulieren Wünsche (Bedürfnisse) nach einem angestrebten Zustand, und zwar im Spa-typischen Kontinuum von Behandlungen, Aktivitäten und Muße.

- Die Intervention als behandlerische Maßnahme im weitesten Sinn ist Mittel zum Zweck, um zuvor genannte Motivatoren zu erfüllen.

Die in der folgenden Abbildung unter Motivatoren genannten Bedürfnisse sind solche, die insbesondere von der Spa-Industrie aufgegriffen werden, allerdings auch an anderen Orten befriedigt werden (z.B. zu Hause):

Indikationen	Motivatoren	Kurz-begriff	Interventionen	Resultate	
Aus einem Mangelerleben wie z.B.... ▼	...entsteht das Bedürfnis nach... ▼		...u. dies kann z.B. mit folgenden Eingriffen /Maßnahmen gelindert /befriedigt werden... ▼	... und führt (im Idealfall) zum Ergebnis wie... ▼	
Krankheit und Leiden	Linderung, Heilung von Krankheit	1 Leidens-freiheit	(Med.) Intervention in Abhängigkeit von der Indikation; Diagnose, Kuration, Rehabiliation	Freiheit von Leiden, Gesundheit	stark
Unzufriedenheit mit der eigenen Körpererschei-nung, Körperbildstö-rung, Isolation, fehlende soziale Einbettung	Soziale und private Anerkennung	2 Body-styling	Anti-Ageing-Medizin, Beauty und Kosmetik, Sport und Bewegung, Ernährung	Zufriedenheit mit dem eigenen Kör-perbild, schöner Körper, soziale Einbettung	
Angst vor dem Tod u. vor vorzeitigem körper-lich-geistigem Verfall, Angst vor Pflege und Abhängigkeit	Langes und vitales Leben	3 Jugend-lichkeit	Diagnose, Anti-Ageing-Medizin, Bewegung/ Sport, Ernährung, Transplantation	Jugendlichkeit, Vitalität, angst-freies Altern, Altern mit Stil	
Mangelndes individuelles Leistungsvermögen	Leistungs-fähigkeit	4 Leistungs-fähigkeit	Brain-Training, Lern-techniken, Ernährung, Sport, Bewegung, Kosmetik	Private, soziale und berufliche Lei-stungsfähigkeit, Erfolg im Beruf	
Überforderung (kognitiv u. emotional), Ermüdung und Stress, Häufung psychischer und stressbedingter Leiden, Verzicht	Entspannung, Muße, zur Ruhe kom-men, Genuss, Energie tanken	5 Seele und Selbst	Entspannungstechniken, autogenes Training, Ruheräume im Spa, Sport und Bewegung, Konzentration, Kulinarik	Ausgeglichenheit, Balance zwischen Ich und Umwelt, Erholung, Rege-neration	
Unterforderung (kognitiv und emotional), Monotonie und Sättigung, geistige Leere, unbeantwortete vitale Fragen	Sinnstiftung, etwas Anre-gendes und Sinnvolles tun		Meditation, Bewusstseins-bildung, Wissen von Gründen und Zusammen-hängen, Coaching, Bewe-gung, Gespräche	Geistig-seelische Erfüllung, Inspira-tion; Bedeutung, Verstehen und Gutheißen	
Einsamkeit, Kälte der Umwelt, Isolation, fehlender Freundes-kreis, Konkurrenz-gesellschaft	Zuwendung, Liebe, Gebor-genheit	6 Zuwen-dung	Wohlbefinden, Nestge-fühl erleben, Wärme durch Zuwendung, Aufmerksamkeit erhalten	Eingebettet sein in erfüllendes privates, soziales Netz	schwach
	...Zweck ◄—		Mittel zum...	—►...Zweck	

Chirurgischer, diagnostischer und gerätemedizinischer Einsatz

Abb. 21:   Indikationen, Motivatoren und Intervention im Spa- und Gesundheitstourismus

Viele der zuvor genannten Motivatoren werden nicht isoliert konsumiert. Viele Kombinationen lassen kreative Konsumfelder entstehen:

- So spricht das so genannte „Genussradeln" in der Steiermark (Österreich) sowohl die Gesundheit im Allgemeinen wie auch den Genuss an.
- Die mit „Winzerzimmer" bezeichnete Unterkunftsform von Privatvermietern in der Steiermark (Österreich) spricht gleichermaßen Bedürfnisse im Kontinuum von Genuss, Kulinarik, Naturverbundenheit, Authentizität und Erholung (Gesundheit) an.[97]

Besonders als Selbstzahler erwartet der Gastpatient einen konkreten und unmittelbaren Erfolg (Resultat). Sonst meint er, er habe sein Geld nicht richtig eingesetzt. Im Gesundheitssport wird intensiv versucht, bereits in die Aktivität den Lustgewinn zu integrieren. Daraus folgt, dass Intervention und Resultat häufig nicht zeitversetzt stattfinden, sondern im gleichen Augenblick passieren können:

- Die folgende Abbildung zeigt anhand des ersten Beispiels, dass das Resultat häufig bereits während der Intervention eintritt. Dies ist gleichzeitig ein wichtiger Erfolgsfaktor in der Selbstzahlermedizin.
- Das zweite Beispiel zeigt, dass der Zweck (Resultat) erst zeitversetzt nach der Intervention eintritt.
- Das dritte Beispiel zeigt, dass eine Intervention ganz verschiedene Zwecke erfüllen kann:

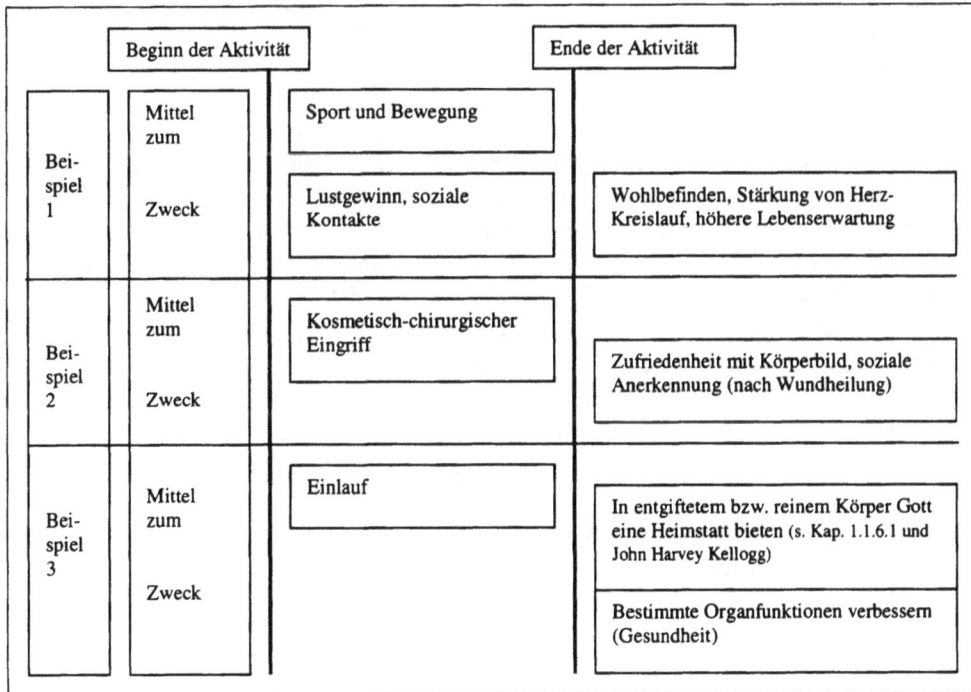

	Beginn der Aktivität		Ende der Aktivität
Bei-spiel 1	Mittel zum	Sport und Bewegung	
	Zweck	Lustgewinn, soziale Kontakte	Wohlbefinden, Stärkung von Herz-Kreislauf, höhere Lebenserwartung
Bei-spiel 2	Mittel zum	Kosmetisch-chirurgischer Eingriff	
	Zweck		Zufriedenheit mit Körperbild, soziale Anerkennung (nach Wundheilung)
Bei-spiel 3	Mittel zum	Einlauf	In entgiftetem bzw. reinem Körper Gott eine Heimstatt bieten (s. Kap. 1.1.6.1 und John Harvey Kellogg)
	Zweck		Bestimmte Organfunktionen verbessern (Gesundheit)

Abb. 22:   Phasenüberlappung von Mittel und Zweck im gesundheitstouristischen Konsum

---

[97]   Siehe z.B. mehr unter: Warum im Winzerzimmer schlafen? (o.D.).

2.1.1.1   Indikationen und Motivatoren im Einzelnen

Im Folgenden werden ausgewählte Indikationen und Motivatoren, sofern sie für Spa und Gesundheitstourismus von besonderer Bedeutung sind, näher ausgeführt. Dabei geht es jedoch nicht um die Wirksamkeit von Interventionen, sondern um Trends und Nachfrageentwicklungen im makroökonomischen Sinn.

2.1.1.1.1   Heilung und Linderung von Krankheit

Den größten Teil der Gesundheitsausgaben macht die Behandlung von Krankheiten aus.

Morbidität und Lebenserwartung
- Die durchschnittliche Lebenserwartung steigt in Deutschland pro Dekade um ca. zwei Lebensjahre. Weltweit steigt sie ca. 2,3 Jahre pro Dekade.
- Der Anteil verschiedener Erkrankungen an dieser Entwicklung muss differenziert betrachtet werden. Der größte Beitrag in Deutschland am Anstieg der Lebenserwartung wird durch eine altersspezifische Abnahme der Sterblichkeit durch Herz-Kreislauf-Erkrankungen verzeichnet. Der Beitrag zur gesteigerten Lebenserwartung durch eine erfolgreiche Bekämpfung bösartiger Neubildungen liegt wesentlich niedriger.
- Die Bedeutung präventiver Maßnahmen kann eindrucksvoll belegt werden. In vielen Ländern Europas gehört Rauchen zu den wichtigen vermeidbaren Risikofaktoren und ist in Deutschland für mehr als 100.000 vorzeitige Todesfälle pro Jahr verantwortlich. Von 100 Fällen gelten ca. 70% bei Kolonkarzinom vermeidbar durch Änderung der Lebensgewohnheiten, 70% bei Schlaganfall, über 80% bei koronaren Herzerkrankungen über 90% bei Diabetes mellitus Typ II.
- Zu den bedeutendsten Risikofaktoren in Europa, für die auch die Spa-Industrie im Sinne des Angebotes präventiver Maßnahmen einen Beitrag leisten kann, gehören Rauchen, Hypertonie, Hypercholesterinämie, Übergewicht, mangelnde Bewegung, unzureichender Verzehr von Obst und Gemüse sowie Alkoholkonsum. Dazu kommen natürlich auch ökologische, soziale und gesellschaftliche Faktoren (fehlende Bildung, Umweltgifte, psychosoziale Belastung am Arbeitsplatz, mangelnde soziale Einbindung u.a.).

Besondere Aufmerksamkeit im Hinblick auf starke Zuwachsraten ist den so genannten Zivilisationskrankheiten wie auch den altersbedingten Krankheiten zu zollen. Zivilisationskrankheiten (auch Wohlfahrtserkrankungen genannt) sind Leiden, die besonders in industrialisierten Ländern eine hohe Verbreitung haben:

- Die negativen Einflüsse bzw. Risikofaktoren von Zivilisationskrankheiten sind insbesondere:[98]
  - Unausgewogene oder übermäßige Ernährung.
  - Bewegungsmangel.
  - Überbelastung im Berufsleben.

---

[98]   Die folgende Auflistung aus: Zivilisationskrankheiten (2007).

- – Alkohol-, Tabak- und Arzneimittelmissbrauch.
- – Lärmbelastung und Reizüberflutung (besonders bei Kindern und Jugendlichen).
- • Hauptformen der Zivilisationskrankheiten sind:
  - – Krebs.
  - – Stoffwechselkrankheiten (z. B. Diabetes mellitus Typ 2, Gicht).[99]
  - – Gebiss- und Skelettschäden (Zahnkaries, Bandscheibenschäden, rheumatische Erkrankungen, Osteoporose).
  - – Erkrankungen des Verdauungssystems (Verstopfung, Hämorrhoiden, Darmdivertikel).
  - – Bindegewebe- und Venenschwäche (Krampfadern).
  - – Psychosomatische Beschwerden und Störungen (besonders Migräne, Schlaf- oder Essstörungen) stehen mit den Anforderungen der modernen Leistungsgesellschaft (z. B. permanenter Stress) in Verbindung.
  - – Ernährungsabhängige Erkrankungen wie Übergewicht, Fettsucht und deren Folgeprobleme (Fettstoffwechselstörungen, Bluthochdruck, Arteriosklerose, koronare Herzerkrankungen, Schlaganfall, periphere Durchblutungsstörungen).

Übergewicht: Zu den Fallzahlen kommen die hohen Zuwachsraten in den meisten Ländern, infolge derer auch von der Volksseuche Übergewicht gesprochen wird. In Deutschland sind es im Allgemeinen mehr Männer, die an Übergewicht und Adipositas leiden. Im Vergleich der Altersgruppen 30 bis 44 und 45 bis 64 ist es die zuletzt genannte, die mehr Fälle aufweist.[100] Diätcamps für Kinder und Jugendliche nehmen an Anzahl und Angebot rasant zu. Spaß an der Bewegung, Informationen über gesunde Ernährung sowie über Entstehung und Folgen von Übergewicht sowie Stärkung des Selbstbewusstseins stehen immer wieder an erster Stelle solcher Freizeit- und Ferienangebote. Mitunter sind die Aufenthalte nur für die betroffenen Kinder und Jugendliche gedacht, es gibt jedoch auch Angebote für Eltern gemeinsam mit ihren Kindern. In Deutschland und Österreich beginnen erste Krankenkassen, solche Aufenthalte teil zu finanzieren.[101]

Die folgende Abbildung zeigt die führenden Risikofaktoren in Europa und daraus resultierend verlorene und bei mangelnder Gesundheit verbrachte Lebensjahre (DALYs[102]):

---

[99] Besonders in Asien ist infolge der Lebensstiländerung eine dramatische Zunahme von Diabetes zu verzeichnen. Mangelnde Bewegung und die Aufnahme von zuviel tierischen Fetten und Kalorien sind die wesentlichen Ursachen. Weltweit waren 2003 knapp 200 Mio. Menschen betroffen, 2025 werden es ca. 330 Mio. sein.

[100] Normalgewicht und Übergewicht (o.D.).

[101] Siehe z.B.: Fit statt dick Diätferien (o.D.).

[102] Der europäische Gesundheitsbericht 2005, Maßnahmen für eine bessere Gesundheit der Kinder und der Bevölkerung insgesamt (2005), S. 21.

Fehlende körperliche Betätigung — 3,5
Zu geringer Verzehr an Obst und Gemüse — 4,4
Übergewicht — 7,8
Hoher Cholesterinspiegel — 8,7
Alkoholkonsum — 10,1
Tabakkonsum — 12,3
Erhöhter Blutdruck — 12,8

0   2   4   6   8   10   12   14

%

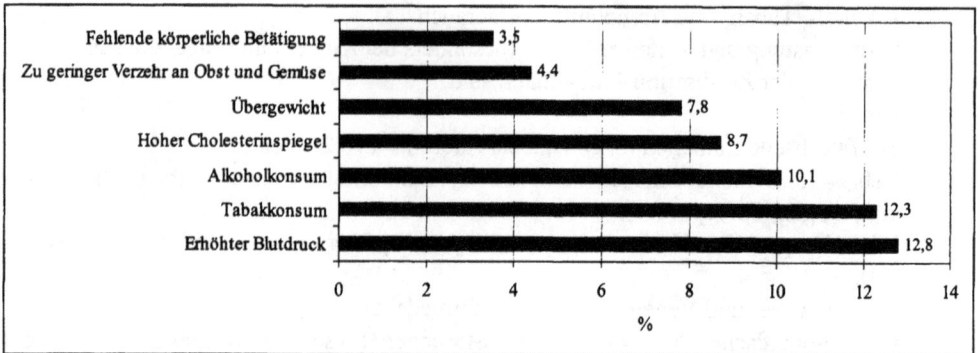

Abb. 23:   Den führenden Risikofaktoren zuschreibbarer Anteil an der DALY-Last in Europa

Leseprobe: Von den in Europa anfallenden DALYs entfallen 12,8% auf erhöhten Blutdruck.

Die folgende Abbildung zeigt die Fallzahl von Rehabilitationen in Deutschland auf:[103]

Insgesamt		1.898.307
Allgemeinmedizin		38.889
Frauenheilkunde und Geburtshilfe		7.505
Haut- und Geschlechtskrankheiten		13.871
Innere Medizin		547.612
	Angiologie	3.420
	Endokrinologie	3.965
	Gastroenterologie	22.691
	Hämatologie u. internistische Onkologie	68.787
	Kardiologie	127.597
	Klinische Geriatrie	60.228
	Nephrologie	3.924
	Pneumologie	35.548
	Rheumatologie	40.406
Kinderheilkunde		57.872
Neurologie		148.078
	Klinische Geriatrie	5.583
Orthopädie		565.735
	Rheumatologie	21.754
Physikalische und rehabilitative Medizin		14.905
Psychiatrie und Psychotherapie		67.918
	Klinische Geriatrie	1.804
Psychotherapeutische Medizin		94.283
Sonstige Fachbereiche		339.693

Abb. 24:   Fallzahl von Rehabilitationen in Deutschland 2004

---

[103]   Patientenherkunft in Vorsorge- und Rehabilitationseinrichtungen 2004 (o.D.).

Hinter diesen Fallzahlen verbirgt sich eine große Anzahl von Erkrankten, die es noch nicht zu einer Rehabilitation gebracht haben. Die Abbildung unterstreicht die hohe Fallzahl von rheumatologischen Erkrankungen. In Europa rechnet man mit ca. 100 Mio. Erkrankungen des rheumatischen Formenkreises. An der Chronischen Polyarthritis leiden alleine in Österreich ca. 80.000 Menschen. Die folgende Abbildung zeigt exemplarisch den monetären therapeutischen Aufwand für chronische Polyarthritis am Beispiel Österreichs sowie Möglichkeiten zur Marktpartizipation von für dieses Buch relevanten Betriebstypen:[104]

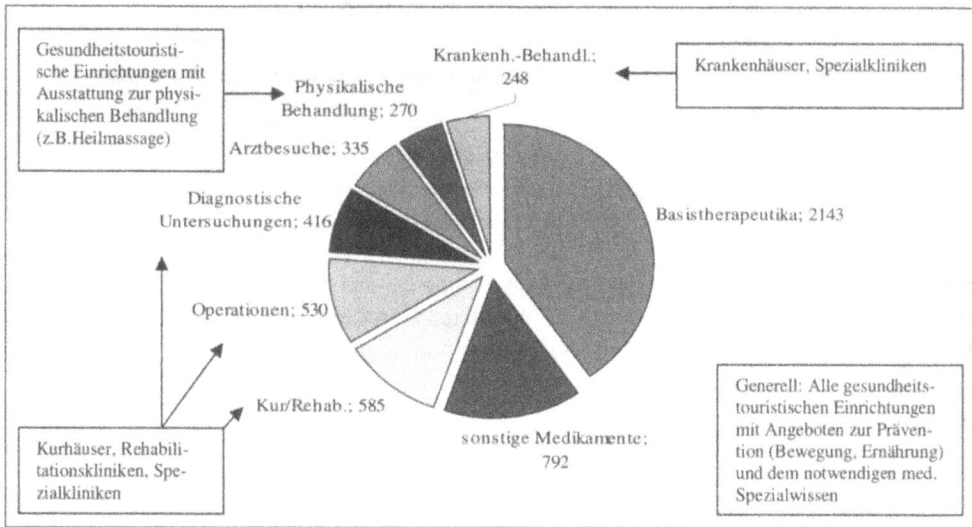

Abb 25:   Kosten für Chronische Polyarthritis in Österreich pro Person pro Jahr in €

Jede Einrichtung mit der Möglichkeit zur physikalischen Therapie kann prüfen, ob sie im Rahmen des ersten oder zweiten Gesundheitsmarktes therapeutische Angebote machen will.

Die folgende Abbildung bildet eine Rangliste der teuersten Krankheiten ab:[105]

---

[104]   APA, L. Boltzmann-Institut für Epidemiologie rheumatischer Erkrankungen (o.D.), zitiert nach Richter (2004). Die Erläuterungen sind vom Autor, die zitierte Quelle hat nur das Chart geliefert.

[105]   Die teuersten Krankheiten (o.D.)

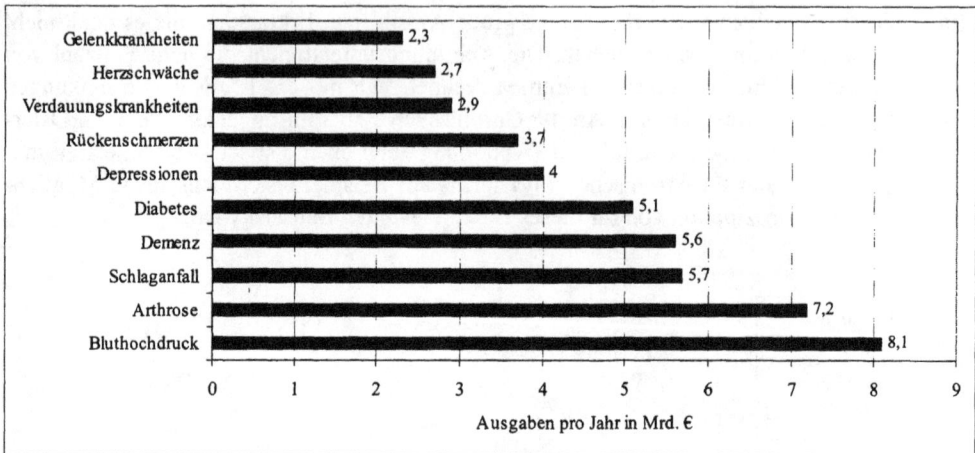

Abb. 26:   Jährliche Ausgaben 2002 in Deutschland für einzelne Krankheiten

Eine andere Herangehensweise stellt die Betrachtung der Arbeitsunfähigkeit dar. Die folgenden Erkrankungen gehören zu jenen, infolge derer Versicherte der Deutsche Angestellten Krankenkasse (DAK) sich besonders häufig arbeitsunfähig melden:[106]

- Muskel-Skelett-System (22%).
- Atmungssystem (15,7%).
- Verletzungen (15,1%).
- Psychische Erkrankungen (10,0%).
- Verdauungssystem (7,2%).

Weiter ist festzustellen, dass der Krankenstand mit zunehmendem Alter zunimmt. Und: Mit zunehmendem Alter erhöht sich die Falldauer.[107]

Mortalität
Die folgende Abbildung listet für den europäischen Raum die Verteilung von Todesursachen nach Altersgruppen auf:[108]

---

[106]   DAK Gesundheitsreport 2007 (2007), S. 28.
[107]   DAK Gesundheitsreport 2007 (2007), S. 23f.
[108]   Die Todesursachen in der EU (2006).

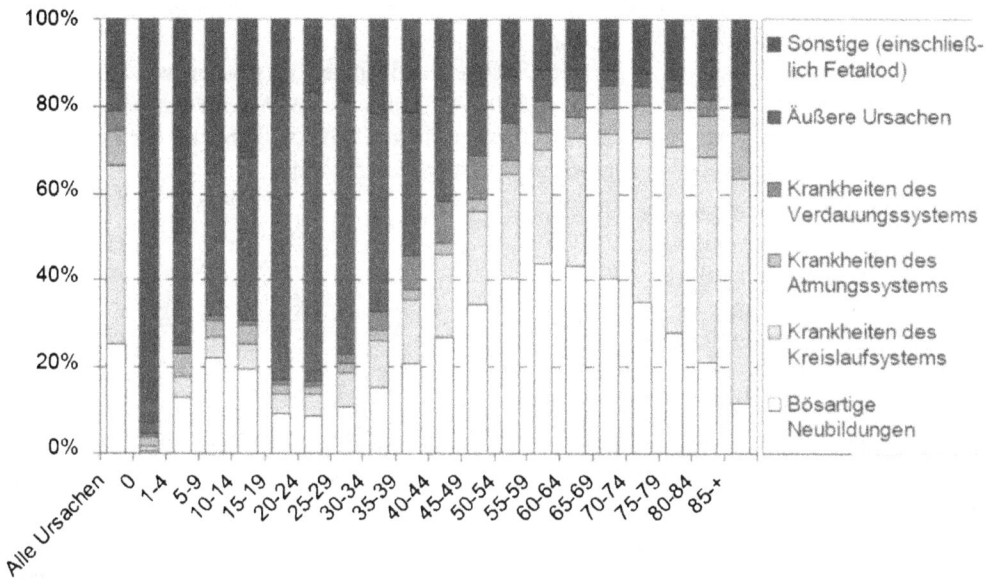

Abb. 27:   Todesursachen nach Alter in Prozent der Sterbefälle in Europa

Die Abbildung zeigt, dass das Alter eine entscheidende Rolle spielt im Hinblick auf die Todesursache. Krankheiten des Kreislaufsystems gehören besonders im fortgeschrittenen Alter zu den vorherrschenden Todesursachen.

Einzelne Indikationen und touristische Angebote

Es gibt zahlreiche Anbieter, die mit gezielter Infrastruktur und gezielten Dienstleistungen eine eng definierte Zielgruppe erfolgreich ansprechen können:

- Der MAS-Verein[109] in Bad Ischl (Österreich) bietet für an Alzheimer Erkrankte und deren Angehörige Reisen nach Bad Ischl an. Die Erkrankten erhalten eine professionelle Pflege in einem 4-Sterne-Hotel und die Möglichkeit, an Schulungen und Freizeitprogrammen teilzunehmen. Die Angehörigen können sich eine Auszeit vom anstrengenden Alltag nehmen und auch an verschiedenen Programmangeboten teilnehmen.[110]

- Zahlreiche Urlaubszentren bieten eine so genannte Feriendialyse für Nierenkranke an. Neben der Blutreinigung wird darüber hinaus oftmals auch ein 24-Stunden-Bereitschaftsdienst angeboten und mit der Verfügbarkeit eines nephrologischen Dialysearztes geworben.

---

[109]   MAS steht für Morbus Alzheimer Syndrom.
[110]   Siehe mehr unter: Verein MAS Alzheimerhilfe Bad Ischl (o.D.).

2.1.1.1.2   Bodystyling

Bodystyling soll als Überbegriff für verschiedene Maßnahmen verstanden werden, die auf
eine Veränderung des Körperbildes zielen. Häufiges Motiv für Maßnahmen des Bodystyling
ist die Anpassung an gesellschaftliche Normen, um damit die Anerkennung der Mitwelt zu
erlangen. Diese Maßnahmen können wie folgt systematisiert werden:

- Kosmetische Maßnahmen wie[111]
  - präparative Kosmetik und
  - apparative Kosmetik sowie
  - kosmetische Chirurgie.
- Bewegung, Sport, Fitness.
- Ernährung und
- innere Einstellung, Denken.

Das Motto „Schönheit kommt von innen" beschreibt im Sinne des dynamischen Gesund-
heitsbegriffs den Einklang von Körper und Seele einerseits sowie die Kohärenz von Mensch
und Mit- bzw. Umwelt andererseits und daraus folgend eine ausgeglichene und attraktive
Persönlichkeit. Äußere Schönheit von innen umfasst insbesondere Ernährung wie auch psy-
chologische Beratung. In China gibt es ein Sprichwort, welches Schönheit als Resultat von
Spiritualität erklärt: „Schön ist ein Gesicht, das deine Gedanken, o Gott, noch einmal denkt".
In einer alternden Gesellschaft mit hohem sozialem Druck auf das körperliche Erscheinungsbild im Sinne von Vitalität, Attraktivität und Jugendlichkeit werden sich Dienstleistungen,
die der Erhaltung oder Herstellung eines jugendlichen Schönheitsideals dienen, einer steten
Nachfrage erfreuen.

Kosmetische Chirurgie
Die Nachfrage nach kosmetisch-chirurgischen Eingriffen wächst stetig. So belegen Zahlen
aus den USA, dass die Nachfrage nach solchen Eingriffen pro Jahr um ca. 10% zunimmt.
Die folgende Abbildung vergleicht den Konsum gängiger chirurgischer und nicht-chirur-
gischer kosmetischer Eingriffe im Siebenjahresvergleich:[112]

---

[111]   Medical spa & specialty hospital markets, Assessments & overviews 2005 (2005), S. 13f. Die
        diese Dienstleistungen ergänzenden Sachgüter sind vor allem Fillers (Injektionen wie z.B. Botox),
        Implantate (z.B. Silikon) und rekonstruktives Material (in erster Linie dermatologische Produkte,
        z.B. künstliche Haut).
[112]   Surgical and non-surgical cosmetic procedures: 10 year comparison, 1997–2006 (o.D.).

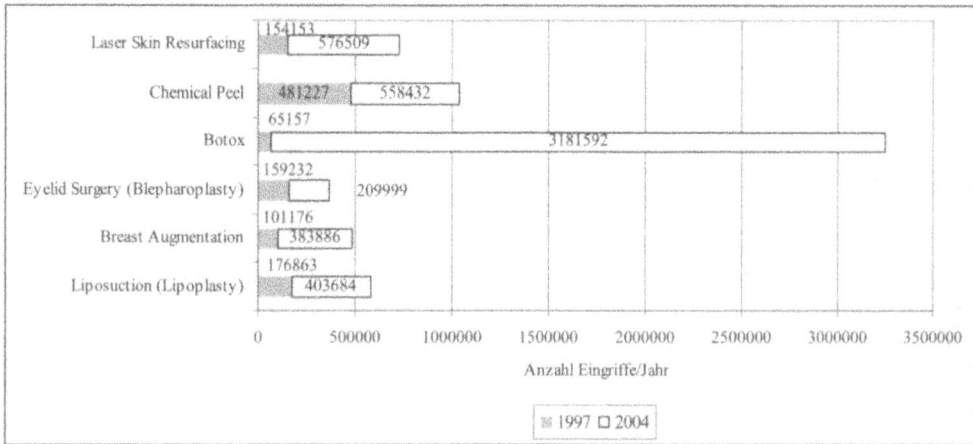

Abb. 28:   Siebenjahresvergleich von verschiedenen kosmetischen Eingriffen in den USA

Die folgende Abbildung bildet unabhängig von Indikationen die Anzahl der chirurgischen und nicht-chirurgischen kosmetischen Eingriffe in den USA im Zehnjahresvergleich ab:[113]

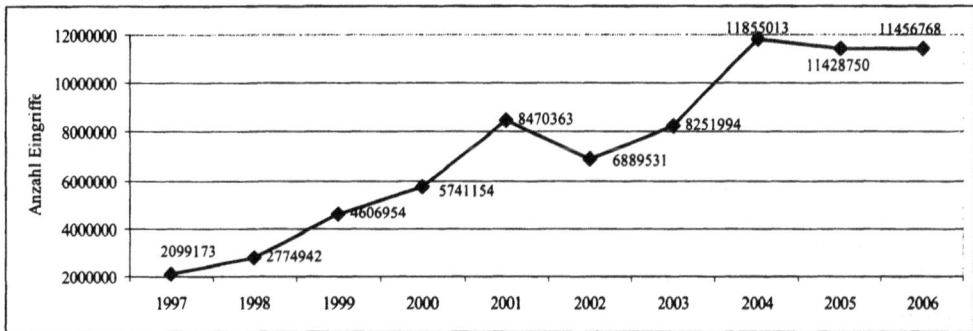

Abb. 29:   Entwicklung der Gesamtzahl kosmetischer Eingriffe (USA)

Die Abbildung oben zeigt eine starke Zunahme der Behandlungen, wenn auch die Kurve durch Unregelmäßigkeiten geprägt ist. In Deutschland und Europa nimmt die Anzahl solcher Eingriffe ebenfalls zu, auch wenn die Datenlage durch eine andere Informationspolitik der Unternehmen nicht so transparent ist. Immerhin veröffentlicht die Gesellschaft für Ästhetische Chirurgie Deutschland Zahlen von Eingriffen, die durch Mitglieder dieser Gesellschaft durchgeführt worden sind:[114]

---

[113]   Cosmetic surgery trends, surgical and nonsurgical cosmetic procedures: totals (o.D.).
[114]   Neue Statistik der Schönheitsoperation (2007).

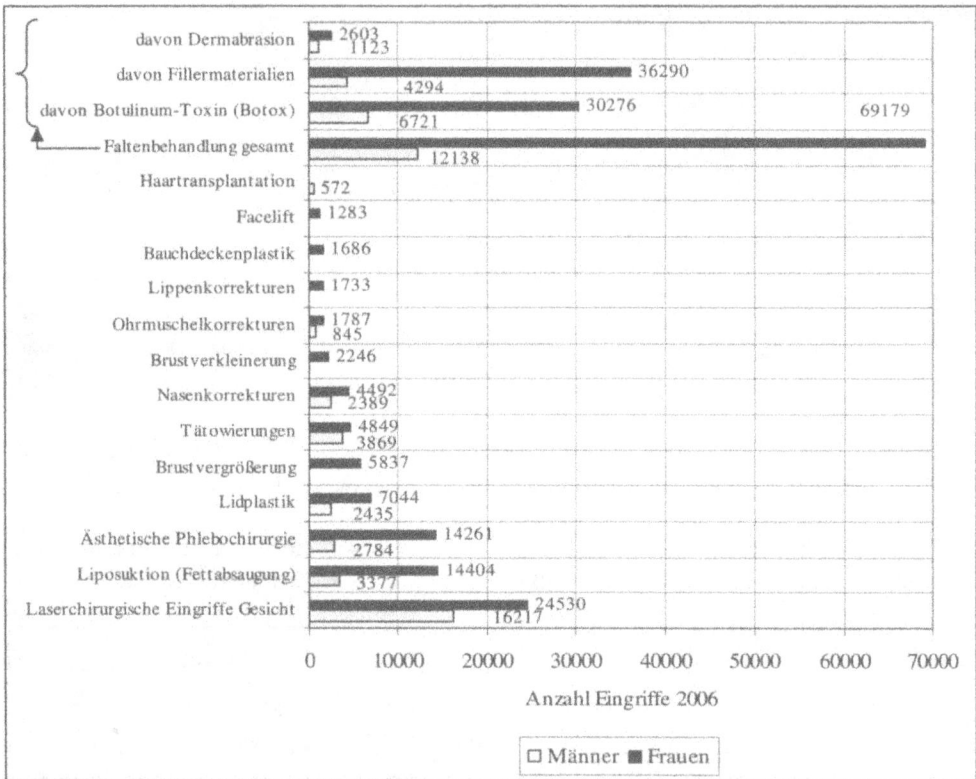

Abb. 30:   Anzahl von Eingriffen 2006 im Bereich der kosmetischen Chirurgie in Deutschland

Der Boom kosmetisch-chirurgischer Eingriffe unter Jugendlichen in Europa führt inzwischen zum Nachdenken über EU-weite Verbote von Eingriffen dieser Art, wenn sie von Menschen unter 18 Jahren vorgenommen werden wollen.[115]

Präparative Kosmetik für ältere Menschen
Im Bereich der präparativen Kosmetik lässt sich ein Zusammenhang zwischen Alter und der Nutzung von Anti-Falten-Creme herstellen. So sind es die Menschen im Alter von 50 bis 59, die solche Produkte ganz besonders häufig verwenden. Danach folgen die Altersgruppen 40 bis 49, 60 bis 69 und 30 bis 39. Analysen zeigen, dass kosmetische Behandlungen zu den umsatzstärksten Angebotselementen in Spas gehören.[116]

Übergewicht
Übergewicht ist ein weltweites Problem. Hohe Zuwachsraten sind weltweit zu beobachten. Daraus ergibt sich ein großer Markt für die Pharmaindustrie (Medikamente zur Gewichtsabnahme), für Chirurgen (z.B. Verkleinerung des Magens), für Unternehmen im Bereich von

---

[115]   Siehe mehr dazu unter: Berthold (2008).
[116]   Hank-Haase et al. (2005), S. 55.

Disease-Management oder für die Experten der Gesundheitsförderung (z.B. Bewegung, Fitness, Bewusstseinsbildung):[117]

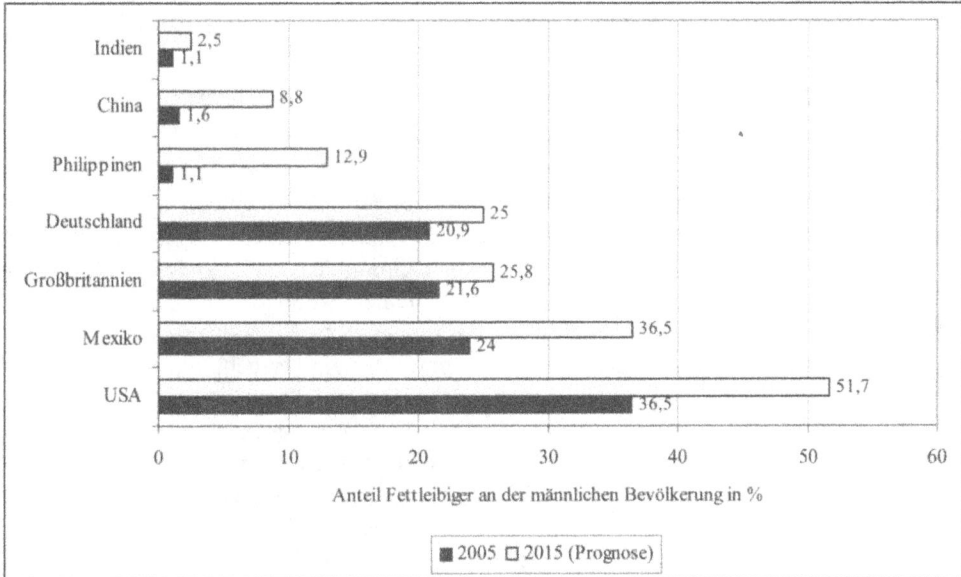

Abb. 31:   Anteil Fettleibiger an der männlichen Bevölkerung im Zehnjahresvergleich

2.1.1.1.3   Langes Leben und Vitalität

Die Anti-Ageing-Medizin und begleitende Dienstleistungen speisen sich insbesondere aus der Angst der Menschen vor dem Altwerden. Eine besondere Rolle spielen dabei folgende Ängste mit abnehmender Priorität:

- Ein Pflegefall und abhängig von anderen zu werden.
- Angst vor dem Alleinsein und dem Verlust des Lebenspartners.
- Körperliche Leiden.
- Keine Arbeit finden trotz Arbeitsfähigkeit und –willigkeit.
- Den Lebensabend im Heim verbringen zu müssen.

Angebote, die die zuvor formulierten Ängste vermindern, können auch von der gesundheitstouristischen Industrie entwickelt werden:

- Angebot zum Kennenlernen (Schnupperfitness etc.).
- Gemeinsam mit Fachverbänden Sportabzeichen für ältere Menschen entwickeln.
- Angebote wie z.B. „Im Spa altern" entwickeln mit konkreten Interventionen wie z.B. Sturzprophylaxe.
- Ein integriertes Konzept entwickeln mit Spa, Klinik und Seniorenresidenz in enger Nachbarschaft und mit ergänzenden Dienstleistungen.

---

[117]   Kreiss (2008).

Ein wachsendes Geschäftsfeld ist auch das „Smart Home" für ältere Menschen. Dabei handelt es sich um verschiedene technische Hilfsmittel, die den Pflegedienst im Hintergrund über Vorfälle informieren (die Badewanne, die beim Überlaufen Alarm schlägt; die Tasse, die Signal gibt, wenn aus ihr nicht genug getrunken wird). Hier sind auch gesundheitstouristische Anbieter gefordert,

- die entsprechende Infrastruktur in ihren Einrichtungen bereit zu stellen und
- interessierte Gastpatienten im Rahmen von Pauschalen mit den zuvor genannten Hilfsmitteln vertraut zu machen.

Anti-Ageing-Medizin ist ein interdisziplinärer Ansatz der Präventivmedizin. Anti-Ageing-Medizin wird vor allem prophylaktisch im Sinne der Primärprävention eingesetzt, aber auch zur Linderung von Beschwerden bei manifesten und chronischen Erkrankungen im Sinne der Sekundär- und Tertiärprävention. Die Anti-Ageing-Medizin ist im Wesentlichen eine Selbstzahlermedizin. Sie ist nachhaltig angelegt und hat eine ethische Komponente, weil sie helfen soll, in Würde und Freude zu altern. „Die Anti-Aging-Medizin versucht, die dem Alterungsprozess zugrunde liegenden Mechanismen zu analysieren und daraus entsprechende Therapieoptionen abzuleiten. Altern ist ein multifaktorieller Prozess, dessen molekularbiologische Grundlagen inzwischen weitgehend entschlüsselt sind. Während über die Pathophysiologie des Alterungsprozesses gut gesicherte Erkenntnisse vorliegen, gibt es zur Zeit noch keine interventionellen Maßnahmen, für die eine Lebensverlängerung beim Menschen belegt werden konnte. Jenseits modischer und wirtschaftlich motivierter Auswüchse kommt der Anti-Aging-Medizin ein wichtiger Stellenwert zu, wenn sie sich konsequent als eine Präventivmedizin gegen altersassoziierte Erkrankungen versteht."[118]

2.1.1.1.4   Leistungsfähigkeit

Wachsender Leistungsdruck zeigt sich in vielen Gesellschaften dieser Welt. Dies betrifft so verschiedene Aspekte wie

- Leistungsdruck bei Kindern und Jugendlichen in der Schule.
- Beruflicher Leistungsdruck bei Erwachsenen.
- Privater Leistungsdruck (Harmonisierung von Familie und Beruf u.a.).
- Sozialer Leistungsdruck (dem Schönheitsideal entsprechen).
- Wissenschaftlicher Leistungsdruck (wachsender Publikationsdruck auf Wissenschaftler in renommierten Fachzeitschriften).

Die Menschen versuchen auf verschiedene Weise, dem Leistungsdruck zu genügen. Dies kann beispielsweise erfolgen durch

- kosmetische Maßnehmen,
- Einnahme von Lifestyle-Medikamenten oder
- zunehmenden Einsatz des persönlichen Zeitbudgets für berufliche Zwecke.

---

[118]   Kleine-Gunk (2007). Der letzte Satz ist analog zur englischen Version verändert worden. Siehe auch Kapitel 5.2.1.3.1.2.

Die folgende Abbildung zeigt einige Zahlen in diesem Zusammenhang:[119]

	2000	2005	2010
Anti-Depressiva	13,1	18,7	26,0
Verhütungsmittel	3,4	4,2	5,1
Potenzmittel	1,8	3,2	5,5
Fettreduzierer	0,7	1,5	2,2
Mittel gegen Haarausfall	0,3	0,4	0,6
Raucherentwöhnung	0,2	0,4	0,5
Anti-Falten-Mittel	0,1	0,5	1,1
Gesamt	19,6	28,9	41,0

Abb. 32: Marktentwicklung für Lifestyle-Mittel in Mrd. US$ in den westlichen Industrieländern

Die Abbildung unten stellt einen Zusammenhang zwischen Leistungsfähigkeit und Sexualität dar.[120] Wenn auch die verschiedenen Statistiken zu teilweise widersprüchlichen Ergebnissen führen, ist doch der Gesamttrend von einiger Aussagekraft:

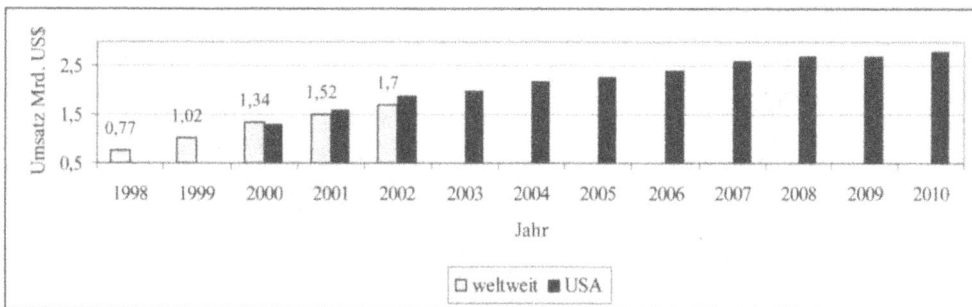

Abb. 33: Umsatz in den USA und weltweit mit dem Potenzmittel Viagra

2.1.1.1.5 Seele und Selbst

Das Kapitel Seele und Selbst umfasst den überaus vielfältigen Bereich psychischer Bedürfnisse. Dieser führt zu Reiseformen wie z.B. Töpfern auf Mallorca zur Selbstfindung, aber auch dem Aufenthalt in einem Spezialhotel zur psychotherapeutischen Burnout-Prävention.

Fehlendes soziales Umfeld (z.B. in Folge von berufsbedingtem Arbeitsplatzwechsel), Mobbing, eine immer forderndere Arbeitswelt und mehr Arbeit pro Kopf bei gleichem Zeitbudget führen immer häufiger zu (chronischer) Erschöpfung, Burnout und psychosomatischen Dysfunktionen (z.B. sexuelle Unlust). Aus dieser Entwicklung lässt sich schließen, dass auf die Freizeit- und Tourismusindustrie eine Vielzahl von Menschen zukommt, die mit den zuvor genannten Leiden kämpfen. Teile der Spa-Industrie können sich zugute halten, dass sie schon immer großen Wert auf die psychische Komponente des Menschen gelegt haben und demzufolge aus einem gewissen Erfahrungsschatz schöpfen können. Es muss allerdings auch betont werden, dass vieles, was im Bereich der stressbedingten und psychischen Leiden

---

[119] Entwicklung des Marktes für Lifestyle-Drugs (o.D.), S. 6.
[120] Quelle für den US-Absatz von Viagra: Umsatzentwicklung Viagra (o.D.), S. 6, für den weltweiten Markt: Blech (2002), S. 188.

angeboten wird, keiner medizinischen Prüfung standhält. Verschiedene Quellen[121] belegen, dass das in sich überaus heterogene Feld stressbedingter psychischer Leiden im Vergleich zu anderen Indikationsbereichen besonders stark wächst:[122]

- So stieg die Arbeitsunfähigkeit der Versicherten der DAK[123] von 1997 bis 2004 um knapp 70%, verglichen mit anderen Indikationen allerdings auf niedrigem Niveau. Immerhin ist dies der höchste Zuwachs bei der DAK im Vergleich zu anderen Indikationen (nächsthöhere Steigerungsrate bei Infektionen mit knapp 25%, bei anderen Indikationen konnte sogar eine Abnahme verzeichnet werden (Kreislaufsystem –17%).[124]
- Im Jahr 2000 wurden 8,1% aller Krankschreibungstage in Deutschland unter der Primärdiagnose einer psychischen Störung erfasst, 1991 waren es noch 5%.
- In Europa entfallen bereits 31% der berufsbedingten Krankenstandstage auf psychische Erkrankungen, nur noch 29% sind Folge körperlicher Beschwerden.

Die folgende Übersicht gibt einen ersten Überblick über das Thema unter dem Gesichtspunkt der Abgrenzung pathologischer und nicht-pathologischer Erscheinungen. Sie soll eine Ordnung in den kaum überschaubaren Bereich psychischer Befindlichkeiten und relevanter Störungen bringen:

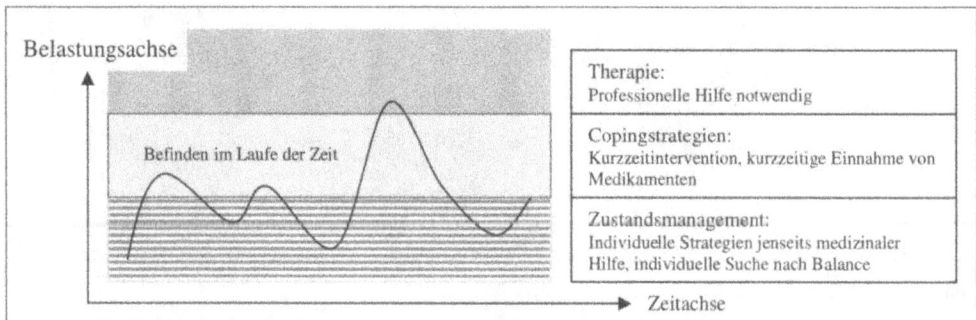

Abb. 34:   Psychische Belastungen und Strategien

Ein Großteil der psychischen Anliegen, für die im Rahmen gesundheitstouristischer Einrichtungen ohne Berücksichtigung von Kliniken Hilfe und Ausgleich gesucht wird, spielt sich im unteren Bereich der Abbildung ab.

- Zustandsmanagement: Der untere Bereich ist gekennzeichnet durch individuelle Strategien jedes Einzelnen, mit den üblichen und nicht pathogenen Belastungen des Alltags fertig zu werden, um eine innere Balance zu wahren oder zu erlangen. Dazu gehören z.B. Aktivitäten wie Gespräche mit Freunden, sportlicher Ausgleich, das Wellness-Wochenende oder der gemütliche Fernsehabend zu Hause.

---

[121]   Z.B. Hofmarcher et al. (2004), S. 8ff., DAK Gesundheitsreport (2002), S. 50ff, DAK Gesundheitsreport (2005), S. 39ff. und: Gesundheitsreport 2007 (2007), S. 73.

[122]   Solche Aussagen müssen allerdings in Betracht ziehen, dass möglicherweise auch eine höhere Sensibilität gegenüber solchen Krankheitsbildern zu einer steigenden Inzidenzrate führt.

[123]   Deutsche Angestellten Krankenkasse.

[124]   DAK Gesundheitsreport (2005), S. 43.

- Copingstrategien: Die Belastungen können im mittleren Bereich teilweise nicht mehr alleine kompensiert werden. Konkrete Maßnahmen zur Problembewältigung (Copingstrategien) sind anzuwenden, zumindest kurzfristig erscheint medizinale bzw. medikamentöse Hilfe angemessen.
- Der obere Bereich zeigt den Bereich der Dekompensation, in dem eine professionelle Therapie notwendig ist.

Die folgende Abbildung versucht eine Einteilung psychischer Beanspruchung:[125]

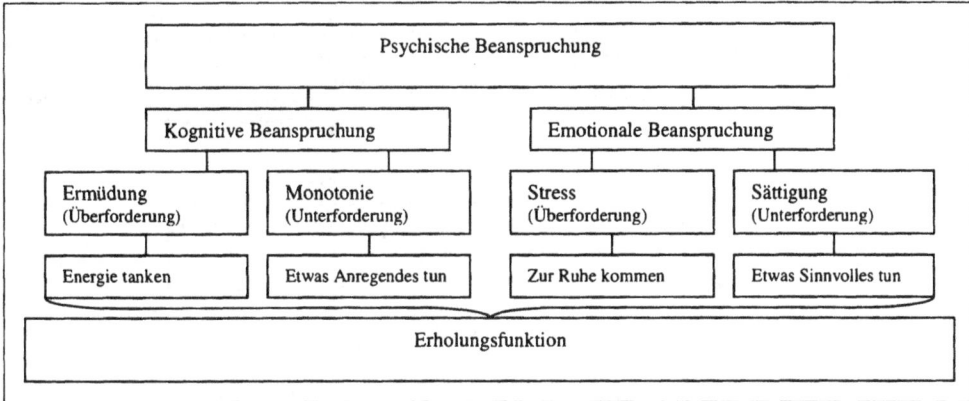

Abb. 35:   Systematisierung psychischer Bedürfnisse

Die Abbildung oben zeigt eine grobe Systematik verschiedener psychischer Problemfelder. All die damit verbundenen Probleme können auf verschiedene Art und Weise gelöst bzw. gelindert werden. Für den einen kann die richtige Intervention Entspannung oder Gartenarbeit sein, für den anderen ein langes Gespräch mit dem Therapeuten oder Meditation. Die folgende Abbildung bezieht sich auf die vorige und versucht, die dort als Erholungsfunktion dargestellten Aspekte in einem Eigenschaftsfeld mit den Gegensatzpaaren nicht medizinisch versus medizinisch sowie Innenwelt versus Außenwelt darzustellen. Es wird deutlich, dass viele psychische Bedürfnisse in einem Spa oder in vergleichbaren Einrichtungen befriedigt werden können:

---

[125] Allmer (1996), S. 45.

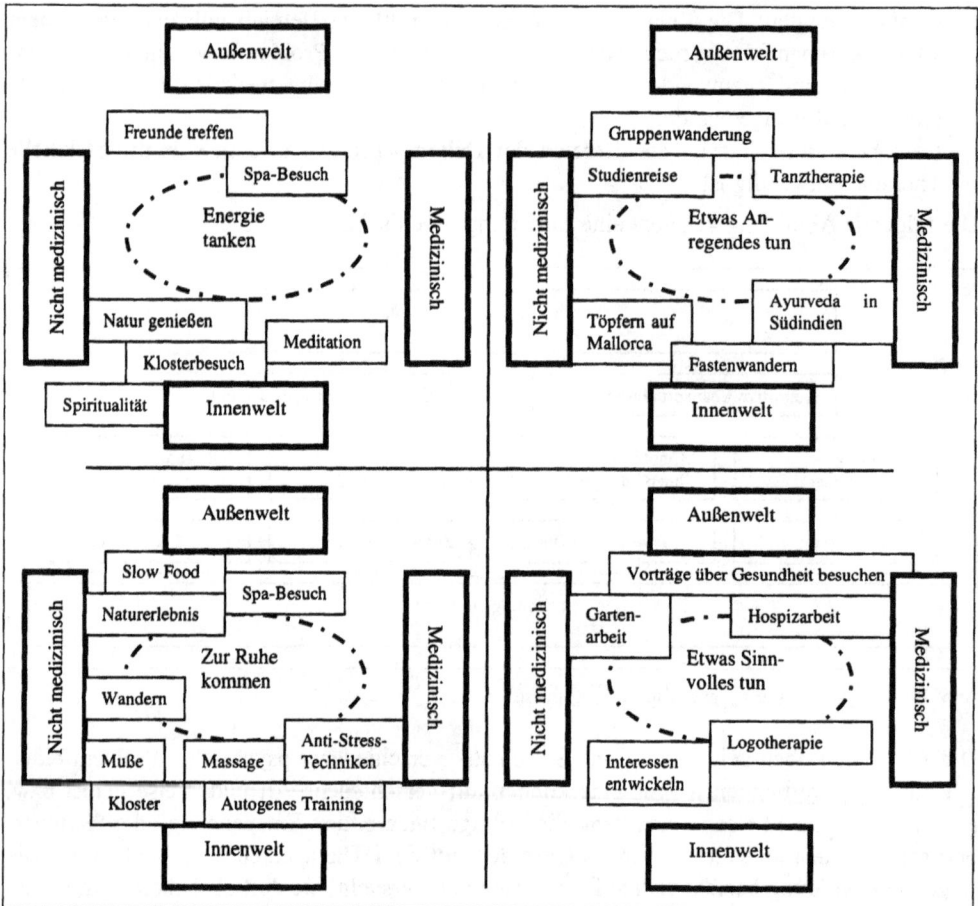

Abb. 36:   Eigenschaftsräume der vier psychischen Aktionsfelder

Pilgerreisen

Als Variante des Seele und Selbst-Tourismus wird Pilgerreisen eine wachsende Nachfrage nachgesagt.[126] Allerdings stellen Pilgerreisen keine homogene Zielgruppe dar, sondern sind in sich differenziert:

- Spiritueller Rückzug in ein Kloster.
- Meditatives Wandern.
- Klassisches Pilgern.
- Klosterreisen in Form von Studien- und Bildungsreisen.

---

[126]   Mehr dazu unter: Meditatives Wandern – Blick auf einen besonderen Markt (o.D.).

Die bereits seit vielen Jahren wachsende Nachfrage nach spirituellen Reisen hat in Österreich durch Kloesterreich[127] einen Namen gefunden. Auch die Österreich Werbung hat sich dieses Themas angenommen und bietet dazu Zahlen:[128]

- Zwischen Nordsee und Alpen gibt es ca. 1.000 Wallfahrtsorte.
- Jährlich machen sich weltweit ca. 40 Mio. Christen auf religiöse Wanderschaft.
- 2005 unternahmen Europäer ca. 2,5 Mio. Pilgerreisen mit Übernachtung im Ausland.
- Besonders Frankreich, Italien und Spanien sind die großen Pilgerdestinationen Europas.
- Die an Pilgerreisen interessierteste Altersgruppe ist die der 55- bis 64jährigen. Danach folgen die Altersgruppen 15 bis 24, 25 bis 34 und 65 bis 74. Die Interessenlage zeigt allerdings keine großen Unterschiede.
- Das Interesse an Pilgerreisen ist bei beiden Geschlechtern nahezu gleich verteilt.

Heilige und mystische Orte
Man kann verschiedene Ortstypen voneinander unterscheiden, denen mitunter sogar medizinisch relevante Glaubensvorstellungen zugeschrieben werden, auch wenn diese nicht näher definiert sind und sich mit dem Hinweis der besonderen Energie oder Kraft begnügen:[129]

- Heilige Stätten: Dabei handelt es sich um Orte, deren Lokalisierung nach astronomischen Gesichtspunkten erfolgt ist (z.B. Kathedrale von Chartres, Glastonbury als Begräbnisstätte des König Arthur).
- Allegorische Landschaften: Symbolische Landschaftsbilder, großflächig in den Boden eingebrachte Strukturen und Bilder, Hügelformationen in Tierform, Labyrinthe u.a. (z.B. Nacza, Peru).
- Antike Städte, deren erstaunliche architektonisch-bauliche Leistung den Nimbus des Rätselhaften verleiht (z.B. Angkor Wat in Kambodscha oder Maccu Pichu in Peru).
- Versunkene Welten wie z.B. Atlantis.
- Regionen mit heilender Kraft und medizinisch nutzbarer Energie. Dieses Sujet scheint in der jüngsten Vergangenheit wieder von größerer Wichtigkeit und kreiert unter dem Deckmantel von Gesundheit und Spiritualität verschiedene Produkte.[130]
- Pilgerstätten: Orte und Regionen, denen eine besondere religiös-spirituelle Kraft zugesprochen wird wie z.B. Uluru (Ayers Rock, Australien), Mount Shasta (Kalifornien, USA).

Besucher all dieser Stätten können ganz verschiedene Besuchsmotive haben:[131]

- Reisende mit dem Wunsch, der spirituellen Kraft näher zu sein.
- Reisende, die an dem kunstgeschichtlichen Aspekt interessiert sind.
- Reisende, die einfach nur dabei gewesen sein wollen.

---

[127] Klösterreich (o.D.).

[128] Meditatives Wandern – Blick auf einen besonderen Markt (o.D.), S. 1f.

[129] Die unten stehende Systematisierung in Anlehnung an: Andritzky (o.D.), S. 176f.

[130] Siehe z.B.: Vulkanisch-geomantische Gesundheitsregion im Steirischen Vulkanland - Endbericht (2006), Andritzky (o.D)., S. 165ff.

[131] Siehe mehr dazu unter: Digance (2003).

Genuss und Verwöhnung

Das Konzept Genuss und Verwöhnung lässt sich im Unterschied zu den zuvor genannten Motivatoren und Indikatoren dem allgemeinen Wortverständnis von Wellness zuschreiben. Gesunde Motive spielen allenfalls eine Nebenrolle, im Mittelpunkt steht die Befriedigung subjektive Bedürfnisse in einem Spa-Ambiente, das durch Aufenthaltsqualität und höchste Zuwendung durch das Personal gekennzeichnet ist (Sekt im Champagnerbad und eine begleitende Kopfmassage).

Es gibt Versuche, Genuss und Gesundheit miteinander zu verbinden. Dies kann natürlich in einem Spa geschehen, jedoch auch außerhalb desselben. Bekannte Konzepte werden z.B. mit Genussradeln bezeichnet. Das Konzept verbindet Radfahren mit eher beschaulichem Charakter in Etappen, die durch kulinarische Köstlichkeiten beendet und abgerundet werden, wo Gasthöfe mit regionalen Spezialitäten warten.[132]

Entspannung

Was als entspannend zu gelten hat, ist überaus subjektiv. In einer gestützten Umfrage sind die folgenden entspannenden Maßnahmen besonders häufig im Angebot von Spas zu finden:[133]

- Massagen (96%).
- Qigong (59%).
- Atemtechnik (51%).
- Yoga (49%).
- Autogenes Training (47%).
- Tai Chi (35%).

Leseprobe: In 96% der deutschsprachigen Spa-Hotels werden Massagen angeboten.

Ein typisches Beispiel für Tourismus im Sinne von Seele und Selbst ist das Vigilius Mountain-Resort. Auf der Homepage[134] heißt es: „1.500 Meter über dem Alltag. Kein Autolärm, keine schnellen Geschäftstermine, kein An- und Abfahren. Ins Vigilius geht es ausschließlich per Seilbahn. In der Luft Gedanken der Ruhe und Gelassenheit. Gewürzt mit dem Duft der Lärchenwälder."

Forschung

Es ist zu empfehlen, das überaus breite Spektrum an Forschung, die insbesondere in den USA zu den Themen Spiritualität, Entspannung, Sinnstiftung, Beten, Meditation etc. durchgeführt worden ist, zu rezipieren.[135]

---

[132] Siehe mehr unter: Genussradeln Süd- und Südweststeiermark (o.D.)
[133] Lanz-Kaufmann et al. (o.D.), S. 3.
[134] Vigilius Mountain Resort (o.D.).
[135] Siehe z.B.: Hawks et al. (1995).

Psychische Störungen

Unabhängig von der Belastung und vom Grad der Störungen resultieren viele für diese Arbeit relevante psychische Defizite aus folgenden Bereichen:

- Leichte depressive Störungen mit den folgenden Symptomen: „Verlust von Interesse oder Freude und erhöhte Ermüdbarkeit... Der Betreffende leidet unter den Symptomen und hat Schwierigkeiten, seine normale Berufstätigkeit und seine sozialen Aktivitäten fortzusetzen, gibt aber die alltäglichen Aktivitäten nicht vollständig auf."[136] Weitere Stichworte: Erschöpfung, Burn-out.

- Soziale Phobien: „Soziale Phobien beginnen oft in der Jugend, zentrieren sich um die Furcht vor prüfender Betrachtung durch andere Menschen... und führen schließlich dazu, dass soziale Situationen vermieden werden."[137] Weitere Stichworte: Körperbildstörung/Körperschemastörungen, chronische Unzufriedenheit mit dem eigenen Aussehen.

- Anpassungsstörungen: „Hier handelt es sich um Zustände von subjektivem Leiden und emotionaler Beeinträchtigung, die soziale Funktionen und Leistungen behindern und während des Anpassungsprozesses nach einer entscheidenden Lebensveränderung, nach einem belastenden Lebensereignis oder auch nach schwerer körperlicher Krankheit auftreten. Die Belastung kann die Unversehrtheit des sozialen Netzes betroffen haben (bei einem Trauerfall oder Trennungserlebnis), das weitere Umfeld sozialer Unterstützung oder soziale Werte."[138] Weitere Stichworte: Versetzung durch Arbeitgeber und daraus folgend soziale Isolation.

- Ängstliche (vermeidende) Persönlichkeitsstörung mit den folgenden Symptomen: „Andauernde und umfassende Gefühle von Anspannung und Besorgtheit. Überzeugung, selbst sozial unbeholfen, unattraktiv und minderwertig im Vergleich zu anderen zu sein. Ausgeprägte Sorge, in sozialen Situationen kritisiert oder abgelehnt zu werden. Abneigung, sich auf persönliche Kontakte einzulassen, außer man ist sicher, gemocht zu werden."[139] Weitere Stichworte: Übermäßige Aufmerksamkeit dem äußeren Erscheinungsbild gegenüber.

2.1.1.2　　Nachfrage nach Aktivitäten geordnet

2.1.1.2.1　　Sport und Bewegung

Zahlreiche Arbeiten beschäftigen sich mit Sport und den Einstellungen potenzieller Konsumenten dazu.[140] Die Quellenlage in der Verbindung von Spa- und Gesundheitsurlaub sowie Sport und Bewegung ist schon wesentlich weniger befriedigend. Der Sport in seiner touristischen Dimension unterliegt permanenten Veränderungen, die in folgende Trends zusammengefasst werden können.

- Angebotsorientierte Dimension: Entwicklung neuer Sportarten.
- Räumliche Dimension: Bereits bekannte oder neue Sportarten werden an Orten ausgeübt, die bislang unüblich waren.

---

[136]　Dilling et al. (2000), S. 141f.

[137]　Dilling et al. (2000), S. 157f.

[138]　Dilling et al. (2000), S. 170.

[139]　Dilling et al. (2000), S. 231f.

[140]　Siehe dazu mehr in: Weiß et al. (2005).

- Zeitliche Dimension: Altersgruppen machen Sport, die dies früher gar nicht oder nur in geringem Maße getan haben.
- Soziale Dimension: Gruppen können gewonnen werden, Sport zu machen, die dies bislang nur in geringem Maße oder gar nicht gemacht haben.
- Technische Dimension: Bekannte Sportarten werden durch Veränderung der Technik zu neuen Trends gepäppelt.

In Deutschland gibt es Ranglisten von Sportarten im Hinblick auf die Mitglieder von Sportvereinen. Danach gehören Fußball und Turnen zu den beliebtesten Sportarten:[141]

- Fußball (Anzahl Mitglieder 2006: 6,4 Mio., Änderung seit 1995: +12%)
- Turnen (Anzahl Mitglieder 2006: 5,1 Mio., Änderung seit 1995: +10%)
- Fitnesscenter (Anzahl Mitglieder 2006: 4,2 Mio., Änderung seit 1995: +27%)
- Tennis (Anzahl Mitglieder 2006: 1,7 Mio., Änderung seit 1995: -29%)

Motive für Sport und Bewegung

Die folgende Abbildung listet die wichtigsten Motive für Sport und Bewegung auf, und zwar im Rahmen einer österreichischen Untersuchung:[142]

	Total	Männer	Frauen	Alter			
				18–29	30–44	45–59	60–69
Um etwas für die Gesundheit zu tun	1.91	2.09	1.77	2.11	1.84	1.83	2.00
Weil man in der freien Natur ist	2.00	2.04	1.96	1.89	2.10	2.10	1.84
Um mich fit zu halten	2.06	2.02	2.09	2.00	2.03	2.10	2.06
Um etwas für die Figur zu tun	2.29	2.40	2.21	2.33	1.84	2.23	2.78
Weil Sport und Bewegung Spaß machen	2.36	2.27	2.44	2.11	2.26	2.40	2.50
Um nette Leute zu treffen	2.96	3.11	2.84	2.89	3.16	2.93	2.81
Um zu sehen, was ich körperlich leisten kann	3.06	2.69	3.35	3.22	2.87	3.00	3.25
Ausgleich für meine sitzende Tätigkeit	3.30	2.93	3.60	3.22	2.94	3.07	3.91
Weil es der Arzt empfohlen hat	3.51	3.51	3.51	4.44	3.90	3.03	3.31
Weil auch meine Freunde und Familienangehörige Sport betreiben	3.58	3.62	3.54	4.11	3.55	3.43	3.59

Abb. 37:   Sportmotive von Frauen und Männern nach Altersgruppen in Österreich

Zeichenerklärung: 1 = hohe Bedeutung, 5 = geringe Bedeutung.

---

[141]   Sport und Gesundheit (2007), S: 118f.
[142]   Weiß et al. (2005), S. 72

Interpretationen:

- Es zeigt sich in der Tendenz, dass Sport und Bewegung bei älteren Menschen häufiger in Folge einer ärztlichen Empfehlung unternommen werden (gesundheitliche Komponente).
- Die Ergebnisse zeigen auch den hohen Stellenwert des Bodystylings (ästhetische Komponente). Dieses Motiv spielt für jüngere Menschen eine größere Rolle als für ältere.
- Umgekehrt verhält es sich mit der Gesundheit: Hier zeigen ältere Menschen ein größeres Interesse.

Sport und Geschlecht
Die gleiche Umfrage unterscheidet in einem anderen Kapitel mehr zwischen den Geschlechtern:[143]

Frauen		Männer	
Gesundheit	1,76	Fitness	2,02
Freie Natur	1,96	Freie Natur	2,04
Fitness	2,09	Gesundheit	2,09
Figur	2,21	Spaß an Bewegung	2,27
Spaß an Bewegung	2,44	Figur	2,40
Nette Leute treffen	2,84	Körperliche Leistung	2,67

Abb. 38:   Sportmotive von Frauen und Männern in Österreich

Zeichenerklärung: 1 = hohe Bedeutung, 5 = geringe Bedeutung.

Es zeigen sich deutliche Unterschiede zwischen den Geschlechtern im Hinblick auf die Gründe, warum Sport gemacht wird:

- Bei Männern ist der Leistungsgedanke stärker vertreten.
- Bei Frauen spielen Gesundheit und Figurbewusstsein eine größere Rolle als bei Männern.

Im Rahmen einer Umfrage in Deutschland sind Gründe für eine sport- und bewegungsorientierte Gesundheitsförderung erfragt worden:[144]

Länger leben	80%
Selbstbewusstsein stärken	55%
Dem Partner gefallen	27%
Generell: Frauen gefallen	9%
Akzeptanz im Freundeskreis	6%
Anerkennung im Job	5%
Weiß nicht, keine Angabe	7%

Abb. 39:   Gründe für aktive Gesundheitsförderung in Deutschland

---

[143] Weiß et al. (2005), S. 72f.
[144] Gründe für aktive Gesundheitsförderung (2006), S. 15.

Die Antworten zeigen wie zuvor eine enge Beziehung zweier verschiedener Bedürfnisse, nämlich

- der attraktive Körper, um zu gefallen und
- gefallen, um Integration in sozialen Gruppen zu erwirken.

Eine in Deutschland durchgeführte Umfrage differenziert nach Sportarten und Geschlecht:[145]

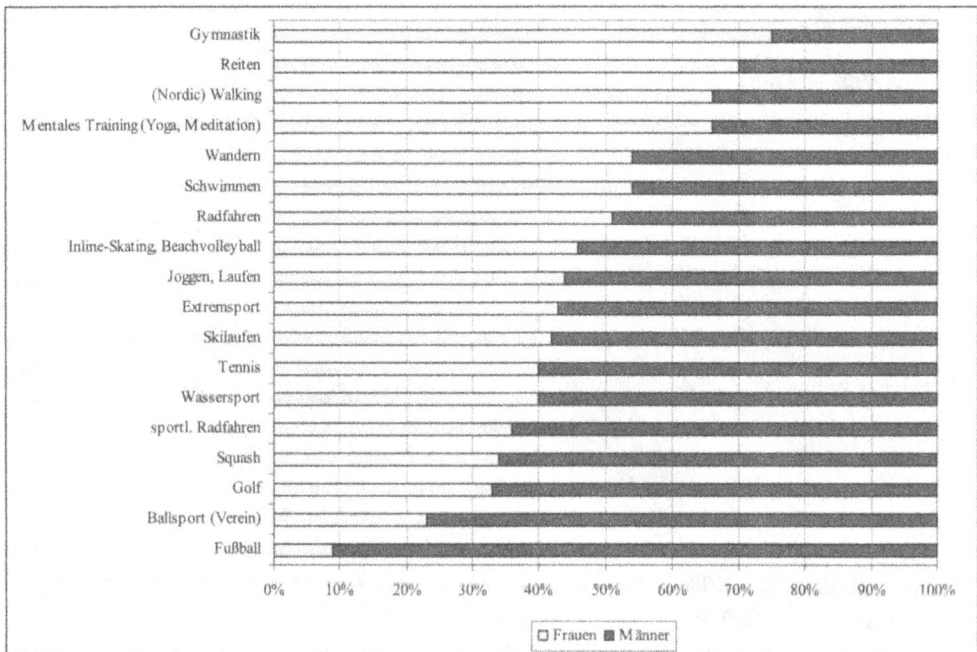

Abb. 40:   Sportarten in Deutschland nach Geschlecht

Sportarten, Intensität und Alter
Die nachfolgende Abbildung gibt Aufschluss über verschiedene Sportarten in ihrer Verbindung zu Altersgruppen:[146]

---

[145] Gründe für aktive Gesundheitsförderung (2006), S. 6.
[146] Gründe für aktive Gesundheitsförderung (2006), S. 6.

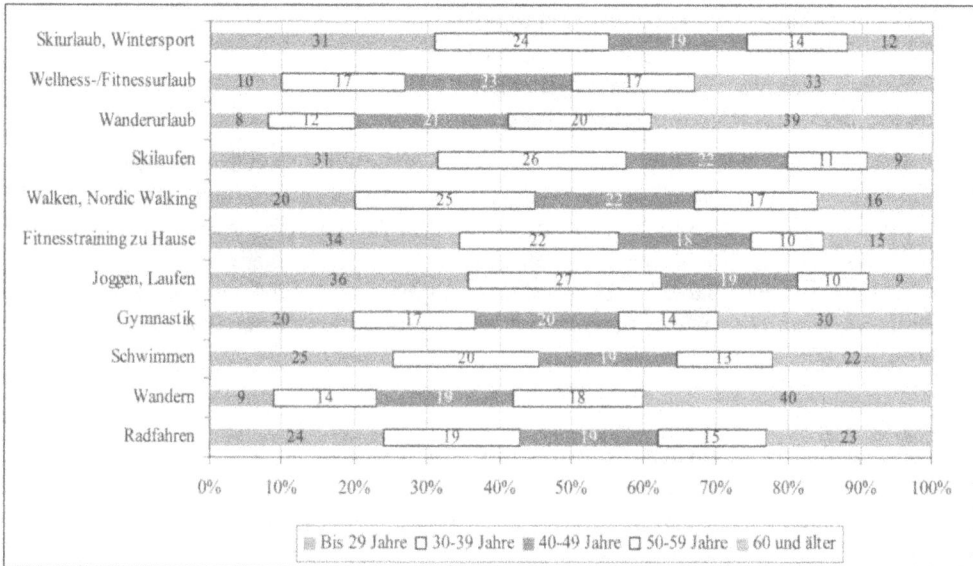

Abb. 41:   Sportpräferenzen nach Altersgruppen in Deutschland

Es zeigen sich altersabhängig deutliche Präferenzen in der Ausübung von Sport und Bewegung:

- Wandern und Wanderurlaub sind besonders bei der Generation 60+ beliebt,
- Joggen, Laufen und Fitness sowie Skiurlaub und Wintersport sind besonders bei den 20 bis 29jährigen beliebt.

Nachfrageentwicklung
Viele Aktivitäten, die sich unter Sport und Bewegung subsumieren lassen, erfreuen sich großer Beliebtheit. Dazu zählen z.B. Nordic Walking und Marathon-Läufe. Gab es z.B. 1997 in Deutschland 71 Marathonläufe, so ist die Zahl bis 2006 kontinuierlich auf 175 gestiegen, dann jedoch 2007 ein wenig abgefallen (170). Im Zehnjahresvergleich zeigt sich ein Anstieg von weit über 100%. Allerdings hat sich die Anzahl der Marathon-Finisher zumindest in Deutschland in den letzten vier Jahren nicht wesentlich verändert, so dass sich der Eindruck aufdrängt, dass sich die Läufer auf immer mehr Veranstaltungen verteilen.[147]

Wandern
Hinsichtlich des Wanderns gibt es folgende Umfrageergebnisse zur Frage, worauf Wanderer ganz besonderen Wert legen:[148]

- 80% legen besonders Wert auf naturnahe Wege.
- 76% legen besonders Wert auf Wegweise.
- 66% legen besonders Wert auf wechselndes Landschaftsbild.

---

[147]   Siehe mehr unter: Marathon 2007, Finisher-Zahlen stabilisieren sich (2007).
[148]   Roth (2000), S. 18.

- 64% legen besonders Wert auf Aussichtspunkte.
- 38% legen besonders Wert auf Informationstafeln.
- 30% legen besonders Wert auf Gaststätten.
- 1% legt besonders Wert auf asphaltierte Wege.

Besonders der dritte Punkt richtet sich in einer eventorientierten Gesellschaft nach veränderten Wahrnehmungspräferenzen und wird z.B. in den Kriterien von Wanderbares Deutschland für Premiumwanderwege aufgegriffen. In den letzten Jahren erfreute sich Wandern einer deutlich zunehmenden Nachfrage. Die Menschen über 50 repräsentieren die Hälfte der Wanderer. Es gibt Hinweise darauf, dass Wandern auch mehr und mehr von den Oberschichten angenommen wird. Dies würde eine Aufwertung vieler doch sehr einfacher Wanderherbergen nötig machen.

Einkommen und Nachfrage
Übergewicht und Fettleibigkeit (Adipositas)[149] galt besonders in den USA lange Zeit als Krankheit der Unterschichten. In den letzten Jahren jedoch ist festzustellen, dass Adipositas in den höheren Einkommen stärker zunimmt.[150] Daraus kann auf neue Zielgruppen für Aktivitäten der Gewichtsreduktion geschlossen werden.

2.1.1.2.2 Prävention

Dem Bereich der Primärprävention sind in Deutschland weniger als 1% der Gesamtausgaben der gesetzlichen Krankenversicherung zuzuschreiben, in der Schweiz sind es 2,2% der Gesamtkosten des Gesundheitswesens.[151] Mit anderen Worten: Im Vergleich zur Akutversorgung und Rehabilitation, aber auch im Vergleich zur Sekundärprävention, zeigt sich die öffentliche Hand an der Primärprävention wenig interessiert. Die Gründe dafür sind wie folgt:

- Sowohl öffentliche Einrichtungen wie auch Pharmaunternehmen haben bislang wenig Interesse gezeigt, Grundlagenforschung zu betreiben und dann in daraus resultierende Therapieverfahren zu investieren.
- An Präventionsstudien nehmen erfahrungsgemäß jene teil, die sowieso gesünder sind. Um die daraus resultierende fehlende Repräsentativität herzustellen, müsste die Gesamtbevölkerung gescreent[152] werden. Dies würde besonders bei unklarer Evidenzlage einen enormen Aufwand bedeuten.
- Ein weiterer Hemmfaktor sind ökonomische Aspekte: Präventive Maßnahmen führen kurzfristig zu einer Verteuerung des Gesundheitssystems und erst langfristig zu Einsparpotenzialen, weil Präventionsmaßnahmen in der Regel erst mit großer Zeitverzögerung wirksam werden und erst dann zu einer Kostenreduzierung führen.

Derzeit ist ein Umdenken in den nationalen und EU-weiten Politiken festzustellen, dass nämlich der Prävention insbesondere im Sinne der Primärprävention mehr Aufmerksamkeit

---

[149] Übergewicht: BMI=25-29,9; Adipositas: BMI>30.
[150] Ahrens (2005).
[151] Sigrist (2006a), S. 116.
[152] Ein Verfahren zur Identifizierung bestimmter Sachverhalte (z.B. epidemiologisch) an einer großen Anzahl von Personen.

geschenkt werden soll. Es ist zu erwarten, dass von Seiten des ersten Gesundheitsmarktes mehr Geld in das System gepumpt wird.

Von den Versicherten der GKV in Deutschland nutzen Frauen deutlich häufiger Vorsorgeuntersuchungen als Männer.[153] Männer wie Frauen zeigen ab 40 eine deutlich höhere Bereitschaft, zur Vorsorge zu gehen als in jüngeren Jahren. Die Bereitschaft, Vorsorge zu betreiben, nimmt mit höherem Einkommen zu.[154] Die Bestrebungen nach einer gesunden Lebensweise im Allgemeinen nehmen bei beiden Geschlechtern im Alter deutlich zu. Das gleiche gilt für die Bereitschaft, vorbeugend aktiv zu werden:[155]

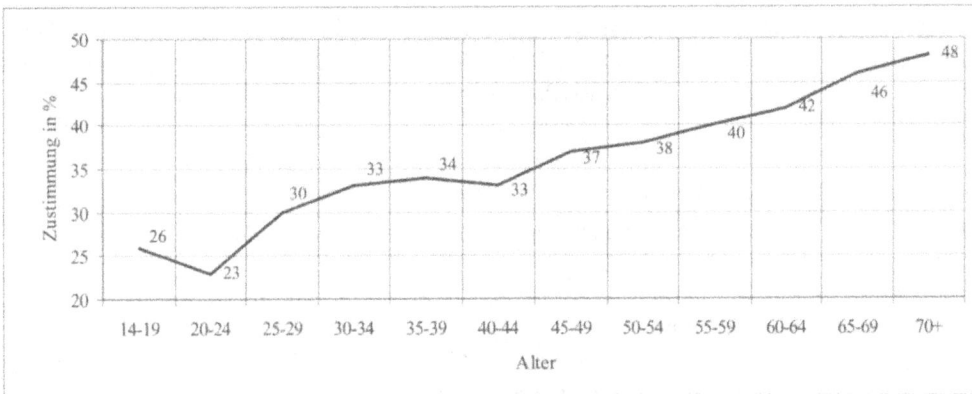

Abb. 42:   Einstellung zur Vorbeugung nach Altersgruppen in Deutschland

Es ist immer wieder zu beobachten, dass die zuständigen Stellen in vielen Spas Osteuropas nur wenig oder gar nichts wissen über die gesetzlichen Regelungen in westeuropäischen Ländern und wie man von Krankenkassen (teil-)finanzierte Präventionsgäste aus diesen Ländern akquirieren könnte.

Jenseits primär touristischer Produkte wie z.B. Präventionsreisen gibt es einen stark wachsenden Markt von Sachgütern und Dienstleistungen in den Bereichen der Nahrungsergänzung, medizinischer Geräte für den Hausgebrauch zur Messung von Körperdaten, Kurse im Freizeitumfeld, Möbel und Kleidung u.v.a.m.

2.1.1.2.3   Ernährung

Falsche Ernährung trägt zu Übergewicht und ungesunder Stoffwechsellage bei. Übergewicht kann die Lebensqualität in körperlicher und seelischer Hinsicht erheblich beeinträchtigen. Viele (chronische) Krankheiten werden von Übergewicht unterstützt bzw. verursacht wie z.B. Bluthochdruck, Herzinfarkt, Schlaganfall, Venenleiden, Krebs und seelische Störungen. Der zuletzt genannte Punkt manifestiert sich z.B. in Depressionen, weil Übergewichtige im Berufs- und Privatleben verschiedenen Problemen ausgesetzt sind (z.B. Mobbing, erschwerte Partnerfindung, Bewegungseinschränkung).

---

[153]   Frauen sorgen besser vor (2004), S. 294.
[154]   Der Markt der Gesundheit (2005a), S. 9.
[155]   Der Markt der Gesundheit (2005a), S. 8.

Die Ernährung gehört zu den umstrittensten Themen im Gesundheitstourismus, weil sie in ihrer Bedeutung aus gesundheitswissenschaftlicher Sicht zwar unbestritten ist, jedoch im Tagesgeschäft viele Fragen offen lässt bezüglich der Vereinbarkeit von gesunder Ernährung und Kulinarik einerseits und der Bereitschaft des Gastpatienten andererseits, für gesunde Ernährung auch mehr Geld auszugeben. Umfrageergebnisse aus der Schweiz beleuchten die Stellung der Ernährung in der Spa-Hotellerie:[156]

- 63% der befragten Hotels bieten Ernährungsberatung an,
- 53% stellen individuelle Diäten für ihre Gäste zusammen und
- 28% bieten Ernährungspläne an.

Viele Anbieter haben die Bedeutung der Ernährung noch nicht erkannt oder schrecken davor zurück, konsequent darauf zu setzen. Zudem ist bei vielen Leistungsträgern eine Diskrepanz zu bemerken zwischen dem therapeutischen Anspruch im Allgemeinen und der Qualität der Speisen.

2.1.2   Nachfrage nach Anbietern geordnet

Dieses Kapitel versteht sich als Ergänzung zu zahlreichen Informationen über verschiedene Betriebstypen.

Multifunktions-Thermalbad

Umfragen haben ergeben, dass der Anlass zum Besuch eines Thermalbades vielfältig sein kann und nicht immer notwendigerweise etwas mit Gesundheit zu tun hat. Unspezifische Antworten wie z.B. „Urlaub machen", einen „Gutschein einlösen", aber auch: „etwas für die Gesundheit tun" sind immer wieder zu finden, wenn nach dem Besuchsmotiv in einem Multifunktions-Thermalbad gefragt wird. Das deckt sich mit dem Dienstleistungsangebot in solchen Bädern, dass nämlich nur ein Teil davon (und oft nur ein geringer) in engerem Sinn als gesund bzw. medizinisch geprüft angesehen werden kann. Somit ist die Kategorisierung von Multifunktions-Thermalbädern als eine der typischen Einrichtungen des Gesundheitstourismus zu hinterfragen.

Fitnessstudios

Die unten stehenden Informationen zum Fitnessstudio gelten für Deutschland und Österreich gleichermaßen. Aus zahlreichen Umfragen lässt sich ablesen, dass scheinbar so verschiedene Dinge wie Körperschönheit, Figurbewusstsein, Bodyshaping oder Bodystyling einerseits und gesundheitliche Beweggründe andererseits zu den zentralen Motiven der Fitnesskunden gehören. Viele Kunden versuchen, beide Motive gleichzeitig zu befriedigen.

Zwischen 50% und 60% der Nachfrage in Europa ist weiblich. Die gleichen Zahlen sind auch in den USA zu beobachten.[157] In Mitteleuropa macht die Altersgruppe bis 33 Jahre ca. ein Drittel der Kunden aus. Die Gruppe der 33 bis 44jährigen macht ca. 40% der Kundschaft aus. Auch in diesem Punkt sind ähnliche Zahlen in den USA zu beobachten.[158]

---

[156]   Lanz-Kaufmann et al. (o.D.), S. 5.
[157]   U.S. club membership by gender (o.D.).
[158]   U.S. club membership by age (o.D.).

Der DSSV[159] unterscheidet die drei folgenden Zielgruppen in Fitnessstudios:

- Sportlich/offen/gesundheitsbewusst.
- Konsum-/imageorientiert.
- Gewichtsorientiert.

Zahlen aus den USA weisen die folgenden Aktivitäten als besonders beliebt aus:[160]

- Personal Training 94%.
- Step/Bench Aerobics 90%.
- Fitness Evaluation 89%.
- Cardio Kickboxing or Similar 86%.
- Yoga 86%.
- Strength Training 85%.
- Low Impact Aerobics 83%.
- High Impact Aerobics 77%.
- Group Cycling Classes 72%.
- Child Care 70%.

Solche Trendanalysen sind allerdings stets nur Momentaufnahmen, weil gerade der Fitness-bereich durch rasch aufeinanderfolgende Produktinnovation und –degeneration gekennzeich-net ist.

Sportreiseveranstalter
Eine soziodemografische Analyse bei Sportreiseveranstaltern ist schwierig, weil darunter auch Jugendsportreiseveranstalter sind, die natürlich eine jüngere Zielgruppe ansprechen. Sportreiseveranstalter im Allgemeinen sprechen insbesondere die 29 bis 40jährigen Akade-miker an, viele reisen alleine.

Selbstzahler in Rehabilitationskliniken
Die Berücksichtigung von Rehabilitationskliniken in einem gesundheitstouristischen Kontext resultiert aus der Tatsache, dass zahlreiche Einrichtungen dieser Art im Sinne von Medical-Wellness versuchen, den gesundheitsbewussten Reisenden anzusprechen, der in landschaft-lich bevorzugtem Umfeld unter medizinischer Betreuung eine Zeit verbringen möchte. Ver-schiedene Untersuchungen[161] haben versucht, Erwartungen des Konsumenten bezüglich eines selbst finanzierten Aufenthaltes in einer Rehabilitationsklinik zu eruieren, und zwar im deutschen wie auch im österreichischen Markt. Dabei kann man auch innerhalb dieses Mark-tes recht verschiedene Konsumentengruppen beobachten:

- Klinik in naturverbundener Lage, anspruchsvolles medizinales Angebot mit vorzüglicher Spa-Infrastruktur. Gastpatient als Selbstzahler kommt wegen Ferien- und Urlaubskompo-nente, Medizin spielt nur eine sekundäre Rolle.

---

[159] Zielgruppen im Fitnessstudio (o.D.).
[160] Diese und weitere Statistiken zum internationalen und US-Markt unter: About the industry (o.D.).
[161] Illing et al. (2007) et al., Selker (2006), Selbstzahlerumfrage Theresienhof Frohnleiten (2006).

- Klinik mit hervorragendem medizinalem Niveau, Gastpatient als Selbstzahler kommt wegen medizinaler Expertise, die wohnlichen Annehmlichkeiten und die Aufenthaltsqualität sind gerade noch ausreichend.

Die zuvor genannten Patientenbefragungen fanden vornehmlich in orthopädischen Kliniken statt. Dazu einige zusammenfassende Aussagen:

- Die Alterskurve der Gastpatienten steigt ab 20 kontinuierlich an, um in den Sechzigern ihren Höhepunkt zu erfahren und dann wieder abzufallen.
- Untypisch zu den Kassenpatienten kommen Privatzahler, vor allem aber Selbstzahler, viel häufiger mit Begleitung. Für diese Gästegruppe müssen also Zwei-Bett-Zimmer vorgehalten werden. Über 50% der befragten Selbstzahler wollen mit Begleitung kommen. Die Konsequenzen daraus können sein[162]:
  - Eine therapeutische und freizeitbezogene Infrastruktur für die (womöglich gesunde und unternehmungslustige) Begleitperson ist vorzuhalten.
  - Im Restaurant ist eine Sitzverteilung anzubieten, die ein Zusammensitzen der Paare an einem Zweiertisch ermöglicht.
  - Das Speisenangebot ist den Bedürfnissen eines (gesunden) Mitreisenden anzupassen, der womöglich à la carte essen möchte.
  - Der (gesunde) Mitreisende ist nicht unbedingt darauf eingestellt, mit Leidenden und Kranken konfrontiert zu werden. Mit anderen Worten: Eine behutsame und gleichzeitig nicht stigmatisierende Trennung der Patientengruppen könnte notwendig sein.
  - Die Vorstellungen über die Ausstattung werden sich bei Selbstzahlern an ihren Hotelerfahrungen ausrichten, d.h., Fernseher und eine großzügige Ausstattung insgesamt werden wohl als selbstverständlich erwartet.
  - Den (gesunden) Begleitpersonen sind gesundheitsfördernde Angebote zu machen, wenn die Klinik nicht nur an dem Beitrag für Unterkunft und Verpflegung von den Begleitpersonen profitieren will.
- Das monatliche Haushaltsnettoeinkommen ist bei Privat- und Selbstzahlern höher als bei Kassenpatienten.

Hinsichtlich der Kriterien im Allgemeinen, warum die Klinik ausgewählt wird, lassen sich folgende Gründe angeben:[163]

- So sind die Sozialversicherungsträger für die Zielgruppe der Kassenpatienten die entscheidende empfehlende bzw. zuweisende Institution. Für Privatpatienten und Selbstzahler spielen diese Institutionen keine wesentliche Rolle.
- Begleitpersonen haben für den Selbstzahler eine wichtige empfehlende Funktion. Die größte Rolle jedoch spielen Therapiemöglichkeiten bzw. die Qualität der Anwendungen.
- Durch den hohen Anteil der befragten Begleitpersonen haben Erholung und Wellness sogar eine hohe Wertigkeit auch im Vergleich zur medizinischen Betreuung.
- Das Alter des Gebäudes bzw. die qualitative Ausstattung der Klinik spielen bei Selbstzahlern ebenfalls eine bedeutsame Rolle.

---

[162] Die folgende Auflistung aus: Illing et al. (2007), S. 15.
[163] Die folgende Auflistung aus: Illing et al. (2007), S. 22.

- Der Preis spielt bei Selbstzahlern naturgemäß eine größere Rolle als bei Kassenpatienten, weil durch den persönlichen finanziellen Aufwand genauer auf das Preis-Leistungs-Verhältnis geschaut wird.

Wenn man auf die gleiche Frage nur die Antworten der Selbstzahler berücksichtigt und aus den vielen Antwortmöglichkeiten Bedeutungsbündel (Cluster) extrahiert, ergeben sich folgende Antworten mit abnehmender Wichtigkeit für das, was besonders wichtig ist:

1. Therapiequalität.
2. Spa, Sport, Wellness, Freizeit.
3. Betreuung durch medizinisches Personal.
4. Hotelkomponente (Zimmer, Ausstattung, Essen).
5. Begleitperson.
6. Lage der Klinik (Location).
7. Image der Klinik.
8. Preis.

Diese Aufstellung ist ein Abbild dessen, was Medical-Wellness ist: 1., 2. und 3. repräsentieren den Begriffsbestandteil Medical, 2., 4. und 6. repräsentieren Wellness.

Große Unterschiede zwischen Fremdzahlern auf der einen Seite und Privat- bzw. Selbstzahlern auf der anderen Seite zeigen sich im Hinblick auf die Frage, wie die Gastpatienten auf die Klinik aufmerksam geworden sind:

- Ärzte und Freunde spielen dabei die größte Rolle. Dies gilt für alle drei Patientengruppen gleichermaßen.
- Klassische Vertriebs- bzw. Informationswege der Konsumgüterbranchen wie Zeitungen und Publikumszeitschriften spielen eine viel größere Rolle bei Selbst- als bei Fremdzahlern. Mit anderen Worten: Die auf Selbstzahler abzielende Rehabilitationsklinik muss sich mit der klassischen Marketing-Distribution und -Kommunikation vertraut machen.[164]
- In dem Maß, wie Selbstzahler sich über traditionelle Vertriebswege der Konsumgüterbranchen informieren, spielen Ärzte als Empfehler eine weniger große Rolle.
- Der Vertriebsweg Reisebüro spielt bislang überhaupt keine Rolle. Hier wäre von Seiten der Klinik zu prüfen, ob dies in Zukunft stärker genutzt werden könnte. Das gleiche gilt auch für Messen (Gesundheits-, Fitness-, Senioren- und Tourismusmessen).

Selbstzahler geben im Schnitt € 891 pro Aufenthalt in der Rehaklinik aus, Kassenpatienten zusätzlich zu dem, was Ihnen von den Sozialversicherungen erstattet wird, € 212 (Telefon, Zeitungen etc.).

Übereinstimmend zeigen die Erfahrungen, dass Selbstzahler ein Problem darin sehen, mit Kassenpatienten unter einem Dach zu leben. Es hat sich herausgestellt, dass sich die divergierenden Ansprüche in erster Linie auf eine erwartete bessere Qualität bei Zimmer bzw. Unterkunft niederschlagen, in zweiter Linie auf das Essen (Restaurant-Atmosphäre, Speisewahl, großzügige Zeitfenster) und erst in dritter Linie auf den Therapie- und Spa-Bereich.

---

[164] An dieser Stelle muss auf die den Kliniken auferlegten Werbebeschränkungen und auf die Besonderheiten im werblichen Umgang mit Selbstzahlern hingewiesen werden.

Medical-Spa in den USA

Eingedenk der Problematik, dass auch in den USA eine Abgrenzung von Spa, Medical-Spa und Klinik überaus schwierig ist, werden folgende Zahlen genannt:[165]

- Die jährliche Steigerung der Umsätze in der amerikanischen Medical Spa-Industrie wird mit ca. 10% angegeben.
- Das derzeitige Jahresumsatzvolumen dieser Medical-Spa wird mit ca. $ 500 Mio. angegeben.

Die behandlerischen Schwerpunkte der amerikanischen und kanadischen Medical-Spas werden wie folgt angegeben:[166]

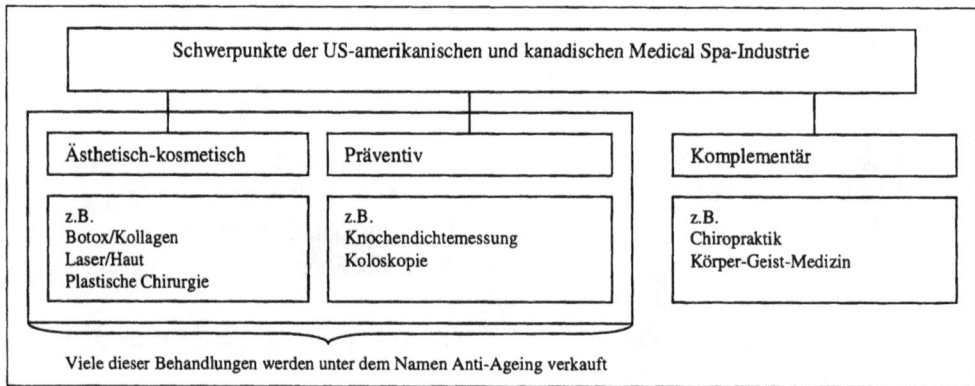

Abb. 43:   Schwerpunkte der US-amerikanischen und kanadischen Medical-Spas

Die Abbildung mag Aufschluss darüber geben, was in den Medical-Spas der genannten Länder alles unter dem Etikett „medizinisch" angeboten wird. Angesichts der in diesem Buch vorgenommenen Definitionen von Medical-Spa und Medical-Wellness können jedoch Zweifel angemeldet werden an der medizinischen Untermauerung dessen, was auf der rechten Seite (komplementär und alternativ) angeboten wird. Auffallend ist eine weit größere Offenheit vieler anglophoner Länder komplementären und alternativen Methoden gegenüber. Die Einrahmung der linken Seite soll andeuten, dass hier ein fundiertes medizinisches Wissen unterstellt werden kann.

2.1.3   Nachfrage systematisiert nach der Leidensphase

Es ist davon auszugehen, dass Leiden bzw. Erkrankungen ihren Einfluss auf Reiseentscheidungen haben können. Diese Vermutung könnte mit indikations- und leidensspezifischem Reiseverhalten bezeichnet werden und lässt noch viel Raum für Forschung.

---

[165] Medical spa & specialty hospital markets, Assessments & overviews 2005 (2005), S. 26ff.
[166] Medical spa & specialty hospital markets, Assessments & overviews 2005 (2005), S. 29. Die Begriffe sind von der Quelle übernommen und vom Autor übersetzt, die Grafik dazu ist neu erstellt.

Die folgende Abbildung teilt Menschen mit der Diagnose Krebs in vier Phasen ein. Eine Analyse des Reiseverhaltens der gleichen Menschen in verschiedenen Phasen der Krankheit zeigt folgende Ergebnisse:[167]

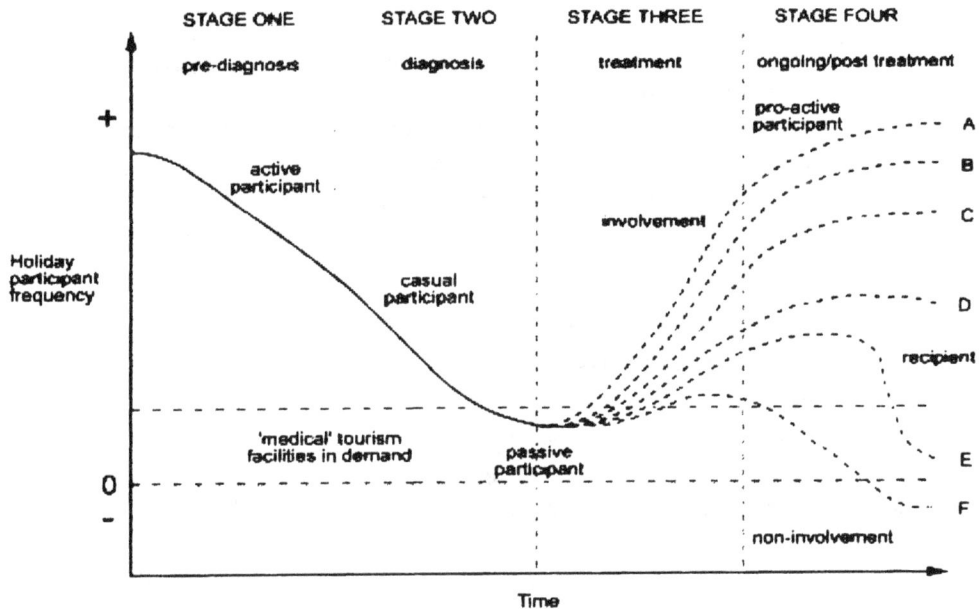

STAGE ONE   STAGE TWO   STAGE THREE   STAGE FOUR

pre-diagnosis   diagnosis   treatment   ongoing/post treatment

pro-active participant ----- A

B

active participant

involvement   C

Holiday participant frequency

casual participant

D

recipient

'medical' tourism facilities in demand   passive participant

E

0

F

non-involvement

Time

Abb. 44:   Phasen von Krebserkrankung und ihr Einfluss auf das Reiseverhalten

Erläuterungen:

- Phase 1: Erwartungsgemäß konnte kein einheitliches Reiseverhalten festgestellt werden.
- Phase 2: In der Phase nach der diagnostizierten Krebserkrankung ist ein starker Rückgang der Reiseaktivitäten zu beobachten.
- Phase 3: Reiseaktivitäten nehmen wieder zu:
  - Die eine Gruppe versucht ein normales Leben zu führen und normale Reisen zu unternehmen.
  - Die andere Gruppe beschränkt Reisen auf (näher oder weiter gelegene) Besuche bei Ärzten bzw. medizinischen Einrichtungen.
- Phase 4 lässt sich anhand der folgenden Typologie erläutern, die allerdings infolge der geringen Fallzahl als nicht repräsentativ zu bezeichnen ist:
  - Kurve A, Suppressor: Zunehmende Reiseneigung, Ablenkung von der Krankheit, gemeinsame Zeit mit der Familie.
  - Kurve B, Explorer: Zunehmende Reisetätigkeit, Gesundheit beeinflusst Reiseentscheidung nicht, kaum Änderung des Reiseverhaltens im Vergleich zu vorher (Prediagnosis), internationale Ziele nach wie vor gefragt.
  - Kurve C, Innovator: Zunehmende Reisetätigkeit. Gesundheit ist Anreiz, Reisen zu unternehmen; Reiseziel häufig Gesundheitseinrichtungen.

---

[167] Hunter-Jones (2005).

- Kurve D, Recipient: Abnehmende Reisetätigkeit, Krankheit oder geringe finanzielle Ressourcen durch Arbeitsunfähigkeit als Hemmfaktor, häufiger Pauschalreise (Sicherheit) statt zuvor (Pre-diagnosis) Individualreise, häufig im eigenen Land selber als zuvor ins Ausland.
- Kurve E, Industrialist: Stark abnehmende Reisetätigkeit, Krankheit oder geringe finanzielle Ressourcen durch Arbeitsunfähigkeit als Hemmfaktor, Besuch von bekannten Orten oder Familie/Freunde.
- Kurve F, Non-Traveler: Keine Reisetätigkeit mehr infolge der Erkrankung.

Die Übersicht zeigt die überaus verschiedenen Konsequenzen, die Menschen aus ihrer Krankheit ziehen. Jene, die in der Aufstellung oben unter Innovatoren (Kurve C) zusammengefasst werden, sind Gastpatienten, auf die die Charakteristik Gesundheit- bzw. Medizintourist wohl am besten passen würde.

2.1.4 Nachfrage systematisiert nach soziodemografischen und anderen Faktoren

2.1.4.1 Geschlecht

Das Literaturangebot über geschlechtsspezifische Spa-Nutzung hat noch viele Lücken. Für den asiatischen Raum liegt endlich eine Untersuchung vor.[168] Eine Zusammenfassung der wenigen Forschungsergebnisse zu diesem Thema zeigt unten stehende Resultate:

- Motive für den Besuch eines Spa:
  - Mehr Männer (64,6%) als Frauen (48,8%) besuchen das Spa aus Gründen der Entspannung (Relaxation).
  - Mehr Frauen (34,6%) als Männer (24,8%) wollen verwöhnt werden (Pampering).
  - Auch in den Bereichen Gewichtsreduktion sowie Beauty (Beautification) zeigen Frauen mehr Interesse als Männer.
  - Zusammenfassung: Es zeigt sich, dass bei beiden Geschlechtern „Pampering" und „Relaxation", also betont passive Maßnahmen, die größte Nachfrage erfahren. Alle anderen Angebote, die in der zitierten Umfrage anzukreuzen waren bis hin zur Gesundheitsberatung (Health Consultation), erfahren nur geringes Interesse.
- Während des letzten Spa-Besuches wahrgenommene Behandlungen:
  - Frauen haben besonders folgende Behandlungen gebucht: Aromatherapiemassage (51,6%, Männer 38,2%), Body Scrub/Exfoliation (49,1%, Männer 35,9%), Spa Facial (36,6%, Männer 22,9%), Body Wrap (24,8%, Männer 9,2%) sowie Spa-Pedicure (21,4%, Männer 6,1%).
  - Einen deutlichen Vorsprung im Sinne von Häufigkeit der Buchung haben Männer vor Frauen in den folgenden Bereichen: Swedish Massage (27,5%, Frauen 18,5%), Reflexology Massage (18,3%, Frauen 17,4%) sowie Thai Massage (24,4%, Frauen 16,1%).

---

[168] Female versus male spa consumers – Survey of behaviours, expectations, preferences and predictions (2005). Die Befragten der Studie stammen insbesondere aus Singapur und Malaysia, aber auch aus anderen Ländern der Asien-Pazifik-Region. Die Angaben dieses Kapitel stammen aus dieser Quelle, wenn nicht anders angegeben.

- Art der Begleitung:
  - Frauen (43%) wählen wesentlich häufiger als Männer (27%) einen Aufenthalt im Spa allein.
- Die Erwartungen übersteigende Spa-Erfahrungen:
  - Bei beiden Geschlechtern überwiegen Berichte über hervorragende Behandlungen (Excellent Treatments) (Männer 19,1% und Frauen 16,0%) sowie hervorragenden Service (Männer 17,0%, Frauen 14,0%).
  - Design und Ambiente im Spa sowie Ernährung und komplementäre Behandlungen haben deutlich seltener zu Begeisterung beigesteuert.
- Größte Enttäuschungen:
  - Die größten Enttäuschungen rufen bei beiden Geschlechtern gleichermaßen unprofessionelle Therapeuten hervor (Männer 19,1%, Frauen 18,6%).
- Faktoren, die einen Spa-Aufenthalt erfreulicher gestalten, sind wie folgt:
  - Für beide Geschlechter gleichermaßen von großer Wichtigkeit sind herausragende Dienstleistungen (Männer 38%, Frauen 32%).
  - Das Ambiente spielt die zweitwichtigste Rolle (Männer 18%, Frauen 17%).
  - Die qualifizierten Therapeutinnen stehen an dritter Stelle (Frauen 16%, Männer 14%).
  - An vierter Stelle stehen für Männer (7%) vernünftigen Preise, die jedoch für Frauen nur eine untergeordnete Rolle spielen (2%).
- Produktpräferenzen bei Gesichtsbehandlungen:
  - 36% der Frauen wünschen die Pflegeprodukte mit frischen lokalen Zusätzen versehen, Männer 27%.
  - Mehr Frauen (26%) als Männer (16%) wünschen sich eine international bekannte Marke.
  - Deutlich mehr Männer (25%) als Frauen (15%) haben keine Meinung zu diesem Thema.
- Produktpräferenzen bei Körperbehandlungen:
  - Von den zur Auswahl stehenden Antworten fielen die meisten Antworten auf Produkte, die aus frischen und lokalen Zutaten gemacht sind (Frauen 59%, Männer 48%).
  - Die nächsthäufigen Nennungen erhielten Self-branded Produkte (Frauen 17%, Männer 14%).
  - Deutlich mehr Männer (30%) als Frauen (16%) haben keine Meinung zu diesem Thema.
- Geschlecht des Therapeuten:
  - Männer (63%) wie Frauen (78%) bevorzugen weibliche Therapeuten.
  - Knapp ein Drittel der Befragten hat keine Präferenz.
  - Beide Aussagen gelten sowohl für Gesichtsbehandlungen, Körperbehandlungen wie auch für Massagen.

Gender-Medizin
Der Begriff der Gender-Medizin weist darauf hin, dass Diagnose- und Therapieangebote in der Medizin eine geschlechtsspezifische Komponente haben. Natürlich erstreckt sich dieses Phänomen auch auf den Spa-Tourismus. Im Allgemeinen werden unter dem Begriff

Gender-Medizin geschlechtsspezifische Angebote und Nachfragen in der Medizin diskutiert:[169]

- Im Bereich der psychischen Gesundheit werden z.B. in Österreich zwei Drittel aller de-
  pressionsbedingter Aufenthalte in Krankenhäusern von Frauen in Anspruch genommen.
  70% aller Antidepressiva werden von Frauen eingenommen.
- In Österreich nehmen Frauen Angebote zur Rehabilitation seltener in Anspruch.
- Im Hinblick auf Gewichtsreduzierung werden Männer besser beraten als Frauen, weil
  man annimmt, dass Frauen sowieso besser informiert sind.
- Die Gesundheitskompetenz bei Frauen ist größer als bei Männern, und zwar besonders
  im Alter.[170]

2.1.4.2   Herkunft

Die Herkunft der Gäste in gesundheitstouristischen Einrichtungen im Sinne der Nationalität
hat naturgemäß viel mit der Ausstrahlung und dem Ruf des Unternehmens zu tun. Das
durchschnittliche Fitnessstudio um die Ecke wird nahezu ausschließlich Gäste des Bezirks
anlocken können. Ganz anders sieht es z.B. im Rogner Bad Blumau aus, einem der wohl
bekanntesten Multifunktions-Thermalbäder Österreichs mit einem ungewöhnlich hohen
Anteil an Ausländern:

- ca. 70% Österreicher
- ca. 12% Deutsche
- ca. 5% Schweizer
- ca. 3,5% Italiener
- ca. 1% Taiwan, Ungarn, GUS
- Sonstige

Die auf Kinder spezialisierte Sonnentherme in Lutzmannburg (Burgenland, Österreich),
direkt an der ungarischen Grenze gelegen, verzeichnet über 5% ihrer Gäste aus Ungarn.[171]

2.1.4.3   Alter

Das Alter von Gastpatienten war bereits wiederholt Gegenstand der Diskussion. An dieser
Stelle solle noch einmal zusammenfassend auf das Thema eingegangen werden. Allerdings
muss eingeräumt werden, dass zahlreiche Kurven der folgenden Abbildung auf Schätzungen
beruhen, da nur teilweise genaue Zahlen vorliegen, die zu den gewählten Altersstufen passen:[172]

---

[169]   Derka (2006) und: Grasser (2006).
[170]   Die Gesundheitskompetenz bei Frauen ist groß (2007).
[171]   Sonnentherme Lutzmannsburg (2008).
[172]   Die Wellness-Kurve ist aus: Lanz-Kaufmann (1999), S. 193., Kur ist in Anlehnung an: Freydl
        (2006), S. 35.

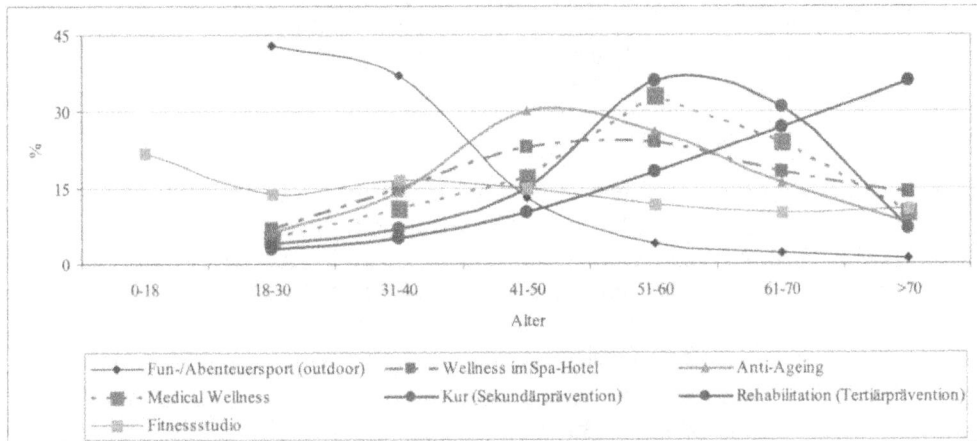

Abb. 45: Altersgruppen im Gesundheitstourismus abhängig vom Betriebstyp bzw. von der Aktivität

Leseprobe: 24% der Nutzer von Wellness im Spa-Hotel sind im Alter von 51 bis 60.

Selbst bei gleichen Betriebstypen wie z.B. Multifunktions-Thermalbädern gibt es erhebliche Unterschiede in der Altersverteilung:

- So haben viele dieser Bäder mit gemischter Klientel (Gesundheit und Spaß) einen Höhepunkt in den Altersgruppen von 30 bis 50. Diese können einen Anteil von ca. 60% an den Gesamtbesucherzahlen haben, wobei sich der Rest von je 20% auf die Altersgruppen davor und danach verteilt abhängig vom Angebot.
- Die Baby- und Kindertherme in Lutzmannsburg (Burgenland, Österreich) hingegen verzeichnet ca. ein Drittel seiner Besucher im Alter bis 15 Jahre.[173]

Unabhängig von den zuvor genannten Differenzierungen lässt sich im Durchschnitt folgende Verteilung der Altersgruppen in Multifunktions-Thermalbädern vornehmen:

Altersgruppe	Anteil Besucher in %	Altersgruppe	Anteil Besucher in %
0 bis 10	0 bis 1	51 bis 60	15 bis 21
11 bis 20	1 bis 2	61 bis 70	8 bis 17
21 bis 30	10 bis 17	71 bis 80	3 bis 8
31 bis 40	22 bis 32	81 bis 90	0 bis 2
41 bis 50	22 bis 32	91 bis 100	0 bis 1

Abb. 46: Altersverteilung in Multifunktions-Thermalbädern

Jede Altersgruppe hat ihre spezifische Nachfrage:

- Familien mit Babys und Kindern im Multifunktionsbädern formulieren in der Regel Ansprüche im Hinblick auf folgende Leistungen:
  - Professionelle Betreuung der Kinder während des Aufenthaltes.
  - Wickelbereich.
  - Ruheraum.

---

[173] Sonnentherme Lutzmannsburg (2008), Kapitel 1.2.2.1.

– Für verschiedene Altergruppen (Babys, Kleinkinder) differenzierte Badebereiche.
– Küche mit Mikrowelle und Fläschchenwärmer.
– Eltern-Kind-Angebote (z.B. Babyschwimmen).

2.1.4.4   Bildung

Verschiedene Quellen aus Deutschland, Österreich und Schweiz weisen übereinstimmend darauf hin, dass „Wellnessurlaub" insbesondere von höheren Berufsabschlüssen nachgefragt wird.[174] Die Bildung korreliert auch mit der Einstellung zu Gesundheit. Wellness-Urlauber beispielsweise zeigen eine besondere Affinität zu Vorsorgeuntersuchungen.[175]

2.1.5   Wahleingriffe in ausländischen Krankenhäusern

Medizintourismus ist inzwischen für viele Länder ein einträgliches Geschäft geworden. Masterpläne, wie dieses Geschäft in Zukunft zu entwickeln ist, werden erstellt, und auch Incomingagenturen beschäftigen sich nun mit diesem Marktsegment. Die Begriffe Medical Outsourcing und Offshore Care bezeichnen Formen medizinischer Globalisierung, die von nicht- und unterversicherten Patienten, aber auch Krankenversicherern auf der Suche nach medizinischen (chirurgischen) Eingriffen im Ausland gewählt werden.[176] Dabei spielen häufig der attraktive Preis eine Rolle, aber auch rechtliche Aspekte und die medizinale Expertise. Diese Form des Reisens lässt sich von verschiedenen Blickwinkeln aus betrachten:

- Gesundheitspolitik: Schon seit geraumer Zeit ist das Thema der grenzüberschreitenden Mobilität der Patienten und der Entwicklung der Gesundheitsversorgung jenseits nationaler Grenzen ein ebenso wichtiges wie umstrittenes für die Europäische Union. Ein Leitgedanke dabei ist, dass bestehende Versorgungsengpässe in den Gesundheitssystemen der Mitgliedstaaten dadurch gemildert werden könnten, dass die Patienten in anderen Mitgliedsstaaten behandelt werden, in denen freie Kapazitäten existieren. So werden Wartelisten für bestimmte Eingriffe, die die Patienten in einigen europäischen Ländern beklagen, bereits schon seit Jahren in (nahe gelegenen) anderen Ländern der EU abgebaut. Von Patienten angestrengte Präzedenzfälle haben immer wieder jenen Recht gegeben, die eine ambulante oder auch stationäre Versorgung auch in einem anderem EU-Mitgliedsland in Anspruch genommen haben und dies von ihrer heimischen Krankenversicherung bezahlt bekommen wollten.[177]
- Krankenversicherungen bieten vermehrt Behandlungen im Ausland an, weil unter Umständen Kostenvorteile realisiert werden können und weil Versicherte danach fragen.
- Aus der Sicht des Konsumenten lassen sich fünf verschiedene Gruppen mobiler Gastpatienten unterscheiden:[178]

---

[174]   Bässler (2006), S. 72 und: Lanz-Kaufmann (2002), S. 194.
[175]   Bässler (2006), S. 72.
[176]   Siehe mehr dazu in: Illing (2000).
[177]   Siehe die vor dem Europäischen Gerichtshof (EuGH) verhandelten Fälle Kohll und Decker für den ambulanten und Smits und Peerbooms für den stationären Sektor.
[178]   In Anlehnung an: Rosenmöller et al. (2006), S. 6ff.

Gruppen mobiler Gastpatienten

Überwiegend Fremd- und Privatzahler | Selbstzahler

| Urlaubs-reisende: benötigen medizinische Hilfe in der Regel aufgrund geringfügiger Unfälle (z.B. Seeigel), Prozess durch E111 geregelt | Ruhestandswanderer: Pensionisten, die gänzlich oder längere Zeit im Ausland leben, benötigen umfassende medizinische Betreuung | Lokale Grenzgänger: Menschen, die jenseits der nahegelegen Grenze med. Dienstleistungen nachfragen. Möglicherweise sind diese im eigenen Land weiter entfernt, oder der Grenzübertritt bedeutet kein Hindernis, weil auf der anderen Seite gleiche Kultur und Sprache sind | Reisende der Krankenversicherung: Reisende, die von ihrer Krankenversicherung animiert werden, eine Behandlung im Ausland wahrzunehmen, weil z.B. im eigenen Land Wartelisten den Prozess verzögern | Selbstzahler: Reisende, die auf eigenen Antrieb als Selbstzahler verschiedene Dienstleistungen im Kontinuum von Gesundheit, Wohlbefinden und Bodystyling wahrnehmen |

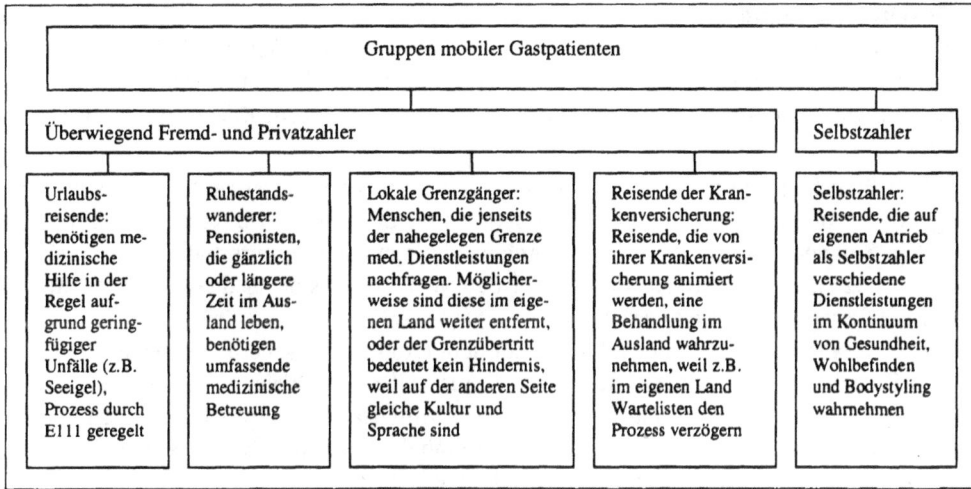

Abb. 47:   Gruppen mobiler Gastpatienten

Die in der vorigen Darstellung auf der rechten Seite genannte Gruppe der Selbstzahler lässt sich weiter wie folgt differenzieren:[179]

- Jene, die im Ausland eine spezialisierte chirurgische Behandlung auf der Basis von Hochtechnologiemedizin suchen, weil diese im Herkunftsland nicht oder nur unzulänglich angeboten wird (z.B. arabische Patienten in Europa).
- Jene, die bestimmte Länder aufsuchen, weil diese über natürliche Heilmittel (z.B. Totes Meer) verfügen wie z.B. heiße Quellen oder eine heilklimatisch bevorzugte Lage.
- Jene, die als ambulante Patienten medizinale, vor allem dentale oder kosmetisch-chirurgische Behandlung suchen und diese im Ausland preiswerter erhalten.
- Jene, die mit präventiver Motivation auf der weltweiten Suche nach komplementärmedizinischen Methoden (z.B. Ayurveda auf Sri Lanka, TCM in China) sind und neben Gesundheit Interesse an den religiösen und spirituellen Aspekten des komplementären Medizinsystems haben.
- Derjenige, der aufgrund gesetzlicher Gründe bestimmte Eingriffe im Ausland vornehmen lässt (z.B. Abtreibung)[180].

Die These, dass in einer sich zunehmend globalisierenden Welt auch die internationale Nachfrage nach gesunden Dienstleistungen zunehmen wird, konnte bislang noch nicht widerlegt werden, zumal in kooperierenden Regionen (z.B. EU) der grenzüberschreitende Verkehr von gesunden Dienstleistungen mehr und mehr erleichtert wird. In Deutschland allerdings stagniert die Zahl ausländischer Patienten in Krankenhäusern seit Jahren bei ca. 50.000 pro Jahr. Eine große Zahl von diesen sind Ausländer, die infolge eines Notfalls ein Krankenhaus aufsuchen. Nur etwa 20% unternehmen aus dem Hauptmotiv des Krankenhausbesuches eine Reise nach Deutschland.

---

[179]   Siehe mehr unter: Illing (2000), S. 32.
[180]   Siehe dazu z.B.: Sauer (1997), S. 1844f.

Weltweiter Medizintourismus

Der weltweite Medizintourismusmarkt wird sich 2012 voraussichtlich auf S$ 90 Mrd. belaufen. Diese Zahl umfasst Transport (Flug), Unterkunft (Hotel, Klinik) und Behandlungen von jenen, die aus dem Ausland zu medizinischen Zwecken anreisen. Beispiele aus einzelnen Ländern:

- Nach Berechnungen in Singapur geben Medizintouristen pro Tag ca. $ 362 aus, wohingegen der normale Reisende mit $ 144 deutlich weniger als die Hälfte ausgibt. 2012 will allein Singapur knapp US$ 7 Mrd. durch Medizintouristen erwirtschaften. Im Zeitraum von 2002 bis 2005 hat sich die Anzahl der Medizintouristen in diesem Stadtstaat auf 374.000 erhöht und damit verdoppelt.[181]
- Dubai Health Care City: Hier soll nicht nur dem Exodus arabischer Patienten in den Westen Einhalt geboten werden, vielmehr soll aus anderen arabischen Ländern, besonders aber auch aus Nordafrika und Indien der neue Mittelstand angesprochen werden. Neben Krankenhäusern entstehen Hotels, Spas und ambulante Praxen. Bis zu 35.000 Patienten sollen dann gleichzeitig behandelt werden können.[182]
- Auch Malaysia ist seit einigen Jahren ernsthafter Konkurrent auf dem Markt des Medizintourismus und argumentiert mit gut ausgebildetem Personal, kultureller Kompetenz und preislichen Vorteilen gegenüber asiatischen Konkurrenten. Auch andere Länder wie Taiwan und die Philippinen beginnen, dieses Geschäftsfeld intensiver zu bearbeiten.
- In Südafrika lebende Menschen indischer Vorfahren reisen gerne nach Indien, weil dort lange Zeit eine bessere Versorgung zu erwarten war, außerdem vertraut man sich in einer schwierigen Situation gerne der eigenen Kultur an.
- Indien verzeichnete 2005 150.000 Medizintouristen und eine Steigerungsrate von ca. 15% pro Jahr. Die Vorteile Indiens als medizinische Destination sind:
  - Die Preise belaufen sich ca. auf ein Viertel dessen, was in den USA für chirurgische Eingriffe bezahlt werden muss.
  - Kulturelles Umfeld.
  - Verbreitung der englischen Sprache.
  - Hohes Niveau sowohl komplementärer (Ayurveda) als auch schulmedizinischer Kompetenz.

Die einzelnen Länder führen verschiedene Vorteile ins Feld, die sie gegenüber Konkurrenten haben. Dabei geht es um

- Sprachkenntnisse des Personals,
- Fachliche Ausbildung des Personals und insgesamt eine bessere medizinische Qualität als die anvisierten Quellmärkte.
- Preisvorteile gegenüber Konkurrenten. So wird in der Regel ohne Quellenangabe auf diversen Homepages damit geworben, dass in Indien ein orthopädischer Eingriff nur US$ 6.000 kostet, in den USA hingegen $20.000.[183] Gleichwohl sind es tatsächliche Preisvor-

---

[181]   Birch (2007), S. 17f.
[182]   Kreiss et al. (2007).
[183]   Medical Tourism (o.D.).

teile, die Selbst-, Privat- oder Fremdzahler scharenweise in die asiatischen Krankenhäuser treiben.

- Kulturelle Kompetenzen (z.B. Umgang mit Menschen anderer Kulturen).

Nahezu jedes Land dieser Welt verzeichnet ein Incoming und Outgoing an Medizintouristen. Deutschland seinerseits verliert aber auch Patienten ins Ausland:

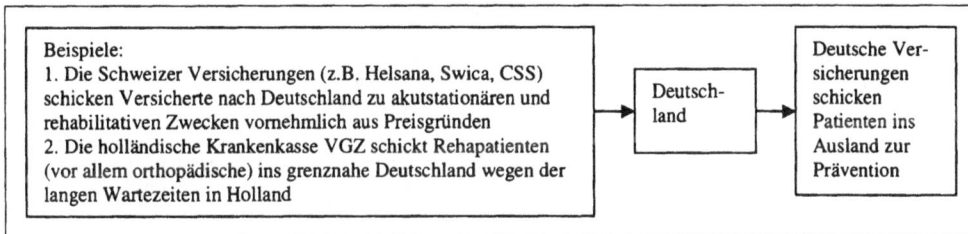

Abb. 48:   Zustrom und Verlust von Medizintouristen am Beispiel Deutschlands

Es lassen sich verschiedene Gründe nennen, die internationalen Medizintourismus erschweren bzw. verhindern:[184]

Gründe	Erläuterungen
Gründe der Akzessibilität	Transport zu weit, Transport zu teuer, Transport zu beschwerlich
Gründe der Therapie	Behandlung wird gar nicht angeboten, Behandlung wird nicht in der gewünschten Qualität angeboten, Behandlung wird nicht von einem speziellen Arzt angeboten
Gründe des Prestiges	Behandlungsland ohne das gewünschte Prestige, Klinik ohne das gewünschte Prestige, Arzt ohne das gewünschte Prestige
Gründe der Finanzierung	Kein Geldgeber vorhanden, Privateigentum nicht hinreichend, vorhandene Krankenversicherung nicht im Ausland gültig
Gründe der Politik	Eigene Regierung verweigert Ausreise, Regierung im Zielland verweigert Einreise
Gründe der Kommunikation	Sprache unbekannt, Dolmetscher nicht vorhanden, Gefühl der Fremdheit und Einsamkeit
Gründe der Verwaltung	Umständlicher und undurchschaubarer Verwaltungsaufwand
Gründe des subjektiven Gefühls	Zielland unbekannt, Rassismus, Angehörige (seelische Unterstützung) weit entfernt

Abb. 49:   Beweggründe für unterlassene Reise im internationalen Patiententourismus

Operative Eingriffe im Ausland werfen bei Konsumenten immer wieder die Frage auf, wie es um die Gewährleistungsfristen bestellt ist. Zudem werden notwendige Vor- und Nachuntersuchungen wegen der Reisedistanz und der damit verbundenen Kosten oftmals im Heimatland gemacht. Im Falle eines Rechtsstreites muss der Patient in der Regel diesen im Land des ausführenden Arztes antreten, was eine weitere Hürde bedeutet.

Wandel der Patientenklientel

Medizintourismus erfährt in letzter Zeit einen Wandel. Waren es in den vergangenen Jahrzehnten vornehmlich solche, die im Ausland gegen gutes Geld eine qualitativ bessere medi-

---

[184]   Illing (2000), S. 45.

zinische Versorgung gesucht haben, so tritt an die Seite dieser Patienten zunehmend eine Klientel, die entweder durch ihre Krankenkasse ins Ausland geschickt werden (wobei auch die Krankenkasse Kostenvorteile sucht) oder die im eigenen Land nicht oder nur unzureichend versichert sind und die hohen Kosten nicht mehr aufbringen können und Kostenvorteile im Ausland suchen.

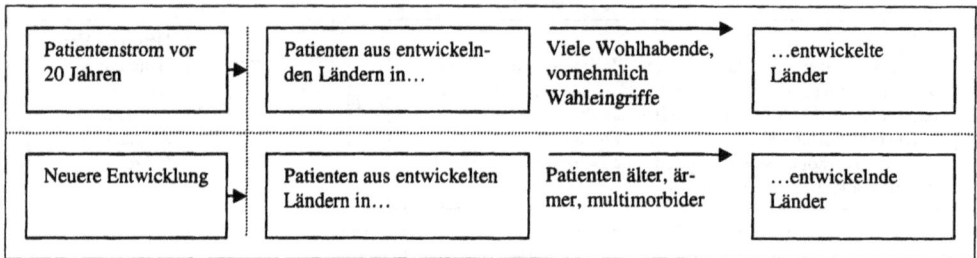

| Patientenstrom vor 20 Jahren | Patienten aus entwickeln- den Ländern in... | Viele Wohlhabende, vornehmlich Wahleingriffe | ...entwickelte Länder |
| Neuere Entwicklung | Patienten aus entwickelten Ländern in... | Patienten älter, är- mer, multimorbider | ...entwickelnde Länder |

Abb. 50:   Entwicklung des klinischen Medizintourismus

Besonders die großen Kliniken in Indien und Thailand verzeichnen durch die zuvor genannte Entwicklung einen Wandel der Patientenklientel. Sie wird

*   älter und erfordert intensivere und aufwändigere Pflege,
*   ist oftmals nicht in der Lage, die Kosten der Behandlung im Heimatland zu zahlen oder wird ebenfalls aus Kostengründen von ihren Krankenkassen geschickt und ist
*   bereit, weite Reisen zu unternehmen, wenn auf diese Weise Geld gespart werden kann.

Beispiele großer Kliniken
*   Das Apollo Hospital in New Delhi zieht durch angemessene Qualität und günstige Preise zahlreiche Medizintouristen aus aller Welt an. Unter den Ausländern sind 33% aus den Golf-Staaten, 26% aus den SAARC[185]-Ländern, 22% aus Afrika, 8% aus den USA, 6% aus Europa (ohne Großbritannien) und 5% aus UK.[186]
*   Im Bumrungrad Krankenhaus in Bangkok (Thailand) ist die Zahl ausländischer Patienten innerhalb eines Jahres um 30% auf 55.000 gestiegen, allein 75% davon aus den USA.[187] Die Homepage bedenkt ausländische Patienten gleich auf der ersten Seite mit viel Aufmerksamkeit[188].

Die Kritik an dem globalen Medizintourismus basiert auf der Tatsache, dass Länder wie Indien oder Thailand keine geringen Summen in High-Tech-Kliniken investieren, um die Ausländer zu versorgen, wobei die medizinische Versorgung der einheimischen Bevölkerung teilweise noch immer mangelhaft ist.

---

[185]   SAARC bedeutet South Asian Association for Regional Co-operation.
[186]   Prasad (2007), S. 30.
[187]   Bey (2007), S. 156.
[188]   Siehe mehr unter: Bumrungrad International (2008).

Aus der Sicht der europäischen Krankenhäuser bieten sich ebenfalls Chancen im globalen Patiententourismus:

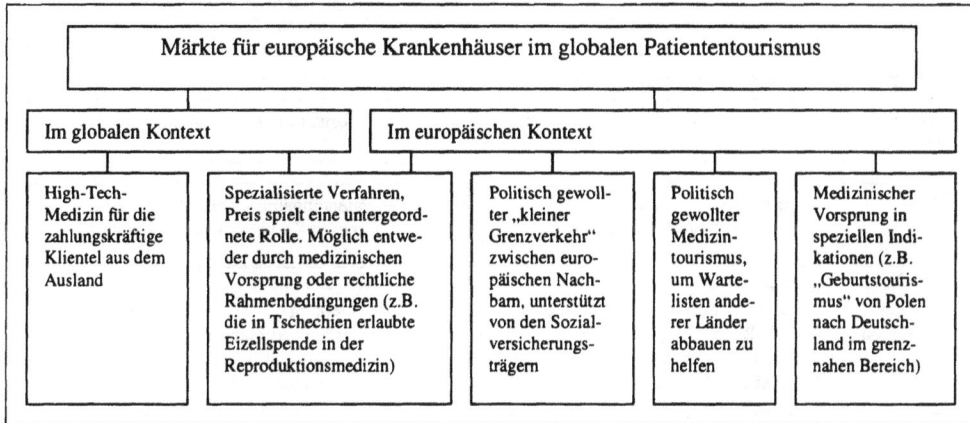

Märkte für europäische Krankenhäuser im globalen Patiententourismus

Im globalen Kontext	Im europäischen Kontext			
High-Tech-Medizin für die zahlungskräftige Klientel aus dem Ausland	Spezialisierte Verfahren, Preis spielt eine untergeordnete Rolle. Möglich entweder durch medizinischen Vorsprung oder rechtliche Rahmenbedingungen (z.B. die in Tschechien erlaubte Eizellspende in der Reproduktionsmedizin)	Politisch gewollter „kleiner Grenzverkehr" zwischen europäischen Nachbarn, unterstützt von den Sozialversicherungsträgern	Politisch gewollter Medizintourismus, um Wartelisten anderer Länder abbauen zu helfen	Medizinischer Vorsprung in speziellen Indikationen (z.B. „Geburtstourismus" von Polen nach Deutschland im grenznahen Bereich)

Abb. 51:   Märkte für europäische Krankenhäuser im internationalen Patiententourismus

Voraussetzungen für Erfolg in diesem Geschäftsfeld

Eine erfolgreiche Akquise von ausländischen Patienten setzt die genaue Kenntnis der Gesundheitssysteme jener Länder voraus, in denen um Patienten geworben werden soll.[189] Schließlich ist es z.B. wichtig zu wissen, ob

- die Krankenkasse im Herkunftsland der beworbenen Patienten Behandlung oder Reisekosten übernimmt,
- es für die Behandlung einzelner Leiden Wartelisten gibt, die den Patienten veranlassen könnten, auch auf eigene Kosten im Ausland schneller Heilung zu erhalten.

Operative Eingriffe im Ausland kämpfen mit dem Problem einer erschwerten Kommunikation zwischen Gastpatient bzw. Hausarzt im Herkunftsland einerseits und dem behandelnden Krankenhaus im Zielland andererseits. Der Prozess und häufige Probleme in diesem Zusammenhang können wie folgt dargestellt werden:[190]

---

[189] Siehe dazu z.B.: Euro Health Consumer Index 2006 (2006).
[190] In Anlehnung an: Prasad (2007).

Entschei- dungs- findungs- prozess	Zielland und Zielinstitution? Qualität der Krankenhäuser unbekannt. Fähigkeiten und Erfahrung der Ärzte? Kostenabschätzungen häufig kaum möglich. Bei Anamnese auf Informationen des Herkunftslandes des Gastpatienten angewiesen. Wie werden Informationen transferiert (Email, Videokonferenz)? Zeitaufwand für Reiseorganisation. Was zahlt die Krankenkasse? Wie erfolgt Zahlungsabwicklung mit dem Krankenhaus?
Vor der Reise	Visum? Reisebuchung? Übermittlung medizinischer Information vom Hausarzt zur Klinik
Reise	Transport eines Patienten und langer Flug (Medikamenteneinnahme, Thrombosen, Belastung), Jet Lag nach Ankunft. Ankunftszeit für Aufnahme im Krankenhaus/Arzt ungünstig
Vor der Operation	Folgt aus Zustandsverschlechterung durch Reise Verschiebung des Eingriffs und: muss deshalb der Gastpatient wieder nach Hause geschickt werden? Aufnahmeformalitäten. Zeitdruck auch aus Preisgründen oft hoch. Enttäuschung über Klinik und Personal, weil alles unbekannt. Kulturelle Differenzen (Essen, Freizeit, Kommunikation, Raumgestaltung)
Operation	Qualitätsstandards, kulturell verschiedener Umgang mit Leiden
Nach der Operation	Kommunikation bei enttäuschenden Verläufen. Entlassungsformalitäten. Wo wird der Patient während der Zeit der Rekonvaleszenz untergebracht? Trotz aller Kosten: Es sollte genug Zeit für Erholung sein
Rückreise	Medikation bei Schmerzen/Wunden bei langer Rückreise. Ist langer Rückflug vertretbar?
Folgemaß-nahmen	Wie erfolgt Kommunikation im Hinblick auf Nachsorge zu Hause? Was passiert bei Inanspruchnahme von Gewährleistungen? Haftung der Ärzte?

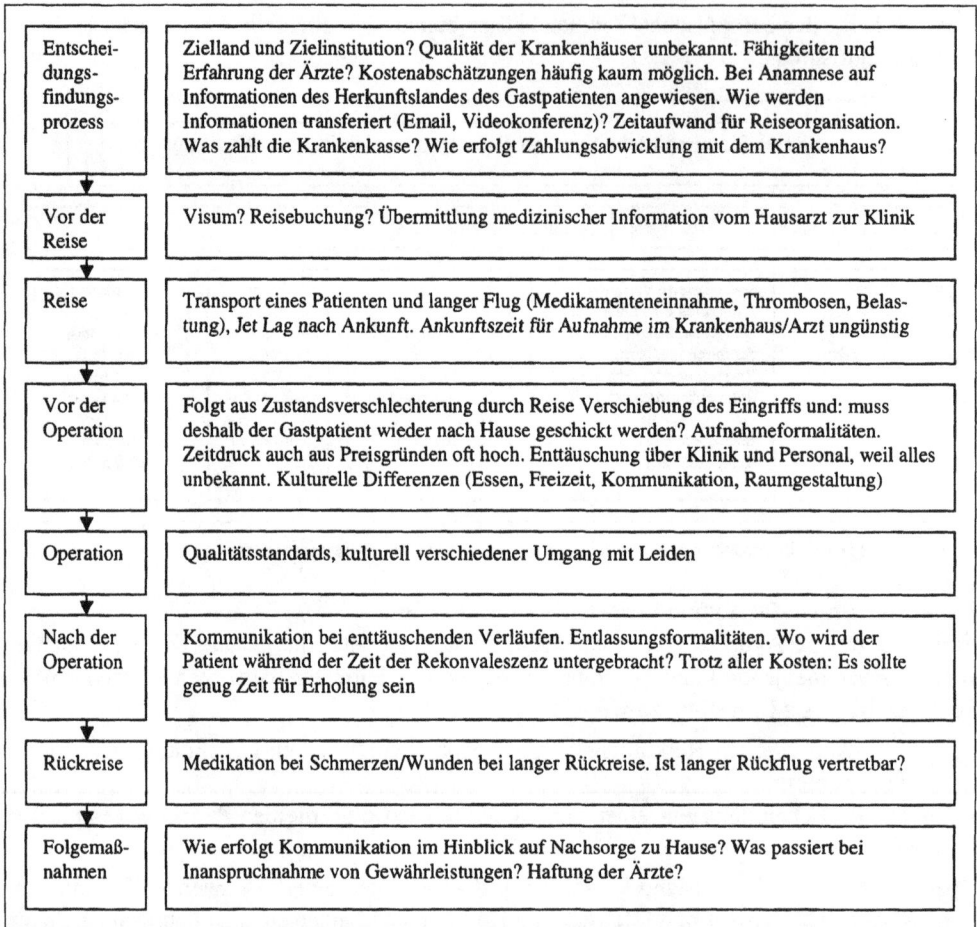

Abb. 52:   Probleme im internationalen Patientenverkehr

Die Erfahrung zeigt, dass in den überwiegenden Fällen ein Gastpatientenverkehr von Ost nach West zu zufriedenen Kunden führt. Der Standard wird akzeptiert, und das gleiche gilt auch für Komplikationen und Tod. Findet hingegen der Patientenverkehr von West nach Ost statt, so sind Klagen und Beschwerden häufiger zu beobachten.

Die gegenwärtig zu beobachtende Intensität des Medizintourismus basiert auf Voraussetzungen, die sich rasch wandeln können:

•   Der Preisvorsprung der Kliniken in Thailand beträgt derzeit ca. 50% gegenüber westlichen Ländern. Wenn solche Preisvorteile infolge von hohen Teuerungsraten in den Ländern verloren gehen, ist auch der Medizintourismus in Gefahr.

•   In Gefahr ist er auch durch Terroranschläge oder Teuerungen im Flugverkehr.

Auf der anderen Seite sind die stark steigenden Kosten der westlichen Gesundheitssysteme eine Chance für preisgünstige Anbieter in aller Welt.

2.1.6   Nachfrage aus Unfällen

Ein nicht unwesentlicher Wirtschaftsfaktor sind Sportunfälle. Zahlen und Fakten in diesem Zusammenhang sind:

- Sportunfälle resultieren häufig aus Aktivitäten, die dem Gesundheitstourismus zuzurechnen sind (z.B. Touristen verletzen sich beim Mountain Biken).
- Dies bringt Beschäftigung für Ärzte, Orthopäden und Kliniken, die diese Menschen behandeln.
- Die ca. 86.500 Skiunfälle, die Österreich 2003 erlebt hat (Inländer und Ausländer), haben direkte medizinische Kosten von ca. € 81 Mio. verursacht. Wenn man die Sozialkosten hinzurechnet (z.B. Umfallrenten, Arbeitsausfall), verursachte dies Kosten von ca. € 152,7 Mio. Den zuvor genannten Kosten stehen natürlich auch „positive" Aspekte gegenüber wie z.B. das Erhalten und Schaffen von Arbeitsplätzen in österreichischen Krankenhäusern sowie der Erfahrungszugewinn bei den Therapeuten. Bei einer auf ein Jahr beschränkten Sichtweise kommt es insgesamt zu positiven Ergebnisbeiträgen. Wenn allerdings auch die Langfristauswirkungen (z.B. Invalidität) berücksichtigt würden, dann käme man bei einer reduzierten Betrachtungsweise in Form einer Gegenüberstellung von Erlösen und Kosten zu einem negativen Ergebnis.[191]
- Im Unterschied zu den Altersgruppen 0 bis 14 und 60+ ist die dazwischen liegende Altersgruppe jene, in der die meisten Sportunfälle passieren. Besonders Alpiner Skilauf, Fußball, Radfahren und Snowboarden produzieren Verletzte. In Österreich gibt es pro Jahr ca. 150.000 Sportunfälle von Einheimischen und Touristen.[192] Beim Sommer-Hobbysport sind insbesondere Fußballer (ca. 45% der Fälle), Radfahrer und anderer Ballsportler gefährdet.[193]

2.1.7   Nachfrage von Behinderten

Es mag einleuchten, dass Behinderte für den Spa- und Gesundheitstourismus eine große Bedeutung haben. Viele ältere Menschen mit körperlichen Behinderungen beispielsweise suchen gesundheitstouristische Betriebe auf, um dort Linderung oder Heilung von ihrem Leiden zu erfahren. Der Begriff der Behinderung geht jedoch über ein vorübergehendes körperliches Leiden weit hinaus und konstatiert zum einen eine Dauerhaftigkeit des Leidens und zum anderen eine nachhaltige Beeinträchtigung des Behinderten in der Interaktion mit seinem sozialen Umfeld.

„Menschen sind behindert, wenn ihre körperliche Funktion, geistige Fähigkeit oder seelische Gesundheit mit hoher Wahrscheinlichkeit länger als sechs Monate von dem für das Lebensalter typischen Zustand abweichen und daher ihre Teilhabe am Leben in der Gesellschaft beeinträchtigt ist."[194]

---

[191]   Skiunfälle sind gut für die Wirtschaft (2004).
[192]   Kuratorium für Verkehrssicherheit und Freizeitunfallstatistik.
[193]   Universitätsklinik für Unfallchirurgie und Sporttraumatologie Salzburg, zitiert nach Kurier (Österreich) vom 7.7.2006.
[194]   Sozialgesetzbuch..de – Alle wichtigen sozialgesetze online (o.D.), IX, § 2.

Für den Tourismus von besonderer Bedeutung sind jene Menschen, deren Mobilität durch Bewegungs- und Wahrnehmungsbehinderungen eingeschränkt ist. Hier sind zum einen

- Planungsgrundsätze barrierefreien Bauens anzuwenden, damit die Akzessibilität (Zugänglichkeit) und Nutzbarkeit der Gebäude verbessert wird, übrigens auch für jene, die nur vorübergehend körperlich eingeschränkt sind wie z.B. Schwangere oder Personen mit Kinderwagen.[195]
- Zum anderen ist darauf zu achten, dass eine geschlossene Mobilitätskette angeboten wird, die Anreise, Mobilität am Reiseort und die Rückreise umfasst.
- Schließlich erscheint es notwendig, dass dem mobilitätseingeschränkten Reisenden während aller Phasen der Reise hinreichend Informationen bereit stehen.[196]

Viele gesundheitstouristische Einrichtungen sind auf ältere Menschen und ihre Leiden nicht hinreichend eingestellt. Darunter sind viele Menschen mit Erkrankungen des Stütz- und Bewegungsapparates zu finden, denen auch einfache Bewegungen Probleme bereiten. Folglich sollte das Zimmer eine gewisse Infrastruktur vorhalten wie z.B.

- höhenverstellbare Betten,
- höhenverstellbare Sessel,
- höhenverstellbare Toiletten und
- für Rollstuhlfahrer ausreichend Raum zum Manövrieren, auch auf dem Balkon.
- Überdies sollte in Einrichtungen mit medizinischem Auftrag sowie für ältere Menschen ein Notrufsystem zur Verfügung stehen. Eine im Zimmer abgegebene Alarmmeldung sollte dort auflaufen, wo immer jemand ist, so z.B. optisch und akustisch im Back Office-Bereich und noch einmal optisch an der Rezeption. In diesem Punkt sind natürlich auch die nationalen Bestimmungen zu beachten.

2.1.8   Sonstige Nachfrage

Viele Hotels versuchen, ganz verschiedene Geschäftsfelder zu besetzen, indem sie z.B. sowohl ein Spa als auch eine Infrastruktur für Tagungen und Seminare anbieten.[197] Hier entsteht die Frage, ob sich die beiden Zielgruppen unabhängig nebeneinander bewegen oder ob sich Synergien herstellen lassen:

- Wie ist die Bereitschaft von Tagungsteilnehmern einzuschätzen, Spa-Dienstleistungen in Anspruch zu nehmen?
  - Dies kann vor oder nach der Tagung im Spa geschehen, aber auch
  - Während der Tagung im Tagungsraum in Form von Kurzmassagen mit der Absicht der Regeneration der Teilnehmer.
- Können ein Spa und seine Dienstleistungen eine sinnvolle (didaktische) Ergänzung eines Seminars oder einer Tagung sein?

Solche und andere Spezialfragen warten auf weitere Forschung und Ergebnisse im Detail.

---

[195]   In Österreich sind diese z.B. in der ÖNORM B 1600, 1601 und 1603 dargelegt.
[196]   Siehe mehr dazu unter: Berdel et al. (2003).
[197]   Weiterführende Literatur dazu: Erbenich (2001) und: Reisenhofer 2008.

2.2   Finanzierung der Nachfrage

Die Nachfrage wird sehr stark davon beeinflusst, wer bzw. welche Institution die Behandlung finanziert. Derjenige, der bezahlt, nimmt zumeist auch Einfluss auf Art und Abfolge der Behandlungen. Die Finanzierung von Dienstleistungen im Zusammenhang mit Spa und Gesundheitstourismus kann aus grundsätzlich verschiedenen Quellen erfolgen:

- Der Gastpatient zahlt seinen Konsum direkt und aus der eigenen Tasche, ohne eine Krankenversicherung in Hinterhand zu haben.
- Der Gastpatient bekommt den gesunden Konsum von seiner gesetzlichen oder privaten Krankenkasse bezahlt. In der Regel sind Selbstbehalte aufzubringen, d.h., der Gastpatient hat einen Teil der Kosten zu übernehmen.
- Der Gastpatient bekommt den Konsum von anderen Geldgebern bezahlt (z.B. Firma).
- Häufig sind auch Mischformen zu beobachten in Form von Zuschüssen der Krankenkasse oder Firma.

Die Art und Weise, wie Behandlungen finanziert werden, hat direkte und massive Konsequenzen für den Dienstleister, der die Leistungen erbringt. Die Kostenübernahme durch den Sozialversicherungsträger bedeutet, dass

- nur Leistungen des zuvor vom Geldgeber definierten Leistungskataloges akzeptiert werden. Dabei handelt es sich um definierte und hinsichtlich der Wirkung bewährte Therapien. Das bloße Wohlfühlen wird nicht finanziert.
- Der Kostendruck durch die Krankenkassen führt in Deutschland zu Tagespflegesätzen von teilweise unter € 100. Damit müssen Rehabilitationskliniken, die nach Tagespflegesätzen abrechnen, Unterkunft, Verpflegung und Therapie bestreiten. Gesundheitshotels des gehobenen Standards kalkulieren mitunter mit der dreifachen Summe.

Die folgende Abbildung zeigt einen Überblick über mögliche Finanzierungsquellen gesunder Dienstleistungen:

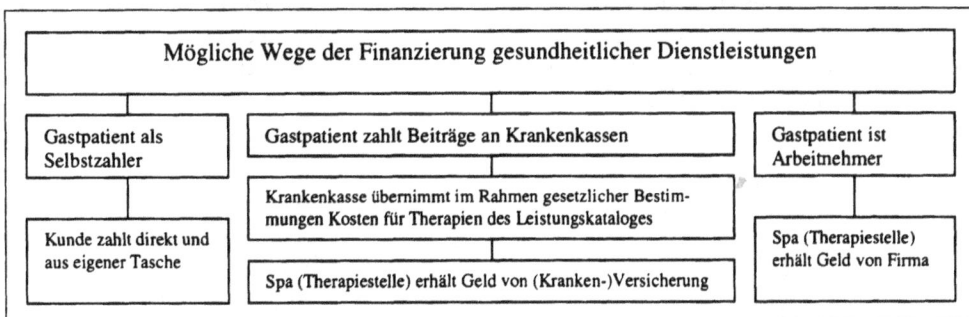

Abb. 53:   Finanzierungsalternativen gesunder Dienstleistungen

Häufig liegen Mischfinanzierungen vor. So kann der Sozialversicherungsträger anteilige Kosten übernehmen wie z.B. im Fall des §20 SGB V in Deutschland. Viele Kurhotels auch in Osteuropa haben Gastpatienten, die sich im Rahmen dieses §20 zumindest die Therapiekosten anteilig finanzieren lassen.

2.2.1   Menschen ohne Krankenkasse in der Hinterhand

Wesentliche Bereiche des Spa- und Gesundheitstourismus stellen Aktivitäten dar, die sich jenseits des Leistungskataloges der Sozialversicherungsträger abspielen. Selbstzahler sind im Vergleich zu Privat- und Fremdzahlern eine der wichtigsten Zielgruppen von Gesundheits- und Spa-Tourismus und lassen sich nach verschiedenen Gesichtspunkten gruppieren:

- Systematisierung nach dem Ort, an dem Selbstzahler gesunde Dienstleistungen nachfragen.
- Systematisierung nach der Interventionsphase (Prävention, Kuration oder Rehabilitation).
- Systematisierung nach dem Zeitverhältnis zur Operation (präoperativ, operativ, postoperativ).
- Systematisierung nach dem Anteil evidenzbasierter Medizin am Behandlungsverfahren.
- Systematisiert nach der Indikation (z.B. orthopädische Erkrankung).
- Selbstzahler systematisiert nach dem Typ der gewählten Wahlleistung, die über das im GKV-Leistungskatalog Festgelegte hinausgeht:[198]
  - Wahlleistung Unterkunft z.B. in Form eines Krankenzimmers mit Sonderausstattung.
  - Ärztliche Wahlleistung (z.B. Wunsch nach Chefarztbehandlung).
  - Medizinische Wahlleistungen können wiederum untergliedert werden in erstens Wahlleistungen bei fehlender medizinischer Indikation (z.B. Eingriffe der kosmetischen Chirurgie), zweitens Zusatzleistungen bei medizinischer Indikation (z.B. erweiterte Labordiagnostik) und drittens Alternativleistungen (z.B. zuzahlungspflichtige Zahnfüllung aus Gold anstelle von Amalgam).
- Selbstzahler systematisiert nach der Herkunft (Inländer, Ausländer).

2.2.2   Gesetzliche oder private Krankenversicherung

Aufgabe der gesetzlichen Krankenversicherung in Deutschland ist es, die Gesundheit der Versicherten zu erhalten, wiederherzustellen oder ihren Gesundheitszustand zu verbessern.[199] Ein geringer Teil der von Krankenversicherungen eingesetzten Gelder kommt in gesundheitstouristischen Einrichtungen zum Einsatz, zum Beispiel in Kurhotels. Die Ausgaben der Krankenversicherungen lassen sich auf verschiedene Art und Weise darstellen. Die folgende Abbildung betrachtet Kostenstellen der GKV in Deutschland und versucht eine Zuordnung gesundheitstouristischer Betriebe:[200]

---

[198] Die drei folgenden Unterpunkte in Anlehnung an: Wagener et al. (2005), S. 397.
[199] §1, SGB V (Sozialgesetzbuch, Deutschland).
[200] Kassenärztliche Bundesvereinigung (2007), V2.

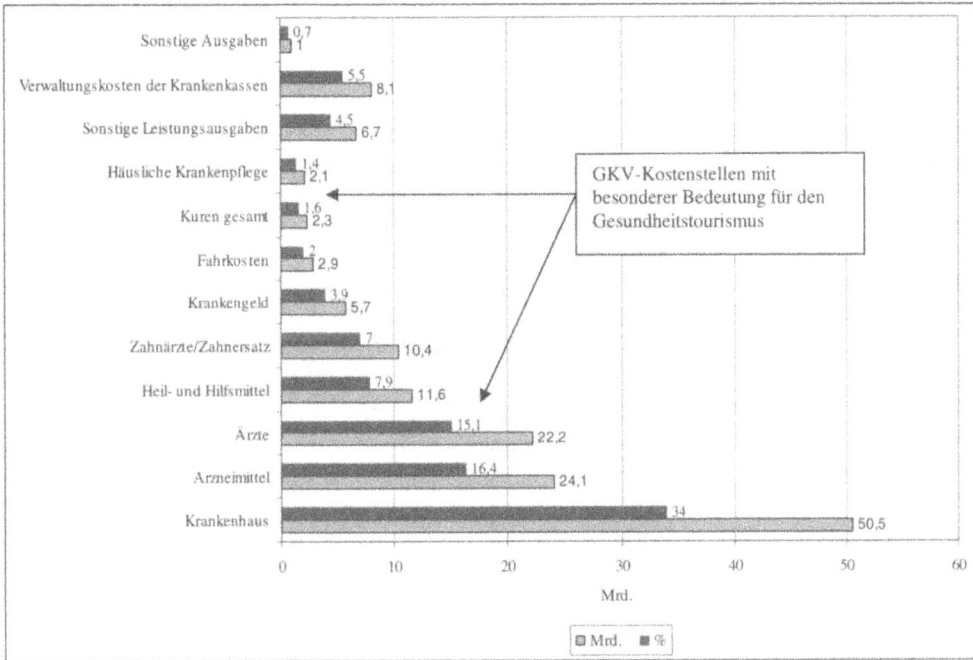

Abb. 54:   Ausgaben 2006 in Euro der GKV in Deutschland

Die Abbildung macht deutlich, dass der für gesundheitstouristische Betriebe relevante Bereich, für den die GKV Leistungen erbringt (z.B. Kuren), vergleichsweise klein ist. Auch
wird ein Teil der ärztlichen Behandlung in relevanten Betrieben erbracht. Es ist jedoch zu
erwarten, dass die Primärprävention in Zukunft in vielen Ländern Europas an Bedeutung
gewinnen wird, weil sie zunehmend auch als gesundheitspolitisches Anliegen der EU begriffen wird.

Eine Übersicht über Krankheitskosten pro Kopf in Deutschland, die sich in vielen Ländern
Europas nicht wesentlich unterscheiden werden, zeigt den Einfluss des Alters:

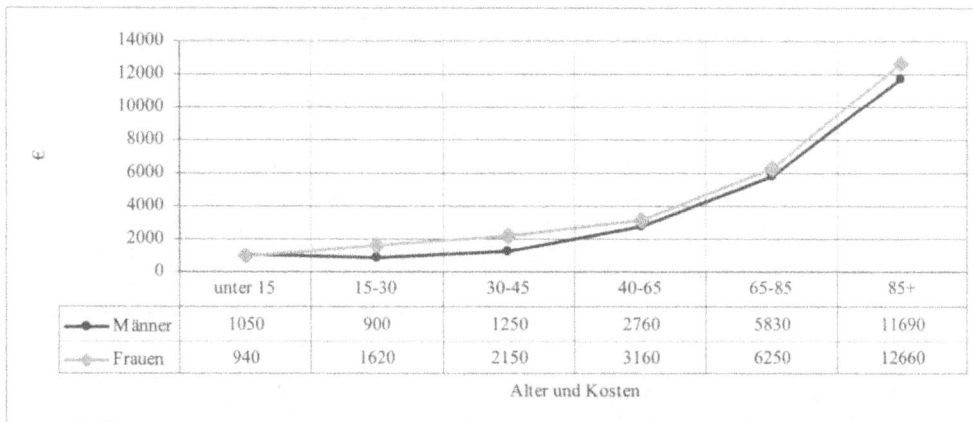

	unter 15	15-30	30-45	40-65	65-85	85+
Männer	1050	900	1250	2760	5830	11690
Frauen	940	1620	2150	3160	6250	12660

Alter und Kosten

Abb. 55:   Krankheitskosten in Euro pro Jahr und pro Kopf in Deutschland 2002

Bei dieser Übersicht handelt es sich um Berechnungen der Kosten, die durch Sozialversicherungsträger im Krankheitsfall übernommen werden. Die Abbildung zeigt, dass die Krankheitskosten im Alter stark zunehmen.

Die folgende Übersicht stammt aus Österreich und nimmt einen anderen Blickwinkel auf
Krankheitskosten ein. Hier werden die Gesamtkosten, die von der gesetzlichen Krankenversicherung pro Altersgruppe aufgewendet wird, dargestellt. Die Generation 80+ benötigt insgesamt weniger, weil ihr infolge der Sterblichkeit bereits weniger Menschen angehören:

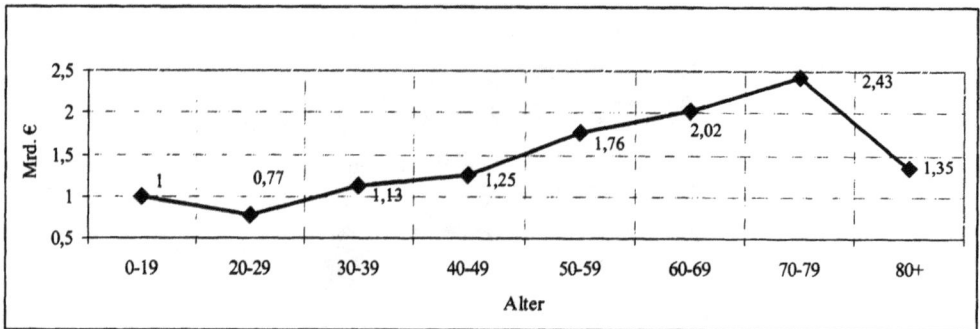

Abb. 56:   Krankenkosten nach Altersgruppen in Österreich 2004

*Leseprobe: Alle 60-69jährigen haben 2004 gut € 2 Mrd. aus dem Topf der gesetzlichen Krankenversicherungen
verbraucht.*

Prävention und Selbsthilfe

Gesundheitstouristische Unternehmen, sofern sie eine Kooperation mit der gesetzlichen
Krankenversicherung anstreben, können dies zumindest in Deutschland auf gesetzlicher
Basis versuchen, da Prävention und Selbsthilfe gesetzlich verankert sind.[201] Die Krankenkas-
sen Deutschlands haben festgelegt, welche Handlungsfelder eine Unterstützung durch die
Krankenkassen im Rahmen des §20 SGB V erhalten können:[202]

• Bewegungsgewohnheiten:
  – Reduzierung von Bewegungsmangel durch gesundheitssportliche Aktivität.
  – Vorbeugung und Reduzierung spezieller gesundheitlicher Risiken durch geeignete
    verhaltens- und gesundheitsorientierte Bewegungsprogramme.

---

[201]   Sozialgesetzbuch V, § 20, Abs. 1.: (1) Die Krankenkasse soll in der Satzung Leistungen zur pri-
        mären Prävention vorsehen, die die in den Sätzen 2 und 3 genannten Anforderungen erfüllen.
        Leistungen zur Primärprävention sollen den allgemeinen Gesundheitszustand verbessern und ins-
        besondere einen Beitrag zur Verminderung sozial bedingter Ungleichheit von Gesundheitschancen
        erbringen. Die Spitzenverbände der Krankenkassen beschließen gemeinsam und einheitlich unter
        Einbeziehung unabhängigen Sachverstandes prioritäre Handlungsfelder und Kriterien für Leistun-
        gen nach Satz 1, insbesondere hinsichtlich Bedarf, Zielgruppen, Zugangswegen, Inhalten und Me-
        thodik.

[202]   Leitfaden Prävention – Gemeinsame und einheitliche Handlungsfelder und Kriterien der Spitzen-
        verbände der Krankenkassen zur Umsetzung von § 20 Abs. 1 und 2 SGB V vom 21. Juni 2000 in
        der Fassung vom 10. Februar 2006, 2. korrigierte Auflage vom 15. Juni 2006 (2006).

- Ernährung:
  - Vermeidung von Mangel- und Fehlernährung.
  - Vermeidung und Reduktion von Übergewicht.
- Stressbewältigung/Entspannung:
  - Förderung individueller Kompetenzen der Belastungsverarbeitung zur Vermeidung stressbedingter Gesundheitsrisiken.
- Suchtmittelkonsum:
  - Förderung des Nichtrauchens.
  - Gesundheitsgerechter Umgang mit Alkohol/Reduzierung des Alkoholkonsums.
- Betriebliche Gesundheitsförderung.

Besonders die zuerst genannten Handlungsfelder sind für gesundheitstouristische Unternehmen von Bedeutung. Im Rahmen von Bewusstseinsbildung ist auch der Suchtmittelkonsum relevant. Der letzte Punkt jedoch spielt sich nicht in touristischen Betrieben ab. Dabei sollte der Leistungsträger vor Ort ganz genau hinsehen, welche Bedingungen die Krankenkassen erfüllt haben wollen. Ungarische Kur- und Thermalbäder z.B., die durch steigende Preise im eigenen Land und wachsende internationale Konkurrenz vor große Probleme gestellt sind und dies auch in Zukunft sein werden, legen viel Hoffnung in den zuvor zitierten §20 des SGB V.

Derzeit können Präventionsangebote in den zuvor genannten Handlungsfeldern je nach Kasse ein bis zwei Mal pro Jahr im In- oder Ausland bezuschusst werden. Der Spitzenverband der GKV in Deutschland verlautbarte, die gesetzlichen Krankenkassen hätten 2005 nahezu 3,8 Millionen Menschen mit Maßnahmen der Primärprävention und der Betrieblichen Gesundheitsförderung (BGF) erreicht. Gegenüber 2004 bedeute dies einen Zuwachs um knapp 12%.[203]

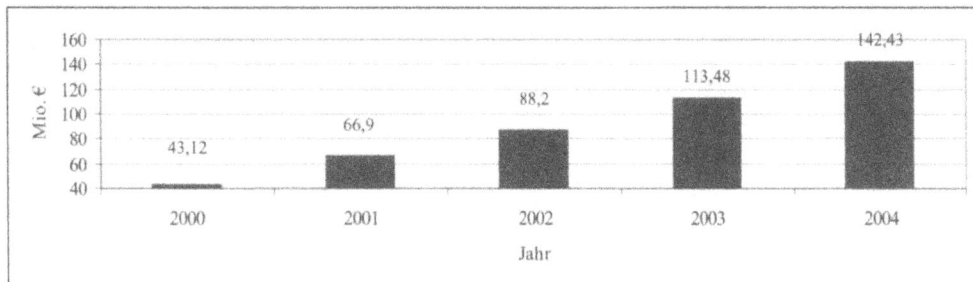

Abb. 57:   Ausgaben nach §20 SGB V der GKV in Deutschland in Mio. €[204]

Die Abbildung zeigt einen steten Anstieg der Ausgabe für Prävention. Diese Entwicklung und das gesundheitspolitische Klima im Land lassen erwarten, dass auch in Zukunft Steigerungsraten zu erwarten sind.

---

[203] Akzeptanz der Vorsorgeuntersuchung ist deutlich gestiegen (2006).
[204] Bei der Vorsorge ist Deutschland Spätzünder (2005).

Kooperationen

Es gibt viele erfolgreiche Beispiele dafür, dass gesundheitstouristische Anbieter einer Region mit einem regionalen Sozialversicherungsträger individuelle Verträge aushandeln. Bei der Akquise von Patienten sollte das Spa also auch immer an die Option Krankenversicherung denken. Beispiel:

- Der so genannte Gesundheits100er ist eine Vereinbarung zwischen der Sozialversicherungsanstalt der gewerblichen Wirtschaft (Österreich) und einigen gesundheitstouristischen Leistungsträgern in Oberösterreich. Angehörige dieser gesetzlichen Krankenversicherung erhalten einen Zuschuss von € 100, wenn sie an einem definierten Präventionsprogramm in ausgewählten Partnerbetrieben teilnehmen.

3   Angebot

Das vorliegende Kapitel beschäftigt sich mit der Beschreibung und Diskussion relevanter Einrichtungen und ihrer Angebote in Form von Produkten mit den Varianten Sachgüter einerseits und Dienstleistungen andererseits. Damit wird der Markt von Produkten, die unabhängig gesundheitstouristischer Einrichtungen verkauft werden wie z.B. Bademoden, kombinierte Navigationsgeräte mit Ergometer für Radfahrer etc., in diesem Kapitel nur am Rande berücksichtigt.

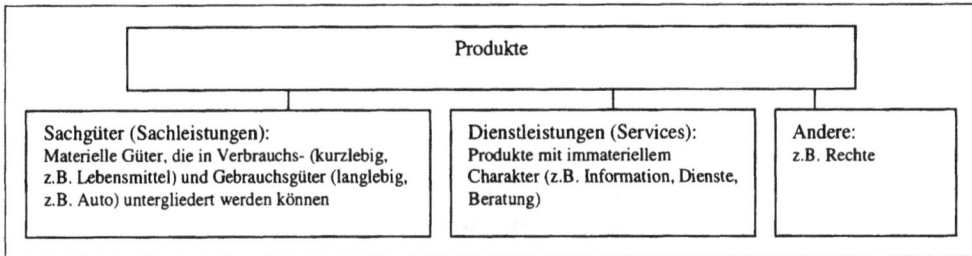

Abb. 58:   Produkt als Überbegriff von Sachgut und Dienstleistung

Ein Spa als Ort der besonderen Hinwendung zu Bedürfnissen im Kontinuum von Gesundheit, Wohlbefinden und Bodystyling, die durch professionelles Personal und häufig unter Zuhilfenahme von (Heil-)Wasser ganzheitlich befriedigt werden, setzt eine komplexe Interaktion verschiedenster Teilnehmer voraus, die allesamt ihren Anteil am Entstehen des Angebotes haben:

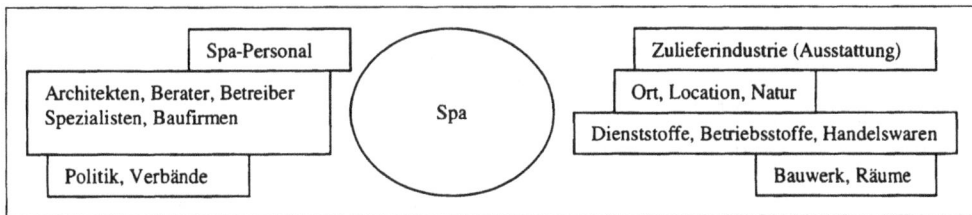

Abb. 59:   Spa als Stätte des komplexen Zusammenwirkens verschiedener Elemente

Da zahlreiche Produkte des fertigen und am Markt agierenden Spa sowohl aus Sachgütern als auch aus Dienstleistungen bestehen, können folgende Varianten unterschieden werden:[205]

---

[205]   In Anlehnung an: Kotler et al. (2003), S. 731.

- Reines Sachgüterangebot ohne beteiligte Dienstleistung (z.B. Gesichtspflegecreme).
- Sachgüterangebot mit ergänzenden Dienstleistungen (z.B. Kauf eines Whirlpools und Installation im Spa).
- Kombiniertes Angebot aus Sachgut und Dienstleistung (z.B. Essen in einem Restaurant).
- Dienstleistungen mit geringem Anteil beteiligter Sachgüter (z.B. Konsum eines Haarschneidens mit anschließendem Spray zur Lockerung).
- Reine Dienstleistungsangebote (z.B. Diagnostik).

Dienstleistungen zählen zu den zentralen Produkten im Spa:

> „Dienstleistungen sind selbständige, marktfähige Leistungen, die mit der Bereitstellung (zum Beispiel Versicherungsleistungen) und/oder dem Einsatz von Leistungsfähigkeiten (zum Beispiel Friseurleistung) verbunden sind (Potenzialorientierung). Interne (zum Beispiel Geschäftsräume, Personal, Ausstattung) und externe Faktoren (also solche, die nicht im Einflussbereich des Dienstleisters liegen) werden im Rahmen des Erstellungsprozesses kombiniert (Prozessorientierung). Die Faktorenkombination des Dienstleistungsanbieters wird mit dem Ziel eingesetzt, an den externen Faktoren, an Menschen (zum Beispiel Kunden) oder deren Objekten (zum Beispiel Auto des Kunden) nutzen stiftende Wirkungen (zum Beispiel Inspektion beim Auto) zu erzielen (Ergebnisorientierung)."[206]

Die drei zuvor genannten Dimensionen (Orientierungen) von Dienstleistungen lassen für gesundheitstouristische Betriebe folgende Beispiele zu:

- Potenzialdimension: Potenziale bzw. Fertigkeiten werden bereit gestellt (z.B. Personal, das eine medizinische Massage durchführen kann).
- Kernleistungsdimension wie z.B. die sachgerechte Durchführung dieser Massage.
- Ergebnisdimension: Nutzenstiftung im Sinne des angestrebten Heilungsprozesses.

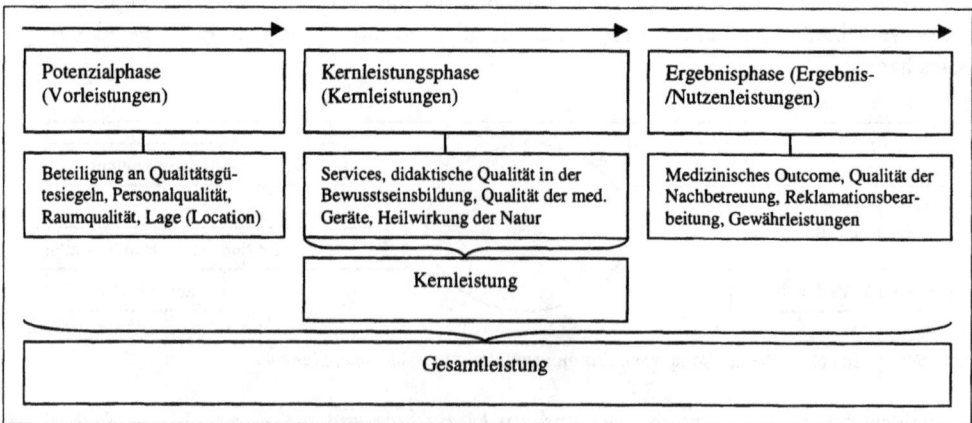

Abb. 60:   Phasen im Leistungserstellungsprozess bei Dienstleistungen

---

[206]   Meffert et al. (2000), S. 30.

Es ist wichtig festzustellen, dass die Kernleistungen jene Leistungen sind, die der Gastpatient gegen Entrichtung des Reisepreises erhält. Die Ergebnisphase ist eng an die Kernleistungs- phase gekoppelt, weil das Ergebnis direkt aus der Kernleistung entsteht. Viele Aspekte der Potenzialphase stellen wichtige Voraussetzungen für den Leistungserstellungsprozess dar.

Besonderheiten von Dienstleistungen

Dienstleistungen im Allgemeinen und in Spas im Speziellen weisen Besonderheiten auf, die zu beachten sind:

- Die Literatur geht davon aus, dass Dienstleistungen nicht lagerfähig sind. Dahinter steckt der Gedanke, dass ein heute nicht abgerufener Service (z.B. Haarschneiden) automatisch zu Umsatzeinbußen führt, weil er bei maximaler Auslastung der Kapazitäten und bei In- flexibilität des Gastpatienten nicht nachgeholt werden kann. Wenn jedoch der Gastpatient (externer Kunde, s. unten) bereit ist, z.B. infolge einer Krankheit des Therapeuten die Massage an einem anderen Tag nachzuholen und dies am Nachholtermin zu keiner Ver- drängung eines anderen Gastpatienten führt, so kann der drohende Umsatzverlust wett gemacht werden. Dies führt zur Notwendigkeit eines flexiblen Personaleinsatzes, der ein rasches Hoch- und Herunterfahren der Kapazitäten ermöglicht in Abhängigkeit von der Buchungslage. Dies kann z.B. durch die Beschäftigung freier Mitarbeiter erfolgen, die bei Bedarf gerufen werden.
- Einbezug des externen Faktors: Dienstleistungen sind dadurch gekennzeichnet, dass der Kunde (externer Faktor) während des Leistungserstellungsprozesses anwesend ist. In die- sem Sinne sind Produktion und Verkauf ein Akt (Uno-Actu-Prinzip). Der Produzent (z.B. Friseur) verrichtet sein Werk eben nicht an einer anonymen Werkbank, sondern am ge- genwärtigen Kunden. Dies hat zur Folge, dass abgesehen von der Fachkenntnis auch Freundlichkeit und Gepflegtheit auf Seiten des Dienstleisters vorhanden sein müssen.
- Unelastisches Angebot: Die Kapazitäten des Spa in Form von Personal, Behandlungs- räumen und Betten lassen sich der saisonalen Nachfrage nur schwer anpassen. Häufig er- freuen sich Spa-Hotels und Multifunktions-Thermalbäder im Frühjahr und Herbst einer wesentlich besseren Nachfrage als während der übrigen Zeit. Auch das Wochenende ist in der Regel besser gebucht als die übrigen Tage. Somit handelt es sich bei der Spa- Industrie um ein zyklisches Stoßgeschäft. Daraus resultiert die Notwendigkeit zu flexib- len Arbeitszeiten beispielsweise in Form von Jahresarbeitszeitkonten.
- Labile Nachfrage: Wie bereits zuvor erwähnt, verhält sich die Nachfrage labil, d.h. sie schwankt abhängig von der Tageszeit, von der Saison, aber auch von anderen Einflüssen wie z.B. gesundheitspolitischen (z.B. Streichung der Photosoletherapie aus dem Leis- tungskatalog der Krankenkassen in Deutschland). Besonders labil ist die Nachfrage in Fitnessstudios, die besonders vom Boom kurzzeitiger Trends leben.
- Unattraktive Arbeitszeiten: Die meisten Spa-Dienstleistungen werden einerseits am spä- teren Nachmittag bis in die frühen Abendstunden hinein nachgefragt (15 bis 19Uhr), an- dererseits sind die Wochenenden stärker nachgefragt als die übrigen Wochentage. Diese unüblichen Arbeitszeiten müssen durch Anreizsysteme schmackhaft gemacht werden.
- Geschäft auf Leben und Tod: Besondere Eigenheit von Spa-Leistungen ist ihre enge Verbindung zu elementaren Dingen wie Leben, Leiden und Körperschönheit. Daraus re- sultieren eine besondere Anspruchshaltung, eine Sensibilität gegenüber Fehlleistungen und eine erhöhte Bereitschaft, vor Gericht zu klagen.

Systematisierung gesundheitstouristischer Angebote

Die Produkte der Anbieter im Spa-Tourismus können nach verschiedenen Gesichtspunkten systematisiert werden:

- Systematisierung nach dem Grad der Bereitstellung medizinaler Dienstleistungen (z.B. Spa mit oder ohne medizinisches Personal).
- Systematisierung nach dem gewünschten Effekt (erstrebt ist z.B. eine heilende oder entspannende Wirkung).
- Systematisierung nach der Herkunft der Dienstleistung (z.B. Massagetechnik aus Hawai).
- Systematisierung nach der Professionalisierung der Dienstleistung (bestimmte Dienstleistungen werden von Ärzten erbracht, eine Duftkerze hingegen kann jeder entzünden).
- Systematisierung nach der Nachfrageintensität (derzeit erfreut sich Ayurveda einer wachsenden Nachfrage in der europäischen Spa-Industrie, die Anthroposophische Medizin hingegen nicht).
- Systematisierung nach dem Preis der angebotenen Dienstleistung (niedrig- oder hochpreisige Anwendungen).
- Systematisierung nach dem Anbieter (Hotels, Krankenhäuser, Fitnessstudios u.a.).
- Systematisierung nach ihrer Materialität (z.B. immaterielle Dienstleistungen wie z.B. eine Massage oder Sachgüter wie z.B. Körperlotion).
- Systematisierung nach der gesundheitstouristischen Politik von Regionen:
  - Die Initiative Best Health Austria (vormals Austria Wellbeing Destination of Europe) versucht, einem ganzen Land ein gesundheitstouristisches Image zu verleihen.
  - Mecklenburg-Vorpommern als singuläres Bundesland in Deutschland versucht mit ähnlichen Mitteln, seine Stellung als Gesundheitsdestination auf- und auszubauen.
- Systematisierung nach dem Unternehmenszweck im Umfeld der Spa-Industrie:
  - Solche, die eine Institution betreiben, um dort Gastpatienten zu empfangen (Hotel, Spa, Klinik).
  - Solche, die Produkte anbieten, damit die zuvor genannten Institutionen mit den notwendigen Sachgütern ausgestattet werden (Kosmetikindustrie, Wellness-Ausstatter, Medizingerätehersteller).
  - Solche, die verschiedene Dienstleistungen anbieten, damit zuvor genannte Einrichtungen errichtet und erweitert oder mit Erfolg weiter betrieben werden können (Planer, Architekten, Unternehmensberater, Werbeagenturen).
  - Solche, die Personal für zuvor genannte Einrichtungen ausbilden und bereit stellen (Bildungseinrichtungen aller Art, Personalvermittlungsgesellschaften).
  - Solche, die das Management übernehmen (z.B. Betreiber).
  - Solche, die die Finanzierung von Investitionen übernehmen (Banken).
  - Solche, die die politisch-rechtlichen Rahmenbedingungen schaffen, damit Spa- und Wellness-Tourismus existieren kann (nationale und subnationale Politik, Gebietskörperschaften, Zulassungsstellen, Verbände).
  - Solche, die Forschungsarbeit leisten (Konsumentenforschung, Medizinforschung zum Wirksamkeitsnachweis bestimmter Anwendungen bzw. Therapien).
- Das Angebot im Sinne von Orten, an denen dem Gastpatienten relevante Dienstleistungen offeriert werden, kann exemplarisch wie folgt skizziert werden

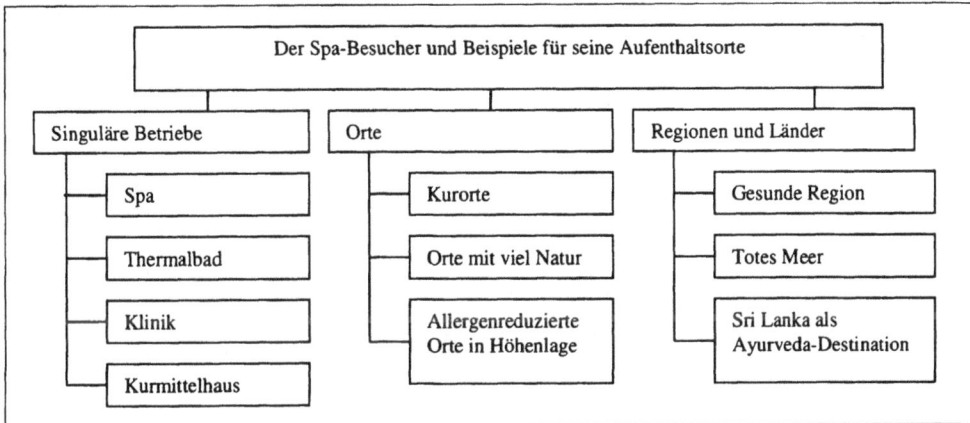

Abb. 61:   Beispiele für Orte gesundheitstouristischen Konsums

- Systematisierung nach dem Image von Regionen:
  - Es gibt ganze Kontinente, die mit ihrer medizinalen Expertise punkten wie z.B. Europa, das für die Bewohner vieler arabischer Staaten neben den USA als die wichtigste Adresse gilt, wenn es um bestimmte Eingriffe in klinischen Einrichtungen geht.
  - Es gibt ganze Länder mit einem spezifischen gesundheitstouristischen Image wie z.B. Indien und Sri Lanka, die ihre Ayurveda-Tradition in die Waagschale werfen. Oder: China und seine traditionelle Medizin oder Island als „Land der Geysiere").
  - Es gibt Regionen innerhalb von Ländern mit einem gleichsam natürlichen Image als gesunde Destination wie z.B. die Alpenregion mit seinem Bergklima, das Tote Meer mit seinem heilsamen Wasser.
  - Es gibt einzelne Orte mit ganz verschiedenen gesunden oder kraftvollen Eigenschaften, die seit langer Zeit Menschen zu einem Aufenthalt animieren wie z.B. Lourdes (Frankreich) mit seinem Heilwasser oder der Mount Shasta (USA) mit seiner spirituellen Zuschreibung.

3.1   Singuläre Betriebe und Institutionen

Die Spa-Industrie lässt sich in ganz verschiedene Betriebstypen untergliedern. Am Beispiel der USA soll dies demonstriert werden. Der Quelle zufolge handelt es sich um eine Auflistung der Gesamtzahl der Einrichtungen. Es zeigt sich, dass

- Day-Spas mit Abstand zu den häufigsten Einrichtungen gehören.
- Das Spa im Hotel gehört zu den zweithäufigsten Erscheinungen.[207]

---

[207]   International SPA Association 2006 spa industry update (2006), S. 3.

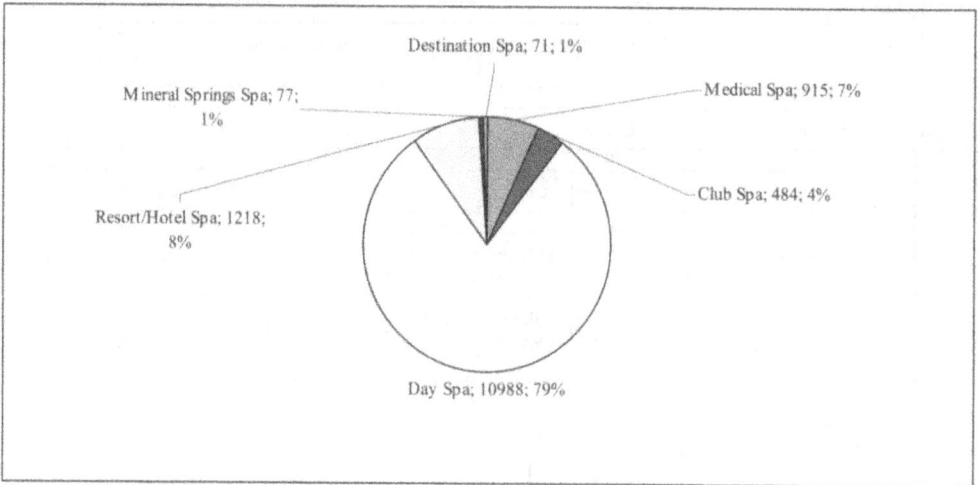

Abb. 62:   Spa-Betriebstypen in den USA mit Anzahl und prozentualer Verteilung

Das Angebot all der verschiedenen Einrichtungen, die im Gesundheitstourismus eine Rolle spielen, muss als sehr differenziert im Hinblick auf ihre Stärken und Schwächen angesehen werden. Die folgende Abbildung kann als grobe Einschätzung von Stärken und Schwächen relevanter Unternehmen gesehen werden. Die Bewertung erfolgt aufgrund von Schulnoten von 1 bis 5:

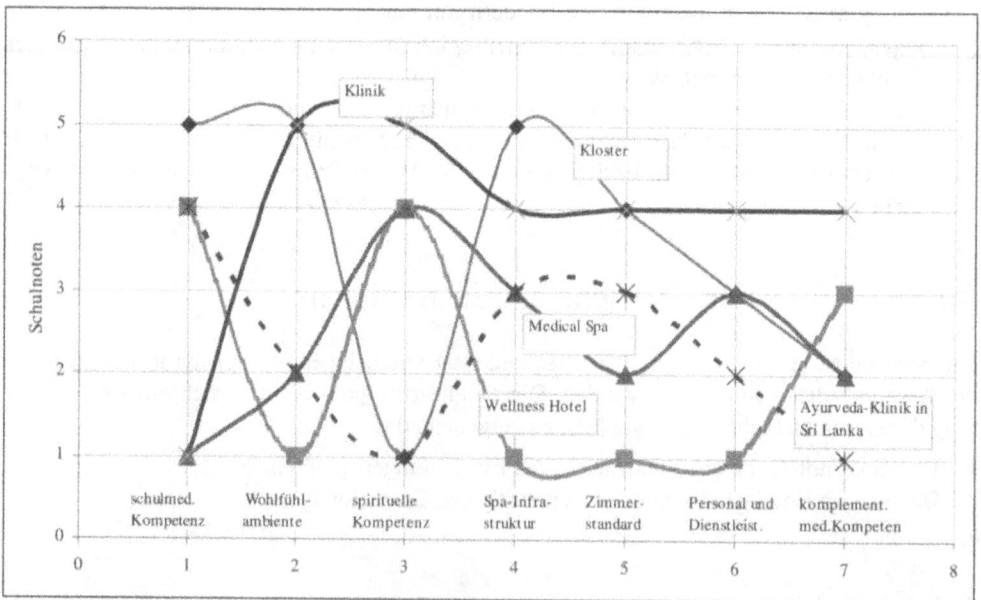

Abb. 63:   Stärken und Schwächen gesundheitstouristischer Betriebstypen

3.1.1   Bad

Systematisierung

Eine klare Abgrenzung zwischen den einzelnen Bädertypen ist nicht ohne Weiteres möglich aufgrund der vielen Varianten:

- Systematisierung nach dem Grad der Öffentlichkeit:
    - Öffentliche Bäder: Ohne bestimmte Voraussetzungen und für jede Person mit Eintrittskarte zugänglich.
    - Nicht öffentliche Bäder: Zugang erhalten nur bestimmte Gäste (z.B. Hotelgast, Kurgast).
- Bäder im Kontinuum von Spaß und medizinischen Anwendungen:
    - Spaßbäder (Bäder mit allein dem Freizeitbedürfnis dienenden Bademöglichkeiten und sonstigen auf Entspannung ausgerichteten Einrichtungen).
    - Mineralthermalbäder oder Kur- bzw. Heilbäder mit besonderer Berücksichtigung therapeutischer Anwendungen, Gastpatienten sind überwiegend Kassenpatienten.
- Systematisierung nach Angebot und Nutzung:[208]
    - Schulbäder (Bäder mit überwiegender Nutzung durch den Schulsport).
    - Leistungssportbäder (Bäder mit ausschließlicher oder überwiegender Nutzung durch Leistungsschwimmsport).
    - Sportorientierte Bäder (Bäder mit Nutzung durch Schul- und Schwimmsport sowie durch die Öffentlichkeit).
    - Freizeitbäder (Bäder mit Nutzung durch die Öffentlichkeit sowie durch den Schul- und Schwimmsport. Sie weisen stärker freizeitorientierte Anlagen und Einrichtungen auf).
    - Spaßbäder (Bäder mit allein dem Freizeitbedürfnis dienenden Bademöglichkeiten und sonstigen auf Entspannung ausgerichteten Einrichtungen).
- Systematisierung nach baulichen und Indoor-Outdoor-Gesichtspunkten:[209]
    - Freibäder (Bäder mit künstlichen und nicht überdachten Wasserflächen).
    - Hallenbäder (Bäder mit künstlichen, überdachten Wasserflächen).
    - Hallenfreibäder (Kombinationen von Hallen- und Freibädern).
    - Naturbäder (Bäder mit natürlichen Wasserflächen wie z.B. Meer-, Seebäder etc.).
- Systematisierung nach dem Typus des verwendeten Wassers:
    - Bäder mit Leitungswasser.
    - Bäder mit Thermalwasser, Mineralwasser oder Mineralthermalwasser.

Nicht alle der zuvor genannten Bäder haben eine touristische Nutzung, sondern viele werden vornehmlich durch ein Freizeitpublikum der näheren Umgebung frequentiert.

Bäder in Deutschland

Der Umsatz der gesamten Bäderbranche in Deutschland wurde vom Fachverband der Bäder für 2005 auf € 260 Millionen jährlich geschätzt. Eindrucksvolle Umsatzzahlen jedoch kön-

---

[208] Siehe: Richtlinien für den Bäderbau (1996), S. 32.
[209] Richtlinien für den Bäderbau (1996), S. 31.

nen nicht darüber hinwegtäuschen, dass die wirtschaftliche Situation vieler Bädertypen kritisch ist:[210]

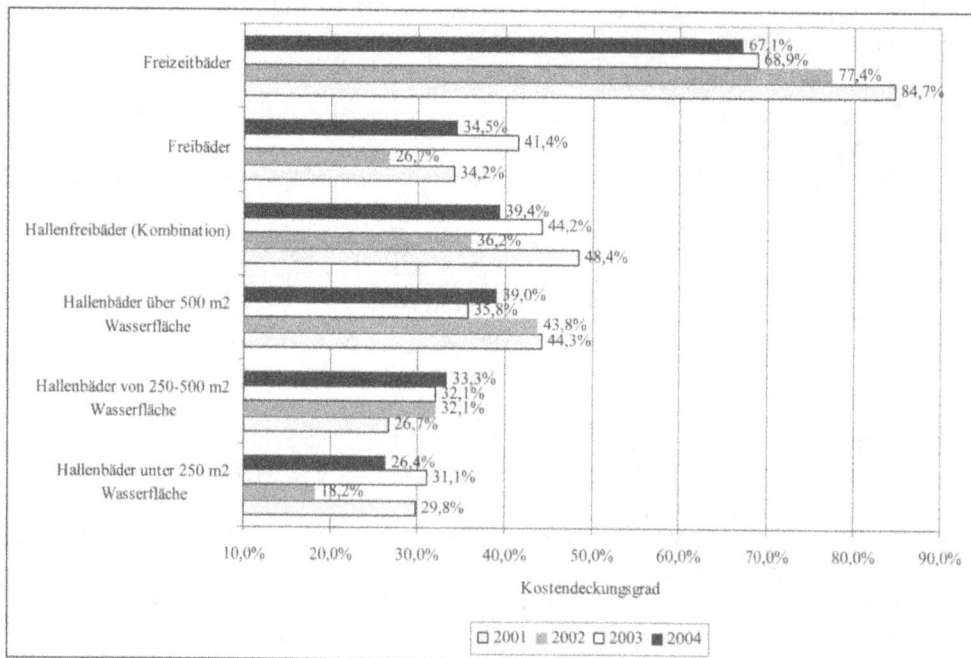

Abb. 64:   Kostendeckungsgrad von Bädern in Deutschland

Viele Bädertypen mussten im Verlauf der vergangenen Jahre einen rückläufigen Kostendeckungsgrad verkraften. Mit anderen Worten: Jeder Badende muss von der öffentlichen Hand bezuschusst werden, mitunter deutlich über € 3 pro Gast. Dies schmerzt umso mehr, als viele Bäder bereits modernisiert worden sind und inzwischen das Angebot diversifiziert haben, also neben Wasser auch noch Fitness, Wellness, Beauty und anderes anbieten. Als Ausweg aus den wirtschaftlichen Problemen wird in den letzten Jahren mehrheitlich die Rationalisierung angesehen, allerdings sind auch sehr viele Investitionen in eine Modernisierung bzw. Erweiterung des Angebotes vorgesehen.

Multifunktionales Freizeitbad

Unter dem Begriff Freizeitbad versteht man „Bäder mit Nutzung von der Öffentlichkeit sowie für den Schul- und Schwimmsport. Sie weisen stärker freizeitorientierte Anlagen und Einrichtungen auf."[211] Die Angebote eines Freizeitbades können wie folgt unterschieden werden:

- Basisangebote: Erweitertes Angebot im Badebereich, Sauna, Anwendungsbereich.
- Optionale Angebote: Fitnessbereich, Hotel.

---

[210] Kurzfassung der Ergebnisse des überörtlichen Betriebsvergleichs Bäderbetriebe (2004), S. 93.
[211] Richtlinien für den Bäderbau (1996), S. 32.

Die aufgelisteten Bereiche stellen die Hauptangebote der meisten multifunktionalen Freizeitbäder dar. Häufig wird im Bad auch eine Gastronomie betrieben. Weitere Angebote, die in Eigenregie organisiert oder mit Hilfe von Kooperationen (sportliche oder kulturelle Aktivitäten) angeboten werden können, sind denkbar. Eine klare Abgrenzung zwischen einem multifunktionalen Freizeitbad und einem so genannten Thermalbad ist häufig nicht möglich.

Besuche und Marktvolumen von Multifunktions-Thermalbädern in Österreich
Die 27 in einer Studie berücksichtigten österreichischen Thermen konnten 2004 einen Besucherzuwachs von 4,6% auf 6,9 Mio. Besucher verzeichnen.[212] Aus den Zahlen errechnet sich eine Besucherzahl von 253.000 je Therme. Bereinigt um neue Thermen, die den Besuchern erst im Laufe des Jahres zur Verfügung standen, ergibt sich sogar ein Schnitt von 268.000 Jahresbesuchern. Bei einem durchschnittlichen Eintrittspreis von € 19,3 (+2,7 %) ergibt sich ein Marktvolumen von € 132 Mio. (+7,4 %).

3.1.2   Hotel, Hotel-Spa und Spa-Hotel

Hotels können auch ohne Spa einen engen Bezug zu Gesundheitsthemen haben. So kann sich z.B. ein Hotel auf bestimmte Erkrankungen spezialisieren und mit dem passenden Angebot Gastpatienten trotz ihrer Erkrankung zu einer Reise animieren. So können sich Reisende mit Diabetes in dafür spezialisierten Hotels aufhalten und die auf sie zugeschnittene Infrastruktur bzw. medizinische Dienstleistung erwarten.[213] Die folgende Abbildung unterscheidet verschiedene Spa Hotel-Typen und ihre verschiedenen Schwerpunkte im Angebot:

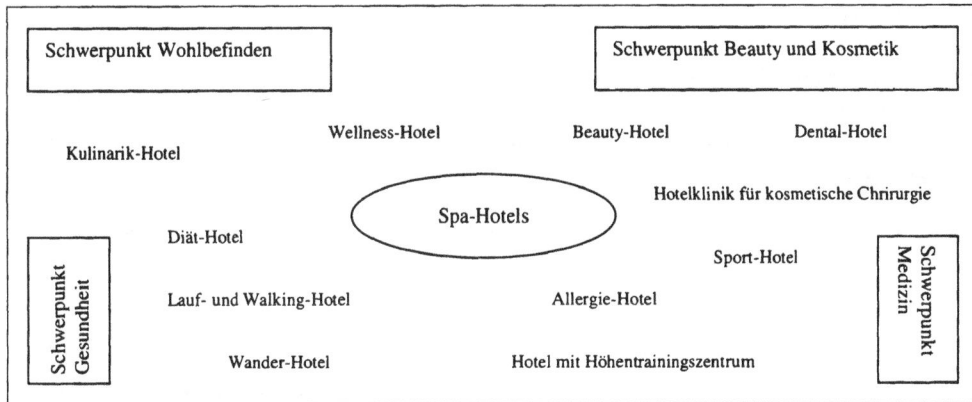

Abb. 65:   Spa-Hotels mit verschiedenen Schwerpunkten

---

[212]   Thermen in Österreich 2005 (2005), S. 6.
[213]   Der potenzielle Reisende kann sich auch im Internet über spezialisierte Diabetes-Hotels informieren (s. z.B.: Diabetiker-Hotels per Mausklick (o.D.)). Hier findet man die folgenden Kriterien: „1. Das Hotel bietet Diätküche und vegetarische Mahlzeiten an, 2. Nährwertangaben wie Broteinheiten (BE), Kilokalorien (kcal) bzw. Kilojoule (kj) und enthaltene Kohlenhydrate sind auf der Speisekarte ersichtlich oder können erfragt werden, 3. Insulin lässt sich im Zimmer im Kühlschrank oder in der Minibar kühl lagern, 4. Eine ärztliche Notfallversorgung ist gewährleistet, 5. Es gibt Sport- und Fitnessangebote in der Nähe." Oder siehe ausführlicher mehr unter: http://www.diabetikerhotels.de/30-0-anforderungskatalog.html

Es gibt zahlreiche Beispiele in aller Welt, die Sport und Fitness als zentrale Angebote kommunizieren. Dazu gehören z.B. der Club La Santa auf Lanzarote oder die Canyon Ranch in Arizona (USA)[214]. Dem Club La Santa gelingt es, durch sein umfassendes, spezialisiertes und medizinales Angebot neben dem für Sport begeisterten Normaltouristen auch Sportmannschaften und Leistungssportler anzuziehen. Das Angebot erstreckt sich auf

- die Vielfalt der sportlichen Aktivitäten im Club,
- die Fülle auf Wettkämpfen und Wettbewerben auf der Insel sowie auf
- die sportwissenschaftliche Begleitung der Gäste.

2004 konnte das Hotel 21.500 Gäste anlocken (davon 4.000 Deutsche).

Thermenhotel

Thermen werden heutzutage gerne mit Thermenhotel gebaut. Man verweist gerne auf zwei Gründe, um das zusätzliche Invest für das Thermenhotel zu rechtfertigen:

- Übernachtende Hotelgäste konsumieren mehr als Tagesgäste, gerade auch im Hinblick auf Behandlungen.
- Thermenhotels erweitern das Einzugsgebiet, da auch Kunden angesprochen werden können, denen die Entfernung von zu Hause für einen Tagesausflug zu groß gewesen wäre.

Betreute Bewegungsangebote

Betreute Bewegungsangebote in den „Wellness-Hotels" in der Schweiz sind wie folgt:[215]

- Aqua-Gym (73%)
- Wandern (72%).
- Fahrrad-Touren (71%).
- Gymnastik (64%).
- Persönliches Training, Autogenes Training (60%).
- Bergwandern (56%).

Leseprobe: Von den betreuten Bewegungsangeboten gehört Aqua-Gym zu den häufigsten. Es wird in 73% der untersuchten Häuser angeboten.

3.1.3   Bauernhof

Ferien auf einem Bauernhof stehen in Zusammenhang mit Werten wie echt und ehrlich, natürlich und lebendig sowie authentisch und rein. Solche Werte legen es nah, den Bauernhof als Ort gesundheitsorientierter Ferien zu etablieren. Im deutschsprachigen Raum haben sich in den letzten Jahren verschiedene Initiativen in dieser Richtung entwickelt:

- In Bayern gibt es die so genannten Gesundheitshöfe[216]. Diese Initiative formuliert zahlreiche Bedingungen, die für eine Aufnahme in die Kooperation gestellt werden. In der Zusammenfassung sind als wichtige Punkte anzusehen:
  - Fortbildung: Mitarbeiter des Betriebes haben einen Qualifizierungslehrgang und Fortbildungen in Sachen Gesundheit zu absolvieren.

---

[214]   Siehe dazu: Club LaSanta (o.D.) und: Canyon Ranch (o.D.).
[215]   Lanz-Kaufmann et al. (o.D)., S. 5.
[216]   Siehe dazu mehr unter: Kneipp Gesundheitshöfe, Richtlinien (o.D.).

- Einrichtung und Ausstattung: Nichtraucherbereiche, Ausstattung vorwiegend aus Holz, Sauna und Kneipp-Grundausstattung.
- Außenanlagen: Liegebereich, Möglichkeit für Taulaufen und Wassertreten.
- Sportgeräte für Innen- und Außenaktivitäten.
- Serviceleistungen: Regelmäßige gesundheitsfördernde Angebote wie z.B. Wanderungen oder Vorträge.
- Qualitätssicherung.

- Viele Bauernhöfe in Österreich werden im Rahmen der Plattform „Ferien am Bauernhof" vermarktet.[217] Die Initiative Urlaub am Bauernhof hat zu einer starken Diversifikation innerhalb des Bauernhofurlaubs geführt. Man unterscheidet
  - Biobauernhöfe,
  - Kinderbauernhöfe,
  - Reiterbauernhöfe,
  - Radfahrerbauernhöfe,
  - Seminarbauernhöfe und
  - Gesundheitsbauernhöfe. Die gesundheitsspezifischen Kriterien, die von diesen Bauernhöfen erfüllt werden müssen, sind: „Einrichtung mit vorwiegend natürlichen Materialien, Frühstück mit Vollwertprodukten und Vollkornecke, Raucher- und Nichtraucherbereiche, Auswahl an vegetarischen Gerichten, Freizeit- und Gesundheitsangebot, Ruhebereich in der Natur, fachgerechtes Angebot/Organisation von gesundheitsfördernden Angeboten, umfangreiche Literatur und Infomappe zum Thema Gesundheit, Ernährung und Wohlbefinden."[218]

3.1.4 Fitnessstudio und Day-Spa

Hinter beiden Begriffen verbergen sich historisch viele verschiedene Betriebstypen. War das Fitnessstudio bis vor wenigen Jahren noch ein Platz für Kraftübungen und das Day-Spa ein Platz für kosmetische Anwendungen, Entspannung und Wohlbefinden, so findet jetzt unter dem Stichwort Diversifikation eine Angleichung des Produktportfolios statt. Viele Fitnessstudios sehen im Zeichen stagnierender Märkte eine Entwicklungsmöglichkeit in der Erweiterung in Richtung Sauna, Wasserbereich und Anwendungen, so gibt es auch Day-Spas, die sich einen Fitnessbereich zulegen. Beiden Betriebstypen jedoch ist gemein, dass sie keine Übernachtungsmöglichkeit in ihrem Unternehmen anbieten. Beide Betriebstypen rekrutieren ihre Kundschaft im Wesentlichen aus dem lokalen Umfeld.

Fitnessstudio

Das Fitnessstudio ist eine sportliche Institution, die im Gegensatz zum Sportverein Dimensionen des Körpererlebnisses verstärkt entwickelt hat, eine Ästhetisierung der körperlichen Leistung bietet und zum Laufsteg der Bewegungshungrigen geworden ist. Leistungserfolge sind quantitativ messbar, Gesundheit wird zum modischen Event, das immer wieder neu und aktuell verpackt wird.

---

[217] Gesundheitsbauernhof (o.D.).
[218] Urlaub am Gesundheitsbauernhof (o.D.).

Der DSSV untergliedert die Fitnessstudios in die folgenden Kategorien:

- „Gemischte Fitnessanlage (Angebot von Fitness für Frauen und Männer auf mind. 200m², daneben optional Aerobic- und Wellness-Angebote).
- Frauen-Studio (Angebot von Fitness ausschließlich für Frauen auf mind. 200 m², daneben optional Aerobic- und Wellness-Angebote).
- Multifunktionsanlage (Angebot von Fitness für Frauen und Männer auf mind. 200 m², daneben optional Aerobic- und Wellness-Angebote sowie mind. ein weiteres Angebotssegment wie z.B. Racket-Sportarten oder Budo-Sportarten)."[219]

Der Anbietermarkt in vielen Ländern Europas ist gekennzeichnet durch ein Wachsen der in Ketten organisierten Studios, allerdings beginnt sich dieses Wachstum abzuschwächen. Den meisten Prognosen zufolge wird diese Entwicklung anhalten. Dennoch hat auch das Einzelstudio seine Zukunft, da es durch Nähe zum Kunden, individuelle Dienstleistungen und Familiarität punkten kann. Die Gründe für den Fitnessboom der letzten zwei Jahrzehnte sind vielfältig:

- Zunehmendes Gesundheitsbewusstsein.
- Prominente Vorturner und Fitnessgurus sowie prominente Fitnesskunden.
- Erweiterung des Angebotes in den Studios.
- Fitnessstudio als zweite Heimat in einer durch Isolation gekennzeichneten Gesellschaft.
- Bessere Qualität zu erschwinglichen Preisen durch starke Konkurrenz.
- Rasche Umsetzung von Trends.

Die Strategien der Manager zur Positionierung in einem schwierigen Marktumfeld sind verschieden:

- Größere Anlagen und vielseitigeres Angebot.
- Stärkere Fokussierung auf bestimmte Zielgruppen (Fitness und Reha, Gewinnung von Geschäftsleuten durch Platzierung des Studios in einem Bürogebiet).
- Versuch, Trends zu kreieren.
- Preisliche Differenzierung (Studios mit hoher Qualität und hohen Preisen versus Fitness-Discountern).

Day-Spa
Im Gegensatz zum Destination-Spa bietet das Day-Spa keine Übernachtung. Im Unterschied zu Beauty-Studios mit dem Schwerpunkt kosmetischer Anwendungen, Nagelstudios (Schwerpunkt Pedicure und Manicure) oder Fitnessstudios traditioneller Art verfügen Day-Spas über ein vielseitigeres Dienstleistungsportfolio und bieten auch für den halben oder sogar ganzen Tag ein abwechslungsreiches Angebot. Der Begriff Day-Spa ist auch unter Fachleuten nicht immer bekannt, geschweige denn beim Endverbraucher. Häufig bleibt das Fitnessstudio bei seiner Bezeichnung Fitnessstudio, obwohl es längst diversifiziert hat und sich eigentlich als Day-Spa bezeichnen könnte.

---

[219] Deutscher Sportstudio Verband (o.D.).

Apotheke

Auch manche Apotheke versucht, sich mit einem Day-Spa-Konzept ein neues Standbein aufzubauen. Dabei kann sich die Apotheke überzeugend auf ihre medizinale Expertise berufen und besonders Produkte für Problemhaut, Psoriasis oder Anti-Ageing verkaufen. Der Umsatzanteil durch das Apotheken-Randsortiment (Zahnbürsten oder Kosmetika) beläuft sich im Schnitt deutscher Apotheken auf ca. 3 bis 5% am Gesamtumsatz, kann sich jedoch durch gezielte Geschäftsfelderweiterung auf 10% ausweiten. Es wird geschätzt, dass derzeit 300 bis 500 der über 20.000 deutschen Apotheken über eine Kosmetikkabine verfügen.[220]

3.1.5   Fitnesscamp und Trainingslager

Für so manche Region spielen Trainingscamps inzwischen als Tourismus-, Wirtschafts- und Imagefaktor eine sehr wichtige Rolle, in Österreich besonders Fußballcamps. Dazu einige Zahlen:

- 2003 haben elf internationale Teams in Österreich ihr Trainingslager aufgeschlagen. Durch die Spieler sowie Trainer und Betreuer konnten ca. 4.000 Übernachtungen generiert werden. Durch mitreisende Fans und Journalisten konnten zusätzliche 10.000 Übernachtungen generiert werden.
- Der Umsatz dieses Fußball-Tourismus liegt durch Mannschaften bei ca. € 4,5 Mio., durch mitreisende Fans und Zuschauer bei Testspielen alles in allem bei ca. € 10 Mio. Den besten Mannschaften gelingt es mitunter, Gratis-Aufenthalte auszuhandeln, weil die Region die Umwegrentabilität durch den Imagefaktor als ausreichendes Entgelt ansieht.

Die Topmannschaften Europas suchen natürlich ein Unterkunftsniveau im 4-Sterne- oder 5-Sterne-Bereich, und auch Spa-Dienstleistungen können erfolgreich vor oder nach dem Training angeboten werden, ja schon gesamte Thermalbadkonzepte sind mit Berücksichtigung der Bedürfnisse von Leistungssportlern konzipiert worden.[221]

3.1.6   Klinik und vergleichbare Einrichtungen

Klinische Institutionen[222] sind insofern von Bedeutung für den Gesundheitstourismus als in ausgewählten Einrichtungen das Thema des medizinischen Präventionsaufenthaltes in verschiedenen Facetten entweder bereits umgesetzt oder angedacht wird. Die Lage von Krankenhäusern in vielen Ländern Europas ist gekennzeichnet durch

- Kostendruck von Seiten der Kostenträger,
- sinkende Verweildauern, Spezialisierungsdruck und
- fortgesetzte Effizienzbemühungen.

---

[220]   Zahlen dieses Absatzes in: Hoff (2007), S. 28f.

[221]   Siehe z.B.: Vertiefungskonzept im Sinne Aktiver Erlebnisprävention für den Medical Wellness-Bereich Thermenprojekt Allerheiligen (Steiermark) (Kurztitel: Medical Wellness-Konzept Allerheiligen) (2005).

[222]   Akutkrankenhäuser und Rehabilitationskliniken sowie Einrichtungen der Vorsorge. Als Erweiterung dieser Aufzählung können auch die in Deutschland seit 1.1.2004 zugelassenen Medizinische Versorgungszentren (MVZ) genannt werden. Dabei handelt es sich um fachübergreifende und ärztlich geleitete Einrichtungen, die mindestens über zwei verschiedene Facharztgruppen verfügen müssen.

In Folge dessen können verstärkt Überlegungen festgestellt werden, in Richtung neuer Märkte zu denken. Das Konzept Wellness im Krankenhaus ist allerdings kritisch zu betrachten, außerdem gibt es bislang nur wenig Praxiserfahrung. Ob Wellness-Anwendungen auf Selbstzahlerbasis in ehemaligen Krankenhausräumen bzw. in unmittelbarer Nähe eines Krankenhauses wahrgenommen werden, muss als fraglich angesehen werden, weil der Gastpatient in der Rolle als Wellness-Konsument naturgemäß nicht an Krankheit erinnert werden möchte.

Rehabilitationsklinik
Die Typen der Rehabilitation nach der in Deutschland gebräuchlichen Terminologie:

- Frührehabilitation wird im Rahmen der akutmedizinischen Versorgung im Krankenhaus erbracht.
- Die Anschlussrehabilitation (früher auch AHB: Anschlussheilbehandlung) findet zumeist in der Rehabilitationsklinik statt und dient dazu, einen nahtlosen Übergang von der Akutbehandlung zur Rehabilitation sicherzustellen.
- Das so genannte allgemeine Heilverfahren hat keine direkte zeitliche Bindung an den Akutaufenthalt. Es wird zumeist durch den Haus- oder Facharzt beantragt und nach einer individuellen Prüfung (Reha-Bedürftigkeit und Reha-Fähigkeit) genehmigt oder auch nicht.

Immer wieder ist zu lesen, dass im Bereich der Rehabilitationskliniken in Deutschland eine Marktbereinigung von ca. 25% zu erwarten ist, dass also ein Viertel der Bettenkapazitäten vom Markt genommen werden muss, um dem Rest das Überleben zu sichern. Diese These des Überangebotes jedoch wartet auf weitere Verifikation, da die Quellenlage mitunter unklar ist (keine Trennung von Vorsorge und Reha durch das Statistische Bundesamt in Deutschland) und die Belegung kaum vorhersehbar ist, da sie vom Reha-Träger bzw. Gesetzgeber maßgeblich mitgesteuert wird. Die Versuche der Rehabilitationskliniken, in einem schwierigen Markt zu bestehen, lassen sich auf folgende Punkte reduzieren:[223]

- Kommunikation: Verstärkte Bemühungen im Bereich der Marketing-Distribution und -Kommunikation und aktives Zugehen auf Zuweiser.
- Medizinisch-therapeutisch: Spezialisierung auf Indikationen.
- Neue Betriebstypen. Durch den Trend zur ambulanten Rehabilitation sind neue Betriebskonzepte gefragt.
- Verschiedene Zusatzleistungen (z.B. Komfortzimmer) für jene, die für die Sonderleistung bereit sind, mehr Geld auszugeben (Zuzahler).
- Selbstzahler: Es gibt bei einzelnen Einrichtungen immer mehr Versuche zu beobachten, im Bereich von Gesundheitsurlaub und zweitem Gesundheitsmarkt Fuß zu fassen. Als Voraussetzungen für eine verstärkte Hinwendung einer klinischen Einrichtung zum präventiven Gesundheitsurlaub auf Selbstzahlerbasis können beispielhaft genannt werden:

---

[223] Siehe dazu mehr unter: Hibbeler (2008).

- Die Einrichtungen befinden sich in einer landschaftlich bevorzugten Lage. Es ist zu beobachten, dass viele Rehabilitationskliniken die Stärke ihrer landschaftlich bevorzugten Lage nicht ausspielen. Weder wird diese dem Gesundheitstouristen gegenüber kommuniziert, noch wird sie in das Therapiekonzept einbezogen. Das Zusammenspiel rezenter Therapiekonzepte mit Trendsportarten (z.B. Nordic Walking) und schöner Landschaft kann zu einem attraktiven Angebot ausgebaut werden.
- Der Therapiebereich erhält durch seine Gestaltung Spa-Charakter.
- Das Restaurant- und Unterkunftsangebot im Hinblick auf Standard und Personalausstattung nimmt Hotelcharakter an.
- Das Therapieportfolio wird um selbstzahleraffine Angebote ergänzt.

Patientenhotel

Patientenhotels sind hotelartige Beherbergungsbetriebe auf dem Klinikgelände. Sie dienen in der Regel der Unterbringung von Low Care-Patienten[224] aus der Klinik und anderen Zielgruppen (z.B. Angehörige, Tagungsgäste). Dieses Modell der alternativen Unterbringung von Patienten gewinnt erst in jüngster Zeit an Bedeutung unter dem Druck der folgenden Entwicklungen:

- Im Zeichen eines deutlich wachsenden Kostendrucks auf Krankenhäuser in vielen europäischen Ländern (z.B. durch DRG[225]) bietet das Patientenhotel für so genannte Low Care-Patienten eine kostengünstigere Unterbringung als in der Klinik.
- Ein Patientenhotel bietet die Möglichkeit, mobileren und gesünderen Patienten (z.B. Wahleingriff, Selbstzahler, Wöchnerinnen) eine angemessene und den Bedürfnissen entsprechende Unterkunft zu bieten. Dieses Komfortargument eignet sich bestens im Konkurrenzkampf der Kliniken untereinander.

Die Gastpatienten im Patientenhotel sind und bleiben in der Regel in der Verantwortung der Ärzte. Die Kostenträger haben inzwischen das Rationalisierungspotenzial erkannt und unterstützen solche Vorhaben. Viele Patientenhotels werden privat und nicht durch die Kliniken finanziert. Daraus resultiert die Notwendigkeit, in einem Betreibermodell Rechte und Pflichten der Parteien (z.B. Hotelier versus Ärzte) zu regeln.

Patientenhotel und Medical Spa-Hotel haben eine grundsätzlich verschiedene Funktion: Ist das zuerst genannte ein verlängerter Arm des Akutkrankenhauses und eine kostengünstigere Unterbringungsalternative, so ist das Medical Spa-Hotel Therapie- und Unterbringungsort gleichzeitig und bietet darüber hinaus ein ganzheitliches Spa-Konzept.

---

[224] Patienten, die keiner intensiven Pflege bzw. Aufsicht (mehr) bedürfen.

[225] Diagnosis Related Groups (DRG) bezeichnet ein pauschalierendes Entgeltsystem für alle teil- und vollstationären Behandlungen (außer Psychiatrie), dem zufolge die Krankenhäuser nicht nach der Aufenthaltsdauer der Patienten, sondern nach Krankheitstypen auf der Basis so genannter Fallpauschalen bezahlt werden.

3.1.7   Reiseveranstalter und Reisemittler

Reiseveranstalter

Als Beschreibung dessen, was ein Reiseveranstalter ist, soll folgende Definition dienen:

„Reiseveranstalter ist, wer selbstständige Reiseleistungen aus dem eigenen Unternehmen und/oder von dritten Leistungsträgern zur Pauschalreise zusammenfasst."[226]

Die folgende Abbildung gibt einen Überblick über Reiseveranstalter und ihr Verhältnis zu Spa und Gesundheit:

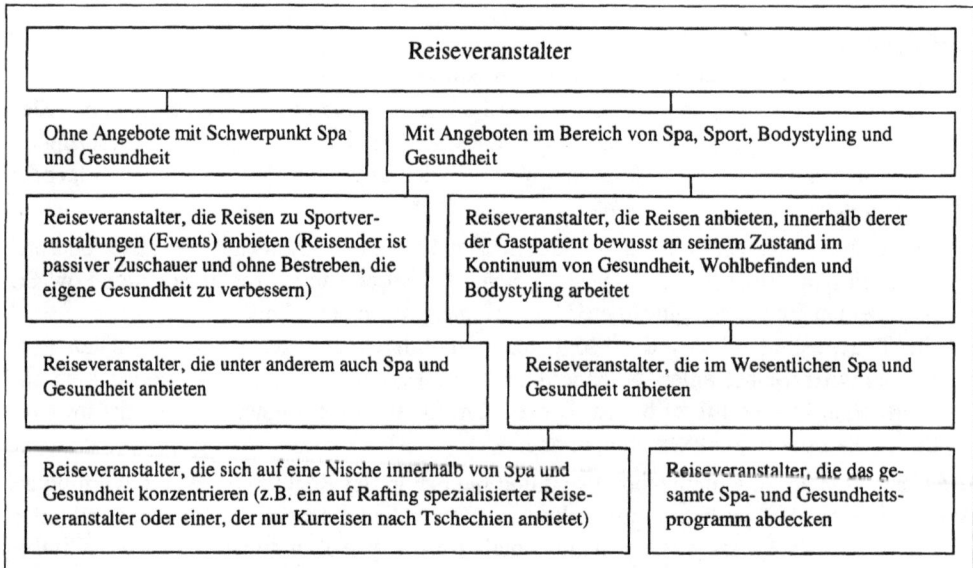

Abb. 66:   Reiseveranstalter und verschiedene Spezialisierungen auf Gesundheitstourismus

Viele der großen deutschen Reiseveranstalter haben eine lange Geschichte von Kur- und Gesundheitsreisen hinter sich. Diese beschränkte sich in der älteren Vergangenheit vornehmlich auf die von Krankenkassen bezuschussten Kuren im Ausland, richtete sich später dann (jüngere Vergangenheit) auch mehr und mehr an Selbstzahler. Diese Entwicklung erklärt sich aus einer zunehmend restriktiven Verschreibungspolitik der Sozialversicherungsträger seit den neunziger Jahren des letzten Jahrhunderts in Bezug auf Kurreisen.

Beispiel TUI

TUI hat sich innerhalb weniger Jahre vom Reiseveranstalter mit kleinem Kursegment zu einem internationalen Experten auch für Gesundheits- und Spa-Reisen entwickelt:

---

[226] Reiseveranstalter. (1998), S. 262.

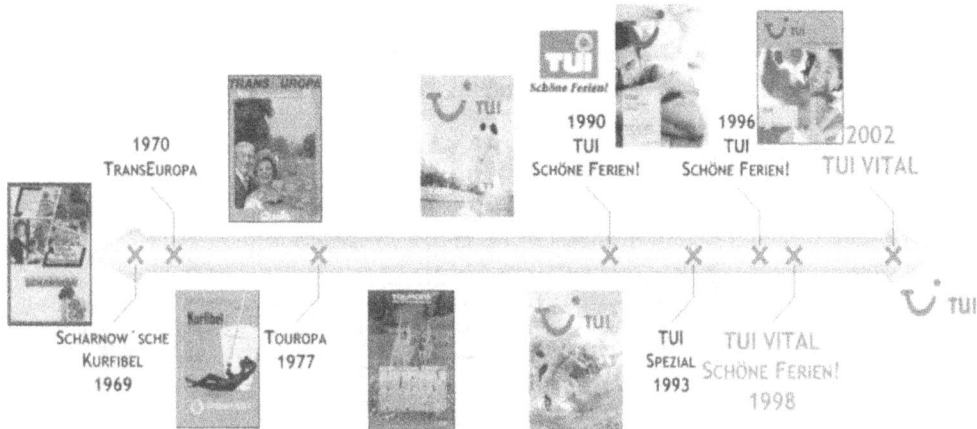

Abb. 67:   Die Geschichte der Kur-, Gesundheits- und Fitnessreisen von TUI[227]

Innerhalb der gesundheitstouristischen Nische hat TUI-Vital vier verschiedene Produktlinien entwickelt:

- Natürlich & Gesund steht für ca. 10% der Buchungen und kombiniert Sport, Bewegung und Prävention (primär). Hier greifen teilweise die Präventionsprogramme der Krankenkassen.
- Kuren & Wohlfühlen steht für 15% der Buchungen und versucht, kurmedizinische Anwendungen in einem verwöhnenden Rahmen zu realisieren. Diese Angebote werden teilweise durch die GKV bezuschusst.
- Gepflegt & Schön steht für ca. 20% der Buchungen und umfasst kosmetische Angebote gepaart mit Entspannung.
- Verwöhnen & Entspannen steht für ca. 50% der Buchungen. Hier werden entspannende mit verwöhnenden Dienstleistungen kombiniert.

Diese Angebote werden in ca. 15 Ländern in mehreren Hundert verschiedenen Einrichtungen offeriert. Dabei stehen zahlenmäßig Deutschland, Italien, Spanien und Österreich an der ersten Stelle im Hinblick auf die Anzahl der Vertragseinrichtungen. Bezüglich des Unterkunftsangebotes überwiegen 4-Sterne-Hotels (ca. 40% des Angebotes), der Rest verteilt sich auf 4-Sterne+-Hotels und 5-Sterne-Hotels (gesamt ebenfalls ca. 40%) sowie auf andere Kategorien (3-Sterne-, 3-Sterne+- und 5-Sterne+-Hotels und nicht kategorisierte). Im Hinblick auf die angesprochenen Zielgruppen zeigt sich, dass der TUI-Vital-Gast nicht identisch ist mit dem durchschnittlichen TUI-Gast:

- TUI-Vital-Angebote werden wesentlich weniger von Familien und von Gruppen wahrgenommen.
- Singles und Paare nehmen deutlich mehr als andere Zielgruppen TUI-Vital-Angebote wahr.
- TUI-Vital-Kunden bevorzugen die Nebensaison, also April bis Mai sowie September bis Oktober.

---

[227] Hödl (2007), S. 17.

Vertriebswege gesundheitstouristischer Reiseveranstalter
Der traditionelle Vertriebsweg von Reiseveranstaltern ist der Reisemittler (Reisebüro). In Zeiten der Online-Buchungen haben Reisemittler allerdings Probleme, sich im Markt zu behaupten, zumal Apotheken und andere Vertriebskanäle von immer größerer Bedeutung werden besonders im Gesundheitstourismus:

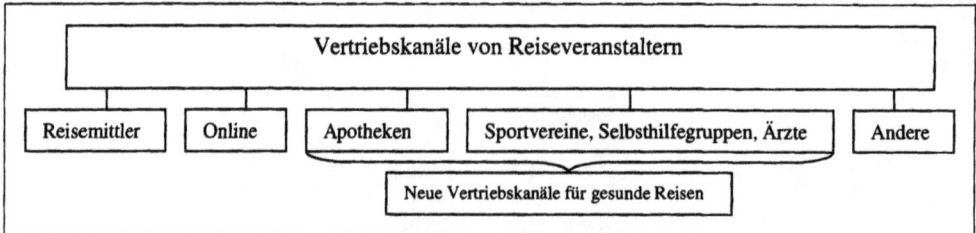

Abb. 68:   Vertriebskanäle von Reiseveranstaltern im Gesundheitstourismus

Durch die Kooperation mit verschiedenen deutschen Krankenkassen und knapp 3.000 gesund leben-Apotheken will z.B. TUI nicht nur ihre Vertriebsbasis stärken, sondern darüber hinaus auch seine Gesundheitskompetenz unterstreichen. In Zeiten überaus kleiner Margen auch im Apothekengeschäft kann eine Vermittlungsfunktion von Reisen einen interessanten Zusatzverdienst bedeuten, zumal Pharmazeuten in bestimmten Apotheken Deutschlands bereits wie im Reisebüro eine Provision für verkaufte Reisen erhalten.[228] Dass solche Modelle nicht überall auf Gegenliebe stoßen, erscheint nachvollziehbar. Schließlich droht der Apotheker als unabhängiger Berater in Sachen Gesundheit sein Image zu verlieren, wenn er gegen Provision Reisen verkauft. Die Kooperation von Reiseveranstaltern mit Apotheken kann wie folgt aussehen:

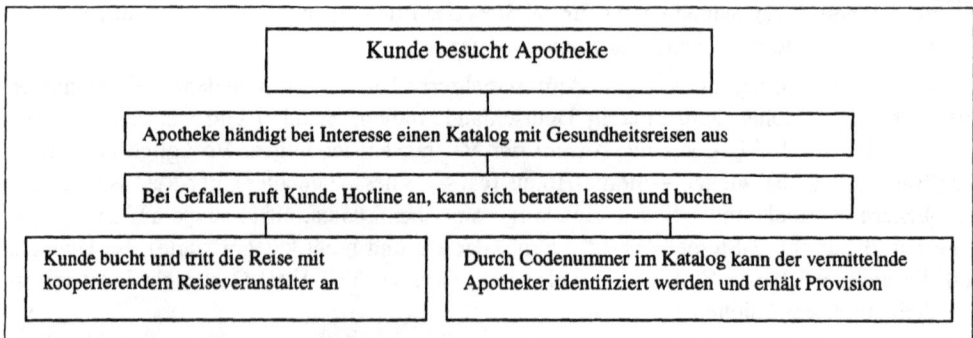

Abb. 69:   Der Distributionsweg Apotheke aus der Sicht eines Reiseveranstalters

Reiseveranstalter haben in der Regel ihre eigenen Kriterien, mit Hilfe derer sie entscheiden, mit welchem Hotel in Sachen Gesundheit eine Kooperation vereinbart werden sollte. Wenn jedoch Krankenkassen die Reise bezuschussen, so spielen natürlich auch deren Kriterien eine wichtige Rolle.

---

[228]   Prettin et al. (2007).

Auf einzelne Indikationen spezialisierte Reiseveranstalter bzw. Anbieter
Es gibt eine große Zahl spezialisierter Reiseveranstalter bzw. Reiseorganisationen, die sich auf eine oder wenige Indikationen konzentrieren. Beispiele:

• Diabetes: FobiCom-Diabetes-Reisen.[229]
• Morbus Alzheimer Syndrom: MAS-Verein Bad Ischl (Österreich).[230]

Reisemittler
Reisemittler[231] übernehmen für einen oder mehrere Reiseveranstalter Verkauf und Buchung der (Pauschal)-Reisen. Mitunter kann ein Reisemittler z.B. aufgrund seiner guten Zielgebietskenntnisse auch selber als Reiseveranstalter auftreten. Infolge des Kosten- und Konkurrenzdrucks versuchen viele Reiseveranstalter, diesen teuren Vertriebsweg zu umgehen, indem sie online-Buchungsmöglichkeiten aufbauen. Für jene gesundheitstouristischen Reisen, die eine besondere medizinische Beratung erfordern, kann ein Reisebüro dann besonders sinnvoll sein, wenn das Personal geschult ist, was in der Regel aber nicht gegeben ist. Viele Spezialreiseveranstalter haben sich auf diese Situation eingestellt und bieten selbst Informations- und Buchungsmöglichkeiten an. Zu den Reisemittlern gehören auch so genannte Patientenvermittler, wenn diese auch nicht immer Reisemittlerstatus im rechtlichen Sinne haben.[232]

3.1.8   Wohltätigkeitsorganisation

Es gibt zahlreiche Wohltätigkeitsorganisationen, die jenseits von Sozialversicherungsträgern in verschiedenen für dieses Buch relevanten Bereichen aktiv sind:

• (Teil-)Kostenübernahme von Reisen (Ferienaufenthalten) zur Verbesserung der Lebensqualität von Erkrankten ohne konkrete therapeutische Interventionen.[233]
• (Teil-)Kostenübernahme von Reisen (Ferienaufenthalten) zum Zweck einer vorher definierten Therapie.
• Zu den zentralen Aufgaben der McDonalds Kinderhilfe gehören der Bau und Betrieb von Gästehäusern in unmittelbarer Nähe großer Kinderkliniken, damit Eltern in der Nähe ihrer Kinder sein können.[234]

3.2   Ort und Region

Dieses Kapitel löst sich von singulären Unternehmen und betrachtet größere geografische Einheiten wie Orte und Regionen.

---

[229] FobiCom Diabetes-Reisen (o.D.).
[230] Siehe mehr unter: Verein MAS Alzheimerhilfe Bad Ischl (o.D.).
[231] Gemeinhin jedoch im rechtlichen Sinne weniger korrekt mit Reisebüro bezeichnet.
[232] Siehe mehr z.B. unter: The Medical Tourist Company (o.D.).
[233] Siehe z.B.: Over The Wall (o.D.).
[234] Siehe mehr unter: McDonald's Kinderhilfe Stiftung (o.D.).

3.2.1   Kurort und Heilbad

Die Bezeichnung Kurort ist ein behördlich zu genehmigendes Gütesiegel für Orte oder
Ortsteile, in denen durch natürliche Heilmittel und zweckentsprechende therapeutische Einrichtungen bestimmte Krankheiten behandelt werden können oder wo deren Entstehung
vorgebeugt wird. Man kann auch von Behandlungszentren mit besonderen Mitteln sprechen.
Ein spezielles und ortsgebundenes medizinisches Angebot stellt das Alleinstellungsmerkmal
eines Kurortes dar. Das medizinische Angebot kann nicht ohne weiteres verpflanzt werden,
weil der Kurort dort errichtet wurde, wo das ortsgebundene Heilmittel vorkommt. Dies gilt
insbesondere für Klima und Landschaft, bedingt auch für andere natürliche Heilmittel wie
Heilwässer oder Peloide. In Deutschland werden ca. 350 Heilbäder und Kurorte gezählt, in
ganz Europa sind es ca. 1.000.

Die Kur ist ein komplexes Leistungsbündel, das aus ganz verschiedenen Angebotsdimensio-
nen besteht. Nur ein Teil der in der folgenden Abbildung aufgezählten Aspekte gehört zum
Leistungspaket der Sozialversicherungen, das Ganze jedoch spielt eine wichtige Rolle für
den Kurerfolg:

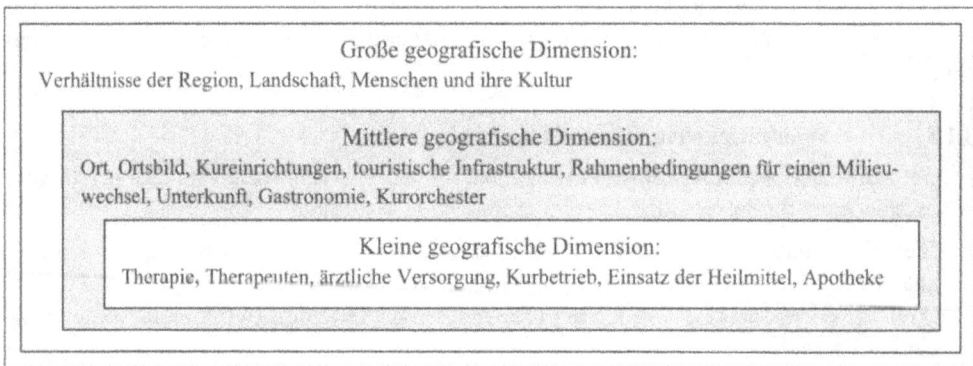

Große geografische Dimension:
Verhältnisse der Region, Landschaft, Menschen und ihre Kultur

Mittlere geografische Dimension:
Ort, Ortsbild, Kureinrichtungen, touristische Infrastruktur, Rahmenbedingungen für einen Milieuwechsel, Unterkunft, Gastronomie, Kurorchester

Kleine geografische Dimension:
Therapie, Therapeuten, ärztliche Versorgung, Kurbetrieb, Einsatz der Heilmittel, Apotheke

Abb. 70:   Gesamtpaket Kur in verschiedenen Dimensionen

Dass Gesundheit und neue Therapien ganze Orte und Regionen zu einem unverhofften Auf-
schwung führen können, haben verschiedene Orte in den Alpen mit Höhenlage, darunter
besonders Davos, in der Zeit der vorletzten Jahrhundertwende gezeigt: „Den annähernd
30.000 Kranken, die im Jahr 1912 in dem ‚offenen Kurort' betreut wurden, standen Kurhäuser, Hotels, Pensionen offen; in Privathäusern wurden Zimmer oder Wohnungen an Kranke
vermietet. Das erste Davoser Sanatorium war im Jahre 1889 eröffnet worden. Immer mehr
setzte sich die Ansicht durch, daß der Tuberkulosekranke in einer geschlossenen Anstalt zu
betreuen sei. Annähernd zwanzig Sanatorien waren aus dem Boden gewachsen. Gemeinnüt-
zige Gesellschaften und caritative Vereine hatten erste Volksheilstätten errichtet. Der ganze
Ort und seine Bevölkerung waren auf die Betreuung von Tuberkulosekranken eingestellt. An
vielen Gebäuden waren die kleinen, dem Wind ausgesetzten Balkons breiten, geräumigen,
nach Süden ausgerichteten Veranden gewichen. Auf den Veranden, auf den Dächern oder in
den Liegehallen der Sanatorien standen Betten und Liegestühle, die der damals gewichtigs-
ten Behandlungsart der Tuberkulose dienten: der strengen Freiluftliegekur."[235]

---

[235]   Virchow (1995), S. 5.

Typen von Kurorten und Anforderungen

In vielen Ländern Europas werden verschiedene Typen von Kurorten unterschieden, die vereinfachend wie folgt systematisiert werden können:[236]

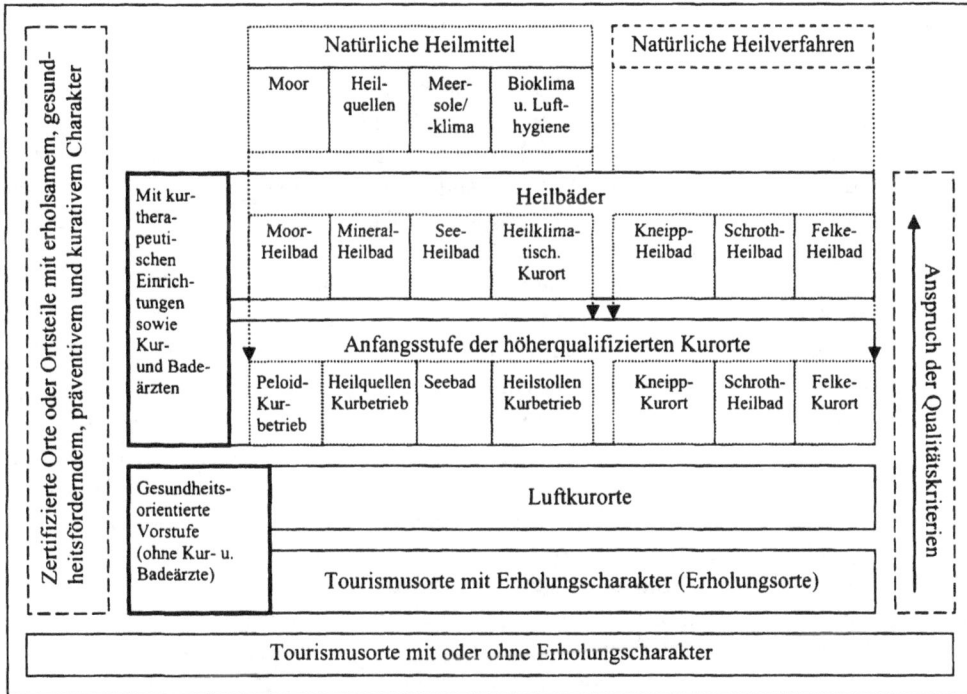

Zertifizierte Orte oder Ortsteile mit erholsamem, gesundheitsförderndem, präventivem und kurativem Charakter

	Natürliche Heilmittel				Natürliche Heilverfahren
	Moor	Heil-quellen	Meer-sole/-klima	Bioklima u. Luft-hygiene	

Mit kurtherapeutischen Einrichtungen sowie Kur- und Badeärzten

Heilbäder

Moor-Heilbad	Mineral-Heilbad	See-Heilbad	Heilklimatisch. Kurort	Kneipp-Heilbad	Schroth-Heilbad	Felke-Heilbad

Anfangsstufe der höherqualifizierten Kurorte

Peloid-Kurbetrieb	Heilquellen Kurbetrieb	Seebad	Heilstollen Kurbetrieb	Kneipp-Kurort	Schroth-Heilbad	Felke-Kurort

Gesundheitsorientierte Vorstufe (ohne Kur- u. Badeärzte)

Luftkurorte

Tourismusorte mit Erholungscharakter (Erholungsorte)

Tourismusorte mit oder ohne Erholungscharakter

Anspruch der Qualitätskriterien

Abb. 71:   Artbezeichnungen von Kurorten und ihre Differenzierungen

Die Voraussetzungen an Kurorte und Heilbäder beschränken sich nicht nur auf die Art und Weise der kurtherapeutischen Einrichtungen, ihres Personals oder die Beschaffenheit des natürlichen Heilmittels. Sie gehen darüber hinaus und können abhängig von der Kategorisierung Anforderungen an die weitere Infrastruktur (z.B. Kurpark) oder Umweltschutz (z.B. Verkehrsberuhigung und Lärmschutz) umfassen. Das Anerkennungsverfahren für Kurorte wird in Deutschland und Österreich auf der Ebene der Bundesländer geregelt. Rechtliche Grundlage für die Anerkennung als Kurort sind Gesetze der Bundesländer, die sich stark an den Richtlinien der nationalen Heilbäderverbände ausrichten.[237]

---

[236] Diese Abbildung folgt dem deutschen Modell. Abbildung in Anlehnung an: Kleinschmidt et al. (2006), S. 99.

[237] Im Kurortegesetz Rheinland-Pfalz' (Deutschland) gibt es z.B. die Kategorie der Fremdenverkehrsgemeinde, die so in anderen Bundesländern nicht vorkommt. Sie muss zum einen über eine Vielfalt bewegungsorientierter Freizeitangebote verfügen (z.B. Wanderwege, Sport- und Spielanlagen) und zum anderen: „... beachtliche Beherbergungskapazität oder eine sich aus der vorhandenen Beherbergungskapazität und einem überörtlichen Ausflugsverkehr insgesamt ergebende erhebliche Bedeutung des Fremdenverkehrs" (Landesgesetz über die Anerkennung von Kurorten, Erholungsorten und Fremdenverkehrsgemeinden (Kurortegesetz) (1978), § 9.)

Kurspezifische Beherbergungsmöglichkeiten

Verschiedene kurspezifische Unterbringungsmöglichkeiten werden nach DEHOGA (Deutscher Hotel- und Gaststättenverband) wie folgt definiert:

- „Kurheim: Das Kurheim ist ein in einem Heilbad oder Kurort gelegener Beherbergungsbetrieb mit einfachem Standard. Es ist ausgerichtet an den indikationstypischen Bedürfnissen des Kurgastes.
- Kurklinik: Eine Kurklinik ist ein Beherbergungsbetrieb mit Krankenhauscharakter, der in Deutschland gemäß §30 Gewerbeverordnung als Krankenanstalt zugelassen ist. Die Kurklinik steht unter ärztlicher Leitung und bietet ständige medizinische Betreuung. Vorrangig werden ortsgebundene Heilmittel im Rahmen der Therapie genutzt. Das Beherbergungsangebot entspricht den indikationstypischen Anforderungen (z.B. Barrierefreiheit, Ernährungsangebot) und den Patientenbedürfnissen.
- Kurhotel: Das Kurhotel ist ein in einem Heilbad oder Kurort gelegenes Hotel mit gehobenerem Standard. Es ist ausgerichtet an den indikationstypischen Bedürfnissen eines Kurgastes und verfügt häufig über ein eigenes Angebot an Gesundheitsbehandlungen."[238]

Infolge der an Kurorte und Heilbäder gestellten Anforderungen liegen viele davon in landschaftlich bevorzugter Lage. Folglich haben diese Orte eine hohe Affinität zu touristischen Aktivitäten wie Wandern, gesunde Freizeit und Sommerfrische. Da auch viele der natürlichen Heilmittel wie z.B. (Heil-)Wässer eine genussvolle und zugleich gesunde Freizeit ermöglichen, spricht vieles für den Kurort als moderne Stätte des Gesundheitstourismus. Als Argument gegen einen Urlaub im Kurort werden mitunter Gründe wie überalterte Gästestruktur, verstaubtes Image und überholte Infrastruktur genannt. Diese aus der Sicht bestimmter Zielgruppen subjektive Sichtweise gilt es zu prüfen und gegebenenfalls durch Gegenmaßnahmen zu korrigieren. Es muss jedoch betont werden, dass in vielen Kurorten in den letzten Jahren massiv investiert worden ist und darüber hinaus vielfach eine Neupositionierung hin zum jüngeren Wellness-Gast gelungen ist. Dies gilt für viele Länder Europas. Allerdings erfordert die demografische Entwicklung vieler Länder gesunde Kompetenzzentren in Sachen Alter, und hier können Kurorte und Heilbäder auf einem breiten Erfahrungsschatz aufbauen.

Veraltete bzw. leicht abwertende Begriffe wie Sozialkur oder Sozialversicherungsgast entstammen einer Zeit, in der die Kurorte im Zeichen der Demokratisierung von Gesundheit von neuen Bevölkerungsgruppen besucht wurden, die mit einem traditionellen und mondänen Selbstverständnis nichts gemein hatten und unter dem Diktat der Kosteneffizienz (Krankenkassen) und der Enge des eigenen Budgets einen neuen Geist in die zum Teil großzügig gewachsenen Strukturen der Kurorte hineinbrachten.

Kur und Kurortmedizin

Der Begriff Kur bezeichnet eine Methode, nämlich als durchgehendes Therapieprinzip aller Kurformen die Übung zur Verbesserung der Adaptation. Wurde dies in der Vergangenheit mit Hilfe natürlicher Heilmittel (ortsgebundene Kurmittel wie Klima, Heilwasser, Peloide) geübt, so ist die Kurmedizin längst zu einem komplexen Bündel sich ergänzender Verfahren und der Kurort zu einem „vielgestaltigen biomentalen Trainings- und Gesundheitszent-

---

[238] Definition der Betriebsarten (2008).

rum"[239] geworden. Die Ziele der modernen Kurortmedizin können begrifflich mit Rehabilitation, Kuration chronischer Krankheiten, Vermeidung von Pflegebedürftigkeit u.a. belegt werden.

Die Kurmedizin hat sich allerdings in den verschiedenen Ländern Europas überaus different entwickelt. Konzentriert sie sich in einigen Ländern Südeuropas lediglich auf Trink- und Badekuren sowie Inhalationen, so ist sie in Mittel- und Osteuropa zu einer „systematisierten und komplexen Allgemeintherapie"[240] geworden. Sie wird im gebräuchlichen Sinne der Kur für die Sekundärprävention, aber eben auch im Sinne der Tertiärprävention im Rahmen der Rehabilitation eingesetzt. Die Stellung der natürlichen Heilmittel im therapeutischen Instrumentarium bedarf einer gesonderten Erläuterung: Natürliche Heilmittel stellen keine Therapeutika im Sinne einer Arzneimittelbehandlung bestimmter Krankheiten dar. Vielmehr sind sie „unspezifisch wirkende Allgemeintherapeutika mit besonderen Eigenschaften, die sie für die Behandlung bestimmter Krankheiten in abgegrenzten Krankheitsphasen geeignet sein lassen"[241], und zwar nicht als Ersatz, sondern in Ergänzung des schulmedizinischen Therapieinstrumentariums. Zu den gängigen Methoden der Medizin im Kurort gehören:[242]

1. Balneotherapie in den verschiedenen Formen (Bäder- und Trinkkuren).

2. Gezielte Klimabehandlung mit der therapeutischen Nutzung der verschiedenen Klimafaktoren unter Bewegung und Ruhe im Rahmen einer systematisierten aktiven Klimakur.

3. Ergänzende Verfahren der physikalischen Therapie wie insbesondere:
   • Hydro- und Thermotherapie in den verschiedenen Formen.[243]
   • Elektrotherapie.
   • Licht- und Strahlenbehandlungen.
   • Inhalationstherapie.
   • Massagen in den verschiedenen Formen.

4. Therapiesysteme nach Kneipp, Prießnitz und Felke, zum Teil abhängig von der Besonderheit des Heilbades.

5. Bewegungstherapie mit Krankengymnastik und Sporttherapie.

6. Gesunde Ernährung und Diätbehandlungen.

7. Entspannungstherapien in den verschiedenen Formen.

8. Gesundheitstraining im Rahmen der psychomentalen Angebote zur Gesundheitsbildung.

Andere Formen der Intervention, die häufig in Verbindung mit der Kurorttherapie gebracht werden, ist die Höhlentherapie (Speläotherapie). Zu den Wirkfaktoren gehört in erster Linie die von Schwebstoffen weitgehend befreite Luft. Besonders Atemwegserkrankungen und Allergien werden erfolgreich behandelt.[244]

---

[239]   Kirschner (o.D), S. 22.
[240]   Kirschner (o.D), S. 22.
[241]   Kirschner (o.D.), S. 25.
[242]   Die Auflistung aus: Kirschner (o.D.), S. 27f.
[243]   Zumeist auf der Basis ortsgebundener und natürlicher Heilmittel wie Heilwässer oder Peloide (Torfe, Schlamme, Heilerden).
[244]   Siehe z.B. mehr unter: Bengesser (2001).

Nicht jedes Land in Europa hat die naturkundlichen Aspekte der Kurmedizin so konsequent weiterentwickelt und wissenschaftlich hinterfragt wie Deutschland. In Österreich z.B. bleibt das Klimakurkonzept hinter der Entwicklung in anderen Ländern zurück. Obwohl das Land über ein großes Potenzial im Sinne von heilklimatischen Regionen verfügt, werden die Möglichkeiten infolge fehlender moderner Klimakurkonzepte nur teilweise genutzt.[245] Das Welltain-Konzept[246] kann hier als Versuch einer zukunftsorientierten Weiterentwicklung bezeichnet werden.

Trotz hochentwickelter Kurmedizin ist in Deutschland und Österreich zu beobachten, dass zumindest das klassische Heilverfahren im Kurort und die dazugehörige Infrastruktur (Kurkliniken) vor Problemen steht und stehen wird. Der Hinweis vieler Berater, anstelle der medizinischen Kuren nun vermehrt auf Selbstzahler und Wellness zu setzen, wird auf viele Kurorte und ihre Infrastruktur nicht ohne weiteres anzuwenden sein bzw. ist längst umgesetzt. Schließlich ist ein wesentlicher Teil der Gäste in Kurorten der ambulante Gast einerseits, der ohnedies einen großen Teil der Heilbehandlung dazu zahlt, und der „Kurlauber" andererseits, der als Selbstzahler einen gesunden Aufenthalt in den Kurorten verbringt.

Das, was als Klammer für alle Kuranwendungen bezeichnet werden kann, nämlich die Reiz-Reaktionstherapie auf der Basis natürlicher Heilmittel, hat in den verschiedenen Ländern Europas ganz unterschiedliche Ausprägungen erfahren:

- Hat sie in Griechenland und der Türkei eine „Abschiebung ins Laiensystem einer Volksheilkunde"[247] erfahren, so ist sie in vielen Ländern Mittel- und Osteuropas in den Leistungskatalog der Sozialversicherungen aufgenommen worden.
- Die Urform der Kur, nämlich die „ambulante oder offene Badekur mit der Unterkunft im Hotel, freier Wahl der Kurortes und des Kurarztes und Abgabe der Kurmittel in zentralen Kurmittelhäusern"[248] findet so oder in ähnlicher Form noch heute in zahlreichen Ländern Südeuropas statt. In vielen Ländern Mitteleuropas hingegen entwickelten sich in den letzten Jahrzehnten komplexe therapeutische Strukturen mit stationären Heilverfahren in Kur- und Rehabilitationskliniken.
- Die Organisationsform der Bäder reicht von kleinen, zum Teil veralteten Familienbetrieben (häufig so in Südeuropa) bis hin zu Staatsbädern mit einer Fülle zusammengehöriger Infrastrukturen wie Kurmittelhäuser, Kliniken, Kurorchester, Kurparkbewirtschaftung u.a. (häufig in Mitteleuropa).

Formen der Kur und Rehabilitation

In jedem Land gibt es verschiedene Bezeichnungen von Kuren und verschiedene, dahinter stehende therapeutische Konzepte. Am Beispiel Deutschlands sollen die verschiedenen Kurformen dargestellt werden:

---

[245] Siehe mehr unter: Austrian Climate and Health Tourism Initiative (ACTIVE), Kurzfassung (2004).

[246] Siehe mehr unter: Das alpinmedizinische Höhenprojekt AMAS 2000 und die Umsetzung in das medizinische Tourismusprodukt „Welltain®" (o.D.). und Welltain (o.D.).

[247] Kirschner (2002), S. 260.

[248] Kirschner (2002), S. 260.

- Ambulante Kurformen:
  - „Ambulante Vorsorgeleistungen (ambulante Präventionskur) werden durchgeführt, wenn eine Schwächung oder Gefährdung der Gesundheit vorliegt und eine ambulante Behandlungsmaßnahme am Wohnort nicht ausreicht oder nicht geeignet ist, den Eintritt einer Krankheit zu verhüten.
  - Ambulante Rehabilitationsleistungen (ambulante Rehabilitationskur) sind dann sinnvoll, wenn die Krankheit (zumeist chronische Erkrankung) bereits eingetreten ist und eine ambulante Behandlung am Wohnort nicht ausreicht. Die Krankenkasse empfiehlt dem Patienten eine Vertragseinrichtung.
  - Die Kompaktkur (als Vorsorge- und Rehabilitationskur) ist eine indikationsbezogene Kur in Gruppen bis max. 15 Teilnehmern.
  - Kuren für Mütter/Väter und Kinder (ambulante Kindervorsorgekur): Mütter und Väter haben spezielle Rechtsansprüche auf bedarfsgerechte Kuren, wenn die medizinischen Voraussetzungen gegeben sind. Die Durchführung erfolgt in speziellen Kurkliniken, Sanatorien und Kurheimen.
- Stationäre Kurformen:
  - Stationäre Vorsorgekur (stationäre Präventionskur): Die Voraussetzungen sind die gleichen wie bei der ‚Ambulanten Vorsorgekur'. Sie ist gerechtfertigt, wenn weder eine ambulante Behandlung am Wohnort noch eine ambulante Vorsorgekur ausreichen.
  - Stationäre Rehabilitationskur: Wie bei der „Ambulanten Rehabilitationskur" muss die Krankheit bereits eingetreten sein. Auch hier gilt, dass weder eine ambulante Krankenbehandlung noch eine ambulante Reha-Kur sinnvoll erscheinen und ausreichen.
  - Anschlussheilbehandlung (AHB): Unmittelbar nach einem Krankenhausaufenthalt wegen einer schweren Akuterkrankung oder nach einer Operation wird eine Weiterbehandlung in einer Rehabilitationsklinik durchgeführt."[249]

Gesundheitstouristische Funktionen von Kurorten
Nach Aussage des Deutschen Heilbäderverbands haben Kurorte folgende Aufgabe: „Die deutschen Heilbäder und Kurorte erfüllen mit ihren spezifischen Strukturen vor allem zwei Aufgaben in der Gesellschaft: Zum einen sind sie Orte der Krankenbehandlung mit bestimmten Mitteln und Methoden, zum anderen sind sie Gesundheits-, Erholungs- und Sportzentren in Bereichen von Freizeit und Urlaub, auch weitgehend außerhalb des Aufgabenspektrums der Krankenbehandlung und damit auch außerhalb der Leistungspflicht von Sozialleistungsträgern."[250]

---

[249] Kurformen (o.D.).
[250] Begriffsbestimmungen – Qualitätsstandards für die Prädikatisierung von Kurorten, Erholungsorten und Heilbrunnen (2005a), S. 20.

Funktionen der Heilbäder und Kurorte			
Klinikorientiert, erster Gesundheitsmarkt, Schwerpunkt: Sekundär- und Tertiärprävention	Orte der Krankenbehandlung mit besonderen Mitteln	Ort mit medizinisch fundierten Urlaubs- und Freizeitangeboten	Andere
	stationär ambulant		Hotelorientiert, zweiter Gesundheitsmarkt, Schwerpunkt: Erholung im Allgemeinen und Gesundheitsförderung

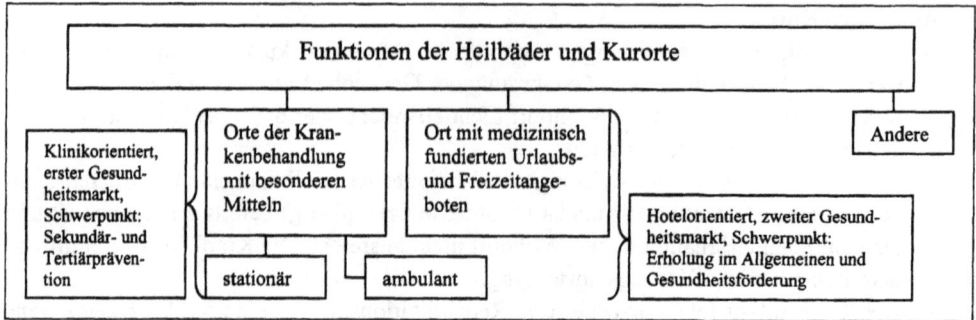

Abb. 72:   Gesundheitstouristische Funktionen von Heilbädern und Kurorten

Die deutliche Trennung der oben skizzierten verschiedenen Funktionen der Kurorte liegt in der gesundheitspolitischen Geschichte zahlreicher europäischer Länder begründet. Die Übernahme der Kosten von Kur und Rehabilitation insbesondere seit dem zweitem Weltkrieg führte in vielen Orten ebenso zu einer Klinifizierung wie auch zu einem Wandel der Publikumsstruktur, da nun jeder das Anrecht hatte, unter bestimmten Voraussetzungen eine Kur in Anspruch zu nehmen. Die solidarisch (also durch Sozialversicherungen) finanzierte Kur war nicht in der Lage, besonders schöne und üppige Gebäude zu finanzieren, und so litt auch die bauliche und ästhetische Substanz der Kurorte im Zeichen der Sozialversicherungskur. Allerdings unternehmen viele Kurorte in vielen Ländern bereits seit Jahren gewaltige Anstrengungen, um den großen Investitionsstau aufzulösen und um wieder wie vor der Zeit der Sozialversicherungskur auch eine jüngere und zahlungskräftigere Selbstzahler-Klientel anzusprechen.

Im Markt des Gesundheitstourismus verfügen Heilbäder und Kurorte über Stärken und Schwächen:

- Stärken:[251]
  - Eine komplexe diagnostische Expertise.
  - Umfassende therapeutische Kompetenz mit besonderer Berücksichtigung der Naturheilkunde.
  - Kur- und Rehabilitationskliniken mit der entsprechender Expertise.
  - Kurorte und Heilbäder liegen häufig in landschaftlich bevorzugtem Umfeld.

- Schwächen:
  - Aufholbedarf an Produkten für den Selbstzahlermarkt.
  - Aufholbedarf in Sachen Dienstleistungsqualität und Kundenorientierung zumindest in klinischen Einrichtungen vieler Sozialversicherungsträger.
  - Image als Orte für eine überalterte Kundschaft.
  - Häufig sterile Klinikbauten, die das gewachsene Ortsbild stören.

---

[251]   In Anlehnung an: Reppel et al. (2001), S. 75.

Als Tourismusorte spielen Kurorte eine bedeutende Rolle in Deutschland. Von den ca. 17 Mio. Reisenden in deutschen Heilbädern und Kurorten nehmen allerdings nur ca. 2 Mio. eine Gesundheitsmaßnahme in Anspruch, die von einem Kostenträger (teil-)finanziert wird. 2,5 Mio. Gäste sind Tagungsgäste, und der Rest sind Reisende mit verschiedenen Motiven. Darin zeigt sich die Attraktivität von Kurorten auch jenseits der Sozialversicherungskur. Die Zukunft der Kurorte lässt sich nicht plakativ verkürzen auf die Alternative

- entweder angenehme „Wellness-Medizin" in Verwöhnumgebung
- oder schmerzhafte Kurmedizin mit kalten Güssen morgens 5 Uhr und kollektivem Licht-abschalten 9 Uhr abends in veralteten Krankenanstalten,

sondern vielmehr in einem Ausgleich kurmedizinischer Expertise mit den Ansprüchen einer Kundschaft, die in Zeiten zunehmender Eigenverantwortung in Sachen Gesundheit und höherer Eigenbeteiligungen immer deutlicher ihre Ansprüche formuliert in einem gesellschaftlichen Umfeld, das durch Alterung und chronische Krankheiten gekennzeichnet ist. Medizin darf nicht mit Krankenbehandlung gleichgesetzt werden, sondern kann auch Eingang finden in jenen sach- und fachkundigen Gesundheitstourismus, der durch Gesundheitsförderung, Primärprävention und viel Bewegung für gesunde und eher junge Menschen gekennzeichnet ist. Mit dem Gütesiegel „Wellness im Kurort"[252] bemühen sich die Kurorte und Heilbäder in Deutschland, auf der Basis eines Qualitätsgütesiegels die vom Gastpatienten häufig nachgefragte Verwöhnstruktur anzubieten, allerdings angereichert mit kurörtlicher Kompetenz. Das Gütesiegel „Prävention im Kurort" stammt ebenfalls vom Deutschen Heilbäderverband und richtet sich ähnlich wie „Wellness im Kurort" vorwiegend an den Selbstzahler. Prävention im Kurort soll den Gesundheitszustand verbessern, erhalten oder einer Verschlechterung vorbeugen, und zwar im Rahmen der gesundheitsfördernden Ressourcen von Heilbädern und Kurorten.[253]

3.2.2   Region

Regionen bieten Raum für Aktivitäten und Veranstaltungen, die in die Fläche gehen. Dabei können im Unterschied zu kleinräumiger Regionalentwicklung auch größere Regionen oder sogar Länder bzw. Kontinente mit einer naturbelassenen Infrastruktur versehen werden bzw. seit langer Zeit ausgestattet sein. Zwei Beispiele für ganz verschiedene Nutzung der Region:

- Dies gilt z.B. für Einzelwege[254] oder Wegenetze, die für Lauf- oder Radfahraktivitäten genutzt werden. Dazu zählen beispielsweise die ganz Europa durchziehenden Pilgerwege, die gerade heute revitalisiert und verstärkt genutzt werden. Diese Infrastrukturen sind für Ganzjahresaktivität geeignet.
- Auf der anderen Seite gibt es so genannte Sportgroßveranstaltungen, die für kurze Zeit eine große Anzahl von Teilnehmern anlocken.

---

[252] Wellness im Kurort, Das Gütesiegel des Deutschen Heilbäderverbands für ausgewählte Wellness-Angebote (o.D.).

[253] Siehe mehr unter: Prävention im Kurort (o.D.).

[254] Siehe in diesem Sinn z.B. den so genannten 1. europäischen Heil- und Energieweg (Orfer 2008, S. R4),

Sportgroßveranstaltungen können dann zum Gesundheitstourismus gezählt werden, wenn ein Großteil der Teilnehmer übernachtende Gäste sind, die einer gesunden Aktivität nachgehen. Dazu gehören unter anderem Laufgroßveranstaltungen wie z.B. Marathonevents, die zudem durch ihre geografische Ausdehnung ein Event einer gesamten Region sind. Am Beispiel des Wachaumarathons[255] in Österreich, der eine bedeutsame nationale, jedoch keine betont internationale Veranstaltung ist, sollen einige Kennziffern dargestellt werden:[256]

- Zum Wachaumarathon 2001 kamen ca. 27,500 Personen, davon gut 50% Läufer, der Rest Zuschauer. Die meisten Läufer kamen aus Österreich, nur ca. 4% aus dem Ausland, zumeist aus Deutschland. 81% der einheimischen Teilnehmer (Läufer und Zuschauer) kamen aus einem Umkreis von 150km. Immerhin haben 42% der Läufer und 28% der Zuschauer mindestens einmal außerhalb des Wohnortes genächtigt.
- Je weiter der Anreiseweg ist, desto höher sind die Ausgaben. Ausländische Läufer geben dreimal mehr aus als inländische, etwa € 340 versus € 112. Ausländische Zuschauer geben sechsmal soviel aus wie inländische (€ 341 versus € 55).
- Die touristische Wertschöpfung ist mit 2,22 berechnet worden, das heißt, dass 2,22mal mehr erlöst wurde als Kosten angefallen sind (€ 2,22 Mio. versus € 1 Mio.).
- Allerdings zeigt die Analyse auch, dass leitende Gastronomie- und Beherbergungsbetriebe der Region insgesamt einen Umsatzverlust hinnehmen mussten. Eine individuelle Betrachtung zeigt, dass Beherbergungsbetriebe zwar eine geringe Umsatzsteigerung von 1% gegenüber vergleichbaren Wochenenden verzeichnen konnten, jedoch starke Umsatzrückgänge bei der Gastronomie zu beklagen waren (-14,5%).
- Zusammenfassend kann gesagt werden, dass das Wachaumarathon-Wochenende zu starken Substitutionseffekten führt. Gäste, die zu dieser Zeit normalerweise anreisen, bleiben aus. Stattdessen wird die Region von Teilnehmern des Events bevölkert, die weniger Geld ausgeben. So kann die zuvor berechnete Wertschöpfung zwar beeindrucken, jedoch fällt sie durch andere Gäste besser aus.
- Diese wirtschaftliche Zusammenfassung darf jedoch nicht dazu verleiten, auf diesen Event in den Folgejahren zu verzichten. Immerhin gibt es einen Imagegewinn, und neue Gäste werden angesprochen. Wenn es gelingt, mehr internationale Teilnehmer anzulocken, die mediale Präsenz zu erhöhen und vielleicht auch das Angebot zu diversifizieren (z.B. Rahmenprogramme), besteht die Aussicht, auch die ökonomische Bilanz zu verbessern.

Das Thema Gesundheitstourismus und Regionalentwicklung wird in Kapitel 5.2.2 vertiefend behandelt.

---

[255] Siehe mehr unter: Wachaumarathon (o.D.).
[256] Die folgende Auflistung ist eine Zusammenfassung aus: Bässler (2003), S. 9f.

3.3   Kooperation und Verband

Zweck und Zielsetzung

Auch Kooperationen und Verbände gehören zu den Mitgestaltern des Angebotes. Beide sind Zusammenschlüsse und Interessengemeinschaften, die sich gemeinsame Ziele gesetzt haben wie z.B.:

- Für die Öffentlichkeit und Konsumenten:
  - Verbrauchern eine Orientierung geben und sie informieren (z.B. über Qualität, Preise).
  - Das Qualitätsniveau der Anbieter heben.
- Für Verbandsmitglieder:
  - Qualitätspolitik für Partnerbetriebe formulieren und durchführen (Entwicklung gemeinsamer Leistungsstandards).
  - Marketing-Kommunikation für die Partnerbetriebe (z.B. gemeinsame Image-Broschüre, Messebesuche etc.).
  - Marktforschung 1: Zielgruppen und Zielmärkte identifizieren und definieren.
  - Marktforschung 2: Konsumentenforschung für die Mitglieder durchführen. Beispielsweise macht ein Hotelverband im Auftrag seiner Mitglieder eine permanente Gästezufriedenheitsanalyse und stellt die Daten jedem Mitglied zur Verfügung, damit es seine Position im Vergleich zum Verbandsmitglied jederzeit vergleichen kann.
  - Produktentwicklung: Packages für Verbandsmitglieder entwerfen, bei baulichen Maßnahmen beraten.
  - Beratungsaufträge annehmen und durchführen.
  - Gesundheitswissenschaftliche Forschungsprojekte vergeben (Medizin, Gesundheitsförderung, Prävention).
  - Interessenvertretung für Mitglieder gegenüber der Politik, Wirtschaft und anderen Verbänden.

In der Theorie lassen sich verschiedene Formen von Kooperationen abbilden. Einige Beispiele:

- Marketing-Kommunikation: Die gemeinsame Kommunikation in den Quellmärkten soll eine höhere Gästezahl für jeden Einzelnen bringen als wenn jeder seine Werbung selbst machen würde (bessere Marktdurchdringung durch Bündelung der Mittel). Beispiel: Gemeinsame Aktivitäten wie Broschüren, Internetportal oder Messeauftritte.
- Qualität: Die Zugrundelegung von gemeinsamen (internen oder international bzw. offiziell anerkannten) Qualitätskriterien bringt eine bessere Abgrenzung von der Konkurrenz und damit ein Image besonderer Befähigung und letztlich mehr Gastpatienten. Verbandsmitglieder werden nur aufgenommen, wenn sie die gesetzten Kriterien erfüllen.
- Personal: Mehrere Unternehmen teilen sich Personal. Besonders im saisonabhängigen Spa-Geschäft können personelle Engpässe besonders dann durch einen flexiblen Personaleinsatz ausgeglichen werden, wenn die beteiligten Unternehmen zeitlich verschiedene Nachfragehöhepunkte haben.
- Informelle Kooperationen zum Gedankenaustausch: Mehrere Unternehmen treffen sich in regelmäßigen Abständen, um aktuelle Informationen auszutauschen.

Kooperationen und Verbände haben jedoch immer wieder mit ähnlichen Problemen zu kämpfen:

- Mitglieder zahlen Beiträge und erwarten utopische Gegenleistungen von der Verbandsorganisation.
- Einer in der Regel angestrebten hohen Anzahl von Mitgliedern (wichtig im Sinne der Beitragsmaximierung) steht mitunter die Gefahr gegenüber, dass schwache Mitglieder das Verbandsimage schädigen können.
- Der zeitaufwändige Abstimmungsbedarf zwischen vielen Mitgliedern verzögert notwendige Entscheidungen.
- Bei geförderten Projekten hat der Antragsteller und Geldempfänger mitunter das Problem, die Gerechtigkeit der Geldverteilung zu gewährleisten.
- Unklare Arbeitsprozesse führen zur Lähmung und schließlich Auflösung der Kooperation.

Beispiele
Es gibt kaum einen gesundheitstouristischen Betriebstypen, dem nicht eine Vielzahl von Verbänden zur Verfügung stehen würde:

- Die Heilbäder sind über nationale Organisationen verbunden. Die nationalen Verbände können Mitglied des Europäischen Heilbäderverbands sein[257], dem wiederum die weltweite Organisation der Fédération Mondiale du Thermalisme et du Climatisme[258] übergeordnet ist.
- In verschiedenen Ländern Europas gibt es eigene Verbände für Wellness-Hotels, allein in Tirol (Österreich) gibt es ca. 15 Wellness-Angebotsgruppen.
- Klinische Einrichtungen in Deutschland sind z.B. im Verband der Privatkrankenanstalten organisiert.
- Auch Medical Wellness-Einrichtungen stehen inzwischen verschiedene Verbände zur Auswahl.

3.4   Politik und Marktgestaltung

Politik und Interessenverbände gestalten Angebot, Nachfrage und die Rahmenbedingungen, innerhalb derer sich (Gesundheits-)Tourismus entwickeln kann, auf folgenden Ebenen:[259]

- Form: Die formalen Rahmenbedingungen werden durch das Recht, Normen und die Verfassung gesetzt. Beispiele: Der Gesetzgeber kann Richtlinien erlassen, welche Grenzwerte für die Wasserhygiene in öffentlichen Bädern gelten.
- Inhalt: Ziele, Aufgaben, Maßnahmen und Strategien können innerhalb der zuvor genannten Rahmenbedingungen gestaltet werden. Beispiel: Der Tourismusverband eines Bundeslandes kann eine Strategie zur Stärkung des Kulturtourismus entwerfen.

---

[257]   Siehe mehr unter: European Spa Association (o.D.).
[258]   FEMTEC, World Federation of Hydrotherapy and Climatotherapie (o.D.).
[259]   Böhret et al. (1988), S. 420.

- Prozess: Im Widerstreit verschiedener Interessen (Parteien, konkurrierende Verbände) werden die Inhalte durch- und umgesetzt. Beispiel: Der Tourismusverband auf Gemeindeebene kann unter Berücksichtigung der Regeln die Vermieter seiner Region auf internationalen Messen vermarkten.

Die folgende Abbildung führt exemplarisch mit abnehmender geografischer Bedeutung gestaltende Institutionen an:

Ebene	Ziel	Träger/Geldgeber/ Initiatoren	Instrumente/Gestaltung
Europäische Union	„Die Union ergänzt die Maßnahmen der Mitgliedstaaten im Tourismussektor, insbesondere durch die Förderung der Wettbewerbsfähigkeit der Unternehmen der Union in diesem Sektor. Die Union verfolgt zu diesem Zweck mit ihrer Tätigkeit das Ziel, a) die Schaffung eines günstigen Umfelds für die Entwicklung der Unternehmen in diesem Sektor anzuregen; b) die Zusammenarbeit zwischen den Mitgliedstaaten insbesondere durch den Austausch bewährter Praktiken zu unterstützen"[260]	EU	Gesetzgebung, Fördermittel, Wettbewerbe, Programme zur Aus-, Fort- und Weiterbildung
Kooperation mehrerer Länder	Optimale Entwicklung des (Gesundheits-)Tourismus im Rahmen politischer Vorgaben	Häufig EU-Projekte wie z.B. ESW (European Spa World)	Marketing, Qualitätspolitik, Abstimmung
Bund bzw. Nationalstaatsebene	Optimale Entwicklung des (Gesundheits-)Tourismus landesweit im Rahmen politischer Vorgaben (Umweltpolitik, Verkehrspolitik u.a.)	Ministerien, Bundesorganisationen (z.B. in Deutschland: DZT, DEHOGA)	Gesetzgebung, Fördermittel/Investitionshilfe, Strategieentwicklung, Bildung, Verkehr, Raumplanung
Bundesland, Kanton	Optimale Entwicklung des (Gesundheits-)Tourismus landesweit im Rahmen politischer Vorgaben (Umweltpolitik, Verkehrspolitik u.a.)	Landestourismusverbände, Ministerien der Länder	Marketing-Kommunikation, Qualitätspolitik, Entwicklung neuer Produkte, Statistik/Analysen, Kurortanerkennung, Fördermittel, Strategieentwicklung

---

[260] Auszug aus der EU Verfassung: Teil III; Politikbereiche und Arbeitsweise der Union, Titel III: Interne Politikbereiche und Maßnahmen, Kapitel V: Bereich, in denen die Union beschließen kann, eine Unterstützungs-, Koordinierungs- oder Ergänzungsmaßnahme durchzuführen, Abschnitt 4, Tourismus, Artikel III 281.

Ebene	Ziel	Träger/Geldgeber/ Initiatoren	Instrumente/Gestaltung
Gemeinde	Entwicklung des Tourismus auf Gemeindeebene	Verkehrsverein/Touris- musverein, Gewerbe- verein, relevante Ämter	Marketing-Kommuni- kation, Bearbeitung von Gästeanfragen
Ort	Information des Gastes vor Ort, Organisation von Veran- staltungen, Organisation von Arbeitsgruppen der Leis- tungsträger	Verkehrsverein/Touris- musverein	Marketing-Kommuni- kation, Bearbeitung von Gästeanfragen

Abb. 73:   Marktgestalter auf verschiedenen Ebenen

Derzeit wird eine EU-Richtlinie diskutiert, die es EU-Patienten erleichtern soll, auch im Ausland Krankenhausbehandlungen wahrzunehmen. Dies würde Reiseströme erleichtern, die häufig mit Patientenmobilität oder Patiententourismus bezeichnet werden.

Regierungen auf Bundeslands- bzw. Kantonsebene verfügen über Fördermittel, die sie zur Gestaltung der Tourismuswirtschaft einsetzen können. Die Verteilung dieser Gelder erfordert Kriterien, die einen möglichst optimalen Ressourceneinsatz garantieren. Für Multifunktions- Thermalbäder könnten die Kriterien beispielsweise wie folgt aussehen:

• Fördergruppe I: Besonders förderbar sind bestehende Leitbetriebe, die eine Renovierung oder Erweiterung anstreben, um damit auch weiterhin als zentrale Anziehungspunkte für den Tourismus in ihrer Region fungieren zu können.

• Fördergruppe II: Mit Einschränkung förderbar sind neue oder bestehende Betriebe, die ein eigenes Profil haben und in der Lage sind, wenigstens teilweise neue Besuchergrup- pen anzusprechen ohne den bestehenden Betrieben Konkurrenz zu machen.

• Fördergruppe III: Nicht förderbar sind neue und geplante Einrichtungen ohne besonderes Profil, die keine neuen Zielgruppen ansprechen und bestehenden Einrichtungen Konkur- renz machen.

4   Kennziffern in Wirtschaft und Planung

Die Unternehmensanalyse aufgrund von finanzwirtschaftlichen Kennzahlen gehört zu den zentralen Aufgaben des Spa-Managements. Diese kann sich von der einfachen Analyse der Tagesumsätze im Spa bis hin zu komplexen Rentabilitätsrechnungen erstrecken. Kennzahlenanalysen jedoch sind nur ein Baustein zur Unternehmensanalyse, da Kennzahlen grundsätzlich vergangenheitsorientiert und darüber hinaus durch selektive Auswahl und Interpretation manipulationsgefährdet sind. Die im weiteren Verlauf dargestellten Kennziffern machen darüber hinaus deutlich, dass sie einer großen, mitunter sogar widersprüchlichen Bandbreite unterliegen und dass auch gleiche Betriebstypen im Vergleich doch einen differenten ökonomischen Charakter aufweisen können.

Zum besseren Verständnis sollen zunächst am Beispiel der Regelungen in Deutschland allgemeine Wechselbeziehungen in Sachen Leistung und Geld zwischen den Marktteilnehmern dargestellt werden:[261]

---

[261] In Anlehnung an: Kröher (2000), S. 146.

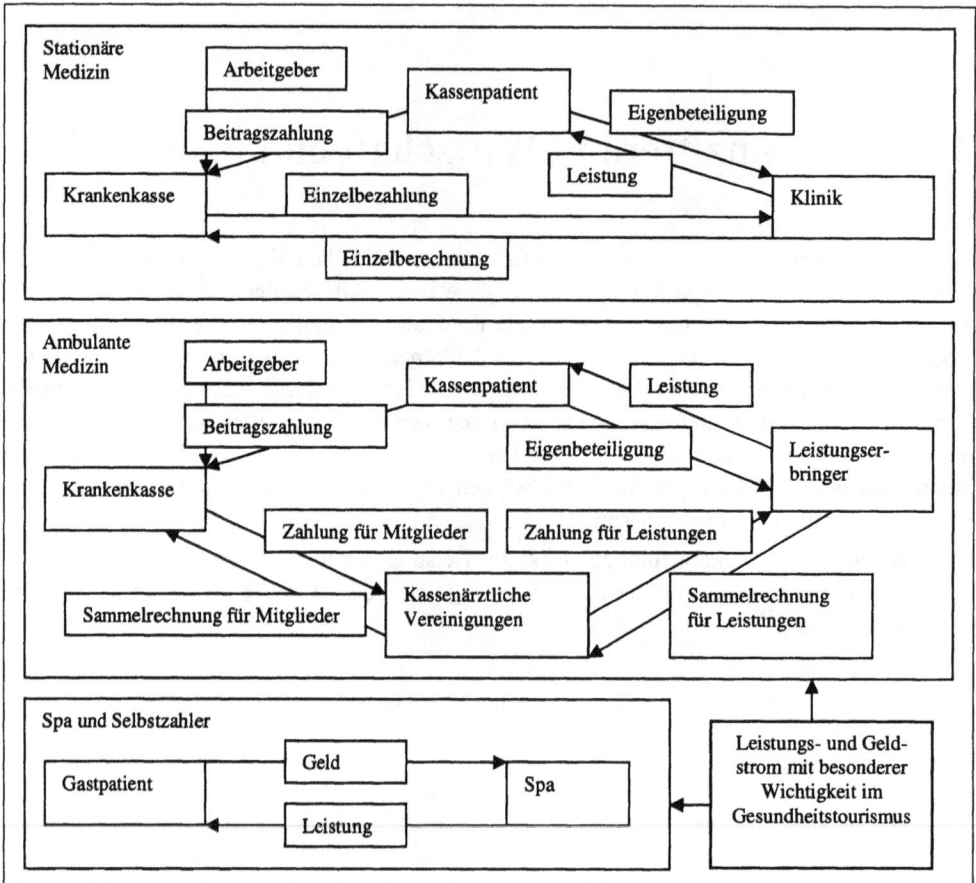

Abb. 74:   Geld- und Leistungsstrom zwischen beteiligten Partnern

Die Angabe ökonomischer Kennziffern ist abhängig von der gewählten Form der Berechnung. Kosten- und Erlöskennziffern können von den direkt zurechenbaren Erlösen und Kosten (z.B. Therapie- und Beautyumsatz) abgeleitet werden, es lassen sich aber auch anteilige
Erlöse und Kosten aus dem Hotelbereich dem Spa zuordnen (z.B. anteilige Zimmererlöse, da
zahlreiche Zimmer wahrscheinlich nur aufgrund der Existenz des Spas vermietet werden
können, dem Spa rechnerisch also ein Teil des Umsatzes durch die Vermietung von Zimmern zusteht). Weiterhin könnte sich aus der Analyse von Spa-Menus beim Vergleich von
Preisen der Behandlungen und deren Dauer ein durchschnittlicher Minutenerlös von € 1
ergeben. Allerdings wäre es gefährlich, allein diesen Preis einer Erlöskalkulation zugrunde
zu legen, weil erfahrungsgemäß durch zahlreiche Rabatte an Stammgäste, Reiseveranstalter
oder Krankenkassen deutlich niedrigere Minutenumsätze erzielt werden.

Inzwischen gibt es mehrere Publikationen zu Wirtschaftlichkeit und Rentabilität von Spas in
Hotels sowie die Formulierung und Berechnung wirtschaftlicher und planerischer Kennzif-

fern.[262] Alle Umsatz- und Kostenkennziffern der folgenden Seiten stellen Nettobeträge dar, es sei denn, es ist anders angegeben.

4.1 Einzelbetrachtungen

4.1.1 Anzahl Gastpatienten, Aufenthaltsdauer und Auslastung

Auslastung Spa-Hotel

2005 waren „Wellness-Hotels" in Deutschland, Österreich und Schweiz besser ausgelastet als der Hotel-Durchschnitt (Wellness-Hotels 62,9%, Hotels in Deutschland im Allgemeinen 58,5%).[263]

Anzahl Gastpatienten im Spa

Die Bandbreite der Besucher im Spa pro Tag ist gewaltig:

- Verzeichnet das kleine Spa im Hotel-Spa mitunter nur 10 Eintritte pro Tag[264], so
- kommen große Multifunktionsbäder auf bis zu 4.000 Eintritte an Spitzentagen. In Österreich verzeichnen Multifunktions-Thermalbäder ganz unterschiedliche Jahresbesucherzahlen:[265]
  - Manche erreichen über 600.000 Jahresbesucher bis hin zu über 800.000 (z.B. Loipersdorf).
  - Andere bleiben unter 200.000 oder sogar unter 100.000 (z.B. Bad Zell).

Capture Rate in Spa-Hotels

Die Capture Rate bezeichnet Kennziffern im Zusammenhang mit der Nutzung von Spa-Dienstleistungen durch Hotelgäste:

- Die Capture Rate I bezeichnet die Anzahl jener Hotelgäste, die die Spa-Infrastruktur nutzen:
  - In Wellness-Hotels liegt die Capture Rate I bei 85%,
  - bei Ferienhotels bei 58% und
  - bei Business- sowie Tagungshotels bei 27%.[266]
- Die Capture Rate II umfasst nur jene Gäste, die kostenpflichtige Produkte konsumieren (z.B. Behandlungen). Diese Gruppe ist kleiner als die der Capture Rate I. Letztere ist größer, weil viele Gäste nur die kostenfreie Infrastruktur nutzen wie z.B. Schwimmbad oder Sauna.

---

[262] Richter et al. (2007), Rechnet sich „Wellness"? (2006), Thermodulor (2006), Hank-Haase et al. (2005), Hotellerie und Gastronomie Betriebsvergleich (2005).

[263] Hank-Haase et al. (2006), S. 21.

[264] Richter et al. (2007), S. 22, 38, 46, 54, 62. Diese teilweise sehr niedrigen Zahlen resultieren zum einen aus kleinen Spas und zum anderen aus der Tatsache, dass Richter Besuche pro Aufenthalt zählt. Mit anderen Worten: Ein Aufenthalt zählt als ein einziger Spa-Eintritt, obwohl der Besucher während seines Aufenthaltes vielleicht fünfmal im Spa gewesen ist.

[265] Thermen in Österreich 2005 (2005), S. 21 und: Thermen in Österreich 2007 (2007), S. 24.

[266] Hank-Haase et al. (2006), S. 50.

Tagesgäste versus Übernachtungsgäste in Multifunktions-Thermalbädern
Im Durchschnitt Österreichs sind 75% der Gäste Tagesbesucher und ca. 25% übernachtende Gäste.

Aufenthaltsdauer
Es werden zwei verschiedene Arten von Aufenthaltsdauer unterschieden:

• Aufenthaltsdauer im Hinblick auf die Anzahl der verbrachten Nächte im Spa- bzw. Thermenhotel:
  – Die durchschnittliche Aufenthaltsdauer in Thermenhotels von Thermalbädern liegt bei ca. 2 bis 3 Tagen.
  – Die Aufenthaltsdauer beträgt 5,1 Tage in Spa-Hotels, 2,1 Tage in Tagungs- und Business-Hotels sowie 5,4 Tage in Ferienhotels[267]
• Aufenthaltsdauer im Spa (Bad): Bevorzugt wird in Thermalbädern eine Dauer von ca. drei Stunden, kürzere oder Ganztagesaufenthalte sind seltener.
In einem kombinierten Spa- und Medical-Spa-Betrieb in Bayern (Deutschland) ist die durchschnittliche Aufenthaltsdauer der Medical-Wellness-Gäste mit elf Tagen mehr als doppelt so hoch wie die von „Wellnessgästen" (fünf Tage).

Art der Begleitung
Die Erfahrung zeigt, dass ca. die Hälfte der Reisenden in gesundheitstouristischen Einrichtungen mit Lebenspartner anreist, der Rest verteilt sich auf Singles und Gruppen (Reisegruppen, Familie, Verein u.a.). Selbstzahler in Rehabilitationskliniken reisen häufiger mit Partner an. Der Sozialversicherungsgast reist zumeist alleine an.

Gästeverteilung bzw. Auslastung in verschiedenen Zeiten
Verschiedene Quellen über den Markt in Deutschland, Österreich und Schweiz deuten darauf hin, dass in der Spa-Hotellerie die Quartale 4 und 1 deutlich stärker sind als die Quartale 2 und 3[268] bzw. sind Frühjahr und Herbst besser ausgelastet als Winter und Sommer[269]. Ähnliche Beobachtungen machen auch viele Multifunktions-Thermalbäder.

In Spa-Hotels sind die Wochenenden (Freitag bis Sonntag) im Hinblick auf ihren Umsatz deutlich stärker als die Wochentage, teilweise bis zu 50% und mehr, was natürlich auch auf die bessere Auslastung an Wochenenden zurückzuführen ist.[270] Daraus resultiert eine ungleich verteilte Belastung der Arbeitskräfte. Dies kann z.B. durch Einsatz von Honorarkräften oder Preisdifferenzierungen (höhere Preise an den Wochenenden, Preisnachlass unter der Woche) ausgeglichen werden. Viele Hotel-Spas in arabischen Ländern verzeichnen ebenfalls einen stärkeren Umsatz am Wochenende (Sonnabend und Sonntag), selbst wenn dieses gemäß lokalem Recht auf Freitag und Sonnabend liegt.

---

[267] Hank-Haase et al. (2005), S. 48.
[268] Richter et al. (2007), S. 17, 31, 43, 51, 59 und: Hank-Haase et al. (2005), S. 47.
[269] Bässler (2006), S. 82f.
[270] Richter et al. (2007), S. 17, 32, 41, 44, 52, 60

4.1.2   Personal: Anzahl, Auslastung und Produktivität

Anzahl Mitarbeiter

Die durchschnittliche Anzahl von Spa-Mitarbeitern in Spa-Hotels beläuft sich auf sieben.[271] Spitzennachfragen können natürlich von externen Mitarbeitern abgedeckt werden, und bestimmte Dienste (z.B. Reinigung oder Beauty) werden mitunter ausgelagert. Große Multifunktions-Thermalbäder können bis zu 150 Menschen und sogar mehr beschäftigen. Wenn dann auch noch Thermenhotels zum Betrieb gehören, kann die Anzahl der Mitarbeiter leicht auf das Doppelte steigen.

Zeitaufwand pro Behandlung

Die durchschnittliche Zeit je Anwendung für den Behandler in Spa-Hotels beträgt 40 bis 50 Minuten. Für den Gastpatienten bleibt weniger Zeit übrig, da Rüstzeiten (Vor- und Nachlaufzeiten) zu berücksichtigen sind. Es besteht eine leichte Korrelation zwischen der Umsatzgröße und der durchschnittlichen Zeit je Anwendung in dem Sinne, dass umsatzgrößere Einrichtungen längere Behandlungen anbieten:[272]

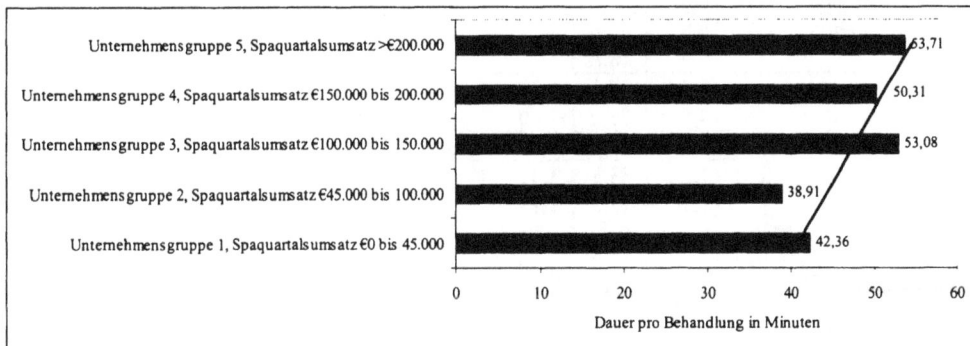

Abb. 75:   Durchschnittliche Dauer pro Behandlung nach Unternehmensgrößen

---

[271]   Erfolg mit dem Wohlfühltrend (2003), S. 23.
[272]   Richter et al. (2007), S. 29.

Vergleich von Personalausstattung in Wellness- und Kurbetrieben

Die folgende Übersicht zeigt einen Personalvergleich in „Wellness"- und Kurbetrieben:[273]

Österreich				Schweiz		
	Well-ness %	Kur %	Well-ness	Kur		Well-ness %	Kur %
Masseur	85,0	93,8	4,14	3,24	Masseur	79	63
Kosmetiker	71,3	56,3	2,53	2,59	Kosmetiker	70	41
Wellness-Trainer	41,3	27,1	1,03	1,08	Physiotherapeut	51	69
Diätkoch	37,5	50,0	1,33	1,84	Fitness-/Sport-Instruktor	47	31
Bademeister	28,8	54,2	2,91	4,04	Ernährungsberater	40	27
Arzt	23,8	72,9	1,67	3,24	Arzt (Schulmedizin)	37	65
Physiotherapeut	22,5	68,8	1,69	1,33	Diätkoch	37	58
Fitness-/Sport-Instruktor	33,8	35,4	1,71	2,53	Ganzheits-/Alternativmed.	30	26
Sportwissenschaftler	18,8	29,2	1,58	1,53	Sportlehrer	30	13
Dipl. Sportlehrer	18,8	8,3	1,29	1,00	Psychologe	9	16
Andere	15,0	18,8					
Dipl. Diätassistent	13,8	27,1	1,38	1,36			
Ganzheitsmediziner	13,8	25,0	1,60	1,91			
Ernährungsberater	13,8	14,6	1,08	1,00			
Med.-techn. Fachkraft	11,3	33,3	1,30	2,59			
Ernährungswissen-schaftler	11,3	12,5	1,11	1,33			
Psychologe	6,3	16,7	1,00	1,56			
Psychotherapeut	5,0	6,3	1,00	1,33			

Abb. 76: Vergleich von Personalbedarf in „Wellness"- und Kurbetrieben

Leseprobe: 85% der Wellness-Betriebe in Österreich beschäftigen Masseure, das sind im Durchschnitt 4,14 Mitarbeiter.

Es zeigt sich, dass die Berufsgruppe der Masseure zu der gefragtesten gehört. Naturgemäß spielen Ärzte in Kurbetrieben eine größere Rolle, wohingegen Kosmetiker in Beauty-Spas eine größere Rolle spielen.

Personalschlüssel

In jedem Betrieb sieht der Personalschlüssel, also das Verhältnis verschiedener Mitarbeitergruppen, verschieden aus. Dies hängt z.B. davon ab, ob es eine Therapieabteilung gibt. Folgendes Beispiel ist einem Multifunktions-Thermalbad ohne Kurabteilung entnommen:

---

[273] Quellen: Bässler (2002b), S. 41ff. und: Lanz-Kaufmann (1999), S. 328. Siehe dazu auch: Illing (2004a), S. 28f.

Funktion	Anzahl fixer Vollzeitmitarbeiter	%
Leiter	1	6
Aufsicht (z.B. Bademeister)	12	71
Kasse	3	17
Technik (Wasser)	1	6

Abb. 77:   Personalschlüssel für ein Multifunktionsbad

4.1.3   Anzahl, Typ, Dauer und Zeitpunkt von Behandlungen

Anzahl der Behandlungen in verschiedenen Zeiträumen

Behandlungen pro Aufenthalt:

* Aus den Quellen geht hervor, dass in einem Drittel der Reisen (Aufenthalt im Hotel) ca. 3 Behandlungen pro Gast wahrgenommen werden, in weiterer Folge 4 Behandlungen (ca. ein Viertel der Fälle), 5 (ca. ein Sechstel der Fälle), 6 und 2 Behandlungen.[274]
* Richter hat herausgefunden, dass die Gäste pro Aufenthalt im Spa-Hotel mehr Behandlungen wahrnehmen, wenn sie im Rahmen von Packages das Hotel besuchen, die Behandlungen also Bestandteil von Pauschalen sind.[275] Wenn der Besucher hingegen nur Unterkunft und Verpflegung bucht und dann vor Ort zu entscheiden hat, welche Behandlung er konsumieren möchte, wird weniger dazu gebucht.

Behandlungen pro Nächtigung:

* In mittelständischen Spa-Hotels ist im Durchschnitt mit ca. 0,5 Behandlungen pro Hotelnächtigung zu rechnen, wobei Best Practice-Beispiele auf ca. 2 kommen.[276] Diese Kennziffer berücksichtigt also auch jene Gastpatienten, die überhaupt keine Behandlung in Anspruch nehmen.

Anzahl der Behandlungen pro Spa-Gast

* Im Durchschnitt nimmt der Spa-Gast ca. 3,4 Behandlungen pro Aufenthalt in Anspruch. Es gibt eine geringe Korrelation zwischen Umsatzgröße des Unternehmens und Anzahl der Behandlungen pro Aufenthalt:[277]

---

[274]   Richter et al. (2007), S. 19, 35.
[275]   Richter et al. (2007), S. 20.
[276]   Pichler et al. (2006), S. 23.
[277]   Richter et al. (2007), S. 29, 77.

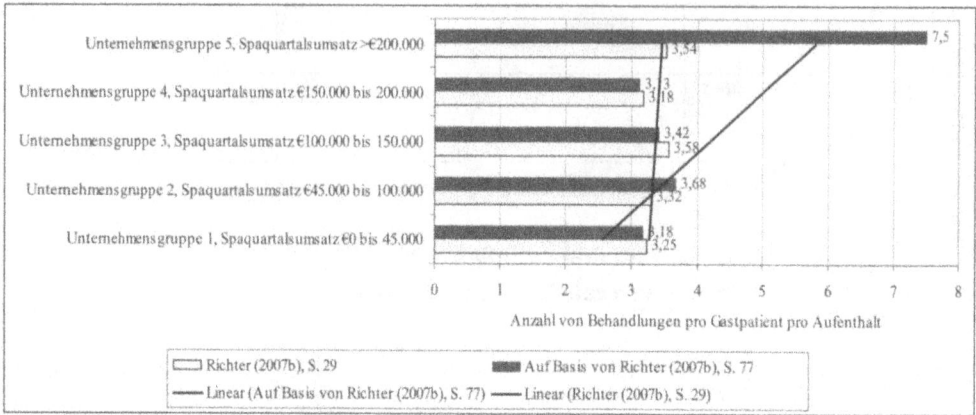

Abb. 78:   Anzahl von Behandlungen pro Gastpatient pro Aufenthalt

Die Abbildung macht deutlich, dass selbst die untere, um ein überdurchschnittlich starkes Unternehmen bereinigte Zahlenreihe eine wenn auch geringe Korrelation zwischen Unternehmensgröße gemessen am Umsatz und Anzahl der Behandlungen pro Gastpatient pro Aufenthalt zeigt.

Behandlungen pro Quartal:

- Für die Spa-Hotels in Deutschland und Österreich gilt, dass 1.000 bis 8.000 Behandlungen pro Quartal erreicht werden, das sind 10 bis 80 täglich:[278]

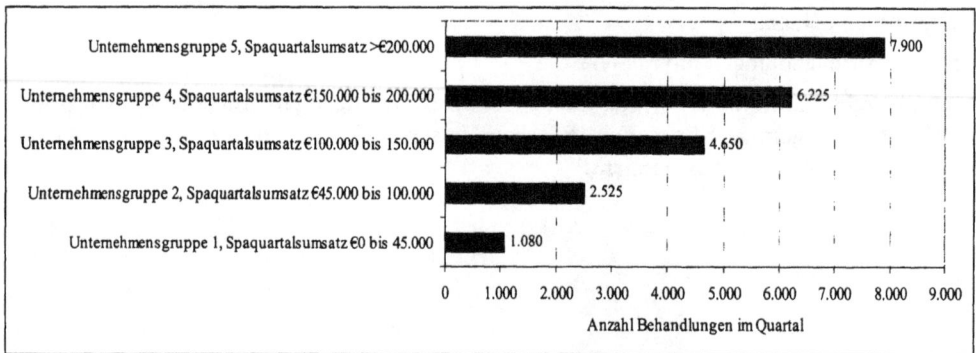

Abb. 79:   Anzahl von Behandlungen im Spa nach Unternehmensgruppen

- Am Beispiel der Unternehmensgruppe 4 kann wie folgt gerechnet werden: € 175.000 (Spa-Umsatz) / 6225 (Anzahl der Behandlungen) ergibt einen Wert von ca. € 28. In diesem Fall ist damit der durchschnittliche Behandlungsumsatz errechnet worden.
- Ein Hotel-Spa (Business-Hotel, 246 Zimmer) in Dubai verzeichnet 2.837 Behandlungen pro Jahr.[279] Daraus kann abgeleitet werden, dass selbst ein großes Hotel-Spa auf weniger Behandlungen kommen kann als ein kleines Spa-Hotel.

---

[278]   Richter et al. (2007), S. 18f., 33, 44, 52, 60, 68, 76.

So genannte Kurhäuser bzw. Kurmittelhäuser, also Zentren der ambulanten Therapie, die sich häufig in Kurorten befinden, können pro Jahr bis zu 100.000 Behandlungen und zum Teil sogar deutlich mehr durchführen. Diese können auf verschiedene Art und Weise untergliedert werden:

- Nach aktiven und passiven Therapien:
  - Beispiele für aktive Therapien: Einzelkrankengymnastik, Ergotherapie, Unterwassergymnastik.
  - Beispiele für passive Therapien: Moorpackung, Wannenmoorbäder, Kryotherapie, Inhalationen, Hydrotherapie, Unterwassermassagen, Elektrotherapie.
- Nach dem Typ der Verordnung wie z.B. ambulante Vorsorgeleistungen und Rezept.

Anzahl Behandlungen durch Behandler

Die Tagesleistung von Behandlern hängt sehr stark von der Qualität, Dauer und Typ der Behandlung ab. Beispiele:

- Der Behandler kann pro Tag 100 Inhalationen betreuen.
- Der Behandler kann pro Tag ca. 15 Gastpatienten im Rahmen von Einzelkrankengymnastik betreuen.
- Es können von einem Behandler nur vier Ganzkörpermassagen pro Tag angeboten werden wenn diese jeweils 90 Minuten dauern

Zeitpunkt der häufigsten Behandlungen

In Spa-Hotels findet man häufig die größte Nachfrage nach Behandlungen von 15 bis 17 Uhr sowie am Vormittag um 11 Uhr. Die Vormittagsnachfrage ist jedoch weniger stark als die am Nachmittag.

Art und Anzahl von Behandlungen

Viele Spas sind der Meinung, sie müssten eine möglichst große Vielfalt an Behandlungen anbieten, um auf diese Weise ihre Professionalität zu unterstreichen. Die Erfahrung zeigt jedoch, dass oftmals nur wenige Behandlungen häufig und viele andere nur selten nachgefragt werden. Beispiel aus einem Business-Hotel in Dubai:[280]

---

[279] Jugovits (2008), S. 136.
[280] Jugovits (2008), S. 113.

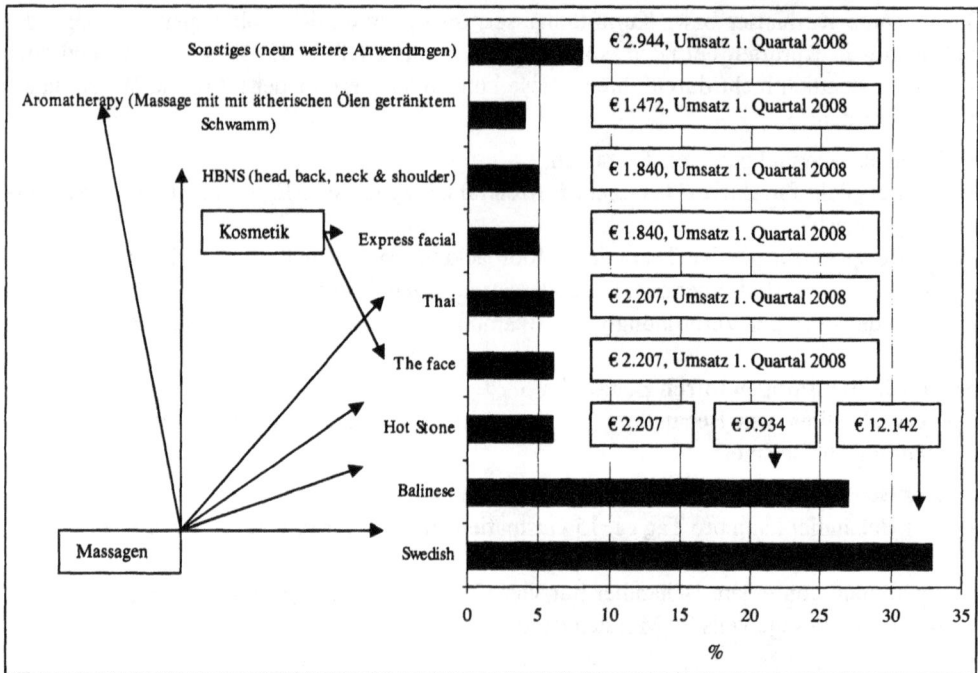

Abb. 80:   Anteil am Umsatz der wichtigsten Behandlungen in einem Business-Hotel in Dubai

Massagen spielen in diesem Hotel die größte Rolle, gefolgt von kosmetischen Anwendungen. Neun weitere Behandlungen stehen durchschnittlich für jeweils nicht einmal € 350 im Monat. Die Bereinigung des Behandlungsangebotes um solche, die nur einen marginalen Umsatz bringen, kann folgende Vorteile haben:

- Behandlungstypische Dienststoffe müssen nicht mehr vorgehalten werden (Einkauf, Lagerung und Entsorgung für kleine Mengen fallen weg).
- Das Personal kann Fähigkeiten und Fortbildungen konzentrieren.
- Die Komplexität wird verringert und folglich das Managementhandeln vereinfacht.

Viele der zuvor genannten Vorteile einer Programmstraffung gelten auch für die Anzahl der Körperpflegeserien. Wenn ein kleines Spa vier oder sogar mehr von ihnen im Programm hat, sollte über eine Reduzierung nachgedacht werden.

Behandlung als Teil von Packages
Ca. 50% bis 60% der Behandlungen in Spa-Hotels sind Bestandteil von Pauschalen und nicht Einzelbuchungen vor Ort.[281] Allerdings werden in differenten Betriebstypen auch ganz andere Erfahrungen gemacht: In einem Geschäfts- und Tagungshotel mit Spa in Dubai (Hotel-Spa) werden nur ca. 2% der Anwendungen im Rahmen von Packages verkauft.[282] Dies lässt den Schluss zu, dass der Gastpatient im Spa-Hotel bereits vor Reiseantritt bereit ist, Behand-

---

[281]   Hank-Haase et al. (2006), S. 49 und: Richter et al. (2007b), S. 31, 33, 43, 51, 59, 67.
[282]   Jugovits (2008), S. 135.

lungen (im Rahmen von Packages) zu buchen, wohingegen der Konsum einer Behandlung als Einzelleistung im Hotel-Spa spontan und vor Ort erfolgt.

4.1.4 Raumplanung: Flächenbedarf und Größenverhältnisse

Gleichzeitigkeit

Der Begriff der Gleichzeitigkeit ist häufig Grundlage der Größenplanung und bezieht sich auf jene Anzahl von gleichzeitig anwesenden Besuchern, die immer wieder erreicht wird. Die Gleichzeitigkeit kann grob mit der Faustformel Tagesbesucher/2 ermittelt werden. Häufig wird die Gleichzeitigkeit als nicht identisch mit der baupolizeilich zugelassenen Maximalkapazität deklariert. Letztere wird seltener erreicht und ist höher. Die Gleichzeitigkeit ist häufig eine interne Kennziffer als Erfahrungswert, die einfach das erträgliche Maß gemessen an der Anzahl von Besuchern definiert. Es gibt Beispiele, wo die baupolizeilich festgelegte Maximalbelegung im Spa 100% über der intern festgelegten Gleichzeitigkeit liegt. Dies bringt zum Ausdruck, dass man dem Gastpatienten sehr viel Platz zur Verfügung stellen möchte, um auf diese Weise einem Premium-Anspruch gerecht zu werden.

Es kann in einer Einrichtung verschiedene Gleichzeitigkeiten geben. So wird mitunter eine Indoor-Gleichzeitigkeit von einer Outdoor-Gleichzeitigkeit unterschieden. Bei schlechtem Wetter konzentriert sich das Geschehen auf den Innenbereich, bei gutem jedoch entzerrt sich das Ganze, weil die Gastpatienten auf die Grünflächen im Außenbereich ausweichen. In diesem Fall ist die Gesamtbetriebsgleichzeitigkeit anders zu definieren als die für den Innenbereich.

Wird die maximale Kapazität erreicht, so muss weiteren Besuchern der Eintritt verweigert werden. Jedoch kann diesen ein Service angeboten werden, der zugleich die Einnahmeseite stärkt:

- Die Besucher werden eingeladen, sich in einem angenehmen Wartebereich aufzuhalten. Dieser ist eigens dafür konzipiert und bietet neben gastronomischen Angeboten auch andere Sachgüter an, die im Zusammenhang mit Spa stehen wie z.B. Badeartikel oder Körperpflegemittel.
- Die Rezeption bietet an, die wartenden Gäste per SMS zu benachrichtigen wenn Besucher das Bad verlassen haben und folglich wartende Gäste hineingelassen werden können.

Anlagenfläche sowie das Verhältnis von Innen- und Außenfläche

Die von Spas zur Verfügung gestellten Flächen variieren abhängig vom Betriebstyp und der Nutzung von Freiflächen:[283]

- Multifunktions-Thermalbäder in Österreich beispielsweise variieren in einem Bereich von über 80.000m^2 (Geinberg) bis zu 2.600m^2 (Bad Zell).
- Im Verhältnis von Innen und Außen gibt es ebenfalls große Bandbreiten: Manche Anlagen verfügen über gar keine Außenanlagen (z.B. Bad Zell), andere Flächen wiederum bestehen zum großen Teil aus Außenanlagen (Bad Vöslau). In Multifunktions-Thermalbädern gilt für das Verhältnis von Außen- zu Innenfläche ein durchschnittliches Verhältnis von 1:1.

---

[283] Thermen in Österreich 2005 (2005), S. 18.

Größe des Spa
Im Prozess der Planung kann die Größe des Spa auf verschiedene Art und Weise ermittelt werden:

- Pro gleichzeitig anwesendem Gast im Spa des Spa-Hotels sind 6 bis 10 m² zu veranschlagen.
- Pro Hotelzimmer im Spa-Hotel sind ca. 10 bis 15 m² Spa-Fläche einzuplanen. Einzelne Hotels gehen in ihrem Raumangebot jedoch weit darüber hinaus. Mit anderen Worten: Ein Hotel mit 80 Zimmern sollte ein Spa von einer Fläche von ca. 1.000 m² haben.
- Die durchschnittliche Größe von Spas in Spa-Hotels ist 710 m².[284]

Hotels, für die das Spa kein Hauptgeschäftsfeld darstellt, verfügen häufig über deutlich kleinere Spa-Bereiche. Spa-Hotels haben häufig eine Spa-Fläche von 700 bis 1.100 m², Business- und Tagungshotels von 200 bis 500 m² und Ferienhotels von 500 bis 700 m².[285]

Größe der Wasserfläche
Die Größe des Wasserbereiches wird in der Regel nach der Anzahl der gleichzeitig anwesenden Gäste im Wasser ermittelt (Gleichzeitigkeit). Auch hier gibt es sogar innerhalb der gleichen Betriebstypen erhebliche Schwankungen. Es gibt verschiedene Faustformeln zur Ermittlung der Wasserfläche:

- Jahresbesucher*0,004 bis 0,01 = Wasserfläche/m².
- Tagesbesucher*2 bis 2,5 = Wasserfläche/m².
- Gleichzeitigkeit*4 = Wasserfläche (Beispiel: bei einer geplanten Gleichzeitigkeit von 200 sind ca. 800 m² Wasserfläche einzuplanen).

In Multifunktions-Thermalbädern in Österreich zeigt sich eine durchschnittliche Beckengröße von ca. 1.200 m². Zwei Extreme lassen sich in diesem Zusammenhang feststellen, nämlich dass ausschließlich Innen-, aber auch ausschließlich Außenbecken angeboten werden. In knapp 40% der Fälle sind die Außenbecken größer als die Innenbecken.[286] Allerdings sind wegen der hohen Energiekosten von Wasserflächen zunehmend kleinere Größen zu beobachten.

„Convenience Index"
Dieser Index ermittelt eine Kennziffer, nämlich wie viel Platz einem Besucher pro Tag im Durchschnitt in Multifunktions-Thermalbädern im Hinblick auf das Wasserflächenangebot zur Verfügung steht. Diesbezüglich ist in Österreich Bad Vöslau als führend einzustufen, weil „nur" 150.000 Besuchern pro Jahr eine Wasserfläche von immerhin 3.000 m² zur Verfügung steht.[287]

Verhältnis von Trockenbereich zu Nassbereich
Für das Verhältnis im Spa von Trocken- zu Nassflächen gilt als Faustformel ein durchschnittliches Verhältnis von 9:1.

---

[284] Hank-Haase et al. (2005), S. 24.
[285] Hank-Haase et al. (2005), S. 24 und: Erfolg mit dem Wohlfühltrend (2003), S. 23.
[286] Thermen in Österreich 2005 (2005), S. 18.
[287] Thermen in Österreich 2005 (2005), S. 19f.

Flächenbedarfe im Vergleich

Wenn man die mit Funktionen belegten Spa-Flächen auf Aqua, Sauna, Fitness, Behandlungen und Sonstiges (zuzüglich outdoor) reduziert, kann folgende Flächenverteilung als Faustformel für Spa-Hotels genommen werden:

- Aqua 40%
- Sauna 13%
- Fitness 12%
- Behandlungen 15%
- Sonstiges (outdoor) 20%

Größe von Behandlungsräumen

Behandlungsräume werden in der Regel in einer Größe von 10 bis 15 m² geplant, abhängig vom Standard des Hotels. Wenn jedoch Therapiebereiche geplant werden, in denen Patienten des 1. Gesundheitsmarktes (Kassenpatienten) behandelt werden, gibt es Vorgaben von den Krankenkassen.[288]

Umkleidekabine und Kleiderschrank

Das Verhältnis von Umkleidekabinen zu Kleiderschränken ist einmal vom Standard (je höher der Standard, umso mehr Platz wird geboten) und zum anderen von der Verweildauer der Gäste abhängig. Bei einer Verweildauer von zwei Stunden ist ein rascherer Kundenwechsel einzuplanen als in Betrieben, in denen die Gastpatienten länger verweilen. In zuletzt genannten Einrichtungen sollte ein Verhältnis von Umkleidekabine zu Kleiderschrank von 1:3,5 bis 4 eingeplant werden.[289] Besonders in asiatischen Spas sind auch die Umkleidebereiche luxuriös gestaltet und laden zum Verweilen ein.

Behandlung und Nachruhe

Zahlreiche Behandlungen (z.B. Packungen, Wannenbäder, Moorbäder) erfordern aus medizinischen Gründen, aber auch vom Gesetzgeber, eine Nachruhe. Die Forderung „aus der Wanne auf die Liege" gilt auch noch heute und sollte in der Raumplanung berücksichtigt werden. So sollte neben dem Behandlungsraum auch ein Ruheraum sein, wobei vor allem erstgenannter über Tageslicht verfügen sollte.[290]

Größe von Parkplätzen

Das vorwiegend von der lokalen Bevölkerung genutzte Schwimmbad zieht eine große Anzahl Gäste an, die abhängig von der Lage zu Fuß, per Fahrrad, mit dem Auto oder mit öffentlichen Verkehrsmitteln kommen. Das Thermalbad mit überregionaler Ausstrahlungskraft zieht Gäste an, die eine Autofahrzeit von bis zu zwei Stunden auf sich nehmen. Solche Bäder verzeichnen zwischen 80 bis 95% Gäste, die mit dem PKW anreisen und folglich eine große Zahl von Stellplätzen nachfragen.

---

[288] Leistungen der Gesetzlichen Krankenversicherung in der Primärprävention und Betrieblichen Gesundheitsförderung gemäß § 20 Abs. 1 und 2 SGB V (2005).
[289] Bindszus (2001), S. 17.
[290] Siehe mehr unter: Bindszus (2001), S. 16f.

4.1.5   Infrastruktur und Ausstattung

Hotelstandard

Die meisten der von Hank-Haase[291] untersuchten „Wellness-Hotels" verfügen über 70 bis 120 Zimmer. Ca. 80% gehören zur Kategorie der 4-Sterne-Hotels.[292] Der Doppelzimmerpreis liegt in der Regel zwischen € 120 und € 170.[293]

Ausstattung und Raumtyp

Spa-Hotels in Deutschland, Österreich und Schweiz verfügen in den meisten Fällen über Sauna und Behandlungsräume. Wasserbereich und Fitness sind nicht überall vorhanden, jedoch in den überwiegenden Fällen.[294] Aufgrund einer starken Nachfrage sollten einige Angebote bzw. Abteilungen unbedingt vorhanden sein, andere sind weniger wichtig. Verschiedene Umfragen kommen zu verschiedenen Ergebnissen, allerdings zeigen sich auch Gemeinsamkeiten:

Englische Spas[295]	%	Wellness-Hotels im deutschsprachigen Raum[296]	%
Sauna	79	Sauna	99
Dampfbad	78	Solarium	95
Fitnessbereich	75	Beautysalon	92
Swimming Pool	71	Dampfbad	91
Spa Pool (Jacuzzi)	67	Fitnessraum	89
Entspannungsräume	59	Ruheraum	87
Aerobic-/Yoga-Raum	58	Hallenbad	85
Solarien	55	Whirlpool	74
Hydro-Pool	17	Gym-Raum	71
Floating Tank	11	Freibad	51
Thalasso Pool	3	Med. Zentrum	47
		Thermalbad	31

Abb. 81:   Infrastruktur in Spas in verschiedenen Ländern

Anzahl Liegen im Spa

Es gibt verschiedene Berechnungsansätze:

* Gemessen an der Anzahl der Zimmer im Spa-Hotel: Laut Pichler halten „Wellness-Hotels" in Österreich im Durchschnitt 8,1 Liegen pro 10 Zimmer bereit.[297] Pro Bett eine Liege kann als grobe Faustformel genommen werden.

---

[291] Hank-Haase et al. (2005), S. 15f.
[292] Hank-Haase et al. (2005), S. 17.
[293] Hank-Haase et al. (2005), S. 18.
[294] Hank-Haase et al. (2005), S. 27.
[295] Quelle: Spa industry report (2007). Hier werden ganz verschiedene Typen von Spas berücksichtigt wie Destination-Spas, Day-Spas und andere.
[296] ITW, HWS Luzern (2004), zitiert nach Lanz-Kaufmann et al. (o.D.), S. 2.
[297] Pichler (2006), S. 23.

- In öffentlichen Bädern, in denen besonders viele Tagesgäste sind, die wichtige Utensilien nicht auf dem Hotelzimmer lassen können, ist eine angemessene Ausstattung mit Liegen besonders wichtig. Auch diese Zahl kann nach der Gleichzeitigkeit ausgerichtet werden: Es sollte etwa so viele Liegen geben, wie es gleichzeitige Gäste gibt. Faustformel: Tagesbesucher*45% oder Gleichzeitigkeit*90%.

4.1.6 Kosten und Umsätze

Das folgende Kapitel versucht exemplarisch, Kosten- und Umsatzkennziffern zu skizzieren. Dabei sind, wenn nicht anders angegeben, alle Angaben Nettowerte und in Euro.

4.1.6.1 Kosten

Betriebskosten im Allgemeinen

Betriebskosten lassen sich in verschiedene Kategorien untergliedern:

- Fixe Kosten: Kosten, die selbst dann anfallen, wenn keine Gastpatienten im Spa sind (von der Nutzung unabhängige Vorhaltekosten) wie z.B. für Betriebsbereithaltung der Technik.
- Variable Kosten sind Kosten, die (mehr oder weniger) von der Anzahl der Besucher abhängig sind (von der Nutzung abhängige Kosten) wie z.B. Wasserverbrauch bei Duschen.
- Sprungfixe Kosten (Sprungkosten, intervallfixe Kosten): Dabei handelt es sich um Kosten, die als Typ zwischen fixen und variablen Kosten stehen und sich nicht durch kleine Veränderungen ändern, sondern erst durch wesentliche Abweichungen in der Nachfrage wie z.B. die Einrichtung einer neuen Planstelle in Folge stark gestiegener Nachfrage nach Massagen.

Überblick über Kostenkennziffern im Spa

Kostenkennziffern unterscheiden sich von Land zu Land erheblich, auch innerhalb eines Landes können Sie regionsabhängig stark differieren. Die folgenden Kostenkennziffern sind durch verschiedene Untersuchungen in Deutschland und Österreich ermittelt worden.[298] Im Spa-Hotel gibt es verschiedene Kostenfaktoren, von denen die Personalkosten zu den größten gehören:

- Personalkosten belaufen sich auf ca. 45% vom Spa-Umsatz. Beobachtet werden Einrichtungen mit Personalkosten von 20% bis über 60%. Andere Betriebstypen zeigen teilweise deutlich höhere Personalkosten: In stark defizitären Betrieben können die Personalkosten sogar bei über 100% gemessen am Umsatz liegen.[299]
- Energiekosten liegen bei ca. 17% vom Spa-Umsatz. Gerade dieser Wert jedoch kann erheblich schwanken abhängig besonders von der Größe der Wasserfläche und natürlich auch abhängig von der Wärme des zur Verfügung stehenden Wassers. Wenn besonders heißes Thermalwasser zur Verfügung steht, kann Wärme gewinnbringend an umliegende Betriebe oder Hausbesitzer verkauft werden.

---

[298] Richter et al. (2007), Hank-Haase et al. (2005) und: Hotellerie und Gastronomie Betriebsvergleich (2005).

[299] Bäder-Monitor 2007 – Zusammenfassung der wichtigsten Ergebnisse (2007), S. 12.

- Die Marketing-Kommunikation des Spa beläuft sich auf erfahrungsgemäß auf 4 bis 10% seines Umsatzes.
- Der Wareneinsatz beläuft sich auf ca. 12% des Umsatzes, ist jedoch auch großen Schwankungen unterlegen. Besonders in kosmetiklastigen Einrichtungen ist der Wareneinsatz oft höher. Pichler spricht in ihrer auf mittelständische Spa-Hotels konzentrierten Umfrage von 12,3% durchschnittlicher Wareneinsatz gemessen am Spa-Umsatz.[300]
- Die Instandhaltungskosten bewegen sich zwischen 3% und über 10% des Spa-Umsatzes und sind besonders von der Beschaffenheit des Wassers abhängig (Wässer mit einem hohen Mineralanteil können das Zu- und Abwassersystem erheblich belasten z.B. durch Versinterung).

Nach dieser groben Übersicht soll anhand des folgenden Beispiels die Differenziertheit der Kosten dargestellt und gleichzeitig ein Anhaltspunkt gegeben werden, welche Kostenarten von Bedeutung sein können. Dabei ist zu beachten, dass im internationalen Kontext die Struktur von Löhnen und Gehältern ganz anders als in Europa sein kann:[301]

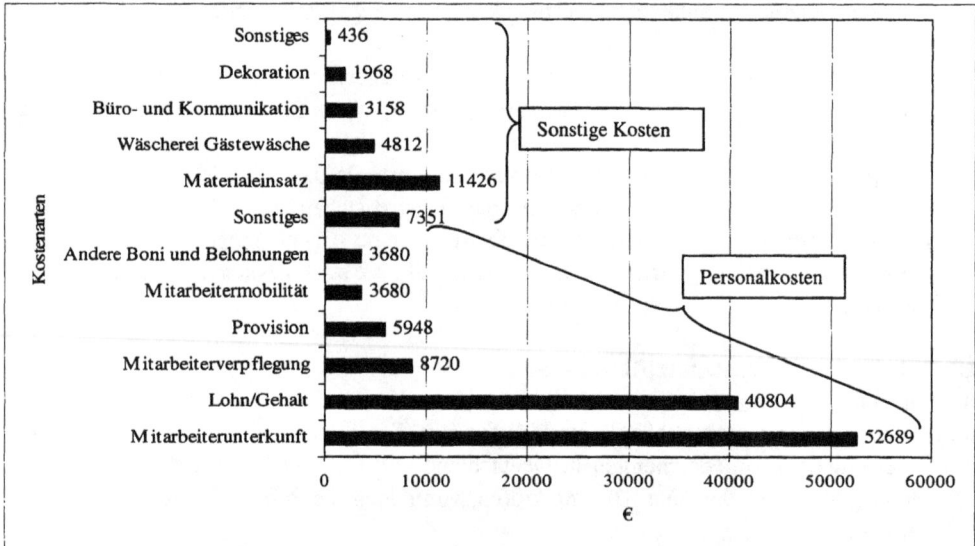

Abb. 82:   Kostenarten eines Spa im Business-Hotel in einem Geschäftsjahr

Erläuterungen:

- Personalkosten:
  - Lohn und Gehalt für die fixen Angestellten inkl. Nacht- und Überstundenzuschläge sowie 13. Monatsgehalt.
  - Krankenversicherung.

---

[300] Pichler (2006), S. 23.

[301] Dabei handelt es sich um die Kostenstruktur eines Hotel-Spa in Dubai. Siehe mehr unter: Jugovits (2008), S. 73ff.

- Kosten für ärztliche Untersuchungen (z.B. medizinische Eingangsuntersuchung vor Arbeitsantritt).
- Provision (Teilhabe an den Umsätzen beim Produktverkauf).
- Mobilität/Reisekosten (für Arbeitnehmer aus dem Ausland und Zuschuss zur täglichen Mobilität zum Arbeitsplatz).
- Visum und Einreiseformalitäten.
- Unterkunft (anteilige Kosten an den Unterbringungskosten der Mitarbeiter).
- Verpflegung (während des Dienstes können die Mitarbeiter von der Hotelküche versorgt werden).
- Sonstige Kosten:
  - Honorare für externe Berater.
  - Wäscherei (Gästewäsche wie z.B. Handtücher, Mitarbeiterwäsche wie z.B. Uniformen).
  - Dienststoffe, Betriebsstoffe, Handelswaren.
  - Dekoration (z.B. Blumen).
  - Uniformen (Kleidung der Spa-Mitarbeiter).
  - Sachkosten für Büro- und Kommunikation (z.B. Telefon, Fax, Druckkosten für Werbung).
  - Energie.
  - Instandhaltung.

Die Übersicht zeigt, dass einige Posten zu freiwilligen, kulturgebundenen Leistungen gehören wie z.B. die Beiträge zur Unterkunft. Diese Kostenart wird vom Arbeitgeber sogar mit mehr Mitteln ausgestattet als der Posten Lohn/Gehalt. Der hohe Posten Mitarbeiterunterkunft resultiert aus der Tatsache, dass Löhne und Gehälter der Spa-Branche in Dubai sehr niedrig sind, das Wohnen dennoch sehr teuer ist.

Minutenkosten des Personals
Die Personalkosten in einem Spa sollten die 50%-Grenze (gemessen am Spa-Umsatz) nicht überschreiten. Grundsätzlich ist unter ökonomischen Gesichtspunkten ein möglichst niedriger Personalkostenanteil anzustreben, angemessen erscheinen wohl 30 bis 45%. Allerdings ist zu bemerken, dass ein Spa ein überaus dienstleistungsintensiver Betrieb ist, dessen Qualitätsausweis doch zum großen Teil eben durch eine zeitintensive Arbeit mit dem Gast geprägt ist. In US-amerikanischen Spas belaufen sich die Personalkosten auf ca. 47%.[302]

Eine Kennziffer betrifft die Minutenkosten eines Arbeitnehmers. Hier gibt es verschiedene Berechnungsmodelle im Hinblick auf die Inklusion von Kosten. Beispiel:[303]

---

[302] Compensation and Benefits (2003), S. 6
[303] Siehe dazu mehr unter: Rietfort (2004), S. 19.

		Bemerkungen
Jahresbrutto (inkl. Lohnnebenkosten) in €:	32.000	
Jahresarbeitsstunden:	1.700	Arbeitsunfähigkeit und Urlaub teilweise berücksichtigt
Minutenkosten I (32000/1700/60):	€ 0,31	
Wareneinsatz pro Jahr als Einzelkosten (z.B. Massageöl), aber auch Reinigung (Handtücher, Raum), Energie u.a. als Durchschnittswerte:	€ 9.000	Diese Kosten sind als notwendige Voraussetzung für die Leistungserbringung durch den Behandler zu werten. Sie sind jedoch abhängig von der Auslastung des Behandlers und vom Typ der Behandlung
Minutenkosten II (41000/1700/60):	€ 0,40	
Allgemeinkosten (z.B. Bereitstellungskosten Geräte):		Werden hier nicht berücksichtigt
Investitionskosten bzw. Abschreibungen:		Werden hier nicht berücksichtigt
Minutenkosten III:		
Erläuterungen: Diese Rechnung kann nur als grober Anhaltspunkt dienen. Im Einzelfall muss geprüft werden, welche Einzel- und Gemeinkosten berücksichtigt werden. Zudem gibt es nationale Unterschiede bezüglich des 13. und 14. Monatsgehaltes. Die Kostenstruktur ändert sich auch abhängig davon, ob zum Grundgehalt eine leistungsabhängige Provision gezahlt wird. Zudem ist relevant, ob von der theoretischen Maximalarbeitszeit ausgegangen wird oder von durch Urlaub und Krankheit bereinigten Zeiten			

Abb. 83:   Berechnungsschritte zur Ermittlung der Minutenkosten eines Arbeitnehmers

Personalkosten im Spa versus Hotel
Wenn die Personalkosten vom Hotel inklusive Spa auf 100% gesetzt werden, dann belaufen sich die Personalkosten im Spa häufig auf 25% und die restlichen im Hotel auf 75%.

Investment pro Zimmer
Siehe Abschnitt 5.2.1.4.3.

4.1.6.2   Umsätze

Konsumbereitschaft für relevante Reisen
Menschen mit einer Affinität zu „Gesundheits- und Wellnessurlaub" sind bereit, pro Person und Woche € 548 auszugeben. Gastpatienten mit der Bereitschaft für einen erneuten Aufenthalt veranschlagen mehr. Gastpatienten im Alter von 40 und 59 Jahren setzen die Kosten am höchsten an im Vergleich zu anderen Altersgruppen. Für eine dreiköpfige Familie werden mit durchschnittlichen Kosten von € 1.348 gerechnet.[304]

Average Room Rate (ARR) in verschiedenen Hoteltypen
Die Average Room Rate ist der durchschnittliche Zimmerpreis abzüglich Steuern und abzüglich der Kosten des oft inkludierten Frühstücks. Er liegt bei Spa-Hotels bei € 87 und im deutschen Durchschnitt aller Hoteltypen bei € 84.[305] Der höhere Durchschnittspreis bei Spa-

---

[304]   Mehr dazu in: Bässler (2006), S. 78f.
[305]   Hank-Haase et al. (2005), S. 20.

Hotels resultiert aus höheren Zimmerpreisen, die solche Hotels durch ein attraktives Spa durchsetzen können.

Umsätze nach Betriebstypen

Der Spa-Umsatz hängt von verschiedenen Faktoren ab wie z.B.:

- Größe des Hotels bzw. des Spas.
- Preisniveau und Anzahl der verkauften Behandlungen.
- Typ des Hotels (Spa-Hotel, Ferienhotel, Tagungshotel).
- Erlöse durch externe Gastpatienten (solche, die nicht im Hotel wohnen).

Verschiedene Betriebstypen zeigen im Hinblick auf ihren Jahresumsatz recht unterschiedliche Zahlen:

- Als Richtwert für eine mittelgroße Rehabilitationsklinik ist ein Jahresumsatz von € 10 Mio. zu nennen.
- Multifunktions-Thermalbäder in Österreich können pro Jahr einen Umsatz von € 20 Mio. erreichen. Andere bleiben hingegen unter € 1 Mio. Der durchschnittliche Jahresumsatz in Österreich beläuft sich ca. auf € 5 Mio.[306]
- Viele Spas im Spa-Hotel verzeichnen einen Umsatz in einer Größenordnung pro Jahr von € 200.000 bis € 1 Mio, wobei in wenigen Fällen natürlich eine größere Spreizung möglich ist, und zwar im Bereich von € 100.000 bis € 3 Mio. Der Durchschnitt dürfte bei ca. € 400.000 pro Jahr liegen. Die Grenze von € 1 Mio. Spa-Umsatz wird nur von ca. 10% der Betriebe erreicht.[307] Im häufig auftretenden Betriebstyp eines typischen Spa-Hotels mit ca. 80 bis 150 Betten wird sich der Jahresumsatz im Spa zwischen € 200.000 und € 500.000 bewegen.
- Das Spa-Hotel mittlerer Größe (ca. 90 Zimmer) dürfte insgesamt einen Jahresumsatz von € 6 Mio. haben.
- Viele Fitnessstudios verzeichnen einen Jahresumsatz von € 300.000 bis 500.000.

Der Umsatzanteil vom Spa im Vergleich zum Gesamtunternehmen (Hotel + Spa) kann sich stark unterscheiden. Für manche Betriebstypen spielt das Spa keine wesentliche Rolle, in anderen jedoch ist der Beitrag des Spa zum Umsatz des Unternehmens beträchtlich und unverzichtbar. Das folgende Beispiel ist der Buchhaltung eines hochklassigen Business-Hotels in Deutschland entnommen. Es zeigt sich, dass der Umsatzanteil des Spa für diesen Betriebstyp im Durchschnitt liegt. Gleichwohl ist zu bedenken, dass der Umsatz im Spa nur dem F&B-Konsum in den Zimmern entspricht:[308]

---

[306]   Thermen in Österreich 2005 (2005), S. 22.

[307]   Hank-Haase et al. (2005), S. 67f., Richter et al. (2007b), S. 75 und: Erfolg mit dem Wohlfühltrend (2003), S. 23.

[308]   Aus der Buchhaltung eines Business-Hotels in Berlin.

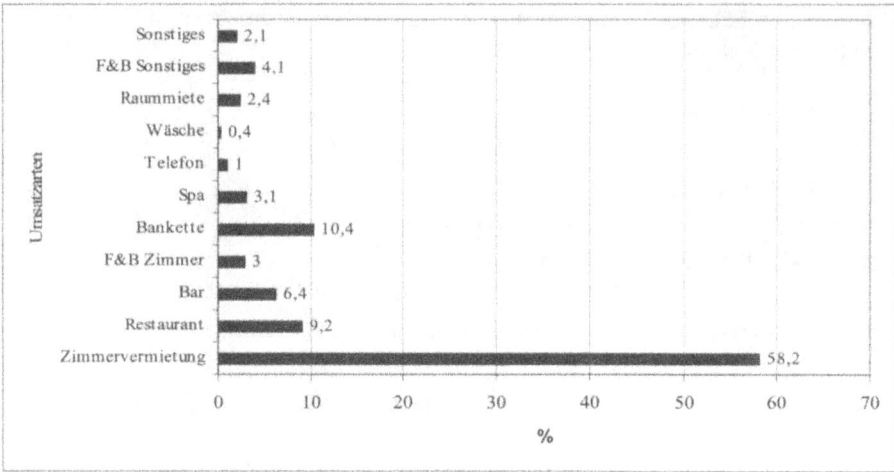

Abb. 84:   Umsatzrelationen in einem Hotel-Spa in Prozent

Leseprobe: Der Anteil des Spa am Umsatz des Hotels insgesamt beläuft sich auf 3,1%.

Zum Vergleich sollen die Umsatzrelationen in einem Spa-Hotel mit kurmedizinischer Ausrichtung in Deutschland dargestellt werden:[309]

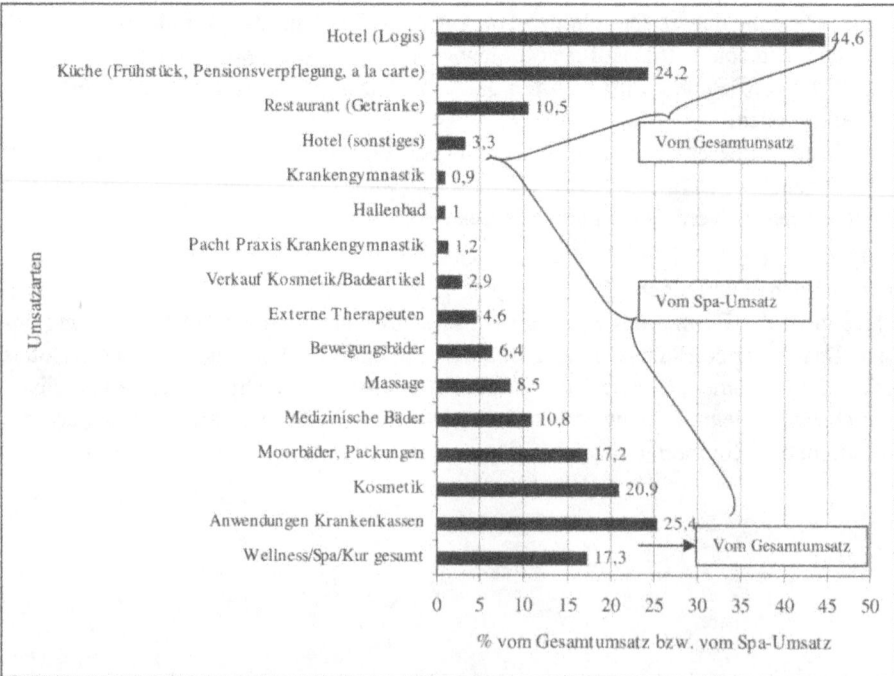

Abb. 85:   Umsatzrelationen in einem Spa-Hotel mit kurmedizinischer Ausrichtung

Leseprobe: Der Spa-Umsatz gemessen um Gesamtumsatz des Unternehmens beläuft sich auf 17,3%.

---

[309]   Das Beispiel ist einem auf Kur und Wellness spezialisierten Hotel in Deutschland entnommen.

Kommentare zu den beiden vorigen Abbildungen:

- In beiden Fällen steht der Umsatz durch Logis für ca. 50% des Gesamtumsatzes.
- Im zweiten Fall steht der Umsatz aus „Welless/Spa/Kur" immerhin für ca. 17% des Umsatzes, im Business-Hotel jedoch nur für 3,1%.
- Obschon im unteren Beispiel der erste Gesundheitsmarkt stark vertreten ist, steht die Umsatzart Kosmetik (Selbstzahler) doch für ca. ein Fünftel des Umsatzes im Spa.

Umsätze in verschiedenen Zeiträumen
Die quartalsmäßige Differenzierung von Umsätzen zeigt, dass die Quartale 1 und 4 im Hinblick auf den Spa-Umsatz die stärksten sind[310], zumindest in Deutschland und Österreich. Dies korrespondiert mit anderen Kennziffern, die die Anzahl der Besucher im Spa abbilden.

Im Wochenverlauf zeigt sich, dass die Umsätze an den Wochenenden in mitteleuropäischen Spa-Hotels höher sind als unter der Woche:[311]

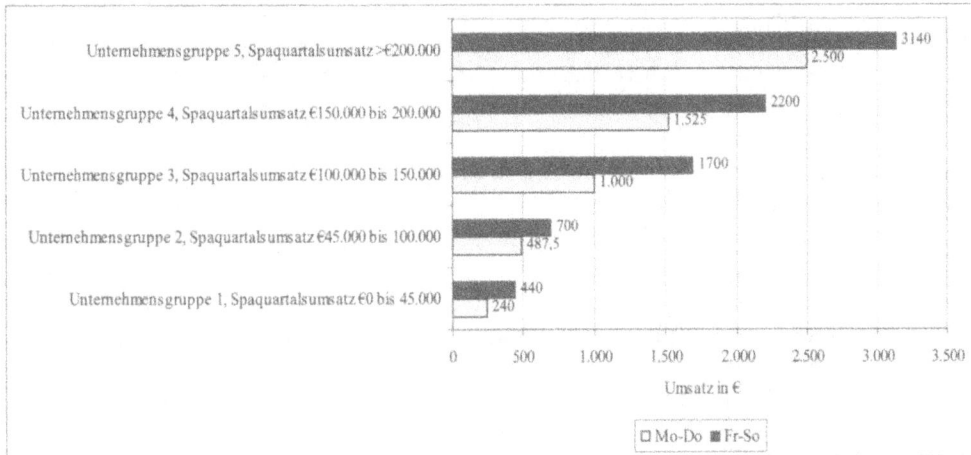

Abb. 86:   Spa-Umsatz in Spa-Hotels nach Wochenabschnitten

Die Abbildung zeigt:

- Unabhängig von der Unternehmensgröße ist der Wochenendumsatz im Durchschnitt höher als der Umsatz von Montag bis Donnerstag, obwohl das Wochenende nur drei Tage umfasst.
- Bewegt sich der Tagesumsatz zwischen € 100 bis € 2.200 unter der Woche (Montag bis Donnerstag) so steigt er am Wochenende (Freitag bis Sonntag) auf € 400 bis € 3.100 an:[312]

---

[310]   Richter et al. (2007), S. 18, 32. Sämtliche von Richter ermittelten Umsatzkennziffern beziehen sich ausschließlich auf den durch Behandlungen erwirtschafteten Umsatz. Umsatz aus der Gastronomie im Spa oder dem Produktverkauf sind also nicht berücksichtigt, können jedoch bis zu 30% des Umsatzes ausmachen. An dieser Stelle sind solche Behandlungen jedoch nicht berücksichtigt, die über das Zimmer gebucht werden, weil sie in einer Hotelpauschale enthalten waren.
[311]   Richter et al. (2007), S. 18, 32, 44, 52, 60.

- Der Wochenendumsatz ist ca. um 20 bis 70% höher. Daraus ergeben sich vielfältige Konsequenzen für die Personal- und Raumplanung.

Tagesumsatz gemessen an der Spa-Fläche
Die Kennziffer, dass pro Quadratmeter Spa-Fläche mit € 1 Umsatz pro Tag zu rechnen ist, kann allenfalls als grober Richtwert genommen werden, erfährt sie doch von Fall zu Fall deutliche Abweichungen.

Umsatz pro Behandlung im Hotel mit Spa
Der durchschnittliche Umsatz pro Behandlung variiert sehr stark. Dies hängt ab von der Klasse des Spa, vom Behandlungsportfolio, der Anzahl von Gruppenbehandlungen (z.B. Gruppengymnastik) und der Anzahl und Höhe der verrechneten Rabatte (an Reiseveranstalter oder Krankenkassen). Für Spa-Hotels hat Richter herausgefunden, dass der durchschnittliche Preis je Behandlung bei ca. € 28 anzusiedeln ist.[313] Natürlich gibt es auch Unternehmen, die deutlich darüber oder darunter liegen. Der durchschnittliche Umsatz pro Behandlung kann letztlich nur dann etwas über die Ertragskraft des Spa aussagen, wenn auch die Anzahl der Behandlungen berücksichtigt wird. Preis und Menge des verkauften Produktes sind auch im Spa sorgfältig auszutarieren.

Spa-Umsatz pro Gast pro Aufenthalt und pro Nächtigung
Die auf mittelständische Spa-Hotels konzentrierte Studie von Pichler zeigt auf, dass pro Nächtigung im Durchschnitt € 10 Erlöse im Spa generiert werden können.[314] Richter ermittelt den durchschnittlichen Umsatz pro Gast im Spa eines Spa-Hotels während der Gesamtaufenthaltsdauer.[315] Im Vergleich verschiedener Unternehmen kann hier eine Schwankungsbreite von € 60 bis € 100 genannt werden. Die folgende Abbildung versucht, eine Korrelation zwischen der Unternehmensgröße einerseits und dem Umsatz pro Gastpatient im Spa von Spa-Hotels herzustellen:[316]

---

[312] Richter et al. (2007), S. 76.
[313] Richter et al. (2007), S. 21, 29, 37.
[314] Pichler (2006), S. 23.
[315] Richter et al. (2007), S. 21, 37. Der Hotelaufenthalt ist die Dauer, die ein Reisender in einem Hotel verbringt, gerechnet in Nächten. Während dieser Zeit besucht jeder Hotelgast das Spa verschieden häufig. Hier ist der Umsatz während der Gesamtreisedauer gemeint.
[316] Richter et al. (2007), S. 29.

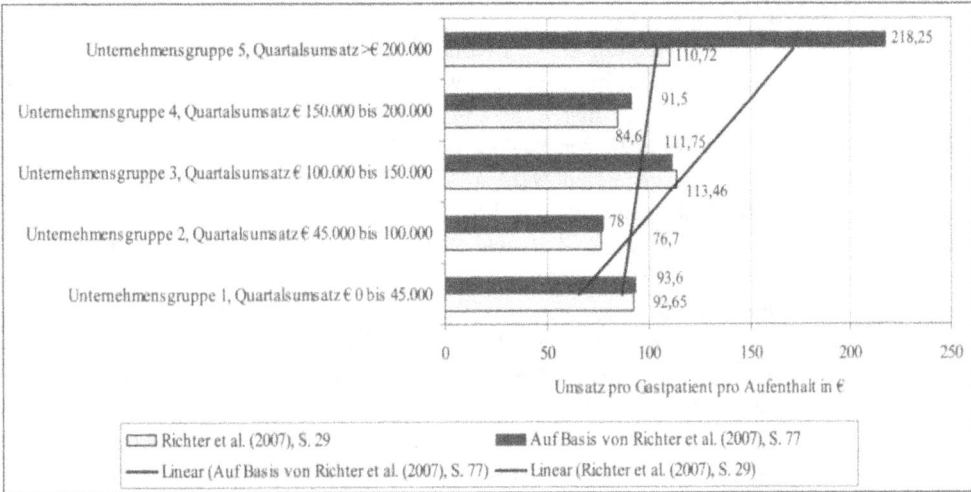

Abb. 87:   Korrelation zwischen Umsatzgröße und Umsatz pro Gastpatient

Die beiden Zahlenreihen unterscheiden sich dadurch, dass die untere ohne ein überdurchschnittlich umsatzstarkes Unternehmen in Gruppe 5 rechnet. Aber auch in diesem Fall wird
deutlich, dass größere Unternehmen einen höheren Umsatz pro Gastpatient im Spa erwirtschaften, allerdings ist der Trend besonders auf Basis der unteren Zahlenreihe nicht als signi-
fikant einzustufen. Abhängig von der Art der Rechnung kommt man auf ca. € 100 Umsatz
pro Gastpatient und pro Aufenthalt im Spa-Hotel.[317] In Hotel-Spas kann dieser Umsatz bis zu
60% und mehr darunter liegen wie z.B. in einem Hotel-Spa in Dubai, wo gemessen an den
das Spa nutzenden Hotelgästen lediglich ein durchschnittlicher Umsatz von € 39 pro Aufenthalt erreicht wird.[318]

Umsatz pro Raum
Der Umsatz kann behandlerindividuell, aber auch raumindividuell ermittelt werden. Dabei
geht es darum, jeden einzelnen Raum einer Umsatzanalyse zu unterziehen, um damit Aufschluss über die Qualität einzelner Räume in wirtschaftlicher Perspektive zu erhalten.

Tagespflegesatz
Die von Rehabilitationskliniken mit Sozialversicherungsträgern ausgehandelten Tagespflegesätze[319] schwanken in Deutschland abhängig von Indikation, Therapieangebot und Ver-
handlungsgeschick zwischen € 85 und € 115 pro Tag und Patient. In Österreich sind sie ca.
40% höher.

---

[317] Richter et al. (2007), S. 29.
[318] Jugovitz (2008), S. 138.
[319] Höhe des ausgehandelten Entgeltes pro Tag, das der Leistungserbringer (z.B. Rehaklinik) vom
       Versicherer erhält für den Aufwand am Patienten in Form von Übernachtung, Verpflegung und
       Therapie.

Umsatz pro Minute pro Spa-Gast

Der viel zitierte Minutenumsatz von € 1 pro Minute bei Spa-Behandlungen muss differenziert betrachtet werden. Zunächst muss geklärt werden, ob es sich dabei um Brutto- oder
Netto-Erlöse handelt. Zum anderen liegen die Umsätze häufig deutlich niedriger als im Spa-
Menu ausgepreist, weil im Rahmen von Packages für Reiseveranstalter oder Krankenkassen
deutlich niedrigere Preise ausgehandelt werden. Überdies ist zu betrachten, ob es sich um
Einzel- oder Gruppenbehandlungen handelt. Wahrscheinlich ist ein durchschnittlicher Minutenumsatz (netto) von ca. € 0,55 bis 0,74 als realistisch anzusehen[320] (s. auch Kapitel 4.2).

Umsatz pro Behandlerminute

Neben ihrer fachlichen Qualifikation werden Mitarbeiter auch an dem ökonomischen Beitrag
gemessen, den sie für das Unternehmen erwirtschaften. Es konnte gezeigt werden, dass der
Behandlerumsatz je Minute zwischen € 0,50 und knapp € 0,80 liegen kann.[321] Dieser mehr
als 50%ige Unterschied kann in erster Linie auf verschiedene Preisniveaus in den Hotels, auf
die Dauer der Behandlung sowie auf den Arbeitseinsatz durch den Behandler zurückgeführt
werden.

Monatsumsätze durch Mitarbeiter

Der Umsatz solcher Mitarbeiter, die am Menschen Spa-Dienstleistungen verrichten, sollte
mindestens beim Doppelten ihres Monatsbruttos liegen. Best Practice liegt beim Dreifachen
oder geht sogar darüber hinaus. Besonders die Mitarbeiter in der Beauty-Abteilung haben die
Gelegenheit, durch Produktverkauf wesentlich zum Erfolg des Spa beizutragen.

Spa-Umsatz gemessen am Spa-Hotel-Umsatz insgesamt

Diese Kennziffern schwanken naturgemäß sehr stark, weil sie auch von der Wichtigkeit des
Spas für das Hotel abhängen. Man kann davon ausgehen, dass der Umsatzanteil des Spa im
Spa-Hotel zwischen 6% und 15% schwankt. In Tagungs- und Kongresshotels sinkt dieser
Anteil leicht auf 1% oder sogar darunter.

Umsatzverhältnis von Logis, Spa und Sonstigem in einem Spa-Hotel

Dieses Verhältnis kann anhand eines Wellness- und Kurhotels in Bayern dargestellt werden:

• Logis (inkl. Gastronomie, aber ohne Extras wie alkoholische Getränke): 70%.
• Spa: 15,2%.
• Sonstiges: 14,8%

Umsätze nach Behandlungsgruppen und Spa-Abteilungen

Bei der Zusammenfassung des Behandlungsangebotes in vier verschiedene Gruppen zeigt
sich, dass Beauty und Massagen die Umsatzbringer sind, wohingegen Bäder und Sonstiges
deutlich abfallen. Der Jahresumsatz in Spa-Hotels im deutschsprachigen Raum ist wie
folgt:[322]:

---

[320] Richter et al. (2007), S. 40.
[321] Richter et al. (2007), S. 23, 40.
[322] Hank-Haase et al. (2005), S. 55.

- Beauty: € 186.000.
- Massagen: € 171.000.
- Bäder: € 54.000.
- Sonstiges: € 13.500.

Das Umsatzpotenzial einzelner Spa-Abteilungen hängt davon ab

- für welche Abteilung von internen oder externen Gästen separate Eintrittspreise genommen werden,
- wie hoch der Anteil an externen Gästen ist, für die womöglich abteilungsindividuelle Eintrittspreise verlangt werden, und
- für welchen Schwerpunkt das Spa steht.

In der Regel sind für Hotelgäste Bad und Sauna frei. Es gibt jedoch auch Beispiele, in denen selbst Hotelgäste jeden Tag erneut Eintritt für das Spa zahlen müssen. Diese Beispiele lassen sich besonders in der Ferienhotellerie beobachten. Im Durchschnitt kann von Spa-Hotels gesagt werden, dass die Abteilung Behandlungen für ca. 50 bis 75% des Spa-Umsatzes steht. In einem Fitnessstudio mit kleinem Saunabereich werden die wesentlichen Umsätze natürlich mit Fitness gemacht und nicht mit Behandlungen. Ein wesentlicher Umsatzanteil kann auch durch Mitgliedschaften generiert werden.

Jedes Multifunktionsbad hat eine andere Umsatzstruktur, die besonders davon abhängt, ob ein Thermenhotel in der Kalkulation berücksichtigt wird. Die folgende Tabelle zeigt die Umsatzstruktur des Rogner Bad Blumau, eines der bekanntesten Multifunktions-Thermalbäder in Österreich:[323]

1.	Hotelzimmervermietung	44,8%
2.	Gastronomie	32,1%
3.	Tagesgäste Thermalbad	10,1%
4.	Gesundheitszentrum	6,3%
5.	Sonstiges	2,5%
6.	Beauty	2,4%
7.	Sport	1,0%
8.	Shop	0,8%

Abb. 88:   Umsatzbereiche in einem Multifunktions-Thermalbad

Diese Tabelle gibt Aufschluss darüber, welche Bedeutung ein Hotel für ein Bad haben kann. Die starke Stellung des Hotels ist in diesem Fall sicherlich auch auf die faszinierende Architektur von F. Hundertwasser zurückzuführen.

Umsatz pro Gast in Multifunktions-Thermalbädern

Im Durchschnitt geben Tagesgäste[324] ca. € 15 bis 22 aus. Davon sind etwa 75% den Eintrittsgeldern und der Rest der Gastronomie und Sonstigem zu verdanken.

---

[323] Rogner Bad Blumau (2003), S. 46.

[324] Tagesgast im Sinne eines nicht übernachtenden Gastes, also auch jener, der nur wenige Stunden bleibt.

Umsätze durch Tages- versus Übernachtungsgäste in Multifunktions-Thermalbädern
Der übernachtende Gast ist wichtiger für die Wertschöpfung als der Tagesgast, weil er verschiedene Produkte konsumiert (Therme, Hotel, Restaurant).

Umsätze in Multifunktions-Thermalbädern nach Aufenthaltsdauer
Im Hinblick auf den durchschnittlichen Tageserlös spricht vieles dafür, dass übernachtende Gäste die interessanteren Kunden sind als Tagesbesucher. Innerhalb der Gruppe der übernachtenden Gäste sind im Vergleich jene umsatzträchtiger, die nur wenige Nächte bleiben als jene, die längere Zeit bleiben.

Gastronomie und Multifunktions-Thermalbädern
Multifunktionsbäder mit mehreren Hunderttausend Besuchern pro Jahr verfügen zumeist über eine eigene Gastronomie. Deren Umsatzstruktur konnte am Beispiel eines österreichischen Multifunktionsbades mit Hotel und Rehabilitationsklinik auf dem Gelände wie folgt ermittelt werden:

- Thermenrestaurant: 70% Speisen, knapp 30% Getränke (davon zwei Drittel alkoholfrei), der Rest Süßigkeiten.
- In der Saunabar des gleichen Unternehmens ist eine andere Umsatzstruktur zu beobachten: 94% Getränke (davon ca. 70% alkoholisch), der Rest Speisen.
- Die Gastronomie eines als groß zu bezeichnenden Multifunktionsbades kann pro Jahr bis zu € 400.000 umsetzen.

Umsätze von Spa-Gästen im Vergleich zu anderen Reisenden
Untersuchungen in Oberösterreich haben ergeben, dass sich Spa-Gäste in ihrer Konsumbereitschaft im Vergleich zu Reisenden anderer Reisetypen deutlich unterscheiden. Ausgaben pro Tag im Vergleich:[325]

- „Wellness-Urlauber": € 96,15.
- Durchschnitt der Österreich-Urlauber: € 74,05.

Umsätze in Fitnessstudios in den USA
Die Abbildung unten zeigt die umsatzträchtigsten Bereiche in US-amerikanischen Fitnessstudios:[326]

---

[325] Rohrhofer (2004), S. 9.
[326] Programming and Profit Centers (o.D.).

1.	Personal Training	50,5%
2.	Massage Therapy	28,2%
3.	Pro Shop	26,2%
4.	Aquatics Programs	24,3%
5.	Tennis Programs	20,5%
6.	Food & Beverage Sales	11,7%
7.	Tanning	9,7%
8.	Physical Therapy	7,8%
	Summer Camps	7,8%
9.	Kids Programs	6,8%
	Martial Arts	6,8%

Abb. 89:   Die wichtigsten Umsatzbereiche in US-amerikanischen Fitnessstudios

Leseprobe: 50,5% der Clubs waren der Meinung, das Personal Training zu den fünf umsatzträchtigsten Angeboten gehört.

4.2   Zusammenfassende Betrachtungen

Minutenkosten und Minutenumsatz

Eine Gegenüberstellung von Minutenumsatz und Minutenkosten zeigt bei aller Schwankungsbreite der Zahlen unter Berücksichtigung verschiedener Betriebstypen sowie auch der nationalen Unterschiede einen kritischen Bereich zwischen € 0,40 und € 0,60, in dem die Kosten höher sein können als der Umsatz:

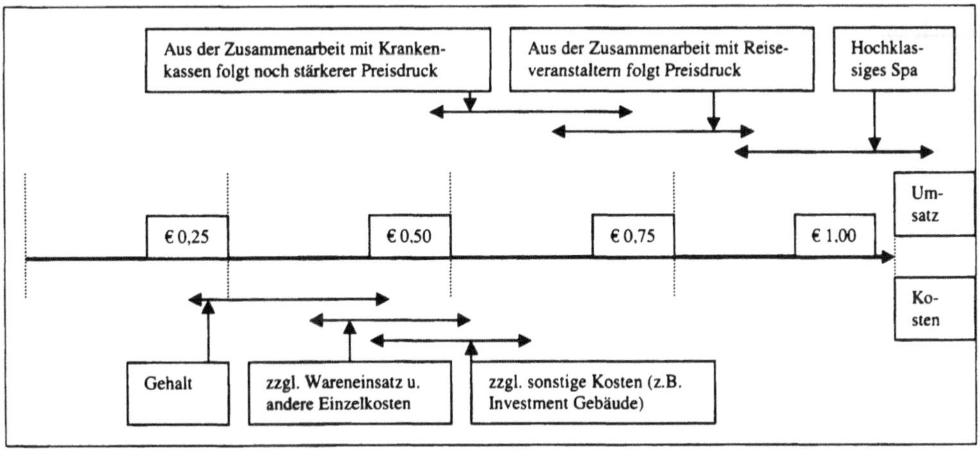

Abb. 90:   Minutenkosten und Minutenumsatz im Spa

Kosten des Wareneinsatzes und andere Kosten sind, wie auch die Abbildung zeigt, sehr unterschiedlich zu bewerten. Wenn man die sonstigen Kosten als Variable von den Personalkosten betrachtet, sind ca. 25 bis 60% für sonstige Kosten zu den Personalkosten zu addieren.

Amortisation von Spa-Geräten

Wannenbäder verschiedenster Art gehören zum Standartrepertoire eines Spa. Ein Wannen-
bad kostet den Betreiber € 3 bis 8 abhängig von der Menge und Qualität der Zusatzstoffe
(z.B. Öle, Milch, Honig). Diese Kosten umfassen Wasser, Energie, Zusatzstoffe, Personal
und Reinigung. Wartungs- und Raumerrichtungkosten (Baumaßnahmen) sind hier nicht
berücksichtigt. Eine Wanne kostet ca. € 14.000, kann im Preis jedoch auch 50% nach oben
und unten schwanken. Für ein 30minütiges Bad ist der Kunde bereit, € 20 bis € 40 zu bezahlen. Daraus ergibt sich folgende vereinfachende Rechnung:

Kosten		Umsatz	
Invest Wanne (Anschaffungs-kosten):	€ 14.000	Umsatz pro Behandlung:	€ 30,00
Kosten pro Behandlung z.B.:	€ 7,00	Gewinn pro Behandlung:	€ 23,00
		609 (Behandlungen)*23 €:	€ 14.007

Abb. 91:   Amortisation von Spa-Ausstattung

609 Behandlungen sind notwendig, um das Invest von € 14.000 zu erwirtschaften. Jede weitere Behandlung mit diesem Gerät erwirtschaftet einen Gewinn. Wenn z.B. fünf Behandlungen pro Tag mit dieser Wanne angeboten werden, wird die Gewinnschwelle nach 122 Tagen
erreicht.

GOP I

Im Folgenden sollen zunächst zwei Betriebsergebnisrechnungen bis zum GOP 1[327] zitiert
werden, die jede für sich Durchschnittsbildungen aus einer Vielzahl von untersuchten Spa-
Hotels und Hotel-Spas sind:[328]

---

[327] GOP I = Gross Operating Profit (Betriebsergebnis I). Dabei handelt es sich um den Betriebsertrag
minus betriebsbedingtem Aufwand, betrachtet also den Verlust oder Überschuss vor Mie-
ten/Pachten, Leasing, Steuern, AfA und Zinsen.

[328] Quellen: Beispiel 1 aus Hank-Haase et al. (2005), S. 89 und Beispiel 2 aus: Hotellerie und Gastro-
nomie Betriebsvergleich (2005), S. 62f., die sich allesamt auf Spa-Hotels im deutschsprachigen
Raum konzentrieren. Die Systematik ist erstellt nach dem Uniform System of Accounting for the
Lodging Industry (USALI).

	Beispiel 1		Beispiel 2		
Position	€	%	€	%	
Gesamterlös Hotel	3.793.200	100,0	3.852.000	100,0	1
Personalaufwand gesamt	1.299.500	34,3	1.370.100	35,6	2(von 1)
Betriebs-/Verwaltungsaufwand			653.100	17,0	3(von 1)
Logisumsatz	1.971.000	100,0	1.783.900	100,0	4
Personalaufwand Logis	450.800	22,9	201.800	11,3	5(von 4)
sonstiger Aufwand (direkte Kosten)	138.000	7,0	261.900	14,7	6(von 4)
Aufwand Logis gesamt	588.800	29,8	463.700	26,0	7(von 4)
Abteilungsergebnis Logis	1.138.200	70,2	1.320.200	74,0	8(von 4)
F&B					9
Erlöse Speisen	877.400	77,7	1.124.400	70,3	10
Erlöse Getränke	252.200	22,3	431.500	27,0	11
Erlöse Sonstiges	0,0	0,0	42.800	2,7	12
Warenerlöse F&B	1.129.600	100,0	1.598.700	100,0	13(10+11+12)
Warenaufwand Speisen	263.200	23,3	347.100	21,7	14(von 13)
Warenaufwand Getränke	50.400	4,5	109.300	6,8	15(von 13)
Warenaufwand gesamt	313.600	27,8	456.400	28,5	16(von 13)
Personalaufwand	477.400	42,3	464.300	29,0	17(von 13)
Sonstiger Aufwand (dir. Kosten)	56.500	5,0	36.500	2,3	18(von 13)
Abteilungsergebnis F&B	282.100	25,0	641.500	40,1	19(von 13)
Spa/Wellness					20
Erlöse Wellness ohne Produktverkauf	692.500	100,0	206.300	76,0	21
Erlöse Produktverkauf	0,0	0,0	65.100	24,0	22
Erlöse Spa/Wellness gesamt	692.500	100,0	271.400	100,0	23(21+22)
Warenaufwand Wellness	174.400	25,2	26.800	9,9	24(von 23)
Personalaufwand Wellness	212.200	30,6	172.600	63,6	25(von 23)
sonstiger Aufwand (direkte Kosten)	34.600	5,0	90.100	3,4	26(von 23)
sonstiger Aufwand	170.800	24,7			27(von 23)
Abteilungsergebnis Wellness	100.500	14,5	62.800	23,2	28(von 23)
Sonstiges					29
Sonstige Erlöse	171.700	100,0	198.000	100,0	30(31+32)
Sonstiges Aufwendungen	103.000	60,0	53.300	26,9	31(von 30)
Abteilungsergebnis Sonstiges	68.700	40,0	144.700	73,1	32(von 30)
GOI (Gross Operating Income)	1.833.500	48,3	2.169.200	56,3	33(Bezug zu 1)
Verwaltung (Administr.&General)					34
Personalaufwand	79.600	2,1	394.900	10,3	35
sonstiger Aufwand	75.900	2,0	156.600	4,1	36
Abteilungsergebnis Verwaltung	155.500	4,1	551.500	14,3	37(35+36)
Marketing & Sales					38
Personalaufwand	53.000	1,4	73.000	1,9	39
Sonstiger Aufwand	151.700	4,0	145.300	4,0	40
Abteilungsergebnis M&S	204.700	5,4	218.300	5,9	41(39+40)
Technik (Reparatur/Instandhaltung)					42
Personalaufwand	26.500	0,7	63.500	1,6	43
Sonstiger Aufwand	37.900	1,0	125.700	3,3	44
Abteilungsergebnis Technik	64.400	1,7	189.200	4,9	45(43+44)
Energie	151.700	4,0	275.700	7,2	46
Operative Aufwendungen gesamt	576.300	15,2	1.234.700	32,1	47
GOP I (Betriebsergebnis I)	1.257.000	33,1	934.500	24,3	48(33-47)
(Weiter mit Afa, Mieten, Pachten, Zinsen und sonstiges bis zum Betriebsergebnis II)					

Abb. 92:   Betriebsergebnisse von Spa-Hotels im Vergleich

Erläuterungen:

- Der Spa-Umsatz steht für gut 18% gemessen am Hotel-Gesamterlös. Allerdings ist aus der Abbildung nicht ersichtlich, ob sich verdeckte Spa-Erlöse etwa durch den Verkauf von Pauschalen mit Spa-Beteiligung in der Logis-Buchhaltung niederschlagen.
- Gemessen an anderen Abteilungsergebnissen fällt das Ergebnis der Spa-Abteilung mit ca. € 100.000 niedrig aus.
- Die Personalkosten im Spa sind höher (30 bis 60%) als in anderen Abteilungen.

Der Benefit eines Spa lässt sich nicht nur über sein Abteilungsergebnis definieren. Der Benefit eines Spa liegt insbesondere darin, dass Hotelauslastung und Zimmerpreise erhöht werden können. Beide Vorteile kommen zunächst nur dem Abteilungsergebnis Logis zugute und wirken sich natürlich positiv auf das Unternehmen insgesamt aus. In diesem Sinn kann vereinfachend gesagt werden: Je größer und schöner das Spa, umso besser die Ergebnisse des Hotels. Wenn allerdings die Verzinsung des für die großen Spa-Anlagen eingesetzten Kapitals berücksichtigt wird, ergibt sich ein differenziertes Bild:

- Wenn die besseren Ergebnisse (infolge höherer Zimmerpreise und besserer Auslastung) mit dem höheren eingesetzten Kapital (besonders hohes Invest beim Spa) verglichen werden, so zeigt sich eine unterdurchschnittliche Verzinsung dieses Kapitals.
- Die führt zu dem Schluss, dass viele Spa-Bauvorhaben mit einem ungerechtfertigt hohen Kapitaleinsatz erkauft werden.[329] Daraus jedoch kann keine generelle Ablehnung eines Investments in Spas abgeleitet werden.

Trotz dieser kritischen Einschätzungen zeigt eine Untersuchung[330], dass 2005 zwar die meisten Einrichtungen Österreichs in Betriebsgrößenoptimierung und Qualitätsverbesserung investiert haben, dass jedoch ein Invest in Spas zumindest im Vergleich zum Vorjahr der Untersuchung (2004) das vorrangige Investitionsziel gewesen ist. Deutlich abgeschlagen im Hinblick auf Investitionsziele waren die Bereiche Hotelneubau, Seminar-, Fitness-, Kinderspielräume sowie Personalzimmer. Diese Ergebnisse zeigen, dass Spa im Hotel derzeit noch immer floriert, zumindest in Österreich.

---

[329] Mehr dazu in: Rechnet sich „Wellness"? (2006).
[330] Rechnet sich „Wellness"? (2006), S. 1.

5   Planen und Betreiben von Spa und Region

5.1   Allgemeine Fragen

In diesem Kapitel werden Fragestellungen behandelt, die gleichermaßen für das Spa als singuläre Unternehmung wie auch für die Region von Bedeutung sind.

5.1.1   Marktforschung

Marktforschung meint

> „die systematisch betriebene Erforschung eines konkreten Teilmarktes (Zusammentreffen von Angebot und Nachfrage) einschließlich der Erfassung der Bedürfnisse aller Beteiligten."[331]

Diese Definition erlaubt viele verschiedene Schwerpunktsetzungen, die in der Spa-Marktforschung eine Rolle spielen können. Beispiele:

- Makroökonomische Analyse: Beispielsweise die Umsatzentwicklung des Spa-Marktes in einem Land.
- Mikroökonomische Analyse: Rentabilitätsanalyse der Beauty-Abteilung im Spa.
- Betriebsanalyse: Entwicklung der Auslastung in einer Rehabilitationsklinik.
- Konsumentenanalyse bzw. Konsumentenforschung: Reisemotive im Bereich der Gesundheitsreisen.

Viele strategische Entscheidungen fallen in Spas und Regionen aus dem Gefühl heraus und auf der Basis einer langen Berufserfahrung des Managements. Häufig jedoch werden ergänzende Wissensquellen vergessen, die die zuvor genannten individuellen Entscheidungen verifizieren oder falsifizieren könnten. Es ist Aufgabe des Managements festzulegen, worüber Wissen erhoben werden soll. Dies kann beispielsweise

- einzelne Abteilungen eines Spa betreffen, etwa durch eine Gästebefragung oder einen Mystery Check, wenn hier gehäuft Beschwerden offenkundig geworden sind,
- aber auch, wie das untere Beispiel zeigt, ganze Regionen betreffen und sich nicht allein auf eine Gästebefragung, sondern auf einen regionsinternen Leistungsvergleich berufen, dessen Kriterien zuvor durch eine Arbeitsgruppe festgelegt worden sind.

---

[331]   Marktforschung. (1994).

Beispiel für Marktforschung in der Region

Mit Hilfe einer Marktanalyse im deutschen Bundesland Niedersachsen sollten Stärken und Schwächen der Kurorte herausgefunden werden. Dabei wurde von folgender Kriterienmatrix ausgegangen:[332]

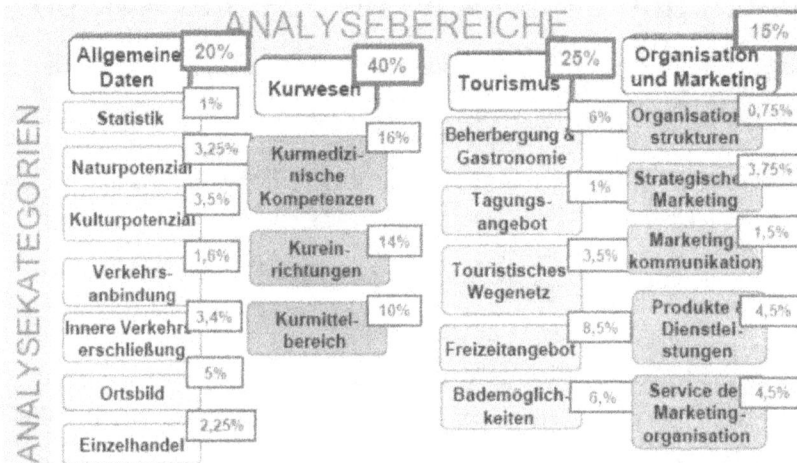

Abb. 93:   Kriterienmatrix zum Leistungsvergleich der niedersächsischen Kurorte

Die Prozentangaben stellen Gewichtungen dar, mit deren Hilfe wichtigere von unwichtigeren Kriterien unterschieden werden sollen. Die hier verwendete Marktforschungsmethode kann wie folgt dargestellt werden:[333]

- Analysebereich, Analysekategorie (s. Abbildung oben) und dahinter versteckte Kriterien wurden in einem Methodenworkshop festgelegt.
- Fragebogen, der durch Verantwortliche der Heilbäder und Kurorte auszufüllen war.
- Recherchen durch das beratende Unternehmen auf Basis eines Desk-Top-Research.
- Servicetest der Tourist-Informationen (telefonische Tests, persönliche Tests vor Ort, Bewertung des Prospektversands, Email-Test etc.).
- Vorortanalyse der zu untersuchenden Heilbäder und Kurorte.

Beispiel für Marktforschung im Spa

Die Zufriedenheit der Gastpatienten sollte wie in jedem Hotel auch im Spa permanent ermittelt werden. Dazu stehen verschiedene Möglichkeiten bereit:

- Gastpatientenbefragung: Häufig ist es Aufgabe der Guest Relation, die im Zimmer oder an der Rezeption ausgelegten Fragebögen zu sammeln, auszuwerten und deren Ergebnisse der Geschäftsführung darzulegen. Viele Betriebe handhaben es so, dass während der wöchentlichen Abteilungsleitersitzung jene Ergebnisse besprochen werden, die als nicht besonders gravierend erscheinen. Jedoch hat der Guest Relations Manager jene Ergeb-

---

[332]   Vergleichende Kurortanalyse Niedersachsen (Kurzfassung) (2003), S. 32.
[333]   Vergleichende Kurortanalyse Niedersachsen (Kurzfassung) (2003), S. 32.

nisse sofort der Direktion mitzuteilen, die als kritische Abweichung vom operativen Geschäft gewertet werden müssen, z.B. wenn ein Notruf nicht funktioniert hat.

- Beim Mystery Check handelt es sich um eine so genannte verdeckte Prüfung, d.h., Hotel oder Spa werden vorher nicht über die Prüfung informiert. In der Regel weiß davon nur die Direktion.

- Gespräche mit Gastpatienten mit den Möglichkeiten:
  - Entweder wird das Gespräch durch ein zufälliges Zustandekommen geführt, ohne dass die Fragen vorher festgelegt und die Ergebnisse systematisch ausgewertet werden.
  - Oder: Das Gespräch wird zwischen Hotel bzw. Spa und dem Gastpatienten vorher vereinbart. In diesem Fall kann z.B. mit Hilfe eines Leitfadeninterviews eine systematische Befragung durchgeführt werden, und bei ausreichend Zeitbudget können sogar Details oder emotionale Befindlichkeiten auf Seiten des Gastpatienten abgefragt werden. Der Gastpatient kann für solche Gespräche durch kleine Geschenke gewonnen werden.
  - Eine andere Variante ist eine offene Sprechstunde z.B. an einem Tag pro Woche. Hier ist das vordergründige Ziel, dass die Mitarbeiter den Gastpatienten an diesem Tag zur Verfügung stehen, allerdings können durch Rückfragen auch wichtige Informationen von den Gastpatienten gewonnen werden.

5.1.2 Vision, Leitbild, Strategie

Regionen wie auch Betriebe verfügen in der Regel über Leitsätze, die die Maxime des Handelns in kurze Worte fassen und einen unternehmensstrategischen Rahmen vorgeben. In diesem Zusammenhang werden verschiedene Begriffe verwendet, die im Tourismus eine eigene Färbung haben. Begriffe wie Unternehmensphilosophie, Vision, Philosophie, Leitgedanke, Leitbild oder Leitideen sollen allesamt ein realistisches, glaubwürdiges und attraktives Zukunftsbild des Unternehmens (singuläres Unternehmen oder Region) zeichnen und dabei anzustrebende Ziele, Werte und Normen formulieren.

- Visionen sind eher abstrakt gehaltene Langfristszenarien, die die Richtung des Unternehmens abbilden als Idealbild und mit Polarsternfunktion.
- So genannte Leitbilder dienen dazu, Szenarien dafür zu entwerfen, wie eine Vision zu erreichen ist.
- Strategien können Visionen und Leitbilder ergänzen und mit Terminen und Verantwortlichkeiten das operative Handeln teilweise bis ins Detail vorgeben.

Es ist stets das Ziel, einen Handlungsrahmen und Verhaltenskodex zu schaffen, der es allen Parteien des Unternehmens (Führung, Mitarbeiter) erleichtern soll, integriert in die gleiche Richtung zu steuern.[334] Dies hat seine besondere Bedeutung im Management von Tourismusorten oder -regionen, in denen ja mit Behörden, Bevölkerung, Leistungsträgern u.a. überaus heterogene Mitspieler wirken.

---

[334] Siehe dazu mehr in: Steinmüller (2000), S. 361.

Zukunftsplanung						
Vision	Mission Leitbild Philosophie	Ziele	Strategie	Entscheidung Umsetzung Realisierung	Ergebnisse	Bewertung
„In 20 Jahren gehören wir zu den führenden Spa-Ketten Asiens"	„Wir wollen ein Unternehmen sein, in dem der Gastpatient seine Wünsche in ganzer Linie erfüllt sieht"	„Ziel ist es, durch konsequente Erfüllung von Kundenwünschen unseren Stammkundenanteil von 30 auf 35% zu erhöhen"	Geschäftsfeldstrategien, Geschäftssystemstrategie, Marktpartizipationsstrategie u.a.	Auswahl fällt auf Marktfeldstrategie, Umsetzung derselben	Das Ergebnis der Zukunftsplanung liegt vor z.B. in Form von Auslastung, Umsatz, Gewinn, Verlustminderung	Die Bewertung der Ergebnisse kann zu einer Reorientierung der Zukunftsplanung führen
Abstrakt ⟶ Konkret Langfristig ⟶ Kurzfristig						

Abb. 94:   Abgrenzung von Leitbild, Vision und Strategie

Strategien

Marketingstrategien geben Auskunft über den Weg und die Weise, wie marktbezogene Ziele zu erreichen sind. Dabei geht es um Entscheidungen zur Marktwahl und –bearbeitung in Form mittel- bis langfristiger und globaler Pläne für strategische Geschäftseinheiten des Unternehmens.[335]

Marktpartizipationsstrategien bezeichnen die Versuche des Unternehmens als Ganzes, auf welche Weise eine aktive Teilhabe am Marktgeschehen erreicht werden soll:

- Marktkommunikationsstrategien beziehen sich darauf, welche Märkte mit der Kommunikation angesprochen werden (Gesamtmärkte, Teilmärkte) und welche Instrumente der Kommunikation zum Einsatz kommen (z.B. Product Placement, TV-Werbung, Öffentlichkeitsarbeit).
- Kundenstrategien konzentrieren sich darauf, wie mit bestehenden oder Neukunden umgegangen wird (Stammkundenpflege, Neukundenakquisition u.a.).
- Abnehmerorientierte Verhaltensstrategien beziehen sich darauf, welche Strategien gegenüber dem Konsumenten eingeschlagen werden:
  - Integration der Kunden in den Produktionsprozess (Prosument).
- Wettbewerbsorientierte Verhaltensstrategien: Dieser Bereich umfasst verschiedene Strategien, die sich auf das Verhältnis zur Konkurrenz beziehen:
  - Mögliche Strategie A: Das eigene Unternehmen setzt sich neben das andere und versucht, den Konkurrenten durch Preisunterbietung in die Knie zu zwingen.
  - Mögliche Strategie B: Das eigene Unternehmen meidet den Standort der Konkurrenz und sucht sich andere Standorte.
- Absatzmittlerorientierte Verhaltensstrategien beziehen sich auf das Verhältnis produzierender Unternehmen zu Absatzmittlern bzw. Verkaufsstellen:

---

[335] Systematik der folgenden Strategien in Anlehnung an: Wiesner (2007), S. 78ff. und: Becker (2000).

- Fall A: Der Hersteller von Thalasso-Kosmetika kann sich in Spas als Verkaufsstelle durchsetzen und erzielt einen wesentlichen Teil seines Umsatzes dort.
- Fall B: Der gleiche Hersteller kann sich in Spas und in der Kabine nicht durchsetzen und gründet deshalb seine eigenen Verkaufsstellen (z.B. Einzelhandel unabhängig vom Spa).
- Fall C: Der Reiseveranstalter gewährt dem Reisemittler mehr Provision als ein anderer und kann auf diese Weise seine Reisen bevorzugt verkaufen.

Geschäftssystemstrategien beschäftigen sich mit der Frage, in welchem Verhältnis das eine Unternehmen zu einem anderen stehen soll:

- Integrationsstrategien beziehen sich auf die Frage, ob andere Unternehmen, die die Produkte des eigenen Unternehmens positiv ergänzen, übernommen (aufgekauft) werden sollen.
- Kooperationsstrategien beschäftigen sich mit der Frage, auf welche Weise mit anderen Unternehmen kooperiert werden kann (z.B. Beteiligung, Joint Venture).

Geschäftsfeldstrategien beschäftigen sich mit der Frage, mit welchen Produkten auf welchen Märkten agiert werden soll:

- Konzentration auf strategische Geschäftsfelder: Dabei geht es um die Festlegung auf Produkte, mit deren Hilfe das Unternehmen mittel- und langfristig den größten Unternehmenserfolg erwartet.
- Die Portfoliostratgie klassifiziert Produkte nach ihrem wirtschaftlichen Erfolg:
  - Im Falle schlecht verkäuflicher Produkte (Poor Dogs) wird häufig eine Desinvestition (Rückzug) gewählt, d.h. geplant, das betreffende Produkt vom Markt zu nehmen (niedriger Marktanteil und niedriges Marktwachstum).
  - Produkte mit einem hohen Marktanteil, jedoch niedrigem Marktwachstum (Cash Cows) verlangen eine Strategie, die in der Lage ist, den Marktanteil zu halten; eine weitere Investition wird in der Regel abgelehnt.
  - Produkte mit hohem Marktwachstum jedoch niedrigem Marktanteil (Question Marks) verlangen eine Antwort auf die Frage, ob Rückzug oder Investition erforderlich ist.
  - Stars sind Produkte mit hohem Marktanteil und hohem Marktwachstum. Durch weitere Investition kann der Erfolg fortgesetzt werden, und hohe Preise können zur Gewinnoptimierung beitragen.
- Marktfeldstrategie: Dabei geht es um das Leistungsprogramm eines Unternehmens und wie es auf den Märkten ausgerichtet werden soll:[336]
  - Marktdurchdringung bedeutet, das bestehende Produkt in bestehenden Märkten besser durchzusetzen.
  - Marktentwicklung bedeutet, das bestehende Produkt in neuen Märkten zu verkaufen.
  - Produktentwicklung bedeutet, in bestehenden Märkten neue Produkte zu verkaufen.
  - Produkt-/Marktentwicklung (auch Diversifikation genannt) bedeutet den Verkauf neuer Produkte in neuen Märkten.
- Wettbewerbsstrategie: Hier geht um die Frage, mit Hilfe welcher Produktvorteile das Unternehmen am Markt punkten will (z.B. Qualitätsvorteil oder Preisvorteil).

---

[336] In Anlehnung an die Produkt-Markt-Matrix von Ansoff.

- Die Marktabdeckungsstrategien beschäftigen sich mit der Frage, wie intensiv ein Markt von einem Spa erobert und abgedeckt werden kann:
  - Es gibt den Generalisten, der ganz verschiedene Zielgruppen anspricht, um den Gesamtmarkt anzusprechen (Junge, Alte, Fitness, Beauty),
  - andere hingegen konzentrieren sich auf eine eng definierte Zielgruppe wie z.B. nur Frauen mit kosmetischen Bedürfnissen (Teilmarkt).
- Marktarealstrategien beschäftigen sich mit der geografischen Ausdehnung des Absatzmarktes:
  - Das Spa mit lokalem Publikumsverkehr akquiriert seine Gastpatienten vornehmlich aus dem eigenen Ort.
  - Das Spa mit einem nationalen oder sogar internationalen Quellmarkt akquiriert Gastpatienten auch oder im Wesentlichen aus dem Ausland.
- Timingstrategien legen fest, zu welchem Zeitpunkt mit neuen Produkten auf den Markt gegangen wird (als erster, als einer der ersten, oder erst später).
- Entwicklungsstrategien befassen sich mit der Frage, ob das Unternehmen oder einzelne Produkte wachsen, stabil bleiben oder schrumpfen sollen.

Es ist üblich, dass verschiedene Strategien miteinander kombiniert werden. Das wird dann gerne als Strategieprofil bezeichnet. Das Strategieprofil eines Medical-Spa könnte z.B. sein:

Timingstrategie	Das Unternehmen wartet, ob sich die neuartige Therapie gegen Hautalterung bei der Konkurrenz durchsetzt
Integrationsstrategie	Das Unternehmen plant Wachstum durch die Übernahme anderer Unternehmen, die eine Stärke im Bereich Haut haben
Entwicklungsstrategie	Durch Anwendung der Integrationsstrategie will das Unternehmen rasch wachsen und innerhalb von fünf Jahren zum Marktführer aufsteigen
Marktarealstrategie	Das Unternehmen will sich zunächst auf den nationalen Markt konzentrieren

Abb: 95:   Strategieprofil eines Medical-Spa

Vision, Leitbild
Verschiedene Interessengruppen innerhalb eines Ortes oder innerhalb einer Region (z.B. Kur-, Hotel- und Wanderverein, Bürgermeister und Gemeindevertreter) haben nicht immer die gleichen Vorstellungen darüber, wie sich ein Ort oder eine Region weiter entwickeln sollen. Aus diesem Grund werden häufig unter Zuhilfenahme externer Berater so genannte touristische Leitbilder erarbeitet, die die schriftlich festgehaltene Zielsetzung für einen Ort oder eine Region sind. Das können eher vage formulierte Zielsetzungen sein (z.B. „wir wollen uns zur Gesundheitsdestination entwickeln"), oder es können auch konkrete Handlungsleitfäden erarbeitet werden, in denen einzelne Arbeitsschritte mit Zeitfenster und Verantwortlichkeit festgelegt werden. Für die Erarbeitung solch eines touristischen Leitbildes werden in der Regel Arbeitsgruppen eingesetzt, die mit Hilfe verschiedener Kommunikationsmethoden (z.B. Zukunftskonferenz) und häufig auch mit Hilfe eines externen Beraters den Konsensprozess gestalten. Der Erfolg eines solchen Leitbildes im Sinne der Umsetzung der darin formulierten Ziele hängt im Wesentlichen davon ab, dass

- die einheimische, letztlich also betroffene Bevölkerung in den Planungsprozess involviert wurde, und dass
- die Ziele umsetzungsorientiert, realitätsnah und motivierend formuliert wurden.

Teile solcher Papiere können SWOT-Analysen, Positionierungs und Differenzierungsstrategien (s. dazu Kapitel 6.2.2.3), Milieuwahlanalysen, Differenzierungsstrategien sowie Life-
style- und Zielgruppenanalysen sein.

Unternehmensleitbild im Spa

Das Unternehmensleitbild eines Spa (Spa-Philosophie) formuliert zentrale Maxime des Handelns und ist häufig auf die Gegenwart orientiert. Manche davon konzentrieren sich auf
Grundgedanken zum behandlerischen Angebot, andere stellen allgemeine Unternehmenszie-
le in den Vordergrund. Beispiel der Therme Geinberg (Österreich):

- „1: Wir legen unser besonderes Augenmerk auf eine hervorragende Qualität in allen
  Bereichen verbunden mit der Freude, unseren Gästen damit einen einzigartigen und un-
  vergesslichen Aufenthalt zu bieten. Unsere ambitionierten und motivierten MitarbeiterInnen sind die Garanten dafür, dass unsere Besucher eine entspannende, vitalisierende Zeit
  in der Therme Geinberg genießen.
- 2: Die Wünsche unserer Gäste sind für jeden unserer MitarbeiterInnen das wichtigste
  Anliegen. Anspruchsvolle und verwöhnte Gäste sind uns jedesmal aufs Neue eine will-
  kommene Herausforderung, der wir uns jeden Tag gerne stellen.
- 3: Der sorgsame Umgang mit dem wertvollen Thermalwasser und der bewusste Einsatz
  der geothermischen Energie sind für uns eine Selbstverständlichkeit. Eine intakte und
  lebenswerte Umwelt ist für unsere Gäste eine der wesentlichsten Voraussetzungen für
  einen vollkommen zufriedenstellenden Aufenthalt.
- 4: Natürlich sind wir uns der gesellschaftlichen und wirtschaftlichen Verpflichtung für
  die Region bewusst. Wir freuen uns darüber, unseren Beitrag im Zusammenspiel mit unseren Partnern leisten zu können und setzen unsere Kraft dazu ein, die Region in ihrer
  Natürlichkeit zu erhalten und diese Vorzüge unseren Gästen sowie unseren MitarbeiterInnen zu bieten und zu sichern.
- 5: Wir setzen Trends, um auf die Bedürfnisse unserer anspruchsvollen Gäste eingehen zu
  können. Laufende Innovationen bedeuten neue Wege, um das Beste für Erholungssu-
  chende zu bieten. Wenn immer es Möglichkeiten zur Verbesserung und Optimierung un-
  seres Services gibt, werden wir diese nützen.
- 6: Ein Höchstmaß an Qualität für unsere Gäste erreichen wir am Besten gemeinsam mit
  unseren Partnern. Um unseren Gästen dieses Höchstmaß an Qualität bieten zu können,
  finden wir gemeinsam mit unseren Partnern die besten Wege für eine optimale Zusammenarbeit."[337]

5.1.3   Personalwirtschaft

Das Management im Spa wird einen ganz besonderen Schwerpunkt auf die Personalwirt-
schaft legen müssen, weil die Güte der Dienstleistungen im Wesentlichen von der Qualität
der Behandler abhängt. Ganz verschiedene Berufsgruppen werden in der Spa- und gesundheitstouristischen Industrie benötigt: Die Spannbreite reicht vom Kosmetiker bis hin zum
Arzt, vom Rezeptionisten bis hin zum Techniker, von leitenden (z.B. Chefarzt) bis ausführenden Tätigkeiten (z.B. Praktikant an der Rezeption). Die folgende Auflistung folgt der

---

[337] Therme Geinberg (2008).

Logik personaler Aktivitäten in Betrieben, von denen ausgewählte Kapitel im Folgenden näher erläutert werden:

- Personalplanung (Einschätzung des zukünftigen Bedarfs an Mitarbeitern mit spezifischen Qualifikationen).
- Personalbeschaffung (Gewinnung des bestmöglichen Personals, Auswahlverfahren, Nutzung von Personalvermittlern).
- Personaleinführung (Einarbeitung des neuen Personals oder des bestehenden Personals auf neue Positionen).
- Personalentwicklung (Weiterbildung, laufende Trainings).
- Personalentlohnung (Höhe des Lohnes und außertarifliche Leistungen).
- Personelle Sozialpolitik (z.B. kostenloser Betriebskindergarten).
- Personalbeurteilung (fachliche Qualifikation, soziale Qualifikation, Verkaufstalent).
- Personalbindung und Personalmotivation (faire Entlohnung, Berücksichtigung von Wünschen, Anreiz und Belohnungssysteme).
- Personalfreisetzung (Aufhebungsvertrag, Kündigung).

5.1.3.1   Qualifikation, Kompetenz und Managementaufgaben

Überblick über wichtige Qualifikationen

Die folgende Übersicht mit zentralen Feldern dessen, was vom Personal beherrscht werden sollte, kann als Anhaltspunkt für das Management dienen insbesondere bei der Auswahl von Personal, aber auch bei der Einschätzung der Fähigkeiten beim Einstellungsgespräch oder bei der fortlaufenden Bewertung. Natürlich muss berücksichtigt werden, dass die unten genannten Kompetenzen in unterschiedlichem Grad bzw. Ausmaß von Ärzten, Therapeuten oder Rezeptionisten abzufordern sind:[338]

	Kompetenzen				
	Fachlich	Methodisch	Sozial	Personal	Wirtschaftlich
Erklärung	Fachkompetenz bezogen auf den jeweiligen Arbeitsplatz (z.B. Kennen der Determinanten von Gesundheit, Begriffe erklären können wie Salutogenese)	Methodenkompetenz bezogen auf die sinnlogische Gestaltung von Prozessen im Interesse des Unternehmen und des Gastpatienten	Teamfähigkeit bezogen auf die Mitarbeiter und die Gastpatienten	Fähigkeit, sich zu organisieren und den zugewiesenen Arbeitsbereich im Rahmen der übertragenen Verantwortung zu managen	Fähigkeit, Sachgüter und Dienstleistungen aktiv zu verkaufen, jedoch dezent und zu gegebener Zeit
Beispiele	Berufsübergreifend, Berufsbezogen, Berufsvertretend, erufsausweitend, Betriebsbezogen, Erfahrungsbezogen	Planen, Durchführen, Kontrollieren, situative Lösungsverfahren, Beratungsgespräch, Diagnose, Methoden des Interventionsdesigns, Durchführung der Intervention	Anpassungsfähigkeit, Leistungsbereitschaft, Kommunikationsfähigkeit, Kooperationsbereitschaft, Fairness, Aufrichtigkeit, Teamgeist	Koordination, Organisation, Kombination, Überzeugung, Entscheidung, Verantwortung, Führung	Beratung, Produktkenntnis, Verkaufstechniken, Inkassotechniken (z.B. Umgang mit Kreditkarten)

Abb. 96:   Zentrale Kompetenzen des Spa-Personals

---

[338] In Anlehnung an: Neuhaus (2005), S. 126.

Die Methoden der Gesundheitsbildung hängen zum einen von den zuvor genannten Einflussfaktoren ab, zum anderen aber von veränderten Lerngewohnheiten der Gesellschaft. Die
Erlebnisgesellschaft legt weniger Wert auf die rationale und seminaristische Erkenntnis als
vielmehr darauf, Erkenntnisse im Rahmen eines erlebnisorientierten Lernprozesses durch
eigenes Erfahrungshandeln selbst zu machen. Redewendungen wie „Gesundheit macht
Spaß" bilden diesen Sachverhalt ab und fragen vermehrt nach einem Lernort, in dem Anima-
tion, Musik, Gruppenerlebnis, Erlebnisinszenierung, gepaart mit sorgfältig ausgewählten und
sauberen Fakten, eine wichtige Rolle spielen.

Nachfrage nach Qualifikation und Problematik der Personalakquise
In einer internationalen Untersuchung wurde in vielen verschiedenen Spas im europäischen
Raum ermittelt, welche Eigenschaft das Personal generell haben muss. Ein Auszug der Er-
gebnisse zeigt auf der einen Seite die notwendigen Fähigkeiten, auf der anderen Seite die
Schwierigkeit, Personal mit diesen Eigenschaften zu finden.[339]

Erfahrungen, Fähigkeiten und Fertigkeiten	Wichtig-keit	Schwierigkeit zu finden
Selbstmanagement wie Pünktlichkeit, Zeitmanagement und Flexibili-tät	1,47	2,64
Teamfähigkeit, Bereitschaft mit anderen Menschen zusammen-zuarbeiten	1,53	2,46
Gute Kommunikationskenntnisse	1,55	2,66
Verständnis für gesundheitstouristische Grundlagen und Konzepte wie Wellness, Sport, Erholung, Ernährung, Gästebetreuung u.a.	1,82	2,73
Anpassungsfähigkeit	1,83	2,65
Problemlösungsfähigkeiten	1,83	2,84
Konfliktbeilegungsfähigkeiten	1,99	2,90
Selbstmarketing und Präsentationstechniken	1,99	2,72
Interkulturelle Fähigkeiten	2,07	2,85
Gute Fremdsprachenkenntnisse	2,09	3,23
Fähigkeiten zur Entscheidungsfindung	2,11	2,75
Praxiserfahrung im Berufsfeld	2,19	2,95
IT-Kenntnisse	2,60	2,55
Fähigkeiten zum Projektmanagement und Verständnis für touristische Vorgänge wie Planung, Eventmanagement, Marketing und Buch-haltung	2,84	3,07
Berufserfahrung im Ausland	3,23	3,51
Andere wie berufliche Aktualisierung, Anatomie, technisches Ver-ständnis	3,27	3,87

Abb. 97:   Gefragte Fähigkeiten und Kenntnisse von Gesundheits- und Wellness-Personal

*Mittlere Spalte: 1: sehr wichtig, 5: wenig wichtig; rechte Spalte: 1: Personal leicht zu finden, 5: Personal schwie-
rig zu finden.*

---

[339]   Formadi (2007), S. 15f. Übersetzung der Tabelle aus dem Englischen durch den Autor.

Die Ergebnisse zeigen:

• Selbstmanagement und soziale Eigenschaften gehören zu den wichtigsten Fähigkeiten.

• Im Hinblick auf die Personalakquise fällt auf, dass keine Fähigkeit leicht zu finden ist. Mit einem Durchschnittswert von ca. 2,5 scheinen Personalmanager generell vor große Probleme gestellt zu sein.

Motivation auf Seiten der Arbeitnehmer

Im europäischen Vergleich wird der Arbeitsplatz Spa in der Regel durch Zufall gefunden bzw. aus einer negativen Motivation heraus („weg vom alten Arbeitplatz", „woanders mehr Geld verdienen"). Mit anderen Worten: Das Spa besitzt (noch) kein Image, das die Leute veranlassen würde, unbedingt einen Arbeitsplatz im Spa anzustreben. Nach einer Zeit der Arbeit im Spa wird der Arbeitsplatz jedoch geschätzt, weil gute Arbeitsbedingungen und Abwechslungsreichtum anerkannt werden.[340] Arbeitsplatzmobilität zwischen dem Gesundheits- und Spa-Sektor ist nur auf einem niedrigen Level zu beobachten. Arbeitsplatzstabilität spielt an dieser Stelle eine große Rolle. Die Bereitschaft ist zu beobachten, das Fachwissen zu erweitern und dafür auch finanzielle Opfer zu bringen.[341]

Führungsaufgaben im Spa und im Regionalmanagement

Führungsfunktionen lassen sich im Allgemeinen wie folgt darstellen[342]:

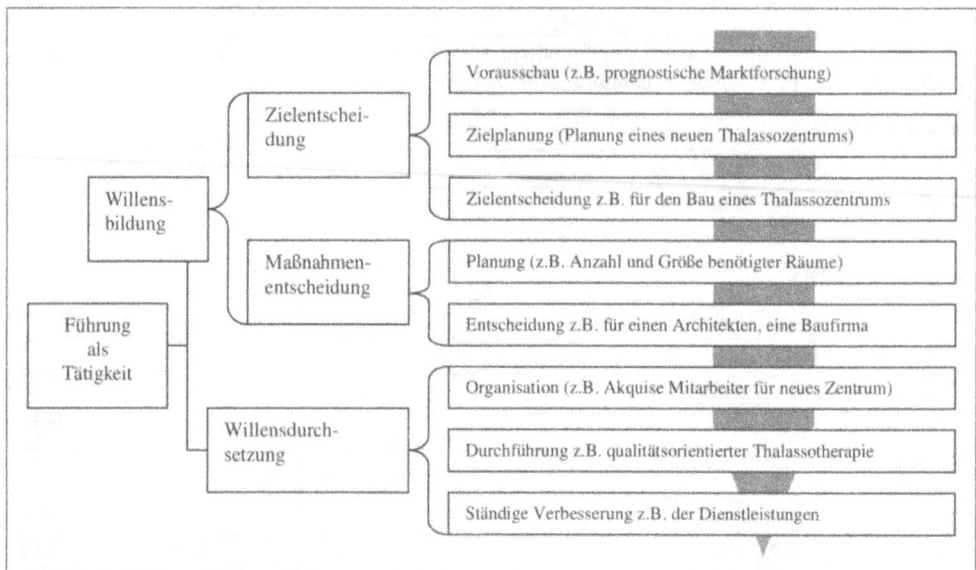

Abb. 98:   Führungsfunktionen im Spa-Management

---

[340] Formadi et al (2008), S. 20.
[341] Formadi et al (2008), S. 24.
[342] Siehe ähnlich: Steinmüller et al. (2000), S. 368.

5.1.3.2   Personalakquise und Stelle

Die vielen zuvor genannten Eigenschaften, über die ein Spa-Mitarbeiter verfügen sollte, erfordern ein professionelles System der Personalbeschaffung. Abhängig vom Betriebstyp, von der Lage und vom Anspruchsniveau wird ein sorgsam austarierter Mix in der Wahl der Kommunikationswege zur Verbreitung der Stellenanzeige am wirksamsten sein. Dazu gehören relevante Fachzeitschriften, das Internet (z.B. die Anzeige in der Homepage des Spa oder Jobsuchmaschinen) und lokale und überregionale Tageszeitungen. Für die Akquise von Führungskräften kann auch mit einer Personalagentur zusammengearbeitet werden.

Wenn eine Kurzbewerbung per Email zugelassen wird, sollte dies nur zu einer ersten Selektion dienen. Wenn das personalsuchende Unternehmen aufgrund dieser Bewerbung Interesse zeigt, sollte auf eine schriftliche Bewerbung bestanden werden. Diese ist dann nach Gesichtspunkten der Vollständigkeit, Güte der Zeugnisse, Motivation des Mitarbeiters sowie Gestaltung/Übersichtlichkeit zu bewerten. Ist auch dieser Schritt erfolgreich bestanden, kann zunächst ein Telefoninterview vereinbart werden. Damit können zunächst dem Bewerber, jedoch auch dem suchenden Unternehmen teure Reisekosten erspart bleiben. Wenn jedoch ein Bewerber auch beim Telefoninterview einen guten Eindruck hinterlassen hat, kann auf eine persönliche Vorstellung nicht verzichtet werden.

Da die Fluktuation in Spa auf allen Hierarchieebenen sehr hoch ist, muss nach einer Anstellung darauf geachtet werden, das gute Personal zu halten. Dies passiert durch eine adäquate Entlohnung, auf den Mitarbeiter zugeschnittene Entfaltungsmöglichkeiten und einen Führungsstil, der den individuellen Entwicklungsdrang der Menschen ebenso würdigt wie er ihn im Interesse des Unternehmens zu kanalisieren weiß.

Stellenbeschreibung und Spa-Manager

Die Stelle ist gekennzeichnet durch eine „dauerhafte Aufgabenbündelung, Kompetenz, Verantwortung und versachlichten Personenbezug"[343]. Es können verschiedene Typen von Stellen unterschieden werden:

- Inhaber von Leitungsstellen sind befugt, für andere Mitarbeiter des Unternehmens verbindliche Entscheidungen zu treffen.
- Inhaber von Ausführungsstellen haben keine Leitungskompetenzen.
- Unterstützende Stellen (Dienstleistungsstelle) sind dadurch gekennzeichnet, dass sie durch ihr spezialisiertes Wissen über Abteilungsgrenzen hinweg Hilfestellung leisten können (z.B. der Computerfachmann).

Ein Spa muss nicht notwendigerweise über eine eigens definierte Stelle des Spa-Managers verfügen. Tätigkeiten dieser Funktion können abhängig von der Größe und vom Betriebstyp von anderen Mitarbeitern übernommen werden wie z.B.

- von verschiedenen Mitarbeitern der Führungsebene des dazugehörigen Hotels.
- Auch kann ein Mitarbeiter des Spa für die zeitweise Erledigung von Managementaufgaben von seinen Aufgaben als Behandler freigestellt werden.
- Mitunter kann auch die Variante beobachtet werden, dass externe Berater das Management auf Zeit übernehmen, um auf diese Weise ein personelles Vakuum auszufüllen oder

---

[343]   Steinmüller et al. (2000), S. 66ff.

um einen neuen Betrieb mit einem neuen Team bis zur Einstellung des Managers auf die Beine zu helfen.

- Oder: Der mit Führungsaufgaben nicht ausgelastete Spa-Manager kann verpflichtet werden, einen Teil seiner Arbeitszeit als Behandler zu nutzen, wenn er dafür ausgebildet ist. Abhängig vom Umfang der dem Manager zugedachten Aufgaben können ca. 20 Mitarbeiter im Spa als Größenordnung angesehen werden, ab der eine Vollzeitstelle mit Führungsaufgaben gefüllt werden kann.

- Häufig ist zu beobachten, dass befähigte Behandler zum Manager befördert werden. Dies sind dann Sportwissenschaftler oder Kosmetiker, die durch besonderes Training in die neue Aufgabe hineinwachsen wollen.

Die folgende Stellenbeschreibung für einen Spa-Manager ist zum einen durch seine Weisungsbefugnis gegenüber den Mitarbeitern im Spa gekennzeichnet, aber auch durch die Weisungsabhängigkeit gegenüber übergeordneten Instanzen (z.B. Hoteldirektion). Der Analyseteil (rechte Spalte) ist nicht Bestandteil der Stellenausschreibung und zeigt die verschiedenen Aufgabenbereiche, die ein Spa-Manager inne haben kann:

Stellenbeschreibung/Position: Spa-Manager	
Weisungsbefugt gegenüber dem Spa-Personal: Rezeptionisten, Therapeuten, Kosmetiker, Fitness Trainer, Reinigung, Verwaltung, Techniker. Weisungsgebunden gegenüber der Hoteldirektion (Chief Operating Officer).	
Allgemeine Ziele: Einsatz personeller, materieller und finanzieller Mittel mit dem Ziel, die verschiedenen unten genannten Aufgaben zu erfüllen unter der Prämisse ganzheitlicher Gästezufriedenheit	
Voraussetzungen: Ausbildung vorzugsweise in einem therapeutischen oder kosmetischen Beruf gepaart mit kaufmännischen Kenntnissen, kommunikativem Auftreten und Gespür für die Wünsche der Gäste.	
Aufgaben und Pflichten im Einzelnen:	Analyse:
1. Sicherstellen eines positiven Betriebsergebnisses. Erstellung des Spa-Haushaltes und jährliche Budgetverhandlungen mit dem Hotelmanagement. Marketing- und Verkaufsstrategien planen und durchführen auf der Basis des gegebenen Budgets. Beschaffung und Lagerhaltung mit dem Ziel, die Versorgung zu garantieren und die Beschaffungskosten zu minimieren.	Wirtschaft
2. Eingangs- und Ausgangsrechnung prüfen/unterschreiben und an die Buchhaltung des Hotels weitergeben. Anfertigen eines Monatsberichts und diesen an die zuständige Abteilung des Hotels weiterleiten. Durchführung einer monatlichen Inventur für die Hotelbuchhaltung.	Verwaltung
3. Sicherstellen des operativen Geschäftes. Erstellung der täglichen Arbeitspläne unter Berücksichtigung der Wünsche der Gäste und Therapeuten sowie unter Berücksichtigung der arbeitsrechtlichen Vorgaben.	Tagesgeschäft
4. Sicherstellen des für die Anforderungen der Kunden notwendigen Teams mit Hilfe von Einstellung, Training, Motivation, Entlassung sowie externer Honorarkräfte. Schaffung einer motivierten Arbeitsatmosphäre im Spa, deren Prinzipien auf Wertschätzung und Kooperation beruhen. Schaffung, Koordination und Überwachung von Maßnahmen zur Personalentwicklung. Berücksichtigung der rechtlichen Vorgaben zur Weiterbildung des medizinischen Personals.	Personal
5. Erstellen, Erweitern und Anwendung des Spa-Qualitätshandbuches unter Berücksichtigung der Normen des Hotels.	Qualität
6. Schaffung und Umsetzung von Maßnahmen zur Kundenbefriedigung. Erfassung von Gästedaten, Auswertung und Umsetzung relevanter Anregungen.	Kundenorientierung
7. Permanente Kommunikation mit den verschiedenen Abteilungen des Hotels zur Sicherstellung eines reibungslosen Schnittstellenmanagements. Beteiligung an den Management-Treffen des Hotels. Permanente Informationsbeschaffung über aktuelle Trends im Spa-Markt.	Kommunikation
8. Planung, Budgetierung und Durchführung von Maßnahmen der betrieblichen Gesundheitsförderung.	Gesundheit

Abb. 99:   Stellenbeschreibung für einen Spa-Manager

Abschließender Teil der Personalakquise ist der Arbeitsvertrag. In diesem sind Rechte und Pflichten beider Parteien (Arbeitgeber und Arbeitnehmer) geregelt, insbesondere auch die Entlohnung und die Provision.

5.1.3.3   Gehalt und Provision

Gehalt

Spa-Manager in Top-Spas erhalten in Mitteleuropa bis zu € 4.500 Nettogehalt im Monat. Spa-Manager in kleineren Einrichtungen mit ca. 10 Kabinen und der gleichen Zahl Mitarbeiter können bis zu € 4.000 Monatsbrutto aushandeln. Der stellvertretende Spa-Manager kann bis zu € 3.000 Monatsbrutto aushandeln. Vollzeitkräfte, die ausschließlich am Gast arbeiten, können mit € 1.500 (Einstiegsgehalt) und bis zu € 2.500 Monatsbrutto rechnen. Die zuvor genannten Gehälter jedoch können flexibel abhängig davon sein, ob Teile davon in Vergünstigungen (z.B. Dienstauto) oder Provision (s. unten) entgolten werden. Der Gehaltsanteil, der flexibel in Form von Provision ausgezahlt wird, kann zwischen 10% und 50% liegen.[344]

Provision

Eingedenk nationaler Spielräume im Arbeitsvertragsrecht können Bonus- und Malus-Regelungen Bestandteil des Arbeitsvertragsrechts sein. Dazu gehören so genannte Provisionen, also erfolgsabhängige (Zusatz-)Vergütungen, die gewährt werden, wenn der Behandler durch aktiven Verkauf ein zuvor festzulegendes Umsatzvolumen übersteigt. Im internationalen Vergleich gibt es sehr viele verschiedene Modelle zur Provisionsregelung. Oftmals beschränken sich Provisionsregelungen auf fixe Mitarbeiter. Insbesondere Auszubildende und häufig auch externe (Honorar-)Kräfte sind davon ausgenommen. Provisionsregelungen werden für einen bestimmten Zeitraum vereinbart (z.B. ein Jahr) und danach neu verhandelt. Die Festlegung von Provisionen macht zahlreiche Detailregelungen notwendig, von denen einige im Folgenden angesprochen werden:[345]

*   Es gibt Provisionsmodelle, die sich zum einen am Produktverkauf und zum anderen am Umsatz ausrichten, der bei Behandlungen generiert wird.
*   Verprovisionierung von Urlaubs-, Arbeitsunfähigkeits- und sonstigen Abwesenheitstagen: Für diese Tage kann ein durchschnittlicher Umsatz aller Mitarbeiter ermittelt werden, der als Grundlage für die Verprovisionierung der Fehltage genommen wird.
*   Provision in verschiedenen Abteilungen: Abteilungsindividuelle Provisionsregelungen innerhalb des Spa würden einen flexiblen Einsatz von Therapeuten erschweren, weil die Behandler bevorzugt in den Abteilungen mit höherer Provision arbeiten wollen.
*   Staffelprovision: Häufig wird die Provision in Abhängigkeit von der Höhe des Umsatzes festgelegt. Das unten stehende Beispiel zeigt, dass die Provision ab einem festgelegten Mindestumsatz gewährt wird, der pro Tag oder pro Monat gerechnet werden kann. In anderen Modellen wird Provision vom ersten erwirtschafteten Euro gewährt.
    -   Provisionsstufe 1: Monatsbruttoumsatz pro Mitarbeiter € 5.000 bis 5.499 erzielt Provision von 1,5% von diesem Umsatz.

---

344   Siehe dazu auch: Kraemer (2005), S. 38f.
345   Zahlreiche Informationen in diesem Kapitel über Provisionen in Anlehnung an: Richter (2007).

– Provisionsstufe 2: Monatsbruttoumsatz pro Mitarbeiter € 5.500 bis 5.999 erzielt Provision von 2,0% von diesem Umsatz.

– Provisionsstufe 3: Monatsbruttoumsatz pro Mitarbeiter € 6.000 bis 6.499 erzielt Provision von 2,5% von diesem Umsatz.

– Provisionsstufe 4: Monatsbruttoumsatz pro Mitarbeiter € 6.500 und mehr erzielt Provision von 3,0% von diesem Umsatz.

• Andere Provisionsregelungen staffeln nicht. Sie beziehen sich auf einen auf den Tag oder Monat berechneten Mindestumsatz und gewähren z.B. ab € 380 Tagesumsatz 5% auf den zusätzlichen Umsatz.

• Arbeitszeiten dürfen bei entsprechender Nachfrage im Rahmen einer festzulegenden Grenze im Sinne der Provisionsmaximierung verlängert werden. Es ist jedoch darauf zu achten, dass die Mitarbeiter mit hohen Umsätzen nicht auf Kosten der Gastpatienten arbeiten z.B. durch Verkürzung von Behandlungszeiten oder menschlicher Zuwendung.

Mitarbeiter, die keinen oder nur einen geringen konkreten Umsatz generieren (Rezeption, Fitness, Spa-Manager), können auf andere Weise verprovisioniert werden:

• Die Provision kann addiert werden auf Basis eines differenzierten Provisionssatzes vom Umsatz einerseits und vom Sachgüterverkauf andererseits. Beispiel:

– Die Mitarbeiter erhalten 0,1% vom monatlichen Spa-Gesamtumsatz durch Behandlungen und 7% vom Gesamt-Produktverkauf.

• Die Provision wird auf den gesamten Spa-Umsatz eines Monats bezogen und mit Hilfe eines einzigen Provisionssatzes ermittelt. Fehltage können sich provisionsmindernd auswirken. Vom Bruttoumsatz erhalten die Mitarbeiter bestimmte Prozente wie z.B. in folgendem Beispiel. Bleibt der Umsatz unter € 80.000, wird keine Provision gezahlt:

– Provisionsstufe 1: Monatsbruttoumsatz im Spa gesamt: € 80.000 bis € 99.999, zugeteilte Provision 0,5%.

– Provisionsstufe 2: Monatsbruttoumsatz im Spa gesamt: € 100.000 bis € 119.999, zugeteilte Provision 0,8%.

– Provisionsstufe 3: Monatsbruttoumsatz im Spa gesamt: € 120.000 bis € 139.999, zugeteilte Provision 1,1%.

– Provisionsstufe 5: Monatsbruttoumsatz im Spa gesamt: € 140.000 und mehr, zugeteilte Provision 1,4%.

Die Umsatzkontrolle zur ordnungsgemäßen Abrechnung von Provisionen sollte durch die eingesetzte Software geleistet werden.

Malus-Regelungen
Unter Malus-Regelungen wird ein Nichtgewähren von Vergünstigungen verstanden. Auch hier sind nationale Regelungen im Arbeitsvertragsrecht zu beachten. Beispiele:

• Der Behandler, der keinen provisionsrelevanten Umsatzbereich erreicht, erhält nur sein Grundgehalt.

• Housekeeping: Bei Übersehen der Hausschuhe des Vormieters unter dem Bett erfolgt Verwarnung, bei wiederholtem Vorfall Streichung des 13. Monatsgehaltes.

• Bei Vergessen der Reinigung der Dusche nach Schlammpackung erfolgt Verwarnung, bei wiederholtem Vorfall wird die Umsatzbeteiligung auf Behandlungen von 5% auf 2% gekürzt.

5.1.3.4   Personalcontrolling

Die Förderung und Beurteilung der Mitarbeiter im Spa anhand von Kennziffern hilft, das Spa und sein Wirtschaften durch optimal ausgebildete, motivierte und tüchtige Mitarbeiter zu führen. Es sollten sowohl allgemeine als auch Spa-typische Kennziffern zur Verfügung stehen, um eine Einschätzung vorzunehmen:

- Beispiele für allgemeine Kennziffern:
  - Krankheitsquote.
  - Anzahl der Fortbildungen.
- Beispiele für Spa-typische Kennziffern:
  - Umsatz pro Spa-Mitarbeiter.
  - Anzahl durchgeführter Behandlungen.
  - Bewertungen einzelner Mitarbeiter durch Gästefragebogen und Mystery Check.
  - Durch medizinisch-therapeutisches Personal gesammelte Punkte bei Fortbildungen.

Solche Kennziffern können als Benchmark mit anderen Unternehmen verglichen werden, um Stärken und Schwächen herauszuarbeiten und Potenziale zu fördern.

5.1.3.5   Berufskleidung und Kommunikationsformen

Eine einheitliche Berufskleidung der Mitarbeiter im Spa kann dazu beitragen, Professionalität auszustrahlen und Vertrauen zu wecken. Dabei ist zu berücksichtigen, dass Medical-Spas andere Kleidung erfordern als Beauty-Spas. Jeder Typ von Einrichtung hat die Möglichkeit, entweder mit weißen Kitteln oder modernen Schnitten mehr das klinische oder modische Image zu unterstreichen. Nur allgemeine Vorgaben von Seiten des Managements wie z.B. „dunkle Hose und schwarzes T-Shirt" bergen die Gefahr, dass durch zu viele abgetragene und ungebügelte Varianten das Anspruchsniveau nicht erreicht wird. Neben den Vorgaben zum Thema Kleidung kann es auch Vorgaben zum Thema Frisur, Barthaare und Handpflege geben. Schließlich können Regeln entwickelt werden, auf welche Weise die Gastpatienten anzusprechen sind (z.B. ob man sie mit ihrem Namen anzusprechen hat) oder auf welche Weise man sich hinzusetzen hat, wenn man einem Gastpatienten gegenüber sitzt. Die Danubius Hotelgruppe z.B. händigt jedem neuen Mitarbeiter eine CD mit den gesammelten Informationen zu diesem Thema aus und lässt sich den Erhalt quittieren. Damit bekennt sich der neue Mitarbeiter zu den Grundsätzen und macht sich verantwortlich wenn er sie verletzt. Eine optimierte Kommunikation mit dem Gastpatienten kann verschiedene Maßnahmen umfassen:

- Informationen in den Sprachen bereitstellen, die von einer Vielzahl von Gastpatienten gesprochen werden (z.B. Speisekarten, Therapiebeschreibungen, Wegeleitsystem im Spa u.a.).
- Flaggensymbole auf den Namensschildern, damit der Gastpatient sofort weiß, welcher Sprachen der Behandler mächtig ist.

5.1.3.6   Neue Berufsfelder

Der gesundheitstouristische Markt bietet eine Fülle neuer Arbeitsmöglichkeiten. Beispiele:

- Lifestyle-Coach: Trainer für Gruppen oder persönlicher Trainer mit einem nicht näher definierten Ratgeberspektrum, häufig konzentriert auf Fitness, Ernährung, Hormone bzw. Lifestyle-Pharmazeutika.

- Mountainbike-Guide: Trainer und Begleiter von Einzelpersonen oder Gruppen auf Touren.
- Personal Coach oder Fitness Manager: Trainer für Gruppen oder persönlicher Trainer mit Schwerpunkt Fitness.
- Der Running Concierge (USA) geht mit Hotelgästen kleine Touren joggen auf dem Gelände des Hotels oder in der nahen Umgebung.
- Für Hotelfachkräfte ergeben sich neue Arbeitsmöglichkeiten nicht nur in so genannten Patientenhotels, sondern auch in klinischen Einrichtungen, von denen viele infolge des Konkurrenzkampfes mehr auf die Hotelkomponente achten.

5.1.4   Qualität

Europa ist durch eine ausgeprägte Konkurrenzsituation im Spa-Markt gekennzeichnet. Stagnierende bzw. gesättigte Märkte zeigen branchenunabhängig immer wieder die gleichen Reaktionen wie z.B. Preissenkungen, Suche nach Innovationen oder verstärkte Qualitätsbemühungen. Qualität soll für das vorliegende Buch wie folgt definiert werden:

> Qualität ist der Grad der Erfüllung von Anforderungen, die verschiedene Seiten wie z.B. der Gesetzgeber, das dienstleistende Unternehmen und der Kunde an ein Produkt stellen.

Qualität im Tourismus ist ein komplexes Gebilde, weil es sich aus verschiedenen Facetten ganz verschiedener Anbieter zusammensetzt: Schließlich besteht das Produkt Reise häufig aus den Leistungen der teilnehmenden Unternehmen (Transport, Hotel, Spa, Freizeit) und darüber hinaus aus so differenzierten Komponenten wie Hardware (bauliche Aspekte), Software (Gastfreundschaft, Service, Information) und Umwelt (z.B. gesunde Natur).

Qualitätsmanagement:

> Qualitätsmanagement umfasst systematische Tätigkeiten des Führens mit dem Ziel, Qualität zu erreichen bzw. zu erhalten.

Begriffe der Kennzeichnung von Qualität

Qualität zeigt im Hinblick auf ihren Anspruch, Offizialität und Durchsetzungskraft viele verschiedene Varianten. Dazu einige Begriffe, deren Bedeutungszuschreibung in der Literatur allerdings nicht einheitlich erfolgt:

Qualitätsmarkierung	
Versuch der Kennzeichnung von Produkten, Unternehmensteilen oder ganzen Unternehmen durch eine besondere Qualität	
Qualitätsgütesiegel	Qualitätszeichen
Qualitätsgütesiegel sind ungeschützte Marketing-symbole oder eingetragene Marken, deren Qualitätsanspruch hoch sein kann, aber nicht sein muss. Eine unabhängige und gesetzlich geregelte Prüfung der Kriterien findet nicht statt, die womöglich vorhandenen Qualitätskriterien basieren nicht auf einem akkreditierten Verfahren	Qualitätszeichen stellen eine gesetzlich geregelte Norm dar, die selbst wie auch ihre Anwendung in Unternehmen periodisch und unabhängig überprüft wird. Diese Charakterisierung jedoch bedeutet nicht automatisch ein hohes Anspruchsniveau der zugrundeliegenden Kriterien.
1. Empfehlungen von Forschungsinstituten und Verbraucherschutzorganisationen 2. Freiwillige und unternehmensinterne: z.B. „TUI Umweltchampion"; oder für Spezialreisen wie z.B. TUI-Vital: „Vital best"	1. Gesetzlich vorgeschriebene für Organisationen, die bestimmte Dienstleistungen erbringen 2. National und international anerkannte Gütesiegel: z.B. ISO 9001, Joint Comission, KTQ

Abb. 100:   Begriffe zur Beschreibung von Qualität

Bei Angebotsgruppen handelt es sich um mehr oder weniger lose Vereinigungen (z.B. von Hotels), die mit Hilfe einer gemeinsamen Klammer (z.B. Wellness) zumeist im Sinne einer abgestimmten Marketing-Kommunikation kooperieren. Diese Angebotsgruppen können sich auf eine abgestimmte Marketing-Kommunikation beschränken oder darüber hinaus ein Gütesiegel entwickeln, um die Qualität der Mitglieder zu erhöhen. Qualitätsmarkierungen oder auch Angebotsgruppen können Eigenschaften wie Marken haben. Marken haben in erster Linie einen kommunikationspolitischen Aspekt. Sie dienen „als Bezeichnung, Zeichen, Design, Symbol oder Kombination dieser Elemente zur Identifikation eines Produktes (Produktpersönlichkeit) oder einer Dienstleistung eines Anbieters und zur Differenzierung von Konkurrenten"[346]. Der Markenname dient dazu, mit einem oder einigen wenigen Begriffen das Charakteristikum des Produktes zu vermitteln.

Die gesetzlichen Vorschriften zur Qualitätssicherung (Qualitätszeichen) variieren abhängig vom Typ der Einrichtung (z.B. Hotel oder Sanatorium) und vom Land. Grundsätzlich kann vermutet werden, dass immer dort, wo gesetzliche Krankenversicherungsleistungen erbracht werden von Einrichtungen, die dafür zugelassen sind, an diese auch umfangreiche und verpflichtende Anforderungen in Sachen Qualität gerichtet werden. In Deutschland wird dies im Fall von Kur- und Rehabilitationseinrichtungen besonders durch die §§135-139 SGB V formuliert.

---

[346]   Marke. (1994), S. 2188f.

5.1.4.1   Qualität als Managementaufgabe

Im Interesse einer permanenten Qualitätsverbesserung ist das Management dafür verantwortlich, für die Qualitätsplanung, Qualitätssteuerung und Qualitätskontrolle zu sorgen. Aufgaben in diesem Zusammenhang sind:

- Das Management hat durch Fachkenntnis und Vorbildfunktion die Aufgabe, qualitätserhaltende und -verbessernde Maßnahmen einzuleiten.
- Das Management hat die Aufgabe, das für das Unternehmen geeignete Qualitätsgütezeichen (z.B. ISO 9001, EFQM[347] u.a.) auszuwählen.
- Das Management hat die Aufgabe, den geeigneten Zertifizierer auszuwählen. So können verschiedene Zertifizierer mit durchaus verschiedenem Image die gleiche Norm auditieren bzw. zertifizieren.
- Das Management muss die dafür notwendigen Ressourcen in Form von Personal-, Finanz- und Zeitbudget bereitstellen (z.B. Mittel für Büroausstattung des Qualitätsbeauftragten, ihm Zeitressourcen zur Verfügung stellen, Schulungen für das betroffene Personal ermöglichen).[348]
- Das Management hat dafür zu sorgen, die Kundenanforderungen zu ermitteln, da diese und ihre Erfüllung Schlüssel zum Erfolg sind.
- Das Management muss kraft seiner Autorität dafür sorgen, dass mit der Qualitätspolitik in Zusammenhang stehende Maßnahmen durchgeführt und dokumentiert werden.
- Das Management hat dafür zu sorgen, dass zur Beseitigung festgestellter Mängel personelle und finanzielle Ressourcen zur Verfügung gestellt werden.
- Das Management hat seinen Beitrag dafür zu leisten, dass Maßnahmen in Zusammenhang mit der Erhaltung und Verbesserung der Qualität im Unternehmen kommuniziert werden.
- Das Management hat besonders in dienstleistungsorientierten Branchen dafür zu sorgen, dass die Qualität der Mitarbeiter durch Fortbildungen gehalten und erhöht wird.[349]

Forderung der ISO-Norm ist es, Kundenanforderungen zu ermitteln, um mit Hilfe qualitätsorientierter Produkte die Kundenzufriedenheit zu verbessern. Auf die Frage, „Was muss (...) vorhanden sein, damit Sie sagen: ‚Hier stimmt die Qualität'"?, waren im Hinblick auf Multifunktions-Thermalbäder und Spa-Hotels eindeutige Aussagen zu finden:

- Sauberkeit/Hygiene,
- Wasserqualität und
- freundliches Personal

gehören zu den häufigsten Nennungen bei beiden Betriebstypen gleichermaßen.[350]

---

[347]   Europan Foundation for Quality Management.

[348]   Eine Arbeit über Qualität in gesundheitstouristischen Betrieben in der Steiermark hat herausgefunden, dass in der betrachteten Stichprobe nur eines einen hauptamtlichen Mitarbeiter für Qualität hat. Ansonsten waren die damit verbundenen Aufgaben auf die Schulter von Abteilungs- oder Marketingmitarbeiter verteilt (Trstenjak 2008, S. 75f.).

[349]   Eine Arbeit hat ergeben, dass die Qualität der Mitarbeiter das nach außen sichtbarste Zeichen von Qualität ist (Trstenjak (2008), S. 83).

[350]   Siehe dazu mehr unter: Trstenjak (2008), S. 174ff.

In einem singulären Unternehmen können exemplarisch ausgewählte Qualitätsmaßnahmen in einer chronologischen Abfolge systematisiert werden:

Chronologie	Qualitätsaspekte	
	Technische Dimension	Personelle Dimension
Vor Spa-Aufenthalt	Abwicklung von Informations- und Buchungsvorgängen, Kundenfreundlichkeit der Homepage, Information über Qualität	Abwicklung von Buchungsvorgängen, Informationsverhalten des Personals bei telefonischen Anfragen
Während Spa-Aufenthalt	Check-In, Terminvergabe, Geräte (Medizin, Kosmetik, Klimaanlage), Check-Out	Personelle Qualitäten in den verschiedenen Abteilungen, Beschwerdeverhalten
Nach Spa-Aufenthalt ▼	Transfer zum Bahnhof/Flughafen, Transfer von Anamnese und sonstigen med. Informationen zum Hausarzt (med. Dokumentation)	Nachbetreuung, Kundenbindung, Abrechnung, Beschwerdeverhalten

Abb. 101:   Qualitätsaspekte in der Chronologie des Spa-Aufenthaltes

Die Wahrnehmung des Kunden von Qualität beschränkt sich nicht auf die Therapiequalität oder andere singuläre Aspekte. Qualität aus subjektiver Sicht setzt sich aus einer Vielzahl von Mosaiksteinen zusammen, von denen viele eine ganz eigene Wertigkeit bei jedem Einzelnen haben. Kundenzufriedenheit in dem Sinne, dass subjektive Erwartungen nicht nur erfüllt, sondern auch übererfüllt wurden, trägt direkt zur Kundenbindung bei.

5.1.4.2   Dokumentation und Sicherstellung von Qualität

Es gibt eine Vielzahl von Möglichkeiten, wie Qualität in einem Unternehmen dokumentiert, bewertet und als Konsequenz daraus verbessert werden kann. Dazu einige Beispiele im weiteren Verlauf dieses Kapitels.

Qualitätsmanagementhandbuch (QM-Handbuch)
Die grundsätzliche Einstellung des Managements sowie geplante Maßnahmen zur Verbesserung und Sicherstellung der Qualität im Unternehmen sollten schriftlich fixiert werden. Die Verschriftlichung der Qualitätsstandards hilft zum einen, eine nachprüfbare Verbindlichkeit zu gewährleisten und zum anderen, betriebliches Wissen zu bewahren und stets verfügbar zu haben. Diese Dokumentation kann mit Qualitätsmanagementhandbuch (QM-Handbuch) bezeichnet werden. Ein QM-Handbuch kann aus folgenden Hauptkapiteln bestehen:

- Vorwort, Einführung, Kurzdarstellung des Unternehmens.
- Organisation, Funktionen und Zuständigkeiten.
- Grundsätze und ausführliche Darstellung der Qualitätspolitik.

Verfahrens- und Arbeitsanweisung (Prozessbeschreibung)
Es ist zu raten, zentrale Prozesse im Spa in der Aufeinanderfolge ihrer einzelnen Prozessschritte festzulegen und zu dokumentieren. Dabei ist es nützlich, zwischen Verfahrens- und Arbeitsanweisungen zu unterscheiden:

- Verfahrensanweisungen sind festgelegte Abläufe einer Vorgehensweise, die Zuständigkeiten, mitgeltende Dokumente, Erfordernisse der Dokumentation, Beschreibung der Methoden und schließlich auch konkrete Arbeitsanweisungen enthalten kann.

- Arbeitsanweisungen sind konkrete, zu erledigende Aufgaben als Teile eines Gesamtprozesses.

Verfahrens- und Arbeitsanweisungen haben die Aufgabe, die unternehmerischen Qualitätsvorgaben für die zentralen Abläufe zu deuten und diese für jeden Mitarbeiter verständlich darzustellen. Prozesse, die im Rahmen von Verfahrens- und Arbeitsanweisungen beschrieben werden, können sein:

- Folge von Arbeitsschritten bei Behandlungen.
- Folge von Schritten bei Notfällen (z.B. Erste-Hilfe-Fall im Badebereich oder ein Gastpatient betätigt die Notrufklingel in seinem Zimmer).
- Folge von Arbeitsschritten zur Erhaltung der Hygiene in der Küche unter Berücksichtigung weiterer Normen wie z.B. HACCP[351].
- Folge von Schritten bei der Erstellung eines internen Audits (z.B. Fristen, Verantwortlichkeiten).
- Art und Weise, wie einzelne Abteilungen eines Unternehmens zu kommunizieren haben (z.B. in einer internationalen Hotelkette die drei Parteien Geschäftsführung weltweit, Hotelleitung Asien sowie Spas in Asien).

Die Prozessbeschreibungen sollten verständlich und nachvollziehbar sein, aber auch Raum für die individuelle Entfaltung bieten. Die Vorteile der Standardisierung von Prozessen sind vielfältig:

- Die Qualität bleibt auf konstant hohem Niveau auch bei Personalwechsel.
- Jeder neue Mitarbeiter weiß, was er zu tun hat, wenn er sich seiner Sache nicht sicher ist.
- In Hotelketten und ihren Spas kann mit Hilfe von Verfahrensanweisungen ein angestrebter gleichmäßiger Standard auch dann erreicht werden, wenn die Unternehmensteile international verstreut sind.

Der Behandlungsablauf beispielsweise ist gekennzeichnet durch die Bereitstellung notwendiger Ressourcen:

- Einsatz von Personal. Die Arbeitspläne werden normalerweise von Disponenten erstellt und am Morgen gemeinsam mit dem Therapieleiter durchgesprochen.
- Einsatz von Dienststoffen wie z.B. Wäsche, Körperpflegemittel, Kosmetika sowie Getränke und Snacks zur Selbstbedienung. Die folgende Liste kann dem Personal eine Hilfestellung und Erinnerungsstütze sein, damit es Wäschemenge und -typ bereitstellen kann:[352]

---

[351] HACCP bedeutet Hazard Analysis Critical Control Points (Gefahrenanalyse kritischer Kontrollpunkte) und ist eine EU-weite Verordnung, die die Hygiene in öffentlichen Küchen betrifft und am 1. Januar 2006 rechtswirksam geworden ist. Die zuvor in Deutschland geltende Lebensmittel-Hygiene-Verordnung wird seit diesem Zeitpunkt vom neuen EU-Recht überlagert und bedeutet, dass alle Unternehmen, die Lebensmittel verarbeiten oder in Verkehr bringen, kritische Prozesse zu dokumentieren haben. Was nicht dokumentiert ist, gilt als nicht existent.

[352] Die im Spa eingesetzte Software sollte solche und ähnliche Informationen automatisch bereit stellen, so dass auf handschriftlich zu erstellende Listen verzichtet werden kann:

Wäschetyp	Anzahl
Großes Tuch Lachs	
Kleines Tuch Lachs	
Leinentuch	
Kleines Handtuch Orange	
Grüner Vorleger	
Stoffwindel für Mani- und Pedicure	
Kompresse	
Kleines Handtuch Mint	
Abteilung: Datum:	Verantwortlich:

Abb. 102:   Wäschebedarf in der Abteilung Massage/Kosmetik für eine Behandlung

Arbeitsanweisung als Prozessbeschreibung von Behandlungen: Die Aufeinanderfolge von Arbeitsschritten und ihre schriftliche Niederlegung können Bestandteil eines Qualitätshandbuches sein. Solche Informationen sind ausschließlich für das Personal gedacht, das womöglich einzelne Arbeitsschritte bei der Vielzahl der angebotenen Behandlungen vergessen hat bzw. insbesondere für neue Mitarbeiter, damit diese von Anfang an den angestrebten Qualitätsstandard erreichen. Beispiel:

Arbeitsanweisung: „Entspannungsölbad"	
Verantwortlich:	Ort: Hydrotherapie, Raum 1-3
Relevante Dokumente:	Notwendige Ausstattung:
1. Allgemeine Vorgaben zum Ablauf von Behandlungen	2 Aufgerollte Badetücher (Körper), 1 aufgerolltes Badetuch (Kopf), 3 Rosen, Thermometer, Krug mit
2. Ablauf von Begrüßungen	Orangensaft, Trinkglas, Feuerzeug, 2 Kerzen, 2 Kerzenhalter, 2 Fußtücher, Badeöle (Minze, Jasmin, Zimt,
3. Leitlinien zum Umgang mit Gastpatienten	Zitrone, Salbei.), 2 Waschlappen, 1 Schale, 1 Paar
4. Reinigungsanweisungen für Hydrotherapieräume	Badeschuhe
5. Checkliste Reinigung	
Vorbereitung zum Entspannungsölbad (Zeitbudget: 10 Minuten): 1. Prüfe, ob die notwendigen Dokumente für das Entspannungsölbad in der obersten Schublade des Schreibtisches am hinteren Ende unter dem Fenster liegen. 2. Prüfe, ob nach der vorigen Behandlung der Raum und die Badewanne gereinigt worden sind. Die Checkliste dazu findet sich in der obersten Schublade des Schreibtisches am hinteren Ende unter dem Fenster. 3. Fülle Wasser mit einer Temperatur von 39 °C in die Wanne bis zur oberen Markierung. Zu Beginn der Behandlung sollte das Wasser dann 38 °C haben. Prüfe, ob die Raumtemperatur 27 °C beträgt. Stelle sicher, dass die Vorhänge geschlossen sind. 4. Stelle sicher, dass auf dem Tisch neben der Wanne die folgenden Badeöle bereit stehen, mit Hilfe derer das Badewasser auf Wunsch des Gastes verfeinert wird: Minze, Jasmin, Zimt, Zitrone, Salbei. 5. Prüfe, ob auf dem kleinen Tisch neben der Wanne ein Krug mit frisch gepresstem Orangensaft sowie ein Glas steht. Fülle das Glas nicht, überlasse dies dem Gast. 6. Lege eine Rose neben die Schale mit zwei Waschlappen auf den kleinen Tisch neben die Wanne, dabei sollte der Kopf der Rose zur Badewanne gerichtet sein. 7. Lege ein Fußtuch an jene Seite der Badewanne, die zur Tür zeigt und lege drei gerollte Badetücher (zwei für den Körper, eines für die Kopfhaare) auf den großen Tisch neben der Wanne. Lege auch dort sichtbar zwei Rosen hin, indem die Rosen die Handtücher einrahmen. 8. Stelle sicher, dass beide Tische aus einer Liegeposition im Bad bequem zu erreichen sind. 9. Prüfe, ob auf Wunsch des Gastes Badeschuhe bereit liegen. 10. Platziere jeweils zwei Kerzenhalter an jedes Ende der Badewanne, stecke Kerzen hinein und entzünde die Kerzen.	
Datum: Bestätigt von:	Unterschrift:

Abb. 103:   Arbeitsanweisung in einem Spa

Solche detaillierten Arbeitsanweisungen, die auch tabellarisch oder grafisch als Prozessdiagramm dargestellt werden können, werfen die Problematik auf, wie detailliert sie beschrieben werden sollen. Es geht darum, in knapper und übersichtlicher Form das darzustellen, worauf es bei der Behandlung ankommt. Arbeitsanweisungen sollen als Erinnerungsstütze dienen, nicht jedoch unbedingt sklavisch befolgt werden. Jede Situation in der Interaktion mit dem Gastpatienten erfordert eine individuelle Reaktion durch den Behandler, die ein Loslassen von starren Abläufen notwendig macht. In der qualitätsorientierten Kontrolle des operativen Geschäftes sind immer wieder fehlerhafte Prozessanweisungen und -dokumentationen zu beobachten. Beispiele:

- Bei der Hot Stone-Massage ist es üblich, mit zuvor gewärmten Steinen Massagebewegungen auszuführen, die Steine also nicht nur auf den Rücken zu legen. Es passiert jedoch recht häufig, gerade dieses Detail zu vergessen, sondern nur von einer Anwendung mit warmen Steinen zu sprechen.
- Häufig hat ein Spa-Hotel Formblätter zu verschiedenen Themen entwickelt (z.B. Freigabe der Zimmer durch Hausdame nach Reinigung und letzter Besichtigung durch sie, oder diagnostische Bemerkungen von Therapeuten im Rahmen von Physiotherapie, oder Abgabe oder Entnahme des Generalschlüssels durch Hausdame), die handschriftlich oder digital auszufüllen sind. Es ist jedoch zu beobachten, dass solche Dinge häufig vernachlässigt, gar nicht gemacht, an den falschen Orten oder mit fehlendem Datum abgelegt werden.
- Häufig ist zu beobachten, dass der Direktor eines Hotel-Spa im Hotelfach groß geworden ist und folglich keine besondere Affinität zum Spa-Business hat. Dann stellt man zum Beispiel fest, dass es im Spa eine Checkliste gibt, auf der die täglich notwendigen Reinigungsarbeiten verzeichnet sind. Aber wenn die Liste beispielsweise nur handschriftlich geführt wird und nicht jeden Tag eine neue zur Verfügung steht, auf der jeder Arbeitsschritt nach Erledigung abgehakt wird, dann ist dieser Teil des Management-Prozesses (Umsetzung von Qualitätsstandards in der Hygiene) nur mangelhaft umgesetzt.
- Ein häufiger Fehler in Medical-Spas ist der, dass die Therapeuten ihre Aufzeichnungen auf chaotische Weise führen:
  - Notizen werden handschriftlich gemacht oder auf Vordrucken, die nicht mit dem Dokumentensystem des Unternehmens abgestimmt sind.
  - Die Archivierung erfolgt irgendwie und irgendwo.
  - Die Beobachtungen der Therapeuten z.B. über den Therapiefortschritt werden nicht auf effiziente Art und Weise (z.B. digital) dem leitenden Arzt übermittelt, sondern zufällig. Der Verlust von Information ist auf diese Weise vorprogrammiert.

Bei der Erstellung, Verwendung, Verwahrung und Vernichtung von Arbeitsanweisungen dieser Art, aber auch Verfahrensanweisungen, sollten einige Dinge beachtet werden:

- Einheitliches Layout bzw. Kennzeichnung typgleicher Dokumente wie z.B.:
  - Alle Arbeitsanweisungen für Behandlungen sind typgleiche Dokumente.
  - Warenein- und -ausgang sind typgleiche Dokumente (z.B. Beschaffung von Dienststoffen).
- Information darüber, wer Dokumentenverantwortlicher ist.
- Informationen darüber, über welche Version es sich handelt (veraltete Dokumente im Umlauf können großen Schaden anrichten) und wo diese abzuspeichern ist.

- Nennung mitgeltender Dokumente. Auch das vorige Beispiel listet Dokumente auf, die für den Prozess ebenfalls zu berücksichtigen sind.

Managementbewertung (Management Review)

Die Geschäftsführung sollte sich der Aufgabe widmen, das eigene Managementsystem regelmäßig zu bewerten (z.B. quartalsweise) und dabei besondere Aufmerksamkeit auf die Qualität zu legen. Es können z.B. verschiedene Aspekte thematisiert werden:

- Auswertung von zuvor erfolgten Audits (z.B. Mystery Check) und Konsequenzen daraus.
- Entwicklung der Gästezahlen und ihre Bewertung.
- Entwicklung von Umsätzen und Kosten im Spa sowie ihre Bewertung auch im Vergleich zu Vorjahreszeiträumen.
- Vorhaben in den Verwaltungsabläufen wie z.B. die Installation neuer Software.
- Bewertung von Mitarbeiterschulungen durch das Management.
- Bericht und Bewertung von Umbaumaßnahmen.
- Bericht und Bewertung zur Mitarbeiterzufriedenheit.
- Angebot neuer Dienstleistungen und die Akzeptanz durch die Gastpatienten.
- Erarbeitung von Qualitätszielen mit den Bereichsleitern.
- Bewertung der Leistung von Lieferanten (z.B. Lebensmittel).

Internes Meeting

Interne Meetings sind dafür da, um Probleme des operativen Geschäftes (z.B. häufige Reklamationen) oder die strategische Entwicklung (z.B. Planung einer Saunalandschaft) zu besprechen. Dafür können sich abhängig von der Größe der Unternehmung in definierten Abständen verschiedene Abteilungen und ihre Mitarbeiter treffen:

Wann	Wer	Was
1x in 2 Wochen	Verwaltungsleitung, Spa-Leitung, F&B, Housekeeping, ärztliche Leitung	Themen: Strategische Vorhaben, das ganze Haus betreffende Probleme, gehäufte Reklamationen, Rückgang der Auslastung u.a.
1x pro Woche	Abteilungsleiter (Bäder, Fitness, Medizin, Physiotherapie, Kosmetik)	Themen: Strategische Vorhaben im Spa (z.B. Erweiterung der Sauna), Reklamationen, Fortbildung, Umsetzung von Vorgaben des Mutterkonzerns
Täglich vor Therapiebeginn	Behandelndes Personal	Themen: Besprechung der Behandlungspläne in den einzelnen Abteilungen, Besonderheiten des jeweiligen Tages (z.B. kommen Gastpatienten mit besonderen Präferenzen)

Abb. 104: Interne Meetings und ihre Organisation

Als Resultat aus den zuvor genannten Meetings können sinnvolle und qualitätserhaltende bzw. verbessernde Maßnahmen dokumentiert werden z.B. indem To Do-Listen ins Intranet gestellt und mit Zeitfenster sowie Verantwortlichkeit versehen werden:

	Anwesende:		Verteiler:	Datum:
Nr.	Aktionsplan	Vollzug	Verantwortlich	Status
	Thema: Umsatzsteigerung			
1	Neben der Verkaufsstelle im Spa einen weiteren Ort im Hotel zur Warenpräsentation identifizieren	05/2010	Spa-Manager	In Arbeit
2	Verkaufstraining für Rezeptionsmitarbeiter organisieren	12/2009	Spa-Manager	In Arbeit
3	Qualität des Spa-Bistro erhöhen durch Einführung eines Spa-Gesundheits-Menüs	11/2009	Spa-Manager	In Arbeit
	Thema: Gästekommunikation			
4	Lokale Polizei auffordern, das Radfahren im Kurpark zu ahnden	10/2009	Hotel-Manager	Neues Thema
5	Information anfertigen, dass an der Eingangstür zum Gymnastik-Pool kommuniziert wird, wenn der Raum für spezielle Anlässe zeitweise gesperrt wird	sofort	Spa-Manager	Neues Thema
6	Geburtstagsgeschenke für Clubmitglieder beschaffen	11/2009	Spa-Manager	In Arbeit
	Thema: Bauliche Maßnahmen und Dekoration			
7	Vorhänge in den Umkleiden erneuern	11/2009	Spa-Manager, Technik	In Arbeit
8	Neue Handtuchdecken für den Ruhebereich beschaffen	11/2009	Spa-Manager	In Arbeit

Abb. 105:   Beispiel für To Do-Liste

Internes Audit

Zur professionellen Führung gehören so genannte interne Audits, die prüfen, ob das dem Unternehmen zugrundeliegende Qualitätsmanagementsystem in der Lage ist, die eigenen Qualitätsvorgaben, aber auch die im Unternehmen implementierte Qualitätsnorm zu erfüllen. Die Durchführung interner Audits kann ebenfalls in Form einer Verfahrensanweisung geregelt werden. Informationsquellen für interne Audits können z.B. sein:

- Mystery Checks. Da Mystery Checks auch ein Kostenfaktor sind, weil externe Unternehmen damit beauftragt werden, kann die Regelung eingeführt werden, dass diese nur dann durchzuführen sind, wenn eine Auslastung z.B. unter 75% sinkt (z.B. die Auslastung des Hotels, vom Spa oder die der Behandler). Ziel in diesem Fall wäre es, die Auslastung durch die Kenntnis von Schwachstellen zu verbessern.
- Mitarbeitergespräche.
- Analyse der Gästebeschwerden (Reklamationen).
- Kennzahlenanalyse und Vorgabe von Zielkennzahlen: Unternehmenskennzahlen können herangezogen werden, um verschiedene Dimensionen des Spas zu bewerten. Auf Basis solcher Analysen können Zielkennzahlen entwickelt werden, mit deren Hilfe Bereichsleiter und ihre Abteilungen beurteilt werden. Diese Zielkennzahlen können sich auf ökonomische Dimensionen beschränken oder auch darüber hinaus gehen:
  - Ökonomische Kennzahlen im Bereich von Rentabilität, Liquidität, Finanzen (Umsatzentwicklung, Kostendämpfung u.a.).
  - Kundenzufriedenheit wie z.B. Anzahl von Beschwerden.
  - Mitarbeiter, Motivation, Qualifikation: z.B. Ergebnisse der Mitarbeitergespräche, Anzahl der Fortbildungen.
  - Umweltschutz und Ressourcenverbrauch (z.B. Öl- und Stromverbrauch).

Lenkung von Dokumenten

Anhand zahlreicher Beispiele war zuvor empfohlen worden, bestimmte Dinge zu tun und zu dokumentieren. Die Art und Weise, wie mit den Dokumenten umgegangen werden soll, ist jedoch noch nicht angesprochen worden. Analog zur ISO 9001 sind Vorschriften zu empfehlen, die

- die Kennzeichnung,
- die Aufbewahrung und Vernichtung (Ort und Zeit),
- die Wiederauffindbarkeit sowie
- Zuständigkeiten im Hinblick auf Änderungen festlegen.

Die Praxis zeigt, dass solche Verfahrensanweisungen häufig nicht existieren, dass schlimmer noch Willkür und Chaos herrschen, jedenfalls keine Spa-einheitlichen Regelungen.

5.1.4.3 Messung der Qualität von Dienstleistungen

Auch die Messung der Qualität von Dienstleistungen gehört zu den Anforderungen verschiedener Qualitätsnormen. Da dieses Kapitel jedoch so umfangreich ist, ist es mit einer eigenen Kapitelüberschrift versehen worden.

In gesundheitstouristischen Betrieben werden in erster Linie Dienstleistungen erbracht. Eine Voraussetzung zur Verbesserung der Qualität ist ihre Messung und damit die Aufdeckung von Schwächen. Dabei stehen grundsätzlich zwei Möglichkeiten zur Verfügung, nämlich zum einen die Analyse des Angebotes oder zum anderen die Analyse der Nachfrage und das Erleben der Dienstleistungsqualität durch den Gastpatienten. Das folgende Schaubild zeigt einige der wichtigen zur Verfügung stehenden Methoden:[353]

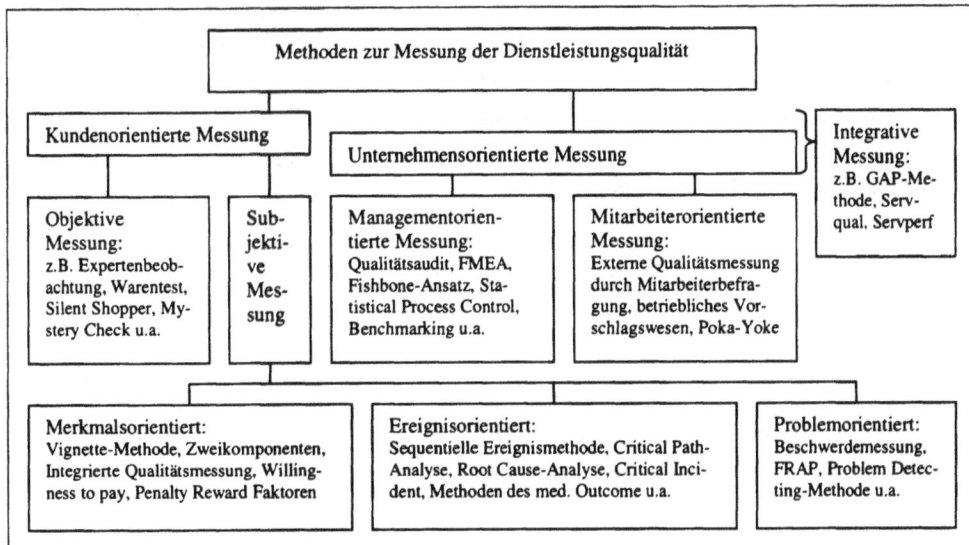

Abb. 106: Methoden der Messung von Dienstleistungsqualität

---

[353] In Anlehnung an: Meffert et al. (2000), S. 217.

Diese Abbildung zeigt eine Fülle verschiedener Methoden, um die Qualität von Dienstleistungen in Unternehmen zu messen. Es können im Folgenden aus Platzgründen nur einige wenige Beispiele genauer beschrieben werden.

Kunden- bzw. konsumenten- oder nachfragebezogene Methoden beziehen sich auf das Erleben von Dienstleistungsqualität durch die Gastpatienten. Die unternehmensorientierten (angebotsorientierten) Methoden beziehen sich darauf, welche Rahmenbedingungen das Unternehmen schafft, um Qualität zu ermöglichen.

Kunden- und nachfragebezogene Methoden

Objektive Verfahren versuchen, eindeutige Indikatoren zu formulieren, anhand derer intersubjektiv Qualität gemessen werden kann. Bei gleicher Messmethode sollten verschiedene Tester zu dem gleichen Ergebnis kommen.[354] Objektive Verfahren nehmen auch Indikatoren zu Hilfe, die eindeutige Aussagen treffen können wie z.B. zunehmende Besucherzahlen. Subjektive Verfahren hingegen berücksichtigen, dass Qualität subjektiv bewertet wird und sich an individuellen Bedürfnissen orientiert. Letztere unterscheiden wiederum Untergruppen:

* Die so genannten Merkmalsorientierten Verfahren stellen die Gesamtdienstleistungsqualität in den Mittelpunkt der Betrachtung, die durch die Bewertung von zahlreichen Einzelbausteinen möglich wird.
* Die beiden anderen Aspekte der subjektiven Messung konzentrieren sich auf singuläre Ereignisse als Teil des Leistungserstellungsprozesses.

Beispiele für Methoden der objektiven Messung:

* Silent Shopper, Mystery Check: Ein (geschulter) Tester hält sich ohne Vorankündigung und anonym im Spa auf und testet anhand zuvor erstellter Checklisten. Die zu prüfenden Kriterien sollten objektiv messbar sein (z.B. technische Wartung der Geräte im Fitnessstudio innerhalb der gesetzlich vorgeschriebenen Frist).

Beispiele für Methoden der subjektiven Messung:

* Verschiedene Methoden wie z.B. der Zweikomponenten-Ansatz und das Zufriedenheits-/ Bedeutungsportfolio kombinieren Wichtigkeit mit Zufriedenheit:

Thema	Angabe der Wichtigkeit (1 = sehr wichtig, 5 = unwichtig)	Markierung eines Gesichtes entsprechend der Zufriedenheit
Fachkompetenz des Behandlers	O	☺ ☺ ☹ ☹ ☹
Telefonische Erreichbarkeit der Spa-Rezeption	O	☺ ☺ ☹ ☹ ☹

Abb. 107:   Beispiel für Zweikomponentenanalyse

---

[354] Siehe dazu ausführlicher: Meffert et al. (2000), S. 219.

- Die sequentielle Ereignismethode hat zum Ziel, dass der Kunde den Prozess einer Dienstleistung noch einmal nachvollzieht und die positiven oder negativen Eindrücke rekapituliert. Eine gedankliche Erinnerungsstütze liefert dabei ein grafisches Ablaufdiagramm, dass die einzelnen Schritte sukzessive nachzeichnet.
- Die Critical Incident-Methode (CIT) fokussiert auf Schlüsselerlebnisse (positiv oder negativ) eines Dienstleistungsprozesses und versucht diese, mit Hilfe verschiedener Fragetechniken zu rekapitulieren.
- Die FRAP (Frequent Relevant Analysis) fokussiert auf jene kritischen Ereignisse, die besonders häufig auftauchen und bemüht sich um die Beseitigung dieser Fehlerquelle.
- Beschwerdemessung: Unter Beschwerdemanagement wird der zielgerichtete Umgang mit Beschwerden von Gastpatienten verstanden im Sinne einer raschen Verbesserung der Unternehmensleistung. Die Gastpatienten werden angehalten, Beschwerden zu äußern (schriftlich oder mündlich), diese zu deponieren, damit sie dann ausgewertet werden und gegebenenfalls zu einer Verbesserung des Angebotes führen können.
  - Beschwerden sind wertvolle Informationen für das Unternehmen und sollten aufmerksam aufgenommen werden.
  - Jenen, die sich beschweren, sollte mit Wertschätzung entgegengetreten werden. Eine Entschuldigung von Seiten des Unternehmens sollte lieber eher als später kommen. Das Gespräch sollte positiv beendet werden, damit der Kunde wiederkommt.
  - Im Falle eines Gespräches mit dem Beschwerdeführer sollten weitere Informationen entlockt werden.
  - Die freie Meinungsäußerung des Gastpatienten sollte unterstützt werden z.B. durch Beschwerdekarten auf dem Nachttisch.
  - Verbesserungsvorschläge von Mitarbeitern haben zuvor einen Mangel identifiziert. Das interne Vorschlagswesen sollte gefördert werden z.B. mit Belohnungen oder Qualityboards.
- Verschiedene Dialogmethoden wie z.B. Fokusgruppen oder das Customer Advisory Board bieten dem Spa die Möglichkeit, mit ausgewählten Gastpatienten einen gründlichen Dialog zu führen, um auf diese Weise den Endverbraucher noch intensiver in den Leistungserstellungsprozess mit einzubeziehen. So können z.B. beim Customer Advisory Board bestimmte Kunden einen Insider-Status erhalten und mit Hilfe bestimmte Online-Techniken enger an Unternehmensentscheidungen herangeführt werden.

Gesundheitsförderung und Sportwissenschaften stellen eine Fülle von Methoden bereit, um auch für Spa-typische Aktivitäten die Qualität des behandlerischen Ergebnisses festzustellen. Jedoch sind diese Verfahren überaus vielfältig, da ganz verschiedene Bereiche wie z.B. die klinische oder hausärztliche Praxis sowie die Gesundheitsförderung ihre Relevanz für die Spa-Industrie haben.[355]

---

[355] Siehe beispielsweise: Bobo et al. (1999), Kern et al. (1997) und: Naidoo (2003), S. 359ff.

Unternehmens- oder angebotsbezogene Methoden

Unternehmens- oder angebotsbezogene Methoden beziehen sich auf die Qualität der von Unternehmen zur Verfügung gestellten Rahmenbedingungen (z.B. Räume, Personal), die Dienstleistungen möglich machen:

- Qualitätsaudit: Das Qualitätsaudit meint eine Abarbeitung feststehender Standards bzw. Normen und bezieht sich häufig im Wesentlichen auf die Angebotsseite.
- FMEA (Fehlermöglichkeits und Fehlereinflussanalyse): Die möglichen Fehlerquellen eines Dienstleistungsprozesses werden unter drei Gesichtspunkten bewertet, nämlich erstens die Wahrscheinlichkeit des Auftretens, zweitens die Chance ihrer Entdeckung und drittens die Konsequenzen aus den Fehlern. Die so genannte Risikoprioritätszahl ist das addierte Ergebnis der zuvor genannten Zahlen, die Auskunft über die Dringlichkeit des Problems geben.
- Benchmarking: Dabei handelt es sich um Kennziffern von Unternehmen, die ihre Kennziffern und Methoden in einem bestimmten Umfang gegenseitig offenlegen, um ein gegenseitiges Lernen zu ermöglichen.
- Statistical Process Control (SPC) bezieht sich auf solche Dienstleistungen, deren Qualität durch objektive bzw. messbare Parameter abgebildet werden kann wie z.B. Einhaltung einer Mindestdauer für ein Gespräch zwischen Therapeut und Gastpatient. Von der Häufigkeit der Abweichung vom Standard kann auf die Dringlichkeit einer Verbesserung geschlossen werden.
- Das betriebliche Vorschlagswesen versucht, Anregungen der Mitarbeiter zur Verbesserung von Produkten ernst zu nehmen und in den Leistungserstellungsprozess einfließen zu lassen

Integrative Methoden

Integrative Methoden versuchen, die Kunden- und Unternehmensseite gemeinsam zu betrachten. Dabei versuchen viele Methoden, Angebot und Nachfrage mehr oder weniger zu berücksichtigen. So bleibt es oftmals Auslegungssache ob eine Methode unter integrativ, angebots- oder nachfrageorientiert subsumiert wird.

Die so genannte GAP-Methode versucht, die Erwartungen des Gastpatienten mit der Qualität der tatsächlich angebotenen Dienstleistung zu vergleichen und auf diese Weise Lücken (GAPs) zu identifiziert. Die Elimination dieser Diskrepanzen trägt wesentlich zur Kundenzufriedenheit bei. Besonders folgende mögliche GAPs werden von der Methode untersucht:

Gaps	Kunde (Gastpatient)				Unternehmen (Spa)		
		Beispiel für Ursache von Gaps		Beispiel für Ursache von Gaps		Beispiel für Ursache von Gaps	
1			Tatsächliche Gästeerwartungen…	→→→→ Fehlerhafter Kommunikationsfluss zwischen Gastpatienten und Management führt zu Übermittlungsfehlern	…und vom Management angenommene Gästeerwartungen		
2					Vom Management angenommene Gästeerwartungen…	→→→→ Das Management nimmt nicht genug Rücksicht auf Kundenanregungen und -reklamationen	…und die vom Management in interne Konzepte bzw. Standards umgesetzten Konsequenzen daraus
3					Die vom Management in interne Standards umgesetzten Konsequenzen aus Kundenanregung…	→→→→ Die technische Ausstattung für die Umsetzung fehlt	… und die Umsetzung dieser in konkrete Dienstleistungen
4			den Kunden gerichteten Kommunikation über die Dienstleistung	←←←← Die Werbung des Unternehmens bildet nicht die tatsächlichen Produkte ab	Diskrepanz zwischen der Erstellung der Dienstleistung…		
5	Diskrepanz zwischen dem erwarteten…	→→→→ Die medizinischen Geräte sind veraltet	…und erlebten Service				

Abb. 108: Das Verhältnis von Kunde zu Unternehmen im GAP-Modell

Servqual[356] (= Service Qualität) bezeichnet ein Instrument zur Messung der Servicequalität unter nachfragebezogenen (auf den Gastpatienten ausgerichtet) und merkmalsorientierten Gesichtspunkten. Diese Merkmale sind fünf Qualitätsdimensionen, die als Beurteilungsgrundlage dienen, jedoch nicht einheitlich angewendet werden. Häufig handelt es sich um folgende Dimensionen:[357]

- Materieller Aspekt der Dienstleistung (tangibles Umfeld): Das Gebäude, seine Ausstattung, die verwendeten Materialien, Infrastruktur, Kleidung der Mitarbeiter.
- Zuverlässigkeit in Form von Verlässlichkeit, Pünktlichkeit und Verbindlichkeit.

---

[356] Siehe dazu mehr unter: Parasuraman et al. (1988).

[357] Häufig werden die fünf RATER-Dimensionen verwendet. Reliability (korrekte und verlässliche Ausführung des Dienstes), Assurance (Höflichkeit, Kompetenz, sicheres Auftreten). Tangibles (äußeres Erscheinungsbild (Präsentationsform, Kleidung), Empathy (Einfühlungsvermögen der Mitarbeiter und Responsiveness (Kundenfreundlichkeit, (schnell und aktiv auf Kunden reagieren).

- Leistungskompetenz, Fachwissen: Fachkompetenz in Sachen Therapie und Gesundheit.
- Vertrauen und Glaubwürdigkeit.
- Einfühlungsvermögen und Bereitschaft zu helfen wie z.B. Engagement für den Gastpatienten, individuelle Behandlung seiner Probleme, Bereitschaft zu helfen, rasche Erfüllung und Befriedigung subjektiver Bedürfnisse.

Die Dienstleistungsqualität wird häufig in Bezug zu dem bestmöglichen Konkurrenzunternehmen ermittelt, indem zwei Skalen[358] den gleichen Sachverhalt eruieren. Auf diese Weise soll das tatsächlich Erlebte (Erfahrung) mit dem Erwarteten verglichen werden:

Die Mitarbeiter eines hervorragenden Spa machen stets eine sehr gute Therapie	1	2	3	4	5	6	7
	Lehne ich vollkommen ab						Stimme ich vollkommen zu
Die Mitarbeiter des Spa, in dem Sie sich gerade befinden, machen stets eine sehr gute Therapie	1	2	3	4	5	6	7
	Lehne ich vollkommen ab						Stimme ich vollkommen zu

Abb. 109:   Skalen zur Ermittlung der Dienstleistungsqualität nach Servqual

Servqual strebt keine absolute Qualität an, sondern eine kostenoptimale Qualität, die das eigene Unternehmen in eine vorteilhafte Position gegenüber der Konkurrenz setzt. Qualität wird also dort angestrebt und umgesetzt, wo es zum einen vom Gesetzgeber gefordert und zum anderen für eine erfolgreiche Positionierung im Markt notwendig ist.

Servperf[359] hat sich Kritik an Servqual zu Eigen gemacht und die Methode optimiert. Servqual geht nämlich davon aus, dass die nachträgliche Ermittlung von Erwartungen zu überzogenen Ansprüchen (Erwartungen) und somit zu einer Verzerrung führt. Servperf geht davon aus, dass die Befragten in jedem Fall einen Vergleich zwischen Erwartung und Erfahrung vornehmen, dass also die separate Ermittlung der Erwartungen nicht notwendig ist. Eine weitere an Servqual geübte Kritik ist, dass Mängel nicht in ihrer Häufigkeit analysiert werden. Diese Ergänzung nimmt das FRAP-Modell vor.

Werbung mit besonderen Dienstleistungen
Eine interessante Fragestellung im Zusammenhang mit der Qualität von Dienstleistungen ist die, welche Qualitätsmaßnahmen im Spa- und Gesundheitstourismus geeignet sind, einen besonders positiven Eindruck beim Gastpatienten hervorzurufen. Dieser Gedanke geht von der Überlegung aus, dass es Qualitätsmaßnahmen gibt, die weniger augenfällig an die Öffentlichkeit dringen und andere, die besonders wirksam vermarktet werden können.[360] Eine nicht-repräsentative Arbeit liefert folgende Ergebnisse:

---

[358]   Dabei handelt es sich um Likert-Skalen.
[359]   Siehe dazu: Cronin et al. (1992).
[360]   Mehr dazu unter: Trstenjak (2008).

- Infrastruktur bzw. bauliche Veränderung wie z.B. die Erweiterung des Spa oder der neue und kostenlose Internetzugang im Hotel.
- Begeisterungsfaktoren im Sinne gänzlich unerwarteter Benefits (z.B. größere Gewichtsabnahme als geplant).
- Dienstleistungsqualität und Service (z.B. unerwartet ausführliche Informationen an der Rezeption).

Es zeigt sich, dass Begeisterungsfaktoren einmal an der Branchenkonkurrenz und zum anderen im Vergleich zweier Besuche im gleichen Unternehmen festgemacht werden.

5.1.4.4   Entwicklung eigener Qualitätskriterien

In vielen Fällen verfügen gesundheitstouristische Einrichtungen oder Regionen über keine professionell geplante und implementierte Qualitätsstrategie. Entweder sind bestehende Qualitätsgütezeichen unbekannt oder ihre Anwendbarkeit auf den eigenen Betrieb wird angezweifelt. In diesem Fall gibt es die Möglichkeit, ein eigenes Qualitätsmanagementsystem aufzubauen, indem folgende Schritte unternommen werden (s. Abb. 112).

Umfragen unter Patienten zum Thema Zufriedenheit mit dem Arzt
Wichtige Anregungen für die Qualitätsdiskussion können Umfragen sein, die sich mit der Zufriedenheit von Patienten mit Ärzten beschäftigen. In diesem Zusammenhang sind immer wieder ähnliche Anlässe für Beschwerden zu finden wie z.B.:

- Fehlerhafte Behandlung oder Behandlung nicht wie erwartet.
- Arzt und Mitarbeiter unhöflich und respektlos.
- Lange Wartezeit.
- Zu wenig Zeit mit Arzt.
- Patient fühlt sich nicht ernst genommen.
- Probleme bei Abrechnung und Honorar.

5.1.4.5   Qualitätsmarkierung im Gesundheitstourismus

Im Gesundheitstourismus werden verschiedene Wege zur Wahl von Markennamen eingeschlagen:

- Geografische Bezeichnungen wie z.B. „Steirisches Thermenland" oder „Bayerisches Thermenland".
- Kunstnamen wie z.B. „Altira-Spa". Dem Begriff liegen die Namen zweier griechischer Göttinnen zugrunde, nämlich Althea und Saphira, die Göttinnen für Heilung und Schönheit.
- Der Markenname „Royal Spas of Europe" ist ein Zusammenschluss von traditionsreichen europäischen Heilbädern und Kurorten, die in der Vergangenheit von Königen und Adligen besucht wurden. Damit soll ein bestimmter Qualitätsausweis in die heutige Zeit übertragen und auf diese Weise die Zielgruppe selektiert werden.
- Der Begriff „WellVital" in Bayern zielt auf ein Befinden im Kontinuum von Gesundheit und Wohlbefinden.

- Es gibt auch Kombinationen der zuvor genannten oder auch anderer Elemente wie z.B. „Healing Hotels of the World" mit einer zweckgebundenen (Heilung), aber auch geografischen Komponente (auf der ganzen Welt).

Hauptfragen	Beispiele für Unterfragen	Antworten auf Fragen z.B. mit Hilfe von	Ressourceneinsatz	Kostenkalkulation
Auf was soll sich die Qualität beziehen? (Bedarfserhebung)	Auf Personal? Auf med. Outcome? Auf ökologische Nachhaltigkeit? Auf Gästezufriedenheit? Strukturqualität, Prozessqualität, Ergebnisqualität?	a. Expertengespräche (z.B. Qualitätsauditoren, Therapeuten) b. Mitarbeiter des Unternehmens c. Gastpatienten d. Analyse bestehender Qualitätsgütesiegel	Wer führt diese Bedarfserhebung durch: a. Qualitätsbeauftragter des Unternehmens bzw. der Region? b. Externer Berater?	
Zwischenergebnis wird präsentiert, ein Konsenstreffen mit den Beteiligten veranstaltet. Einigung über oben gestellte Hauptfragen			Moderation durch Externen?	
Auf welche Weise soll die Qualität geprüft werden (Methode der Evaluation)?	Einmalcheck und spätere Wiederholung (z.B. nach drei Jahren) Kontinuierliche Begleitung der Betriebe	a. Mystery Check b. Offenes Audit c. Gästebefragung c. Mitarbeiterbefragung d. Analyse der Rentabilität, Auslastung u.a.	Wer führt die Evaluation durch: a. Externer b. Mitarbeiter des Unternehmens?	
Zwischenergebnis wird präsentiert, ein Konsenstreffen mit den Beteiligten veranstaltet. Einigung über zuvor gestellte Hauptfragen			Moderation durch Externen?	
Wie werden (Miss-)Erfolge motiviert oder sanktioniert?	Auszeichnung?? Kommunikation von Erfolg/ Misserfolg nach innen oder auch außen? Finanzielle Anreize bei Erfolg?		Maßnahme ist von Management der Region bzw. des Unternehmens durchzuführen	
Zwischenergebnis wird präsentiert, ein Konsenstreffen mit den Beteiligten veranstaltet. Einigung über zuvor gestellte Hauptfragen			Moderation durch Externen?	
Testlauf: Wie bewährt sich das System in der Praxis?	Müssen Auditoren geschult werden?	An ausgewählten Betrieben	Wer führt die Evaluation durch: a. Externer Auditor b. Mitarbeiter des Unternehmens c. Selbstauskunft	
Ergebnis wird präsentiert, Überarbeitungen vorgenommen, eine finale Version verabschiedet			Moderation durch Externen?	
Praxisbetrieb	Müssen Auditoren geschult werden?		Wer führt Audits durch: a. Externer Auditor b. Mitarbeiter des Unternehmens c. Selbstauskunft	

Abb. 110:   Entwicklung eines eigenen Qualitätsmanagementsystems

Vielfalt von Gütezeichen

Die folgende Abbildung systematisiert verschiedene Gütesiegel bzw. –zeichen im Hinblick auf den Grad der Spezialisierung auf Branchen:

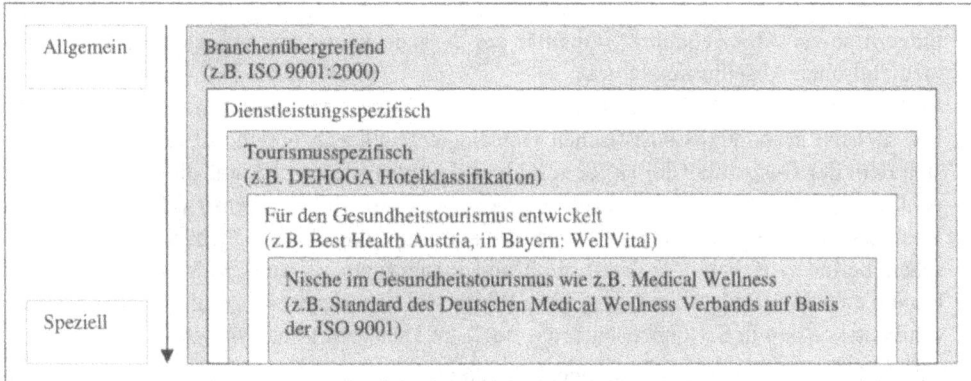

Abb. 111:   Dimensionen von Gütesiegeln mit gesundheitstouristischer Relevanz

Die Abbildung zeigt, dass es Qualitätskonzepte auf allen Ebenen der Spezialisierung gibt, sowohl branchenübergreifend wie auch hochspezialisiert. Die gesundheitstouristischen Güte-siegel lassen sich nach verschiedenen Gesichtspunkten systematisieren:

- Nach der geografischen Ausdehnung:
  - Lokale geografische Ausdehnung wie z.B. die Allgäuer Gesundheitshöfe (Bayern, Deutschland).
  - Globale geografische Ausdehnung wie z.B. die Healing Hotels of the World.
- Nach der Inklusion ganz verschiedener gesundheitstouristischer Einrichtungen:
  - Best Health Austria umfasst Hotels, Thermalbäder und Kurkliniken.
  - Allergie Alpin (Alpenraum) bedient eine kleine Zielgruppe von Hotels in Höhenlage für Allergiker.
- Nach dem Typ der gemeinten Unternehmung:
  - Die Wellness Hotels Deutschland sprechen Wellness-Hotels an.
  - Die Day Spa Association (USA) spricht nur Day-Spas an.
- Nach der Unterlegung der Angebotsgruppen mit Qualitätskriterien:
  - WellVital (Bayern, Deutschland) hat Verbandsqualitätskriterien formuliert, die als Voraussetzung für eine Aufnahme als Mitglied herangezogen werden.
  - Das European Wellness Project (Österreich, Ungarn, Slowenien) hat solche Ver-bandsqualitätskriterien nicht.
- Systematisierung nach verschiedenen QM-Systemen wie ISO 9001:2000, EFQM, KTQ, Joint Comission[361] u.a. Jedes dieser Qualitätsmanagementsysteme hat seinen eigenen Schwerpunkt, mit Hilfe derer Leistungen und ihre Qualität bewertet werden können.

---

[361]   Joint Comission on Accreditation of Healthcare Organisation (JCAHO).

- Systematisierung nach verschiedenen Daseinsbereichen in Spa und Region: Qualität der Unterkunft, Qualität der Speisen, fachliche Qualität des Personals, Qualität des therapeutischen Angebotes u.a.v.m.
- Systematisierung nach der Chronologie des Aufenthaltes im Sinne von Anreisequalität (Qualität des Empfangs und des Eincheckens), Aufenthaltsqualität (Qualität der Behandlungen) sowie Abreisequalität (Qualität des Auscheckens, der Abschlussrechnung, des medizinischen Abschlussberichtes).
- Systematisierung nach dem Zusammenspiel von Verhaltens- und Verhältnisprävention: Die meisten gesundheitstouristischen Gütesiegel beschränken sich auf den Zeitraum, in sich dem der Gastpatient im Hotel aufhält und konzentrieren sich auf die Verhaltensprävention. G'sund & Vital hingegen erstreckt sich auf Hotels ebenso (G'sund & Vital Wellnesshotels) wie auf Einrichtungen, die sich im alltäglichen Lebensumfeld der Menschen befinden (G'sund & Vital Wohlfühl-Restaurants, G'sund & Vital Präventions-Praxen und Wohlfühlstudios). Auf diese Weise soll den Menschen ein durchgängiges Gesundheitskonzept in Settings ebenso wie auch am Urlaubsort unterbreitet werden.[362]

Die Vielzahl spezieller und allgemeiner Gütesiegel kann dazu führen, dass ein Spa oder sogar einzelne Abteilungen in einem Spa durch verschiedene Prüfsysteme auditiert bzw. zertifiziert worden sind:

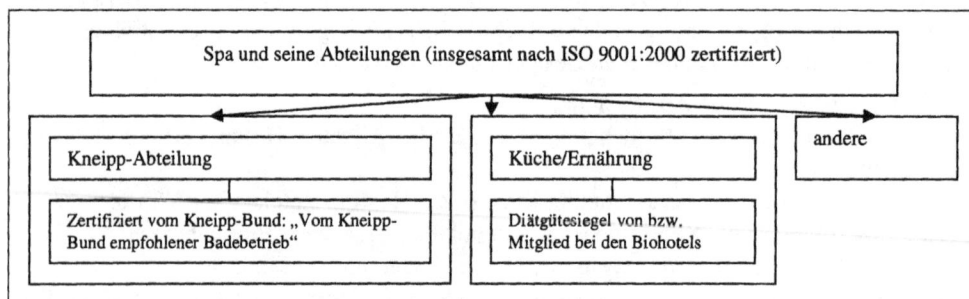

Abb. 112:   Beispiel für Vielfalt von Gütesiegeln im Spa

Manche der zuvor erwähnten Gütesiegel differenzieren auch in sich, so dass zu den vielen Hauptmarken (Dachmarken) noch viele Submarken kommen. So untergliedert sich beispielsweise

- WellVital in Bayern in sieben Submarken:
  - WellVital-Aktiv.
  - WellVital-Relax.
  - WellVital-Mental.
  - WellVital-Schlank.
  - WellVital-Beauty.
  - WellVital-Kur.
  - WellVital-Spezial.

---

[362]   G'sund & Vital (o.D.b).

Eine der zentralen Absichten von Qualitätsmarkierungen ist die Bereitstellung einer Orientierung für den (potenziellen) Kunden, damit er sich in einem diversifizierten Markt zurechtfindet. Diese Absicht jedoch kann angesichts der Vielzahl von Gütesiegeln und -zeichen nicht mehr eingelöst werden.

Bekanntheit gesundheitstouristischer Qualitätsmarkierungen
Am Beispiel einer Befragung in Österreich kann gesagt werden, dass ca. die Hälfte der befragten Gastpatienten einen gesundheitstouristischen Betrieb nach dem Vorhandensein eines Qualitätsgütesigel bzw. -zeichens aussucht.[363] Eine andere Studie hat herausgefunden, dass das nationale Qualitätsgütezeichen Österreichs, nämlich Best Health Austria, der klaren Mehrheit selbst jener Gastpatienten unbekannt ist, die sich gerade in einem solchen Betrieb aufhält. Der Begriff „unbekannt" bezieht sich in diesem Zusammenhang auf

- erstens „Kennen" („Kennen Sie Best Health Austria"?) und
- zweitens „Wissen", nämlich dass man sich gerade in einem nach Best Health Austria zertifizierten Betrieb aufhält.
- Selbst jene Gastpatienten, die wussten, das ihr Gesundheitsbetrieb nach Best Health Austria zertifiziert worden ist, haben sich zumeist aus anderen Gründen für diesen Betrieb entschieden.[364]

Daraus kann zusammenfassend geschlossen werden, dass der Einfluss dieses Gütezeichens auf die Buchungsentscheidung noch erheblich ausgebaut werden kann.

Eignung und Akzeptanz von Qualitätsmarkierungen bzw. Angebotsgruppen
Die Wahl des geeigneten Gütesiegels hängt von verschiedenen Aspekten ab wie z.B.:

- Lage der Einrichtung (Land, Bundesland).
- Standard der Einrichtung.
- Ausrichtung des Unternehmens im Sinne von Behandlungsschwerpunkt.
- Zielgruppe.

Es gehört zu den wichtigen Aufgaben des Managements, das für sein Spa passendste Gütesiegel auszuwählen und dann zu implementieren. Diese Frage ist umso wichtiger, weil es allein in Tirol (Österreich) über 15 Wellness-Angebotsgruppen gibt. Neue Gütesiegel haben es in diesen Regionen schwer, Fuß zu fassen. Auch sie müssen neue Schwerpunkte bieten und das zahlende Mitglied durch kreative Kommunikationsarbeit und Gastpatienten-Akquise vom Wert der Mitgliedschaft überzeugen.

Management von gesundheitstouristischen Angebotsgruppen und Verbänden
Die Schaffung, Markenführung und (internationale) Kommunikation einer Qualitätsmarkierung als wichtiger Aufgabenteil von Verbänden oder Angebotsgruppen umfasst folgende Aufgaben:

---

[363] Trstenjak (2008), S. 103.
[364] Kassl (2008), S. 70ff.

- Aufgaben nach innen:
  - Der Verband muss die Mitarbeiter und Fachbeiräte, sofern sie keine Gehaltsempfänger des Verbandes sind, für ihre ehrenamtliche Mitarbeit entschädigen z.B. in Form von Aufträgen (Beratungsaufträge, bezahlte Tätigkeit als Hoteltester bzw. Qualitätsauditor etc.).
  - Durch eine angemessene Erhebung von Mitgliedsbeiträgen muss der Verband seine Wirtschaftlichkeit sicher stellen.
- Aufgaben nach außen:
  - Ländergliederungen auf nationaler oder Bundeslandsebene. Ein auf europäischer Ebene arbeitender Dachverband kann nach geografischen Gesichtspunkten untergliedert und in Subverbänden organisiert sein. Die Dachorganisation hat die Aufgabe zu definieren, mit welcher Selbstständigkeit die Subverbände (Ländergliederungen) agieren dürfen. Das Beispiel von Alpine Wellness International hat gezeigt, dass die Interessen der Ländergliederungen Österreich, Bayern, Südtirol und Schweiz so stark divergierten, dass den Ländergliederungen mehr Eigenständigkeit zuerkannt werden musste, um ein Auseinanderbrechen der Angebotsgruppe zu verhindern. Wollten die einen auf bereits bestehende Angebotsgruppen Rücksicht nehmen und somit der neuen (Alpine Wellness International) keine zu starke Rolle einräumen, wollten andere gerade dies.
  - Zahlende Mitglieder haben in erster Linie die Erwartung, dass durch die Mitgliedschaft mehr Gastpatienten akquiriert werden können (Primärziel). Sekundärziele sind z.B.: Lobbyarbeit, Imagebildung, Beratung, Personalvermittlung, Schulung.

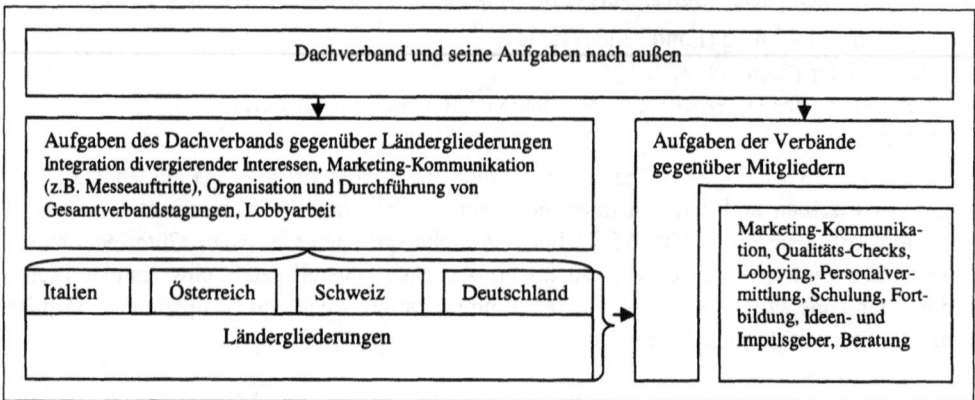

Abb. 113: Der Verband und seine Aufgaben

Die Realität zeigt, dass die Bereitschaft der zahlenden Mitglieder hoch ist, die Angebotsgruppe zu wechseln, wenn eine Mitgliedschaft, die häufig auch mit hohen Kosten verbunden ist, nicht sofort den erwünschten Benefit in Form von mehr Gästen bringt. Die Akquise von Gästen ist letztlich das Zusammenspiel verschiedener Instrumente, von denen die Marketing-Kommunikation sicherlich als eines der ganz wichtigen zu bezeichnen ist.

Schwerpunkte der Qualitätsmarkierung gesundheitstouristischer Betriebe

Viele der in dieser Arbeit betrachteten Unternehmungen in Form von Betrieben oder Regionen legen sich mehr oder weniger ambitionierte Qualitätskriterien zugrunde, auf deren Basis zum einen die Aufnahme neuer Mitglieder geprüft und zum anderen eine Abgrenzungspolitik gegenüber der Konkurrenz betrieben wird. Diese Qualitätsmarkierungen (Gütesiegel und -zeichen) fokussieren immer wieder ähnliche Themenfelder:

- Führung: Qualifikation der Führungskräfte mit besonderer Berücksichtigung von Qualität, beispielhaftes Verhalten in Sachen Gesundheit. Soziales Engagement, interne Kommunikation. Implementierung eines Qualitätsmanagements.
- Philosophie, Vision und Ausrichtung: Ein Leitbild ist vorhanden, Nachweis der Wirksamkeit der gesundheitsfördernden Maßnahmen, wahrheitsgemäße Werbeaussagen, Bekenntnis zur Qualität, ganzheitliches Gesundheitskonzept (Art und Ausrichtung von Behandlungen, Aktivitäten und Muße).
- Qualität:
  - Schutz vor schädlichen Einflüssen (Ausweisung von Raucherbereichen).
  - Location: Lage der Einrichtung (z.B. landschaftlich bevorzugte Lage).
  - Standard der Einrichtung als Ganze (z.B. Sterneklassifikation, andere Gütesiegel).
  - Spa-Infrastruktur: Standard, Anzahl und Ausstattung der Räume, Größe der Räume.
  - Nutzbarkeit von Anwendungen und Therapie: Dauer der Öffnungszeit von Spa und Therapie.
  - Bewusstseinsbildung: Tipps und Anregungen für die Gastpatienten zur nachhaltigen Lebensstiländerung auch für zu Hause.
  - Personal: Ausbildung, Qualifikation und Praxiserfahrung. Verantwortlichkeiten und Vertretungen sind geregelt.
  - Ernährung: Beschreibung, was gesunde und schmackhafte Küche ist.
  - Kultur, Erlebnis und soziale Angebote.
  - Intimsphäre und Schweigepflicht (Zugriff auf medizinische Daten nur durch Befugte, Sichtschutz bei Behandlungsräumen).
  - Hygiene.
- Leistungsbeschreibung:
  - Präsentation des Leistungsspektrums (Behandlungen, Aktivitäten, Muße).
  - Wirksamkeit der Leistungen.
  - Gesundheitsbezogene Leistungen der Infrastruktur (z.B. Nichtraucherzimmer).
- Falls es sich um eine medizinische Einrichtung handelt, können darüber hinaus folgende Festlegungen getroffen werden:
  - Ärztliche Aufsicht über alle Behandlungen im Geltungsbereich.
  - Art und Weise der ärztlichen Eingangsuntersuchung für Gastpatienten (abhängig von der Indikation).
  - Notfall- und Erste-Hilfe-Konzept.
  - Anforderungen an die Behandlungsräume (eingedenk der gesetzlichen Bestimmungen).
  - Anwesenheit des medizinisch-therapeutischen Personals (welche Wochentage und welche Zeiten).

- Werbung und Kommunikation:
  - Verwendung des Logos der Angebotsgruppe, gemeinsame Kundenbindung etc.
  - Ausführliche und wahrheitsgemäße Informationen über Behandlungen, Aktivitäten und Muße im Hotel, Internet und Printmedien.

Schwerpunkte von Qualitätsmarkierungen für gesundheitstouristische Regionen
Gesundheitstouristische Qualitätsmarkierungen im Sinne gesundheitsfördernder Regionalentwicklung für den Tourismus gibt es so gut wie gar nicht. Bestehende Gütesiegel fokussieren die Gesundheit im Allgemeinen, andere die Ernährung, und wieder andere konzentrieren
sich nur auf die einheimische Bevölkerung. Beispiele:

- Gesundheitsfördernde Aspekte der einheimischen Bevölkerung (z.B. Klimabündnisge-
  meinde).
- Eine nachhaltige Regionalentwicklung im Sinne des Tourismus unter ökologischen Ge-
  sichtspunkten (z.B. EDEN, European Destinations of Excellence).
- Die Vernetzung bäuerlicher Aktivitäten in der Region (z.B. Leader Top vom Forum
  Land[365]).

Die inhaltlichen Schwerpunkte der existierenden Qualitätsmarkierungen für die gesundheitstouristische Region sind:[366]

- Management und Kommunikation:
  - Ein Konzept bzw. Leitbild bzw. Philosophie muss vorhanden sein, in dem gesund-
    heitstouristische Ziele festgeschrieben sind.
  - Es sollte ein System zur internen und kontinuierlichen Qualitätsbewertung und -ver-
    besserung erarbeitet werden.
  - Die Region sollte ihren Mitgliedern Serviceleistungen anbieten wie z.B. Beratung,
    Broschüren etc. im Sinne der Regionsphilosophie.
  - Die Region sollte über eine bestimmte Anzahl von Einrichtungen/Betten verfügen, die
    nach der dazugehörigen Qualitätsmarkierung für Unternehmen (s. oben) zertifiziert
    worden sind, bevor die Region als Ganzes nach der entsprechenden Qualitätsmarkie-
    rung für Regionen zertifiziert werden kann.
- Natur und Gesundheit:
  - Auf Wunsch muss der Gastpatient eine relevante medizinische Behandlung erhalten
    können wie z.B. einen Check-Up, der etwa auf körperliche Aktivität in der Natur vor-
    bereitet.
  - Eine naturräumliche Infrastruktur mit betont gesundheitsförderndem Charakter sollte
    vorhanden sein.
  - Es kann Teil des Kriterienkataloges sein, für eine zu definierende Teilfläche der Re-
    gion Naturschutzkategorien vorzuschreiben.
  - Es können Kriterien für gesunde Ernährung festgelegt werden. In diesem Zusammen-
    hang können auch Festlegungen getroffen werden im Hinblick auf die regionale Pro-
    duktion und Herkunft der Lebensmittel.

---

[365] Leader Top, Die Leser haben entschieden – „Almenland" auf dem ersten Platz (o.D.).
[366] Dazu gehören Alpine Wellness International (AWI) und der Deutsche Medical Wellness Verband
(DMWV).

- Innerhalb einer festzusetzenden Anzahl relevanter Betriebe der Region muss ein relevantes medizinisch-therapeutisches Angebot mit entsprechendem Fachpersonal vorhanden sein.
- Personal
  - Mitarbeiter der Region müssen regelmäßig an relevanten Fortbildungen im Sinne der regionalen Philosophie teilnehmen.
  - Das medizinisch-therapeutische Personal muss festzulegenden Kriterien in Sachen Ausbildung und Praxiserfahrung genügen.
- Verkehr
  - Die Orte oder Regionen sollten Verkehrskonzepte entwickeln und umsetzen mit dem Schwerpunkt Lärm- und Verkehrsberuhigung.

Zahlreiche der zuvor genannten Aspekte kommen auch bei der Anerkennung von Orten als Kurort bzw. Heilbad durch die zuständigen Stellen der (Bundes-)Länder zum Tragen, mit dem Unterschied jedoch, dass die zuvor diskutierten Regionskriterien über Ortsgrenzen hinausgehen und viel größere Flächen umfassen können. Qualitätskriterien und Gütesiegel der gesundheitstouristischen Regionalentwicklung stehen noch am Anfang ihrer Entwicklung und warten auf umgesetzte Praxisbeispiele, damit sie weiter optimiert werden können.

Ziel von Qualitätsmarkierungen im Gesundheitstourismus

Die Entscheidung gesundheitstouristischer Betriebe zur Teilnahme an einem Qualitätsgütesiegel oder Qualitätsgütezeichen lässt sich in der Regel auf folgende Gründe zurückführen:

- An den Gastpatienten gerichtete Vorteile:
  - Vertrauen und Glaubwürdigkeit: Der Gastpatient fasst Vertrauen in die Dienstleistungsqualität des Betriebes infolge des Qualitätsausweises.
  - Vergleichbarkeit: Der Gastpatient kann innerhalb eines womöglich unüberschaubaren Marktes den für ihn geeigneten Betrieb anhand der Qualitätsmarkierung auswählen.
  - Verständlichkeit: Der Gastpatient versteht rascher, für welchen (behandlerischen) Schwerpunkt das Unternehmen steht.
- An den Betrieb gerichtete Vorteile:
  - Bekanntheit: Der Betrieb gelangt zu einer rascheren Bekanntheit durch die Teilnahme am oftmals anspruchsvollen Qualifizierungsverfahren.
  - Betriebsoptimierung: Durch das Qualifizierungsverfahren kommt der Betrieb zu einer Optimierung der betrieblichen Abläufe. Diese schlagen sich im wirtschaftlichen Ergebnis nieder.
- Das Zertifikat muss gegenüber anderen Qualitätsmarkierungen zu einem Mehrwert führen. So stellt z.B. die ISO 9001 bei Banken einen positiven Einflussfaktor dar im Hinblick auf eine positive Beurteilung eines Investitionsvorhabens.

Anforderungen an Qualitätsmarkierungen im Gesundheitstourismus

Der gesundheitstouristische Betrieb hat die Wahl zwischen vielen verschiedenen Qualitätsmarkierungen. Einige Auswahlkriterien können wie folgt formuliert werden:

- Effizienz: Der Aufwand zur Erlangungen des Zertifikates muss in einem vernünftigen Verhältnis zu Ergebnis stehen.
- Das Zertifikat muss seinen Zweck erfüllen und am Ende zu einem besseren Betriebsergebnis führen (z.B. durch bessere Auslastung oder höhere Zimmerpreise).

Wandern

Der deutsche Wanderverband („Slogan: „Wanderbares Deutschland") hat mit seinem Gütesiegel für Qualitätswege und Qualitätsgastgeber schon seit vielen Jahren Zeichen gesetzt. Es
hatte sich die Erkenntnis durchgesetzt, dass zehntausende Kilometer Wanderwege den modernen Bedürfnissen nach Naturerleben und Workout nicht mehr entsprechen. Eine ordentli-
che Beschilderung und Pflege der Wege reicht heutzutage nicht mehr aus. Die Qualitätswege
wollen sich davon abheben, indem besonders dem Aspekt des Naturerlebens im Sinne von
Attraktionen und Abwechslungsreichtum Rechnung getragen wird (Wechsel von „attraktiven
Naturlandschaften, „natürlichen Gewässern", „eindrucksvollen Aussichten" u.a.). Das Prädikat „Qualitätsweg Wanderbares Deutschland" beabsichtigt,

• landesweit Maßstäbe für Wanderwege zu setzen und will auf diese Weise dem Wanderer
  Orientierung bieten.

• Darüber hinaus sollen sich die Wanderregionen Kompetenz in Sachen Wandern aneig-
  nen.

• Schließlich soll sich die Region durch den Ausweis der Prädikatswanderwege besser
  vermarkten können.

Auf der Homepage www.wanderbares-deutschland.de ist die AOK[367] prominent vertreten,
um auf diese Weise den gesundheitsfördernden Aspekt von Wandern zu unterstreichen. Neben den Wegekriterien gibt es die Kriterien für „Qualitätsgastgeber Wanderbares Deutschland", die insbesondere die Wanderkompetenz (z.B. Gepäcktransport, Kombitouren), aber
auch Fragen der gesunden Ernährung thematisieren.

Eine große Zahl gesundheitstouristischer Gütesiegel unterschätzt die Bedeutung von Umweltschutz und gesunder Natur inklusive gesunder Ernährung. Die Vielzahl existierender
Ökosiegel[368] ist bislang von Gesundheitstouristikern kaum beachtet worden. Es bleibt noch
viel zu tun, die ökotouristischen Qualitätskriterien mit denen des Gesundheitstourismus zu
vergleichen, voneinander zu lernen, um am Ende Öko-Gesundheitssiegel in einem ganzheit-
lich-gesundheitstouristischen Sinne zu entwickeln.

Zirbenholzstudie

Eine interessante Studie stellt die Zirbenholzstudie[369] dar. Hier wurde der Aufenthalt (wach
und schlafend) in einem Zirbenholzzimmer und in einem identisch gestalteten Holzdekor-
zimmer mit medizinischer Methodik gemessen. Nach eigener Aussage[370] äußert sich der
Aufenthalt im Zirbenholzzimmer in einer besseren Schlafqualität im Zirbenholzbett, in einer
niedrigeren Herzrate in physischen und mentalen Belastungssituationen sowie in einem be-
schleunigten vegetativen Erholungsprozess.

---

[367] Allgemeine Ortskrankenkasse, gehört zu den gesetzlichen Krankenversicherungen in Deutschland.

[368] Siehe dazu: Buckley (2002).

[369] Evaluation der Auswirkung eines Zirbenholzumfeldes auf Kreislauf, Schlaf, Befinden und vegeta-
       tive Regulation. Endbericht (2003).

[370] Evaluation der Auswirkung eines Zirbenholzumfeldes auf Kreislauf, Schlaf, Befinden und vegeta-
       tive Regulation. Endbericht (2003), S. 5.

5.1.5   Innovation und Erschließung neuer Geschäftsfelder

Innovationen können eine wichtige Rolle spielen als Teil der Geschäftspolitik eines Unternehmens. Allerdings darf nicht verkannt werden, dass bei vielen Innovationen die Entwicklungskosten höher waren als die aus dem Verkauf der Innovation resultierenden Erträge. Es können verschiedene Typen von Innovation unterschieden werden:

- Sachgüter-Innovation (materiell) wie z.B. Massageöl mit einem bislang noch nicht verwendeten Pflanzenextrakt.[371] Oder: Die aufrichtbare Massageliege, die es Körperbehinderten erleichtert, sich hinzulegen.
- Dienstleistungs-Innovation (immateriell) wie z.B. die Massage, die jetzt auch in den Hotelzimmern angeboten wird, bislang jedoch nur im Spa. Oder: In einem Fitnessstudio wird jetzt TaeBo mit TaiChi kombiniert).
- Design-Innovation (die Sauna wird jetzt in einem Raum angeboten, dessen Design durch die aztekische Kunst inspiriert wurde).
- Markt-Innovation (z.B. der Vertrieb einer Massageliege in einem Land, in dem der Ausstatter bislang noch nicht verkauft hat).
- Einbindungs-Innovation (das Spa-Hotel hat bislang die umliegenden Bauern nicht in das Beschaffungskonzept für Lebensmittel integriert, tut es aber jetzt).
- Prozess-Innovation (das Sanatorium kommuniziert seine Angebote jetzt auch über einen Reiseveranstalter).
- Sozial-Innovation (z.B. das 15. Monatsgehalt als Incentive für besonders verdiente Mitarbeiter).
- Verwendungs-Innovation (z.B. die Verwendung der Holunderpflanze als Körperpflegemittel, wie es bislang nicht üblich gewesen ist).[372]

Innovationen sind relativ: Dinge können für ein Unternehmen innovativ sein, die für andere schon lange selbstverständlich sind. Und: Innovation ist nicht grundsätzlich positiv, weil mitunter hohe Entwicklungskosten weit über den späteren Verkaufserlösen liegen.

Im Sinne des Raum-Zeit-Modells (siehe Abschnitt 5.2.1.2.4) können Ideen für ein Behandlungskonzept in anderen Kulturen gewonnen werden. Dabei kann in der eigenen Kultur, aber auch in anderen Kulturen gesucht werden. Nachdem in den letzten Jahren unter dem Namen Lulur und Boreh Anwendungen aus Indonesien Eingang in den europäischen Spa-Markt gefunden haben, lassen sich andere Länder noch ganz neu entdecken wie z.B. die Philippinen.[373] Innovation in der Spa-Industrie gibt es zuhauf, besonders die Fitnessindustrie zeigt sich kreativ. Viele Innovationen der Fitness-Branche entstehen durch Kombinationen bekannter Elemente:

- Bikram-Yoga: Hier wird eine bewegungs- und gymnastikorientierte Yogaform mit Wärme kombiniert (das Fitness-Studio als „Hot box" auf ca. 40 °C erwärmt).
- Beim Latin Fatburn wird der Salsa-Tanz für die Belange im Fitnessstudio adaptiert.
- Qi-Gong in der Sauna.

---

[371] Allein im Amazonas-Raum (Südamerika) wachsen ca. 13.000 verschiedene Pflanzen, von denen nur ein kleiner Teil im Hinblick auf ihre kosmetische oder therapeutische Wirkung untersucht worden ist.

[372] Siehe mehr unter: Forschungsgesellschaft entwickelt Naturkosmetiklinie (2008), S. 44.

[373] Siehe dazu mehr unter: Tan (2005) und: Bibiano (2005).

- Die Heiltherme in Bad Waltersdorf (Österreich) hat 2007 unter dem geschützten Namen TSM (Traditionelle Steirische Medizin) auf das Wissen der lokalen Naturheilkunde zurückgegriffen und aus dem Potenzial der Natur (Wiesen, Kräuter, Moor, Früchte, Gemüse) drei Behandlungssäulen entwickelt, nämlich Therapie, Massage und Kosmetik.

Anbei einige zentrale Ergebnisse einer Studie, die sich mit Innovation in der Gesundheitstourismus- und Spa-Branche beschäftigt:[374]

- Innovationen haben einen hohen Stellenwert in einem Spa oder Wellness-Betrieb.
- Besonders Architekten und Ausstatter bringen Innovationen auf den Markt, weniger jedoch Hotels und Thermen.
- Auch in Zukunft werden Innovationen geplant und vorangetrieben.
- Der Großteil der Innovationen besteht aus Produktinnovationen (von Architekten und Ausstattern), bei Hotels und Thermen haben Prozess- oder Dienstleistungsinnovationen einen höheren Stellenwert.
- Die Rentabilität und Kundenzufriedenheit der Innovationen wird zumeist als zufriedenstellend bezeichnet.
- Es besteht bei ca. der Hälfte der befragten Unternehmen ein institutionalisiertes Prozessmanagement zur Hervorbringung von Innovationen.
- Den größten Hemmfaktor bei der Entwicklung von Innovationen stellen die ungenügenden finanziellen Ressourcen dar.
- Ausbildung und Qualifikation von Mitarbeitern spielen eine ganz zentrale Rolle im Innovationsentwicklungsprozess.

5.1.6   Rechtsfragen und Patientenschutz

Ziel der Konsumentenforschung ist es, aus dem Kunden als Black Box, über den man nichts weiß, den gläsernen Kunden zu machen, um auf der Basis einer genauen Kenntnis seiner Bedürfnisse eine optimale Kundenzufriedenheit zu erreichen. Der gläserne Kunde erfordert allerdings eine präzise Sammlung verschiedenster Informationen und die Speicherung dieser in der Hotel- bzw. (Medical-)Spa-internen Datenbank. Dem Bedürfnis nach präziser Kundeninformation stehen

- zum einen allgemeine Datenschutzbestimmungen gegenüber. Hier sind die datenschutzrechtlichen Gesetze der einzelnen Länder zu beachten. So ist zumeist die Weitergabe der vom Hotel oder Spa eingezogenen personenbezogenen Daten gesetzeswidrig.
- Zum anderen sind besondere Bestimmungen zu beachten, wenn es um medizinisch sensible Daten geht (z.B. berufliche Schweigepflicht bzw. ärztliche Geheimhaltepflicht).

Der Wille zur umfassenden Datensammlung muss allerdings nicht nur die zuvor genannten Rechtsbestimmungen beachten, sondern auch die Befindlichkeit des Kunden, dessen Privatheit und Intimsphäre der Datensammlung eine eigene Grenze setzt (Wahrung der Privatsphäre).

---

[374] Url (2006).

Arten von Informationen	Bemerkungen
1. Klinische Information: Patientenbezogenen Daten (Eigenschaften der Person, Erkrankung und die medizinische Versorgung z.B. in Krankenakten). 2. Medizinisches Wissen: Löst sich von konkreten Personen (Patienten) und beschreibt allgemeine Erkenntnisse z.B. über bestimmte Krankheiten (z.B. Verlauf, Therapie) oder bestimmte diagnostische oder therapeutische Verfahren (z.B. Einsatzgebiete, Durchführung, Risiken). 3. Kenndaten des Gesundheitswesens: Liefern allgemeine statistisch aufbereitete Information zur Infrastruktur und Gesundheitsversorgung in einem bestimmten Gebiet (z.B. Verteilungsdichte von Versorgungseinrichtungen, ihre Auslastung).	Besonders Punkt 1 unterliegt einer strengen Regelung durch verschiedene Rechtstexte wie z.B. in Deutschland:375 - §203 StGB (ärztliche Schweigepflicht) - Bundesdatenschutzgesetz - Informations- und Kommunikationsdienstegesetz - Teledienstgesetz - Telekommunikationsgesetz - Übermittlung von Daten an die Krankenkassen (ambulant SGBV §291, stationär SGBV §395) - u.a.

Abb. 114:   Typen verschiedener medizinischer Dokumentationen

„Die Schaffung von Interoperabilität zur Unterstützung ganzer Versorgungsketten rund um den Patienten gilt als eine der wichtigsten Herausforderungen für die kommende Informationstechnologie im Gesundheitswesen. Künftig wird der Austausch von Informationen über längere Distanzen und über einen längeren Zeitraum gewährleistet werden müssen. Der Patient muss auf seinem Weg durch gegebenenfalls viele Instanzen begleitet werden, von seinem Hausarzt über den Spezialisten und das Krankenhaus bis zur Nachsorge. Organisationsübergreifende Kommunikation erfordert ein hohes Niveau von gemeinsamem Verständnis über Konzepte wie Patient und dessen medizinische Daten sowie den Gebrauch eines fundierten einheitlichen Vokabulars."[376]

5.1.7   Destination, Naturraum und Gesundheit

Viele gesundheitstouristische Einrichtungen und ganze Kurorte befinden sich in einem landschaftlich bevorzugten Umfeld. Viele Thermalbäder und Spa-Hotels im In- und Ausland zeichnen sich allerdings durch Indoor-Fixierung aus und konzentrieren sich somit einseitig auf das, was innerhalb der gebauten Wände passiert. Wissenschaftliche Untersuchungen zum Einfluss der Natur auf den Menschen lassen jedoch keinen Zweifel mehr aufkommen, dass dieser überaus positiv sein kann.[377] Die Potenziale von Natur und Landschaft können wie folgt dargestellt werden:

- Ökologischer Aspekt: „Die in diesem Kapitel besprochenen Studien zeigen deutlich die Bedeutung von natürlichen und evozierten Landschaftseinflüssen auf die menschliche Gesundheit. Natürliche Landschaftsräume beeinflussen die Gesundheit in unterschiedlichen Facetten und Dichte. Empirische Studien weisen Wäldern, Parks, Gärten und Gewässern einen gesundheitsfördernden Effekt zu. Die Studien zeigen, dass sowohl die Betrachtung von Natur wie der Aufenthalt in der Natur einen günstigen Einfluss auf die

---

[375]   Siehe Winter (2001), S. 149.
[376]   Heitmann (2006), S. B2020.
[377]   Siehe dazu mehr in der Metastudie von: Abraham et al. (2007).

Gesundheit haben. Außerdem sind Landschaftselemente wie Lärm, Klang und Wetter an Landschaftsräume gekoppelt und beeinflussen somit direkt oder indirekt die Gesundheit und das Wohlbefinden."[378] Der Wald im Speziellen wurde in der europäischen Mentalitätsgeschichte nicht immer positiv betrachtet. Gefahren für Leib und Seele prägten das damals angstbesetzte Waldbild, doch in den letzten Jahrhunderten bildeten sich eher positive Zuschreibungen aus wie z.B.:

- Der Wald trägt zur Erholung von Stress bei.
- „Wald und einzelne Bäume können eine persönliche Bedeutung haben, Träger für Geschichten, Mythen und Legenden sein und somit Identität und Lebensbezug vermitteln."[379]
- Wald kann lärmmindernd sein (Autoverkehr, Bahnverkehr).
- Wald bietet Raum für Bewegung, Sport und Spiel.
- Der Aufenthalt im Wald ist zumeist kostenlos (Chancengleichheit für alle), jedoch hält die Ökonomisierung auch in diesem Bereich Einzug (Pistengebühren für Tourengeher, Gebühren für Wanderer auf Wegen über privates Gelände).
- Ästhetischer Aspekt: Die Gestaltung der Landschaftsräume nimmt Einfluss auf das Wohlbefinden und die Gesundheit. Mit anderen Worten: Der Grad der Motivation zu Sport, Spiel, Bewegung, Genuss und Entspannung in der Natur hängt ab von ihrer Gestaltung.
- Pädagogischer Aspekt: Natürliche Landschaftsräume fördern Kinder und Jugendliche im Hinblick besonders auf motorische, kognitive, emotionale und soziale Entwicklung. Die gleichen Effekte sind auch für alle anderen Altersgruppen anzunehmen, jedoch noch wenig erforscht. Die Wirkungen im Allgemeinen dürften insbesondere (fein)motorischer und sozialer Art sein.
- Psychischer Aspekt: Diese Betrachtungsweise im Zusammenwirken von Landschaft und Gesundheit betont die Möglichkeit zur Erholung von Stress und geistiger Müdigkeit. „Erklärungen für diese Effekte gibt es verschiedene: Sie können entweder auf bestimmte Eigenschaften von natürlichen Landschaften zurückzuführen sein, so wie dies die Attention Restoration Theory beschreibt, sie können uns angeboren sein, so wie dies die Psychoevolutionary Theory voraussetzt, oder sie können kulturell bedingt sein, indem angenommen wird, dass in westlichen Gesellschaften eine Verständigung darüber herrscht, dass natürliche Landschaften zu bevorzugen sind."[380]
- Sozialer Aspekt: Dieser Aspekt drückt sich in Gemeinschaftsbildung (Treffpunkt im Park) und Gemeinschaftserleben (gemeinsame Erfahrung in der Natur) aus.
- Physischer Aspekt: Die Möglichkeiten in der Natur, insbesondere in Form des Ausdauertrainings, sind unbestritten. Es zeigt sich jedoch, dass viele Menschen in Außenräumen nur dann körperlich aktiv sind, wenn ihre Umgebung bewegungsfreundlich gestaltet ist und somit als bewegungsattraktiv wahrgenommen wird. Körperliche Aktivität ist demnach in hohem Maße an die ästhetische Komponente von Landschaft gebunden, jedoch auch an die infrastrukturelle Aufbereitung der Region im Sinne von Rad-, Wander- und Walkingwegen.

---

[378] Abraham et al. (2007), S. 59.
[379] Abraham et al. (2007), S. 20.
[380] Abraham et al. (2007), S. 59.

| Natur- und Landschafts-raum (von städtischer Grünfläche bis zu groß-flächiger und „unberührter" Natur) | Natur und Landschaft als Ganzes (der Mensch und seine Aktivitäten in der Natur) | 1. Bewegung (Ausdauer, Koordination etc.) 2. Erholung von Stress 3. Inspiration 4. sozialer Kontakt 5. Raum für Rollentausch, Freiheit von Normen, Zwängen und eingespielten Handlungsmustern | Erhaltung der Gesundheit, Vorbeugung; körperliches, geistiges und soziales Wohlbefinden |
| | Teile von Natur und Landschaft (der Mensch und sein Nutzen von Teilen der Natur) | 1. Natürliche Heilmittel im Sinne der Kurmedizin (Klima, Peloide,Wasser) 2. (Zusätze zu) Arzneimitteln, Kosmetika, Körperpflegemitteln 3. Lebensmittel 4. Baumaterialien (z.B. Zirbenholz) | |

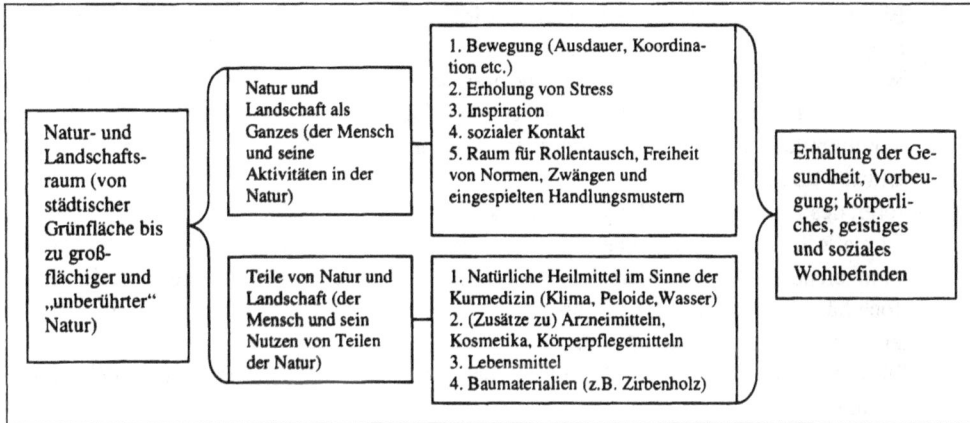

Abb. 115:   Landschaft und Natur und ihr gesundheitliches Potenzial

Zahlreiche jüngere Erkenntnisse über die Wirkung der Natur auf den Menschen könnten systematischer eingesetzt werden bei der Auswahl des Standortes neuer Spa-Hotels bzw. bei der geografischen Ausrichtung der Räumlichkeiten. Für die Zukunft können im Hinblick auf eine bessere Vernetzung von Landschaft und Gesundheit folgende Forderungen abgeleitet werden:[381]

- Integrative Zusammenarbeit zwischen Gesundheits-, Umwelt- und Raumplanungsbereichen mit dem Ziel, Prävention und Gesundheit in die touristische Landschaftsplanung zu integrieren bzw. Landschaftsräume als Interventionsbereiche im Sinne von Gesundheit, Wohlbefinden, Entspannung und Bodystyling zu entwickeln.
- Schulung von sektorübergreifend ausgebildeten Fachleuten, die Konzepte für Naturgesundheit auf wissenschaftlicher Basis erstellen.
- Kriterien für Landschaftsräume entwickeln, die gesundes und entspannendes Verhalten fördern.
- Erforschung der Zusammenhänge und Wirkmechanismen im Schnittfeld von Landschaft und Gesundheit bei verschiedenen Gastpatienten-Gruppen.

5.1.8   Standortfaktoren

Der Standort ist der geografische Ort, an dem das Spa seine Dienstleistungen erbringt. Bei Neuansiedlung eines gesundheitstouristischen Betriebes sind Standortfaktoren von großer Bedeutung. Es stellt sich also die Frage: Was ist der optimale Ort für den neuen Betrieb? In diesem Zusammenhang sind folgende Gesichtspunkte besonders zu berücksichtigen:

- Einsatzbezogene Standortfaktoren:[382]
  - Eine der ersten Voraussetzungen ist ein passendes Grundstück (Grund und Boden), das in der gesundheitstouristischen Branche häufig Eigenschaften wie z.B. eine bevorzugte landschaftliche Lage besitzen sollte.

---

[381] In Anlehnung an: Abraham et al. (2007), S. 64.
[382] Die Gliederung der Auflistung in Anlehnung an: Steinmüller et al. (2000), S. 42f.

- Ein weiterer Punkt ist das Personal, das im Hinblick auf Ausbildung und Praxiserfahrung (Qualität) und Anzahl (Quantität) verfügbar sein muss.
- Weitere einsatzbezogene Standortfaktoren spielen weniger in Europa als vielmehr in manchen Ländern Asiens und Afrikas noch heute eine Rolle wie z.B. eine fehlende Kommunikationsinfrastruktur oder das Fehlen wichtiger Fremddienste (z.B. Rechtsanwälte und Steuerberater).
- Faktoren des Leistungserstellungsprozesses:
  - Klimatische und geologische Faktoren spielen eine besonders wichtige Rolle im Gesundheitstourismus, werden diese und andere natürliche Elemente (z.B. Heilwasser) doch häufig als Heilmittel eingesetzt.
- Absatzorientierte Standortfaktoren:
  - Diese beziehen sich auf die Nachfrage des Produktes auf dem nationalen und internationalen Markt.
  - Weitere Aspekte sind die Konkurrenzdichte und
  - die Spezialisierung (therapeutische Ausrichtung) der bereits vorhandenen Betriebe.
  - Eine Rolle in diesem Zusammenhang spielen auch staatliche Absatzhilfen für Tourismusverbände, deren Kommunikations-Budget ja häufig aus Steuergeldern finanziert wird.

Die Wahl der Standorte kann mit Hilfe verschiedener Methoden herbeigeführt werden. Gerne werden in diesem Zusammenhang die Methoden der Standortfaktorenkataloge und der Netzwertanalyse angewendet.[383]

5.1.9   Banken und Finanzierung

Die Finanzierung vieler gesundheitstouristischer Vorhaben lässt sich allein durch das Eigenkapital der vielfach mittelständischen Spa-Branche kaum darstellen. So wird zunächst geschaut, ob Fördermittel für das Projekt akquiriert werden können. Darüber hinaus bietet sich die Möglichkeit, das Projekt über eine Bank finanzieren zu lassen. In der Kommunikation mit Banken sollte insbesondere auf folgende Aspekte geachtet werden:

- Bei der Finanzierung von Objekten (z.B. neue Saunalandschaft) wird neben der Bonität des Kreditnehmers insbesondere auch auf die prospektive Tragfähigkeit des Projektes unter wirtschaftlichen Gesichtspunkten geachtet. Dazu ist ein Businessplan anzufertigen.
- Darüber hinaus prüft die Bank das persönliche Auftreten des Kreditnehmers. Seriosität, Fach- und Marktkenntnis und Verantwortungsbewusstsein sind in diesem Zusammenhang nur wenige Eigenschaften, die ausschlaggebend sein können. In diesem Zusammenhang spielt auch eine Rolle, inwieweit der Kreditnehmer seine Bank im ganzen Prozess des Antrages offen und aktiv in die Projektwerdung involviert hat.
- Von zunehmender Bedeutung für die Banken ist besonders bei Dienstleistern die Bewertung des betrieblichen Humankapitals in Form von Zu- und Abgängen, Arbeitsgerichtsprozessen, Krankenstand etc.

Besonderer Wert ist auf die Vermeidung eines der häufigsten Gründe für Konkurse zu legen, nämlich auf Baukostenüberschreitungen. In fast allen Fällen treten diese auf, und zwar in einer Größenordnung von 20 bis 40% der ursprünglichen Baukostenschätzung. Die Baukos-

---

[383] Siehe dazu mehr unter: Steinmüller et al. (2000), S. 47f.

tenschätzung ist exakt vorzunehmen und Methoden zur genauen Erfassung von Projektkosten anzuwenden.

5.2 Spa und Region im Speziellen

Kapitel 5.2.1 beschäftigt sich mit relevanten singulären Einrichtungen, wohingegen Kapitel 5.2.2 in die Fläche geht und regionalwirtschaftliche Aspekte von Gesundheit und Tourismus behandelt.

5.2.1 Spa als singuläre Einrichtung

Das Spa-Management hat ganz verschiedene Interessen zu befriedigen, von denen die besonders wichtigen in den folgenden Kapiteln angesprochen werden: Der Eigentümer wird auf eine Gewinnmaximierung hoffen, das Management auf Prestige, Einkommen und Macht, die Mitarbeiter auf Einkommen, soziale Sicherheit und eine erfüllende Tätigkeit. Im externen Verhältnis wird der Fremdkapitalgeber auf Sicherheit und Rendite pochen, der Lieferant auf einen stabilen Absatz, der Kunde auf hochwertige Dienstleistungen und der Staat auf Steuern, Arbeitsplätze und die Einhaltung von Vorschriften.[384] Die folgende Abbildung stellt das Spa mit seinen wichtigsten Austauschprozessen dar:[385]

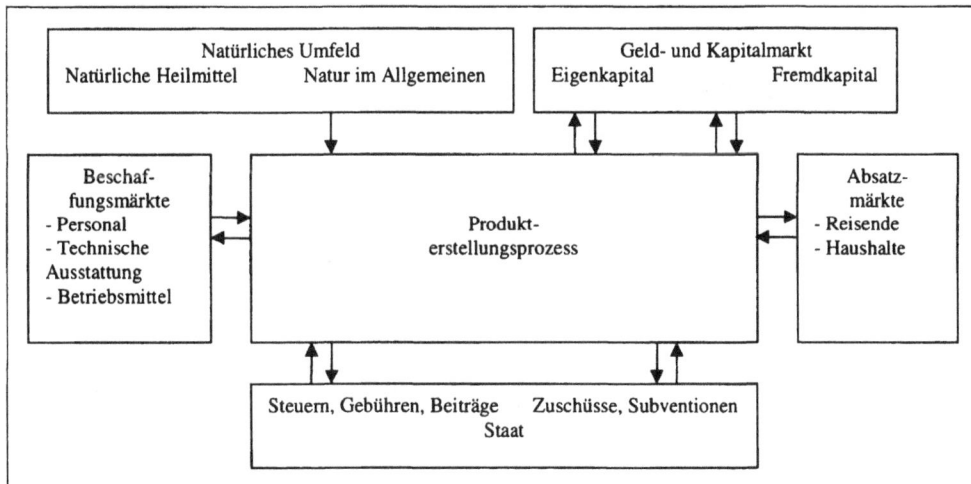

Natürliches Umfeld Natürliche Heilmittel — Natur im Allgemeinen	Geld- und Kapitalmarkt Eigenkapital — Fremdkapital

Beschaffungsmärkte - Personal - Technische Ausstattung - Betriebsmittel	Produkterstellungsprozess	Absatzmärkte - Reisende - Haushalte

Steuern, Gebühren, Beiträge   Zuschüsse, Subventionen Staat

Abb. 116:   Das Spa als offenes System

Für den Unternehmenserfolg ganz besonders wichtige Aspekte werden gerne mit Erfolgsfaktoren bezeichnet. Diese Faktoren sind bislang nur selten systematisch erfasst worden. Auch kann angenommen werden, dass sich diese Erfolgsfaktoren abhängig vom Betriebstyp unter-

---

[384]   Siehe dazu ähnlich: Steinmüller et al. (2000), S. 366.
[385]   In Anlehnung an: Wöhe (1993), S. 11, zitiert nach: Steinmüller et al. (2000). S. 360.

scheiden. Am Beispiel von Multifunktionsbädern in Österreich ist dieser Versuch unternommen worden:[386]

Hauptbereiche	Unterbereiche	Bewertung
Mitarbeiter	Ausbildung, Weiterbildung, Fachkompetenz, Motivation, Auftreten, Zuverlässigkeit, Einfühlungsvermögen, Entgegenkommen, Umsatzkompetenz	1,00
Management	Unternehmensführung, Strategie, Finanzplanung, Positionierung, Zielgruppenorientierung, Marketing, USP, Qualitätsmanagement	1,33
Marketing und Kommunikation	Produkt- und Sortimentspolitik, Distributions- und Kommunikationspolitik, Gestaltung der Dienstleistungsprozesse, Personal, Ausstattungs- und Erscheinungspolitik	1,33
Immobilie (intern)	Zustand, Standard, Zielgruppenkompatibilität	1,67
Immobilie (extern)	Standortqualität, Lage	2,11
Infrastruktur/Umwelt	Infrastruktur des Ortes, geografische Gegebenheiten, Finanzierung	2,11
Umfeld	Konkurrenz, Entwicklung der Märkte, Gesundheitspolitik	2,44

Abb. 117:   Erfolgsfaktoren in Multifunktionsbädern in Österreich

Leseprobe: Der Bereich Mitarbeiter ist von allen Gesprächspartnern als sehr wichtig eingestuft worden (Schulnoten).

Unabhängig von diesen ersten Betrachtungen werden im Folgenden zentrale Aspekte des Spa-Managements angesprochen.

5.2.1.1   Das Spa und seine Organisation

Die folgende Abbildung ist eine schematische Darstellung der wichtigsten Abteilungen eines Spa:

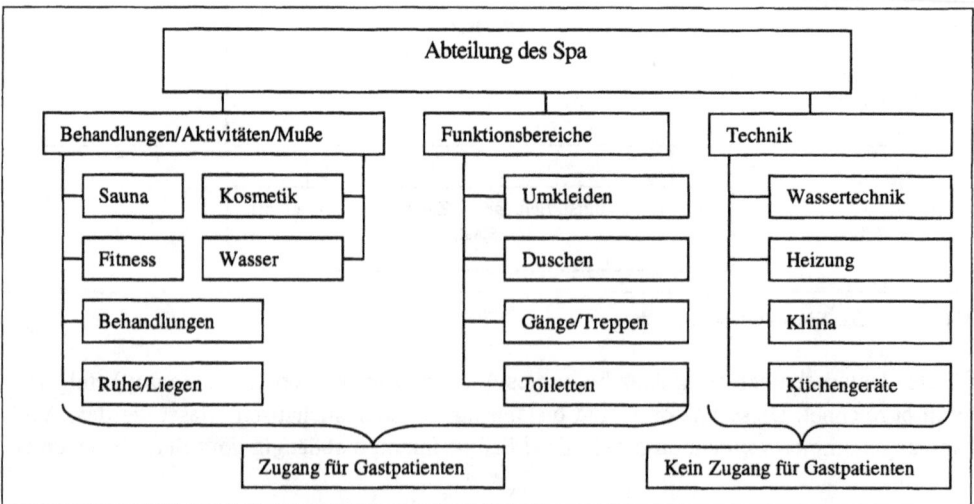

Abb. 118:   Abteilungen des Spa

---

[386]   In Anlehnung an: Rowanschek (2008), S. 71.

Die so genannten Elementarfaktoren sind unmittelbarer Bestandteil des Leistungserstel-lungsprozesses, wobei dem Personal bei Gesundheitsdienstleistern ein besonders großer Stellenwert einzuräumen ist. Eine Massage oder eine Beautybehandlung ist ohne das ausfüh-rende Personal nicht denkbar. Die dispositiven Faktoren planen, koordinieren und lenken den Einsatz der Elementarfaktoren. Diese Führungsaufgabe[387] obliegt dem Management. Der Begriff des Managements beschreibt dabei zwei verschiedene Bedeutungsvarianten, zum einen die funktionale und zum anderen die institutionelle:

- Die funktionale Bedeutungsvariante beschreibt die zentralen Aufgaben, nämlich Führung im Sinne von Leitung, Planung, Überwachung und permanenter Verbesserung.
- Der Begriff institutionell beschreibt bestimmte Personengruppen, nämlich jene der Füh-rungsebene.

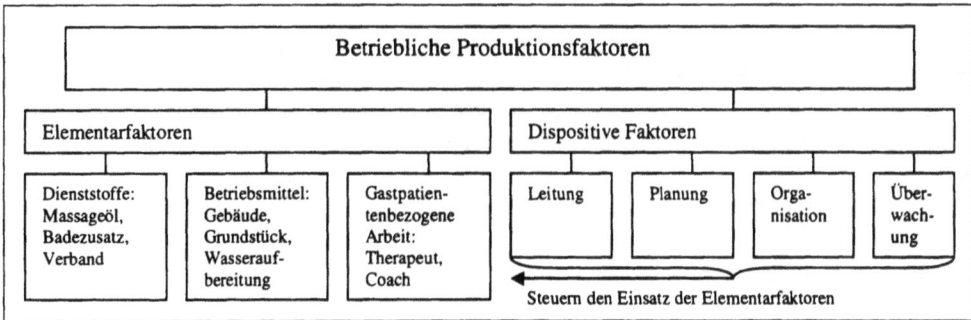

Abb. 119:   Betriebliche Produktionsfaktoren im Gesundheitstourismus[388]

Aufbauorganisation
Die Führungsfunktionen im Spa lassen sich am Beispiel einer Aufbauorganisation differen-zierter darstellen. Diesee beschreibt den organisatorischen Rahmen. Zuständigkeiten, Kom-petenzen, Stellen, Abhängigkeiten und ihre Zusammenhänge werden in diesem Rahmen dargestellt. Die Abbildung unten veranschaulicht, dass jede der vier Abteilungen von mehre-ren (zwei) vorgesetzten Leitungsstellen ihre Anweisungen erhalten. Dieses System, auch als Prinzip des kürzesten Weges bezeichnet, stellt die individuelle Fachkompetenz in den Vor-dergrund und nicht die Positionsmacht. Abhängig vom Problem können sich die Mitarbeiter der vier Abteilungen direkt an den fachlich zuständigen Vorgesetzten wenden. Um typische Probleme dieses Systems zu vermeiden, muss zwischen Manager und medizinischer Leitung eine genaue Aufgabenteilung vorgenommen werden, damit Kompetenzkonflikte und Fehlan-ordnungen vermieden werden. Solche Doppelfunktionen findet man zumeist in größeren Einrichtungen, in denen auch medizinische Dienstleistungen angeboten werden:

---

[387]   „Unter Führung ist die zielorientierte Gestaltung von Unternehmen und die zielorientierte Ein-flussnahme auf Personen zu verstehen" (Steinmüller et al. (2000), S. 367).
[388]   Siehe dazu ähnlich auch: Steinmüller et al. (2000), S. 366.

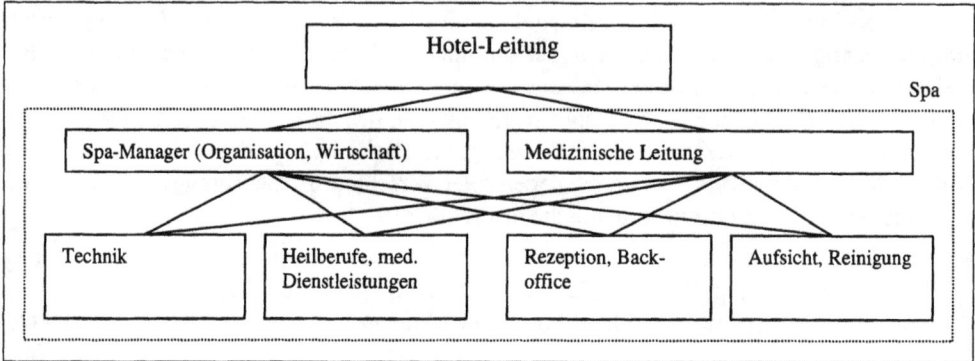

Abb. 120:   Spa-Organisation als Mehrliniensystem

Die folgende Abbildung stellt dem Mehrliniensystem (oben) das Einliniensystem gegenüber. Im Unterschied zur Abbildung oben erhält eine nachgeordnete Stelle lediglich vom direkten Vorgesetzten Anweisungen. Eine Anfrage der Kasse bezüglich der Reinigung müsste somit über den Spa-Manager laufen (s. Linie). Die Folgen dieser langen (zeitlich) und bedeutung-verschleiernden (weil Informationen über mehrere Stationen immer wieder anders interpre-tiert werden) Kommunikations- und Weisungswege sind häufig negativ. Zudem muss sich der Spa-Manager mit Dingen beschäftigen, die seine Zeit, die er aufgrund der Stellenbe-schreibung für strategische Aufgaben benötigt, binden:

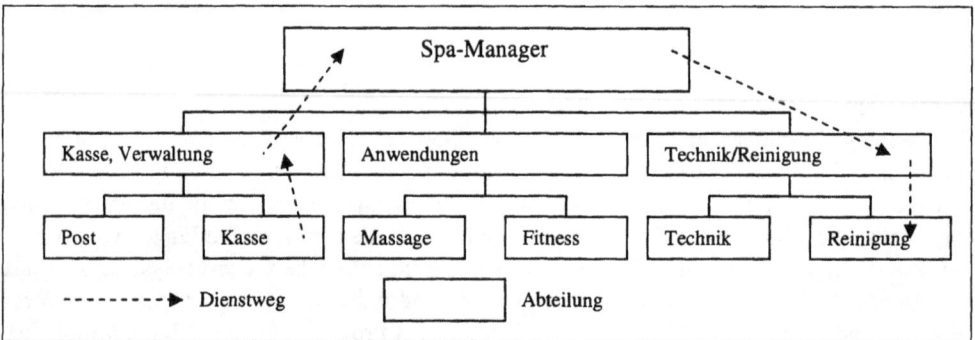

Abb. 121:   Spa-Organisation als Einliniensystem

Die folgende Abbildung zeigt die Organisation eines großen Spa auf Basis des Einliniensys-tems. Die großen Abteilungen mit ihren ebenso medizinischen wie auch administrativen Anforderungen unterstehen alle gleichermaßen dem Spa-Manager. Allerdings ist das Spa so groß, dass für einzelne Bereiche eigene Leitungsfunktionen eingerichtet worden sind, die ihn zumindest in fachlicher Hinsicht unterstützen können. Die Problematik dieses Systems ist die vierfache Leitungsfunktion in Form des Spa-Managers, seines Assistenten sowie der Leitung mehrerer Fachabteilungen. Hier herrschen vier Könige in einem – gemessen an anderen Branchen – kleinen Betrieb, was einen sorgfältigen Abstimmungsbedarf erforderlich macht im Hinblick auf Inanspruchnahme von Kompetenzen sowie Weisungsbefugnis:

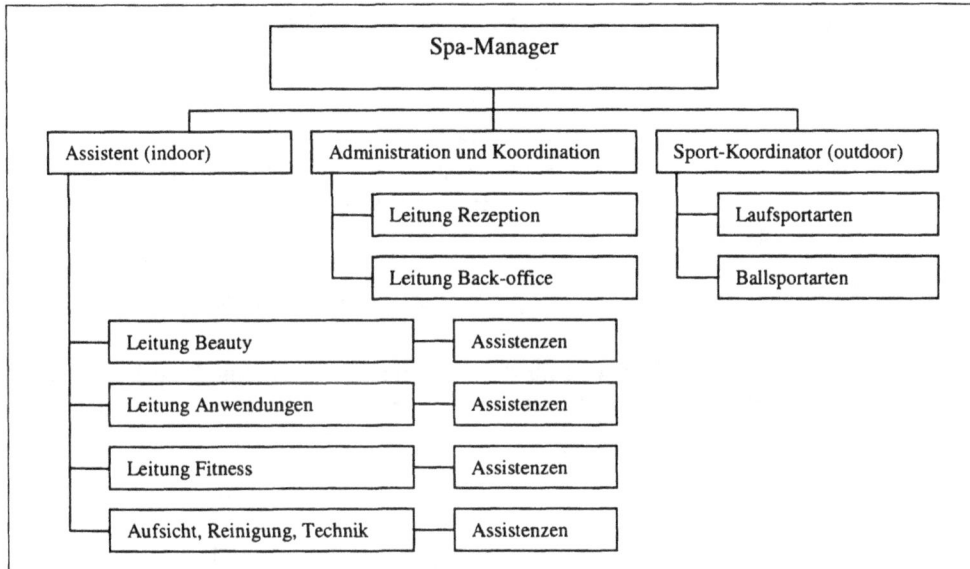

Abb. 122:   Aufbauorganisation eines Spa in Form eines Einliniensystems

Aufgaben wie Technik und EDV können als so genannte Dienstleistungsstelle bezeichnet werden, wenn diese unterstützend für das gesamte Unternehmen tätig sind, also z.B. auch für das Hotel.

Kurz-, mittel- und langfristige Aufgaben
Die Aufgaben des Spa-Managers bewegen sich im Spannungsfeld kurzfristiger Entscheidungen im operativen Geschäft einerseits und langfristiger Planungsaufgaben andererseits. Beispiele:

Kurzfristig	Mittelfristig	Langfristig
- Text für ein Faltblatt über die neue Massage formulieren - Arbeitseinsatzplanung für alle Spa-Mitarbeiter für die kommende Woche - Ausschreibungstext formulieren für eine neu zu besetzende Stelle eines Physiotherapeuten	- Jahresabschluss für Spa vorbereiten - Marketingplanung für das kommende Jahr vorbereiten - Messebesuch vorbereiten - Teilnahme an Qualitätsaward vorbereiten - Schulungsplan für die Mitarbeiter ausarbeiten	- Raumplanung für Erweiterung des Therapiebereiches grob skizzieren - Infrastrukturelle Voraussetzungen für Kooperation mit Krankenkasse planen

Abb. 123:   Aufgaben des Spa-Managements in verschiedenen Zeithorizonten

5.2.1.2   Operatives Geschäft

Das operative Geschäft bezeichnet das Tagesgeschäft und die damit verbundenen Aufgaben. Diese Aufgaben werden von verschiedenen Abteilungen in Arbeitsteilung erfüllt.

5.2.1.2.1   Produkte und Leistungen im Spa

Der Gastpatient im Spa konsumiert verschiedene Leistungen:

- Öffentliche Güter, wie die schöne Aussicht oder die gesunde Luft, sind häufig zentraler Buchungsgrund für den Gastpatienten. Die saubere Umwelt jedoch verursacht dem Spa keine direkten Kosten, sie wird einfach nur genutzt. Dass das Wiederherstellen bzw. Aufrechterhalten gesunder Umwelt hohe Kosten verursacht, ist bekannt, jedoch schlagen diese dem Spa nicht direkt zu Buche.
- Produkte hingegen (Massage) oder Dienststoffe, die für den Produkterstellungsprozess im Spa eine Rolle spielen (z.B. Make-up, Handtuch, Speisen), verursachen direkte Kosten.

Alle Leistungen können ertragbringend für das Spa sein, weil viele Spa-Produkte ohne die öffentlichen Güter nicht auskommen. So ist eine Terrainkur im Kurort ohne Heilklima kaum denkbar.

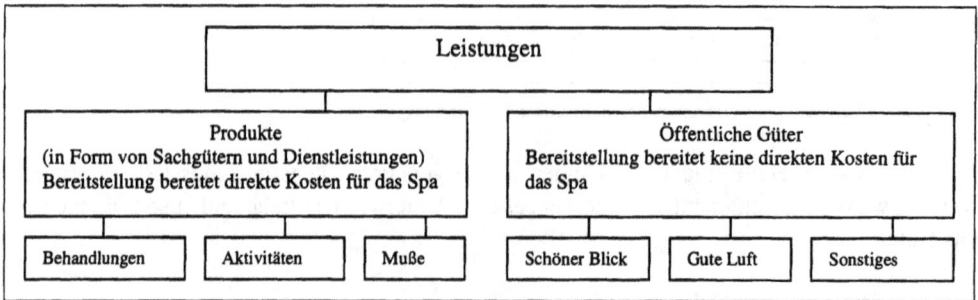

Abb. 124:   Leistungen als Oberbegriff von Produkt und öffentlichem Gut

Der Begriff Spa unterliegt keiner Definition, die das Produktportfolio dieser Unternehmungen eindeutig definieren würde. Im Mittelpunkt des Produktangebotes stehen Dienstleistungen, die von Sachgütern ergänzt werden können. Die Wertigkeit von Unterkunft und Verpflegung ist abhängig vom Betriebstyp. Der Produkterstellungsprozess im Spa wird arbeitsteilig in verschiedenen Abteilungen vollzogen:

Produkte des Spa		

Hauptprodukt

Behandlungen durch Bereitstellung von:	Aktivitäten durch Bereitstellung von:	Muße durch Bereitstellung von:
1. Personal (Therapeut, Kosmetiker) 2. Technische und med. Geräte (z.B. Videokamera für Ganganalyse) 3. Medikamente und Körperpflegemittel 4. Bereitstellung von Räumen: Natur und gebaut (Diagnose, Therapie)	1. Innen- und Außenräume (Gymnastikraum, Naturraum) 2. Bereitstellung von Personal (Sportlehrer) 3. Geräte (Fahrrad, Kompass)	1. Räume (Spa, Ruheraum, Liegewiese) 2. Multisensuale Beruhiger (Musik, Buch, Duft) 3. Zeit (s. unten)

- Anwendung (med. nicht indiziert)
- Therapie (Heilbehandlung), med. indiziert
- Personalisierte Aktivitäten
- Depersonalisierte Aktivitäten

Nebenprodukt

Verkauf von Handelswaren	
Speisen und Getränke (es sei denn, Ernährung gehört zur Interventionsstrategie)	Hauptleistungen im Hotel
Räume zum Schlafen	

Hilfsprodukt

Reparatur und Instandhaltung. Diese können vom Gastpatienten nicht gekauft werden, jedoch sind sie notwendig im Interesse von Haupt- und Nebenprodukt

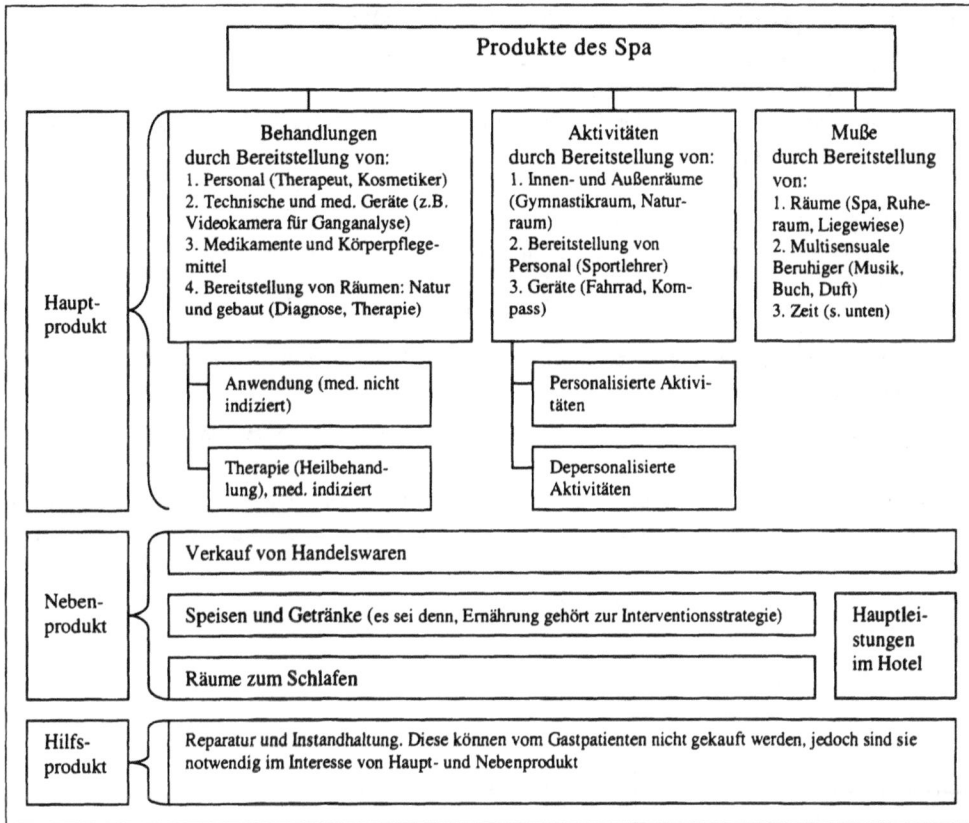

Abb. 125: Typologisierung von Spa-Leistungen

Die Bereitstellung von Zeit gehört zu den besonders anspruchsvollen Aufgaben im Spa. Viele Paare besuchen ein Spa mit dem Wunsch, einmal genug Zeit für sich zu haben. Diese Zeit will dann genutzt werden für gemeinsamen Genuss oder gemeinsame Problembewältigung, und häufig wünschen sich die Gastpatienten Handreichungen bezüglich der Gestaltung der Zeit. Beispiele:

- Zeit kaufen: Der Gastpatient kauft sich Zeit an der Spa-Rezeption. So kann er z.B. 90 Minuten Zeit kaufen für € 95 bei einem Behandler, ohne notwendigerweise vorher genau zu wissen, was passieren wird. Die Behandler können sich mit einem Steckbrief an der Spa-Rezeption präsentieren und auf diese Weise die ungefähre Richtung der gemeinsamen Zeit vorgeben.
- Empfehlungen aussprechen, wie Mußezeit gestaltet werden kann (Wärmen in der Teestube, gemeinsam Spiele spielen, Paar-Massage im Spa).
- Multisensuale Hilfsmittel einsetzen: Wasserspiele im Garten, Glockenspiele im Wald, Musik im Hintergrund.

5.2.1.2.2   Materialwirtschaft und Verkauf von Sachgütern

Das Kerngeschäft eines Spa besteht aus Dienstleistungen. Diese jedoch setzen teilweise auch Sachgüter voraus. Dabei handelt es sich um Geräte (Fitness, Medizin, apparative Kosmetik), Reinigungsmittel, Dienststoffe der Behandler wie Massageöle oder Kosmetika und schließlich auch Lebensmittel.

> „Die Funktion der Beschaffung besteht darin, die in den Produktionsprozess eingehenden Güter rechtzeitig, in der richtigen Qualität und Quantität am richtigen Ort zur Verfügung zu stellen."[389]

Die Erfahrung zeigt, dass die Materialwirtschaft im Managementprozess häufig stiefmütterlich behandelt wird:

* Der Qualitätstester stellt immer wieder fest, dass Kosmetika oder Massageöle auch jenseits des Ablaufdatums verwendet werden.
* Medizingeräte werden verfrüht eingekauft obwohl nicht hinreichend klar ist, ob die damit verbundenen Therapien in den Leistungskatalog der Sozialversicherungen aufgenommen werden.

Die im Spa relevanten Materialarten lassen sich wie folgt untergliedern:[390]

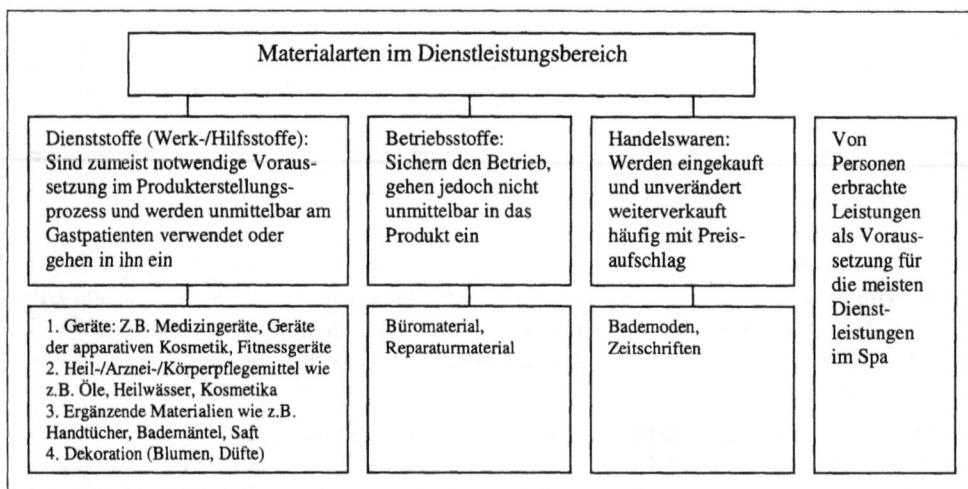

Materialarten im Dienstleistungsbereich			
Dienststoffe (Werk-/Hilfsstoffe): Sind zumeist notwendige Voraussetzung im Produkterstellungsprozess und werden unmittelbar am Gastpatienten verwendet oder gehen in ihn ein	Betriebsstoffe: Sichern den Betrieb, gehen jedoch nicht unmittelbar in das Produkt ein	Handelswaren: Werden eingekauft und unverändert weiterverkauft häufig mit Preisaufschlag	Von Personen erbrachte Leistungen als Voraussetzung für die meisten Dienstleistungen im Spa
1. Geräte: Z.B. Medizingeräte, Geräte der apparativen Kosmetik, Fitnessgeräte 2. Heil-/Arznei-/Körperpflegemittel wie z.B. Öle, Heilwässer, Kosmetika 3. Ergänzende Materialien wie z.B. Handtücher, Bademäntel, Saft 4. Dekoration (Blumen, Düfte)	Büromaterial, Reparaturmaterial	Bademoden, Zeitschriften	

Abb. 126:   Materialarten im Spa

Aufgaben der Materialwirtschaft in einem Spa eines mittelständischen Hotels werden häufig vom Spa-Manager nebenher erledigt. Besonders in großen Einrichtungen mit einer raschen Umschlagshäufigkeit der Materialien und einem vielseitigen Materialbedarf ist es wert, die

---

[389] Steinmüller et al. (2000), S. 140.
[390] In Anlehnung an: Steinmüller et al. (2000), S. 141.

Materialwirtschaft einer professionell geschulten Kraft zu überlassen. Hier lohnt ein Kostenmanagement in jedem Fall, weil

- das Aushandeln der besten Konditionen aufgrund einer gründlichen Anbieterrecherche und eines geschickten Verhandelns sowie
- die Beschaffung verbrauchsgerechter Volumina insbesondere verderblicher Güter zu einer erheblichen Kostensenkung beitragen können.

Neben dem Verkauf von Dienstleistungen spielt der Verkauf von Sachgütern eine nicht unerhebliche Rolle im Spa. So können im Kosmetikinstitut bis zu 50% des Umsatzes über den Verkauf von Sachgütern (z.B. Produkte für Gesichtspflege) generiert werden. Sachgüter im Bereich der Körperpflegemittel, die besonders gerne im Spa gekauft werden, sind (mit abnehmender Wichtigkeit) in Nordamerika: Gesichtspflege, Körperpflege, Haarpflege, Badezusätze, Fußpflege, Nagelpflege, Badekleidung.[391]

5.2.1.2.3 Guest History und Anamnese

Dieses Kapitel schließt in seiner Wertigkeit unmittelbar an die vorigen und grundlegenden Kapitel an, weil Guest History, Anamnese und Diagnose ebenso die Bedürfnisse wie auch das therapeutisch Notwendige herausfinden wollen, somit also entscheidend sind für das bedürfniss- und sachgerechte Produkt im Spa.

- Die Guest History bemüht sich um die Erhebung von Spa-relevanten Kundenbedürfnissen im Allgemeinen.
- Die Anamnese ist die Erhebung der medizinischen Vorgeschichte des Gastpatienten mit Bezug auf seine aktuellen Beschwerden.
- Die Diagnose ist das Feststellen und die Benennung einer Krankheit durch medizinische Untersuchung.

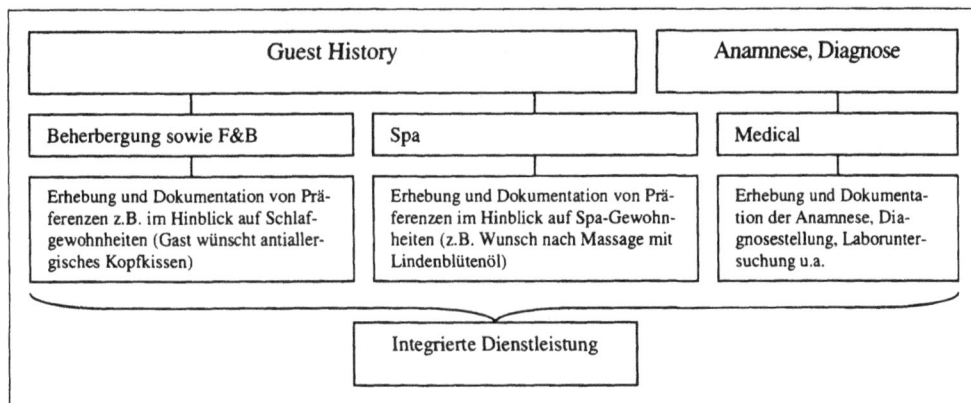

Abb. 127:   Vielfalt der Datenerhebung in der Guest History und der Anamnese

---

[391] Zawila (2007), S. 42.

Guest History wird keineswegs in allen Hotels systematisch in Form von Datenerhebung, Datenauswertung und Umsetzung betrieben. Noch seltener findet dies im Spa statt. Ganz selten jedoch können Versuche beobachtet werden, die Daten aus den oben genannten Bereichen zusammenzuführen. Die Gründe für diese unbefriedigende Situation können wie folgt charakterisiert werden:

- Methodische Probleme.
- Fehlende Ressourcen (Zeit, Personal).
- Unterschätzung der Wichtigkeit.
- Softwareprobleme (Schnittstellenproblematik).

Besonders der letzte Punkt muss eingedenk der rechtlichen Beschränkungen besonders betont werden, da besonders im Medical-Spa sensible Patientendaten auch in und außer Haus transferiert werden; schließlich benötigt der Arzt im Medical-Spa das bereits bekannte Wissen über die Krankengeschichte (Anamnese) des Gastpatienten, um weiterführende Behandlungen darauf aufzubauen. Das gleiche gilt für Ärzte, die nach dem Besuch des Gastpatienten im Medical-Spa die Behandlung weiterführen (z.B. Hausarzt). Der Patientenaufnahmebogen in der Arztpraxis oder das Datenblatt im Hotel dienen alle dazu, grundlegende Daten des Gastpatienten zu erheben. Dabei geht es um Name, Anschrift, Wohnort, Geburtsdatum und schließlich abhängig vom Betriebstyp auch um anamnestische Sachverhalte. Die Problematik in gesundheitstouristischen Betrieben ist die, dass über Betriebstypgrenzen (Hotel versus Klinik) hinweg ein Informationsfluss von Gastpatientendaten gewährleistet sein sollte. In diesem Zusammenhang ist zu empfehlen:

- Verfügbarkeit der elektronischen Gästekartei: Alle Unternehmensteile, aber auch international verteilte Spas einer Kette, arbeiten mit einer einzigen Gästekartei eingedenk der rechtlichen Problematik einer national verschiedenen und besonderen Aufbewahrungspflicht medizinischer Daten. Die elektronische Gästekartei macht die wichtigen Gastpatientendaten international verfügbar. Damit sind auch die individuellen Gastpatientenwünsche stets aktuell abrufbar und können somit leichter erfüllt werden.
- Cross-Check-Out: Damit wird eine reibungslose innerbetriebliche Leistungsverrechnung zwischen den einzelnen Häusern einer Kette ermöglicht. So kann der Gast im Hotel bereits auschecken, jedoch noch die Leistungen im Spa benutzen, ohne dass es zu Verwirrungen kommt, weil der Gastpatient auch nach dem Check-Out noch Betriebsteile nutzt.
- Bonusprogramme sollten ohne Probleme auch zwischen international verteilten Spas einer Kette verrechnet werden können.
- Cross-Reservierungen: Durch die genaue Kenntnis der Wünsche können die Gastpatienten innerhalb des Unternehmens gezielter auf jene Spas verwiesen werden, die das passende Angebot haben.

5.2.1.2.4   Behandlungskonzept und Interventionsdesign

Die Festlegung auf ein Behandlungskonzept ist eine Aufgabe, die nur von den für Behandlungen (Therapie, Anwendungen) und Aktivitäten (s. Kapitel 1.1.5.1) Zuständigen vorgenommen werden kann. Dabei können ganz verschiedene Aspekte Einfluss auf das Behandlungskonzept haben:

- Ausrichtung des Spa auf Wünsche und Vorgaben der Krankenkassen, weil besonders Gastpatienten aus dem ersten Gesundheitsmarkt angesprochen werden sollen.

- Ausrichtung auf komplementäre Medizinsysteme (z.B. TCM, Ayurveda, Homöopathie).
- Auswahl des Therapiespektrums nach Gesichtspunkten der evidenzbasierten Medizin (wissenschaftlich fundierte Effektnachweise).
- Hinwendung zu authentischen, lokalen Produkten (Nutzung von Kürbiskernextrakten für das Massageöl, wenn diese in der Region gewonnen werden können).
- Konzentration nur auf umsatzträchtige Anwendungen in der Selbstzahlermedizin.
- Indikationsspezifische Therapiekonzepte (z.B. gegen Rückenleiden, Akne, Adipositas).
- Ausrichtung auf exotische Therapien (als Alleinstellungsmerkmal gegenüber der Konkurrenz).
- Ausrichtung auf bestimmte Zielgruppen (z.B. Männergesundheit, 60+-Generation).
- Konzentration auf jene Behandlungen, für die das bestehende Personal bereits ausgebildet ist).

Behandlungen in gesundheitstouristischen Einrichtungen können überaus vielfältig sein. Im Kontinuum von operativem Eingriff im Rahmen schulmedizinischer Intervention einerseits und schamanischem Ritus in esoterischem Umfeld andererseits ist in der Spa-Industrie alles zu finden. Zur Beantwortung der Frage nach dem, was im Kontinuum von Behandlungen, Aktivitäten und Muße angeboten werden kann, sollen ausgesuchte Aspekte ausführlicher betrachtet werden:

- Bedarf und Bedürfnisse: Dieses Begriffspaar findet einen ersten Zugang zur zuvor gestellten Frage durch die Unterscheidung von Wollen und Sollen:
  - Bedürfnisse: Berücksichtigung der Wünsche des Gastpatienten.
  - Bedarf: Konzentration auf Fehlverhalten und Risikofaktoren des Individuums oder einer Gruppe.
- Marktforschung und Konsumentenforschung: Die Schaffung von Rahmenbedingungen für Behandlungen, Aktivitäten und Muße sind die zentralen Dienstleistungen im Spa. Diese zeichnen sich mitunter durch einen kurzen Lebenszyklus aus und werden folglich kurzfristig gegen andere ausgetauscht. Dies geschieht mit der Begründung, auf aktuelle Trends setzen und damit die Kundenwünsche optimal befriedigen zu wollen. Auf der Basis einer intensiven und permanenten Kundenbefragung (Konsumentenforschung) erhält das Spa-Management detaillierte Informationen über Gästezufriedenheit und Behandlungswünsche. Diese sind in das Tagesgeschäft zu integrieren bzw. im Rahmen auch einer baulichen Erweiterung bzw. Veränderung zu befriedigen. Hotelketten, die internationale Standorte und ein internationales Publikum haben und darüber hinaus ein einheitliches Spa-Konzept anstreben, sind gut beraten, relevante internationale Trends zu berücksichtigen. Wenn z.B. ein Spa-Konzept auf Interventionen gegen das Altern fokussieren würde, wäre ein Vergleich des Anteiles der über 65jährigen unterschiedlicher Länder von Interesse:[392]

---

[392] US Census Bureau, zitiert nach: Birch (2007), S. 12.

Italien	19,1%	Korea	8,8%
Japan	19,0%	Singapur	8,1%
Deutschland	18,3%	Thailand	7,7%
UK	15,7%	China	7,6%
US	12,4%	Indonesien	5,2%
Australien	12,9%	Indien	4,8%
Hongkong	12,6%	Malaysia	4,6%
Taiwan	9,6%	Philippinen	3,9%

Abb. 128:   Anteil der über 65jährigen in verschiedenen Ländern

- Die Festlegung auf Behandlungen, Aktivitäten und Muße kann auch durch wirtschaftliche Erwägungen angeregt werden. Die Ermittlung der unsatzträchtigsten Angebote z.B. bei der Konkurrenz kann zu dem Schluss führen, eben gerade diese auch im eigenen Unternehmen anzubieten.
- Raum-Zeit-Modell: Das Raum-Zeit-Modell betrachtet historische und geografische Dimensionen, um Anregung für das Behandlungskonzept zu erhalten:

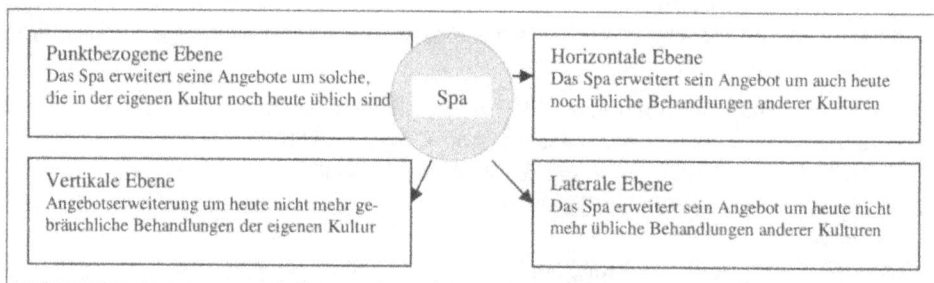

Abb. 129:   Erweiterung des Produktangebotes im Spa im Rahmen des Raum-Zeit-Modells

- Punktbezogene Ebene: Erweiterung um Kneippbehandlungen, wenn es diese in einem mitteleuropäischen Spa vorher noch nicht gegeben hat.
- Vertikale Ebene: Anregungen suchen bei Badeformen der bäuerlichen Kulturen der Vergangenheit.
- Horizontale Ebene: Das Spa in Europa nimmt Behandlungen der Sangooma (Südafrika) in sein Angebot auf.
- Bewährte Vorlagen nutzen: Wenn sich das Spa-Management nicht in der Lage sieht, eigene Behandlungskonzepte zu entwickeln, kann es auf bewährte Vorlagen zurückgreifen oder die Zusammenarbeit mit Instituten suchen, die darauf spezialisiert sind wie z.B. Hochschulen, medizinische Institute oder andere.
- Spa-Fusion: Der Begriff Spa-Fusion spielt eine Rolle im Hinblick auf die Mischung vorhandener Behandlungsformen zu kreativen Neuschöpfungen. Davon gibt es zwei Varianten:
  - Dies kann die sukzessive Kombination eigenständiger Elemente (sukzessive Spa-Fusion) sein (z.B. zuerst Massage, dann Gongtherapie), die mitunter unter neuem Namen als Gesamtpaket verkauft werden.

- Dies kann auch die simultane Kombination eigenständiger Elemente (simultane Spa-Fusion) sein (z.B. aus der philippinischen Hilot-Massage und australischer Didjeridu-Musik entsteht etwas ganz Neues).

- Der aus der Spa-Industrie bekannte Begriff Signature Treatment verweist auf eine singuläre Behandlung oder ein Behandlungskonzept, das sich von der Konkurrenz abhebt. Dabei handelt es sich z.B. um besonders exotische Angebote (gibt es sonst nur in Malaysia), um solche, die in besonderer Umgebung stattfinden (goldene Badewanne), andere, die mit einem besonderen Personaleinsatz durchgeführt werden (Massage von drei Masseuren gleichzeitig), oder um solche, deren Körperpflegemittel mit besonderen Zusätzen angereichert sind.

Planung und Evaluation von Interventionen in der Gesundheitsförderung

Behandlungen, Aktivitäten und Muße als zentrale Vorgänge von Gastpatienten im Spa sind oder bieten Ansatzpunkte für Interventionen, die häufig einen bekannten Ablauf und Ressourceneinsatz haben. Wenn jedoch Interventionen im Sinne der Gesundheitsförderung geplant und durchgeführt werden, die auf keine bekannten und bewährten Vorbilder zurückgreifen, ist folgende Schrittfolge empfehlenswert:[393]

- Der Ort der Intervention ist auszuwählen. Beispielsweise findet sie im Spa-Hotel und in der Natur statt.
- Definition der Zielgruppe (z.B. Bewegungsangebot für adipöse Gäste des Hotels),
- Definition von Zielen und Nichtzielen (z.B. Ziel ist es, den positiven Effekt von Bewegung in der Natur zu vermitteln),
- Erkennen von Bedarf und Bedürfnissen (z.B. besteht der Wunsch, die Technik des Nordic Walking zu erlernen),
- Entwicklung einer Interventionsstrategie (z.B. Programm verteilt auf drei Tage, in dem die Technik in verschiedenem Terrain erklärt wird),
- Umsetzung und
- Evaluation (z.B. durch Befragung der Gäste über ihre Erfahrung mit diesem Programm).

Jegliche Intervention im Bereich der Gesundheitsförderung sollte sich an folgenden Kriterien messen lassen:

- Eignung: Ist das gewählte Behandlungskonzept geeignet, um die Ziele zu erreichen?
- Effizienz: Stehen die eingesetzten Mittel in einem angemessenen Verhältnis zum Ergebnis?
- Effektivität: Der Grad, nach dem die gesundheitsbezogenen Ziele erreicht worden sind.

Die Messung der Effektivität von Interventionen gestaltet sich beim komplexen Krankheitsgeschehen unter Mitwirkung von Sozialversicherungsträgern komplizierter: Ärzte, Krankenkassen und Rentenversicherungsträger haben ihre eigenen Kriterien, mit deren Hilfe sie den Therapieerfolg definieren. Der Arzt wird seiner Beurteilung in erster Linie klinische Parameter und der Rentenversicherungsträger die Wiederherstellung der Erwerbstätigkeit zugrunde-

---

[393] In Anlehnung an: Schwartz (2000), S. 163, oder mehr unter: Rootman et al. (2001).

legen. Zur Messung der Effektivität können sehr viele verschiedene Methoden herangezogen werden. Beispiele:[394]

- Impact: Der unmittelbare Effekt wie z.B. eine neue kritische Einstellung zum eigenen Suchtmittelkonsum als Resultat der Intervention oder
- Outcome: Langfristige Effekte wie die Änderung der Lebensgewohnheiten (mehr Bewegung, weniger Rauchen, gesunde Ernährung).

Zahlreiche, besonders durch Sozialversicherungen (teil-)finanzierte Interventionen setzen eine Evaluation zwingend voraus. Bei kurzen Aufenthalten mit Muße-Charakter für Selbstzahler wird eine Evaluation häufig nicht durchgeführt. Sie wäre vermutlich auch nicht im Sinne der Gastpatienten. Das Spa-Management ist in diesem Zusammenhang mit folgenden Fragen konfrontiert:

- Ist eine Evaluation von Behandlungen und Aktivitäten im Interesse der Firmenphilosophie?
- Welche der Behandlungen und Aktivitäten sind überhaupt evaluierbar?
- Mit welcher Methode und mit welchem Ressourceneinsatz soll evaluiert werden?

Der Wille zur Evaluation gesundheitsförderlicher Maßnahmen muss allerdings mit zahlreichen Schwierigkeiten rechnen:[395]

- Der Nutzen entsteht häufig erst lange nach der Intervention. Dieser Punkt verweist kritisch auf eine der zentralen Forderungen von Gastpatienten in der Selbstzahlermedizin, nämlich dass ein Effekt (Nutzen) unmittelbar eintritt.
- Häufig entsteht ein Nutzen durch den Mix ganz verschiedener Interventionen (zum einen im Hotel, zum anderen im heimischen Lebensumfeld). Damit wird die Identifikation der Erfolgsquelle erschwert.
- Im gesundheitstouristischen Umfeld steckt die Berechnung von Opportunitätskosten noch in den Kinderschuhen. Damit ist der mögliche Ressourcenverlust (z.B. Personal- oder Finanzmittel) gemeint, der aus der Entscheidung für die eine und gegen eine andere alternative Intervention resultieren kann.

Therapiemanagementsystem – Durchführung von Interventionen am Beispiel der zentralen Vorgänge im Spa
Abhängig von den zentralen Vorgängen im Spa ist ein mehr oder weniger komplexes Therapiemanagement notwendig:

---

[394] Siehe mehr unter: Naidoo et al. (2000), S. 377f.
[395] Mehr dazu in: Schwartz et al. (2000), S. 148.

Aufgabenspektrum des Therapie-managements	Vorgänge im Spa				Bemerkungen[396]
	Behandlung		Akti-vität	Muße	
	Thera-pie	An-wen-dung			
Ärztliches Erstgespräch und bei Bedarf ergän-zende Diagnose	Meis-tens	Kann	Kann	Selten	Kennlernen der Vorgeschichte und des Zustandes des Gastpatienten
Therapieplanung (Gedankliche Vorweg-nahme des Therapieaus-führungsprozesses)	Meis-tens	Mei-stens	Kann	Selten	1. Struktur: Aufbau des Therapieschemas, schematische Darstellung der Abläufe 2. Ablauf: Beschreibung der Ausführung, Definition von Ausführungsregeln
Therapieüberwachung	Meis-tens	Kann	Kann	Selten	Überprüfung der korrekten zeitlichen Abfolge der diagnostischen und therapeuti-schen Aktivitäten im Behandlungsverlauf sowie der Sicherstellung ihrer plangerech-ten Durchführung
Therapiesteuerung	Meis-tens	Kann	Kann	Selten	Unterstützung klinischer Entscheidungen durch rechtzeitige Identifizierung, Akquisi-tion und Präsentation entscheidungsrelevan-ter Parameter. Sie umfasst gleichermaßen die Beobachtung und Analyse tatsächlicher Entscheidungen hinsichtlich ihrer Konfor-mität mit dem zugrundeliegenden Protokoll
Ärztliches Abschluss-gespräch	Meis-tens	Kann	Kann	Selten	Feststellen der Veränderung und Planung der zukünftigen Schritte
Therapieevaluation	Meis-tens	Kann	Kann	Selten	Bewertung des therapeutischen Erfolges

Abb. 130:   Therapiemanagementsystem am Beispiel zentraler Vorgänge im Spa

Die Vielseitigkeit dessen, was im Spa oftmals angeboten wird, führt zu dem Hinweis, dass im Spa-Menu (siehe Kapitel 6.2.2.2.1) eine saubere Trennung zwischen Anwendungen einerseits und Therapien andererseits vorgenommen werden sollte. Schließlich erfordern letztere ein von Anwendungen deutlich zu unterscheidendes Prozedere wie z.B. das Mitbrin-gen von Vorbefunden durch den Gastpatienten, das ärztliche Erstgespräch, eine Diagnose, das ärztliche Abschlussgespräch und womöglich die Überweisung zu anderen Spezialisten.

Beispiele für Behandlungskonzepte und Spa-Philosophie
Unter dem Label AltiraSPA hat sich die ArabellaStarwood Hotelgruppe ein unternehmens-weites Spa-Konzept („Wellnesskonzept") zugelegt, das auf folgenden Säulen beruht:[397]

- Beauty (Schönheits- und Gesichtsbehandlungen).
- Harmony (Massage, passive Entspannung).
- Vitality (Kraftsport, Fitness, Watergym).
- Aqua (Whirl-, Salzwasser- und Dampfbad, Sauna, Erlebnisdusche).

---

[396]   Die Bemerkungen teilweise aus: Wagner (2002), S. 82ff.
[397]   Siehe mehr unter: AltiraSpa (o.D.). Zu den sieben Säulen des Konzeptes siehe Tschirky (2004). Es wird derzeit an der Überarbeitung der Spa-Philosophie gearbeitet.

- Life Balance (Aktive Entspannung, Meditation, Tai Chi).
- Nature (Outdoor).
- Nutrition (Ernährung).

Fünf der sieben Säulen des zuvor genannten Wellness-Konzeptes müssen umgesetzt sein, damit ein Spa des Unternehmens mit AltiraSPA bezeichnet werden kann.

Vorteile von Hotels als Therapieort gegenüber Settings

Eingedenk der Notwendigkeit weiterer vergleichender Forschung können Überlegungen im Hinblick auf Vorteile verschiedener Interventionsorte für gesundheitsfördernde Maßnahmen angestellt werden:

- Das Hotel als Tourismusort und seine Vorteile für eine Intervention:
  - Aus der Reise in einen touristischen Betrieb resultieren verschiedene Vorteile. In der Kurmedizin wird dieser Orts- und Milieuwechsel sogar als eigenständiger Therapiefaktor bezeichnet:[398] Durch den Orts- und Milieuwechsel und die Entlastung vom Arbeitsalltag sind eine bessere Bündelung der Energie und die Konzentration der Aufmerksamkeit auf den Gesundungsprozess möglich. Das veränderte Umfeld bietet die Möglichkeit, Anregungen zum gesünderen Lebenswandel aufzunehmen und auszuprobieren.[399]
  - Häufig befinden sich gesundheitstouristische Einrichtungen in naturräumlich bevorzugter Lage im Hinblick ebenso auf schöne Landschaft wie auch auf natürliche Heilmittel.
- Vorteile von Settings:
  - Nachhaltigkeit: Durch die längere Dauer vieler Gesundheitsförderungsprogramme in Settings ist ihre Nachhaltigkeit eher gegeben als der zumeist kurze Aufenthalt im Hotel.
  - Im Umfeld des alltäglichen Lebens funktionierende Netzwerke bieten dauerhafteren Vorteil (gegenseitige Bestärkung, Motivation und Information) als das rasch wieder aus dem Auge verlorene Netzwerk von Betroffenen im Hotel.
  - Ermächtigung und Ermutigung (Empowerment) im Sinne der Befähigung (durch Wissen) und Umsetzungsbereitschaft können in Settings nachhaltiger umgesetzt werden.
  - Die Beteiligung der Betroffenen an der Gestaltung gesunder Lebenswelten ist in Settings umsetzbar.

Heilende Räume

Die Raumplanung für einzelne Spa-Bereiche darf nicht darüber hinwegtäuschen, dass es Leitgedanken gibt, die trotz aller Raum- und Zielgruppendifferenzierung für alle Räume gilt,

---

[398] Begriffsbestimmungen – Qualitätsstandards für die Prädikatisierung von Kurorten, Erholungsorten und Heilbrunnen (2005a), S. 18.
[399] Mehr dazu in: Begriffsbestimmungen – Qualitätsstandards für die Prädikatisierung von Kurorten, Erholungsorten und Heilbrunnen (2005a), S. 18.

in denen gesunde Dienstleistungen angeboten werden. Einer dieser Überlegungen ist die, mit baulichen Mitteln sowohl die Aufenthaltsqualität wie auch den Heilungsprozess zu fördern. Aus dem Bereich der Krankenhäuser und Ärzte kommen Untersuchungen, die den Einfluss des Raumes auf Stimmungsbild und Heilung von Patienten thematisieren.[400] Nicht nur der Arzt oder Therapeut spielen eine Rolle im Heilungsprozess, sondern eben auch das Ambiente in Form von Licht-, Bilder-, Farb-, Musik- und Dufteinsatz sowie Art und Stellung der Möbel:

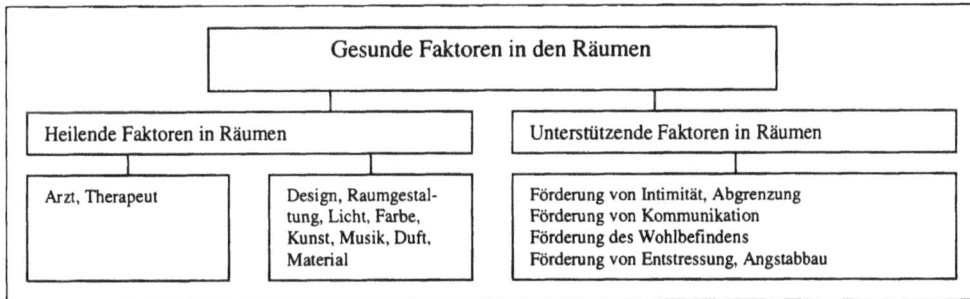

Abb. 131:   Heilende und unterstützende Faktoren in Räumen

Es können primäre von sekundären Raumeigenschaften unterschieden werden:

- Primäre Raumeigenschaften „bezeichnen vor allem die dreidimensionalen geometrischen Merkmale wie Größenabmessungen, Proportionen, Form und Gliederung"[401] (z.B. negative Wirkung eines langen und schmalen Krankenzimmers mit hintereinander aufgereihten Betten; negative Wirkung von Räumen, die höher als breit sind; negative Wirkung rechteckiger Räume). Zonung und Nischenbildung sind weitere wichtige Aspekte der Raumgliederung, die Verteilung von Wand und Öffnung beeinflusst das Sicherheitsgefühl im Raum.
- „Unter den sekundären Raumeigenschaften fasst man die Merkmale der den Raum bildenden Oberflächen, ihre Materialeigenschaften wie Farbe und Textur, Härte, Leit- und Absorbtionsfähigkeit zusammen."[402] Farben und Licht gelten hier als die zentralen Gestaltungsinstrumente. „Tageslicht von oben erzeugt bei gleichmäßiger Ausleuchtung eine ungemütliche Kellerraumwirkung, niedriges Seitenlicht mit hohen Reflektionsanteilen über die Bodenflächen fördert das Empfinden von Wärme und Geborgenheit."[403]

Diese Denkansätze haben ihre Berechtigung in klinischen Einrichtungen ebenso wie auch in Spa-Hotels. Allerdings muss an dieser Stelle noch einmal darauf hingewiesen werden, dass neben grundsätzlichen Regeln, die wohl nur in einem Kulturraum als für (fast) alle geltend deklariert werden können (z.B. beruhigende Wirkung von Wasserplätschern), der Einsatz

---

[400]   Z.B. Monz (2001), Welling (2003), Schweitzer (2004), Ludes (2006), Arts in healthcare research (o.D.).

[401]   Ludes (2006).

[402]   Ludes (2006).

[403]   Ludes (2006).

von primären und sekundären Maßnahmen zur Wirkungsgestaltung in Räumen differenziert betrachtet werden sollte, und zwar im Hinblick auf:

- Verschiedene Orte des Behandlungsprozesses: Wartezimmer, Behandlungs- oder Krankenzimmer.
- Verschiedene Phasen (prä- und postoperativ).
- Verschiedene Zielsetzung (Veränderung der Stimmungslage des Patienten z.B. in Form von Beruhigung vor der Zahnarztbehandlung oder Einsatz zuvor genannter Instrumentarien als Additiv zum therapeutischen Prozess).
- Verschiedene Mittel (Einsatz von Farbe, Möbel mit raumgliedernder Wirkung zur Besserung und Wahrung der Privatsphäre, Einsatz von Düften und Klängen).
- Verschiedene Wahrnehmung all dieser Aspekte bei Menschen unterschiedlicher Kulturen, was bei ausländischen Patienten ebenso zu beachten ist wie bei einer Spa-Philosophie, die von einer Hotelkette für alle weltweit verstreuten Einrichtungen gleichermaßen angewendet werden soll.
- Verschiedene Zielgruppen im Spa- und Gesundheitstourismus: der Kranke mit starkem Bedürfnis nach Schutz und Geborgenheit und der Gesunde, der im Laufschritt die umliegenden Berge überwinden möchte.

Folgende Gründe können in Zukunft zu einer stärkeren Gewichtung solcher Ansätze führen:

- In Zeiten sinkender Reallöhne der niedergelassenen Ärzte (vor allem in Deutschland) müssen diese versuchen, neue Wege in der Kundenansprache und –bindung zu finden.
- Eine sinkende Anzahl von Kliniken, abnehmende Verweildauer, enormer Kostendruck von Seiten der Kostenträger und steigende Ansprüche von Patienten in vielen Ländern Europas stellen Krankenhäuser vor einen wachsenden Veränderungsdruck. Der Patient wird zum Kunden, der durch bislang unübliche Benefits gebunden werden soll.
- Daraus resultierende und ohne Zweifel zunehmende Versuche, privat zu bezahlende Gesundheitsleistungen (IGeL) an den Mann zu bringen, können durch ein Überdenken von Raumgestaltung und Design gefördert werden.

Grundsätzlich gilt, dass empirische Untersuchungen zu diesem Thema selten und wenig differenziert sind (mit Bezug auf Alter, Geschlecht, Indikation etc.). Zudem sind mit Feng Shui und Vastu Shastra interessante exotische Raumlehren in Europa aufgetaucht, die zunächst einmal auf ihre Wirksamkeit und Anwendbarkeit in westlichen Kulturen überprüft werden müssen.

5.2.1.2.5   Arbeitsplanung und Arbeitsabläufe

Die Aufgaben des Spa-Managements in Bezug auf die Arbeitsabläufe betreffen die Gestaltung der Unternehmensprozesse. In diesem Zusammenhang müssen viele Probleme der Ablauf- und Reihenfolgenplanung gelöst werden. Schließlich geht es um die Verzahnung folgender Elemente:

- Was wird gemacht?
- Wer führt diese Tätigkeit aus?
- In welcher Abhängigkeit steht die eine Tätigkeit zu der anderen (Auswertung von Daten wie z.B. Laborbefunde abwarten)?
- In welchem Raum wird diese Tätigkeit ausgeführt?

- In welchem Zeitrahmen ist die Tätigkeit zu erledigen?
- Zu welchem Zeitpunkt ist eine Aufgabe zu erledigen?
- Welche technischen Hilfsmittel sind dazu notwendig?

Am Beispiel der folgenden Prozessdarstellung soll die Komplexität von Arbeitsabläufen in einem Spa dargestellt werden:

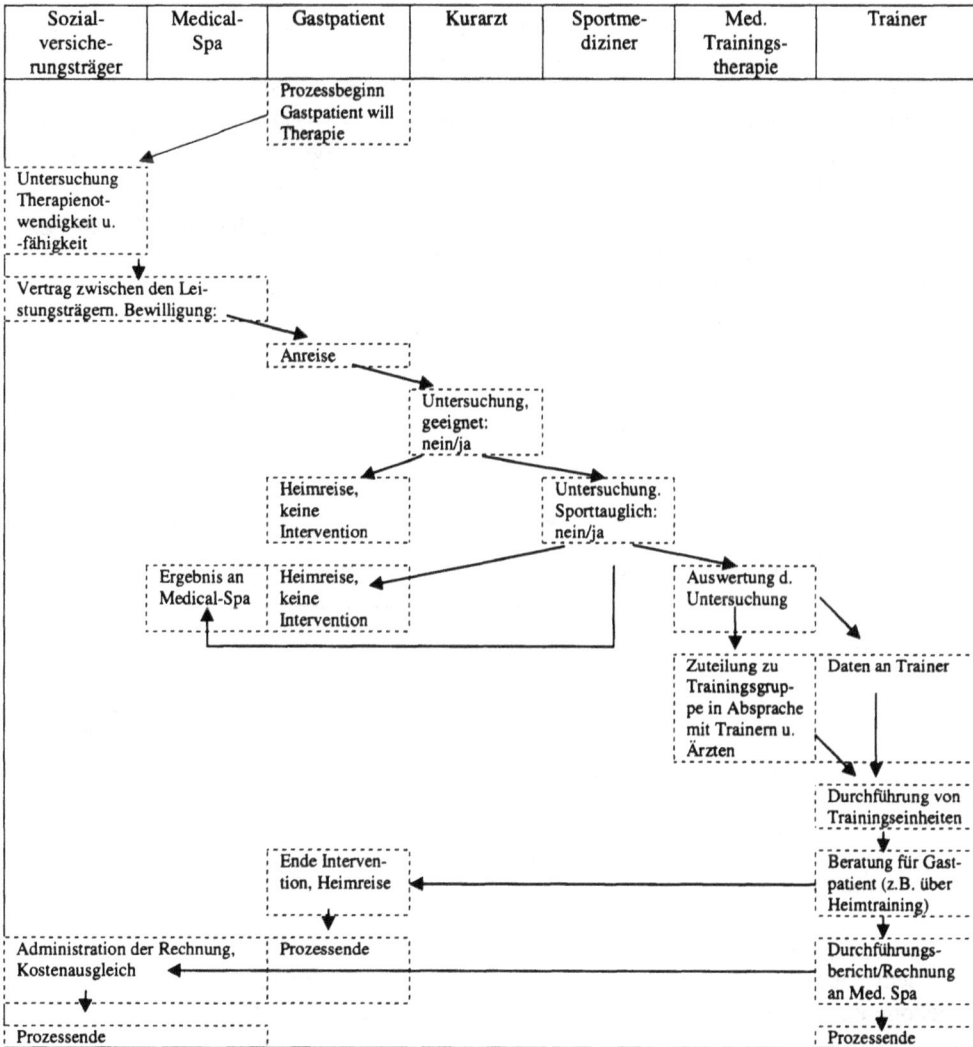

Abb. 132: Prozessdarstellung in einem Spa

Spa-Rezeption

Die meisten Spas haben eine eigene Spa-Rezeption. Nur wenige Leistungsträger versuchen, die Aufgaben der Spa-Rezeption an die Hotelrezeption anzugliedern. Eine Spa-Rezeption hat folgende Aufgaben:

- Information des Gastpatienten.
- Aufnahme und Einteilung von Terminen, Bearbeitung von Reservierungswünschen.
- Produktberatung und Beratung (so weit möglich und zulässig) im Hinblick auf Dauer, Kombination und Aufeinanderfolge von Behandlungen.
- Aktiver, jedoch dezenter Verkauf weiterer Dienstleistungen und Entgegennahme von Buchungen. Dieser Punkt macht die Spa-Rezeption unter wirtschaftlichen Gesichtspunkten so wichtig, weil ein sachkundiges und verkaufsgeschicktes Rezeptionspersonal einen großen Beitrag zum Umsatz des Spa leistet.
- In Zusammenarbeit mit dem Backoffice besonders die Regelung finanzieller Angelegenheiten (Rechnungslegung, Abrechnung mit den Krankenkassen u.a.).
- Optimale Zuordnung von Gastpatienten zu Räumen und Behandlern.

Ein großes Spa mit vielen verschiedenen Abteilungen kann auch über verschiedene Rezeptionen verfügen. In diesem Fall gibt es eine Hauptrezeption, die die meisten der zuvor beschriebenen Aufgaben erfüllt und untergeordnete Rezeptionen, an denen ein Dispatcher arbeitet, der vor allem die Aufgabe hat, die Gastpatienten zu den richtigen Behandlungskabinen zu leiten:

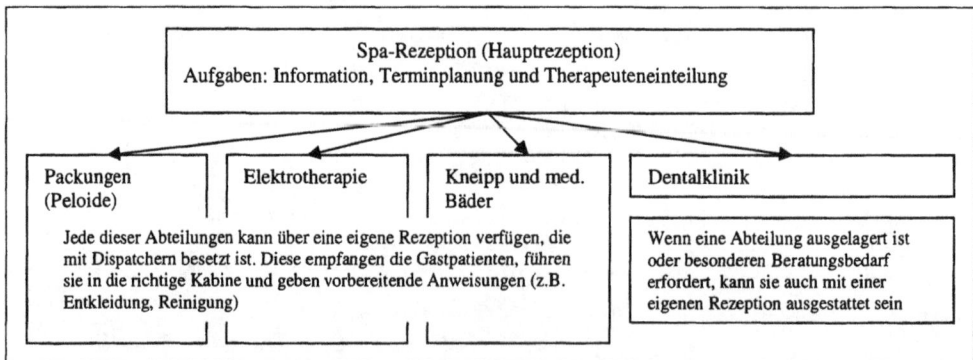

Abb. 133:   Spa-Rezeption und Dispatcher

Auf dem Weg zum Therapieplan

Nach dem Check-In muss der Gastpatient Gelegenheit haben, einen Behandlungsplan erstellt zu bekommen. Dieser umfasst in vielen Fällen eine ganz bestimmte Abfolge von Behandlungen z.B. wenn die Krankenkasse für (Teil-)Kosten aufkommt. Im Falle von Anwendungen und Muße können mehr Freiheiten eingeräumt werden.

Schritte zum Behandlungsplan	Erläuterungen
Hotelrezeption legt bereits vor oder bei Anreise Termin fest für Aufnahme der Gastpatientendaten (z.B. für den ersten Werktag nach Anreise)	
Spa-Mitarbeiter nimmt Gastpatientendaten auf (Personalien, Zugehörigkeit zu Krankenkasse, Präferenzen) und legt Datenblatt im EDV-System an. Termin für das ärztliche Erstgespräch wird festgelegt	Vorbildung notwendig, Prozessschritt kann z.B. von Krankenschwester vollzogen werden. Zugriffsrechte klären im Hinblick auf patientenbezogene Daten! Werden alle Datenschutzbestimmungen beachtet?
Arzt Ärztliches Erstgespräch: Arzt sichtet mitgebrachte Unterlagen vom Gastpatienten, macht Anamnese, veranlasst gegebenenfalls weitere Laboruntersuchungen etc., führt bei Bedarf Aufnahmeuntersuchung durch, erstellt Therapieplan	Hat ärztliches Personal die erforderlichen Fortbildungen absolviert? Beachtet der Arzt die therapeutischen Vorgaben der eventuell involvierten Krankenkassen?
Spa-Rezeption unterlegt diesen Therapieplan mit Terminen einschließlich des ärztlichen Abschlussgespräches. Weiterleitung der Behandlungstermine an die entsprechenden Abteilungen und ihre Mitarbeiter (z.B. Physiotherapie, Bäderabteilung)	Ist der Transfer der Daten einzelner Therapeuten zurück an die ärztliche Leitung gewährleistet? Wie werden die individuellen Daten der einzelnen Therapeuten archiviert? Haben die einzelnen Therapeuten den Fort- und Weiterbildungsplan entsprechend den gesetzlichen und internen Qualitätsanforderungen befolgt?

Abb. 134:   Zustandekommen von Terminen für den Behandlungsprozess

Im Tagesgeschäft zeigen sich verschiedene Spielarten der Terminbildung. Beispiele:

• Mitunter werden Termine nicht telefonisch, sondern nur aufgrund einer schriftlichen Anfrage vergeben.

• Häufig wird die Hotelrezeption bei der Spa-spezifischen Terminplanung nicht einbezogen, sondern von vorn herein die Spa-Rezeption.

Terminplanung im operativen Tagesgeschäft

Eine besonders wichtige Aufgabe im Zusammenspiel von Front- und Backoffice-Bereich ist die Terminplanung. Hier muss in Abhängigkeit von der Verfügbarkeit der Behandler (Urlaub, Karenz), von der Präferenz der Gastpatienten (Vorliebe für Therapeut A, Therapie gleich am Morgen) und von der Vorliebe der Therapeuten (für einen bestimmten Raum, für medizinische statt Wohlfühl-Massage) ein Dienstplan entwickelt werden. Mitunter werden die täglichen Arbeitspläne noch per Hand gemacht, wobei zunehmend eine Digitalisierung solcher Prozesse zu beobachten ist. In der zweiten Hälfte der Woche kann der Dienstplan für die kommende Woche gemacht werden. Das folgende Beispiel stammt aus einem Kurhaus:

Fango									
Datum									
Zeit	Mitarbeiter A					Zeit	Mitarbeiter B		
8	221[404]	556	242			8			
9	225	445	206	207	201	9	217	411	
10	334	339	209	311	210	10	251	419	
11	335	441	354	316	412	11	351	315	
12	337	234	443	320	430	12	356	317	420
13	224	229				13			
14	222	440				14			
15	441					15			

Anmerkungen des Arztes:

Massage						Physiotherapie					
Datum						Datum					
Zeit	Mitarbeiter C	Zeit	Mitarbeiter D	Zeit	Mitarbeiter E	Zeit	Mitarbeiter F	Zeit	Mitarbeiter G	Zeit	
8.00		8.00		8.00		8.00		8.00		8.00	
8.30		8.30		8.30		8.30		8.30		8.30	
9.00		9.00		9.00		9.00		9.00		9.00	
9.30		9.30		9.30		9.30		9.30		9.30	
10.00		10.00		10.00		10.00		10.00		10.00	
10.30		10.30		10.30		10.30		10.30		10.30	
11.00		11.00		11.00		11.00		11.00		11.00	
11.30		11.30		11.30		11.30		11.30		11.30	
12.00		12.00		12.00		12.00		12.00		12.00	
12.30		12.30		12.30		12.30		12.30		12.30	
13.00		13.00		13.00		13.00		13.00		13.00	

Anmerkungen des Arztes:

Abb. 135:   Dienstplan für Fango, Massage und Physiotherapie

Anmerkungen:

- Beim Fango muss jeder Mitarbeiter bis zu fünf Gastpatienten pro Stunde betreuen (aufklären, einwickeln, auswickeln, zum Duschen auffordern, den Raum reinigen etc.). Mit anderen Worten: Fünf Gastpatienten werden für 9 Uhr bestellt und dann nach und nach betreut.
- Häufig werden die Zimmernummern anstelle der Namen in den Arbeitsplan eingetragen. Für den persönlichen und wertschätzenden Umgang mit dem Gastpatienten wäre es jedoch wünschenswert, wenn auch der Name des Gastpatienten auftauchen würde als Erinnerungsstütze für den Therapeuten.

Im Fitnessstudio werden verschiedene Kurse (Gruppenaktivitäten) angeboten. Dazu wird ein Kursangebot entwickelt, das sich am Zeitplan und an den Wünschen der vorherrschenden Zielgruppe (z.B. Kurgäste, Geschäftsreisende) auszurichten hat:

---

[404]   Die Zahlen sind Hotelzimmernummern.

	Montag	Dienstag	Mittwoch	Donnerstag	Freitag	Sonnabend
8.00 am					Heil-gymnastik	
10.30 am	Heil-gymnastik	Nordic Walking	Heil-gymnastik	Nordic Walking		Nordic Walking
2.00 pm						
4.00 pm						
6.00 pm		Yoga		Yoga		

Abb. 136:   Beispiel für Kursprogramm im Fitnessstudio

Hotelgäste können die Angebote des im Hotel befindlichen Fitnessstudios mitunter kostenlos oder zu reduzierten Preisen wahrnehmen.

Mitarbeitereinsatz im Tagesverlauf

Im Tagesverlauf ist die Nachfrage nach Spa-Dienstleistungen sehr unterschiedlich:

- Einrichtungen, in denen im Wesentlichen Sozialversicherungskuren angeboten werden, verzeichnen die größte Nachfrage häufig nach Terminen am Morgen oder am Vormittag.
- Tagungs- und Business-Hotels mit Spa verzeichnen eine Zunahme nach Spa-Dienstleistungen am Nachmittag.
- Ferienhotels mit Spa verzeichnen eine deutliche Zunahme der Nachfrage bereits ab Mittag.

Je nach Höhepunkt der Nachfrage wird häufig in einem Schichtensystem gearbeitet. So lässt sich an folgendem Modellbeispiel eingedenk arbeitsrechtlicher Vorschriften ein Arbeitsplan in Schichten darstellen. Das zur Verfügung stehende fixe Personal kann durch Honorarkräfte ergänzt werden, auch um kurzfristige Nachfrageschübe zu befriedigen:

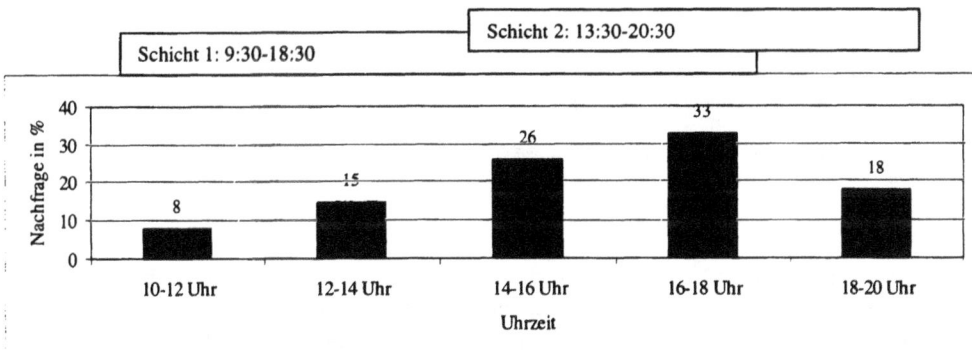

Abb. 137:   Nachfrage nach Spa-Dienstleistungen und Arbeitsplan in zwei Tagesschichten

Leseprobe: Im Durchschnitt werden 33% der Behandlungen im Zeitraum von 16 bis 18 Uhr gebucht.

Die Schließung des Spa am Abend wird vielfach mit Closing bezeichnet. Dem dafür verantwortlichen Mitarbeiter obliegen wichtige Aufgaben wie z.B.:

- Erstellung von Bericht/Statistik über den Tag (Anzahl der Besucher, gewählte Behandlungen, Tagesumsatz).

- Entnahme des Bargeldes aus der Kasse und Verwahrung desselben.
- Feststellen der Abweichungen des Kassenbestandes mit der Buchhaltung.

Effizienter Arbeitseinsatz

Die effiziente Arbeitsplanung kann die Wirtschaftlichkeit des Spa erhöhen. Die modellhafte Abbildung unten zeigt, dass die Auslastung des Behandlers durch einen intelligenten Arbeitseinsatz gesteigert werden kann. Der Behandler alterniert zwischen zwei Räumen und wird so eingesetzt, dass die Zeit, in der der Konsument des Cleopatrabades in der Wanne liegt, für die Behandlung eines anderen Gastpatienten genutzt wird:

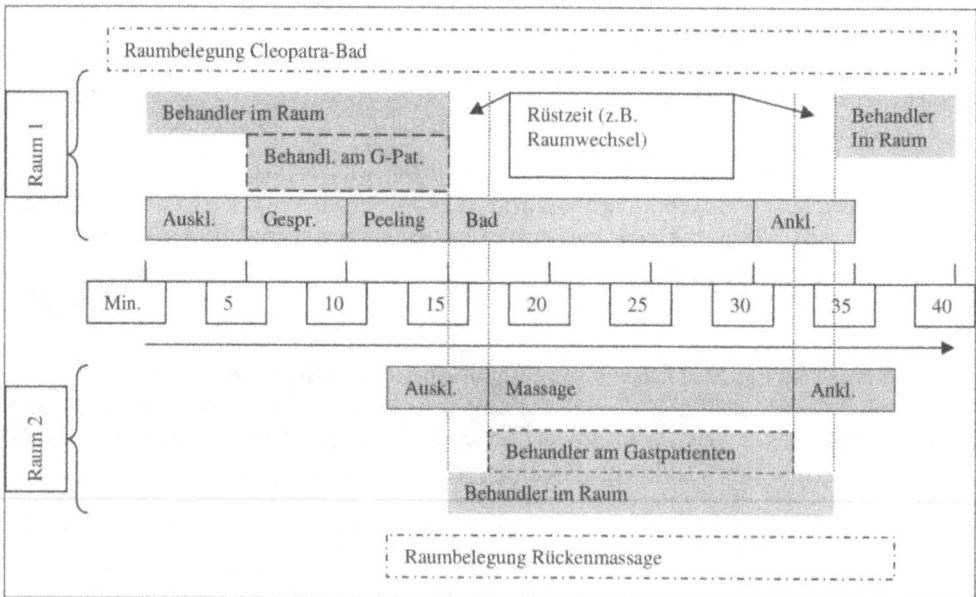

Abb. 138:   Arbeitseinsatzplanung von Behandlern

Abkürzungen: Auskl. = Auskleiden, Gespr. = Gespräch, Ankl. = Ankleiden, Behandl. = Behandlung, G-Pat. = Gastpatient

Anmerkungen:

- „Behandler anwesend" bedeutet, dass dieser eine gewisse Zeit vor und nach der Behandlung bereits im Behandlungsraum ist, um vorbereitend (z.B. Kerzen anzünden) oder nachbereitend (z.B. Reinigung, Vorbereitung für den nächsten Gastpatienten) tätig zu werden. Diese Tätigkeiten können häufig in Anwesenheit des Gastpatienten geschehen, wenn dieser sich in der Dusch- oder Umkleidekabine des gleichen Raumes aufhält.
- Der Begriff der Rüstzeit ist eine Zeit vor dem Einsatz am Gastpatienten und meint die Vorbereitung des Behandlers selbst (z.B. Spa-Kleidung anziehen oder wechseln) oder des Raumes, in dem die Behandlung stattfindet.
- Raum 1 ist inklusive Vor- und Nachbereitung sowie Behandlung 40 Minuten belegt und steht ab dann für eine neue Behandlung bereit.

Öffnungszeiten
Die Öffnungszeiten sind betriebsabhängig:

- Spa-Hotels öffnen ihr Spa in der Regel an sieben Tagen der Woche. Die Öffnungszeiten können abteilungsindividuell variieren, bewegen sich jedoch häufig in der Zeit von 9 bis 20 Uhr.
- Hotel-Spas oder kleine Spa-Hotels arbeiten mit eingeschränkten Öffnungszeiten, um nachfragegerecht Personalkosten einzusparen.
- Andere Einrichtungen wie z.B. Kurmittelhäuser konzentrieren ihren Betrieb oftmals auf die Werktage, weil sie sich an den Arbeitszeiten öffentlicher Bediensteter orientieren.

Grundsätzlich gilt, dass die Öffnungszeiten der Nachfrage angepasst werden sollte. Wenn Spa-Hotels an der Dienstleistungsintensität sparen z.b. durch eingeschränkte Öffnungszeiten, beschränkte Nutzung der Infrastruktur („Sauna kann auf Anfrage eingeschaltet werden"), reduzierten Betrieb der Spa-Rezeption oder Besetzung von Hotel- und Spa-Rezeption in Personalunion, dann besteht die Gefahr eines Bedeutungsverlustes des Spa. Bei eingeschränkter Besetzung der Spa-Rezeption sollte wenigstens ein Formblatt zum Ausfüllen bereit liegen, in das der Gastpatient seine Telefon- oder Zimmernummer notiert und spätestens am nächsten Morgen den Rückruf erwarten kann.

Präferenzen nach Behandlern
Viele Gäste haben Präferenzen, welcher Behandler bei ihnen zum Einsatz kommen soll. Dies lässt sich zum einen nach dem Geschlecht differenzieren („Massiert werden möchte ich von einer Frau") oder nach bestimmten Namen („Die Maniküre möchte ich von der Kosmetikerin XY"). In diesem Zusammenhang sind besonders kulturelle Aspekte zu berücksichtigen: So würde die Muslimin ihre Massage sicherlich lieber von einer Frau erhalten. Die Spa-Statistik sollte es ermöglichen, dass Präferenzen identifiziert werden können, und zwar nicht nur anonym, sondern auch mit Namen versehen. Die folgende Abbildung zeigt, dass bei der Hopi Candle-Massage in 79,4% der Fälle nach dem gleichen Therapeuten gefragt worden ist. So sind in einem Monat z.B. 63 dieser Behandlungen durchgeführt worden, und in 50 Fällen wurde nach einem bestimmten Therapeuten verlangt:

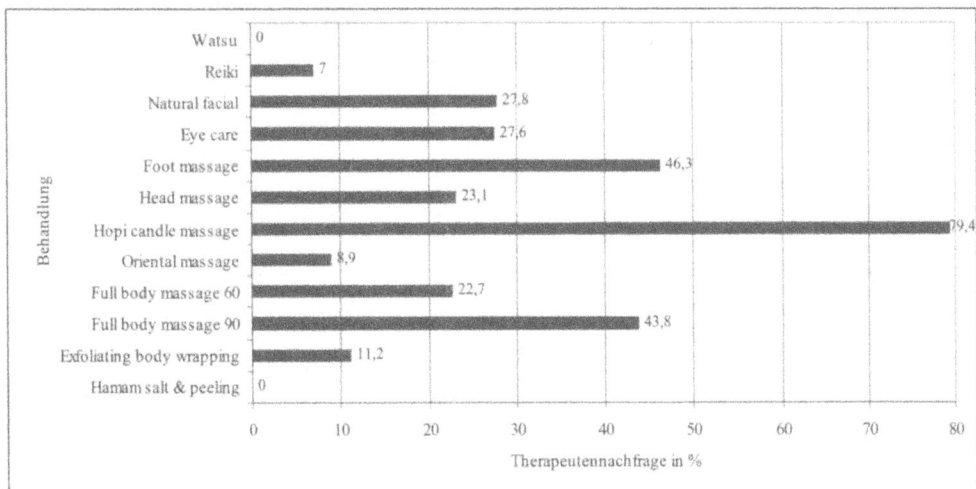

Abb. 139:   Statistische Auswertung nach Behandlerpräferenzen

Solche Evaluationen können Grundlage sein für Lohnzuschläge, die z.B. mit dem Gehalt ausbezahlt werden. Nach Möglichkeit sollten die Gästewünsche erfüllt werden. Allerdings spricht auch die betriebliche Logik dafür, dass das bereit stehende Personal gleichmäßig auszulasten ist.

Mitarbeitereinsatz im Jahresverlauf
Besonders das Spa in Ferienhotels unterliegt einer großen Nachfrageschwankung: Einer großen Nachfrage in den Sommermonaten folgt eine wesentlich schwächere Nachfrage in den Wintermonaten. Folglich passen viele Spa-Hotels den Einsatz von Mitarbeitern der Nachfrage an, in dem nur Saisonverträge gemacht werden und infolge dessen die Mitarbeiterzahl in den Wintermonaten drastisch reduziert wird, teilweise um 50% oder sogar mehr.

Workflow, Außenbeziehungen und notwendiges Schnittstellenmanagement einer Behandlung
Eine Behandlung im Spa vollzieht sich unter zahlreichen Außenbeziehungen. Eine geschickte Raumplanung und Materialwahl ermöglicht einen effizienten Arbeitsablauf und kann Kosten sparen. Die unten stehende Abbildung zeigt die zahlreichen Außenbeziehungen einer Behandlung und ihres Behandlungsraumes:

- Der Architekt sollte bereits in der Planungsphase den Wäscheschacht bedenken ebenso wie genügend Stauraum für Dienststoffe für den ganzen Tag und eine zentrale Steuerung der Technik. Ebenso muss er bedenken, dass sich die Reinigungsfreundlichkeit bestimmter Materialien z.B. im Badezimmer unterscheiden und zu einem erheblichen Zeitmehr- oder minderaufwand führen kann.
- Die Reinigung muss vor und nach der Behandlung zur Stelle sein, ebenso wie sie es bei vielen anderen Behandlungsräumen sein muss.

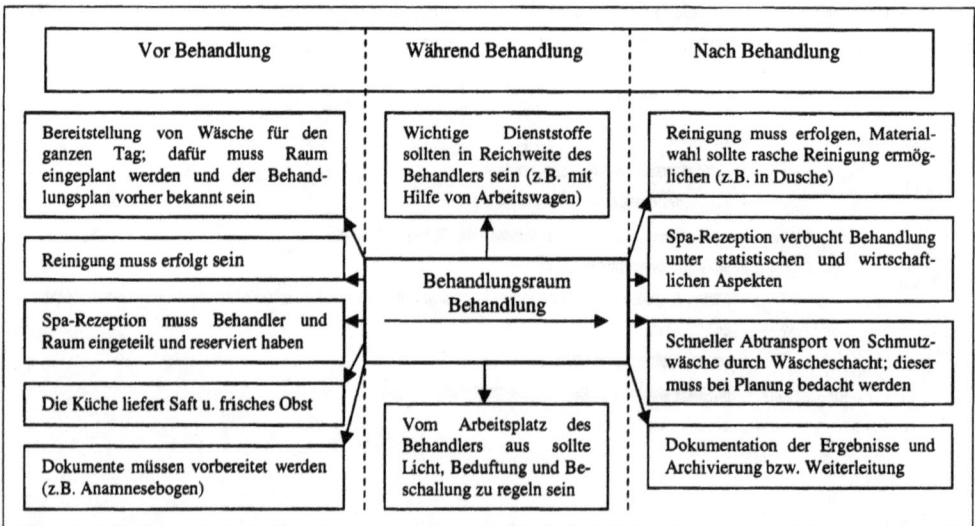

Vor Behandlung	Während Behandlung	Nach Behandlung
Bereitstellung von Wäsche für den ganzen Tag; dafür muss Raum eingeplant werden und der Behandlungsplan vorher bekannt sein	Wichtige Dienststoffe sollten in Reichweite des Behandlers sein (z.B. mit Hilfe von Arbeitswagen)	Reinigung muss erfolgen, Materialwahl sollte rasche Reinigung ermöglichen (z.B. in Dusche)
Reinigung muss erfolgt sein		Spa-Rezeption verbucht Behandlung unter statistischen und wirtschaftlichen Aspekten
Spa-Rezeption muss Behandler und Raum eingeteilt und reserviert haben	Behandlungsraum Behandlung	Schneller Abtransport von Schmutzwäsche durch Wäscheschacht; dieser muss bei Planung bedacht werden
Die Küche liefert Saft u. frisches Obst	Vom Arbeitsplatz des Behandlers aus sollte Licht, Beduftung und Beschallung zu regeln sein	Dokumentation der Ergebnisse und Archivierung bzw. Weiterleitung
Dokumente müssen vorbereitet werden (z.B. Anamnesebogen)		

Abb. 140:   Eine Behandlung und ihr Schnittstellenmanagement

- Die Spa-Rezeption muss die Raumeinteilung rechtzeitig vornehmen, damit andere Abteilungen sich darauf einstellen können.
- Dokumentenmanagement: Möglicherweise notwendige Dokumente (z.B. Anamnesebogen) müssen rechtzeitig vorbereitet sein und dem Behandler zur Verfügung gestellt werden.
- Die Küche hat die für jede Behandlung womöglich anderen Lebensmittel vorzubereiten.

Angebots- und Prozessanpassung
In Spas, die zum gleichen Unternehmen gehören, ist eine Vereinheitlichung bestimmter Aspekte zu beobachten wie z.B. das Spa-Konzept im Sinne der allgemeinen behandlerischen Ausrichtungen, das Behandlungs-Portfolio oder die Kosmetikmarken.

- Unter dem Label AltiraSPA hat die ArabellaStarwood Hotelgruppe ein unternehmensweites Spa-Konzept entwickelt.
- Das Unternehmen AIDA Cruises verfügt derzeit über fünf Kreuzfahrtschiffe. Das Spa-Konzept der Flotte beruht auf einheitlichen Basis-Programmen, die durch Specials individuell ergänzt werden. Da die Mitarbeiter abhängig von Nachfrage und Verfügbarkeit häufig die Schiffe wechseln, sind die Arbeitsabläufe, ihre Dokumentation und die Warenwirtschaft bis hin zur Software einheitlich aufgebaut.

5.2.1.2.6   Zielgruppen: Konflikte, Trennung und Befriedung
Konflikte und Zielgruppentrennung
Es gibt gesundheitstouristische Einrichtungen, die eine homogene Klientel beherbergen wie z.B. den 4-Sterne-Gast, der im Medical-Spa an Programmen zur Gewichtsreduktion teilnehmen möchte. Andere Betriebstypen jedoch haben mit überaus heterogenen Zielgruppen zu tun wie z.B. Sozialversicherungsgästen und 5-Sterne-Publikum im gleichen Haus, die naturgemäß nicht immer konfliktfrei nebeneinander leben. In diesem Fall muss über konfliktlösende Maßnahmen nachgedacht werden. Konfligierende Ansprüche können sein:

- Aus der Sicht des Spa-Managements unter betriebsökonomischen Gesichtspunkten: Konzentration des Personals an jenen Stellen, an denen der Gastpatient durch das Zahlen hoher Preise eine entsprechende Personaldichte und –zuwendung erwartet.
- Aus der Sicht des Premium-Kunden: Der Anspruch, jene hochwertigen Dienstleistungen zu erhalten, für die bezahlt worden ist.
- Die Sicht der Sozialversicherungsgäste: Diese wollen zwar Premium-Service, können ihn aber nicht erhalten. Der Sozialversicherungsträger hat keinen Luxus-Service budgetiert, sondern einen angemessenen.
- Touristen versus Einheimische: Mitunter wird den Einheimischen das preiswerte, aber baufällige Hallenbad genommen mit dem Argument, dass das Schwimmen im neuen Thermalbad schöner sei. Allerdings sind dann häufig auch die Preise viel höher, so dass den sozial Schwachen tatsächlich ihr Bad genommen wird.
- Kinder sind wegen des Lärms oft Stein des Anstoßes oder
- Kranke, die von Jungen und Gesunden nicht im gleichen Whirlpool akzeptiert werden.

So kommt es immer wieder zu Versuchen, divergierende Ansprüche unter einem Dach miteinander in Einklang zu bringen. Beispiele:

- Gelebte und mitunter konfessionelle Philosophie des Hauses, dass keine sozialen Unterschiede gemacht werden.
- Räumliche Trennung (z.B. die Zuweisung verschiedener Gebäude für bestimmte Zielgruppen). Wegeleitsysteme mit Hilfe von Hinweisschildern oder elektronischen Zulassungsbeschränkungen, die an Ein- und Ausgängen auf Basis digitaler Schließsysteme die Befugnisse regeln.
- Trennung durch Konzentration der Infrastruktur: Kinderbecken, Spielgeräte, Wickelstube und Liegebereich für Eltern werden an einem Platz konzentriert. So wird sich diese Zielgruppe vornehmlich dort aufhalten.
- Ge- und Verbote: Klare Ausweisung von Zonen, dass nämlich ein Liegebereich etwa nur für die Gäste eines bestimmten Hotels gedacht ist.
- Bauliche Maßnahmen durch Raumteilung, Wegeführung und Schalldämpfung.
- In klinischen Einrichtungen werden den Selbstzahlern bessere Zimmer angeboten, und auch ein getrennter und als Restaurant konzipierter Speisebereich wird mitunter vorgehalten.
- Räumlich abgetrennte Bereiche, die nur durch einen exklusiven Zugang (z.B. der Bademantelgang von einem Hotel) erreichbar sind:

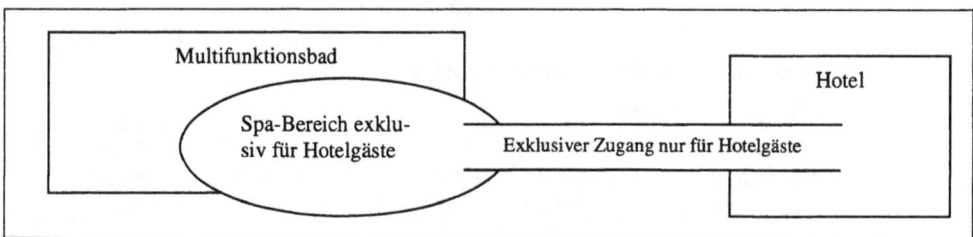

Abb. 141:   Exklusiver Bereich im Spa für besondere Gastpatienten

Zugelassene Nutzergruppen
Ein Hotel mit Spa hat grundsätzlich die Möglichkeit, sich für eine exklusive oder intensive Ausrichtung zu entscheiden:

- Die exklusive Nutzung erlaubt es nur einer eng definierten Zielgruppe (z.B. Hotelgäste), das Spa zu betreten.
- Eine intensive Nutzung erlaubt es auch der Öffentlichkeit, das Spa zu nutzen.

Wenn das Management der Meinung ist, z.B. aus ökonomischen Erwägungen nicht auf die externen Gäste verzichten zu können, stehen verschiedene Möglichkeiten offen, trotzdem eine gewisse Exklusivität im Spa aufrecht zu erhalten:

- Die Öffentlichkeit darf nur an bestimmten Tagen oder zu bestimmten Tageszeiten das Spa betreten. Folgende Regelung ist denkbar: Die Hotelgäste dürfen das Spa ab 7 Uhr betreten, die Öffentlichkeit erst ab 10 Uhr.
- Der Zustrom externer Gäste wird durch Altersbeschränkungen eingegrenzt (z.B. Zutritt nur ab 12 Jahren).
- Der Zustrom externer Gäste wird durch die Preispolitik eingegrenzt (z.B. hohe Preise als Abschreckungsfaktor).

- Eine weitere Möglichkeit besteht darin, eine Clubmitgliedschaft vorzuschreiben. So kann gegen die Zahlung eines Clubbeitrages von z.B. € 58 pro Monat ein gewisser Bereich (z.B. Fitness und Sauna) für externe Gäste freigegeben werden. Auch in diesem Fall kann die Nutzung auf bestimmte Tageszeiten eingegrenzt werden.

5.2.1.2.7   Preisbildung

Preispolitik

Die Bestimmung von Preisen (Preissetzung) kann nach verschiedenen Gesichtspunkten erfolgen:

- Die konkurrenzorientierte Preissetzung orientiert sich an den Preisen der Konkurrenz. Das Management kann festlegen, ob das eigene Unternehmen den durch Marktforschung ermittelten Durchschnittspreis über- oder unterbieten möchte oder ob man sich im durchschnittlichen Preisniveau ansiedeln möchte.
- Die marktorientierte Preissetzung wählt einen höheren Preis, der vom Kunden gerade noch bezahlt wird. Dies gelingt insbesondere bei jenen Produkten, zu denen der potenzielle Käufer ein positiv-emotionales Verhältnis besitzt.
- Die kostenorientierte Preissetzung geht von den Kosten aus, die zur Realisierung des Produktes anfallen. Hier gilt die vereinfachte Formel: Preis = Kosten + Gewinnzuschlag. Das folgende Beispiel einer Massage eines kroatischen Hotels stellt Kosten- und Umsatzposten gegenüber. Auf Basis einer solchen Analyse kann eine kostenorientierte Preissetzung vorgenommen werden:[405]

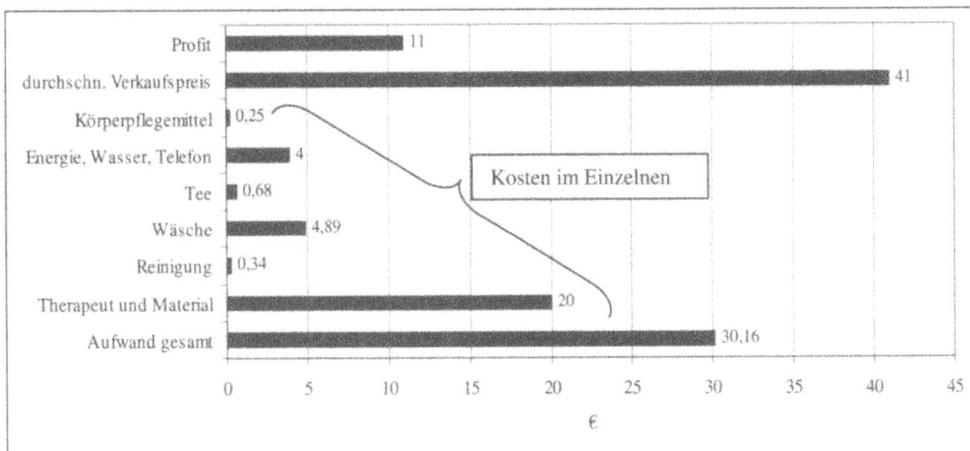

Abb. 142:   Kosten- und Umsatzposten einer Massage

Erläuterungen der Balken von oben nach unten: 1. = Gewinn (vor Steuern), 2. = Offizieller Verkaufspreis (Rack Rate), in dem Rabatte nicht eingerechnet sind, 3. = Wareneinsatz Duschgel für Dusche vor der Massage, 5. = Teeblätter sowie Süßstoffe und gegebenenfalls Milch, 6./7. = Personalkosten für Reinigung wie auch Kosten WPR (Wasch-, Putz- und Reinigungsmittel), 8. = Das Honorar in Höhe von € 20 geht an eine externe Fachkraft, die ihr eigenes Massageöl mitbringt. Investitionskosten für den Behandlungsraum und Ausstattung sind nicht berücksichtigt.

---

[405]   Das Beispiel ist der Buchhaltung eines 4-Sterne-Spa-Hotels in Kroatien entnommen. Die Begriff in der Abbildung sind aus dem Kroatischen übersetzt.

Im Tourismus haben sich weitere, teilweise ungewöhnliche Instrumente zur ergänzenden Preisbildung etabliert:

• Preisbildung nach der Aufenthaltsdauer: Je länger die Aufenthaltsdauer, umso niedriger der Zimmerpreis.

• Preisbildung nach dem Körpergewicht des Gastpatienten: Kann der Gastpatient in seinem Urlaub eine Gewichtsabnahme nachweisen, erhält er ab einer Aufenthaltsdauer von sieben Tagen einen Nachlass von € 50 pro Kilo. Dazu wird zu Beginn und am Ende des Aufenthaltes das Gewicht gemessen.[406]

• Preisbildung nach dem Zuschuss durch Sozialversicherungsträger.

Die folgende Tabelle soll einen Überblick über wichtige Preise von Multifunktionsbädern in Österreich und Deutschland geben:

	Montag bis Freitag	Sonnabend bis Sonntag
Tageskarte für Erwachsene	€ 10 bis 25	€ 13 bis 30
Tageskarte für Kinder	€ 7 bis 14	€ 8 bis 14
Familienkarte: 2 Erwachsene und 2 Kinder	€ 22 bis 50	€ 25 bis 52
Sauna	€ 5 bis 20	€ 6 bis 22

Abb. 143: Preisbereiche von Multifunktionsbädern

Diese Tabelle zeigt, dass die Preise an den Wochenenden durch die verstärkte Nachfrage um häufig mehr als 10% höher sind als unter der Woche. Bei den Preisen für Kinder gelten ganz verschiedene Altersgrenzen in Bezug auf Ermäßigungen. Zu beachten ist auch, dass die Preise in der Schweiz deutlich höher anzusiedeln sind als im übrigen deutschsprachigen Raum.

Wenn Sozialversicherungsträger Reisen bezuschussen, können Leistungserbringer (z.B. Kurhotel) oder Reiseveranstalter auf verschiedene Weise diesen Zuschuss bei der Bildung des Reisepreises berücksichtigen:

• Der Zuschuss wird – wenn er eindeutig und bekannt ist - direkt vom Reisepreis abgezogen. In diesem Fall muss sich der Gastpatient nicht der Mühe unterziehen, den Zuschuss im Nachhinein vom Sozialversicherungsträger zurückzufordern. Wenn der Gastpatient während der Reise jedoch nicht konform gehandelt hat (Teilnahme am Präventionskurs), muss er den bereits gewährten Zuschuss wieder zurückerstatten.

• Der Zuschuss wird nicht im Vornherein vom Reisepreis abgezogen. In diesem Fall muss sich der Gastpatienten nach der Reise um eine Erstattung selbst kümmern.

• Der Zuschuss wird nicht in Geldmitteln erstattet sondern auf andere Weise (z.B. in Form von Gutscheinen für den Besuch eines Fitnessstudios).

Inkasso

Das Inkasso kann grundsätzlich vor oder nach Erbringung der Leistung erfolgen. Beispiele aus Multifunktionsbädern:

• Das Inkasso erfolgt zeitlich vor dem Eintritt ins Bad: Der Gastpatient entrichtet einen Preis (z.B. für ein Ganztagsticket) und erhält beim Verlassen des Bades Geld zurück, wenn er z.B. nur zwei Stunden geblieben war.

---

[406] Hotelpreis nach Körpergewicht (o.D.).

- Das Inkasso erfolgt zeitlich nach dem Eintritt ins Bad: Der Gastpatient erhält ein elektronisches Armband, das sowohl die Aufenthaltsdauer als auch die zuzahlungspflichtigen Stationen (z.B. Sauna) vermerkt und beim Verlassen die zu entrichtende Gesamtsumme angibt.

Rabatte

Rabatte sind Preisnachlässe, die dem Gastpatienten aus verschiedenen Gründen gewährt werden wie z.B. Mengenrabatt, Treuerabatt oder Skonto (als Vergütung für die vorzeitige Bezahlung einer Rechnung). Dazu einige Beispiele:

- Vorkaufrabatte werden sofort bei Kauf gewährt wie z.B. eine Sauna-Sammelkarte, die einen niedrigeren Preis ausweist als die Summe der Einzeltickets.
- Nachkaufrabatte sind Vergünstigungen, die nachträglich gewährt werden wie z.B. Preisnachlässe auf die Schlussrechnung in einem Hotel, wenn zuvor vereinbarte Leistungen nicht geliefert worden sind (z.B. war bei Buchung das Hotel mit Pool versprochen, dieser jedoch war während des Aufenthaltes nicht in Betrieb).
- Aktionsrabatte werden z.B. in einem Spa gewährt, wenn man an einem bestimmten Wochentag die Zielgruppe der Senioren besonders ansprechen will und 30% Ermäßigung einräumt.

Im Spa gibt es verschiedene Möglichkeiten, durch Preisvergünstigungen mehr Behandlungen zu verkaufen:

- Behandlungen, Aktivitäten und Muße im Package verkaufen. Erfahrungsgemäß werden im Rahmen von Packages mehr Behandlungen verkauft, als wenn der Gastpatient vor Ort kostenpflichtig dazubucht.
- Mengenrabatte gewähren wie z.B. 20% auf den Gesamt-Behandlungspreis, wenn mehr als zwei Behandlungen konsumiert werden.
- Angebot als Package mit Dreingabe:
  - Der Konsum von vier Behandlungen umfasst ein Geschenk (z.B. Gesichtscreme).
  - Der Konsum von fünf Behandlungen berechtigt zu einer sechsten und kostenlosen Behandlung.

Preisdruck bei Sachgütern und Personalkosten

Um auf der Kostenseite Einsparungen zu generieren, wird auch die Spa-Industrie vermehrt darüber nachdenken müssen, dienstleistungsergänzende Sachgüter aus dem Ausland zu beziehen. Einige Branchen, wie etwa die Zahnindustrie, machen es bereits vor: Brücken, Kronen oder Prothesen werden in Fernost gefertigt. Wenn dann auch noch die Behandlung in Billiglohnländern angeboten wird, entsteht ein preislich interessantes Angebot. Das neue Gebiss in Ungarn und die neue Nase in der Slowakei gehören längst zum Tagesgeschäft. Die Qualität solcher Angebote sowie Haftungsfragen sind allerdings sorgfältig zu prüfen. Noch gewagter sind Versuche, Behandlungen im Internet zu ersteigern: Der am billigsten bietende Arzt bekommt den Zuschlag.

Gewinndruck in osteuropäischen Ländern

Verschiedene Länder Osteuropas durchlaufen derzeit eine Phase starker Zunahme der Kosten (Lebensmittel, Arbeitskosten, Energie u.a.). Somit stehen ihnen verschiedene Optionen offen wie z.B.

- auf Gewinne verzichten,
- das Niedrigpreisimage verlassen oder
- Rationalisierungen durchführen.

5.2.1.2.8   Betriebliche Gesundheitsförderung im Spa

Betriebliche Gesundheitsförderung umfasst „alle gemeinsamen Aktivitäten von Arbeitge-
bern, Arbeitnehmern und Gesellschaft zur Verbesserung von Gesundheit und Wohlbefinden
am Arbeitsplatz"[407]. Ein Spa ist gut beraten, wenn es aus der Erkenntnis zur Notwendigkeit
einer Vorbildfunktion gegenüber den Gastpatienten im eigenen Betrieb ein Gesundheitsmanagement auch für die eigenen Mitarbeiter anbietet. Ziele der betrieblichen Gesundheitsförderung sind

- die Prävention chronischer Krankheiten,
- die Verminderung von Fehlzeiten,
- die Steigerung der Leistungsfähigkeit sowie
- die Erhöhung der Identifikation des Mitarbeiters mit dem Betrieb durch Wertschätzung
  des Mitarbeiters.

Methoden sind:

- Gesundheitsbildung zur Änderung des Verhaltens (Verhaltensprävention).
- Gesundheitsfördernde Arbeitsbedingungen (Verhältnisprävention).
- Systemprävention als Methode zur Verbesserung des kollegialen Miteinanders (Schieds-
  stellen bei Konflikten, Anti-Mobbing-Strategien u.a.).

Es wird deutlich, dass die betriebliche Gesundheitsförderung eine Managementaufgabe ist,
weil dafür personelle und finanzielle Ressourcen genehmigt und bereitgestellt werden müssen wie z.B. Räumlichkeiten, Arbeitsmittel, Personal für Aufklärungsmaßnahmen oder Rückenschule etc. Das Spa-Hotel bietet genügend Ansatzpunkte für Interventionen der Gesundheitsförderung, weil z.B. das Personal in der Gastronomie (weite Strecken laufen, Gewichte
tragen) oder im Spa (warm-feuchtes Klima) erschwerten Arbeitsbedingungen ausgesetzt ist.

5.2.1.2.9   Verschiedene Probleme

Kinder

Die Lebendigkeit von Kindern im Sinne von Ruhestörung oder Beckenspringen ist immer
wieder Anlass zum Nachdenken über Gegenmaßnahmen, ohne dass die für viele Einrichtungen wichtige Zielgruppe der Familien vor den Kopf gestoßen werden soll. Beispiele:

- Verbote.
- Eingeschränkte Öffnungszeiten für Kinder.
- Preispolitische Maßnahmen (z.B. müssen Kinder voll zahlen, was automatisch zu nach-
  lassender Nachfrage führt).

---

[407] Luxemburger Deklaration zur betrieblichen Gesundheitsförderung in der Europäischen Union in
der Fassung von Januar 2007 (o.D.).

Intimität
Die Wahrung der Intimität des Menschen gehört zu einer wichtigen Aufgabe im Spa, die immer wieder mangelhaft gelöst wird. Beispiele:

- Im Behandlungszimmer hat sich der Gastpatient in Vorbereitung auf die Behandlung auszuziehen, jedoch ist am Fenster kein Sichtschutz angebracht.
- Die Duschen bieten keinen hinreichenden Sichtschutz vor vorbeigehenden Spa-Besuchern.
- Der Behandler hält kein Handtuch zwischen sich und den Gastpatienten, wenn dieser sich auszieht.
- Im Ruheraum gibt es keinen Sichtschutz zwischen einzelnen Liegen oder Liegegruppen.
- Der Saunabereich ist einzusehen von solchen Spa-Besuchern, die keine Saunagänger sind.

Sauna-Kultur
In Spas mit internationalem Publikum gibt es verschiedene Vorstellungen darüber, wie man sich zu benehmen hat. Dies betrifft besonders die Bekleidung (in erster Linie in der Sauna), den Verzehr von Speisen, das Verhalten von Kindern und die Wahrung der Intimität.

Zimmerhandtücher im Spa
Das scheinbar marginale Thema, ob im Spa-Hotel die Handtücher aus dem Zimmer mit in das Spa genommen werden dürfen, hängt eng mit der Vermeidung von Handtuchdiebstahl zusammen. Wenn Zimmerhandtücher im Spa nicht zugelassen sind, muss im Spa für Nachschub gesorgt werden:

- Dies kann erfolgen durch die freie Entnahme von Handtüchern mit der Folge eines ausufernden Wäscheverbrauchs.
- Oder: Beim Bademeister ist nach Handtüchern zu fragen: Dies bindet jedoch Arbeitskraft und ist auch immer wieder mit einer lästigen Bitte von Seiten des Gastpatienten verbunden, wenn dieser vielleicht das vierte oder fünfte Handtuch benötigt.

Zielfindung und Orientierung
Besonders in großen Therapieeinrichtungen mit älterem Publikum ist das Unbehagen bezüglich einer sicheren Wegeführung ein Thema, das einiger Aufmerksamkeit bedarf. Unbehagen kann sich bei älteren Gastpatienten insbesondere einstellen im Hinblick auf die Angst, in unbekannten Gängen verloren zu gehen (s. Kapitel 5.2.1.2.6). Lösungsvorschläge:

- Besonders in 5-Sterne-Einrichtungen wird der Gastpatient persönlich zum richtigen Raum begleitet. Diese Lösung ist sicherlich die für den Gastpatienten angenehmste, jedoch ist sie personal- und damit kostenintensiv.
- Klare Wegeleitsysteme an Decke, Wand oder Boden sind die häufigste Variante.
- Eine weitere Möglichkeit besteht darin, dem Gastpatienten einen Raumplan auszuhändigen.

5.2.1.3   Raumplanung und Raumprogramm

Das Raumprogramm beschreibt zentrale Eigenschaften eines Gebäudes und beschreibt den

* Flächenbedarf,
* Bezeichnung, Anzahl und Funktion der Räume sowie
* Qualität und Ausstattungsmerkmale.

Die folgende Liste beschreibt allgemeine Einflussfaktoren auf die Raumplanung eines Spa:

* Notwendigkeit, Zielgruppen unterschiedlicher Anspruchshaltung zu trennen (Selbstzahler wünschen sich mitunter eine andere Infrastruktur als Fremdzahler).
* Unterschiedliche Privatheit (Intimität) verschiedener Räume (Bekleidete sollten nicht durch eine Sauna laufen müssen, wenn sie zum Pool wollen).
* Optische Gesichtspunkte (schauenden Aktivitäten wie z.B. im Fitnessstudio sollten einen schönen Blick in die Natur bieten, was bei der Rückenmassage mit Blick auf den Boden nicht in dem Maß notwendig ist).
* Notwendigkeit, baupolizeilichen Auflagen zu genügen (z.B. Fluchtwege).
* Notwendigkeit, den Anforderungen von Qualitätsmanagementsystemen zu genügen (z.B. Mindestgrößenbestimmungen von Therapieräumen).
* Finanzielle Möglichkeiten des Erbauers/Investors (ein limitiertes Investitionsvolumen führt z.B. zu Konsequenzen bei Raumgröße und Materialwahl).
* Notwendigkeit, kostenpflichtige Behandlungen prominent zu positionieren (umsatzträchtige Räume dort positionieren, wo großer Publikumsverkehr ist).
* Potenz des landschaftlichen Umfeldes (Räume ohne Besucherzutritt wie z.B. Technik sollten nicht die Räume mit den schönsten Ausblicken besetzen).
* Störender Einfluss von Gerüchen (Meditationsraum steht unter dem Geruchseinfluss der Hotelküche).
* Akustische Einflüsse (z.B. Straße).
* Thermische Einflüsse (z.B. Sonne).
* Bauliche Vorgaben bei Renovierung (Anzahl der Räume oder Flächenmaße stehen fest).
* Multifunktionalität (wenn ein Raum flexibel genutzt werden soll, weil er Kapazitätsengpässe anderer Abteilungen ausgleichen helfen soll).
* Therapeutische Verwandtschaft verschiedener Anwendungen (das Kühlbecken gehört in die Nähe der Sauna).
* Verschiedene Öffnungszeiten für verschiedene Abteilungen (z.B. Fitness-Bereich soll länger offen gehalten werden als Schwimmbad, dies erfordert getrennte Eingänge, Umkleiden etc.).
* Alter der Hauptzielgruppe: Ein Spa für ältere Menschen wird in der Raumplanung ganz andere Dinge beachten müssen als ein Spa für Kinder. Für ältere Menschen gilt z.B. das Gebot zur Kompensation nachlassender Sehschärfe. Dies kann durch hellere Beleuchtung und kontrastreichere Beschriftungen erreicht werden. Physische Barrieren sind zu vermeiden bzw. besonders zu kennzeichnen.

Das Raumprogramm ist abhängig von der Größe und vom Standard des Hotels. Es lässt sich feststellen, dass hochklassige Hotels ein umfangreicheres Spa-Angebot vorweisen als Hotels mit weniger Sternen oder etwa Pensionen. Die folgende Tabelle ist der Versuch, am Beispiel verschiedener Hotelstandards die qualitativen und quantitativen Spa-Infrastrukturen festzu-machen:[408]

	Beherbergungsbetriebe, ihr Standard und die Spa-Infrastruktur						
	Kleine Pen-sionen	Große Pen-sionen	3-Sterne	4-Sterne	4-Sterne+	5-Sterne	5-Sterne+
Sauna	1x, ges. 9m²	1x, ges. 9m²	1x, ges. 12m²	2x, ges. 21m²	2x, ges. 30m²	2x, ges. 35m²	2x, ges. 35m²
Dampfbad		1x, ges. 5m²	1x, ges. 6m²	1x, ges. 9m²	1x, ges. 12m²	2x, ges. 15m²	2x, ges. 18m²
Solarium		1x, ges. 7,5m²	1x, ges. 12m²	1x, ges. 15m²	2x, ges. 15m²	2x, ges. 20m²	3x, ges. 24m²
Whirlpool				1x, ges. 7m²	1x, ges. 14m²	2x, ges. 14m²	3x, ges. 14m²
Massage			1x, ges. 12m²	1x, ges. 12m²	2x, ges. 24m²	2x, ges. 30m²	3x, ges. 45m²
Kosmetik			1x, ges. 12m²	1x, ges. 12m²	2x, ges. 24m²	2x, ges. 30m²	3x, ges. 45m²
Liege (Packung)					1x, ges. 15m²	1x, ges. 15m²	2x, ges. 30m²
Massage-Wanne						1x, ges. 15m²	2x, ges. 30m²
Rasul						1x, ges. 30m²	1x, ges. 40m²
Hamam						1x, ges. 50m²	1x, ges. 60m²
gesamt/m²	9	21,5	54	76	134	254	341

Abb. 144:   Spa-Ausstattung gemessen am Standard des Hotels

Leseprobe: Ein 4-Sterne-Hotel verfügt in der Regel über zwei Saunen, die beide eine Fläche von insgesamt 21m² in Anspruch nehmen.

Vergleich der Infrastrukturen von Kur und Wellness
Untersuchungen von Infrastrukturangeboten in Österreich und in der Schweiz unterscheiden zwischen Hotels und Kureinrichtungen. Die folgende Tabelle zeigt eine Häufigkeitsvertei-lung von vorhandener Infrastruktur:[409]

---

[408]   In Anlehnung an: Scheutterle (2005b), S. 30. Verkehrsflächen, Umkleide und Duschen sowie Technik sind hier nicht berücksichtigt.

[409]   Bässler (2002b), S. 33 und: Lanz-Kaufmann (1999), S. 161. Die Zusammenfassung in Form dieser Tabelle siehe: Illing (2004a), S. 21.

Österreich				Schweiz			
Kur (%)		Wellness (%)		Kur (%)		Wellness (%)	
Saunen	88,5	Saunen	95,2	Massage	84	Massage	98
Fitness-Raum	88,5	Solarium	91,7	Fitness-Raum	76	Hallen-/ Freibad	93
Solarium	84,6	Massageräume	88,1	Hallen-/ Freibad	68	Saunen	91
Massageräume	84,6	Dampfbad	85,7	Med. Zentrum	61	Solarium	86
Therapieräume	76,9	Fitness-Raum	76,2	Solarium	60	Fitness	79
Gymnastikraum	76,9	Hallenbad	75,0	Saunen	56	Beauty-Salon	74
Seminarräume	75,0	Seminarräume	72,6	Coiffeur	50	Dampfbad	72
Dampfbad	73,1	Beauty-Salon	71,4	Beauty-Salon	40	Whirlpool	67
Hallenbad	67,3	Gymnastikraum	65,5	Dampfbad	35	Coiffeur	58
Med. Zentrum	57,7	Therapieräume	56,0	Whirlpool	33	Med. Zentrum	49

Abb. 145:   Vergleich von Raumangeboten im Vergleich von Wellness- und Kureinrichtungen

Leseprobe: 88,5% der Kureinrichtungen in Österreich verfügen über eine Sauna.

Der Zweiländervergleich zeigt:

- Saunadienstleistungen werden in Österreich häufiger angeboten als in der Schweiz. Stattdessen bieten die Leistungsträger in der Schweiz häufiger Massage an.
- Wie erwartet spielen medizinische Zentren und Therapieräume bei Kureinrichtungen eine größere Rolle als bei Wellness-Hotels.
- Umgekehrt legen Wellness-Hotels größeren Wert auf Kosmetik und Körperpflege.

Raumplanung im internationalen Vergleich
Die Raumplanung muss berücksichtigen, dass in verschiedenen Ländern die Spa-Abteilungen ganz unterschiedlich interpretiert und gewichtet werden:

- Asien: Die Geschlechter werden strikt getrennt, die Garderoben sind großzügig ausgestattet und laden zum Verweilen ein, und eine starke Betonung des Behandlungsbereiches ist zu beobachten.
- Europa: Schlichte Rezeption, einfache Umkleiden, stärkere Betonung von Wasser und Schwimmen, weniger starke Trennung der Geschlechter, abwechslungsreiche Saunawelten.

5.2.1.3.1   Abteilungen und Funktionen

Die folgenden Kapitel setzen verschiedene Schwerpunkte auf einzelne Spa-Bereiche. Die in diesem Zusammenhang abgedruckten Raumpläne können immer nur exemplarisch verstanden werden und lassen demzufolge breiten Raum für ganze andere Interpretationen durch den Planer bzw. Architekten.

5.2.1.3.1.1   Wellness

Eingedenk der Unschärfe des Wellness-Begriffs (s. Kapitel 1.1.6.2) gibt es keine typische oder sogar definierte Spa-Infrastruktur, die Wellness eindeutig charakterisieren könnte. Da jedoch dieser Begriff nach wie vor in aller Munde ist, soll ein Raumplan dargestellt werden, für den die Bezeichnung Wellness passen könnte:[410]

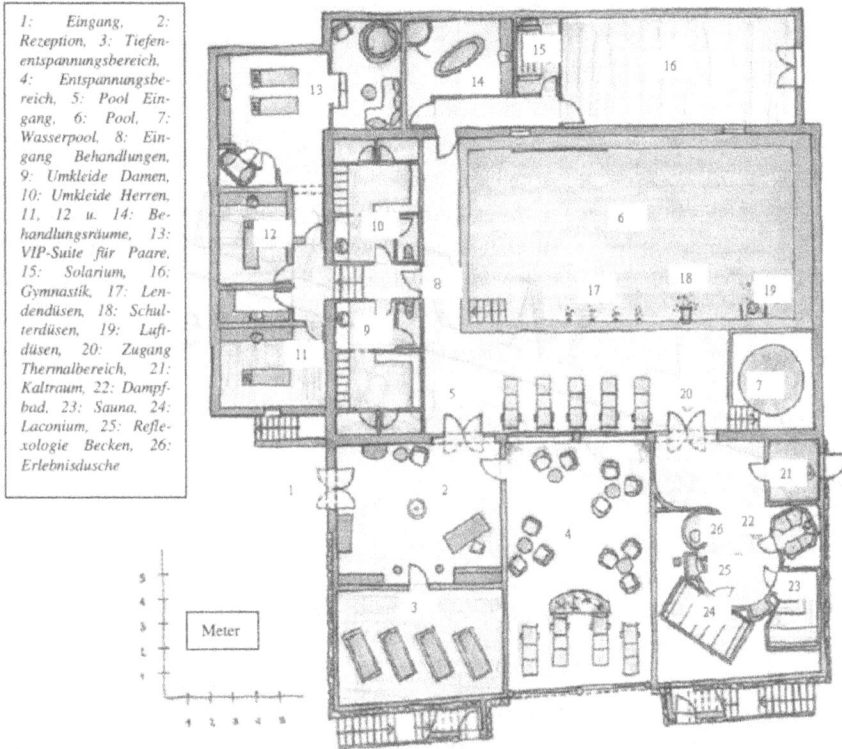

1: Eingang, 2: Rezeption, 3: Tiefenentspannungsbereich, 4: Entspannungsbereich, 5: Pool Eingang, 6: Pool, 7: Wasserpool, 8: Eingang Behandlungen, 9: Umkleide Damen, 10: Umkleide Herren, 11, 12 u. 14: Behandlungsräume, 13: VIP-Suite für Paare, 15: Solarium, 16: Gymnastik, 17: Lendendüsen, 18: Schulterdüsen, 19: Luftdüsen, 20: Zugang Thermalbereich, 21: Kaltraum, 22: Dampfbad, 23: Sauna, 24: Laconium, 25: Reflexologie Becken, 26: Erlebnisdusche

Abb. 146:   Ein Spa und seine Abteilungen als Grundriss

5.2.1.3.1.2   Fitness

Die Planung eines Fitnessbereiches in einem Spa-Hotel setzt zunächst die Beantwortung einiger grundlegender Fragen voraus:

- Wird der Fitnessbereich exklusiv für Hotelgäste angeboten oder werden auch externe Tagesbesucher zugelassen? Bei Zulassung auch externer Gäste ergeben sich folgende Fragen:
  - Werden den Hotelgästen Zeiten oder Räume angeboten, in denen sie immer exklusiv sind?
  - Werden die externen Gäste wie gleichberechtigte Kunden behandelt oder nur geduldet, weil sie Umsatz bringen?
  - In welche andere Bereiche wie z.B. Sauna oder Pool wird den externen Fitnesskunden Zugang zu welchen Konditionen und zu welchen Zeiten gewährt?

---

[410]   Schletterer Wellness & Spa Design (o.D). Die Legende ist aus dem Englischen übersetzt vom Autor.

– Lassen sich gesonderte Bereiche für Umkleide, WC und Duschen für die Externen realisieren?

• Welche Art von Fitnessbereich passt in die Ausrichtung des Spa-Hotels (systematisiert z.B. nach: Gesundheitssport, Sporttherapie, Trainingstherapie; oder: Kardio, Kraftgerätebereich, Gruppentraining). Die Ausrichtung des Fitnessbereiches hat Auswirkungen auf die Wahl der beliefernden Gerätefirma.

• Größe der Räume und Anzahl sowie Art der Geräte.

• Die Anordnung der Geräte.

• Ergänzendes Equipment wie Matten, Diagnosegeräte u.a.

Fitnessstudios gliedern sich in der Regel in verschiedene Bereiche wie Krafttraining (geführt oder frei), Ausdauertraining, Gruppenaktivitäten und Beweglichkeitsbereich (z.B. dehnen). Die folgende Raumplanung für ein Fitnessstudio tendiert in Richtung eines Gesundheitsstudios:[411]

• Krafttraining: Im Krafttrainingsbereich sollten Geräte zum Training der folgenden Muskelgruppen sein:
 – Bauchmuskulatur.
 – Arm-, Brust- und Schultermuskulatur.
 – Bein- und Gesäßmuskulatur.
 – Rückenmuskulatur.

• Für das Beweglichkeitstraining sollte ein separater Bereich (z.B. Stretching-Ecke) vorhanden sein.

• Cardio-Training: Das Cardio-Angebot sollte zwei Gerätevarianten (z.B. Fahrradergometer, Stepper) nicht unterschreiten.

• Für Kurse (z.B. Gymnastik, Aerobic) ist mindestens ein weiterer Raum vorzuhalten. Der Fußboden des Raumes sollte punkt- oder flächenelastisch sein.

• Medizinischer und sportwissenschaftlicher Leistungs-Check (Eingangstests). Darüber hinaus sollte die räumliche aber auch gerätespezifische Ausstattung für eine Anamnese vor und während des Trainings gegeben sein. Dafür sind mindestens zwei Räume vorzusehen. Der Eingangstest kann folgende Untersuchungen umfassen:
 – Anthropometrische Daten: Größe, Gewicht, Körperfettanteil, BMI u.a.
 – Die Ausdauer ist wissenschaftlich zu ermitteln.
 – Beweglichkeit: Die Beweglichkeit ist mit Hilfe standardisierter Beweglichkeitstests (z.B. Sit-and-Reach-Test) zu testen.
 – Die Kraft kann über standardisierte Krafttests (z.B. Push-Up) oder gerätegestützte Krafttests ermittelt werden.
 – Unter Berücksichtigung dieses Eingangstests sollte dann ein individueller Trainingsplan erstellt werden, der Aufwärmung, Kraft-, Cardio-, und Beweglichkeitstraining mit oder ohne Geräte beinhaltet. In einem Gespräch ist dem Kunden der Trainingsplan zu erklären. Außerdem sind Empfehlungen zu Kleidung und geeignetem Schuhwerk zu geben.

---

[411] Viele der im folgenden Abschnitt genannten Informationen stammen aus dem Prea-Fit Gütesiegel Gesundheits-Studio. Quelle: Prae-Fit Gesundheitsstudio, Kriterien für die Anerkennung von Fitnessanlagen als Gesundheitsstudios, Überarbeitete Fassung vom 1.1.2004 (o.D.).

- Dieser Leistungs-Check im Vorfeld kann die medizinale Qualität des Spa deutlich erhöhen. Er umfasst:
  - Risikoprofil (z.B. Erhebung und Auswertung von Cholesterin- und Blutdruckwerten) als Ergebnis der medizinischen Untersuchung.
  - Fitnessprofil (z.B. Erhebung von Ausdauer, Kraft, Beweglichkeit, Koordination) als Ergebnis der sportwissenschaftlichen Untersuchung.

Von beiden zuletzt genannten Punkten leiten sich die Trainingsempfehlungen ab. Ein kritischer Erfolgsfaktor ist stets die Qualifikation des Trainers. Die Raumplanung sieht als Faustregel vor, dass pro Fitnessgerät ca. 5m^2 einzuplanen sind. Im Bereich der Fitnessstudios gibt es Versuche, Anlagen mit direkter Ausrichtung auf ältere Menschen zu planen und marktfähig zu machen.[412] Verschiedene Konzepte konzentrieren sich dabei insbesondere auf drei Aspekte:

- Trainingswissenschaftlicher Aspekt: Sportwissenschaftliche Begleitung der Menschen mit besonderer Ausrichtung auf Altersleiden.
- Sozialer Aspekt: Auf ältere Menschen zugeschnittene Aktivitäten, die gleichermaßen Gemeinschaft wie auch Bewegung fördern.
- Berücksichtigung körperlicher und mentaler Defizite (z.B. Möglichkeit zur Veränderung der Schriftgröße auf den Displays der Fitnessgeräte, individuell einstellbare Lautstärke bei allen Geräten).

5.2.1.3.1.3 Anti-Ageing

Die Anti-Ageing-Medizin[413] setzt ein spezifisches Wissen voraus, über das der Hausarzt in der Regel nicht verfügt. Für eine Anti-Ageing-Abteilung sind Ärzte mit einer Spezialisierung auf folgenden Gebieten wünschenswert:

- Kardiologie.
- Onkologie.
- Immunologie.
- Verhaltensmedizin.
- Neuroendokrinologie.

Medical Spas mit den folgenden Indikationen bringen gute Voraussetzungen mit:

- Alterskrankheiten.
- Erkrankungen des Bewegungsapparates.
- Erkrankungen der Verdauungsorgane.
- Herz- und Kreislauferkrankungen.
- Stoffwechselkrankheiten.
- Adipositas.

Eine Fähigkeitsprüfung von Medical Spas zeigt jedoch, dass die für Anti-Ageing notwendige medizinische Expertise zumeist nicht ausreichend ist. Schließlich benötigt man dafür

- spezialisierte Ärzte,
- umfangreiche Labordiagnostik,

---

[412] Siehe mehr dazu z.B. unter. Fitness im Westend (2008).
[413] Mehr dazu siehe auch: Illing (2002c).

- Spezialisten für mentales Anti-Ageing,
- Ökotrophologen bzw. so genannte Gesundheitsberater,
- Kooperationen mit verschiedenen Spezialisten wie z.B. der ästhetisch-plastischen Chirurgie,
- Kosmetiker und
- letztlich ein ganzheitliches Menschenbild.

Die Raumplanung einer Anti-Ageing-Abteilung kann exemplarisch wie folgt aussehen:[414]

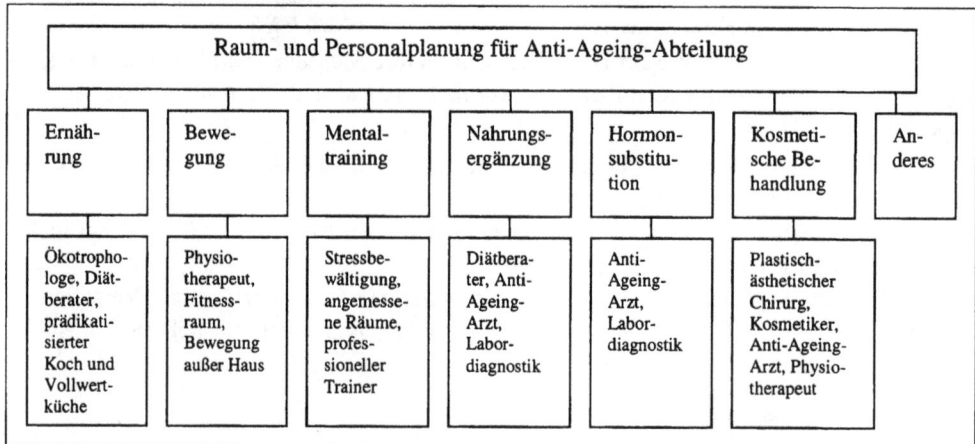

Raum- und Personalplanung für Anti-Ageing-Abteilung						
Ernährung	Bewegung	Mentaltraining	Nahrungsergänzung	Hormonsubstitution	Kosmetische Behandlung	Anderes
Ökotrophologe, Diätberater, prädikatisierter Koch und Vollwertküche	Physiotherapeut, Fitnessraum, Bewegung außer Haus	Stressbewältigung, angemessene Räume, professioneller Trainer	Diätberater, Anti-Ageing-Arzt, Labordiagnostik	Anti-Ageing-Arzt, Labordiagnostik	Plastisch-ästhetischer Chirurg, Kosmetiker, Anti-Ageing-Arzt, Physiotherapeut	

Abb. 147:   Raum- und Personalplanung für Anti-Ageing-Medizin

5.2.1.3.1.4   Kosmetik und Beauty

Im Unterschied zu allen anderen Abteilungen im Spa ist das Kosmetikinstitut sehr stark von Sachgütern abhängig, weil die meisten Dienstleistungen von den kosmetischen Sachgütern nicht zu trennen sind. Folglich ist die Wahl der geeigneten Kosmetikmarke, aber auch die Anzahl und Abstimmung verschiedener Kosmetikmarken von besonderer Bedeutung. Allerdings muss betont werden, dass die Buchungsentscheidung für ein Spa-Hotel in nur geringem Maß von den geführten Kosmetikprodukten abhängt. Folgende Fragen sind von besonderer Wichtigkeit:

- Welche Kosmetiklinie passt zu der Zielgruppe des Spa (z.B. im Hinblick auf das Alter und die Anspruchshaltung der Zielgruppen)? Welches Image wird von der Kosmetiklinie transportiert (Naturkosmetik, Meereskosmetik, Hochpreisprodukte)?
- Bietet die Kosmetiklinie umfassende Einsatzmöglichkeiten von der Gesichts- und Körperpflege bis hin zu Spezialbehandlungen z.B. für Hände und Füße? So genannte Spa-Marken haben den Anspruch, im Unterschied zu vielen Kosmetik-Marken eine ganzheitliche Spa-Philosophie zu transportieren, d.h. alle revelanten Körperteile zu bedenken und auch dem Bedürfnis nach Wohlbefinden nachzukommen.
- Welche Vertragsbedingungen können zwischen Kosmetikinstitut und Kosmetikindustrie ausgehandelt werden (im Hinblick auf Zahlungsbedingungen wie z.B. Zahlungsziel oder

---

[414]   Siehe dazu auch: Illing (2002c).

Skonto, Mindermengenzuschläge, Abnahmeverpflichtungen, Produktschulungen, Ge-
bietsschutz)?
- Wie ist die kosmetische Qualität der Produkte einzuschätzen?
- Soll eine bereits bestehende Herstellermarke gewählt werden oder vielmehr eine neu zu
  kreierende Eigenmarke?
- Welche Serviceleistungen bietet das liefernde Unternehmen (z.B. Werbekostenzuschüsse,
  Zuschüsse für die Homepage, Deko für die Kabine, Raumplanung und Architekturvor-
  schläge)?
- Welche Handelsspanne (Differenz zwischen Einkaufs- und Verkaufspreis) ist mit den
  Produkten zu erzielen?

Zu den zentralen Dienstleistungen einer Beauty-Abteilung zählt noch immer die klassische Gesichtsbehandlung. Diese weist in der Regel die nachstehende Abfolge von Arbeitsschritten auf:

Zeitbudget	Vorgang	Bemerkungen
15 Minuten	Begrüßung, Einbetten, Hautanalyse	Bei Neukunden wird mehr Zeit benötigt
15 Minuten	Hautreinigung, Peeling, Tonisierung	
20 Minuten	Maske auftragen, einwirken lassen	
20 Minuten	Massage	
5 Minuten	Abnehmen der Reste, Auftragen der Tagespflege	
10 Minuten	Tagesmakeup	
5 Minuten	Produktverkauf	

Abb. 148:   Ablauf einer Gesichtsbehandlung

Dazu benötigt die Kosmetikerin
- einen Behandlungsraum von ca. 14 m^2 (10 bis 12 m^2 sollten nicht unterschritten werden).
- Eine Liege, die von allen Seiten begehbar ist. Diese Liege sollte elektrisch verstellbar
  sein und verschiedene Positionen zwischen Sitzen und Liegen stufenlos ermöglichen.
- Der Raum sollte blickdicht sowie schallgeschützt sein und
- über Tageslicht verfügen.
- Bei vielseitiger Nutzung des Raumes sollten Dusche und Umkleide vorhanden sein.
- Ein Schacht für Schmutzwäsche und Schränke für die Arbeitsmaterialien sollten ebenfalls
  vorhanden sein.

Es ist zu raten, dass neben der Infrastruktur für die eigentliche kosmetische Behandlung auch
Massagetische und Wannenbäder zur Verfügung stehen, um das Angebot zu ergänzen und
die gleichzeitige Behandlung von Paaren möglich zu machen. Günstig ist es, wenn der Beau-
tybereich eine räumliche Nähe zu anderen Spa-Abteilungen aufweist wie z.B. Wasser oder
Sauna. Für den Verkauf von Sachgütern (Kosmetika) sollte ein separater Verkaufsraum zur
Verfügung stehen, in dem die Güter verkaufsgerecht präsentiert werden. Verkaufsfördernd
können auch Schmink- und Pflegekurse angeboten werden, in deren Rahmen die Sachgüter
dann verkauft werden.

5.2.1.3.1.5   Thalasso

Thalasso bedeutet Meer in der griechischen Sprache und meint in gesundheitstouristischem
Zusammenhang Behandlungen mit Meeresprodukten wie Meerwasser, Algen oder Meeresluft. Das Behandlungsangebot kann wie folgt aussehen:

- Körperpackungen mit Algen- und Meeresschlamm (indoor).
- Massagen mit Algenextrakten oder Meerwasser (indoor).
- Meersalz- und Algenbäder (indoor).
- Gruppen- und Einzelaerosol (indoor).
- Wassergymnastik.
- Kosmetische Gesichtsbehandlungen mit Meeresextrakten (indoor).
- Aktivitäten aller Art wie z.B. Jogging oder Walking in Meeresnähe zur Inhalation aerosoler Meeresluft (outdoor).

Die folgende Abbildung stellt den Grundriss des Spa im Hotel Neptun (Warnemünde, Deutschland) dar, das zu den renommiertesten Thalasso-Hotels in Deutschland gehört und sicherlich als Vorreiter der Meerestherapie in einer modernen und qualitätsbasierten Form bezeichnet werden kann.[415] Es zeigt sich, dass zu einem Thalasso-Angebot viele weitere Anwendungen kommen können, die das Behandlungsportfolio ergänzen wie z.B. Dampfbäder, Ruhebereich, Reich der Sinne mit Kamin etc.

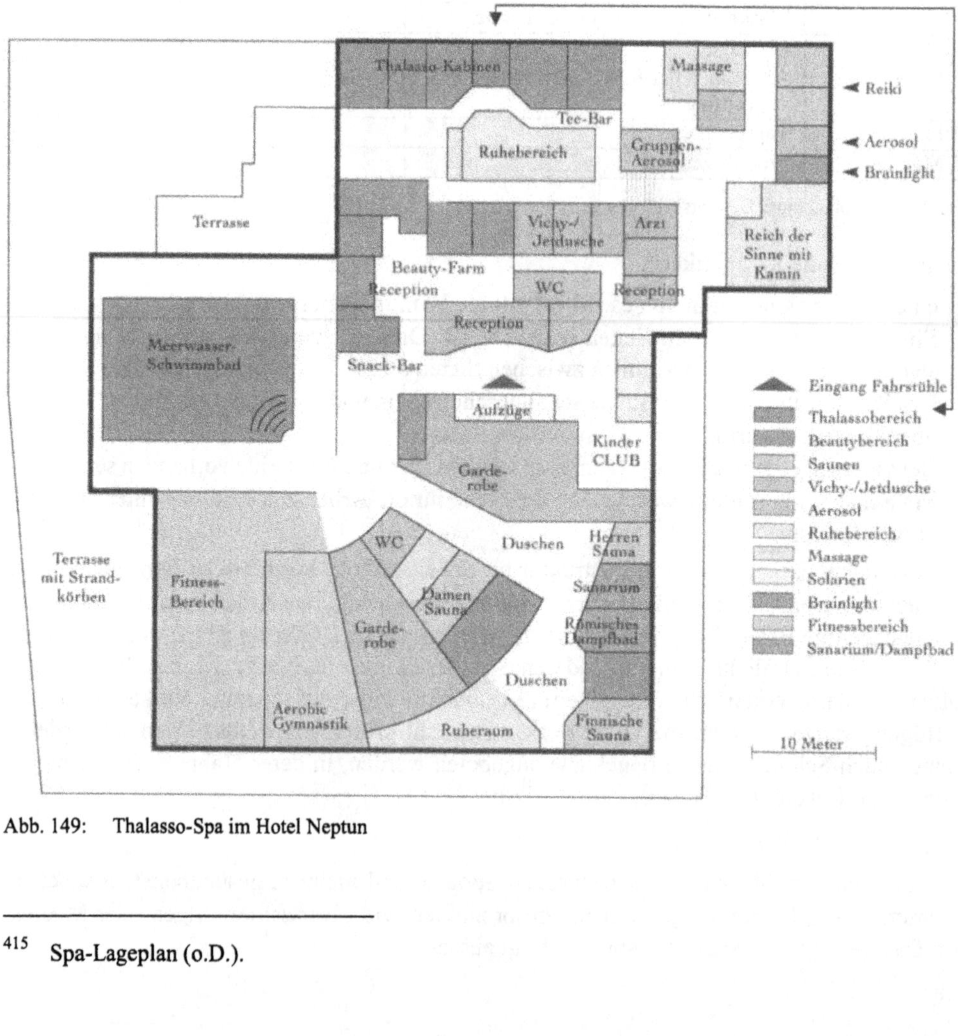

Abb. 149:   Thalasso-Spa im Hotel Neptun

---

[415]   Spa-Lageplan (o.D.).

Der Verband Deutscher Thalassozentren hat 2002 folgende Kriterien für die so genannten Original Thalasso-Zentren entwickelt:

- „Das Zentrum muss direkt am Meer, im direkten Einfluss des Meeresklimas liegen.
- Für die Behandlungen muss frisch geschöpftes Meerwasser verwendet werden. Das Meerwasser darf nicht behandelt werden, so dass die Inhaltsstoffe erhalten bleiben.
- Jedes Zentrum muss über mindestens ein Schwimmbecken und eine ausreichende Anzahl von Kabinen verfügen, dass jedem Kurgast täglich 3 Einzelbehandlungen möglich sind.
- Das Zentrum muss über einen oder mehrere Ärzte verfügen. Ein professionelles Team aus Masseuren, Hydrotherapeuten und Sportlehren ist beschäftigt.
- Permanente Hygienekontrolle, Sicherheit.
- Es werden gesundheitsbildende Maßnahmen aus den Bereichen: Entspannung, Ernährungsumstellung und körperliche Aktivität begleitend angeboten."[416]

Natürlich gibt es auch kleine Leistungsträger, die Thalasso anbieten wollen. Diese sollten mindestens zwei Räume zur Verfügung haben, nämlich einen für Gesichts- und den anderen für Körperbehandlungen. Auch eine Dusche sollte vorhanden sein. Ein Thalasso-Angebot in den Bergen kann natürlich nicht das komplette Therapiespektrum anbieten und muss deshalb als unvollständig bezeichnet werden.

5.2.1.3.1.6   Kneipp

Das Konzept von Sebastian Kneipp (1821–1897) fußt auf fünf Säulen:

- Wasser,
- Bewegung,
- Kräuter (pflanzliche Heilmittel in Form von Tees, Salben, Säfte, Wickel u.a.),
- Ernährung,
- Ordnungstherapie (seelisches Gleichgewicht).

Die Lehre von Kneipp ist nach wie vor in vielen Kurorten lebendig. Der ganzheitliche Ansatz dieses Konzeptes passt gut in eine moderne Spa-Philosophie, weil das Wechselspiel von Körper und Seele ebenso berücksichtigt wird wie die Wichtigkeit von Ernährung und Bewegung. Allerdings hat die Kneippsche Lehre mit Problemen zu kämpfen:

- Zum einen haftet ihr noch immer das Image an, etwas für alte Menschen zu sein.
- Zum anderen gibt es bislang nur wenige erfolgreiche Versuche, Kneipp mit dem modernen Hedonismus in Form von Wohlsein und Pampering zu verbinden, ohne dass die therapeutische Substanz verloren geht. Versuche in diese Richtung werden derzeit im Rahmen der Kneipp-Erlebnisdörfer gemacht.[417]

Eine Infrastruktur nach Kneipp kann im Hinblick auf die Raumplanung wie folgt aussehen:[418]

---

[416]   Qualitätskriterien, Definition und Kriterien des Verband Deutscher Thalasso-Zentren für Original Thalasso-Zentren (o.D.).

[417]   Siehe mehr unter: Scheffau ist 1. Kneipp-Erlebnisdorf Tirols (o.D.).

[418]   In Anlehnung an: Jarosch et al. (2005), S. 30.

Bereich	Therapie	Anwendung	Personaleinsatz	Investition	Bemerkungen	Standort	Größe/Einheit in m^2
Wassertretanlage	Hydro-/ Bewegungstherapie	Wassertreten	Kein Therapeut anwesend	Hoch	Tretbecken + Geländer, 30 bis 40cm Wassertiefe, 10 bis 18°	Innen oder außen	10
Bäder	Hydro-/ Phytotherapie	Diverse	Ja	Geringmittel	Klassische Badewanne	Innen, ca. 6 m^2/Bad	6
Guss-Station	Hydrotherapie	Gesicht, Schulter, Schenkel	Ja	Geringmittel	Gießschlauch	Innen, geringer Platzbedarf	
Armbad	Hydro-/ Phytotherapie	Armbad	Kein Therapeut anwesend	Mittel	Spez. Becken	Innen/außen, geringer Platz	
Heusack	Phytotherapie	Wickel und Auflagen	Ja	Mittel	Heublumen im Sack	Innen, geringer Platzbedarf	
Kräutergarten	Ernährungs- und Phytotherapie	Kräuterwanderung	Kein Therapeut anwesend	Mittel bis hoch	Mit ca. 100 Pflanzen	Außen, großer Platzbedarf	
Barfußpfad/ Tauwiese	Bewegungs-Hydrotherapie	Barfuß-/ Taulaufen	Kein Therapeut anwesend	Geringmittel	Höheres tau-frisches Gras	Außen, großer Platzbedarf	
Bibliothek	Ordnungstherapie	Entspannung durch Lesen	Kein Therapeut anwesend	Mittel	Integriert im Ruheraum	Innen, mittlerer Platzbedarf	

Abb. 150:   Infrastruktur für Kneippsche Anwendungen

5.2.1.3.1.7   Sauna

Sauna[419]-Abteilungen gehören zu den besonders wichtigen Angeboten in einem Spa. In einem Hotel-Spa ist der Besuch der Sauna häufig im Zimmerpreis inkludiert, folglich werden mit einer Sauna nur geringe direkte Umsätze realisiert. Es gibt verschiedene Saunaformen, die eine Kombination zweier verschiedener Wirkfaktoren sind, nämlich

---

[419]   „Das Saunabad ist ein gesundheitsförderndes und entspannendes Heißluftbad, in dem Überwärmung und Abkühlung miteinander abwechseln. Dabei wird in einem Raum aus Holz, mit einem typischen Klima von etwa 80 bis 105 Grad Celsius ca. 100 cm über der obersten Bank, sowie einer geringen, durch Aufgüsse kurzfristig erhöhten Luftfeuchte, der ganze Körper mehrmalig erwärmt und anschließend durch Außenluft und kaltes Wasser abgekühlt." (Quelle: Saunabad (o.D.)).

- Temperatur und
- Feuchtigkeit.
- Dazu kommen Zusätze wie Kräuter (im Aufguss, in der Beduftung) oder Lichteffekte.

Die folgende Abbildung zeigt verschiedene Saunaformen in Abhängigkeit von der Kombination von Temperatur und Luftfeuchtigkeit:

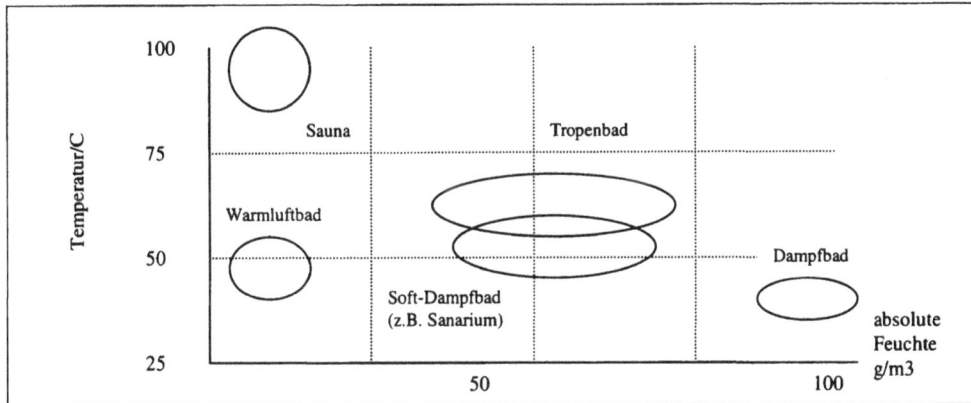

Abb. 151:   Saunaformen

Die folgende Auflistung zeigt das Raumprogramm einer Saunaabteilung, wobei zwischen Hauptbereich und ergänzenden Angeboten unterschieden wird:

Typ	Bereiche	m²
Finnische Sauna		14
Dampfbad		16
Tauchbecken (Kaltwasser)	Hauptbereich	6
Duschen		20
Umkleide/WC		40
Verkehrsflächen		110
Entspannungsbecken		20
Sanarium		18
Verkehrsflächen	Ergänzender Bereich	80
Warmluftraum (Laconium oder Tepidarium[420])		20
Technik		35
Lager		12
Ruheraum		38
	Gesamt	429

Abb. 152:   Sauna-Abteilung und ihr Raumprogramm

Der Trend geht zu einer Diversifikation im Saunabereich, also zu verschiedenen Saunavarianten, die mildere Saunaformen ebenso umfassen wie Infrarotkabinen oder Licht- und

---

[420]   Das Tepidarium diente im römischen Reich als Übergang vom Warmbade- in den Kaltbadebereich. Im Tepidarium wurden darüber hinaus verschiedene Körperpflegemaßnahmen angeboten wie z.B. Enthaarung (für Männer).

Klangzusätze. Das traditionelle Grundmotiv des Saunabesuches, nämlich die Gesundheits-
vorsorge, wird zunehmend abgelöst vom Wunsch nach Erlebnis im Zusammenhang mit
Wellness und Entspannung. Der Quadratmeter Saunabau kostet bei einem Neubau in der
gehobenen Hotellerie zwischen € 2.500 und 5.000, bei Umbauten oder Renovierungen sind
mit ca. € 1.800 zu rechnen.

Die folgende Abbildung stellt einen Entwurf für ein „Saunadorf" dar. Verschiedene Saunaformen gruppieren sich um einen zentralen Platz, in dessen Mitte sich die Besucher aufhalten
und entspannen können:[421]

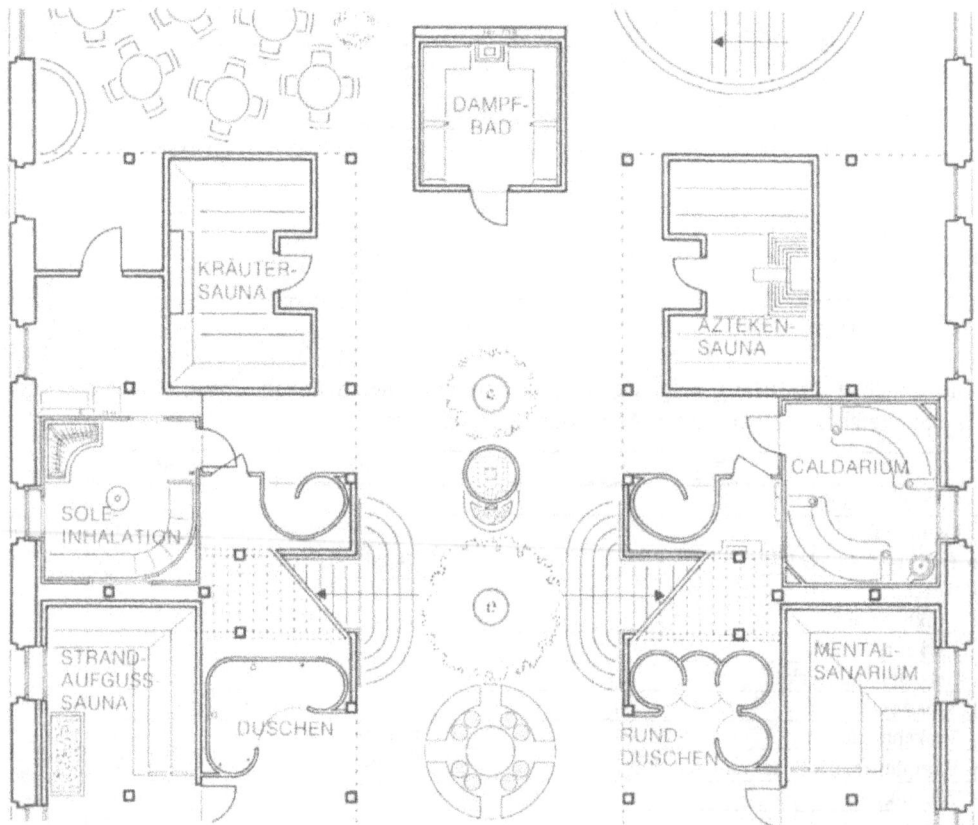

Abb. 153:   Entwurf für eine Saunalandschaft

Aufgabe des Spa-Managements ist es, sich kundig zu machen im Hinblick auf die therapeutische Wirkung von Düften, aber auch im Hinblick auf Dufttrends;

• So genannte funktionale Aufgüsse können eine therapeutische Wirkung haben z.B. im
  Hinblick auf die Lösung des Schleims oder Desinfektion im Mund- und Rachenraum.

---

[421]   Schwimmbad&Sauna (2001), S. 92. Abdruck mit freundlicher Genehmigung von Klaafs und der
        Geschäftsführung der Maya mare GmbH. Der Grundriss zeigt das mexikanische Saunadorf, Stand
        zur Eröffnung am 01.04.1999.

- Die Standardaufgüsse haben in erster Linie olfaktorische Absichten und unterliegen rasch wechselnden Trends.

Ein Hotel mit internationalem Publikum wird immer wieder vor die Problematik gestellt sein, dass manche Gäste unbekleidet (z.B. Deutsche, Österreicher) und andere bekleidet (z.B. Engländer, Italiener) schwitzen wollen. Selbst eine klare Spa-Etikette wird kaum verhindern, dass sich die Gäste so benehmen, wie sie wollen. Es gibt Hotels, die durch das Angebot einer doppelten Infrastruktur dieses Problem zu vermeiden suchen.

5.2.1.3.1.8 Bäder und Schwimmbecken

Von der Funktionen der Bäder hängen Design, Größe und Wassertemperatur und -zusammensetzung ab. Die Aufgliederung der vorhandenen oder geplanten Wasserfläche in Schwimmen, Therapie, Kinderbereich, Spiel und Spaß sowie Entspannung hängt von den erwarteten Zielgruppen, der Anzahl der erwarteten Gäste und ihren Nutzergewohnheiten ab. Bäder waren in der Vergangenheit vornehmlich durch Schwimmen und sportliche Ertüchtigung geprägt, werden jedoch heutzutage mehr für Entspannung in warmem Wasser genutzt und gleich von vorn herein als Multifunktionsbäder geplant. Doch werden immer wieder Fehler in der Planung gemacht, indem quadratische Wasserstellen ohne Attraktionen gebaut werden. Dabei gilt gerade hier der Grundsatz: „Give them a reason to stay", also die Aufenthaltsverlängerung durch Wasserattraktionen wie z.B.:

- Erhöhter Bereich im Pool mit Bodensprudel,
- Sitznischen im Wasser,
- Liegebuchten im Wasser,
- Unterwasserscheinwerfer,
- Massagedüsen für verschiedene Körperteile und
- Unterwasserlautsprecher.

Bäder aller Art sind in hohem Maß abhängig vom Wetter:

- Bäder mit Schwerpunkt Außenbecken sind natürlich in den warmen Sommermonaten besonders besucht.
- Bäder mit einem großen Anteil von Innenbecken verzeichnen im Sommer häufig weniger gute Auslastung, weil die Menschen auf Urlaub sind oder die Zeit in der Natur verbringen wollen.

Multifunktionsbad

Sind in den vorigen Kapiteln vornehmlich einzelne Abteilungen dargestellt worden, so zeigen die folgenden Abbildungen ein ganzes Thermalbad als Multifunktionsbad mit Therapieabteilung. Das Beispiel zeigt eine moderne Konzeption eines (Thermal-)Bades, dass durch geschwungene Formen und eine klare Raumtrennung gekennzeichnet ist. Oben ist der Selbstzahlerbereich mit den Funktionsbereichen Wasser, Sauna, Wellness, Umkleide, Restaurant sowie verschiedenen anderen Einheiten (z.B. Kinderbetreuung) angesiedelt. Unten befinden sich hingegen jene Bereiche, die entweder im Wesentlichen Therapie und Kassenpatienten beherbergen (Hydro- und Thermotherapie, Inhalationen) oder zumindest teilweise eine medizinische Komponente haben können wie z.B. der Fitnessbereich:[422]

---

[422]   KissSalis Therme (o.D.).

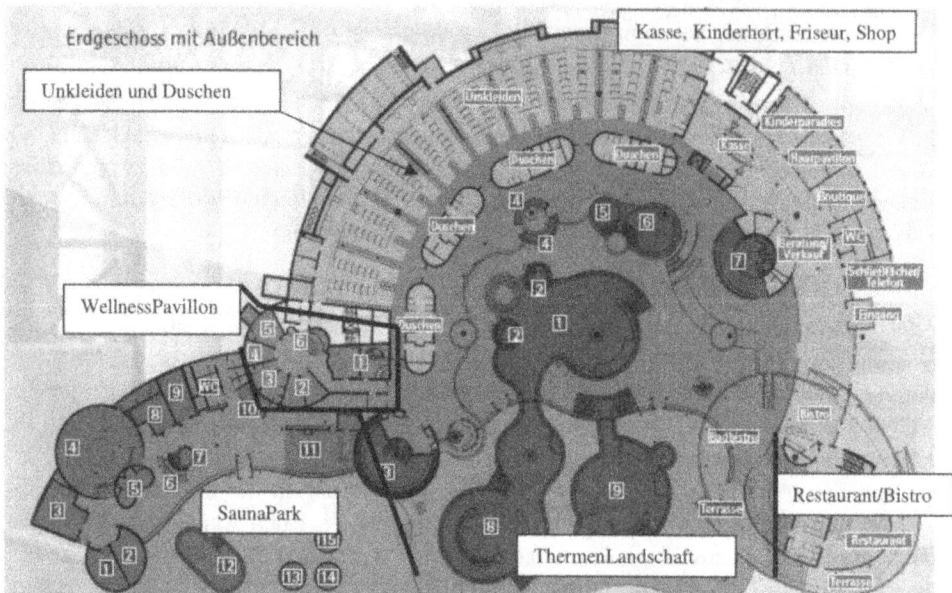

Erdgeschoss mit Außenbereich (oben):
ThermenLandschaft: 1: Innenbecken, 2: Sprudelbecken, 3: Intensivsolebecken, 4: Kneipptretbecken, 5: Kaltbecken, 6:
Heißbecken, 7: Kinderplanschbecken, 8: Außenbecken, 9: Warmaußenbecken.
SaunaPark: Planetarium (Caldarium), 2: Aromadampfbad, 3: Ruhesauna, 4: Ruheraum, 5: Erlebnisduschen, 6: Fußwärmbecken,
7: Tauchbecken, 8: Steindampfbad, 9: Sanarium, 10: Solarien, 11: Saunabar, 12: Kaltbewegungsbecken, 13: Erdsauna, 14:
Panoramasauna, 15: Luftsauna.
WellnessPavillon: 1: Hamam, 2: Massagekabinen. 3: Softpackliegen, 4: Ruheraum, 5: Kaiserbad, 6: Empfang.
Galerie (unten):
FitnessArena: 1: Krafttraining, 2: Außenbereich, 3: Krankengymnastik, 4: Massage, 5: Ergometer, 6: Kursräume, 7: Testcorner,
8: Fitnessbar, 9: Fitnesslounge
Thermenlandschaft: 1: Therapiebecken, 2: Übungsbecken, 3: Moorraum, 4: Dampfbad, 5: Soleinhalation, 6: Solarien, 7: Sonnen-
insel, 8: Ruheraum, 9: Sonnenterasse, 10: Wendelweg

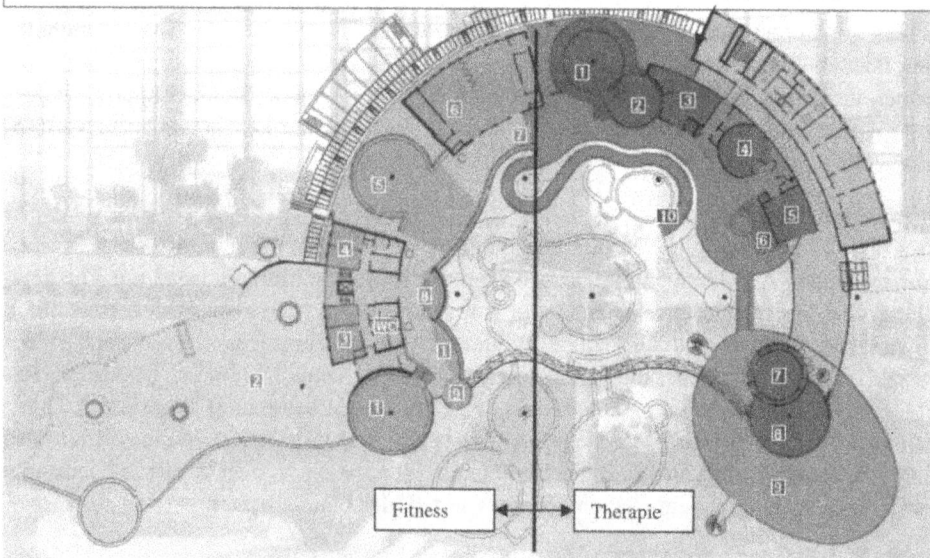

Abb. 154:   Bereiche eines Multifunktionsbades

Sofern der Schwimm- und Badebereich für sporttherapeutische Zwecke verwendet werden soll, müssen verschiedene Einflussfaktoren bei der Raumplanung berücksichtigt werden:

- Barrierefreies Bauen wird in Deutschland durch die DIN-Normen 18024 und 18025 sowie weitere spezielle Normen festgelegt.
- Ein Bewegungsbad[423] sollte unter anderem über die folgenden Eigenschaften verfügen:[424]
  - Treppengeländer mit Handlauf auf jeder Seite.
  - Zur Gewährleistung einer besseren Therapiekontrolle eine Wasserzufuhr über breite Düsen, damit das Wasser nicht verwirbelt wird.
  - Heller Beckengrund zur besseren Sichtkontrolle.
  - Schalldämmendes Wassermanagement (Überlaufrinne mit Flüsterabläufen), damit Anweisungen des Therapeuten verstanden werden.
  - Geräteraum.

5.2.1.3.1.9 Kurabteilung

Eine Abteilung, in der insbesondere kurmedizinische Anwendungen angeboten werden, verfügt zumeist über folgende Bereiche:

- Diagnose, ärztliches Erstgespräch,
- Moor- und Moorpackungen,
- Räume für Naturheilverfahren (z.B. Kneipp, Schroth),
- Massage,
- Elektrotherapie,
- Physiotherapie,
- Bewegungstherapie,
- Vortragsraum.

In vielen Kurorten gibt es eine zentrale Therapieabteilung, die auch von umliegenden Kurkliniken genutzt wird. Diese Therapieabteilung kann Teil eines Multifunktions-Thermalbades sein, das neben Gastpatienten des ersten Gesundheitsmarktes auch solche des zweiten Gesundheitsmarktes anspricht:[425]

---

[423] Das Bewegungsbad als Teil der physikalischen und rehabilitativen Medizin macht sich positive Eigenschaften des Wassers zu eigen und wird häufig als Übungsmedium bei orthopädischen Erkrankungen eingesetzt.

[424] Siehe mehr unter: Schüle et al. (2004), S. 253f.

[425] Waldseetherme (o.D.).

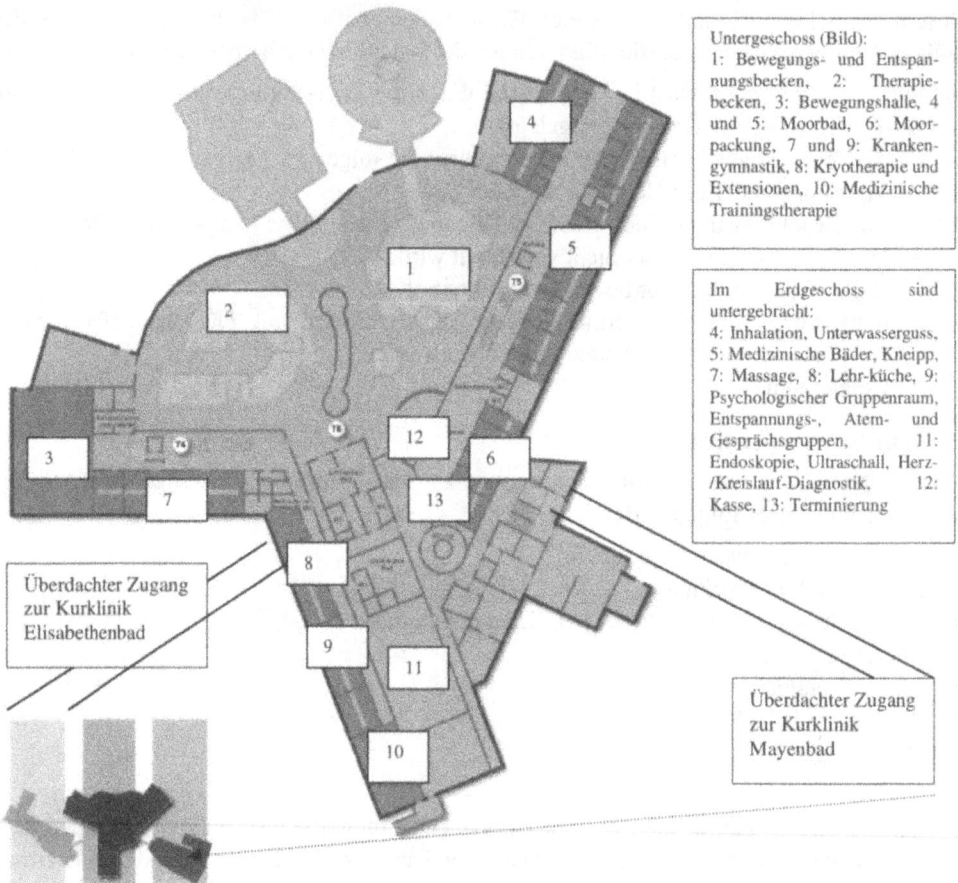

Untergeschoss (Bild):
1: Bewegungs- und Entspan-
nungsbecken, 2: Therapie-
becken, 3: Bewegungshalle, 4
und 5: Moorbad, 6: Moor-
packung, 7 und 9: Krankengymnastik, 8: Kryotherapie und
Extensionen, 10: Medizinische
Trainingstherapie

Im   Erdgeschoss   sind
untergebracht:
4: Inhalation, Unterwasserguss,
5: Medizinische Bäder, Kneipp,
7: Massage, 8: Lehr-küche, 9:
Psychologischer Gruppenraum,
Entspannungs-,   Atem-   und
Gesprächsgruppen,   11:
Endoskopie, Ultraschall, Herz-
/Kreislauf-Diagnostik,   12:
Kasse, 13: Terminierung

Überdachter Zugang
zur Kurklinik
Elisabethenbad

Überdachter Zugang
zur Kurklinik
Mayenbad

Abb. 155:   Erdgeschoss der Waldseetherme

Das folgende Beispiel zeigt den Grundriss der Badeebene eines Multifunktionsbades (Thermalbad), und zwar in Bad Saarow-Pieskow (Deutschland).[426] Hier zeigt sich in einem streng
geschnittenen Stil, auf welche Weise Elemente des ersten und zweiten Gesundheitsmarktes
kombiniert werden:

- Die Badeabteilung (Ziffer 2 und 3) sowie das Bewegungsbecken (Ziffer 6) zählen in
  erster Linie zur Infrastruktur diverser Kur- und Rehabilitationsmaßnahmen, also für Sozialversicherungsgäste. Natürlich können auch Gymnastik und Fitness für diese Zielgruppe genutzt werden.
- Die zuletzt genannten Bereiche wie auch die anderen (auf einer anderen Ebene befindlichen) Abteilungen werden insbesondere von den Gästen des zweiten Gesundheitsmarktes
  genutzt.

---

[426]   Hufnagel, Pütz, Rafaelian (Architekten, Berlin) (o.D.). Plan der Badebene des Thermalbades in
         Bad Saarow-Pieskow.

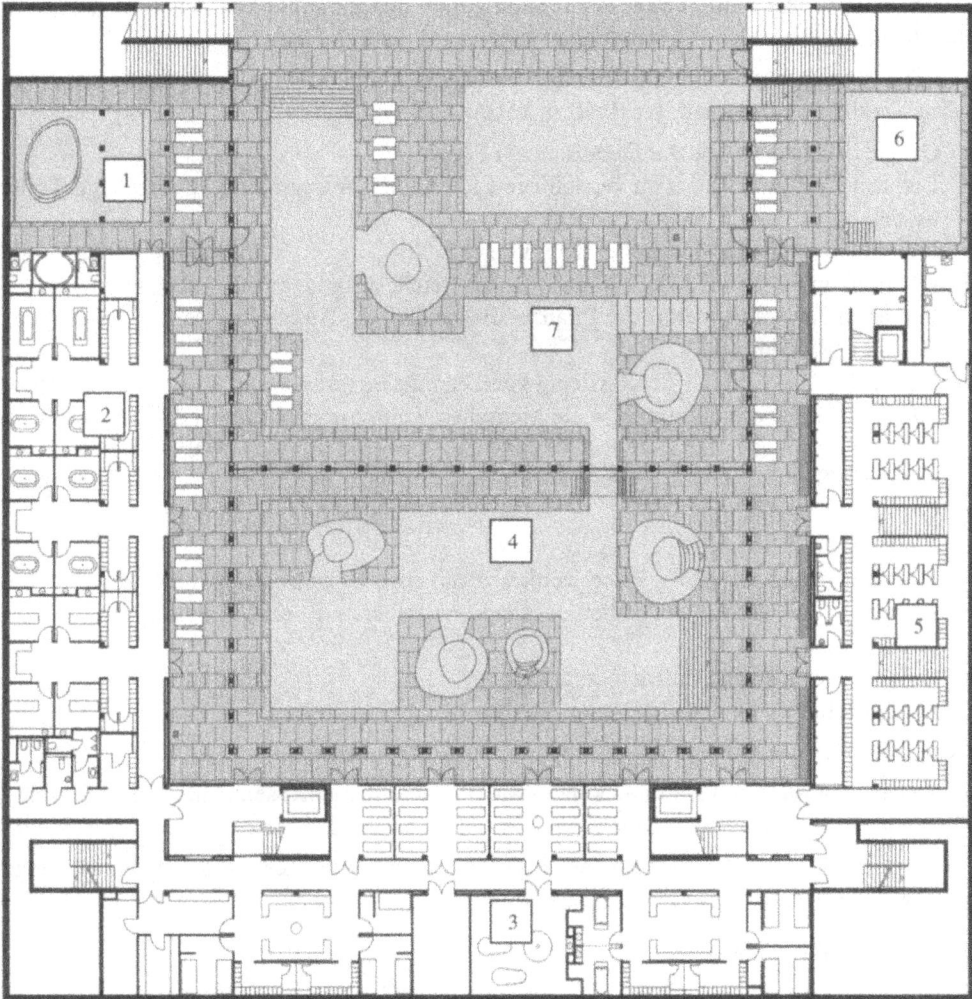

Abb. 156:   Grundriss Badeebene des Thermalbades in Bad Saarow

Erläuterungen: 1: Ursprünglich Kinderbereich, später zum Ruhebereich umfunktioniert, 2: Kosmetische und medizinische Bäder, 3: Moorbäder und Packungen, 4: Schwimmhalle, 5: Umkleiden Bad, 6: Bewegungsbecken, 7: Außenbecken. Im Erdgeschoss findet man Gymnastik, Fitness, Kosmetik, Foyer, Laden, Gastronomie intern und extern, Luftraum Schwimmhalle sowie Außenbecken.

5.2.1.3.1.10 Ruhebereich

Ruhebereiche werden immer wieder stiefmütterlich behandelt, obwohl Entspannen und Relaxen (Muße) zu den besonders wichtigen Bedürfnissen vieler Gastpatienten zählen. So findet man immer wieder Ruheräume neben lauten Fitnessräumen oder lieblos in einen zufällig freien Kellerraum verbannt. Der Platzbedarf ist bei enger Bestuhlung mit $4m^2$ pro Liegeplatz zu veranschlagen, doch bieten Spa-Hotels der gehobenen Kategorie deutlich mehr Platz. Die Materialwahl der Räume sollte die Schalldämmung unterstützen (z.B. Holz statt Keramik). In einem Vorraum des Ruhebereiches halten Einrichtungen höheren Standards oft Obst,

Studentenfutter und eine Teebar sowie Säfte bereit. Jedoch sollte vermieden werden, dass sich die damit verbundene Geschäftigkeit störend auf die Ruhe auswirkt.

Das Spa-Management sollte sich darüber Gedanken machen, auf welche Weise den Menschen geholfen werden kann, zur Ruhe zu kommen. Beispiele:

- Offene Feuerstellen und das Geräusch von Feuer.
- Bequeme und in der Position verstellbare Liegen (z.B. Wasserbetten, Wärmeliegen) oder Sessel.
- Individuell wählbare Musik über Kopfhörer.
- Der Blick in die Natur. Jedoch können Ruhebereiche auch innen liegend platziert werden. In diesem Fall sollten natürliche Pflanzen Bestandteil der Ausstattung sein.
- Bücher und Zeitungen.
- Optische und akustische Abschirmung von Durchgangsverkehr und Liegenachbarn. Ruhe und Schlafen ist etwas Intimes, viele Menschen wünschen einen zumindest angedeuteten Sichtschutz von der Nachbarliege. Einzel- und Doppelinseln (jeweils eine oder zwei Liegen durch Sichtschutz von anderen abgetrennt) sind wünschenswert.
- Gedämpftes Licht.
- Zurückhaltende Beduftung.
- Eine Bedeckung sollte angeboten werden, damit auch leicht bekleidet geschlafen werden kann. Hier sind große Handtücher Decken vorzuziehen, weil die Reinigung letzterer aufwändig ist.
- Schutz gegen Luftzug, trotzdem gute Luft.
- Absolute Sauberkeit der Liege- und Sitzflächen.

Es kann zwischen verschiedenen Ruhebereichen variiert werden:

- So kann ein Raum auf Naturblick und Kaminfeuer ausgerichtet sein. Hier stehen Liegen.
- Der andere bietet Bücher und individuelle Kopfhörermusik. Hier sind Sessel vorzufinden.

Als Ergänzung zur Infrastruktur können Kurse angeboten werden, in denen Entspannung geübt wird (z.B. autogenes Training, Meditation).

5.2.1.3.1.11 Behandlungsraum

Behandlungsräume für Einzelbehandlungen sollten eine Größe von $12m^2$ nicht unterschreiten und über Tageslicht verfügen. Für Paarbehandlungen wird mehr Platz benötigt. Es ist zu beachten, dass die Größe insbesondere in klinischen Einrichtungen vom Gesetzgeber vorgeschrieben sein kann. Bestimmte Anwendungen erfordern mitunter den Einsatz von zwei gleichzeitig arbeitenden Behandlern. Teile einer Behandlung, die in verschiedenen Räumen stattfindet, sollten in nebeneinander liegenden Räumen durchgeführt werden. Wenn große Räume zur Verfügung stehen, können die einzelnen Arbeitsschritte auch im gleichen Raum stattfinden. In diesem Fall allerdings sind Arbeitsgänge wie z.B. Reinigung aufgrund der Anwesenheit des Gastpatienten solange nicht möglich bis er den Raum verlassen hat. Für viele Typen von Behandlungen ist eine Dusche im gleichen Raum erforderlich. Die Einstellung der Raumtemperatur und Beschallung sollten raumindividuell möglich sein.

Krankenkassen und Prävention

Dem Versuch von Spa-Managern oder Verwaltungsdirektoren klinischer Einrichtungen, mit Vertretern der Krankenkassen in Kontakt zu treten, um von Kassen (teil-)finanziert Programme im eigenen Haus durchzuführen, muss die Anpassung der in vielen Häusern noch immer vorhandenen und auf passive Behandlungen spezialisierten Kurabteilungen an die modernen Anforderungen der Präventionsprogramme vorangehen. Exemplarisch sollen an dieser Stelle die Anforderungen der deutschen Krankenkassen an Bewegungsangebote im Rahmen des § 20 (SGB V) zitiert werden:

- Allgemeine Anforderungen:
  - „Die Angebote müssen weltanschaulich neutral ausgerichtet sein und den im Folgenden beschriebenen evidenzbasierten Präventionsprinzipien sowie den dazu formulierten Kriterien entsprechen, insbesondere durch a. eine schriftliche Fixierung von Aufbau, Zielen, Inhalten und Methoden der Einheiten im Trainermanual, b. einen nachvollziehbaren Zielgruppenbezug und c. einen Nachweis der Wirksamkeit des verwendeten Konzeptes im Rahmen einer wissenschaftlichen Evaluation.
  - Anbieter der von Krankenkassen geförderten Maßnahmen müssen sich grundsätzlich bereit erklären, sich an durch die Krankenkassen oder ihre Verbände initiierten bzw. durchgeführten Maßnahmen der Evaluation zu beteiligen.
  - Präventionsmaßnahmen/Kurse umfassen in der Regel 8 bis 12 Kurseinheiten. Diese können im Ausnahmefall für besondere Zielgruppen, die nicht an regelmäßigen Kursangeboten teilnehmen können, auch als Block- oder Kompaktangebote umgesetzt werden (…).
  - Die Teilnehmer der Maßnahmen sollen befähigt und motiviert werden, nach Abschluss der Intervention das erworbene Wissen bzw. die erworbenen Fertigkeiten/ Übungen selbstständig anzuwenden und fortzuführen sowie in ihren (beruflichen) Alltag zu integrieren. Eine kontinuierliche Inanspruchnahme dieser Maßnahmen kann von den Krankenkassen nicht finanziert werden."[427]
- Anbieterqualifikation:
  - „Zur Durchführung entsprechender Maßnahmen kommen Fachkräfte mit einer staatlich anerkannten Ausbildung im Bereich Bewegung in Betracht, insbesondere
    - Sportwissenschaftler (Abschlüsse: Diplom, Staatsexamen, Magister, Master, Bachelor), sofern deren Ausbildung einen expliziten Baustein Gesundheit/Gesundheitssport und/oder Sporttherapie umfasst und sie im Rahmen einer Schulung in das durchzuführende Gesundheitssportprogramm speziell eingewiesen sind.
    - Krankengymnasten, Physiotherapeuten, Sport- und Gymnastiklehrer und Ärzte, sofern diese im Rahmen einer Schulung in das durchzuführende Gesundheitssportprogramm speziell eingewiesen sind.
    - Lizenzierte Übungsleiter der Turn- und Sportverbände mit der Fortbildung ,Sport in der Prävention' (Lizenzstufe II), die in das durchzuführende Gesundheitssportprogramm speziell eingewiesen sind. Der Einsatz der Übungsleiter der Turn- und Sportverbände ist auf Angebote beschränkt, die mit dem Qualitätssiegel SPORT PRO GESUNDHEIT ausgezeichnet wurden (…)
    - Freizeit- und Breitensportprogramme, Maßnahmen ausschließlich zum Erlernen einer Sportart, Trainings-Programme mit einseitigen körperlichen Belastungen, reines oder

---

[427] Leitfaden Prävention – Gemeinsame und einheitliche Handlungsfelder und Kriterien der Spitzenverbände der Krankenkassen zur Umsetzung von § 20 Abs. 1 und 2 SGB V vom 21. Juni 2000 in der Fassung vom 10. Februar 2006, 2. korrigierte Auflage vom 15. Juni 2006 (o.D.), S. 17.

überwiegendes gerätegestütztes Krafttraining sowie Dauerangebote sind nicht förde-
rungsfähig."[428]

Reinigung

Die Reinigung der Behandlungsräume obliegt in kleineren Einrichtungen häufig den Behandlern. Größere Spas jedoch (ab ca. 10 Behandlungsräumen) sollten darüber nachdenken,
ob eine Reinigungskraft einen Rationalisierungsvorteil bietet, weil die hochbezahlten Fachkräfte nicht von ihrer eigentlichen Aufgabe abgehalten werden.

5.2.1.3.1.12   Spa-Gastronomie

In einem Spa-Hotel ein eigenes Spa-Restaurant mit kostenpflichtigen Speisen und Getränken
vorzuhalten, ist häufig ein Verlustgeschäft. Der Personalaufwand ist groß, und die Umsätze
sind gering, weil der Hotelgast zu den Mahlzeiten gerne das Restaurant aufsucht und häufig
die Halbpension im Package enthalten ist. Wenn es die Raumplanung möglich macht, dass
ein von der Zentralküche beschicktes Bistro mehrere Bereiche gleichzeitig bedient, kann
auch ein Spa kostengünstig mit Snacks und Getränken betrieben werden:

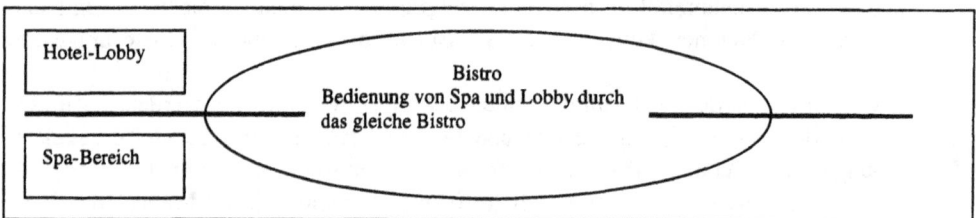

Abb. 157:   Bistro-Konzept, das verschiedene Bereiche versorgt

Wenn im Day-Spa Ganztagesprogramme angeboten werden, stellt sich die Frage, auf welche
Weise und an welchem Ort der Gastpatient verköstigt wird. Da die Mitnahme von eigenen
Lebensmitteln nicht üblich und aus Sicht des Anbieters auch nicht erwünscht ist, muss über
eine Kooperation mit einem Restaurant oder einem Lieferservice nachgedacht werden. Die
Regelungen von Multifunktionsbädern im Hinblick auf das mitgebrachte Essen der Tagesgäste sind unterschiedlich. Es geht von Verboten bis zur Akzeptanz oder Lösungen dazwischen, dass das Essen zwar nicht im Badebereich konsumiert werden darf, wohl aber in dafür
zugelassenen Bereichen wie dem Restaurant.

---

[428]   Leitfaden Prävention - Gemeinsame und einheitliche Handlungsfelder und Kriterien der Spitzenverbände der Krankenkassen zur Umsetzung von § 20 Abs. 1 und 2 SGB V vom 21. Juni 2000 in
der Fassung vom 10. Februar 2006, 2. korrigierte Auflage vom 15. Juni 2006 (o.D.), S. 29.

5.2.1.3.2   Raumplanung und Medizinsysteme

Einzelne Medizinsysteme formulieren ganz eigene Anforderungen an die Raumplanung:[429]

Kriterium	Therapiesysteme				
	Schulmedizin (Naturwissenschaftliche Medizin	Homöopathie	Traditionelle Chinesische Medizin (TCM)	Ayurveda	Anthroposophische Medizin
Aktivierungspotenzial für Spa-Industrie	Unverändert große Nachfrage, etablierter Trend	Zunehmend populär, auch international	Nachfrage international zunehmend	Nachfrage international zunehmend	Kleiner Kreis von Kennern
Therapieformen/-angebote (Auswahl)	Substitution, Prothetik, Pharmakologische Verwendung antagonistischer Wirkprinzipien, Operation, Transplantation	Pharmakotherapie	Akupunktur, Kräutertherapie, Diätetik, Qi Gong, Tui Na, Feng Shui	Diätetik, Pancakarma, Meditation, Pharmakotherapie, Suchi (Akupunktur), Hygiene	Pharmakotherapie, Misteltherapie, diverse Kunsttherapien, (Heil-)Eurythmie
Therapieevent/ Konsumanreiz durch Inszenierung	Nicht vordergründige apparativtechnische Inszenierung ohne Ästhetik außerhalb des Patientenbewusstseins, Faszination der Ersetzbarkeit von Organen bzw. Körperteilen	Keine typische Inszenierung möglich	Faszination d. Exotischen, Wirkkraft der Raumharmonien im Innen- und Außenbereich, Qi Gong („Tanz bei Nebel am See"), Akupunktur, Tui Na, chinesische Küche nach 5 Elementen	Faszination d. Exotischen, Multisensualität, Diätetik nach den 3 Doshas, Einsatz von Düften und Ölen, Einsatz indischer Musik, Pancakarma, Vastu als Raumarchitektur, Meditation	Unverwechselbare Architektur, rhythmische Massagen, Heileurythmie als Einzel- und Gruppentherapie, Kunsttherapien (z.B. Musikinstrumente, Plastizieren, Sprachtherapie)
Investition und Raumplanung	Hoch, nach Fachgebiet zu differenzieren. Abhängig von Indikation hohe Raumanforderungen	Minimal, wenige Räume erlauben Entfaltung dieses Ansatzes	Gering, kaum apparative Kosten, je nach Therapiespektrum höhere Personalkosten	Abhängig von Therapiespektrum geringes bis größeres Invest, recht personalintensiv	Abhängig vom Therapiespektrum geringes bis größeres Invest, recht personalintensiv

Abb. 158:   Therapiesysteme und Aspekte der Raumplanung

5.2.1.3.3   Besucherlenkung
Räumliche Lenkung
Ein Spa verfügt häufig über eine Vielzahl von Abteilungen, Behandlungszimmern und Badeabteilungen. Die sichere Führung der Gastpatienten spielt somit ein wichtige Rolle, und Besucherlenkung kann einen wesentlichen Beitrag zum reibungslosen und konfliktfreien Betriebsablauf leisten. Dabei geht es um

- Sicherheit und Angstfreiheit (besonders älterer Menschen vor dem Orientierungsverlust).
- Trennung von Zielgruppen, zwischen denen Spannungen entstehen können.
- Wegeleitung zur Vermeidung von Suchen und Falschlaufen inklusive Ge- und Verboten:

---

[429]   In Anlehnung an: Illing (2000), S. 75.

Mitunter führt die Notwendigkeit zur Trennung differenter Zielgruppen zu einer verwirren-
den Vielzahl von Gängen und zur Notwendigkeit, mit weiteren Hilfsmitteln wie z.B. Schil-
dern teilweise über 150 Personen im Eingangshallenbereich so zu lenken, dass kein Personal
zu weiteren Erklärungen abgestellt werden muss:

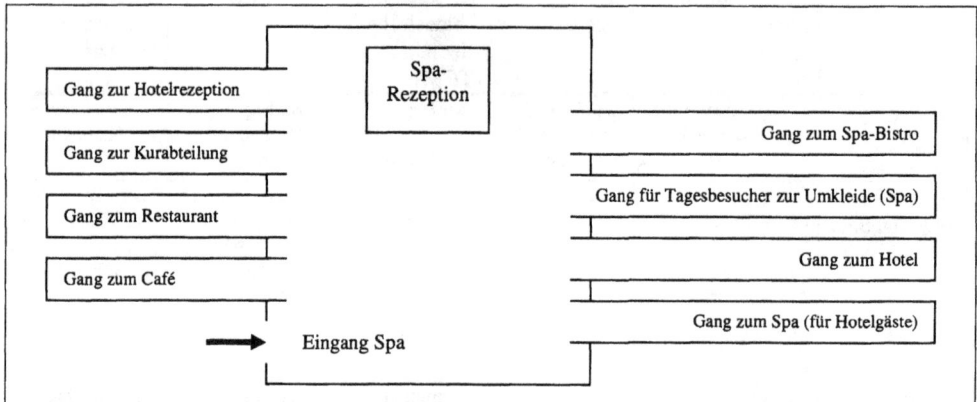

Abb. 159:   Raumplanung und Lenkung verschiedener Zielgruppen

Das folgende Beispiel zeigt bereits an einem einfachen Beispiel, dass der Zutritt verschiedener Zielgruppen selektiv gestattet wird.

Zielgruppen Abteilungen	Hotelgäste	Kurgäste (Kurabteilung)	Tagesgäste Spa	Besucher (Rast, F&B)
Restaurant	Zutritt ja, jedoch nicht in Spa-Kleidung	Zutritt ja, jedoch nicht in Spa-Kleidung	Zutritt ja, jedoch nicht in Spa-Kleidung	Zutritt ja, jedoch nicht in Spa-Kleidung
Spa-Bistro	Zutritt ja, jedoch nur in Spa-Kleidung	Zutritt ja, jedoch nicht in Spa-Kleidung	Zutritt ja, jedoch nur in Spa-Kleidung	Nein
Cafe	Zutritt ja, Spa- oder normale Kleidung erlaubt	Zutritt ja, jedoch nicht in Spa-Kleidung	Zutritt ja, jedoch nicht in Spa-Kleidung	Zutritt ja, jedoch nicht in Spa-Kleidung
Spa-Kernbereich (Bäder und Sauna)	Zutritt ja, jedoch in Spa-Kleidung	Zutritt ja, jedoch in Spa-Kleidung	Zutritt ja, jedoch in Spa-Kleidung	Nein
Privilegierte Spa-Bereiche (Liegewiese)	Zutritt ja, jedoch in Spa-Kleidung	Nein	Nein	Nein
Behandlungsbereich (außer Kurabteilung)	Zutritt ja, jedoch nur in Spa-Kleidung, Behandlungen sind zu bezahlen	Zutritt ja, jedoch nur in Spa-Kleidung, Behandlungen sind zu bezahlen	Zutritt ja, jedoch nur in Spa-Kleidung, Behandlungen sind zu bezahlen	Nein

Abb. 160:   Besucherlenkung heterogener Zielgruppen

Jede Abteilung mit ihren spezifischen Funktionen hat eingene Forderungen, die sie an die Besucherlenkung stellt. Allerdings können sich dies auch widersprechen:

- Intimsphäre: Die Wege unbekleideter Saunagänger sollten sich nicht mit denen anderer Spa-Gäste kreuzen müssen (Wahrung der Intimsphäre). Die Sauna ist ein gesonderter Bereich, der nicht durch Passanten gestört werden sollte.
- Hygiene: Durch externe Spa-Gäste kommt viel Schmutz in die Anlage. Es sollte vermieden werden, dass die Hotelgäste in Badeschuhen den Schmutz der Externen aufnehmen und ins Spa tragen. Im Behandlungsbereich sind ohnehin viele Bereiche besonders für den Besuch Externer auf den Gebrauch von Straßenschuhen vorbereitet.
- Filter: Abteilungen, die zumindest für Hotelgäste kostenlos sind (z.B. Sauna) sollten keine Filterfunktion für jene Räume darstellen, in denen wichtige Umsätze generiert werden. Der Zugang für beide Zielgruppen kann durch den kostenpflichtigen Behandlungsbereich geführt werden, um den Gastpatienten für die zuzahlungspflichtigen Abteilungen zu interessieren:[430]

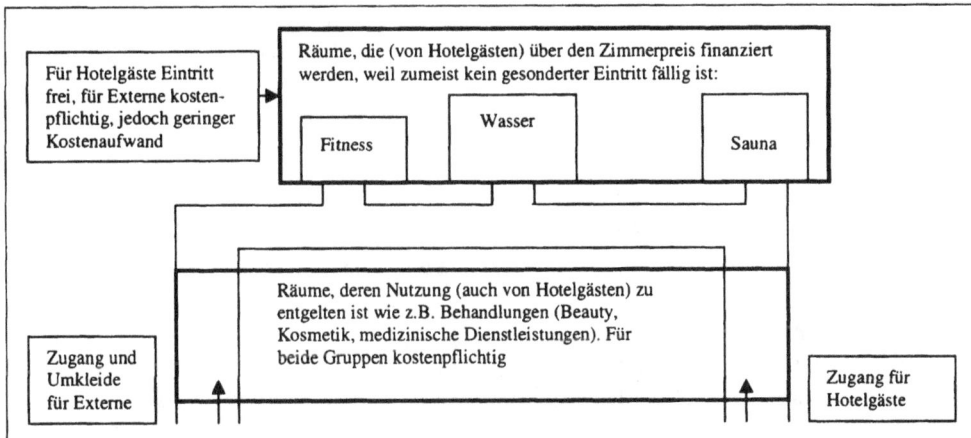

Abb. 161:   Besucherlenkung zur Inwertsetzung des Behandlungsbereiches

Verhaltensmäßige Lenkung

Verschiedenen Begriffe (Code Of Conduct, Spa-Etiquette) deuten an, dass ein Spa dem Gastpatienten gegenüber Verhaltensegeln formulieren kann, um deren Einhaltung gebeten wird. Diese Regeln können an prominenter Stelle des Spa publiziert werden und beispielsweise folgende Punkte ansprechen:

- Das Personal und andere Gäste sind mit Respekt zu behandeln.
- Die Saunen sind unbekleidet zu betreten.
- Beschwerden während der Behandlung sind sofort zu äußern, damit umgehend Abhilfe geschaffen werden kann.
- Bereits eine Viertelstunde vor Beginn einer Behandlung sollte sich der Gast einfinden, damit Zeitverzögerungen durch ungeplantes Umkleiden und Duschen vermieden werden.

---

[430] Siehe dazu auch: Scheutterle (2005a), S. 42f.

5.2.1.3.4   Design und Innenraumgestaltung

Zum Thema Innengestaltung von Spas im Sinne von Design, Stil und Dekoration sind folgende grundsätzliche Anmerkungen zu machen:

- Gestaltung und Dekoration im Spa unterliegen rasch wechselnden Moden. Designelemente verschiedener Kulturen (z.B. römische, ostasiatische, arabische) bestimmen immer wieder den Trend für einige Jahre und werden dann von anderen abgelöst. Das gleiche gilt für Farben, Baumaterialien u.a.
- Durch die rasch wechselnden Trend-Behandlungen sollte eine flexible Raumkonfiguration (z.B. verschiebbare Wände) möglich sein, um Anpassungen zeitnah vornehmen zu können.

Die rasch wechselnden Spa-Moden können auch zu dem gegenteiligen Schluss führen, nämlich dass die Gestaltung zeitlos vorgenommen wird und folglich fünfzehn Jahre oder länger unverändert bestehen bleiben kann. Anregungen für Design und Innenraumgestaltung können aus folgenden Überlegungen geholt werden:

- Wenn z.B. ein Spa mit dem Schwerpunkt Traditionelle Chinesische Medizin und ostasiatische Energielehren geplant wird, liegt es nahe, auch Stilelemente dieser Kulturen zu integrieren.
- Ein Spa kann Designelemente aus der Region schöpfen, in der es sich befindet. So kann ein Spa z.B. Holz von jenen Pflanzen enthalten, die in der Region wachsen.

Eine der herausforderndsten Aufgaben in der Spa-Planung ist die Innenraumgestaltung. Ein Zugang zu diesem Thema kann durch eine Unterscheidung der Sinne erfolgen:

- Akustik: Beschallung der Räume, dies auch wählbar nach individuellem Geschmack.
- Optik: Licht, Lichtart (Tageslicht, Kunstlicht), Lichtverteilung. Gemälde und Bilder, Farben und ihre Wirkungen.
- Olfaktorik: Beduftung der Räume.
- Haptik: Anmutung von Qualität durch hochwertige Materialien. Materialwahl und ihr Zusammenspiel mit Hygiene.
- Temperatur: Beachtung der verschiedenen Wärmeanforderungen von Wasser (z.B. Kinderbecken, Sportbecken), Ruheräumen, Fitnessräumen u.a.
- Objekte und ihre Zuordnung zueinander: Art und Anzahl der Möbel, ihre Position; schmückende Utensilien wie Blumen, Duftkerzen, Grünpflanzen und Spiegel.

Diese Auflistung eröffnet ein weites Feld der Innenraumgestaltung und der Wirkung dieser verschiedenen Elemente auf die Menschen in ihrer Differenzierung nach Alter, Geschlecht, Herkunft etc. Zum anderen muss differenziert werden in Bezug auf das, was mit Innenraumgestaltung erreicht werden soll, also z.B. Beruhigung (z.B. im Wartezimmer) oder Entspannung (z.B. im Ruheraum).

5.2.1.4   Neu-, Um- oder Erweiterungsbau

Das Kapitel beschäftigt sich mit Planungs- und Managementaufgaben im Rahmen eines Neu-, Um- und Erweiterungsbaus.

5.2.1.4.1 Prozess von Neu-, Um- und Erweiterungsbau

Der Prozess im Sinne eines Neu-, Um- oder Erweiterungsbaus lässt sich wie folgt gliedern:

Konzeptphase		Realisierungsphase		Betriebsphase	
Idee/ Konzept- beschrei- bung	Informations- beschaffung, Positionierung, Finden einer strategischen Ausrichtung	Entwurfs- planung	Grundriss, perspektivische Ansichten, Raumbuch, Technik, Energie, Kos- tenberechnun- gen; Rechtsfra- gen: Baugeneh- migung, Bau- recht, Ge- werberecht und Arbeitsstätten- richtlinien, Brandschutz, Wärme- und Schallschutz	Pre Opening, Soft Open- ing[431], Open- ing	Pressekonferenz, Messebesuche, Verhandlungen mit Reiseveran- staltern, Kranken- kassen, Events, Probeläufe mit ausgesuchten Gästen, Übergang zum regulären Betrieb
Vorent- wurf	Grobe Raum- planung (Größe, Funk- tion, Anzahl der Räume)	Ausschrei- bungen	Generalunter- nehmer, Sub- kontraktoren	Marketing- Kommuni- kation	Werbung, PR, Merchandising etc.
Wirt- schaft- lichkeit	Investitions- kosten, Renta- bilität[432], Vorschau von Kosten und Erlösen im Tagesgeschäft	Ausbau	Schnittstellen- management, Funktionstests, Überwachung, Koordinierung, Termin- kontrolle	Personal- akquise, Personal- führung	Recruiting, Schu- lung, Entwicklung, Entlohnung
Mach- barkeits- studie (Feasibi- lity)	Alle/einige der zuvor genann- ten Punkte können in der sog. Machbarkeits- studie enthal- ten sein			Qualitäts- management	Auswahl eines geeigneten QM- Systems
				Management- aufgaben	Strategieanpassung, Controlling u.a.

Abb. 162:   Spa-Planungsprozess im Überblick

---

[431]   Das Pre Opening bezeichnet die erste Phase in der Eröffnung einer touristischen Einrichtung, in der ein Testlauf mit ausgewählten Testpersonen unternommen wird (ca. 14 Tage). Danach erfolgt die offizielle Eröffnung als so genanntes Soft Opening, in dem das normale Publikum mitunter zu geringfügig reduzierten Preisen die Anlage nutzt unter der Maßgabe letzter handwerklicher Tätig- keiten oder der Feinabstimmung der Technik (ca. drei bis sechs Monate).

[432]   Es gibt verschiedene Rentabilitäten (z.B. Gesamtkapital-Rentabilität oder Eigenkapital- Rentabilität). Es geht stets um das Verhältnis einer Erfolgsgröße (z.B. Umsatz, Gewinn) zu einge- setztem Kapitel (z.B. Investitionssumme, Kosten).

Viele Tätigkeiten im Prozess des Neu-, Um- und Erweiterungsbaus eines Spas wird der Spa-Manager nur unter Zuhilfenahme von externen Fachkräften bewältigen können. So kann er sich während der

- Konzeptphase von Unternehmensberatern unterstützen lassen, die auf die Schnittstelle von Gesundheit und Tourismus spezialisiert sind.
- Die Realisierungsphase wird besonders von Architekten und den ausführenden Baufirmen geprägt werden.
- In der Betriebsphase werden die Techniker den Übergang von Bauphase zu Pre Opening intensiv mitgestalten, jedoch wird der Spa-Manager nun wieder die Hauptrolle übernehmen.

In allen Phasen kann der Spa-Manager eine überwachende, begleitende und beratende Funktion gegenüber den externen Fachkräften haben, sei es aus seiner spezifischen Fachkenntnis heraus, sei es, um seiner vorgesetzten Instanz (z.B. Hotelkette) zu berichten, oder um die Philosophie (z.B. einheitliches Spa-Konzept weltweit) dieser Hotelkette gegenüber externen Fachkräften bzw. Investoren zu vertreten.

Visualisierung eines Multifunktionsbades als Teil der Realisierungsphase:[433]

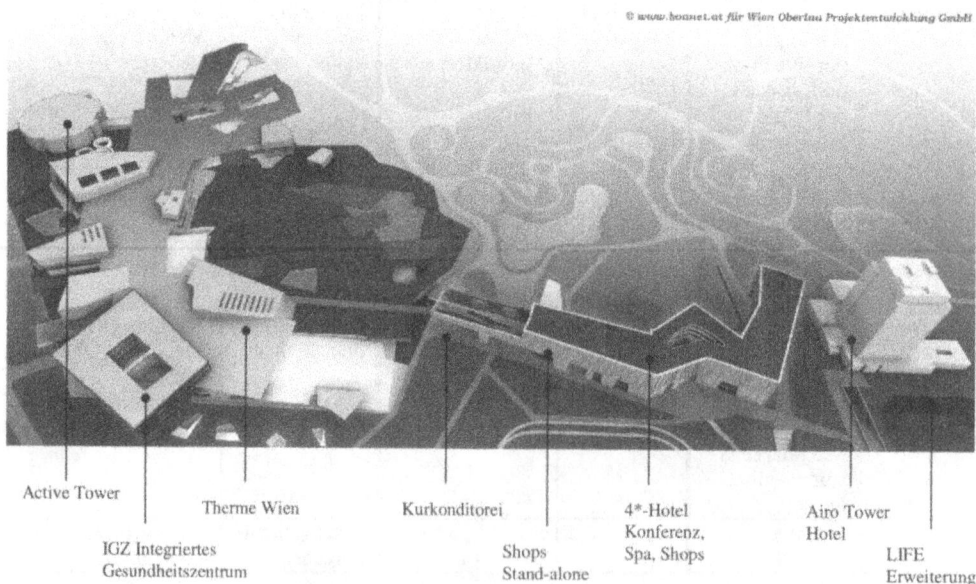

© www.boanei.at für Wien Oberlau Projektentwicklung GmbH

| Active Tower | Therme Wien | Kurkonditorei | 4*-Hotel Konferenz, | Airo Tower Hotel |
| IGZ Integriertes Gesundheitszentrum | | Shops Stand-alone | Spa, Shops | LIFE Erweiterung |

Abb. 163:   Funktionsbereiche des Neubaus der Therme Oberlaa in Wien (Österreich)

Machbarkeitsstudie (Feasibility)

Die Machbarkeitsstudie (auch Feasibility genannt) ist die planerische Voraussetzung für erfolgreiche Neu- oder Umbauten, insbesondere dann, wenn eine (Teil-)Finanzierung durch

---

[433]   Quelle: Boanet (o.D).

Banken angestrebt wird. Für Banken ist eine gute Feasibility oder ein Business-Plan[434] eine notwendige Voraussetzung für die Gewährung eines Kredites. Ziel der Feasibility ist eine Evaluation des Betriebs- und Investitionsrisikos aufgrund der detailliert dargestellten Konzeptidee. Bei vorhandener Sachkenntnis wird der Spa-Manager Teile dieser Feasibility selbst erarbeiten können. Allerdings ist zu beobachten, dass viele Spa-Manager zwar ihren Betrieb sehr gut kennen, oftmals aber die umgebenden Märkte national und sogar international nicht hinreichend beurteilen können, um wirklich ein zukunftsweisendes Konzept unter Berücksichtigung makroökonomischer Trends zu erstellen. Die Bestandteile einer Feasibility sind nirgendwo bindend festgelegt, doch besteht sie häufig aus folgenden Teilen:

- Allgemeine Marktbeschreibung.
- Standort-, Markt- und Konkurrenzanalyse.
- Beschreibung der Idee des konkreten Vorhabens.
- Grobe Raumplanung (Raumkonzept) auf Basis des Behandlungskonzeptes.
- Grobe Personalplanung.
- Grobe Finanzplanung (Investitionskosten und Berechnung des zukünftigen operativen Geschäftes oft nur bis zum GOP[435] 1).
- Distribution und Kommunikation.
- Zusammenfassende Bewertung (Executive Summary).

Die Erstellung einer Feasibility ist ein anspruchsvoller Prozess, der ganz verschiedene Fertigkeiten erfordert. Aus diesem Grund sollte sie, insbesondere wenn sie als Finanzierungsinstrument dienen soll, von einem Sachverständigen nochmals gegengelesen werden bzw. von diesem überhaupt angefertigt werden.

Raumkonzept
Das Raumkonzept ist eine übersichtliche Darstellung der geplanten Räume, ihrer Funktion, ihrer Größe und verbindenden Gänge in der Regel aus der Vogelperspektive. Bevor die Detailplanung eingeleitet wird, muss zu Beginn eine Grobplanung vorgenommen werden, die die einzelnen Funktionsbereiche zueinander in Beziehung setzt. Die Grobplanung kann immer wieder verändert und optimiert werden.

5.2.1.4.2   Kapazitätsplanung und Methoden der quantitativen Nachfragemessung
Neben der Bestimmung der qualitativen Nachfrage gibt die quantitative Nachfragemessung Aufschluss über die Anzahl der zu erwartenden Gastpatienten. Antworten auf diese Frage liefern verschiedene Methoden:

- Betriebsvergleichsmethode: Hier werden möglichst ähnliche Betriebe identifiziert und von deren Auslastung bzw. Gästezahl auf den Betrieb geschlossen, für den die Analyse erstellt wird.

---

[434]   Im Unterschied zu einem Businessplan ist die Feasibility weniger ausführlich. Anstelle der detaillierten Finanzplanung im Business-Plan wird in der Feasibility nur eine Grobschätzung von Erlösung und Kosten vorgenommen (Rechnung oftmals nur bis GOP I bzw. Betriebsergebnis 1). Im Business Plan sind darüber hinaus häufig detaillierte Informationen zur Unternehmensorganisation sowie zur zukünftigen Marketing-Kommunikation zu finden.
[435]   Gross Operating Profit.

- Die so genannte Einzugsbereichsanalyse ermittelt die Nachfrage auf der Basis der Anzahl der Bevölkerung in der Region und ihre Bereitschaft, das neue Spa zu besuchen. Wenn das Spa jedoch auch Kur- oder klinische Abteilungen umfasst, kann zusätzlich eine Einweiseranalyse gemacht werden.

Die Einzugsbereichsanalyse geht nach folgenden Schritten vor:

- 1. Erhebung der Anzahl von Einheimischen in unterschiedlichen Radien (z.B. mit einer Anfahrtszeit zum Spa von 30, 60, 90 und 120 Minuten). Und: Erhebung der Anzahl von Besuchern (Touristen) der Region (z.B. mit einer Anfahrtszeit zum Spa von 30, 60, 90 und 120 Minuten). Erfahrungen zeigen, dass die Bereitschaft, auch ein weiter entferntes Spa zu besuchen, mit dessen Attraktivität zunimmt.

- 2. Nutzung von Kennziffern, wie viel Prozent der zuvor genannten Gruppen wahrscheinlich das Spa besuchen werden. Daraus kann die folgende Tabelle gebildet werden:

Anfahrtszeit	Anzahl potenzieller Gastpatienten	Faktor	Erwartete Gast-patienten im Spa
30 Minuten		40.000	0,50	20.000
60 Minuten	Bewohner	250.000	0,20	50.000
90 Minuten	(Einheimische)	1.000.000	0,17	170.000
120 Minuten		1.800.000	0,10	180.000
30 Minuten		2.000	0,80	1.600
60 Minuten	Touristen	5.000	0,60	3.000
90 Minuten		10.000	0,40	4.000
120 Minuten		20.000	0,25	5.000
			Gesamtzahl pro Jahr	433.600

Abb. 164:   Ermittlung der Anzahl potenzieller Gastpatienten nach der Einzugsbereichsanalyse

- Kommentare:
  - Die in der Tabelle genannten Faktoren müssen für jede Region bzw. für jedes Beispiel individuell ermittelt werden.
  - Die Berechnung ergibt eine zu erwartende Jahresbesucherzahl von 433.600. Diese Zahl kann mit einem Sicherheitsabschlag versehen werden (z.B. –5%), um überhöhte Zahlen zu vermeiden
  - Leseprobe 1: Es wird erwartet, dass jeder Zweite der im Radius von einer halben Stunde Fahrtzeit vom Spa entfernten Einheimischen einmal pro Jahr das Spa besuchen wird. Solche Annahmen können von den Erfahrungen vergleichbarer Unternehmen abgeleitet werden.
  - Leseprobe 2: Im Radius von 30 Minuten Fahrtzeit halten sich im Jahresdurchschnitt ca. 2000 Touristen gleichzeitig auf. Von diesen wird erwartet, dass acht von zehn das Spa nutzen. Der Faktor 0,8 ist natürlich stark vom Image der Region abhängig. Wenn das Spa in einer Region mit einem starken Gesundheitsimage liegt, wird ein hoher Anteil der Gäste mit der Absicht anreisen, das Spa zu nutzen. Es wird hier davon ausgegangen, dass ein größerer Anteil der Touristen als der Einheimischen das Spa nutzen wird, weil die Gäste mit der Absicht anreisen, die touristische Infrastruktur zu nutzen.

- Eine Möglichkeit, die Herkunft der Gastpatienten zu ermitteln, ist die Analyse der Autokennzeichen auf dem Parkplatz.
- Bei der Einweiseranalyse geht es um die Identifikation von Zuweisen (Ärzte und Krankenkassen) und die Entwicklung von Methoden, auf welche Weise die Patienten des Arztes für das Spa gewonnen werden können.

Beide Methoden berücksichtigen die langfristige Bevölkerungsentwicklung, die abhängig vom Regionstyp (Ballungsgebiet versus Peripherregion) sehr unterschiedlich verlaufen kann, und zwar im Hinblick auf Alterung, Anzahl der Bewohner und ausgeübte Berufe (Kaufkraft).

In der Praxis von Spa-Hotels zeigt sich immer wieder, dass das Hotel (Beherbergung) im Hinblick auf die Auslastung nur zu 80% oder 85% belegt werden kann, weil die Anzahl der Gastpatienten im Badebereich bei Vollbelegung des Hotels so groß werden kann, dass Unmut und Beschwerden wegen Überfüllung auftreten. Hier sind die Kapazitäten von Hotel einerseits und Spa andererseits nicht passgenau abgestimmt worden. Wenn der dauerhafte Verzicht auf Übernachtungskapazitäten letztlich teurer (also umsatz- bzw. gewinnmindernd) ist als der Ausbau der Spa-Kapazitäten, muss über eine Erweiterung der Letzteren nachgedacht werden.

5.2.1.4.3   Baukosten und Investitionskosten

Bau- und Investitionskosten sind nicht identisch, zumal Baukosten auch sehr verschieden definiert werden können:

- Die Baukosten umfassen in der Regel:
  - Grundstück und Grunderwerbssteuer.
  - Erschließungskosten.
  - Bauwerk/Baukonstruktion.
  - Bauwerk/Technische Anlagen.
  - Außenanlagen.
  - Ausstattung und Kunstwerke.
  - Baunebenkosten.
- Die Investitionskosten hingegen überschreiten häufig die Baukosten, weil hier noch andere Kosten berücksichtigt werden wie z.B. die Honorare für Spezialisten (z.B. geothermische Bohrung).

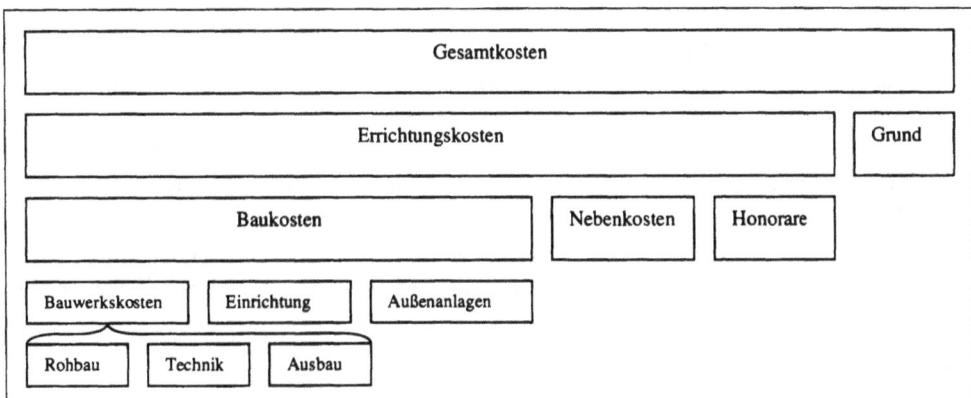

Abb. 165:   Bau-Gesamtkosten differenziert nach Kostenarten

Eine grobe Berechnung der Investitionskosten, wie sie in der Feasibility oftmals recht einfach vorgenommen wird, indem die Grundfläche, berechnet in Quadratmetern, mit einer Kennziffer multipliziert wird (z.B.: Spa-Grundfläche von 400m^2 multipliziert mit € 2.100 ergibt eine Investitionssumme von € 840.000), wird in der Realisierungsphase genauer auf Basis des Raumbuches vorgenommen. In einem Raumbuch werden die Qualitäten von Räumen im Sinne von Grundfläche, lichter Höhe, Rohbauhöhe und Raumvolumen präzise dargestellt. Auf dieser Basis ist es möglich, Kosten recht genau zu bewerten oder auch bei qualitativer oder quantitativer Änderung der Bauelemente die Kostenänderung darzustellen. Auszüge aus einem Raumbuch:

Raum-nummer	Nutzungsbereiche	ca. Fläche [m²]	Lichte Höhe i.M. [m]	Rohbau-höhe [m]	Raum-volumen [m³]
					Massen
P 01	Vorraum	7,28	3,125		22,75
P 02	Aufenthalt	14,55	3,125		45,47
P 03	Umkleide Damen	35,67	3,125		111,47
P 04	Umkleide Herren	32,78	3,125		102,44
P 05	Flur	21,25	3,125		66,41
P 06	Aufenthalt	14,74	3,125		46,06
T 19	Wellentechnik	38,17	3,000		114,51

Abb. 166:   Auszug aus einem Raumbuch

Die Höhe der Investitionssumme ist von verschiedenen Faktoren abhängig:

- Größe der Grundfläche (große Anlagen sind durch Skaleneffekte relativ günstiger als kleine Anlagen).
- Qualität des Baumaterials.
- Dekoration und Innenausstattung (z.B. Beduftungstechnik, individuelle Beschallung in allen Räumen).
- Technik (mindere Qualität kann später die Betriebskosten erhöhen).
- Dichte der Bebauung im Sinne des Verhältnisses von teuren Räumen (z.B. Intensivstation) im Gegensatz zu preiswerten Räumen (Ruheraum).
- Die Material- und Personalkosten sind z.B. im Süden Ungarns an der serbischen Grenze bis zu 50% niedriger als in Österreich, in ausgewählten Boomregionen arabischer Länder um bis zu 200% teurer.

Kennziffern, die Baukosten darstellen, sind immer zu hinterfragen im Hinblick auf das, was an Kosten enthalten sein soll. Bauwerkskosten pro m^2 Bruttogeschossfläche[436] für ein Spa können für Deutschland und Österreich wie folgt angegeben werden:

---

[436] Die Bruttogrundfläche besteht aus: Nettogrundfläche (Nutzfläche, technische Funktionsfläche, Verkehrsfläche) und Konstruktionsgrundfläche (z.B. Wände, Stützen).

- Standard (einfache Bauweise): € 1.300 bis € 1.600.
- Hochwertig: € 1.500 bis € 1.800.
- Exklusiv: € 1.700 bis € 2.100.

Die Flächen und ihre Nutzung können im Hinblick auf die Kosten in verschiedene Kategorien unterteilt werden (Flächentypen). Dies führt zur Notwendigkeit, jedes Projekt individuell zu berechnen. Die folgende Abbildung ist eine Kostenschätzung für den kompletten und schlüsselfertigen Ausbau inklusive der feststehenden Einrichtung (Baukosten):

Flächentyp	Flächenbezeichnung	Grundfläche in m²	Errechnete Kosten in € pro m²	Summe in €
A	Umkleide	300	1.710	513.000
B	Fitness	280	2.400	672.000
C	Verkehrsflächen	15	950	14.250
D	Anwendungen	235	2.025	475.876
E	Wasser/Whirl	90	2.850	256.500
F	Eingang/Rezeption	53	1.620	85.860
			Gesamt	2.017.486

Abb. 167:   Flächentypen und Kosten pro Quadratmeter

Es ist klar, dass eine andere Gewichtung von Räumen bei gleicher Grundfläche rasch zu veränderten Investitionssummen führen kann. Das Beispiel oben führt zu durchschnittlichen Investitionskosten von € 2.073 pro m². Es gibt allerdings Fälle z.B. in arabischen Ländern, in denen diese Kosten auf bis zu € 8.000 steigen können.

Ein Berechnungsansatz bei Hotels bezieht sich auf die Investitionskosten pro Zimmer. Es gilt für Deutschland und Österreich, dass pro Zimmer ca. € 80.000 (1-Stern-Hotel) bis € 300.000 (5-Sterne-Hotel) zu veranschlagen sind.[437] Diese Kosten allerdings schließen anteilige Kosten für den F&B-Bereich sowie Küche und deren Technik mit ein.[438] Auch diese groben Richtwerte können erheblichen Abweichungen unterliegen. So ist es zum Beispiel gelungen, die Investitionskosten im Thermenhotel der H$_2$O-Therme in Bad Walterdorf (Österreich) erheblich unter den zuvor genannten Werten zu halten.

EDV-unterstützte Planungstools
Sehr hilfreich für die Wirtschaftlichkeitsberechnungen im Rahmen einer Feasibility sind Computer-unterstützte Planungshilfen. Eine der wohl umfassensten Hilfen dieser Art wird mit Thermodulor bezeichnet.[439] Sie umfasst Tools zur:

- Wirtschaftlichkeitsberechung (Investitionskosten, Erlöse, Kosten operatives Geschäft u.a. inklusive Thermalwasserbohrungen sowie Energiekosten- und -erlös-Kalkulationen für den Fall, dass Wärme von Thermalwasser verkauft werden kann).
- Raumplanung.
- Personalplanung.

---

[437] Diese Zahlen gelten für Deutschland und Österreich, sind jedoch in osteuropäischen Ländern wesentlich niedriger anzusetzen.

[438] Siehe mehr dazu unter: Henschel (2001), S. 264ff.

[439] Rechteinhaber an dem Tool ist die Firma Geoteam in Graz (Österreich), der Autor der vorliegenden Studie hat an der Entwicklung dieses Tools mitgearbeitet.

Beispiel für eine Eingabe-Maske im Thermodulor:

Thermodulor   Hotel (+Spa) mit Therme (+Wellness) und Geothermie
Straße , 9999 Ort
WELLNESS - INVESTITIONSK. HOTEL - DETAIL

2 Bauwerk - Rohbau					
Rohbau 1)	2.794 m² BGF o. Wasserfl.	x	410,00 € / m² BGF	=	1.145.683,33
Rohbau 1)	543 m² BGF Wasserfl.	x	410,00 € / m² BGF	=	222.812,04
Änderungen/Ergänzungen inkl. Erläuterung	....				
Summe Rohbau					1.368.495,37

3 Bauwerk - Technik					
Technik 2)	2.794 m² BGF o. Wasserfl.	x	295,00 € / m² BGF	=	824.333,13
Technik 2)	543 m² BGF Wasserfl.	x	295,00 € / m² BGF	=	160.315,98
Änderungen/Ergänzungen inkl. Erläuterung	....				
Summe Technik					984.649,11

4 Bauwerk - Ausbau					
Fassade exkl. Glasflächen, Fenster	m² AF	x	€ / m² AF	=	0,00
Fassade - Glasflächen, Fenster, Sonnenschutz	m² AF(G)	x	400,00 € / m² AF(G)	=	0,00
Änderungen/Ergänzungen inkl. Erläuterung	....				

Abb. 168:   Eingabemaske in Thermodulor, Teilbereich Invest

5.2.1.4.4   Schließung oder Teiloffenhaltung bei Um- und Neubau

Der Um- oder Neubau eines Spa hat häufig zur Folge, dass entweder das bestehende Unternehmen für die Bauzeit geschlossen werden muss oder einzelne Teile offen gehalten werden, um wenigstens einen reduzierten Betrieb zu ermöglichen. Bei Leitbetrieben wie z.B. Multifunktionsbädern mit Kurabteilung kann eine totale Schließung die touristische Infrastruktur nicht nur des Ortes, sondern auch einer gesamten Region dauerhaft in Mitleidenschaft ziehen. Der eingeschränkte Betrieb allerdings hat wahrscheinlich zur Folge, dass das Bauvorhaben in die Länge gezogen und womöglich verteuert wird. Somit sind unter verschiedenen Gesichtspunkten Vor- und Nachteile von Totalschließung oder Teiloffenhaltung voneinander abzugrenzen:

- Freisetzung versus Weiterbeschäftigung: Ein Teil der Mitarbeiter kann gehalten und ein anderer z.B. durch Fortbildungen weiterbeschäftigt werden. So steht dem Unternehmen nach Wiedereröffnung ein wesentlicher Teil der Mitarbeiter zur Verfügung. Im Falle einer Totalschließung wäre den meisten Mitarbeitern wohl gekündigt worden. Trotz Versprechens der Wiederanstellung hätten sich viele eine neue Arbeit gesucht.
- Beherbergungsbetriebe des Ortes werden besonders dann in Mitleidenschaft gezogen, wenn eine große Abhängigkeit vom Leitbetrieb besteht. Für manche Beherbergungsbetriebe kann die totale Schließung des Multifunktionsbades das endgültige Aus bedeuten. Immerhin kann die Schließung eines Leitbetriebes für den Ort einen Nächtigungsrückgang von über 80% und für die umliegende Region von über 30% zur Folge haben. Auch

für nachgelagerte Betriebe wie Bäcker oder Wäschereinigungen kann die totale Schließung eine Bedrohung sein.

- Bei Teiloffenhaltung geraten (Stamm-)Kunden weniger in Versuchung, nach Alternativen zu suchen und vielleicht dauerhaft abzuwandern.
- Die totale Schließung von Bädern oder Kurzentren kann eingedenk nationaler Regelungen die Streichung von Landeskurabgaben oder Landesfremdenverkehrsabgaben zur Folge haben.
- Der eingeschränkte Betrieb sollte mit verstärkten Angeboten in den Bereichen Kultur oder Kulinarik kompensiert werden.

Die Strategie für den Umbau eines Multifunktionsbades und Kurzentrums mit der Absicht der Teiloffenhaltung kann grafisch wie folgt dargestellt werden:

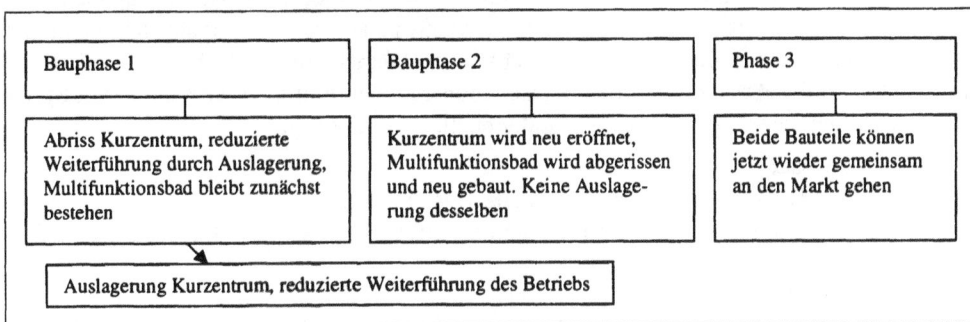

Abb. 169:   Versetzter Abriss und Neubau von Kurzentrum und Multifunktionsbad

Eine Analyse der wirtschaftlichen Folgen einer Teil- oder Totalschließung sollte die folgenden Aspekte exemplarisch in Betracht ziehen:

- Das Unternehmen selbst und mögliche Folgen:
  - Umsatzverluste durch Schließung.
  - Kosten für Personalfreisetzung.
  - Kostenremanenzen.[440]
- Auswirkungen auf die Stammgäste:
  - Abwanderung der Gäste während der Bauphase.
  - Verlust von Stammgästen auf Dauer.
- Auswirkungen auf Personal:
  - Keine Bereitschaft zur Wiederkehr nach Kündigung (z.B. weil neuer Arbeitsplatz gefunden worden ist).
  - Kosten für Sozialplan.
- Auswirkungen auf Rahmenverträge mit Sozialversicherungen:
  - Dauerhafter Verlust von Zuweisungen.
- Auswirkungen auf das touristische Umfeld:
  - Verlust an Nächtigungen.

---

[440] Phänomen, dass die Kosten bei sinkender Beschäftigung langsamer zurückgehen als sie bei zunehmender Beschäftigung gestiegen sind.

- Verlust an Eintritten in Attraktionen der Region.
- Budgetverluste für den Tourismusverband.
• Auswirkungen auf die Regionalwirtschaft:
- Konsumverlust durch arbeitslose Mitarbeiter des Spa.
- Verlust für Lieferanten und Dienstleister (Bäcker, Wäschereinigung).
- Konsumverlust durch weniger Gastpatienten in der Region.

5.2.1.5   Auslagerung von Betriebsteilen

In der Vergangenheit war das Betreiben vieler öffentlicher Bäder eine öffentliche Aufgabe. In den letzten Jahren jedoch hat die Privatwirtschaft diese Branche als interessanten Wirtschaftszweig entdeckt. Viele Städte und Gemeinden verfügen weder über das notwendige Budget, die oftmals veralteten Anlagen zu modernisieren, noch über das Management und die Rechtsform, um zeitnah und sachgemäß am Markt zu agieren. So versuchen viele Städte oder Gemeinden, ihre Bäder zu privatisieren bzw. im Rahmen von Public Private Partnership die Rechte und Pflichten zu verteilen. Diese Kooperationen gibt es in verschiedenen Spielarten, von denen die beste Variante vom individuellen Fall abhängt:

• „Partner im Bau:
- Privater plant und baut, Kommune kauft, least, mietet.
- Privater plant und baut, Kommune gibt Grundstück, Zuschuss, Bürgschaft, Erschließung.
• Partner im Betrieb:
- Gründung einer gemeinsamen Betreibergesellschaft mit unterschiedlicher Beteiligung/Sperrminorität und Verabredung von Betriebskostenzuschüssen (z.B. für Schul- und Vereinsschwimmen).
• Management-Betriebsführungsmodell:
- Bewirtschaftung im Rahmen der Zielvorgaben des Eigentümers gegen Fest- oder Erfolgshonorar.
• Verpachtungsmodell:
- Verpachtung (Sauna, medizinische Bäder, Fitnessstudio, Gastronomie).
- Verpachtung der gesamten Anlage gegen oder ohne Entgelt für die Wahrnehmung öffentlicher Aufgaben."[441]

Im Bereich der Spa-Hotellerie ist eine große Zahl der Spas als Teil des Hotels in privatwirtschaftlicher Hand. Jedoch gibt es genug Betriebe, die Teile ihres Unternehmens outsourcen. Wenn z.B. der Hotelmanager der Meinung ist, dass er weder über genug Sachkenntnis verfügt noch das wirtschaftliche Risiko übernehmen möchte, kann er die Beautyabteilung seines Hauses auslagern (outsourcen) und das Management anderen überlassen (z.B. dem Pächter). Oder: Das Krankenhaus wird das Management seines Patientenhotels einer Hotelbetreibergesellschaft überlassen, weil es selbst nicht über genug Expertise im Hotelmanagement verfügt:

---
[441] Steinmetz (2000), S. 567.

```
┌─────────────────────────────────────────────────────────────────────────────┐
│                                                                               │
│              Ausgegliederte Unternehmensteile                                 │
│         ┌──────────────────────────────────►                                  │
│         ┌──────────────────────►         ┌─────────┐  ┌─────────┐  ┌─────────┐│
│                                          │Beauty und│ │Reha und │  │Gastronomie││
│   Multifunktionsbad                      │Kosmetik │  │Therapie │  │         ││
│                                          └─────────┘  └─────────┘  └─────────┘│
│                                                                               │
└─────────────────────────────────────────────────────────────────────────────┘
```

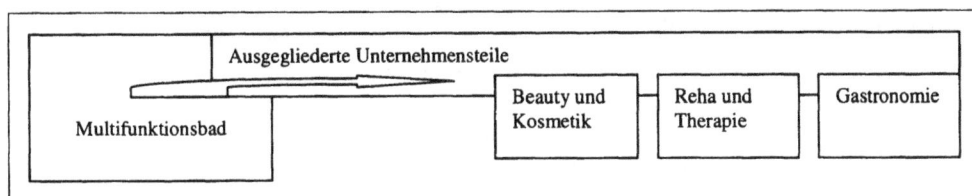

Abb. 170:   Ausgegliederte Unternehmensteile

Ein Betreiber ist jener, der die rechtliche und wirtschaftliche Verantwortung für einen Betrieb inne hat. Das Betreiben eines Unternehmens kann er als Eigentümer, Mieter oder Pächter tun. Im Vertrag zwischen den Partnern sollten unbedingt die folgenden Dinge geregelt werden:

- Vertragsrechtliche Einordnung (Miete, Pacht, Leasing).
- Festlegung der Leistungspflichten.
- Umsatz- und Leistungsziele.
- Konkurrenzschutzklausel.
- Gewährleistungen.
- Qualitätssicherung.
- Mitspracherecht von Seiten des Verpächters/Vermieters, damit die Unternehmensphilosophie, die Preisgestaltung und der Qualitätsstandard stets aufeinander abgestimmt bleiben.
- Alle beteiligten Partner (Vertragspartner) sollten ihre Kommunikation institutionalisieren, d.h., regelmäßige Treffen sind notwendig, um auf einer gemeinsamen Linie zu bleiben.

Der Schritt der Auslagerung (Outsourcing) birgt Chancen und Risiken:

- Die Risiken bestehen insbesondere darin, dass sich Mieter/Pächter eines Spa kontraproduktiv zur Entwicklung des Hotels verhalten können (so kann z.B. das Thermalbad den Faktor Gesundheit besonders herausstellen, im ausgelagerten Thermenrestaurant jedoch gibt es keine gesunden Speisen).
- Chancen bestehen in erster Linie darin, dass Sachverstand in den Betrieb geholt wird und auf diese Weise die Chance eines erfolgreichen Wirtschaftens der ausgelagerten Abteilung steigt.

Dem singulären und noch nicht an eine Kette gebundenen Spa steht die Option offen, die Zusammenarbeit mit einer Spa-Kette zu suchen bzw. Teil dieser zu werden. Spa-Ketten wie z.B. St. Gregory[442] oder The Aspara[443] suchen nach neuen Mitgliedern, in diesem Fall vornehmlich in Asien. Ketten, die auch als Franchise-System funktionieren können, sind in Europa vor allem im Bereich der Fitnessstudios vertreten. Teilweise bieten die Ketten für ihre Mitglieder auch Beratungsleistung an wie z.B. Kostenanalysen, Personalakquise und -schulung.

---

[442]   St. Gregory (o.D.).
[443]   The Aspara (o.D.).

Aus Großbritannien gibt es Zahlen zur Organisationsform[444]. Demnach sind

- ca. 50% der erfassten Spas in einer Kette (als Filialisten) organisiert,
- 45% sind Einzelunternehmungen und
- ca. 5% der Unternehmen arbeiten im Rahmen eines Franchise-Systems.

5.2.1.6   Spa und regionalwirtschaftliche Effekte

Große Neubauvorhaben in der Freizeit- und Tourismusindustrie stoßen immer wieder auf Bedenken, weil zum einen ökologische Belastungen und zum anderen eine mangelhafte Partizipation der Region an den erwünschten Wirtschaftseffekten vermutet wird. Verschiedene Methoden können eine Hilfestellung leisten zur Messung der wirtschaftlichen Effekte von privaten oder öffentlichen Investitionen (z.B. Kulturfestival oder Neubau einer Sportstätte) auf die Region.[445] Anhand des auf Kinder spezialisierten Multifunktionsbades in Lutzmannsburg (Österreich) sollen auf Basis einer Zahlungsstromanalyse[446] die Effekte dargestellt werden. Zunächst sollen einzelne Schlaglichter auf die wirtschaftliche Entwicklung geworfen werden:

- Entwicklung touristischer und anderer Betriebe:[447]

Jahr	Anzahl			
	Gastronomiebetriebe	Gewerbliche Beherbergungsbetriebe	Privatvermieter	Sonstige Gewerbebetriebe
1996	8	2	8	14
2001	9	6	13	17
2007	10	11	24	20

Abb. 171:   Entwicklung touristischer und anderer Betriebe

- Im Zuge der gesundheitstouristischen Entwicklung der Gemeinde Lutzmannsburg sind insbesondere die folgenden Investitionen getätigt worden:[448]

---

[444] Spa industry report 2007.

[445] Zu nennen sind in diesem Zusammenhang die Input-Output-Rechnung, die Kosten-Nutzen-Analyse, die Räumliche Inzidenz-Analyse, die Multiplikatorenanalyse sowie das Tourismus-Satellitenkonto mit besonderer Berücksichtigung der Tourismus- und Freizeitindustrie. Siehe zur zuletzt genannten Methode auch: Laimer et al. (2003).

[446] Die Methode fußt auf einer Analyse der Aufträge des Multifunktionsbades an Zulieferbetriebe, die mit Hilfe von Zahlungsströmen aufgrund von Rechnungen und Quittungen gemacht werden konnte. Anzufügen ist, dass Subaufträge nicht berücksichtigt worden sind. Mit anderen Worten: Wenn der Auftragnehmer im Nachbarbezirk den Auftrag oder Teile davon an Subauftragnehmer in anderen Bezirken weitergegeben hat, ist dies nicht berücksichtigt worden.

[447] Geisendorfer (2008), S. 84

[448] Geisendorfer (2008), S. 85

Projekt	Investitionsvolumen in Mio. €
Sonnentherme	46,3
Hotel Sonnepark	17,0
All in Red Thermenhotel	6,6
Thermenhotel Kurz	5,4
Kinderhotel Semi	4,7
Thermenhotel Vier Jahreszeiten	3,5

Abb. 172:   Große Investitionen in Lutzmannsburg in Zusammenhang mit dem Multifunktionsbad

Von den Aufträgen an Zulieferbetriebe flossen 2007 über 98% an österreichische Firmen. Im zweiten Schritt soll gezeigt werden, welche Finanzflüsse in welcher Höhe das Bad verlassen:

Abb. 173:   Finanzflüsse aus dem Multifunktionsbad in Lutzmannsburg in das Land Österreich

Leseprobe: Ein Zulieferbetrieb in Bregenz hat 2007 Aufträge im Wert von über € 100.000 erhalten.

Diese Abbildung lässt folgende Rückschlüsse zu:

- Alle Bundesländer Österreichs profitieren von den laufenden Aufwendungen des Multifunktionsbades.
- Auch weiter entfernte Bezirke gehören zu den besonders wichtigen Auftragnehmern.

Die folgende Abbildung z.B. greift sich die Ausgaben für Food&Beverage heraus:

< € 10.000
€ 10.000 - € 100.000
> € 100.000
( )   Anzahl der Betriebe
kein ( ) 1 Betrieb

Abb. 174:   Finanzflüsse aus dem Multifunktionsbad in Lutzmannsburg in das Land Österreich für F&B

Ergebnisse:

- Auch Lebensmittel werden im ganzen Land bestellt.
- Wegen ihrer Verderblichkeit jedoch ist ein Schwerpunkt in der näheren Umgebung zu beobachten.

Diese Abbildungen beantworten allerdings nur unzureichend die Frage, in welchem Maß der Empfänger vom Zahlungsstrom profitiert in Form von Arbeitsplätzen, Wohlstand und Erfahrungsgewinn.

5.2.2   Gesundheitsdestination

Destinationen im Allgemeinen

Im Tourismus lassen sich verschiedene Typen von Destinationen unterscheiden:

- Natürliche Destinationen wie z.B. Inseln (Rügen, Kreta) oder Naturräume (Harz, Schwarzwald, Alpen).
- Kulturhistorische Destinationen wie z.B. Bauwerke (Angkor Vat, Borobodur) oder Städte (Rom).
- Neu entwickelte Destinationen wie z.B. Landschaften nach Rekultivierung (z.B. Lausitzer Seenland), große Resorts (z.B. Land Fleesensee) oder themendefinierte Destinationen (z.B. Heidiland, Legoland, Bayerisches Thermenland, Bäderland Bayerische Rhön).

Es gibt natürlich Überschneidungen zwischen den einzelnen Typen bzw. Entwicklungsmöglichkeiten von der einen Gruppe in die andere. So wurden in der Region der Südoststeiermark (Österreich) im Laufe der Zeit eine Vielzahl von Multifunktions-Thermalbäder gebaut, deren Anzahl zu einem bestimmten Zeitpunkt eine kritische Größe erreichte, die es ermöglichte, vom Steirischen Thermenland zu sprechen (themendefinierte Destinationen).

Das Konzept der touristischen Destinationsentwicklung hat im Laufe der Tourismusgeschichte Europas verschiedene Entwicklungsstufen durchgemacht:

- In der Vergangenheit hat der so genannte Ortsverschönerungsverein Maßnahmen auf Ortsebene veranlasst und diese werblich kommuniziert.
- Begriffe wie Tourismusverein oder Tourismusverband stehen für eine professionellere Personalausstattung und eine größere räumliche Abdeckung.
- Der Begriff Destinationsmanagement setzt diese Entwicklung fort. Noch größere geografische Einheiten bilden eine Dachmarke und versuchen, unter diesem Dach Subregionen und Spezialthemen zu identifizieren, zu entwickeln und zu vermarkten. Das Management der Region ist aufgerufen, nicht nur die (touristischen) Vorzüge der Region zu vermarkten, sondern darüber hinaus aufgrund seiner Kenntnisse der heutzutage komplexen öffentlichen Förderungen auch den Subregionen branchenübergreifend Hilfe anzubieten.

Gesundheitsdestination
Der Begriff der Gesundheitsdestination ist gewählt, um sich von ähnlichen Begriffen wie Gesundheitsregion oder Gesundheitscluster abzugrenzen. Der touristische Begriff der Destination als Gebiet, in dem sich Reisende aufhalten, soll helfen, den touristischen Fokus zu behalten. Schließlich ist festzustellen, dass es in vielen Ländern Europas und in ihren Regionen Initiativen gibt, die sich mit gesundheitlicher Regionalentwicklung beschäftigen, Freizeit und Tourismus jedoch gar nicht berücksichtigen, sondern vielmehr auf Biotechnologie, Pharma oder Medizingeräte setzen.

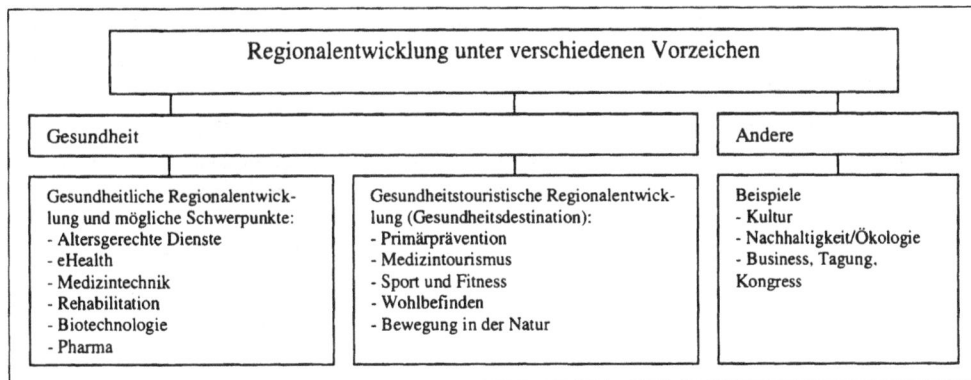

Regionalentwicklung unter verschiedenen Vorzeichen		
Gesundheit		Andere
Gesundheitliche Regionalentwicklung und mögliche Schwerpunkte: - Altersgerechte Dienste - eHealth - Medizintechnik - Rehabilitation - Biotechnologie - Pharma	Gesundheitstouristische Regionalentwicklung (Gesundheitsdestination): - Primärprävention - Medizintourismus - Sport und Fitness - Wohlbefinden - Bewegung in der Natur	Beispiele - Kultur - Nachhaltigkeit/Ökologie - Business, Tagung, Kongress

Abb. 175: Regionalentwicklung im Zeichen von Gesundheit und Tourismus

Da auf die Frage der Größenbestimmung einer Region bislang keine befriedigende Antwort gefunden wurde, wird sie in der Definition in Kapitel 1.1.4 offen gelassen. Schließlich findet man in der Praxis verschiedenste Größenvarianten vom singulären Unternehmen (z.B. Gesundheitshotel) bis hin zu ganzen Ländern als Gesundheitsregion (z.B. Sri Lanka als Ayurveda-Destination). Der Begriff Gesundheitsdestination soll als Qualitätsausweis verwendet werden in dem Sinne, dass ein starkes und gesundheitliches Image vorhanden ist, durch welches eine Vielzahl von Reisenden angelockt und zu gesunden Aktivitäten animiert wird.

5.2.2.1   Systematisierung von Gesundheitsregionen

Die touristischen Gesundheitsregionen lassen sich nach verschiedenen Gesichtspunkten systematisieren. Deutlich wird hier die Vielfalt der zu beobachtenden Ansätze:

- Systematisierung nach dem Grad der Inklusion nicht-touristischer Branchen in den Entwicklungsprozess: Findet nur eine (gesundheits-)touristische Regionalentwicklung statt oder werden in einem Gesamtkonzept auch andere Branchen gefördert (z.B. Holz- oder Lebensmittelindustrie)?
- Systematisierung nach dem Grad der Inklusion verschiedener Tourismusbranchen: Es findet eine Regionalentwicklung statt, die nicht nur Gesundheit, sondern auch andere touristische Felder inkludiert (z.B. Kultur).[449]
- Systematisierung nach dem Grad der Inklusion verschiedener Gesundheitsbranchen: Es findet eine Regionalentwicklung statt, die nicht nur Gesundheitstourismus, sondern auch andere gesundheitliche Felder inkludiert (z.B. Medizintechnik).
- Systematisierung nach dem Ziel der gesunden Region im Hinblick auf verschiedene Körperdimensionen:
  – Eine Region, die besonders auf Bewegung und Sport setzt, um körperliche Parameter zu stärken (Nordic-Walking-Region).
  – Eine Region, die vornehmlich auf emotionale, mentale oder spirituelle Parameter setzt (z.B. Genussregion).
- Systematisierung im Hinblick auf die Inklusion unterschiedlicher Betriebstypen (die Region der Thermalbäder versus die Region ganz unterschiedlicher gesundheitstouristischer Einrichtungen).
- Systematisierung im Hinblick auf Indoor- oder Outdoor-Fixierung: Die Region, die vornehmlich ihre gebaute Hardware (z.B. Thermalbäder) vermarktet, oder die Region, die (auch) ihr naturräumliches Potenzial vermarktet.
- Systematisierung im Hinblick auf die Offizialität des zugrunde gelegten Qualitätsausweises (z.B. Hotelkooperation arbeitet mit selbst formulierten Qualitätskriterien oder: die Mitglieder müssen sich auf Basis einer international bekannten Norm wie z.B. EFQM auditieren lassen).
- Systematisierung nach der Anpassung der Infrastruktur an die Bedürfnisse der lokalen Bevölkerung: Richtet sich das Angebot gebauter Infrastruktur nur nach den Bedürfnissen der Touristen, oder werden auch Wünsche Einheimischer berücksichtigt?
- Systematisierung nach dem Stellenwert von Tourismus bzw. Gesundheitstourismus im Vergleich zu anderen Branchen (Region lebt im Wesentlichen von Tourismus versus Region lebt unter anderem auch von Tourismus).
- Systematisiert nach spirituellen Gesichtspunkten wie z.B. Heilige Stätten, Kraftorte, magische Plätze, antike Städte.
- Systematisierung nach der geografischen Größenordnung: Handelt es sich bei der (gesundheits-)touristischen Region um eine Kleinregion (Hotel und umliegende Wander-

---

[449] Siehe z.B.: Leitbild ‚Gesundheit und Kultur', Ausseerland–Salzkammergut, 2005–2020. Endbericht (o.D.).

wege), oder werden sogar mehrere Länder in das Projekt inkludiert (z.B. das ESW[450] mit Österreich, Ungarn und Slowenien)?

Gesundheitsdestination im touristischen System

Die folgende Abbildung ist eine Abgrenzung zwischen touristischem Kleinraum (z.B. Kurklinik) und touristischem Großraum (z.B. Alpen), die beide aus gesundheitlichen Gründen besucht werden können:

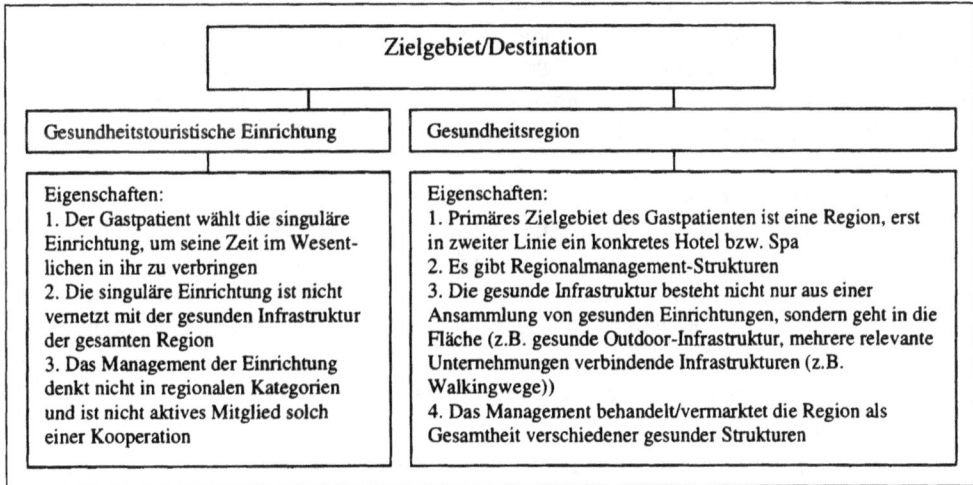

Zielgebiet/Destination	
Gesundheitstouristische Einrichtung	Gesundheitsregion
Eigenschaften: 1. Der Gastpatient wählt die singuläre Einrichtung, um seine Zeit im Wesentlichen in ihr zu verbringen 2. Die singuläre Einrichtung ist nicht vernetzt mit der gesunden Infrastruktur der gesamten Region 3. Das Management der Einrichtung denkt nicht in regionalen Kategorien und ist nicht aktives Mitglied solch einer Kooperation	Eigenschaften: 1. Primäres Zielgebiet des Gastpatienten ist eine Region, erst in zweiter Linie ein konkretes Hotel bzw. Spa 2. Es gibt Regionalmanagement-Strukturen 3. Die gesunde Infrastruktur besteht nicht nur aus einer Ansammlung von gesunden Einrichtungen, sondern geht in die Fläche (z.B. gesunde Outdoor-Infrastruktur, mehrere relevante Unternehmungen verbindende Infrastrukturen (z.B. Walkingwege)) 4. Das Management behandelt/vermarktet die Region als Gesamtheit verschiedener gesunder Strukturen

Abb. 176:   Abgrenzung zwischen singulärem Betrieb und gesunder Destination

Der Versuch, mehrere und in einer Region verstreute Einzelunternehmen als Gesundheitsdestination zu bezeichnen, wäre im Sinne der obigen Abbildung nicht zulässig, weil die flächige bzw. verbindende Infrastruktur fehlt. Die folgende Abbildung fußt auf der vorigen und differenziert genauer zwischen verschiedenen geografischen Dimensionen:

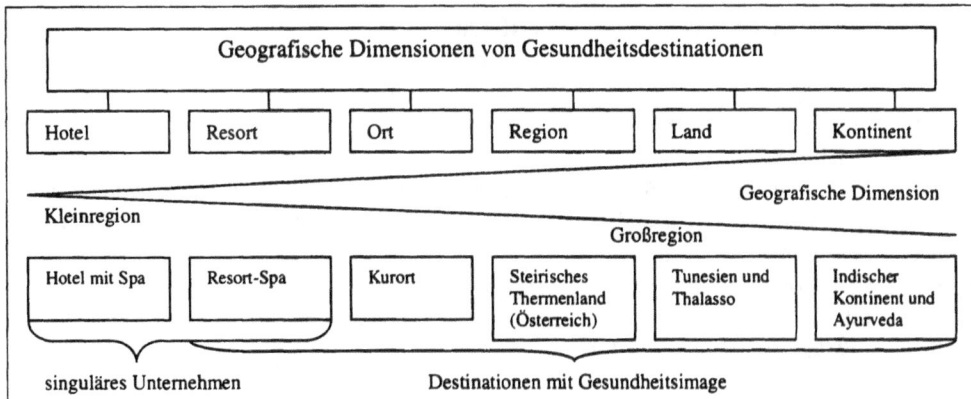

Abb. 177:   Geografische Ausmaße gesunder Destinationen

---

[450]   European Spa World.

5.2.2.2   Theorien der Regionalentwicklung

Die Regionalentwicklung ist eine Querschnittsdisziplin, die maßgeblich von der Politik, ihrer Verwaltungen, den regionalen Akteuren sowie den endogenen Ressourcen gestaltet wird. Regionalentwicklung hat ganz verschiedene methodische Ansätze hervorgebracht, von denen viele verwandte Herangehensweisen zeigen und zudem durch gegenseitige Befruchtung Mischformen entwickeln, die nicht immer klar voneinander abzugrenzen sind.[451] So lässt sich eine Einteilung der vielen Ansätze z.B. dadurch erzielen, indem auf den grundlegenden methodischen Ansatz geschaut wird. Zudem ist festzustellen, dass viele Ansätze kein geschlossenes Theoriekonstrukt formulieren, sondern über einen breiten Zugang ganz verschiedene Feinausprägungen gestatten. Für die Entwicklung gesundheitstouristischer Regionen können die Gesundheitswissenschaften zahlreiche Anregungen geben (z.B. das Community Development aus der Public Health-Disziplin).

Endogene Regionalentwicklung

Endogene Regionalentwicklung (auch Eigenständige Regionalentwicklung) basiert auf der Idee, dass regionseigene Potenziale genutzt und gefördert werden. Dabei geht es um die Identifikation regionaler Potenzialfaktoren und um Methoden, diese als Ausgangspunkt eines regionalwirtschaftlichen Entwicklungsprozesses zu nutzen. Ein weiteres Charakteristikum dieser Ansätze ist die Nachhaltigkeit. Nicht das quantitative Wachstum wird als oberstes Ziel angesehen, sondern das qualitative, das die dauerhafte Funktionsfähigkeit des Naturhaushaltes in den Mittelpunkt rückt.

Das von der Europäischen Union ins Leben gerufene LEADER[452]-Programm hat sich viele dieser Grundsätze zu eigen gemacht:[453]

1. Der territoriale Ansatz: Die Strategieentwicklung orientiert sich an den besonderen Gegebenheiten, Stärken und Schwächen eines Gebiets, das sich durch ein gewisses Maß an sozialer Zusammengehörigkeit, gemeinsamer Geschichte und Tradition sowie durch das Bewusstsein einer gemeinsamen Identität auszeichnet.
2. Der Bottom-Up-Ansatz: Die Einbeziehung der lokalen Akteure, der gesamten Bevölkerung sowie der sozialen und wirtschaftlichen Interessengruppen und öffentlichen und privaten Einrichtungen in die Entscheidungsfindung.
3. Der partnerschaftliche Ansatz: Plattform und Motor der lokalen Entwicklung ist die lokale Aktionsgruppe. Dies ist ein Zusammenschluss von Partnern aus öffentlichen und privaten Sektoren, die im Rahmen ihrer Partnerschaft eine gemeinsame Strategie und innovative Maßnahmen entwickeln und umsetzen.
4. Der Innovationswert der Aktionen: Innovation heißt sowohl Erstmaligkeit als auch Hebelwirkung für dauerhafte Veränderung. Innovation inkludiert somit auch Übertragung und Vernetzung.
5. Der multisektorale Ansatz: Vorrangig sollen nicht Einzelaktionen entstehen, sondern eine Integration von Aktionen in ein koordiniertes Gesamtkonzept, das neue Möglichkeiten für die lokale Entwicklung eröffnet.

---

[451]   Zu den folgenden Beispielen siehe auch: Perlik et al. (o.D.).

[452]   LEADER = Liaison entre actions de développement de l'économie rurale.

[453]   In Anlehnung an: Was ist Leader+? (o.D.).

6. Vernetzung und grenzübergreifende Zusammenarbeit: Entwicklungspartnerschaften und -netzwerke zwischen Akteuren unterschiedlicher ländlicher Regionen sollen gebildet und gepflegt werden.

7. Dezentrale Management- und Finanzierungsmodalitäten: Ein vor Ort agierendes Management ist für die Koordinierung von Fördermitteln und Projekten zuständig.

Exogene Regionalentwicklung

Die Neue Wettbewerbstheorie (auch Cluster-Ansatz) gehört zu jenen, die auch im Tourismus Beachtung finden. Porter als der Hauptvertreter dieses Ansatzes hat beobachtet, dass „die räumliche Nähe von Unternehmen benachbarter Branchen die Konkurrenz und darüber wiederum Kostenvorteile und Qualität der produzierten Güter und Dienstleistungen steigere"[454]. Daraus lässt sich ableiten, dass die Ansiedlung verschiedener und sich ergänzender Unternehmen der gleichen Branche (z.B. Automobilfertigung und dazu notwendige Zulieferer sowie Forschungseinrichtungen) ein sinnvoller Ansatz der Regionalentwicklung ist. Dabei geht es mit anderen Worten um die Konzentration von Betrieben entlang einer Wertschöpfungskette, die unter dem Einfluss gewollter Konkurrenz, sich ergänzender Produkte und wohldosierter gegenseitiger Inspiration zu hoher Wertschöpfung und Kundenzufriedenheit führen können. Solche Agglomerationen bieten verschiedenste Vorteile wie z.B. die Nutzung spezialisierter Zulieferbetriebe oder Kostensenkung durch die gemeinsame Nutzung von Infrastrukturen. Als effizientes Instrument der Arbeitsteilung haben Cluster besonders in den USA und Europa eine große Verbreitung gefunden. Porter und zahlreiche Cluster-Projekte nach ihm identifizierten verschiedene Erfolgsfaktoren als notwendige Voraussetzungen für ein Gelingen von Clustern:

- Faktorbedingungen (z.B. Angebot an ausgebildetem Personal).
- Nachfragebedingungen (Kaufkraft in relevanter Nähe).
- Einbezug des Branchenumfeldes (z.B. Zulieferer, Forschungseinrichtungen, unterstützende Institutionen).
- Wettbewerbsverhalten der regionalen Akteure (z.B. Kooperationsbereitschaft).
- Aufbau auf bereits vorhandenen Stärken.
- Es ist eine Mindestanzahl von beteiligten Unternehmen notwendig.
- Professionelles Cluster-Management (z.B. Entwicklung eines gemeinsamen Leitbildes, Vernetzung).
- Geduld (Cluster-Entwicklung benötigt Zeit).
- Förderpolitik und gezielte Betriebsansiedlung von fehlenden Mosaiksteinen.

„Clustern" ist heutzutage ein moderner Begriff, der gerne als Synonym für Kooperation und Bündelung genommen wird. Auch Internetportale, die z.B. alle Wellness-Anbieter einer Region verknüpfen, werden mitunter als Cluster bezeichnet. Doch muss immer die Frage gestellt werden, ob dahinter auch ein wirtschaftspolitisches Instrumentarium steckt, welches die komplexe Methodik der Clusterung anzuwenden vermag.

---

[454] Perlik et al. (o.D.), S. 11.

Netzwerkansätze

Netzwerkansätze konzentrierern sich auf die Frage, auf welche Weise die Interaktion der regionalen Akteure im Sinne eines Wissensmanagements gefördert, gestaltet und für die Belange der Region nutzbringend eingesetzt werden können:

- Die so genannten Innovativen Milieus, die Kreativen Milieus sowie der Milieu-Ansatz konzentrieren sich in diesem Zusammenhang auf den Gedanken, auf welche Weise die lokale Bevölkerung einer Region bzw. die Unternehmen des regionalen Wirtschaftsprozesses an einem innovativen Entwicklungsprozess beteiligt werden können (Bottom Up-Prinzip).

- Das Konzept der Lernenden Region basiert auf der Idee eines konkurrenzorientierten Wissensmanagements:
    - Wissen und Lernen: Es soll eine Lernkultur aller Beteiligten geschaffen werden. Dazu müssen regionale Lern- und Aktionsfelder (Entwicklungspotenzial) identifiziert und die beteiligten Akteure vernetzt und ihnen das Instrumentarium (Wissen, Handlungskompetenz) zur Erreichung des Zieles vermittelt werden.
    - Konkurrenz: Das akkumulierte Wissen wird zielgerichtet dafür eingesetzt, die Region als Wettbewerbseinheit gegenüber anderen Regionen zu entwickeln.
    - Wichtige Bausteine der Lernenden Region sind:
    - 1. Lernkultur: Lernende zeigen Bereitschaft für einen selbstverantwortlichen Lernprozess, und Lehrende zeigen Bereitschaft für eine nutzerorientierte (Individuen, Firmen, Regionalmanagement) Beratung bzw. Schulung.
    - 2. Lernmanagement befähigt die Akteure einer Region zu einem individuellen und interindividuellen Lern-, Veränderungs- und Orientierungsprozess.
    - 3. Die Lerninfrastruktur zielt auf fördernde Rahmenbedingungen ab wie (Hoch-) Schulen, Technik (z.B. für Kommunikation) sowie die Bereitstellung von Ressourcen (Raum, Finanzmittel) für das Lernen.

Als Modell für Regionalentwicklung hat in Deutschland das Bundesministerium für Bildung und Forschung (BMBF) gemeinsam mit dem europäischen Sozialfonds ca. 70 Lernende Regionen ins Leben gerufen, von denen einige auch in die Bereiche Freizeit und Tourismus übergreifen.[455] Die Lernende Region Tölzer Land[456] z.B. formuliert ihren Nutzen wie folgt: „Der regionale Nutzen besteht in der Förderung der Standortqualität für die Region (Stichworte sind Familienfreundlichkeit, Stärkung der Gesundheits- und Tourismusregion, Lernbereitschaft als Standortvorteil, Kooperationsstärkung, Zukunftsgestaltung). Der persönliche Nutzen besteht in der Förderung der Lebensqualität für die Menschen in der Region (Stichworte sind die Vermittlung von Wissen und Können, Ausbau von Selbstvertrauen und Handlungsfähigkeit, Kontaktausbau, Schaffung neuer Perspektiven)."[457]

---

[455]   Lernende Regionen (o.D.).
[456]   Lernende Region Tölzer Land (o.D.).
[457]   Was macht die Lernende Region Tölzer Land? (o.D.).

5.2.2.3 Voraussetzung für Regionalentwicklung

Unabhängig von der Anwendung singulärer und zuvor dargestellter Methoden bzw. Gedankenmodelle konnten Voraussetzungen für eine erfolgreiche Regionalentwicklung identifiziert werden:[458]

- Der Begriff der Innovation spielt in der europäischen Regionalentwicklung eine große Rolle, weil sie einen Zugang zu neuen Märkten und damit auch Beschäftigung verspricht. Innovation allerdings muss sich nicht nur auf neue Produkte beschränken, sie kann auch neue Absatzmärkte, neue Verwender, aber auch die kreative Revitalisierung alter Produkte umfassen.
- An die lokale Bevölkerung adressierte Bewusstseinsbildung und angestrebte Identitätsbildung: Dazu muss das Regionalmanagement in den Medien präsent sein, Partizipation ermöglichen (z.B. durch Zukunftswerkstätten), Ideenwettbewerbe ausschreiben und auf das Potenzial endogener Stärken hinweisen. Identitätsbildung wird darüber hinaus auch durch Marken und Symbole geschaffen.
- Ausdauer: Regionalentwicklung ist ein langfristiger Prozess und benötigt Geduld sowie einen langen Atem.
- Prozessdenken: Regionalentwicklung ist ein oft langfristiger Prozess, der inspiriert, gesteuert und kontrolliert werden muss. Nach Versiegen von Fördermitteln ist der Entwicklungsprozess mit anderen Mitteln aufrechtzuerhalten. Darüber hinaus sind Prozesse zu synchronisieren (etwa konfligierende Prozesse einerseits in der Wirtschaft und andererseits in der Bevölkerung in Bezug auf das gleiche Projekt).
- Nachhaltigkeit: Betonung der sozialen, wirtschaftlichen, kulturellen und ökologischen Nachhaltigkeit unter Berücksichtigung von Kommunikation und Partizipation.
- Netzwerke: Die Kommunikation und Kooperation in Netzwerken (z.B. entlang von Wertschöpfungsketten). Besonders der Tourismus ist geprägt durch Klein- und Familienunternehmen, die durch Netzwerke rasch zu wertvollem Wissen über Märkte und Geschäftsfelderweiterung gelangen können. Der Gastpatient seinerseits sieht seine Gesundheitsreise als Gesamtpaket, und als solche muss sie vom Anbieter auch begriffen und angeboten werden.
- Qualität: Da insbesondere Kleinregionen nur selten die Möglichkeit haben, sich über gebaute Infrastrukturen zu entwickeln, ist die Betonung der Qualität in Sinne von Personal-, Sachgüter- und Dienstleistungsqualität besonders für die Entwicklung von Spitzenprodukten von großer Bedeutung. Die Qualität im Sinne der Evaluierung der eigenen Entwicklungsprozesse aus der Sicht des Regionalmanagements verdient ebenfalls große Aufmerksamkeit.
- Ziele und Visionen: Begeisternde Ziele mit realistischer Realisierungswahrscheinlichkeit können zu einer Bündelung der Interessen auch ganz verschiedener Akteure beitragen.
- Wissensmanagement: Das vorhandene und permanent neu geschaffene Wissen zu vernetzen, spielt in der Wissensgesellschaft eine zunehmend wichtige Rolle. Diesen Ansatz hat sich die Methode der Lernenden Region besonders zu Eigen gemacht. Wissen und seine produktive Nutzung wird zum wichtigen Standortfaktor wenn es gelingt, das dislozierte

---

[458] Siehe dazu auch: Strasser (2008), S. 87ff.

Wissen ganz unterschiedlicher Akteure, also über Organisationsgrenzen hinweg, so zu bündeln, dass ein Wettbewerbsvorteil gegenüber anderen Regionen errungen wird.

5.2.2.4 Management und Ziele von Gesundheitsdestinationen

Das Management von Gesundheitsdestinationen hat auf Basis seiner Führungsposition systematisch an der Erreichung der folgenden Ziele zu arbeiten:

- Aufbau von branchenübergreifenden Netzwerken und Kooperationen (Hotels, Kliniken, Ernährungswirtschaft, Medizintechnik u.a.).
- Steuerung und Koordination der zuvor genannten Partner. Bündelung einzelner Partner für singuläre Projekte.
- Produktentwicklung und -vermarktung.
- Permanente Arbeit an Qualitätsplanung, Qualitätsumsetzung und Qualitätskontrolle.

Die Fertigkeiten des gesundheitstouristischen Regionalmanagers sind insbesondere:

- Methodische Grundlagen der Regionalentwicklung beherrschen mit besonderem Schwerpunkt auf Tourismus und Gesundheit.
- Koordinations-, Input- und Motivationsfunktion.
- Qualitätsplanung, Qualitätsverbesserung und Qualitätskontrolle.

Möglicher wirtschaftlicher Benefit gesundheitstouristischer Investitionen

Die überregionalen Auswirkungen touristischer und gesundheitstouristischer Investitionen sind nicht grundsätzlich nur positiv, bieten aber Chancen in den folgenden Bereichen:

- Schaffung von Arbeitsplätzen.
- Saisonglättung: Ein Multifunktionsbad z.B. ist ein Ganzjahresbetrieb und kann auf diese Weise dazu beitragen, einen Ort und eine Region von unternehmerisch problematischen und starken Schwankungen der Auslastung im Jahresverlauf zu bewahren. Dies wiederum ermöglicht eine kontinuierliche Beschäftigung der Arbeitnehmer.
- Die Sanierung bestehender oder Schaffung neuer gesundheitsfördernder Infrastrukturen kann auch der lokalen Bevölkerung zugute kommen. Möglicherweise veraltete Strukturen werden erneuert (z.B. Kurhaus). Allerdings droht die Gefahr, dass z.B. das alte aber preisgünstige Hallenbad nun ersetzt wird durch ein teures Multifunktionsbad, dessen Preispolitik mehr auf den wohlhabenden Touristen zielt.
- Durch den Bau eines Leitbetriebes (touristischer Leuchtturm) kann ein Trend eingeholt oder sogar ein Trend gesetzt werden. Auf diese Weise können Betriebe spezialisiert und das Image der Region geschärft werden. Benefits für die ortsansässigen Betriebe:
  - Eine gute Auslastung des (neuen) Leitbetriebes kann dazu führen, dass auch andere Betriebe der Region davon profitieren (beim nächsten Mal ziehen die Gastpatienten eine Übernachtung in einem anderen Beherbergungsbetrieb vor; Gäste des Leitbetriebes gehen auch mal woanders essen).
  - Impulse für die Gesamtregion können auch dadurch entstehen, dass durch die Investition Modernisierungsdruck auf andere Leistungsträger ausgeübt wird („Folgemodernisierung").
- Vom Mehr an Gästen kann die gesamte gesundheitstouristische Wertschöpfungskette profitieren wie z.B. das Sanitätshaus, die Apotheke, das Kurhaus, Vermieter oder Restaurants. Die Folge ist die Erhöhung der touristischen Abgaben und der lokalen Einkommen.

Flächenbedarf und kritische Auswirkungen auf die Natur

Gesunde Aktivitäten in der Region haben ihre Auswirkungen auf den Flächenbedarf und auf die Intensität der Nutzung. Der Begriff Landschaftsverbrauch bezeichnet die Umwandlung von Naturfläche in Siedlungs-, Verkehrs- und Freizeitnutzungsfläche. Diese Dinge sind zu ermitteln bei der Planung von Angeboten unter dem übergreifenden Gesichtspunkt der ökologischen Nachhaltigkeit:[459]

- Ansprüche an die Natur:
  - Anzahl der Nutzer pro Zeitraum.
  - Flächenbedarf (Radfahrer und Reiter benötigen längere Wege als Wanderer).
  - Nutzung bestehender Infrastruktur in der Natur (Nutzung von vorhandenen Waldwegen, asphaltierten Wegen oder die Fahrt querfeldein).
  - Abgrenzung: Der Golfer bleibt auf seinem Golfplatz, der Mountainbiker nutzt weitgehend unkontrolliert die Natur.
- Ansprüche an gebaute Infrastruktur:
  - Beherbergung.
  - Gastronomie.
  - Servicestationen (z.B. für Radfahrer).
  - Parklatz als Ausgangspunkt der Aktivität.
  - Verkehr der Nutzer: Welche Art von Verkehr (Auto, Flugzeug) in welcher Menge zieht die Aktivität nach sich? Der Begriff der Distanzempfindlichkeit beschreibt die Ambivalenz des Konsumenten, für manche Aktivitäten auch große Entfernungen zurückzulegen.
  - Verkehr der Entsorger und Infrastrukturpfleger: Wie hoch ist der Verkehr jener, die den Müll beseitigen, oder jener, die die Infrastruktur aufrechterhalten (z.B. Spurgeräte beim Langlauf).
- Rechtsfragen: Nutzungsrecht in Wald und Forst oder auf Privatgrundstücken.

Abhängig von der Art der Nutzung (Wandern, Radfahren, Motocross), der Dauer der Nutzung und der Anzahl der Teilnehmer kann die Nutzung der Region besonders am Beispiel der so genannten Sportgroßveranstaltungen als Megaevents eine starke Auswirkung haben:[460]

---

[459] Siehe dazu auch: Dreyer et al. (1995), S. 273ff.
[460] In Anlehnung an: Bässler (2002a), S. 17.

Auswirkungen				
Ökologie: Verkehr, Versorgung/Entsorgung, Baumaßnahmen und Infrastruktur, Verkehr und Lärm, Flächenbedarf und Nutzung des Naturraumes	Politik: Imagevorteile für Politiker und Parteien	Ökonomie: Werbe- und Medienmarkt, verändertes Image der Region, veränderte Wertschöpfung und allg. Chance auf Einkommenssteigerung, Substitution von Stammgästen	Individuum und Gesellschaft: Möglichkeit zur Partizipation an gesunden Aktivitäten, Polarisierung der Bevölkerung (Gewinner und Verlierer), erhöhte Kriminalität, Identitäts- und Integrationsfunktion	Infrastruktur: Verbesserte Infrastruktur, Abnutzung von Infrastruktur

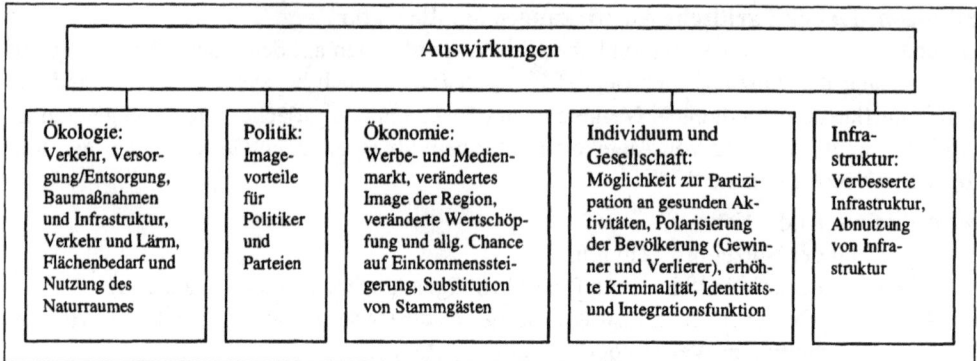

Abb. 178:   Auswirkungen von Sportgroßveranstaltungen auf die Region

Es ist zu empfehlen, dem Regionalmanagement Instrumente zur Seite zu stellen, die in der Lage sind, die verschiedenen Interessen von Umwelt einerseits und Nutzern sowie Anbietern andererseits zu regeln.

5.2.2.4.1   Organisationsform

Das Management von Destinationen in Form von regionalen Tourismusverbänden ist in vielen Ländern Europas noch heute geprägt durch

- das Fehlen eines klaren Aufgabenprofils,
- das Fehlen einer professionellen Führung,
- starke Einflussnahme durch die Kommunalpolitik, die mit der Zahlung öffentlicher Mittel begründet wird.

„Es wird allgemein bemängelt, dass der starke Einfluss der öffentlichen Hand auf Entscheidungen, gekoppelt mit dem schrittweisen finanziellen Rückzug aufgrund leerer öffentlicher Kassen, ein starkes Hemmnis für den Tourismus darstellt. So wird der Tourismus vielerorts als Profilierungsinstrument auf politischer Ebene missbraucht und macht ein professionelles touristisches Management unmöglich. Hinzu kommen Rechtsformen, die erwerbswirtschaftliche Aktivitäten im Tourismus von vornherein erschweren und hier eindeutig als Blockaden für innovative Finanzierungskonzepte angesehen werden müssen.“[461]

Die Aufgabe des Destinationsmanagements geht heutzutage über die klassische Aufgabe der Werbung für die Region hinaus. Sie umfasst

- eine kooperative Produktentwicklung (mit den Leistungsträgern),
- eine kaufmännisch-wirtschaftliche Führungsweise sowie die
- Inwertsetzung des Natur- und Lebensraumes als Produkte im Sinne einer Kommerzialisierung der Denk- und Handlungsweise, empfehlenswerterweise jedoch unter dem Gesichtspunkt der ökologischen Nachhaltigkeit.

---

[461]   Baur (2004), S. 60.

Auf diese neuen Aufgaben ist auch die Organisationsform im Sinne des Gesellschaftsrechtes abzustimmen. Es darf bezweifelt werden, ob Regiebetriebe öffentlichen Rechtes (Amt, Eigenbetrieb) dazu den geeigneten Rahmen bieten.

Incoming-Organisation
Incoming-Tourismus beschreibt Reisende, die aus dem Ausland kommen. Das Incoming kann folgende Aufgaben umfassen:

- Es gibt Incoming-Organsationen oder Incoming-Agenturen, die die konkrete Reiseabwicklung organisieren können und häufig im Auftrag verschiedener Auftraggeber (z.B. ausländische Reiseveranstalter) konkrete Dienstleistungen anbieten wie z.B. Programmzusammenstellung, Gästebetreuung, Reiseleitung oder Beschaffung von Visa.
- Mit Incoming-Organsation oder Incoming-Agentur kann aber auch die touristische Vertretung einer Region bezeichnet werden, die nur für diese zuständig ist und Aufgaben wie zuvor übernimmt und darüber hinaus auch die Region im Ausland bewirbt.

Es gibt überaus spezialisierte Incoming-Organisationen. So ist es die Aufgabe von Internationale Fußballcamps Steiermark (IFCS), den Besuch nationaler und internationaler Fußballmannschaften zu fördern. Dafür werden im Verbund mit anderen Organisationen die Infrastruktur der Camps verbessert, die Angebote international kommuniziert und Marktforschung betrieben.[462] 2005 konnten immerhin 16 Teams aus 11 Nationen empfangen werden, aus denen (ohne Fans) ca. 6.000 Nächtigungen resultierten, deren Testspiele in alle Welt übertragen wurden und auf diese Weise die Region bekannt gemacht haben.[463]

Beispiel für Organisationsform
Die European Spa World (ESW) ist ein grenzüberschreitender Marketingverbund von Hotels und Multifunktionsbädern der österreichischen Bundesländer Burgenland und Steiermark, sowie von Teilen der Länder Ungarn und Slowenien:

---

[462] Siehe dazu mehr unter: IFCS – Internationale Fußballcamps Steiermark, Eine erfolgreiche Zwischenbilanz (o.D.) und: Internationale Fußballcamps Steiermark (o.D.).

[463] IFCS – Internationale Fußballcamps Steiermark, Eine erfolgreiche Zwischenbilanz (o.D.).

Abb. 179:   Mitgliederstruktur in der European Spa World[464]

Die Organisation übernimmt für ihre Mitglieder sowohl werbliche Aufgaben als auch solche der konkreten Reiseabwicklung (z.B. Buchung). Mit Hilfe eines gemeinsamen Marketingauftritts beabsichtigen die Partner, eine bedeutende Gesundheitsdestination in ganz Europa zu schaffen. Darüber hinaus soll der Begriff European Spa World zu einer bekannten Marke im internationalen Gesundheitstourismus aufgebaut werden. Insbesondere soll die Marktpräsenz auf den wichtigen Auslandsmärkten Deutschland, Norditalien sowie in der deutschsprachigen Schweiz verbessert werden. Russland, Niederlande, Großbritannien und Israel werden als wichtige Quellmärkte der Zukunft betrachtet.

Exemplarisch für andere Regionen soll die Arbeitsorganisation des ESW genauer dargestellt werden:

- „Präsidium (Lenkungsausschuss): Das Präsidium besteht aus acht Mitgliedern, wobei jede der vier Partner-Regionen zwei Vertreter zu entsenden hat. Der Lenkungsausschuss tagt mindestens zweimal im Jahr und wird von der Projektleitung einberufen. Die Repräsentanten der Regionen im Präsidium haben richtungweisende Aufgaben wie etwa die Festlegung der Strategie. Zudem obliegt es jenen Vertretern, den Marketingplan bzw. die Budgetplanung zu genehmigen. Des Weiteren übt das Präsidium eine Kontrollfunktion im Sinne eines Aufsichtsrates aus. Generell werden vom Lenkungsausschuss die Richtlinien für die Durchführung des Projektes European Spa World in Abstimmung mit der Projektleitung beschlossen.
- Marketingbeirat: Ebenfalls das Organ des Marketingbeirates besteht aus jeweils zwei Vertretern der einzelnen Regionen. Als zentrale Aufgabe wurde die Erstellung des Marketing- und Budgetplans definiert. Ferner gilt es, die Maßnahmen und Aktivitäten, die im Marketingplan erarbeitet wurden, auch in die Tat umzusetzen. Letztendlich sollen die Er-

---

[464]   Scheibner (2006), S. 27.

gebnisse auch evaluiert und bewertet werden. Der Marketingbeirat wird als so genanntes ‚offenes Gremium' geführt. Das bedeutet, dass Gäste aus den einzelnen Regionen, zum Beispiel Vertreter der Partner-Betriebe, in den Sitzungen willkommen sind und sich gezielt einbringen können.

- Projektleitung: Mit dem Projektmanagement wurde bis Ende 2006 die Steirische Tourismus GmbH beauftragt. Diese hat eine entsprechende Person in der Funktion der Projektleitung einzusetzen. Eine wesentliche Aufgabe ist es, als Nahtstelle zwischen Marketingbeirat und Präsidium zu wirken und dahingehend zu agieren. Der Projektleitung obliegt die Durchführung der Maßnahmen, die im Marketingplan definiert werden und hat diese mit der Sorgfalt eines ordentlichen Kaufmanns umzusetzen. Ebenso müssen Aktivitäten, die in den Bereich der Verkaufsförderung einzuordnen sind, geplant und umgesetzt werden. An den vereinbarten Tagungen hat die Projektleitung die Repräsentanten der Regionen über laufende Geschehnisse und Maßnahmen zu unterrichten. Die Partner haben aber ebenso das Recht, jederzeit über den Stand des Projektes bzw. einzelner Maßnahmen gezielt Informationen einzuholen. Ebenfalls in den Verantwortungsbereich der Projektleitung fallen die Koordination von Prozessen und Terminen. Ein relevanter Aufgabenbereich der Projektleitung ist der Aufbau und die Pflege von Kontakten zu verschiedenen Partnern wie zum Beispiel Fluglinien und Reiseveranstalter. Zudem vertritt und repräsentiert das Projektmanagement die European Spa World nach außen.
- Verkauf- & Marketingassistenz: Dem Projektleiter wird eine Person zur Seite gestellt, die in den Bereichen Marketing und Verkauf eine aktive Rolle zu übernehmen hat. Die Hauptaufgaben der Projekt-Assistenz lauten wie folgt:
  - Aufbereitung und Durchführung von Maßnahmen, die dem Bereich der Verkaufsförderung zuzuordnen sind.
  - Begleitung von Studienreisen.
  - Repräsentation der ESW auf Messen und Workshops.
  - Aufbereitung von Themenangeboten gemeinsam mit den vier Regionen und den jeweiligen Partnern.
  - Professionelle Aufbereitung von Unterlagen.
  - Protokollführung.
- Vertreter der Regionen: Innerhalb der jeweiligen Partner-Regionen werden Repräsentanten eingesetzt, welche als Bindeglied zwischen den Betrieben und der Projektleitung zu agieren haben. Im Folgenden sollen beispielhaft Aufgaben der regionalen Vertreter dargestellt werden:
  - Informationsmanagement.
  - Einholen von Angeboten bei den Partner-Betrieben.
  - Betriebe als Partner für Kooperationen mit verschiedenen Reiseveranstaltern gewinnen.
  - Partnerbetriebe auf den Einsatz neuer Tools und Instrumente vorbereiten und gegebenenfalls Einschulungen durchführen.
  - Organisation bzw. Teilnahme an Workshops und Fachmessen.
  - Termingerechte Lieferung von angeforderten Unterlagen für die Umsetzung der Marketingaktivitäten."[465]

---

[465] Die Aufzählung aus: Scheibner (2006) S. 35ff.

In den Landestourismusverbänden (der Bundesländer) kann man eine Reorganisation beobachten in dem Sinne, dass weniger die Region als vielmehr Themen im Mittelpunkt stehen. So hat das Land Oberösterreich Themenmanager berufen wie z.B. einen für Wellness und Gesundheit. Diese Themenmanager sollen ständigen Kontakt zu den Leistungsträgern vor Ort halten und auf diese Weise eine planvolle bzw. abgestimmte Entwicklung unterstützen.

5.2.2.4.2   Sanfte Mobilität

Die so genannte Akzessibilität im Sinne guter und rascher Erreichbarkeit einer Destination ist immer wieder ein Kriterium, mit dessen Hilfe touristische Zielgebiete für sich werben. Gleichzeitig spielt es insbesondere für gesunde Orte und Regionen natürlich eine große Rolle, dass der Verkehr nicht überhand nimmt, gelenkt ist und gegebenenfalls reduziert wird. Ein ungehemmter Auto- und Güterverkehr vielleicht sogar durch den Ortskern würde viele Bemühung um Gesundheit im Sinne sauberer Umwelt zunichte machen. Bei der Bewertung der Belastung durch Bahn-, Flugzeug-, Auto- oder Güterverkehr können folgende Kriterien herangezogen werden:

*   Existenz eines Park-Leitsystems bzw. eines Park&Ride-Systems.
*   Umfang der den Verkehr beruhigender Maßnahmen und des ÖPNV-Angebotes.
*   Innerörtliche Erschließung mit Radwegen.

Neben konservativen Herangehensweisen zur Problemlösung wie dem Verbot von Privatverkehr gibt es auch moderne wie die Förderung einer umweltfreundlichen Mobilität durch Alternativen zum privaten PKW. Unter der Marke Alpine Pearls[466] wird das sanfte Mobilitätskonzept verschiedener Tourismusorte im Alpenbogen präsentiert. Dazu gehört auch Werfenweng im Salzburger Land (Österreich). Die Angebote für sanfte Mobilität hier sind:

*   Werfenweng-Shuttle: Für Fahrten zu den nächstgelegenen Bahnhöfen oder für Ausflüge weiter weg.
*   Ein Elektromobil verkehrt zwischen 9 und 22 Uhr und bringt Gäste innerhalb des Ortgebietes an ihr gewünschtes Ziel.
*   Das Nachtmobil verkehrt am Wochenende zwischen 19 und 4 Uhr und bedient die Nachtschwärmer.
*   Der Fahrzeugverleih wird insbesondere im Sommer wahrgenommen und umfasst verschiedene elektronisch betriebene Fahrzeuge für ein bis drei Personen für den Verkehr im Ortsgebiet.

Die zuvor genannten Angebote sind für Sanft-mobil-Karteninhaber kostenlos. Der Gast erhält bei Anreise ein Wertkartenhandy, mit dessen Hilfe die verschiedenen Services gerufen bzw. gebucht werden können. Die Anreise mit der Bahn aus dem In- oder Ausland wird ebenfalls erleichtert durch verschiedene Dienstleistungen (Gepäcktransport vom Bahnhof ins Hotel, Ticketbeschaffung u.a.). Unter http://www.klimaneu.at/ kann sich der Gast ausrechnen, wie die Klimabilanz seiner Reise inklusive An- und Abreise ausfällt.

5.2.2.5   Beispiele für gesunde Regionen im touristischen Sinn

Angesichts der Diskussion um Klimawandel und Feinstaubbelastung wittern traditionelle Sommerfrische-Destinationen in den Gebirgen Morgenluft. Mit dem Argument, Meeres-

---

[466]   Siehe mehr unter: Alpine Pearls (o.D.) und: Aumüller (2008), S. R3.

regionen und Großstädte seien besonders im Sommer heiß und überfüllt, wirbt man schon jetzt um die „Klimaflüchtlinge" der Zukunft, also um jene, die einen Sommer in frischer Bergluft den traditionellen Reisegewohnheiten (Sommerreise am Meer) vorziehen.[467] Allerdings wird insbesondere der Alpenraum vor einige Probleme gestellt, die einem erhofften Ansturm der Klimaflüchtlinge im Wege stehen könnten:

- Der Rückgang bäuerlicher Betriebe im Alpenraum schreitet rapide voran. Damit fehlen in Zukunft nicht nur potenzielle Unterkünfte und das Personal dazu, sondern auch die Lebensmittel-Nahversorger.
- Der zunehmende Güterverkehr auf den Straßen wird zu einer immer größeren Belastung besonders für die Transittäler.

Xundheitswelt (Österreich)

Die im Waldviertel (Österreich) liegende so genannte Xundheitswelt wirbt mit dem Slogan „Das Waldviertler Gesundheitsparadies"[468]. Dem in einer strukturschwachen Region kreierten Projekt liegt folgende Struktur zugrunde:

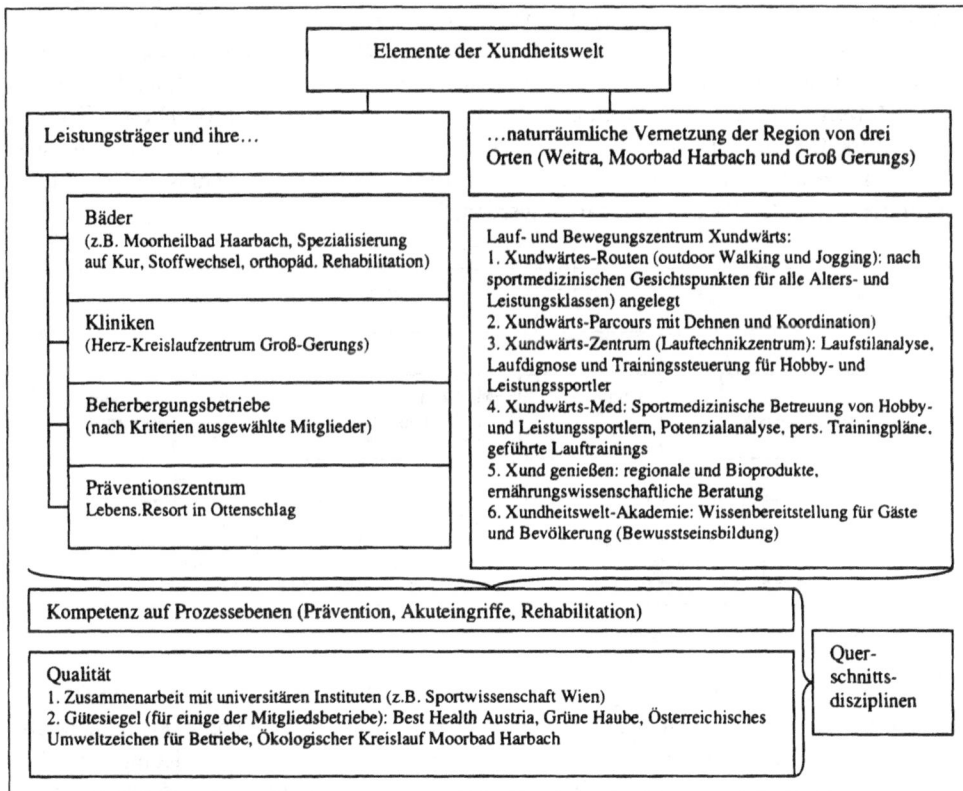

Abb. 180:   Die Elemente der Xundheitswelt

---

[467] Siehe mehr über Destinationen und ihre Verwundbarkeit durch Klimawandel: Österreichs Destinationen im Wettbewerb (2008).

[468] Siehe mehr unter: Xundheitswelt, das Waldviertler Gesundheitsparadies (o.D.).

Lauf- und Walkingarena

Die Lauf- & Walkingarena in Bad Tatzmannsdorf (Österreich) dient der gesundheitsfördern-den Bewegung in der freien Natur.[469] Nach eigener Aussage soll die Freude an Laufen, Nor-dic Walking und Wandern kombiniert mit einem umfangreichen gesundheitstouristischen Angebot der Region (z.B. Multifunktionsbäder und vielfältige Spa-Hotellerie) im Mittel-punkt stehen. Durch Vernetzung, Ausbau und Spezialisierung des Wegenetzes stehen derzeit 138km Laufwege zur Verfügung sowie 280km Wander- und Walkingwege. Verschiedene Schwierigkeitsgrade, Spezialbahnen (z.B. sensomotorischer Barfußparcours) und ergänzende Angebote (Leistungsdiagnostik, Seminare) bieten die vom Markt geforderte Differenzierung und Vielfalt. Eine Erweiterung des Angebotes über die Grenzen hinweg nach Ungarn ist in Arbeit, und die Vision einer internationalen Gesundheitsregion wird weiter verfolgt.

Kompetenznetzwerk Orthopädie

Aus der Sicht der Gesundheitswirtschaft entwickeln sich viele Initiativen im Bereich von Biotechnologie und Medizintechnik. Es ist nachvollziehbar, dass die Macher solcher Tech-nologie und Hardware-lastigen Initiativen Geschäftsbereiche wie Tourismus oder Freizeit – also überaus Personal- bzw. Software-lastige Branchen – zunächst wenig im Auge haben und demzufolge kaum Synergien erkennen. Eine Ausnahme sei dargestellt am Beispiel des Kom-petenzNetzwerks Orthopädie (Mecklenburg-Vorpommern, Deutschland). Dieses Kompe-tenzNetzwerk tritt auf mit dem Ziel einer optimalen Patientenversorgung. Anhand einer Wertschöpfungskette von Medizintechnik bis hin zum Gesundheitstourismus soll ein Mehr-wert für die beteiligten Partner geschaffen werden:[470]

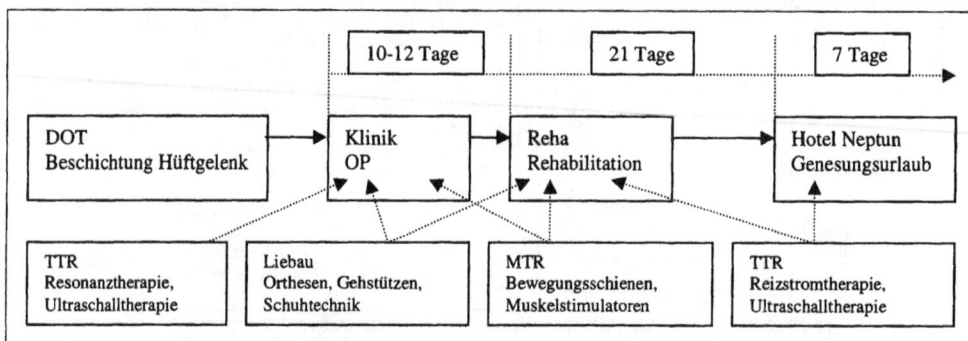

Abb. 181:   Prozessstruktur des Kompetenznetzwerks Orthopädie

Dieses Modell zeigt den Versuch, ganz unterschiedliche Branchen aus der Gesundheitswirt-schaft mit Freizeit und Tourismus zu verbinden. Dabei soll im Hotel Neptun postrehabilitati-ve Therapie auf Selbstzahlerbasis angeboten werden, wobei die medizinale Kompetenz die-ses Hotels und der therapeutische Schwerpunkt auf Behandlungen mit Meerwasser als Chance angesehen werden.

---

[469]   Siehe mehr unter: Lauf und Walkingarena Bad Tatzmannsdorf (o.D.).
[470]   Matthies (2006). Siehe mehr dazu unter: KompetenzNetzwerk Orthopädie (o.D.).

Spa-Insel Piestany (Slowakei)
Die Danubius-Hotelkette gehört besonders in den Ländern Osteuropas zu den Großen der Spa-,
Kur- und Gesundheitshotellerie. In Piestany (Slowakei) betreibt sie als Mikroregion innerhalb
der Stadt verschiedene Einrichtungen auf der so genannten Bäderinsel (Spa Island):[471]

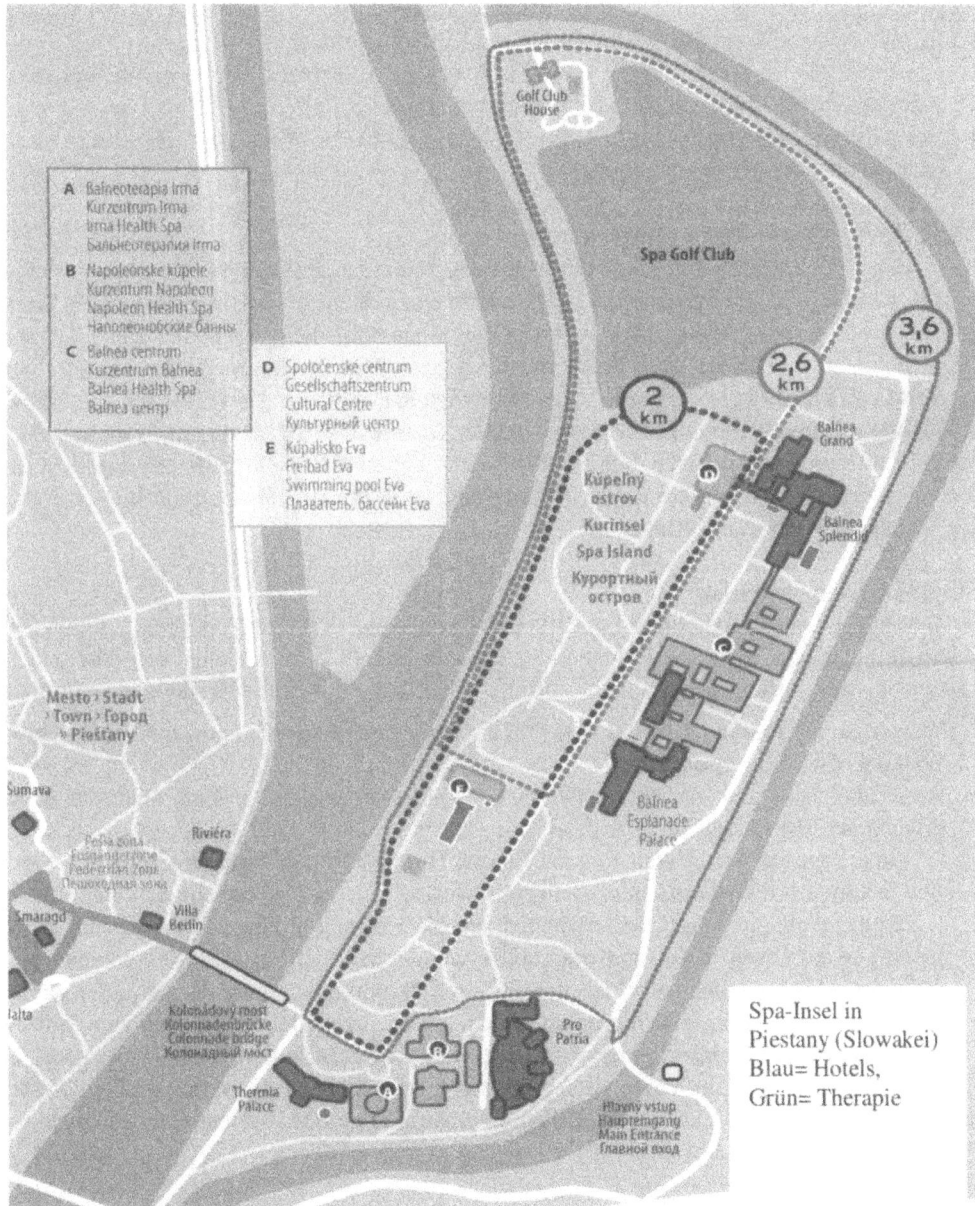

Abb. 182:   Spa-Insel in Piestany

---

[471]   Therme Piestany (o.D.). Mit freundlicher Genehmigung der Danubius-Hotels.

- Hier gibt es verschiedene Hotels und Kurhäuser mit klinischem Charakter, die vom 3-Sterne- bis 5-Sterne-Niveau verschiedene Preiskategorien anbieten. Sie alle gehören zur Danubius-Gruppe.
- Die meisten dieser Hotels und Kurhäuser verfügen über ein eigenes Therapiezentrum und über eigene Küchen.
- Es gibt darüber hinaus öffentliche Bäder und Kureinrichtungen.
- Die geografische Konzentration ermöglicht Synergieeffekte im Hinblick auf einen raschen Austausch von Personal oder Equipment im Bedarfsfall.
- Die überwiegende Anzahl von Übernachtungen im Ort insgesamt wird durch die Danubius-Hotels auf der Insel generiert.

Landschaftstherapie und Therapiegarten

Beide Begriffe verweisen auf Kleinregionen, deren naturräumliches Potenzial unter gesundheitsfördernden und medizinischen Gesichtspunkten zu therapeutischen Zwecken in Wert gesetzt wird. „Landschaftstherapie ist ein naturheilkundliches Konzept, das die Lust am Draußensein in Landschaft und Natur mit einer gezielten Verbesserung der psychischen Situation verbindet. Methode ist ein Zwei-Stufen-Modell. Stufe 1: Konfrontation mit Landschaftswirkungen wie Beruhigung, Stärkung, Glück. Stufe 2: In der Phase der Stimmungsänderung Nutzung des kreativen Klimas der Landschaftsszenerie zur Klärung anstehender Problemlösefragen...“[472] In diesem Zusammenhang ist auch der kurmedizinische Ausdruck des Terrainkurweges[473] zu nennen.

Regionale Kompetenzzentren

Im Gesundheitstourismus gibt es eine Reihe verschiedener Versuche, gesunde Aktivitäten innerhalb einer oder mehrerer Regionen zu bündeln und zu professionalisieren. Die damit verbundene Infrastruktur geht in die Fläche, erschließt also die Region. Beispiele:

- Wegenetze mit passender Infrastruktur für Trendsportarten werden entwickelt (z.B. Snow Walking bzw. Winterwandern).
- Wegenetze mit thematischem Schwerpunkt werden entwickelt und als eigenständiges Produkt vermarktet. Beispiele:
  - Pilgerwege werden derzeit in ganz Europa revitalisiert und eigenständig vermarktet. Sie kommen dem wachsenden Bedürfnis nach spiritueller Naturerfahrung entgegen.[474]
  - Nordic Walking-Wege. „Inzwischen ist Nordic Walking in Europa so verbreitet, dass von einem neuen Volkssport gesprochen werden kann. Die rasante Entwicklung der Sportart ist sicherlich verschiedenen Faktoren zuzuordnen. Jedenfalls waren die ganzheitliche Bewegung und die präventive Wirkung wesentliche Bausteine zum Erfolg dieser Sportart. Konsequenterweise habe viele Regionen Nordic Walking-Wegenetze oder Nordic Walking-Parcoure angelegt, und der Wettbewerb um den größten dieser Infrastrukturen hält an. Dabei sollten jene, die ihre gesunde Infrastruktur als medizi-

---

[472]   Schober (2005), S. 46. Siehe z.B. auch: Garten und Therapie (o.D.).
[473]   Unter Terrainkur versteht man ein dosiertes Kreislauftraining auf eigens dafür vermessenen und bezeichneten Wegen unter Einbeziehung des positiven heilkräftigenden Klimas.
[474]   Siehe z.B. mehr unter: Vianova, Europäischer Pilgerweg (o.D.).

nisch geprüft verkaufen, aktuelle Forschungsergebnisse stets verfolgen. So konnte herausgefunden werden, dass Nordic Walking zwar viele Voraussetzungen für eine sportlich-präventive Aktivität bietet, die massiv propagierte Gelenkentlastung jedoch mehr als fraglich ist."[475]

- Eine Region baut sein Mountainbike-Wegenetz aus und bietet darüber hinaus ergänzende Dienstleistungen wie Bike-Herbergen mit Werkstätte und Fahrradabstellplatz, Ausleihe von GPS-Geräten, passendes Frühstück, Informationen und Tourenvorschläge. Entlang der Strecken gibt es Bike-Stützpunkte mit Werkzeug und Infomappen. Beispiele:
  - Bike-Park Hindelang.[476]
  - Alpentour[477] (Österreich): Das Alpentour-Management als regionale Inwertsetzung der Natur für Mountainbiker nutzt die Strecke für ganz verschiedene Zielgruppen, nämlich zum einen für den Gesundheitssportler und zum anderen für den Wettkampfsportler:

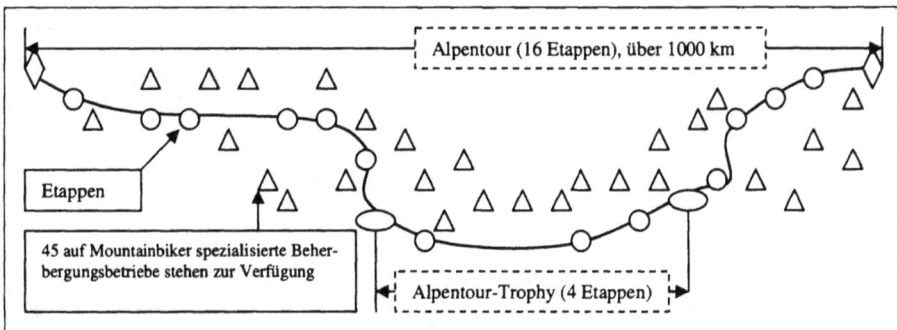

Alpentour (16 Etappen), über 1000 km

Etappen

45 auf Mountainbiker spezialisierte Beherbergungsbetriebe stehen zur Verfügung

Alpentour-Trophy (4 Etappen)

Abb. 183:   Alpentour und begleitende Infrastruktur

---

[475] Jöllenbeck et al. (o.D.), S. 1f.: „Nach einer Anfang 2005 veröffentlichten Studie der Gesellschaft für Konsumforschung (GfK) betreiben in Deutschland ca. 2 Millionen Menschen die Sportart Nordic Walking mit deutlich steigender Tendenz bei 8-10 Millionen Interessierten. Zum Vergleich dazu gibt es 6,5 Millionen aktive Walker und 17 Millionen Jogger. Dabei ist Nordic Walking neben sportlichen (Wieder-) Einsteigern vor allem bei Frauen (Anteil 69%) sowie bei Personen mittleren und höheren Lebensalters besonders beliebt. Legt man Verkaufszahlen der ISPO 2005 zugrunde, scheint der Übergang von einer Trendsportart zum Freizeitsport vollzogen. Dem Trend zum Gesundheitssport haben sich neben Tourismus-, Gesundheits- und Wellnesszentren auch Rehakliniken angeschlossen und bieten regelmäßig Nordic Walking Kurse und Treffs an. Auch viele Krankenkassen haben in der Zwischenzeit entweder eigene Nordic Walking Kurse im Angebot oder unterstützen ihre Mitglieder finanziell beim Besuch entsprechender Kurse. Zudem propagieren unterschiedliche Allgemeinmediziner sowie u.a. orthopädische Fachkreise die Empfehlung, Nordic Walking als gelenkeschonende Sportart bei vorliegenden Beschwerden in Knie oder Hüfte zu betreiben. Somit deutet einiges darauf hin, dass Nordic Walking nicht nur Freizeitsport ist, sondern sich darüber hinaus auf dem Weg zu einer präventiven Volkssportart befindet."

[476] Siehe mehr unter: Bikepark Bad Hindelang (o.D.).

[477] Siehe mehr unter: Alpentour Austria (o.D.) und: Salzkammergut – Der Gipfel der Gefühle (o.D.) oder Rad- und Bikearena (o.D.).

Methode der regional abgestimmten Spezialisierung

Die Methode der abgestimmten Spezialisierung zielt darauf ab, innerhalb eines definierten Gebietes Einrichtungen gleichen Charakters (z.B. Multifunktions-Thermalbäder) einer differenten Spezialisierung zuzuführen, damit

- eine interne Kannibalisierung vermieden und darüber hinaus
- die größtmögliche Bandbereite verschiedener Zielgruppen angesprochen werden kann.

Das folgende Beispiel zeigt eine Region mit fünf Thermalbädern und diesen zugewiesene Spezialisierungen:

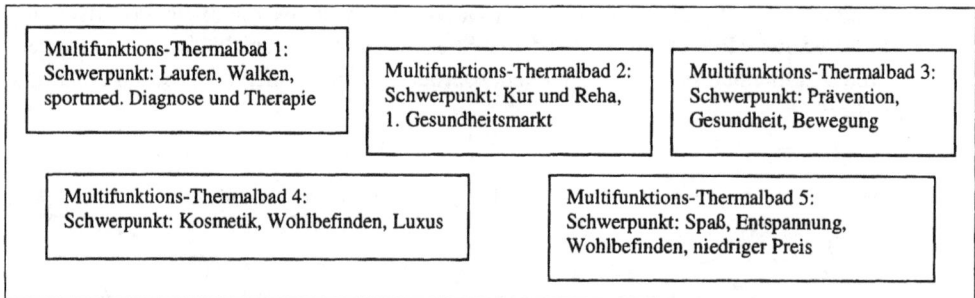

Abb. 184:   Abgestimmte Schwerpunkte von Thermalbädern einer Region

Eine aufeinander abgestimmte Planung gesundheitstouristischer Einrichtungen lässt sich besonders dann gut bewerkstelligen, wenn die Errichtung der Anlagen auf der Basis einer zuvor vorgenommenen Gesamtplanung erfolgt. Wenn die Einrichtungen bereits bestehen, ist im Nachhinein die Differenzierung nur langfristig zu erreichen.

Beispiele für gesundheitstouristische „Cluster"

Obwohl nicht ausdrücklich als Cluster-Projekt bezeichnet, geht es bei dem EU-Projekt Alpshealthcomp[478] nach eigener Aussage darum, durch die „die Vernetzung von Gesundheit und Tourismus die Wertschöpfung der Region insgesamt zu verbessern und die Wettbewerbsfähigkeit des Alpenraums auf dem Gebiet der alpinen Gesundheit und des Wohlbefindens für Körper und Seele zu stärken. Durch die Orientierung der Partner an einer gemeinsamen Leitidee, der Kombination von Erfahrungen, Wissen und spezifischer Fortbildung, soll eine fachliche und wirtschaftliche Kooperation erreicht werden, die hochwertige Leistungsangebote für Bewohner und Gäste produziert."[479] Die regionale Dimension kommt darin zum Ausdruck, dass die Weiterentwicklung und Stärkung der Wettbewerbsfähigkeit des Alpenraums als „nachhaltige Gesundheits- und Wellness-Destination" erreicht wird. Aus dem Programm der Initiative:

- Seminare zur alpinen Gesundheit.
- Seminare zum Thema Produktentwicklung und alpine Wellness.

---

[478]   Ausführlicher dazu siehe: Alpshealthcomp (o.D.).
[479]   Alpshealthcomp (2005).

- Erforschung und Kommunikation von Wirksamkeit und Einsatzbereich alpiner Pflanzen (z.B. Lavendel, Latschenkiefer).
- Destinationsakzeptanz- und Konsumentenforschung durch beteiligte Hochschulen.

„Der Pannon Thermal Klaszter (PANTERM) ist eine von fünf Clusterinitiativen, die von der Westpannon Development Agency ins Leben gerufen wurde. Der Cluster wurde im Jahr 2001 gegründet und verfügt derzeit über 37 Mitglieder. Die Größe des Clusters ist dabei beträchtlich – laut Clustermanagement arbeiten innerhalb des Clusters derzeit rund 20.000 unselbständig Beschäftigte."[480] Mitglieder sind insbesondere Spa-Hotels, aber auch Regionalverwaltungen und Unternehmensberatungen.

---

[480] Hartmann (o.D.), S. 19.

6 Marketing als Managementaufgabe

Nach traditioneller und auf die Industriewirtschaft orientierter Auffassung umfasst das Marketing vier zentrale Instrumente (s. linke Spalte unten), mit deren Hilfe die Märkte im Sinne einer erfolgreichen Teilnahme am Marktgeschehen bearbeitet werden können ("Vier-P's"). Im Zuge der Substituierung vieler traditioneller Industrien durch Dienstleister sind zahlreiche neue Marketinginstrumente hinzugekommen (s. rechte Spalte):

Marketinginstrumente im Sachgüter-Marketing[481]		Erweiterungen im Dienstleistungs-Marketing[482]	
Instrument	Erläuterungen	Instrument	Erläuterungen
Product	Produkt mit den Aspekten von Verpackung, Design, Qualität u.a.	4 traditionelle Marketing-Instrumente…	(s. Spalten links) …und die Erweiterung:
Place	Distribution: Absatzgebiet, Absatzweg, Absatzort	Participants (People)	Menschen, die am Produkterstellungsprozess beteiligt sind
Promotion	Kommunikation mit verschiedenen Subinstrumenten wie Werbung, PR, Verkaufsförderung	Physical Evidence	Ort und Umfeld, in dem die Dienstleistung erbracht wird
Price	Preis: Preispolitische Instrumente (Preis, Rabatte, Zahlungs- und Lieferkonditionen u.a.)	Process	Abfolge von Einzelschritten und ihre Rahmenbedingungen

Abb. 185:   Marketinginstrumente im Sachgüter- und Dienstleistungsmarketing

Zahlreiche Aspekte der zuvor genannten Marketinginstrumente sind in den Kapiteln dieses Buches schon beschrieben worden (s. Kapitel 3 und 5 zum Thema Produkte und Kapitel 4 zum Thema Preise, Kalkulationen und Gewinnermittlung). Die folgenden Kapitel konzentrieren sich auf Distribution und Kommunikation.

6.1 Distribution und Zuweiser

6.1.1 Distributionskanäle

In Sachgüterbranchen beschäftigt sich die Distributionspolitik mit unternehmerischen Entscheidungen im Zusammenhang mit der Verbringung der Güter vom Hersteller zum Handel bzw. Verbraucher. Unter Distributionspolitik im Dienstleistungsbereich können verschiedene Dinge verstanden werden:

---

[481]   Nach: McCarthy (1960).
[482]   Nach: Boom et al. (1981).

- Transport von Sachgütern und Gastpatienten (Transport- und Mobilitätsmanagement):
  - In Dienstleistungsbranchen umfasst dies Fragen der Mobilitätserleichterung im Hinblick darauf, wie dem Gastpatienten der Weg zum Dienstleister (Spa) erleichtert werden kann. Wenn dies aufgrund des Alters nicht möglich ist, muss der Leistungserbringer darüber nachdenken, auf welche Weise er seinen Dienst am Wohnort des Gastpatienten erbringen kann. Das Essener Modellprojekt „Kur vor Ort" ist dafür ein Beispiel.[483]
  - In Dienstleistungsbranchen geht es auch um die Frage, welches Sachgut (z.B. Kosmetika) mit welchem Transportmittel wohin transportiert und wie gelagert werden soll.
- Informationsmanagement:
  - Zum einen geht es darum, welche Kanäle gewählt werden, um den potenziellen Kunden mit der (werblichen) Information des anbietenden Unternehmens zu konfrontieren.
  - Zum anderen geht es um die Buchungskanäle, mit Hilfe derer eine Buchung (Reisebestellung) vorgenommen werden kann:

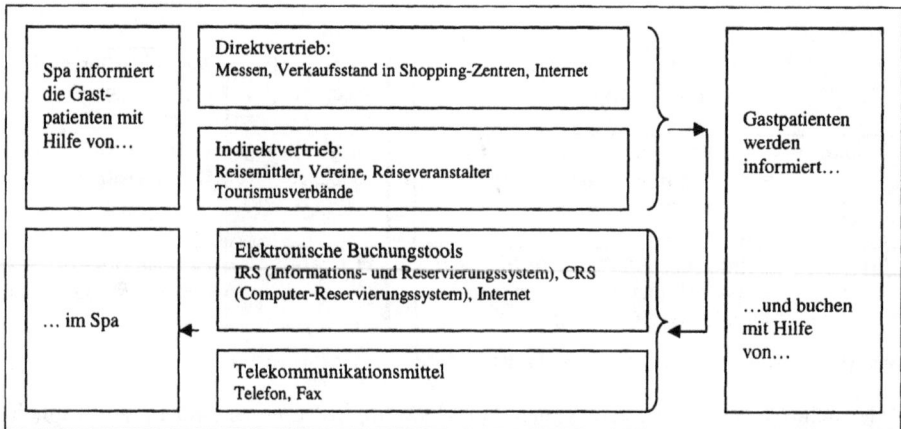

Abb. 186:   Informationskreislauf vom und zum Spa

---

[483]   Siehe dazu mehr unter: Kur vor Ort (o.D.).

Vertriebskanäle im Gesundheitstourismus

Bildet die Abbildung oben typische Hotelvertriebssysteme ab, so stehen gesundheitstouristischen Einrichtungen ergänzend dazu auch andere Vertriebskanäle zur Verfügung:

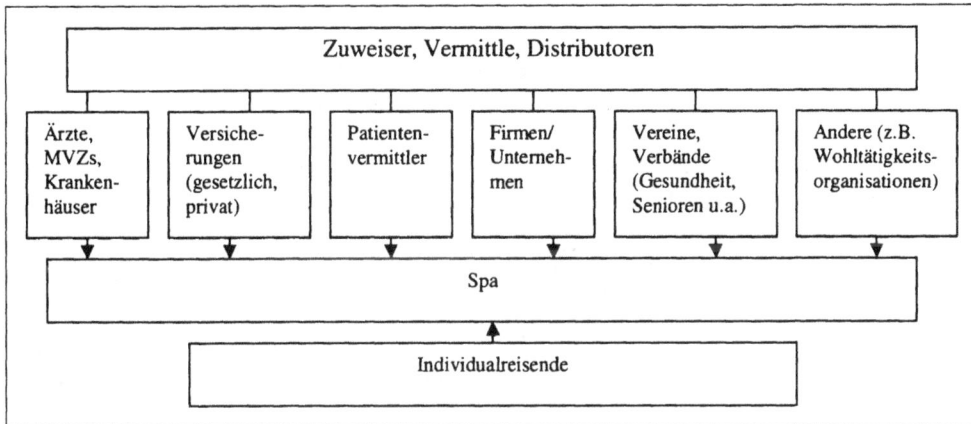

Zuweiser, Vermittle, Distributoren

Ärzte, MVZs, Kranken- häuser	Versiche- rungen (gesetzlich, privat)	Patienten- vermittler	Firmen/ Unterneh- men	Vereine, Verbände (Gesundheit, Senioren u.a.)	Andere (z.B. Wohltätigkeits- organisationen)

Spa

Individualreisende

Abb. 187:   Zuweiser, Vermittler und Distributoren des Spa

Die Abbildung zeigt, dass das Spa-Management neben dem Individualreisenden eine ganze Reihe von Möglichkeiten hat, Gastpatienten zu akquirieren. Dabei muss beachtet werden:

- Individualreisende und Patienten von gesetzlichen Krankenversicherungen harmonieren aufgrund des unterschiedlichen Anspruchsniveaus nicht immer miteinander.
- Das Spa hat zum Teil sehr unterschiedliche, mitunter widersprüchliche Kriterien, die zu erfüllen sind: Geht es den gesetzlichen Krankenversicherungen z.B. um die Erfüllung ihrer medizinalen Standards zu niedrigen Preisen, so legen hochpreisige Reiseveranstalter Wert auf Verwöhn- und Luxuselemente.
- Eine Kooperation mit gesetzlichen Krankenversicherungen kann eine stabile Auslastung schaffen, dies allerdings häufig um den Preis niedriger Margen. Mit anderen Worten: Die stabile Auslastung wird erkauft mit vergleichsweise niedrigen Preisen. Besonders in Deutschland ist das Preisdiktat der gesetzlichen Krankenkassen hart, und wenn Preise nicht akzeptiert werden, wird mit Verlegung der Kontingente gedroht.

Bei zahlreichen osteuropäischen Einrichtungen lässt sich feststellen, dass diese keine genaue Kenntnis über die Gesundheitsgesetzgebung in den einzelnen westeuropäischen Ländern haben. Es wäre zu raten, dass in jedem Spa ein Mitarbeiter abgestellt wird, der die Entwicklung der relevanten Gesetzgebung in den einzelnen Quellmärkten verfolgt. Immerhin kann eine Kooperation mit einer Krankenkasse im Westen ein lohnendes Geschäft sein, muss jedoch professionell eingefädelt werden.

Vertriebskanal Reiseveranstalter

Ein Spa kann auch Reiseveranstalter als Vertriebsplattform nutzen. Diese bieten durch ihr (häufig) flächendeckendes Agenturnetz eine interessante Vertriebsplattform und sorgen für zusätzliche Belegung. Diese Vorteile lassen sich Reiseveranstalter in der Regel teuer bezahlen. Sie...

- …verlangen oft hohe Werbekostenzuschüsse vom Spa-Hotel. Darüber hinaus hat dieses häufig nur wenig Einfluss auf die Art und Weise, wie es in den Medien präsentiert wird.
- …fordern Kontingente, die immer kurzfristiger wieder freigegeben werden (kurze Release-Zeiten) und somit durch das Spa-Hotel kaum noch oder nur unter hohen Preisnachlässen verkauft werden können.
- …fordern hohe Margen (Umsatzbeteiligungen) bis zu 30% oder sogar mehr.

Informationsverhalten „Wellnessurlaub"
Personen, die eine Affinität zu „Gesundheits- und Wellnessurlauben" haben, wurden befragt, wie sie sich informiert haben bzw. beraten ließen:[484]

Printmedien 46%	Internet 19%	Infostände von Anbietern 10%
Freunde/Bekannte 44%	Reisebüro 15%	Info beim Arzt/Wartezimmer 9%
Fernsehen 25%	Familienmitglieder 14%	
Zusendung Werbung 25%	Postwurf 12%	

Abb. 188:   Informationsquellen von Gesundheits- und Wellnessurlaubern

Die folgende Abbildung zeigt, dass innerhalb des Patientenguts einer Rehabilitationsklinik, differenziert nach GKV-Patienten, Privatpatienten und Selbstzahlern, die Inanspruchnahme von Vertriebskanälen überaus verschieden sein kann.[485] Die Abbildung zeigt zudem, dass Selbstzahler durch andere Vertriebskanäle auf die Klinik ihrer Wahl aufmerksam werden als andere Patientengruppen. Spielen Ärzte und die eigene Krankenversicherung bei GKV-Patienten die größte Rolle, so informiert sich der Selbstzahler viel stärker mit Hilfe gängiger Publikumsmedien:

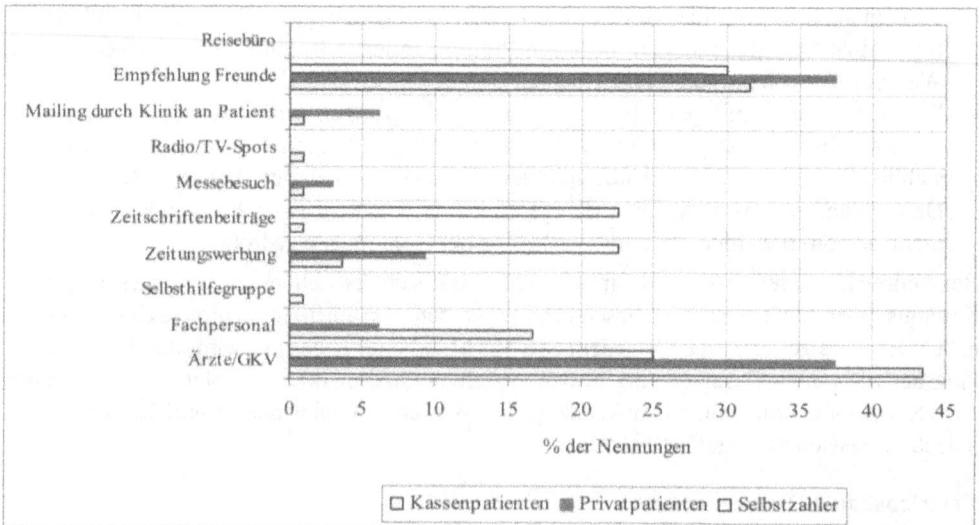

Abb. 189:   Vertriebskanäle in der Rehabilitationsklinik in Abhängigkeit vom Patiententyp

---

[484]   Bässler (2006), S. 75.
[485]   Illing et al. (2007), S. 27.

Internationale Distribution

Viele Unternehmen, die im Ausland Werbung für sich machen wollen, sind vor das Problem gestellt, dass sie die Konsumpräferenzen in den Quellmärkten nicht genau kennen. Solche Unternehmen müssen eine Entscheidung treffen, ob sie die mitunter teure Marktbearbeitung in den Quellmärkten selber vornehmen oder Unternehmen überlassen, die den Quellmarkt genau kennen. In der folgenden Abbildung zeigt sich, dass die Herzklinik auf Kuba verschiedene Möglichkeiten hat, wie sie ihre Information kommuniziert bzw. Gästeakquise betreibt:

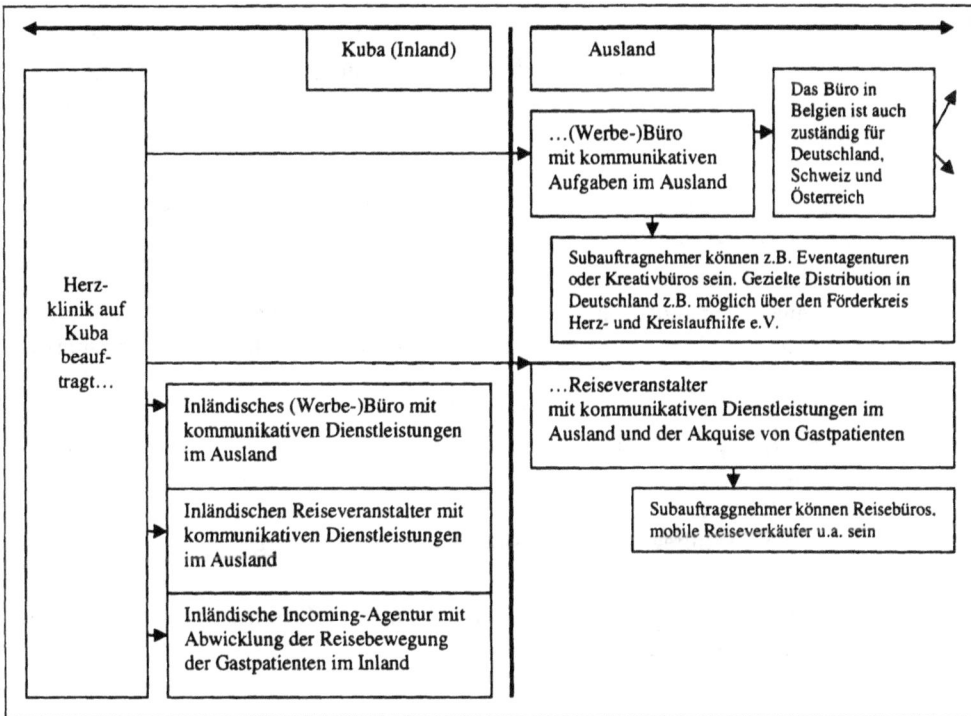

Abb. 190:   Distribution und Akquise aus der Sicht eines ausländischen Marktteilnehmers

Online-Distribution

Der Online-Vertrieb ist eine weitere Möglichkeit, das Produkt zu kommunizieren und buchbar zu machen. Dafür stehen verschiedene Plattformen bereit wie z.B. SpaFinder[486], Wellnessfinder[487] oder Beauty24[488]. Allerdings muss aus der Sicht des Anbieters geprüft werden, ob das Internet das geeignete Tool darstellt. Schließlich handelt es sich insbesondere bei medizinischen Produkten um überaus erklärungsbedürftige.

---

[486]   SpaFinder (o.D.).

[487]   Wellnessfinder (o.D.).

[488]   Beauty24 (2001–2008). Dabei handelt es sich nach eigener Auskunft um eine Reiseagentur, die Mittler und Veranstalter gleichzeitig ist und als wichtigen Vertriebsweg www.beauty24.de betreibt.

Mobilitätsmanagement
Siehe dazu Abschnitt 5.2.2.4.2.

6.1.2   Kooperation

Der Spa-Markt geht in vielen Ländern Europas von einer lang anhaltenden Wachstumsphase in einen stagnierenden Markt auf hohem Niveau über. Kooperationen werden häufig einge-gangen, um in schwierigen Zeiten Synergiepotenziale auszuschöpfen und um Rationalisie-rungspotenzial zu erschließen.

> „Unter dem Begriff Kooperation versteht man die zwischenbetriebliche Zusammenarbeit von rechtlich und wirtschaftlich selbständigen Unternehmen einer Branche (horizontale Kooperation) mit dem Ziel, die gemeinsame Leistungs- und Wettbewerbsfähigkeit lang-fristig und nachhaltig zu steigern (Marketing-Kooperation)."[489]

Das Spa ist abhängig von seinem Service- bzw. Indikationsschwerpunkt als Kooperations-partner für ganz verschiedene Unternehmen geeignet:

- Als Partner eines Krankenhauses in der präoperativen Vorbereitung des Gastpatienten.
- Als Partner einer Rehabilitationsklinik im Zuge einer postrehabilitativen Therapie im Sinne eines medizinischen Trainingszentrums z.B. nach einem orthopädischem Eingriff.
- Als Partner für Einzelunternehmer (z.B. Gesundheitsberater, Ärzte), die im Spa als Päch-ter von Büroräumen einen geeigneten Arbeitsplatz finden.
- Als Gesundheitsstätte für Unternehmen, die ihre Belegschaft zum Check-Up schicken.
- Als Partner für Krankenversicherungen, die ihre Patienten z.B. im Rahmen des Präven-tionsgesetzes entsenden.
- Als Partner für Selbsthilfegruppen, die sich auf bestimmte Zielgruppen spezialisiert ha-ben.

Es gibt verschiedene Typen von Kooperationen, die in der folgenden Übersicht nach dem zunehmenden Intensitätsgrad gegliedert werden:[490]

- Erfahrungsaustausch.
- Gemeinsame Beschaffung von Marktinformation und deren Auswertung.
- Ausgliederung einer Unternehmensfunktion.
- Ausgliederung einer oder mehrerer Unternehmensfunktionen (z.B. Einkauf, Vertrieb, Therapie).
- Bildung einer einheitlichen Kooperationsführung, um das Management der Kooperation effizienter zu gestalten.
- Rechtliche Ausgliederung der Kooperationsführung (z.B. Gründung einer unternehmens-rechtlich unabhängigen Kooperationszentrale).
- Anschluss an ein Franchisemodell oder Fusion der Kooperationspartner.

Die folgende Auflistung zeigt Formen häufiger Kooperationen am Beispiel deutscher Heil-bäder und Kurorte ohne Priorisierung:[491]

---

[489]   Bleile (2002), S. 78f.
[490]   Die folgende Liste in Anlehnung an: Bleile (2002), S. 80.

- Erfahrungsaustausch.
- Gemeinsame Flyer oder Werbebroschüren.
- Gemeinsame Pauschalen.
- Gemeinsamer Messeauftritt.
- Gemeinsame PR-Arbeit.
- Gemeinsame Mailings.
- Gemeinsame Verhandlungen mit Sozialversicherungen (z.B. über Belegung, Tagespflegesätze).
- Gemeinsame Eintrittskarten (z.B. Thermen-Card, die zum ermäßigten Eintritt in ausgesuchten Bädern einer bestimmen Region ermächtigt).
- Gemeinsamer Vertrieb über Reiseveranstalter.
- Gemeinsame Organisation von Presse- und Inforeisen (z.B. für Reisemittler).
- Gemeinsame Anzeigenschaltung.
- Gemeinsamer Internetauftritt.
- Gemeinsame Qualitätskriterien.

In den vergangenen Jahren haben sich in Österreich und angrenzenden Ländern zwei große Kooperationen gebildet, nämlich die European Spa World sowie Alpine Wellness International. Beide Initiativen können in erster Linie als Vermarktungsplattform angesehen werden, wobei Alpine Wellness im Unterschied zur European Spa World auch Qualitätskriterien entwickelt hat, und zwar für Betriebe einerseits und Regionen andererseits. Alpine Wellness versteht sich als Dachmarke für Wellness- und Gesundheitsurlaub im Alpenraum. Im Hinblick auf die Internationalität waren die genannten Initiativen mit Gründung Anfang dieses Jahrzehnts Vorreiter auch im Vergleich zu anderen europäischen Ländern:[492]

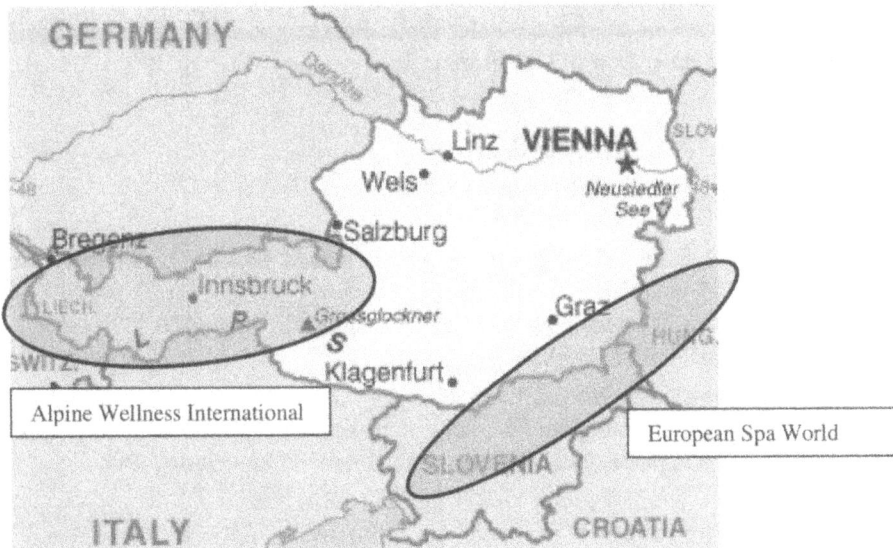

Abb. 191:   Die geografische Ausdehnung von European Spa World und Alpine Wellness

---

[491]   Siehe dazu mehr unter: Bleile (2002), S. 80ff.
[492]   Quelle der Karte: Landkarte, Österreich-Karte (o.D.).

Die European Spa World umfasst die Regionen Steiermark und Burgenland (beide Österreich) sowie Pannonien (West-Ungarn) und Slowenien. Alpine Wellness International hingegen umfasste den Alpenraum mit Österreich, Bayern, Italien (Südtirol) und Schweiz, wenn
auch jetzt durch eine Reorganisation eine Neufassung der geografischen Ausdehnung vorgenommen wird.

Auch Krankenkassen suchen in Zeiten wachsender Konkurrenz neue Kooperationspartner
und Distributionskanäle für ihr Produkt Versicherungen:

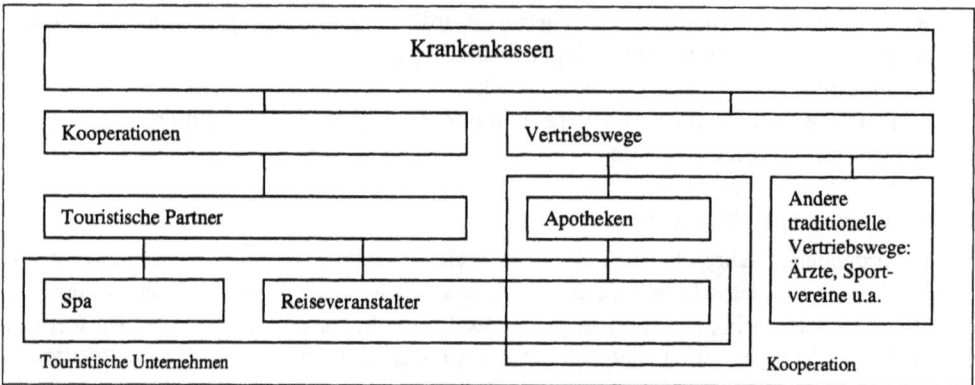

Abb. 192:   Touristische Kooperationspartner und Distributionskanäle von Krankenkassen

Die Abbildung zeigt, dass es ein komplexes direktes Beziehungsgeflecht zwischen Krankenkassen und touristischen Unternehmen geben kann. Auch sind viele Apotheken an solchen
Kooperationen interessiert, weil sie ihre gesundheitliche Beratungskompetenz nun auch auf
dem Feld gesunder Reisen unter Beweis stellen können.

6.2   Marketing-Kommunikation

Aufgaben der Marketing-Kommunikation ist es zum einen,

- das Unternehmen und seine Leistungen in der Öffentlichkeit positiv darzustellen (Au-
  ßenmarketing) und zum anderen,
- die Mitarbeiter des Unternehmens über wichtige Vorgänge und Ereignisse im Unternehmen zu informieren (Innenmarketing).

Im Unterschied zu den klassischen Instrumenten der Marketing-Kommunikation ist es durch
neue Medien zu einer Vervielfachung der Möglichkeiten gekommen, auf welche Weise der
Anbieter seine Botschaft dem potenziellen Kunden gegenüber kommunizieren kann:[493]

---

[493]   In Anlehnung an: Wiesner (2007), S. 144.

Klassische Werbung	Direkt-kommuni-kation	Verkauf	Verkaufs-förderung	Sponso-ring	Product Placement	Events, Messen	CI-Politik
TV	Mailing	Key Account	Zugabe	Sport	Filme	Erlebnis	CD (Corporate Design)
Kino	Email	Reisende	Display	Soziales	TV	Emotion	CC (Corporate Communication)
Zeitung	SMS	Vertragshändler	Werbegeschenk	Wissenschaft	Elektronische Spiele		CB (Corporate Behaviour)
Zeitschrift	Telefon	Niederlassungen	Durchsagen	Kultur			CA (Cororte Advertisement)
Verzeichnisse	Telefax		Verkostung	Venue			

Abb. 193:   Instrumente der Marketing-Kommunikation

Es muss unterstrichen werden, dass das Marketing traditioneller Industrieunternehmen nicht identisch ist mit der Marketing-Kommunikation von Dienstleistern. Und auch gesundheitstouristische Unternehmungen haben wiederum ihre Eigenarten, die nicht über einen Kamm zu scheren sind. Marketing-Kommunikation der zuletzt genannten Unternehmungen erhält ihre ganz besondere Färbung vor der Folie verschiedener Systematisierungen:

- Systematisierung nach dem Typ des Unternehmens:
  - Das Krankenhaus, das sich um eine Akquise ausländischer Patienten bemüht, wird sich anderer Distributionskanäle und Kommunikationsinstrumente bedienen als
  - ein Spa-Retreat, das überwiegend nach Sinn und Spiritualität Suchende anzulocken versucht.
- Systematisierung nach der Größe des Unternehmens:
  - Die kleine Beautyfarm mit zwei festen Mitarbeitern wird kaum über ein Faltblatt und eine Homepage hinauskommen infolge des Mangels an finanziellen Ressourcen.
  - Ein größeres Medical-Spa mit einem Jahresumsatzvolumen von € 15 Mio. wird schon eher die komplette Tastatur des Kommunikations-Instrumentariums spielen können. Das gleiche gilt für viele Spas, die als Teil eines Hotels ebenfalls über ein größeres Marketingbudget verfügen dürften.

6.2.1   Instrumente der Marketing-Kommunikation

Dieses Kapitel soll in Kürze ausgewählte Instrumente der Kommunikationspolitik als Teil des Marketings vorstellen.

Werbung

Klassische Werbung stellt eine absichtliche und zwangfreie Form der Kommunikation unter Einsatz spezieller Kommunikationsmittel dar, mit denen beim Adressaten eine positive Verhaltensänderung bewirkt werden soll, und zwar im Hinblick auf konkrete Produkte. Werbung kann wie folgt systematisiert werden:

- Nach Art des Werbeobjektes. Produktwerbung liegt vor, wenn z.B. ein Spa seine neue Massage bewirbt. Programmwerbung liegt vor, wenn z.B. Nivea (Beiersdorf) sein Hautpflegeprogramm bewirbt.
- Nach Art der Werbetreibenden (individuell: eine Firma betreibt Werbung individuell für ihre Produkte; kollektiv: ein Verband für die Produkte seiner Mitglieder, z.B. ein Wellness-Verband für seine Hotel-Mitglieder).
- Nach der Zahl der Umworbenen (Einzelwerbung: bei Investitionsgütern werden nur die wenigen Firmen beworben, die das Produkt bestellen; bei Mengenwerbung werden viele Menschen bzw. bei Massenwerbung über Massenkommunikationsmittel wie z.B. TV wird eine möglichst große Anzahl von Menschen zu erreichen versucht). So betreibt ein Gesundheitshotel Einzelwerbung, wenn es die wenigen in der Region vorhandenen Privatversicherungen für eine Kooperation gewinnen möchte.

Grundelemente in der Gestaltung von Werbebotschaften aller Medien (Printmedien, Digitalmedien, Filmmedien) sind wie folgt:

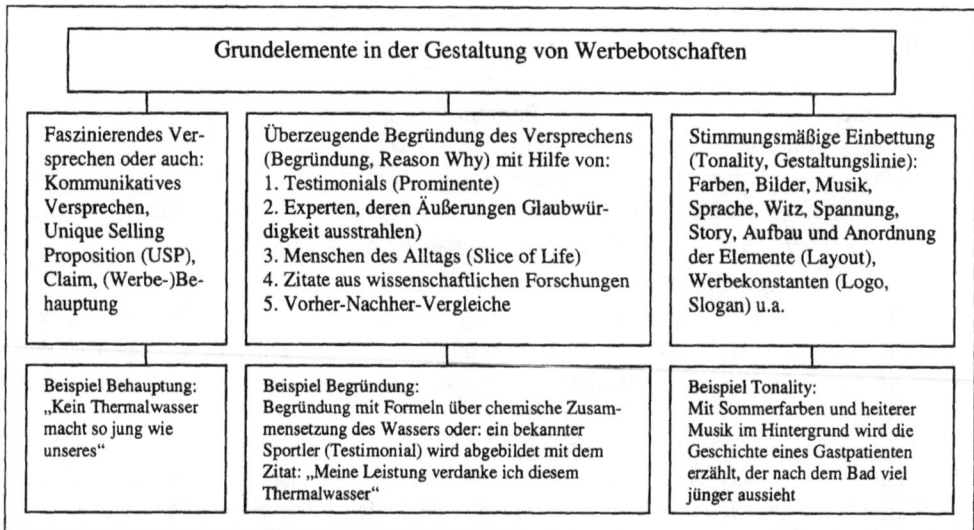

Grundelemente in der Gestaltung von Werbebotschaften		
Faszinierendes Versprechen oder auch: Kommunikatives Versprechen, Unique Selling Proposition (USP), Claim, (Werbe-)Behauptung	Überzeugende Begründung des Versprechens (Begründung, Reason Why) mit Hilfe von: 1. Testimonials (Prominente) 2. Experten, deren Äußerungen Glaubwürdigkeit ausstrahlen) 3. Menschen des Alltags (Slice of Life) 4. Zitate aus wissenschaftlichen Forschungen 5. Vorher-Nachher-Vergleiche	Stimmungsmäßige Einbettung (Tonality, Gestaltungslinie): Farben, Bilder, Musik, Sprache, Witz, Spannung, Story, Aufbau und Anordnung der Elemente (Layout), Werbekonstanten (Logo, Slogan) u.a.
Beispiel Behauptung: „Kein Thermalwasser macht so jung wie unseres"	Beispiel Begründung: Begründung mit Formeln über chemische Zusammensetzung des Wassers oder: ein bekannter Sportler (Testimonial) wird abgebildet mit dem Zitat: „Meine Leistung verdanke ich diesem Thermalwasser"	Beispiel Tonality: Mit Sommerfarben und heiterer Musik im Hintergrund wird die Geschichte eines Gastpatienten erzählt, der nach dem Bad viel jünger aussieht

Abb. 194:   Grundelemente der Gestaltung von Werbebotschaften

Die Abbildung verdeutlicht, dass mit einer faszinierenden Behauptung Aufmerksamkeit gebunden werden kann. Eine gute Begründung verhilft der Behauptung zu Glaubwürdigkeit. Das Ganze ist eingebettet in eine die Botschaft unterstützende und stimmige Atmosphäre. Wenn die Komposition gelungen ist und Spot oder Printwerbung gut ankommen, spricht man als Resultat auch von einer Unique Advertising Proposition (herausragende Positionierung im werblichen Umfeld). Die Werbebotschaft kann ganz verschiedene Schwerpunkte setzen:

- Zum einen liefert sie kognitive und argumentative Informationen (Überzeugung mit Hilfe sachlicher und analytischer Argumente) wie z.B. die Auflistung der neuesten Medizingeräte.
- Zum anderen kann sie auf affektive und emotionale Informationen setzen, die die Kunden auf der Stimmungsebene erreichen sollen (z.B. die spärlich bekleidete junge Frau in der Badelandschaft mit erotischer Komponente).

Öffentlichkeitsarbeit (Public Relations, PR)

Öffentlichkeitsarbeit ist ein wichtiges und flankierendes Instrument als Ergänzung zur Werbung. Konzentriert sich Werbung vor allem auf die Kommunikation von konkreten Produkten, so ist Öffentlichkeitsarbeit allgemeinerer Natur und bemüht sich um die positive Gestaltung der Beziehung zwischen Unternehmen und Öffentlichkeit. All das, was sich positiv kommunizieren lässt, sollte nach dem Motto „Tue Gutes und rede darüber" kommuniziert werden wie z.B. die Schaffung von Arbeitsplätzen für Behinderte oder die finanzielle Unterstützung des örtlichen Kindergartens. Zentrale Instrumente der PR sind Presseartikel (redaktionelle Beiträge), die durch ihren offiziellen Charakter glaubwürdiger sind als Anzeigen. Darüber hinaus gehören Pressekonferenzen und die dazugehörige Pressemappe sowie Pressereisen, Interviews, Leserbriefe, Kundenzeitschriften und Geschäftsberichte zum Standardrepertoire eines PR-Beauftragten. Zählen die zuvor genannten Maßnahmen zur externen Öffentlichkeitsarbeit, so gibt es natürlich auch eine interne: Die eigenen Mitarbeiter wollen informiert und eingebunden sein in das betriebliche Geschehen. Um dies zu erreichen, können Schwarze Bretter, Mitarbeiterzeitungen, Wochentreffen (Jour Fixe), Rundbriefe, Feiern und Events sowie Incentives genutzt werden.

Ein Spa ist normalerweise kein großer Betrieb, und so werden einige der zuvor genannten Instrumente der internen Öffentlichkeitsarbeit nicht genutzt werden müssen. Gleichwohl ist zu raten, jede Woche zur behandlungsarmen Zeit eine Stunde zu reservieren, um vornehmlich das operative Geschäft der vergangenen Woche zu resümieren und auf wichtige Aufgaben der beginnenden bzw. kommenden Woche hinzuweisen. Zu beobachten ist auch, dass sich der leitende Therapeut mit seinem Team jeden Morgen vor Beginn der Behandlungen trifft, um das Programm oder Sonderfälle des Tages zu besprechen.

Sponsoring

Beim Sponsoring geht es meistens um finanzielle oder auch personelle und warenwirtschaftliche Zuwendungen des werbenden Unternehmens an ein anderes, mitunter auch nicht kommerziell tätigen Unternehmens (z.B. öffentliche Einrichtungen wie Bibliotheken), das eine kommunikative Gegenleistung auf vertraglicher Basis verspricht:

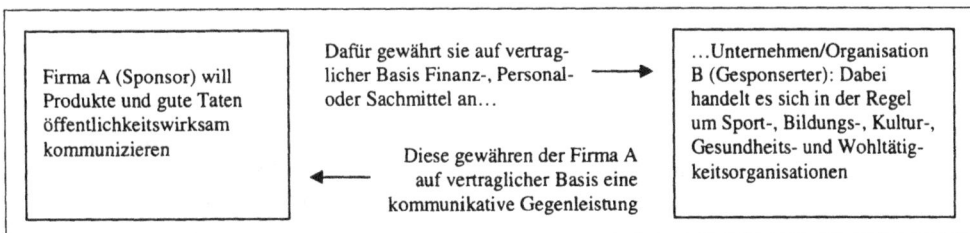

Abb. 195:   System des Sponsoring

Im Gegensatz zur klassischen Werbung, bei der das Geld des werbenden Unternehmens an eine Werbeagentur geht, die als Gegenleistung werbliche Maßnahmen gestaltet, ist der Adressat des Geldes beim Sponsoring in der Regel eine Sport-, Kultur-, Wohltätigkeits-, Gesundheits- oder Bildungseinrichtung. Die Vorteile des Sponsorings im Vergleich zur klassischen Werbung sind vielfältig:

- Der Adressat der Botschaft wird in einem gelösten und für Werbung offenen Rahmen angetroffen (z.B. Sinfoniekonzert, Sportveranstaltung).
- Die Botschaft erreicht auch jene, die durch massenwerbliche Kommunikation möglicherweise nicht erreicht werden.
- Der Sponsor kann sein verantwortliches Handeln der Gesellschaft gegenüber zum Ausdruck bringen und somit eine Imageverbesserung erreichen.
- Sponsoring (abgesehen von Sportsponsoring) gilt als preiswerter als traditionelle Kommunikationskanäle (z.B. TV, Kino).

In der Spa- und Gesundheitsindustrie sind Sponsoring-Aktivitäten nicht häufig zu beobachten. Dabei kann Sponsoring eine sinnvolle Ergänzung des Marketing-Mix[494] sein. So kann man sich vorstellen, dass das Spa eine orthopädische Selbsthilfegruppe in Form eines Druckkostenzuschusses für die Vereinszeitung sponsert und dafür als kommunikative Gegenleistung die zweite Seite kostenlos als Werbefläche zur Verfügung gestellt bekommt.[495] Sportsponsoring zeigt sich als zunehmend beliebtes Instrument der Saisonverlängerung, aber auch der Imageprägung im gesundheitlichen Sinn. Die Tirol-Werbung ließ 2004 ca. 20% ihres Werbebudgets in die Unterstützung von 100 Veranstaltungen und Sportlern fließen.

Verkaufsförderung

Unter Verkaufsförderung wird eine Vielzahl verschiedener Instrumente verstanden, die zumeist zeitlich begrenzt den Abverkauf steigern sollen. Der Unterschied zur Werbung besteht darin, dass Verkaufsförderung zum einen bezüglich der zeitlichen Dimension kurzfristiger angelegt ist und zum anderen häufig am Ort des Verkaufs stattfindet (z.B. der Schokoladenosterhase auf einem Display im Kassenbereich beim Lebensmitteleinzelhändler während der Tage vor Ostern). Bezogen auf den Endverbraucher lassen sich verschiedene Instrumente aufzählen wie z.B. Zugaben, Gutscheine, Lautsprecherdurchsagen, Preisausschreiben, Displays oder Aktionspackungen. Im Spa-Shop können die meisten dieser Maßnahmen erfolgreich angewendet werden. Beispiele:

- Mit Hilfe von Displays können bestimmte Produkte innerhalb des Shops oder der Rezeption hervorgehoben werden.
- Die Unterlagen für ein Preissauschreiben sind nur im Spa-Shop erhältlich und preisen einen kostenlosen Haarschnitt an.

Merchandising

Die emotionale Ausstrahlung eines bekanntes Imageträgers wird genutzt, um Sachgüter und Dienstleistungen, die in eine enge Verbindung mit dem Imageträger gebracht werden, zu vermarkten und zu verkaufen. Imageträger können Menschen (z.B. berühmte Persönlichkeiten), Figuren (z.B. Comic-Figuren wie Donald Duck), Events (z.B. Fußball-Weltmeisterschaft) oder Filme bzw. TV-Serien (z.B. „Gute Zeiten, schlechte Zeiten") sein. Beispiele

---

[494] Marketing-Mix ist der synergetische Einsatz verschiedener Marketing-Instrumente.

[495] Die Vinzenz Therme in Bad Ditzenbach (Deutschland) hatte zu Anfang des Jahrzehnts den damaligen Junior-Schwimm-Europameister Michael Fischer mit jährlich ca. € 5.000 unterstützt, damit dieser neben dem Training ohne Geldsorgen sein Abitur machen konnte. Seit 2007 fungiert die Schauspielerin Ursula Buschhorn als Testimonial des Bayerischen Heilbäderverbands.

sind ein T-Shirt mit dem Aufdruck eines Prominenten, oder ein Duschgel für gute Zeiten und eines für schlechte Zeiten.

Messen

Einzelne Unternehmen, aber auch ganze Städte, Länder oder Regionen können sich auf relevanten Messen im In- und Ausland präsentieren. Dazu zählen Gesundheits-, Tourismus-, Senioren- und Fitnessmessen, aber auch spezielle Messen, die Unternehmen des Medizintourismus präsentieren.

6.2.2   Spa-Kommunikation

Die für die Spa-Kommunikation zu wählenden Kommunikationsinstrumente hängen in hohem Maß von verschiedenen Einflussfaktoren ab:

- Rekrutiert sich die Kundschaft in erster Linie aus Gastpatienten des ersten oder zweiten Gesundheitsmarktes?
  - Für Medical-Spas gilt: „Patienten können nur dann Eigenverantwortung übernehmen und Entscheidungen über Verfahren und Eingriffe treffen, wenn sie die Ausführungen des Arztes verstehen und die Risiken einer Intervention begreifen. Um die Verständlichkeit der Informationen zu ermöglichen, ist die Zielgruppengerechtigkeit der Ansprache, die laiengerechte Wortwahl und der klare Aufbau der Ausführungen – besonders bei komplexen Sachverhalten – von entscheidender Bedeutung."[496]
- Rekrutieren sich die Gastpatienten aus der unmittelbaren Umgebung oder kommen sie aus dem Ausland?
- Spricht das Spa die 3-Sterne-, 4-Sterne- oder 5-Sterne-Klientel an?
- Welchen Indikationen und Motivatoren ist das Spa besonders verpflichtet?
- Der Einsatz verschiedener Marketing-Instrumente innerhalb des Bereichs der Kommunikation ist natürlich sehr stark von der Art des Eingriffs bzw. von der Art der Behandlung abhängig. So sind Aktivitäten wie Sauna oder Whirlpool sicherlich weniger erklärungsbedürftig und vertrauensabhängig als operative Eingriffe, bei denen es um Leben und Tod geht. Somit sind Umfang, Genauigkeit und Aktualität einerseits und vertrauensbildende Maßnahmen andererseits abhängig von der angebotenen Behandlung:

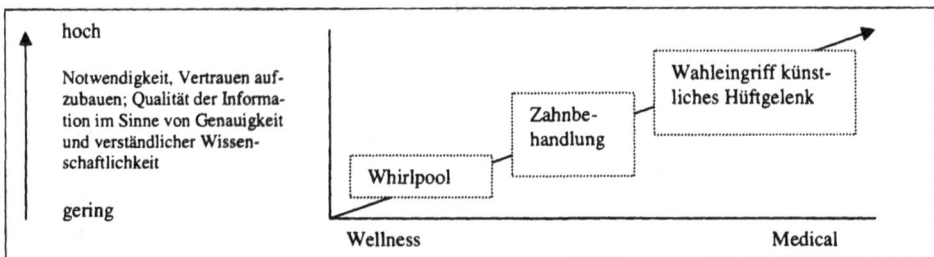

Abb. 196:   Bedeutung von vertrauensbildenden Maßnahmen in Abhängigkeit von der Behandlung

---

[496]   Harms (o.D.).

Die Kommunikation eines Spa im Sinne der Außendarstellung folgt grundsätzlich den gleichen Regeln, die auch Unternehmen anderer Branchen anwenden. Jedoch ist auf folgende
Besonderheiten besonders hinzuweisen:

- Zum einen sind gesundheitstouristische Unternehmen, die besonders im ersten Gesundheitsmarkt akquirieren, stark von Empfehlungen abhängig, die Krankenkassen und Ärzte
  (Einweiser) ihren eigenen Patienten geben. Hier gelten spezielle Regeln des so genannten
  Einweisermarketing.
- Zum anderen handelt es sich bei Spas häufig um Einzelunternehmen bzw. Unternehmensteile von Hotels, die nur über ein geringes Marketing-Budget verfügen und aus Kostengründen bestimmte Massenmedien (z.B. TV, Kino) gar nicht nutzen können.

6.2.2.1   Begriffe und Marketing

Die Nutzung von Begriffen im Sinne einer unmissverständlichen Ansprache, einer attraktiven, die Konsumbereitschaft erhöhenden Bedeutungszuweisung (attraktivierende Übertrei-
bung), aber auch im Sinne einer nicht stigmatisierenden Verwendung gehört im Dienste einer
korrekten Wortwahl (Wording) zum Aufgabengebiet des Managements. Beispiele:

- Der Begriff „Sport" impliziert ohne Berücksichtigung verschiedener Altersstufen eine
  Leistungskonnotation, die Männer eher anspricht als Frauen. Letztere zeigen ein höheres
  Interesse an Angeboten mit geringerem Sportcharakter. Das Wandern hingegen wird
  mehr von älteren Gruppen favorisiert als von jüngeren.
- Bei der Ansprache älterer Menschen gibt es eine große Auswahl deutscher wie auch
  anglophoner Begriffe. Von Rentner, Pensionist, Best Ager, Silberlocke oder Menschen
  im besten Alter finden sich ebenso respektvolle wie auch pejorative Ausdrücke.
- Der Begriff „Wellness" hat sich im mitteleuropäischen Raum in der Freizeit- und Tourismusindustrie etabliert. Jedoch ist von einer Verwendung abzuraten, wenn durch Be-
  deutungsspreizung („Wellness-Huffett für Pferde") und Bedeutungserosion (der im Ho-
  telkeller befindliche Whirlpool als Wellness-Bereich deklariert) eine Verunklarung
  stattfindet. Darüber hinaus können viele ältere Menschen mit dem Begriff Wellness we-
  niger anfangen als jüngere Generationen und könnten sich durch eine somit unbekannte
  Dienstleistung abgeschreckt fühlen.
- Drei wichtige Begriffe wie z.B. Fitnessurlaub, Wellnessurlaub und Gesundheitsurlaub
  werden Lohmann zufolge recht verschieden assoziiert:[497]
  - Fitnessurlaub steht mehr für aktive Bewegung.
  - Wellnessurlaub steht mehr für Passivität und Kosmetik.
  - Gesundheitsurlaub steht tendenziell für Gesundheit, medizinische Begleitung und
    Bewusstseinsbildung.
- Auf der Suche nach neuen Trends im Skisport hat man das traditionelle Tiefschneefahren
  begrifflich durch Freeriding ersetzt und versucht, daraus einen neuen Trend zu machen.
- Begriffe wie Gesundheit und Wellness werden auch in Ländern mit gleicher Sprache und
  verwandter Kultur durchaus verschieden aufgefasst.[498] Die Unterschiede sind immerhin

---

[497] Lohmann (2001), S. 272.
[498] Gesundheit & Wellness, Repräsentative Bevölkerungsumfrage in Österreich und Deutschland
       (2002).

so groß, dass das werbende Unternehmen im Rahmen des internationalen Tourismusmar-
ketings darüber nachdenken sollte, wie es die Begriffe Wellness und Gesundheit einmal
in Österreich und einmal in Deutschland verwendet.

Die exemplarische Auflistung zeigt, dass abhängig von der gewählten Zielgruppe und ihres
Alters der Begriffswahl für die Marketing-Kommunikation viel Aufmerksamkeit geschenkt
werden sollte.

Authentizität, Exotismus und Regionalität
Die Frage, wie Dinge wahrgenommen werden und wie Dinge (z.B. Außenfassade von Hotels
oder ihre Innengestaltung) gestaltet bzw. inszeniert werden müssen, wenn sie positiv wahrgenommen werden wollen, wird unter den verschiedensten Stichworten diskutiert. Attraktionsanalyse[499], Authentizitätsforschung[500] oder Erlebnis-Setting[501] sind hier nur einige
Stichworte, die den Sachverhalt aus verschiedenen Blickwinkeln betrachten.

Erwähnenswert ist, dass in letzter Zeit verschiedene Arbeiten entstanden sind[502], die versuchen, Authentizität mit Spa- und Gesundheitstourismus in Verbindung zu bringen. Der Begriff des Authentischen ist positiv besetzt im Sinne von echt, zuverlässig, rein oder unver-
fälscht, daher eignet sich dieser Begriff gut für die Beschreibung touristischer Produkte.
Zudem lassen sich Aspekte dieses Begriffes besonders gut im Gesundheitstourismus nutzen,
wenn Produkte mit dem Nimbus des Regionalen, Unverbrauchten, Ehrlichen und somit mit
dem Gesunden in Verbindung gebracht werden. Den Ergebnissen der Arbeiten zufolge spielen als authentisch benannte Produkte eine positive Rolle bei der Reiseentscheidung, und
Reisende sind auch bereit, mehr Geld für authentische Produkte auszugeben. Authentizität
hat allerdings etwas überaus Geografisches, da etwa der Kürbis besonders in Österreich, die
Olivenöl-Anwendung besonders in den Mittelmeerländern, das Bad im Wein ebenfalls in den
Mittelmeerländern oder kosmetische Kaffeebohnenextrakte besonders in der Karibik als
authentisch angesehen werden, nämlich dort, wo die Zutaten wachsen und eben nicht über
weite Strecken importiert werden müssen. Interessanterweise hat sich herausgestellt, dass
Ayurveda auch in einem europäischen Spa als authentisch angesehen wird, wenn bestimmte
Kundenerwartungen an das, was eben „indisch" ist, erfüllt werden.

Begriffe wie „Authentizität" oder „exotische" Behandlungen sprechen ganz verschiedene
Bedürfnisse an. Arbeitet der zuerst genannte mit recht schwammigen Assoziationen im Bereich von wahr, rein, sauber und ursprünglich, so wecken exotische Behandlungen die Neu-
gier durch ihren Nimbus des Rätselhaften und Neuen.[503]

- Viele Deutungen des Begriffes der Authentizität beziehen sich auf die Herkunft des Produktes. Wenn es dort konsumiert wird, wo es auch hergestellt/gewachsen ist, spricht man
  ihm positive Werte zu, weil es nicht importiert werden musste und die Kraft und Unver-
  brauchtheit des Echten hat. Allerdings: Wenn ein Produkt wie z.B. eine Ayurveda-

---

[499]   Schober (2006), Schober (1993).
[500]   Pfleger (2005), Gross (2007), Wang (1999), Wang (2000), MacCannel (1999), Pearce (2005),
        Cohen (1979), Hirthenlehner (2002).
[501]   Scheurer (2003).
[502]   Pfleger (2005), Gross (2007).
[503]   Siehe zum Thema Spa und Authentizität: Pfleger (2005).

Massage an einem fremden Ort (z.B. in Tirol) gut, also wie im Ursprungsland (Indien) „inszeniert" wird, kann auch dies als authentisch angesehen werden.

- Exotisch bezieht sich auf die Sachkenntnis des Konsumenten dem Produkt gegenüber. Wenn ein Schweizer eine koreanische Massageform gut kennt, weil er sie bereits konsumiert hat, so wird er sie als weniger exotisch empfinden als ein anderer Schweizer, der das Produkt noch nicht kennt.
- Eine Ayurveda-Behandlung in Tirol enttäuscht dann nicht die Erwartungen an Authentizität, wenn sie so inszeniert wird, wie die Gastpatienten es im Sinne ihrer Vorstellungen von dem, was indisch bzw. ceylonesisch ist, erwarten. Unterstrichen werden muss, dass die Wahrnehmung einer regionalen, exotischen oder authentischen Spa-Behandlung im Wesentlichen vom Standpunkt des Betrachters abhängt. Exotisch ist für den Europäer Ayurveda nur dann, wenn er es nicht kennt. Wenn er jedoch viele Jahre auf Sri Lanka verbracht und sich mit dem Thema beschäftigt hat, ist es nicht mehr exotisch.
- Eine alpine Heumassage wird für den Finnen gleichermaßen authentisch wie auch exotisch sein, wenn er sie erstens im Alpenraum konsumiert und zweitens vorher noch nicht gekannt hat.

Im Hinblick auf authentische Produkte in zur Kooperation der Alpine Wellness-Hotels gehörenden Beherbergungsbetrieben wurde ermittelt, dass folgende Punkte mit abnehmender Priorität für das Authentizitäts-Erlebnis ganz besonders wichtig sind:[504]

- Naturbelassene, regionale Küche.
- Anwendungen: Heuangebote, Kräuteranpackungen.
- Luft-Wasser-Sonne-Anwendungen.

Ausschlaggebende Aspekte in einem Alpine Wellness-Hotel für authentische Behandlungen sind mit abnehmender Priorität:[505]

- Ambiente/Architektur.
- Landschaft.
- Mitarbeiter.
- Behandlungsmethode.

Authentische Erlebnisse während eine Aufenthaltes in einem der Alpine Wellness-Hotels sind mit abnehmender Priorität:[506]

- Alpines Sporterlebnis.
- Naturerlebnis.
- Soziale Kontakte.
- Musikabende/Hüttengespräche.

Die Alpen werden insbesondere dann als authentisch wahrgenommen, wenn folgende Dinge erlebt werden (mit abnehmender Priorität):[507]

- Panorama (Berge, Almen).
- Natur (Luft, Kräuter, Gebirgsbäche, Wasser).

---

[504] Pfleger (2005), S. 36.
[505] Pfleger (2005), S. 37.
[506] Pfleger (2005), S. 38.
[507] Pfleger (2005), S. 42.

Wenn das Produkt aus der Region auch noch im Hinblick auf seine therapeutische Wirksamkeit mit sauberen Methoden untersucht worden ist, mischt sich emotionale Sympathie mit
dem wissenschaftlichen Nachweis der Wirksamkeit, was beides zusammen ein starkes Ver-
kaufsargument bildet. So gibt es verschiedene Untersuchungen in Österreich und den USA,
die die Wirkung des Kürbisses unter Beweis stellen sollen:

- Es scheint erwiesen, dass Wirkstoffe des Kürbiskernes erfolgreich gegen Prostata- und
  Blasenleiden eingesetzt werden können.
- Verschiedene Kürbissorten sind besonders reich an Betacarotin, das als Vorstufe des
  Vitamin A zellschützende Antioxidantien enthält und gemeinsam mit den Vitaminen C
  und E in der Anti-Ageing-Therapie eingesetzt werden kann.

Die in der Spa-Industrie immer wieder plakativ verwendeten Begriffe „authentisch", „exotisch" und „regional" können wie folgt voneinander abgegrenzt werden:

	Authentizität	Exotismus	Regionalität
Entfernung	Kein zentrales Charakteristikum	Eher weiter weg	Eher nah dran
Zentrale Zuschreibungen	Echt, unverfälscht, traditionell	Fremd, geheimnisvoll, mystisch	Aus der Region
Benefits, die die Spa-Industrie aus diesen Zuschreibungen zieht	Gesund, rein/ungiftig, ehrlich und deshalb von hoher Qualität	Geheimnisvoll, möchte ausprobiert werden, spannend und verführerisch	Gesund, weil vom Bauern um die Ecke und nicht importiert

Abb. 197:   Abgrenzung der Begriffe Authentizität, Exotismus und Regionalität

6.2.2.2   Spa-Kommunikation an Beispielen

In diesem Kapitel sollen exemplarisch die kommunikativen Rahmenbedingungen für verschiedene Anbieter innerhalb der Spa- und Gesundheitstourismusindustrie angesprochen
werden. Grundsätzlich ist zu sagen, dass integrierte Spa-Kommunikation ein Mix verschiedener Tools ist, die jedoch abhängig von der Ausrichtung des Unternehmens (z.B. kosme-
tisch oder klinisch) mit sehr verschiedener Auswahl und Gewichtung eingesetzt werden.

6.2.2.2.1   Spa-Menu

Mit Spa-Menu ist der gedruckte oder digitalisierte Behandlungsplan eines Spa gemeint. Im
Spa-Menu erwartet der Gastpatient Informationen darüber

- was ihn erwartet (kurze Beschreibung der Behandlungen),
- wieviel für die Behandlungen zu bezahlen ist,
- wie lange sie dauern und vielleicht auch
- welchen behandlerischen Nutzen sie haben.

Viele Spa-Menus enthalten 50 oder mehr Anwendungen, die nach bestimmten Gesichtspunkten gegliedert werden können:

- Nach umsatzpolitischen Gesichtspunkten (wo das Auge zuerst hinfällt, werden die teure-
  ren Behandlungen gesetzt).
- Jene Therapien werden zusammengefasst, die ein ärztliches Vorgespräch erfordern.

- Gliederung der Behandlungen nach Körperregionen (Body; Gesicht, Hände, Füße, Augen).
- Gliederung nach Vorgängen (Waxing, Tinting, Peeling).
- Gliederung nach dem Ziel (z.B. entspannend, erfrischend, straffend).
- Nach populären Sachgebieten im Spa (Facial, Massage, Body, Water, Spa Packages, Anti-Ageing).

Häufige Fehler sind:

- Auslassungen, die zu sachlichen Fehlern führen (z.B. wird nicht erwähnt, dass bei der Hot Stone-Massage auch mit den Steinen selbst massiert wird),
- Alleinstellungsmerkmale werden nicht herausgearbeitet (z.B. wird nicht kommuniziert, dass das Hallenbad des Hotels mit zu den größten der Region gehört),
- die Sprachwahl erschwert das Verständnis durch exotische Fachbegriffe (z.B. bei Ayurveda-Behandlungen).

Eine zu geringe Zahl an Angeboten kann Inkompetenz vermitteln, eine zu große Zahl setzt die Übersichtlichkeit aufs Spiel. Eine persönliche Ansprache wirkt in der Regel positiv („Sehr geehrter Spa-Besucher"), die Unterschrift des Spa-Managers kann Vertrauen wecken. Bilder rauben zwar Platz, können jedoch wertvolle Informationen transportieren. Praktisch im Spa-Menu sind Einsteckkarten, um einzelne Seiten schneller und kostengünstiger ändern zu können. Hinweise auf Gutscheine und Geschenkideen können zusätzlichen Umsatz generieren.

Spa-Packages
Ein wesentlicher Teil des Umsatzes im Spa wird durch Packages gemacht, die z.B. Übernachtung im Hotel und Spa-Behandlungen umfassen. Die Gestaltung dieser Packages verdient Aufmerksamkeit besonders hinsichtlich der folgenden Aspekte:

- Ein Package besteht in der Regel aus: 1. Titel, 2. Einleitung, 3. Leistungspaket, 4. Preis, 5. Sonstiges. Layout und Gestaltung des Packages sowie die Platzierung innerhalb des Spa-Menus oder einer Imagebroschüre des Hotels spielen eine große Rolle dafür, ob es wahrgenommen, aufmerksam gelesen und schließlich gebucht wird.
- Auf die Überschrift fällt der Blick zuerst. Deshalb sollte diese interessant gestaltet sein wie z.B. durch Rhythmisierung, Alliteration oder Reime („Morgens Fango, abends Tango"). Wenn die Überschrift interessant gefunden wird, ist der Leser bereit, auch den einleitenden Text zu studieren. Dieser sollte kurz und bündig und wenigen Sätzen das Charakteristikum des Packages vermitteln. Hier sollte in Abhängigkeit von der werbenden Unternehmung ein Ausgleich zwischen übertreibender Werbesprache einerseits und sachlicher Langeweile andererseits gefunden werden.
- Im Leistungspaket schließlich stehen die Leistungen, die der Gastpatient gegen Zahlung des (Reise-)Preises erhält.

6.2.2.2.2   Inhouse Marketing

Zur Spa-Kommunikation gehört auch die aktive und hausinterne Kommunikation von Produkten:

- Dem eincheckenden Gastpatienten kann gleich bei der Ankunft ein Informationsblatt über das Behandlungsangebot im Spa überreicht werden.

- Der Gastpatient kann auch im Hotelzimmer darüber informiert werden, welche Dienstleistungen im Spa angeboten werden. Beispiele:
  - Hausinterner TV-Kanal.
  - Printinformationen.
- Der Behandler kann zu gegebenem Zeitpunkt vor, während oder nach der Behandlung Hinweise zu ergänzenden bzw. fortführenden Behandlungen geben, auch wenn diese nicht sowieso im Behandlungsplan schon vorgesehen sind.
- Das Rezeptionspersonal nimmt eine wichtige Verkaufsrolle ein.
- Vorträge.
- Infowand im Hotelfoyer, beim Spa-Eingang oder im Warteraum.
- In einem Hotel, das auch die Zielgruppe Tagungsgäste anspricht, kann im Pausenraum ein Werbevideo über das Spa laufen.
- Hausführungen (z.B. für neu angekommene Gäste).
- Ein Gutschein im Wert von z.B. € 10, den jeder Gast beim Konsum von Spa-Produkten verrechnen kann.
- Es kann täglich eine hausinterne Zeitung gedruckt werden, in der auch Spa-Angebote kommuniziert werden.

Durch Anreizsysteme innerhalb des Spa-Hotels kann der Gast auf Spa-Dienstleistungen aufmerksam gemacht und auf diese Weise zum Stammkunden des Spa gemacht werden:

- Interkont-Reisende erhalten eine kostenlose Jet Lag-Massage am Tag der Ankunft.
- Dreingaben wie z.B.: Ab 7 Übernachtungen gibt es eine Massage kostenlos.
- Der Preis verringert sich mit zunehmender Anzahl von Übernachtungen.

Thema des Inhouse Marketing ist auch die Frage, an welcher Stelle sich die Spa-Rezeption befindet. Die Spa-Rezeption in unmittelbarer Nähe zur Hotelrezeption bietet den Vorteil, dass Gäste für die Angebote im Spa interessiert werden können, die ansonsten kaum den Weg in das Spa gefunden hätten. Auf der anderen Seite jedoch finden an der Spa-Rezeption mitunter auch Gespräche über Leiden, Komplikationen und Trauerfälle statt, die eine intime Atmosphäre erfordern. Bei Neuplanung eines Spa ist möglicherweise ein Kompromiss möglich, dass sich nämlich beide Rezeptionen in der gleich Halle befinden, jedoch auch den notwendigen Abstand zueinander aufweisen.

6.2.2.2.3 Kunden- und Vermittlerbindung

Kundenbindung ist die dauerhafte Beziehung des Kunden zum Unternehmen, damit er zum Wiederholungskonsumenten im eigenen Haus wird und nicht zur Konkurrenz abwandert. Die Kundenzufriedenheit ist eine notwendige Voraussetzung, um Kundenbindung zu erreichen. Kundenbindung und -zufriedenheit erfordern verschiedene Instrumente, von denen einige als zum selbstverständlichen Repertoire im Umgang mit Kunden gehörig anzusehen sind:

- Durch Personal: Zuverlässigkeit, Einfühlungsvermögen, Optimismus, Fachkompetenz, persönliche Betreuung, telefonische Nachbetreuung u.a.
- Mit Hilfe technischer Ausstattung: Rabatte, Bonusprogramme, Kundenclubs, Kundenkarten, Kundenmagazin, Guest History u.a.
- Durch Produktqualität: hohe Qualitätsanforderungen, die an Sachgüter und Dienstleistungen gestellt werden.

Das Kano-Modell versucht, Kundenloyalität durch so genannte Begeisterungsfaktoren zu erklären:[508]

- Grund- und Basisfaktoren (implizite Erwartungen) führen zu keiner Zufriedenheit, wenn sie erfüllt werden, weil sie als selbstverständlich angenommen werden (z.B. Hygiene). Wenn sie jedoch nicht erfüllt werden, führen sie zu besonderer Verstimmung.
- Leistungsfaktoren: Sie sind dem Kunden bewusst und führen abhängig vom Erfüllungsgrad zu Zufriedenheit oder Unzufriedenheit (z.B. Größe des Wasserbereiches: eine vage mittlere Größe wird eben erwartet; Vielfalt der Saunalandschaft: Dampfbad und Finnische Sauna sollten vorhanden sein).
- Begeisterungsfaktoren: Dies sind Produkteigenschaften, die nicht erwartet werden, jedoch genau in die Bedürfnisstruktur des Gastpatienten hineinpassen und das Spa deutlich von der Konkurrenz abgrenzen (überdurchschnittliche Wasserflächen, kostbarer Marmor, unerwartet freundliches Personal).

Konkurrenzorientierte Branchen haben es an sich, dass Begeisterungsmerkmale nach einer gewissen Zeit zu Leistungsfaktoren und später zu Grundforderungen werden, weil eine starke Konkurrenz permanent bemüht sein wird, das allgemeine Leistungsniveau zu heben. Die drei zuvor genannten Elemente sind also nicht statisch, sondern unterliegen einem permanenten Wandel. Außerdem unterliegen sie natürlich auch den interkulturellen Gegebenheiten, weil Freundlichkeit, Landschaft oder Material etwas Subjektives ist und somit in verschiedenen Ländern nicht einheitlich wahrgenommen und bewertet wird.

Kundenbindungsinstrumente
Dabei müssen im Hinblick auf das Geber-Nehmer-Verhältnis verschiedene Typen unterschieden werden. Es gibt Kundenbindungsinstrumente

- aus Lieferantensicht (z.B. Kosmetikhersteller), die gegenüber dem Spa eingesetzt werden (z.B. Give Aways, Deko).
- Es gibt Kundenbindungsinstrumente, die aus Lieferantensicht (z.B. Kosmetikhersteller) gegenüber dem Endverbraucher gewährt werden und solche, die
- aus Spa-Sicht dem Endverbraucher angeboten werden.

Beispiele für Instrumente gegenüber dem Endverbraucher:

- Kundenkarten.
- Kundenbindung kann auch mit Hilfe von Printmedien hergestellt werden, indem z.B. das Spa regelmäßig sein Kundenmagazin mit den aktuellen Angeboten des Hauses und sonstigen nützlichen Informationen an ehemalige Gastpatienten versendet.
- Medizinische Nachsorge.
- Kundenkonten (Beispiel: nach 20 Nächtigungen im Spa gibt es eine Massage gratis).
- Ein Email-Newsletter kann auf Anfrage beispielsweise alle vier Wochen verschickt werden. Inhalte können sein:
  - Aktuelle Informationen (z.B. über Betriebsferien).
  - Neue Aktionen.
  - Informationen über neue Geschenkgutscheine.
  - Neue Anwendung in der Therapieabteilung.

---

[508] Pfeifer (1996), S. 37.

Vor einem rechtlichen Hintergrund ist besondere Vorsicht angebracht im Hinblick auf Kopfprämien, die Kliniken jenen Ärzten gewähren, welche ihnen Patienten vermitteln. Die Bindung von Ärzten an Krankenhäuser auf die oben beschriebene Weise ist das Ergebnis eines Trends, der mit Ökonomisierung des Gesundheitswesens bezeichnet werden kann.

6.2.2.2.4 Werbung und Verkauf

Die klassische Anzeigenwerbung dürfte für kleine Unternehmen aus budgetären Gründen kaum in Frage kommen. Darüber hinaus ist die Entscheidung nicht leicht, welche Zeitung/ Zeitschrift für die spezifischen Zwecke eines Spa geeignet ist. Zur Vermeidung allzu großer budgetärer Belastungen durch klassische Anzeigenwerbung stehen alternative Möglichkeiten zur Verfügung:

- Redaktionelle Beiträge in Zeitungen und Zeitschriften.
- Mailing.
- Wurfzettel: Diese Methode eignet sich besonders bei Einrichtungen mit einem lokalen Einzugsgebiet.
- Tag der offenen Tür.
- Kurse: Schmink- und Pflegekurse.
- Guerilla-Marketing: Hinter diesem Begriff verbergen sich kommunikative Maßnahmen, die mit wenig Aufwand eine große Wirkung erzielen sollen.
- Empfehlungsmanagement. Ein Kunde, der einen Neukunden wirbt, kann mit einer Belohnung rechnen. Dazu kann dem werbenden Kunden eine Einladungskarte mitgegeben werden, auf der sein Name eingetragen ist. Wenn der beworbene Neukunde beim ersten Besuch die Karte im Spa abgibt, liegt ein Nachweis vor, dass der werbende Kunde seine Belohnung verdient hat (z.B. € 15 Nachlass auf eine Behandlung).

Kommunikation im nahen Umkreis
Wenn die Kundschaft des Spa im Wesentlichen aus dem gleichen Ort kommt, sind andere Kommunikationskanäle zu wählen als bei internationaler Kundschaft. Im zuerst genannten Fall sind Maßnahmen der Direktkommunikation anzuraten. Dabei handelt es sich um Werbeaktivitäten, die sich direkt an potenzielle Kunden richten und auf ihre Bedürfnisse abgestimmt sind. Beispiele:

- Das Spa verteilt Postkarten oder Infoblätter in den Betrieben der Region und lädt zu Schnupperkursen ein.
- Das Spa veranstaltet eine Promotion-Aktion in der Fußgängerzone des Ortes und verteilt preisgünstige Massage-Gutscheine.

Aktionen
Kurzfristige Aktionen sind besonders zum Ausgleich von Nachfragedellen beliebt. Beispiele:

- Zu Belebung eines nachfrageschwachen Monats können Gastpatienten, die aus diesem Monat drei Eintrittskarten vorlegen, an einer attraktiven Gewinnverlosung teilnehmen.
- Aktivtage im August, an denen kostenlose Schnupperangebote nicht nur Gastpatienten anlocken, sondern diese auch auf das reguläre Angebot aufmerksam machen.

Häufig entfalten Aktionen besondere Wirkung, wenn sie zeitlich geschickt lanciert werden:

- Während der Weihnachtsfeiertage z.B. wird besonders viel gegessen, und zusammen mit den immer wieder zum Jahreswechsel vorgenommenen guten Vorsätzen ist die Bereitschaft Anfang Januar ganz besonders groß, etwas für die Gesundheit und gegen das zusätzliche Gewicht zu tun. Diese Konsumbereitschaft sollte aufgegriffen und durch passende Aktionen nutzbar gemacht werden wie z.B. Schnupperkurse im Fitnessstudio.
- Zur Vorstellung eines neuen Autos im Autohaus werden erfahrungsgemäß besonders viele Männer erwartet. Den Frauen kann für diesen Nachmittag ein Angebot im nahegelegenen Beauty-Institut gemacht werden.

Verkauf von Sachgütern und Dienstleistungen

Der Verkauf von Sachgütern (z.B. Pflegecremes im Beauty-Spa) spielt eine wichtige ökonomische Rolle, da er mitunter für 20% oder sogar mehr am Gesamtumsatz im Spa verantwortlich ist. Gemessen an dem isoliert betrachteten Beauty-Umsatz kann der Verkauf einen Anteil von sogar über 40% einnehmen. Es ist zu beachten:

- Produkte der Gesichtspflege lassen sich besonders gut verkaufen.
- Aufgrund des wichtigen Umsatzanteils von Sachgütern sollten die Mitarbeiter im Verkauf geschult werden. Wenn dies nicht die beliefernde Kosmetikfirma tut, ist die Bereitstellung von Ressourcen (Zeit, Trainer) eine Aufgabe des Spa-Managements.
- Dem Verkaufsgespräch sollte genug Raum im Rahmen der Behandlung eingeräumt werden. Dieses Gespräch findet häufig, jedoch nicht immer nach der Behandlung statt. Unterstützend werden Verkaufsvitrinen und Thekendisplays eingesetzt. In diesem Zusammenhang ist zu betonen, dass die Art und Weise der Präsentation von Sachgütern wesentlich zu ihrem Verkaufserfolg beiträgt.
- Pflege- und Schminkkurse können eine zusätzliche Hilfe für den Verkauf von Produkten sein.
- Fertig verpackte Geschenkesets können besonders vor Weihnachten und Ostern den Abverkauf stimulieren.

In einem Spa gibt es verschiedene Orte, an denen Sachgüter und Dienstleistungen verkauft bzw. präsentiert werden können:

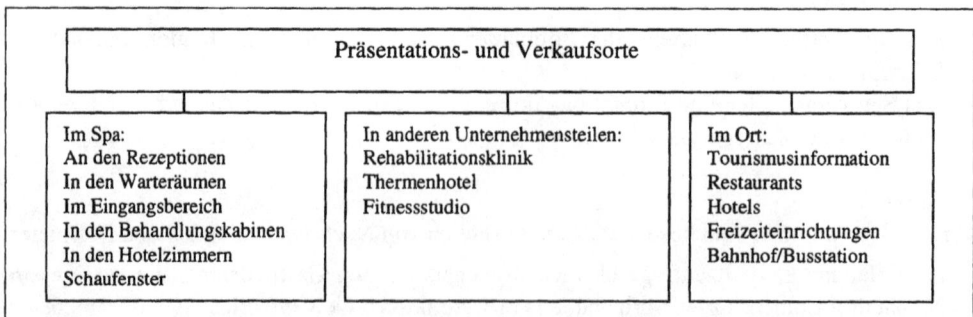

Präsentations- und Verkaufsorte		
Im Spa: An den Rezeptionen In den Warteräumen Im Eingangsbereich In den Behandlungskabinen In den Hotelzimmern Schaufenster	In anderen Unternehmensteilen: Rehabilitationsklinik Thermenhotel Fitnessstudio	Im Ort: Tourismusinformation Restaurants Hotels Freizeiteinrichtungen Bahnhof/Busstation

Abb. 198: Präsentations- und Verkaufsorte für Sachgüter und Dienstleistungen im Spa

Neben dem klassischen Verkaufsgespräch stehen unterstützende Visualisierungen zur Verfügung wie z.B.:

- Testmuster.
- Regalstopper und -karte.
- Display (auch Roll-up-Display).
- Thekenaufsteller.
- Moodboard (überwiegend bildhafte Darstellung der Kernbotschaft eines Produktes z.B. als Collage).
- Schaufensterdekoration: Insbesondere Day-Spas, aber auch das Spa im Hotel können mit Hilfe eines Schaufensters für ihre Produkte werben. Mitunter verfügen auch einzelne Abteilungen innerhalb eines Spa (z.B. die Beautyabteilung) über ein Schaufenster. Es gibt einige Regeln, die für die Schaufenstergestaltung beachtet werden sollten:
  - Alle drei bis vier Wochen sollte das Schaufenster neu gestaltet werden, damit Aktualität und Abwechslung für rasch wiederkehrende Gäste gewahrt sind.
  - Aktuelle Ereignisse wie z.B. eine neue Jahreszeit können Anlass für eine Neudekoration sein.
  - Klarheit, Übersichtlichkeit und Sauberkeit gehören zu den zentralen Forderungen an ein Schaufenster.
  - Ein Jahresdekorationsplan kann helfen, den regelmäßigen Dekowechsel vorzunehmen.

Wichtig ist jedoch anzumerken, dass der Gastpatient durch ein Zuviel an Information nicht überfordert werden sollte. Es gibt Beispiele, wo sämtliche Wände und die Decke der Kabine mit Werbung zugepflastert sind. Dies fördert nicht den Wunsch vieler Gastpatienten, einfach mal abzuschalten.

Marketing-Beispiele aus der Sicht der Angebotsgruppe G'sund & Vital
Ein Beispiel für eine umfassende Marketing-Kommunikation im Interesse ihrer Mitglieder zeigt die Angebotsgruppe G'sund & Vital[509]. Die Maßnahmen sind z.B.:[510]

- Aufbau und Führung von Angebotsgruppen:
  - G'sund und Vital-Wohlfühlhotels.
  - G'sund und Vital-Wohlfühlstudios.
  - G'sund und Vital-Präventionspraxen.
  - G'sund und Vital-Bistros (z.B. im SPAR-Einzelhandel).
- Informationsdistribution:
  - Verteilung von Informationsmaterial der Angebotsgruppe in G'sund & Vital-Restaurants.
  - Verteilung von Informationsmaterial der Angebotsgruppe in ÖBB-Zugrestaurants.
  - Präsentation der Mitgliedshotels in TIScover (Reiseportal).
  - Verteilung der Werbeinformation „Wohlfühlflyer".
  - Presseverteiler (regelmäßige Presseaussendungen an ca. 1.500 Journalisten).

---

[509] G'sund & Vital (o.D.b).
[510] G'sund & Vital (o.D.a).

- Mitgliedern wird die Möglichkeit geboten, ihre Angebote im Katalog der UNIQA-Versicherung zu kommunizieren.
- WohlfühlGuide (Mischung aus Kochbuch und buchbaren Angeboten der Mitgliedshotels).
- Pressearbeit.
- Prospektverteiler: In ausgewählten Regionen werden Prospekte der Angebotsgruppen verteilt.
- Kostenfreies Newsletter-Versand-System.
- WellnessNEWS: Ca. 50.000 Abonnenten erhalten pro Monat den Newsletter.
- Zusammenarbeit mit der ÖBB-Vorteilscard (Präsentationsmöglichkeit für Partnerhotels).
- Homepage (Bewerbung der Mitglieder auf der Homepage).
- Gewinnspiel (pro Jahr bis zu 130.000 Gewinnspielteilnehmer).
- Präsenz auf Tourismusmessen.
- Autobahn-Raststätten: Angebot von „Muntermacher-Programmen" und Hinweis auf Partnerhotels.
- Kundenbindung:
  - Geburtstagsgratulation.
- Mitarbeit bei Projekten der Gesundheitsförderung für Einheimische:
  - Beispiel: „Vorarlberg bewegt".
- Testimonials:
  - Engagement von Stars, damit Gäste in Mitgliedshotels diese erleben können.
- Kooperation mit Sozialversicherungsträgern:
  - Im Rahmen von Prämienprogrammen können Versicherte einen Zuschuss für einen Aufenthalt in einem Mitgliedshotel der Angebotsgruppe erhalten (Zusammenarbeit z.B. mit der BKK BMW).
  - Präventionsprogramme der Mitgliedshotels können über die UNIQA Privatversicherung gebucht werden.

Marketing-Kommunikation und Qualität

Qualitätsgrundsätze im Unternehmen im Hinblick auf die Marketing-Kommunikation können helfen, einen gleichbleibenden und hohen Kommunikationsstandard nach Außen aufrechtzuerhalten. Folgende Dinge können in diesem Zusammenhang helfen:

- Festlegung, innerhalb welchen Zeitraumes Email-Anfragen zu beantworten sind (z.B. spätestens am folgenden Tag).
- Festlegung, innerhalb welcher Zeit Buchungsanfragen zu beantworten sind (z.B. spätestens am folgenden Tag).
- Festlegung, innerhalb welcher Zeit Anfragen nach Prospektzusendung zu beantworten sind (z.B. spätestens am folgenden Tag).
- Festlegung auf eine einheitliche Grußformel am Ende von Briefen, Emails oder am Beginn oder Ende von Telefongesprächen.

Marketing-Kommunikation und Recht

Wenigstens der Hinweis muss gegeben werden, dass die Marketing-Kommunikation besonders im Bereich der Gesundheit verschiedenen rechtlichen Beschränkungen unterliegt, die sich auch von Land zu Land unterscheiden können. So stoßen beispielsweise die Kosmetik-hersteller in eine rechtliche Grauzone zwischen Kosmetik und Pharmazie vor, wenn sie als Folge des Konkurrenzkampfes zunehmend auf Stoffe zurückgreifen, die mit pharmakologi-scher Wirkung eben nicht nur an der Hautoberfläche wirken, sondern auch weit darunter gehen (wo z.B. Falten entstehen) und auf diese Weise in den Bereich der Medizinprodukte eindringen. In der Kosmetik verwendete Stoffe wie z.B. Vitamin A oder Q10 werden jedoch nicht immer aufwändigen und teuren klinischen Studien unterzogen. Sobald ein Spa seine eigene Körperpflegeserie entwickelt und in den Verkehr bringt, ist an solche Einschränkun-gen zu denken.

6.2.2.2.5   Aspekte des internationalen Marketing

Neben der Öffnung klinischer Anbieter für neue Geschäftsfelder, die sich an Inländer rich-ten, gibt es die Möglichkeit, ausländische Patienten zu gewinnen.[511] Dem strategischen Ent-schluss eines klinischen Anbieters, Gastpatienten aus dem Ausland anzulocken, sollte eine gründliche Marktuntersuchung vorangestellt werden. Gegenstand der Untersuchung sollte sein:

- Gesundheitssystem (welche Eingriffe werden von den Sozialversicherungen im Ausland bezuschusst, wie lang sind die Wartelisten für Patienten?).
- Rechtliche Reisebeschränkungen (wie lange dürfen die Patienten unter welchen Bedin-gungen (Visum) das Land verlassen?).
- Politische Situation: Wie stabil ist die Situation im potenziellen Quellmarkt bzw. lässt die politische Situation auch eine langfristige Kooperation zu?
- Kulturelle Charakteristika: Welche Dinge müssen beachtet werden im Hinblick auf die interkulturelle Kommunikation mit dem potenziellen Quellmarkt in Sachen Werbung (Bildgestaltung, Begriffswahl etc.)?
- Identifikation möglicher Hinderungsgründe sind im Überblick wie folgt:
  - Gründe der Akzessibilität (Reise zu lang, teuer und beschwerlich).
  - Gründe der Therapie (Behandlung wird nicht angeboten oder nicht in der gewünsch-ten Qualität).
  - Gründe des Prestiges: Weder Klinik noch Zielland passen in die Imageansprüche des Reisenden.
  - Gründe der Finanzierung: Behandlung und Reise sind zu teuer, kein (Sozial-) Versicherungsträger übernimmt die Kosten.
  - Gründe der Verwaltung: Erteilung der Visa ist langwierig und umständlich.
  - Gründe des subjektiven Gefühls: Man schreckt zurück vor Verwaltungsaufwand und Unsicherheit (fremdes Land, fremde Sprache, Rassismus).

Adressaten der Kommunikation können ganz verschieden sein abhängig davon, wer die Ausreise ins Ausland finanziert oder initiiert:

---

[511]   Quelle dieses Kapitels: Illing (2000), mit leichten Veränderungen vom Autor.

```
┌─────────────────────────────────────────────────────────────────────────────┐
│                    Finanzierung oder Initiierung der Reise                     │
└─────────────────────────────────────────────────────────────────────────────┘
```

| Gastpatient: Zahlt auf eigene Rechnung | Regierung: Regierung hat Fonds einge- richtet, um Bürgern des Lan- des einen Aufenthalt im Aus- land zu medizinischen Zwecken zu unterstützen | Arbeitgeber: z.B. Incentive- Programm für Manager | Sozialversicherungsträger: Versicherungen übernehmen anteilige Kosten für einen Auslandsaufenthalt (Gründe: Verkürzung von Wartelisten, Kundenpflege, Einsparung) |

```
┌─────────────────────────────────────────────────────────────────────────────┐
│                    Vertriebskanäle und Kommunikationsforen                     │
└─────────────────────────────────────────────────────────────────────────────┘
```

| - Messen (Tourismus, Gesundheit) - Vereine - Werbung in Printmedien - Botschaften | - Regierungen - Botschaften - Behörden | - Betriebe - Handelskammern - Fachzeitschriften | - Versicherungen - Ärzte |

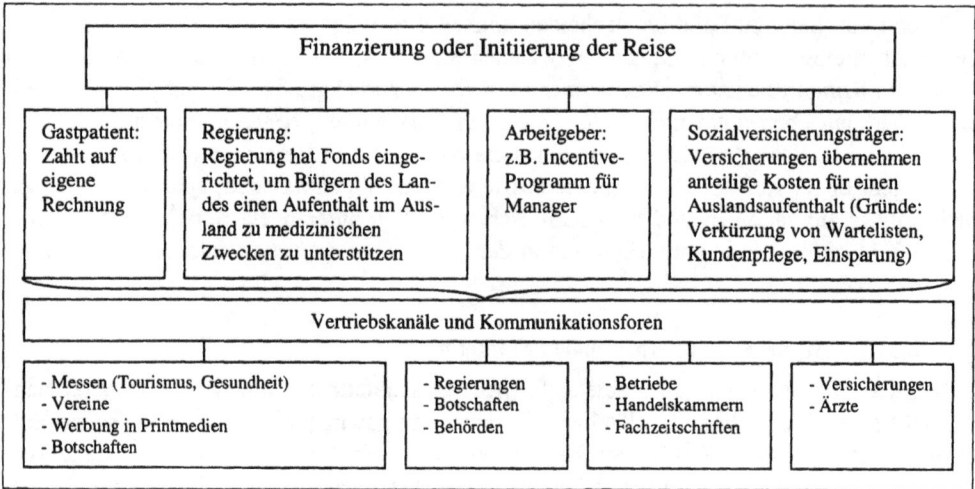

Abb. 199:   Adressaten der Marketing-Kommunikation systematisiert nach Geldgebern

Es zeigt sich, dass das internationale Marketing mit Fragen konfrontiert, die durch die eigene Marketing-Abteilung des Spa bzw. der Klinik, die bislang wahrscheinlich auf Kommunikation im regionalen Umfeld spezialisiert war, nicht ohne Weiteres beantwortet werden können. So ist die Frage zu stellen, ob die eigene Abteilung mit den notwendigen Ressourcen ausgestattet wird (Stellen, Fortbildung, Raum), oder ob die internationale Kommunikation einer externen Agentur überlassen bleiben soll. Zur Beantwortung dieser Frage soll die folgende Tabelle beitragen:

Vor- und Nachteile einer eigenen Abteilung (Insourcing)	Vor- und Nachteile der Fremdvergabe (Outsourcing)
Die volle Kontrolle liegt bei Klinik Durch Etablierung einer eigenen Marketingabtei- lung eignet sich die Klinik wertvolle Kenntnisse an, die sie im Umgang mit ausländischen Pa- tienten sowieso benötigt Der Aufbau der Abteilung benötigt mindestens ein Jahr Die Anfangsinvestitionen für die Klinik sind recht hoch (Personal, Räume)	Langjährige Landeskenntnisse können bereits vorhanden sein Verbindungsbüros im Ausland und Kontakte können ebenfalls bereits vorhanden sein Das gleiche gilt für Kenntnisse des Marke- tings in seiner internationalen Dimension Der kommunikative Aufwand zwischen Klinik und Agentur führt zu Transaktions- kosten

Abb. 200:   Vor- und Nachteile der internationalen Kommunikation in Eigen- oder Fremdregie

Standardisierung versus Differenzierung im internationalen Marketing
Eine zentrale Frage im Zusammenhang mit internationalem Marketing ist, ob verschiedene Zielgruppen im Rahmen der Marketing-Kommunikation verschieden angesprochen werden sollen. Es ist bereits an anderer Stelle dieser Arbeit deutlich geworden, dass Spa-Präferenzen von einer Vielzahl von Einflussfaktoren abhängig sind. Es ist genau zu prüfen, ob das Beauty-Studio in einem amerikanischen Spa verschiedene Körperpflegeserien für Menschen asiatischen, lateinamerikanischen, europäischen oder afrikanischen Ursprungs bereit halten soll. So hat beispielsweise der Kosmetikkonzern L'Oréal die Salon-exklusive Marke SoftSheen-

Carson für Afroamerikaner entwickelt. Die folgende Abbildung zeigt, dass es Bedeutungsbereiche gibt, die weniger oder mehr eine sensible Berücksichtigung kultureller Eigenheiten erfordern:

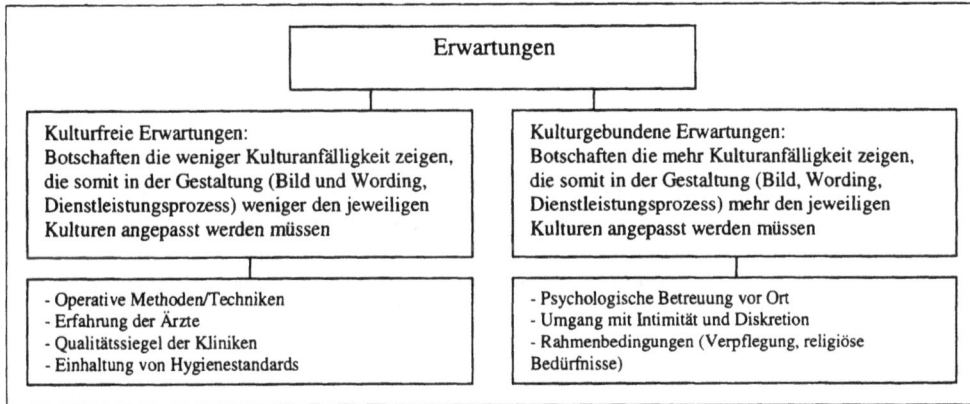

Abb. 201: Kulturfreie und kulturgebundene Erwartungen

Neben diesen Hinweisen, die sich mehr auf die interkulturelle Gestaltung von Werbemitteln sowie auf den Dienstleistungsprozess in der Klinik selbst konzentrieren (Aufklärung vor Operation, Kommunikation schlechter Nachrichten u.a.), können Therapieempfehlungen selbst innerhalb eines Landes verschieden sein, und zwar sowohl im Hinblick auf offizielle als auch im Hinblick auf inoffizielle Weise:[512]

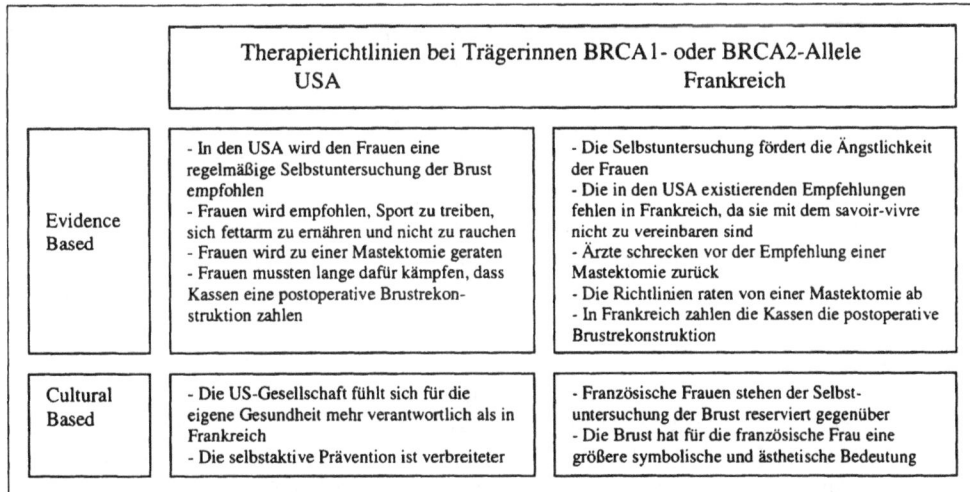

Abb. 202: Kulturell verschiedene Therapierichtlinien

---

[512] Holinski-Feder et al. (1998).

Daraus folgt, dass eine erfolgreiche Marketing-Kommunikation doppelt differenzieren muss, nämlich

- zum einen zwischen den Ländern im Allgemeinen und
- zum anderen innerhalb der Länder/Kulturen im Hinblick auf Evidence Based-Interventionen und kulturgebundenen Interventionen.

Die Tschuggen Hotel Group mit vier Hotels in der Schweiz und ihren Spas verzeichnet ganz verschiedene Spa-Präferenzen ihrer internationalen Gäste:[513]

- Französische Spa-Gäste haben eine Vorliebe für die Mesotherapie[514].
- Gäste aus Russland sind offen für neue Methoden einschließlich der Genanalyse.
- Deutsche Gäste haben eine Vorliebe für Naturheilverfahren und asiatische Therapiesysteme.
- Amerikanische Gäste dieses Hotels interessieren sich besonders für Kosmetik und Schönheitskorrekturen.

6.2.2.2.6   Aspekte des Seniorenmarketing

Im Zeichen der demografischen Entwicklung in vielen Ländern der Welt wird die Kommunikation mit älteren Menschen zu einer großen Herausforderung werden. Eine einheitliche Marketing-Strategie etwa für die 50+Generation kann es jedoch nicht geben, weil diese viel zu heterogen ist. Die kommunikative Ansprache älterer Menschen kann in vier Strategien untergliedert werden:

- Integrationskommunikation: Verschiedene Generationen werden in einem Werbespot gleichwertig angesprochen. Das beworbene Produkt ist gleichermaßen für ältere wie für jüngere Menschen gedacht.
- Integrative Seniorenkommunikation: Werbung, die gleichermaßen verschiedene Generationen anspricht, jedoch die Vorzüge des Produktes besonders für ältere Menschen unterstreicht.
- Verdeckte Seniorenkommunikation: Werbung, die nicht in erster Linie auf ältere Menschen abzielt, obwohl die beworbenen Produkte besonders für diese gedacht sind.
- Spezialisierte Seniorenkommunikation: Werbung, die in erster Linie ältere Menschen anspricht und Produkte kommuniziert, die für ältere Menschen gedacht sind.

Im Tourismus ist festzustellen, dass sich das touristische Konsumverhalten mit zunehmendem Alter deutlich wandelt. So beginnen z.B. im Alter von 65 bis 70 die Reisedauer und Reiseintensität[515] deutlich abzunehmen. Ein wichtiger Grundsatz ist der, dass ältere Menschen ihre Freizeit nicht in einem Ghetto für alte Menschen verbringen wollen. Gleichzeitig wollen ältere Menschen abhängig vom Alter spezifische Dienstleistungen in Anspruch nehmen. Aus diesen beiden Feststellungen folgt, dass solche Dienstleistungen (z.B. Aufzug im Hotel, rutschfeste Beläge in der Badewanne, Notrufklingel im Badezimmer) zwar angeboten, aber nur beiläufig wenn überhaupt kommuniziert werden sollten (verdeckte Seniorenkommunikation), jedenfalls ohne den Eindruck zu erwecken, es würde sich um eine Einrichtung

---

[513] Siehe dazu mehr unter: Härtel (2008).
[514] Siehe mehr unter: Deutsche Gesellschaft für Mesotherapie (o.D.).
[515] Anzahl der Reisen pro Jahr mit einer Dauer von mehr als fünf Tagen.

für alte Menschen handeln und ohne das Alter permanent zu problematisieren. Es können weitere Empfehlungen ausgesprochen werden, die in dem Maß an Bedeutung gewinnen, in dem die Menschen älter werden:

- Reiseorganisation und Unterkunft:
  - Sicherheit und Bequemlichkeit: Dienstleistungen im Bereich der Sicherheit (Transport, Gepäck, Organisation von Ausflügen vor Ort) muss kommuniziert werden.
  - Der Wunsch nach Überschaubarkeit und Familiarität im Hotel muss ebenso kommuniziert werden.
  - Das gleiche gilt für eine ruhige Lage, jedoch gute Verkehrsanbindung zu Attraktionen der Region.
  - Als Beherbergung und Verpflegung werden 4-Sterne-Hotels und Halbpension bevorzugt.
  - Im Hotelzimmer erwartet der ältere Gast Balkon und eine an körperliche Einschränkungen angepasste Infrastruktur wie z.B. Kofferablagen, helle Beleuchtung, ein einfach zu bedienendes Telefon, rutschfeste Begehung des Badezimmers oder Haltegriffe.
  - Konsequente Barrierefreiheit muss gewährleistet sein (z.B. Vermeidung kleiner Stolperfallen).
- Das Personal muss freundlich sein und den älteren Gast persönlich und kontinuierlich betreuen.
- In der Kommunikation und Werbung ist zu beachten, dass ältere Menschen über eine veränderte Reizwahrnehmung verfügen:
  - Wort- und Bildfolge im (hausinternen) Werbefernsehen sowie in sonstigen Werbe- und Informationsmedien sollte langsamer erfolgen.
  - Akustische Signale sollen lauter sein (z.B. Lautsprecheransage im Wartezimmer).
  - Die Veränderung der Sehschärfe und Farbwahrnehmung erfordert eine differenzierte Gestaltung von Print- und Digitalmedien (z.B. größere Schrift in Printmedien, größenverstellbare Schrift im Internet).
  - Veränderte Gedächtnisleistungen führen dazu, dass Werbebotschaften langsamer, konkreter, bildhafter und auf Erfahrungen beruhend gestaltet werden sollten.
  - Informationsreduktion zugunsten weniger Schlüsselaussagen. Dies gilt auch für das akustische Design insgesamt.
  - Griffiges Papier (z.B. bei Direktmailing), da die Motorik nachlässt.
  - Aufgrund der Lebenserfahrung muss Werbung für ältere Menschen besonders glaubwürdig sein.

Anbieter am Markt müssen berücksichtigen, dass der Reisewille oftmals aus Gründen behindert wird, die vom Leistungsträger vor Ort zumindest teilweise ausgeglichen werden können:

- Wenn der Reisende nicht gut zu Fuß ist, kann dies durch eine lückenlose Transportkette ausgeglichen werden.
- Wenn der Partner nicht gesund ist, kann ihm vom gesundheitstouristischen Betrieb ein passendes Behandlungsangebot unterbreitet werden.
- Gegen rasche Ermüdung helfen Bänke und Ruhezonen auf dem Betriebsgelände.
- Eine notwendige, mitunter auch täglich notwendige ärztliche Kontrolle kann von einem Medical-Spa ohne Problem angeboten werden.

6.2.2.2.7   Webmarketing

Das Marketing im Internet erfüllt ganz verschiedene Zwecke:

- Distributionspolitik: Es ermöglicht, dass Interessierte mit den Informationen des Spa in Berührung kommen und Anfragen oder Buchungswünsche bearbeitet werden.
- Kommunikationspolitik: Es hilft, die Produkte des Spa zu kommunizieren und anzupreisen.

Eingedenk dieser wichtigen und verschiedenen Funktionen ist das Internet als Instrument der Distributions- und Kommunikationspolitik aus dem Alltag eines Spa nicht mehr wegzudenken. Einzelne Aspekte sollen im Folgenden näher beleuchtet werden:

- Für Buchungen und Buchungsanfragen spielt das Internet eine große Rolle. Dies geschieht mit Hilfe von Emails, Formularen oder hoteleigenen Buchungsmaschinen.
- Die Homepage des Spa sollte mit relevanten Institutionen verlinkt sein, um die Wahrscheinlichkeit von Besuchen zu erhöhen. Dies können Reiseveranstalter, Reisemittler, relevante Vereine oder Selbsthilfegruppen sein, aber auch vor- oder nachgelagerte Institutionen wie Ärzte, Krankenhäuser, Rehabilitations- und Kurkliniken.
- Eine Verlinkung mit gewerblichen Buchungsplattformen erhöht die Wahrscheinlichkeit der Buchung, hat allerdings zur Folge, dass pro Buchung 10 bis 20% Provision zu zahlen sind.

Wer das Internet als Distributions- und Kommunikationsmedium fördern möchte, kann spezielle Angebote nur im Internet verkaufen oder ein Gewinnspiel nur über das Internet kommunizieren.

6.2.2.2.8   Marketingplan und Jahresbericht

Marketingplan

Der Marketingplan umfasst „Entscheidungsprozesse zur Festlegung des marktbezogenen Verhaltens einer Unternehmung"[516] im Hinblick auf die Zukunft. Darunter fallen

- einerseits die strategische Marketingplanung, also Managemententscheidungen im Hinblick auf die Entwicklung neuer Produkte (z.B. plant das Spa, € 2 Mio. in eine neue Bade- und Saunalandschaft zu investieren) und
- andererseits die operative Marketingplanung (z.B. Einsatz kommunikativer Maßnahmen im Zeitraum von ein bis zwei Jahren).

Im Marketingplan werden die Entscheidungsprozesse aufgelistet, beschrieben und Angaben für ihre Umsetzung in der Zukunft gemacht. Aus der Sicht eines Spa kann ein solcher Marketingplan wie folgt aussehen:

---

[516]   Marketingplanung. (1994), S. 2203.

Kapitel	Unterkapitel		Beispiele und Bemerkungen
Spa als Teil der Region		Zahlen aus der Region	Entwicklung der Anzahl von Gästebetten, Entwicklung der Anzahl von Hotels verschiedener Kategorien, touristische Vorhaben
Konkurrenz		Mitbewerberanalyse (Konkurrenzanalyse)	Anzahl vergleichbarer Unternehmungen in der Region, deren Entwicklungspläne, Preisvergleiche mit Konkurrenz
Das eigene Unternehmen	IST-Analyse (Gegenwart)	Zusammenstellung der wichtigsten Zahlen aus dem eigenen Unternehmen (IST-Analyse)	Anzahl der Gäste, Auslastung einzelner Abteilungen, Anzahl der Mitarbeiter, verfügbare Betten, wirtschaftliche Kennziffern (Umsatz pro Abteilung, Gewinn gesamt u.a.), Darstellung der Kennziffern im Mehrjahresvergleich, Zielgruppenanalyse (nach Herkunft, Alter etc.), Key Accounts
	SOLL-Konzept (Zukunft)	Allgemeine Ziele der Zukunft	Welche Ziele strebt das Unternehmen an in Bezug auf Wachstum, Umsatzentwicklung, Qualität etc.?
		Darstellung der eigenen Abteilungen	Pläne und Vorhaben für die Zukunft (z.B. Umbau Saunabereich, Erweiterung Therapie)
		Marketing-Kommunikation	Aktivitäten der Pressearbeit, Neudruck einer Imagebroschüre, Pressereisen, Erstellung von CDs; Aktualisierung der Homepage u.a., Mitgliedschaften, Qualitätsgütesiegel u.a.
		Key Accounts[517]	Zukünftige Zusammenarbeit mit den wichtigen Key Accounts (z.B. Reiseveranstalter), Provision an Reisemittler

Abb. 203:   Aufbau eines Marketingplans im Spa

Jahresbericht

Im Gegensatz zum Marketingplan ist der Jahresbericht ein Instrument der Rückschau, also ein Bericht über vollzogene Maßnahmen im Bereich des Marketings. Kapitel eines Jahresberichtes können sein:

- Mitarbeiter der Geschäftsstelle.
- Auflistung der Mitglieder.
- Marketing-Aktivitäten:
  - Messeauftritte.
  - Kooperationen (Tourismus-, und Wirtschafts- sowie Medienkooperationen).
  - Filme (z.B. die in der Region gedreht worden sind mit Relevanz für das Spa).
  - Reisen (Pressereisen, Verkaufsreisen, Besichtigungsreisen).
  - Distribution und Kommunikation (z.B. online, Insertionen, Beilagen, Printmedien).
  - Projekte wie z.B. neue Radwege als Teil der Angebotspolitik.
  - Produktion von Werbemitteln.
- Zahlen bezüglich der Verwendung der Mitgliedsbeiträge.

---

[517] Ein Key Account in diesem Sinne ist eine Organisation (z.B. Reiseveranstalter oder -mittler), von dem das Unternehmen besonders viele Gastpatienten vermittelt bekommt.

6.2.2.3   Differenzierung und Positionierung

Das Bedürfnis nach Differenzierung und Positionierung ist besonders groß in Märkten, in denen eine ausgeprägte Konkurrenz besteht.

- Differenzierung ist das Herausarbeiten einzelner Unterscheidungsmerkmale gegenüber der Konkurrenz (unsere Sauna ist größer als die der anderen Hotels im Ort).
- Positionierung hingegen ist die strategisch geplante und umgesetzte Verortung des Unternehmens in einem erfolgversprechenden Marktsegment („wir sind ein auf Diabetiker spezialisierter Reiseveranstalter und richten sämtliche Unternehmensteile darauf aus").

Möglichkeiten zur Differenzierung

Die folgenden und exemplarisch zu verstehenden Beispiele können als Differenzierungsinstrumente dienen, wenn sie gegenüber der Konkurrenz einen Vorteil bilden:[518]

weiche Faktoren				Umgebung	Spa-Hardware
Angebot	Service	Personal	Identität	Natur	Gebäude und Räume
Konformität mit Qualitätsanforderungen	Therapeutische Nachsorge	Zuverlässigkeit	Image	Saubere Umwelt	Raumgröße
Produkte sind preisgünstig	Mobilitätshilfen für Behinderte	Freundlichkeit	Dazugehörigkeit	Landschaftlich bevorzugte Lage	Baumaterial
Auf Pflanzen und Früchten beruhende Kosmetika	Individuelle Dienstleistungen erbringen	Fachliche Kompetenz	Familiarität	Therapeutische Qualität natürlicher Heilmittel	Gerätemedizinische Ausstattung
Qualität als Schnittstellenkompetenz ist für alle Bereiche relevant					

Abb. 204:   Beispiele für Differenzierungs- und Positionierungsinstrumente

Kommentare:

- In den mitteleuropäischen Ländern ist die Hardware als gut einzustufen, auch wenn noch immer in die Spas investiert wird. Viele Länder Osteuropas befinden sich in einem Stadium der Hardwareverbesserung.
- Die Software im Sinne von Qualität (Behandlungen, Personal) wird gemeinhin als das Arbeitsfeld der Zukunft angesehen.
- Die Umgebungsqualität wird von vielen gesundheitstouristischen Betrieben noch nicht ausreichend erkannt, inwertgesetzt und vermarktet. Hier haben die Kurorte schon lange eine Vorreiterrolle übernommen, weil sie die natürlichen Heilmittel zu nutzen wissen.

Varianten der Positionierung

Erfolgreich ist eine Positionierung, wenn der Konsument das Produkt im Vergleich zu Konkurrenzprodukten als die bestmögliche Befriedigung seiner Bedürfnisse ansieht und es tatsächlich konsumiert. Dieser Hinweis erscheint wichtig, da das Angebot vieler Spas aus-

---

[518]   In Anlehnung an: Kotler et al. (2006), S. 475.

tauschbar ist und der potenzielle Gastpatient oft keinen Anhaltspunkt erhält, warum er ein bestimmtes Spa besuchen sollte. Bei der Positionierung können folgende Fehler gemacht werden:[519]

- Unterpositionierung: Die Konsumenten haben nur eine unklare Vorstellung, wofür das Unternehmen und sein Angebot stehen.
- Überpositionierung: Die Konsumenten sehen das Angebot zu eng bzw. spezialisiert.
- Unklare Positionierung: Die Konsumenten haben widersprüchliche Vorstellungen vom Angebot.
- Zweifelhafte Positionierung: Den Konsumenten fällt es schwer zu glauben, dass die Marke etwas Besonderes ist.

Special Interest Spas
Beispiel für klare Positionierungen:

- Die Dental Spa-Praxis KU64 in Berlin ist eine Zahnarztpraxis mit einem umfassenden Wohlfühlservice:[520]
  - Angstpatienten werden mit Fußreflexzonenmassage und Akupunktur beruhigt.
  - Die Behandlungsstühle zeichnen sich durch besonders hohe Sitzqualität aus.
- Besonders in den Ländern des Mittelmeers gibt es zahlreiche Spas, die entweder Wein-behandlungen anbieten oder sich sogar auf diese spezialisiert haben.
  - Dabei können die Blätter, die Kerne, die Schale der Frucht, aber auch der Saft als Wirkstoff genutzt werden.
  - Besonders die Stoffe Resveratrol und Polyphenole über günstige Wirkungen aus.
  - Körperanwendungen, Bäder, Massagen und Kosmetika werden auf der Basis von Weinprodukten angeboten.
  - Verschiedene Kosmetikhersteller haben sich auf Pflegeprodukte auf der Basis von Wein spezialisiert.[521]
- Das Thermalbad in Lutzmannsburg (Burgenland, Österreich) ist mit seiner exklusiven Hinwendung zu Kindern als Special Interest-Spa zu bezeichnen. Dabei ist zu beobachten, dass auch innerhalb der Gruppe der Kinder sorgfältig differenziert wird. So wird zwischen verschiedenen Altersstufen wie Babys, Kleinkindern und Kindern unterschieden und alle Gruppen individuell behandelt. Das unten stehende Beispiel zeigt nur die Infrastruktur im öffentlichen Thermalbad. Die darum liegenden Hotels sind ebenfalls auf Kinder spezialisiert.

Der Übersichtsplan unten[522] zeigt eine sorgfältige Trennung zwischen den Bedürfnissen verschiedener Zielgruppen. Die Hinwendung zu Ansprüchen auch kleiner Subgruppen ist in diesem Beispiel sehr weit vorangetrieben. Dabei wird auch dem Aspekt der Gesundheit breiter Raum gegeben z.B. durch das Ernährungskonzept, Entspannungsangebote für Schwangere, aber besonders auch durch das so genannte Kinderwagen-Routennetz.

---

[519] Kotler et al. (2006), S. 497.
[520] Prontis (2008), S. 22f.
[521] Siehe z.B.: Caudalíe Paris (o.D.).
[522] Sonnentherme (o.D). Homepage, der Übersichtsplan unter:
http://www.sonnentherme.at/fileadmin/pdf/plan.pdf

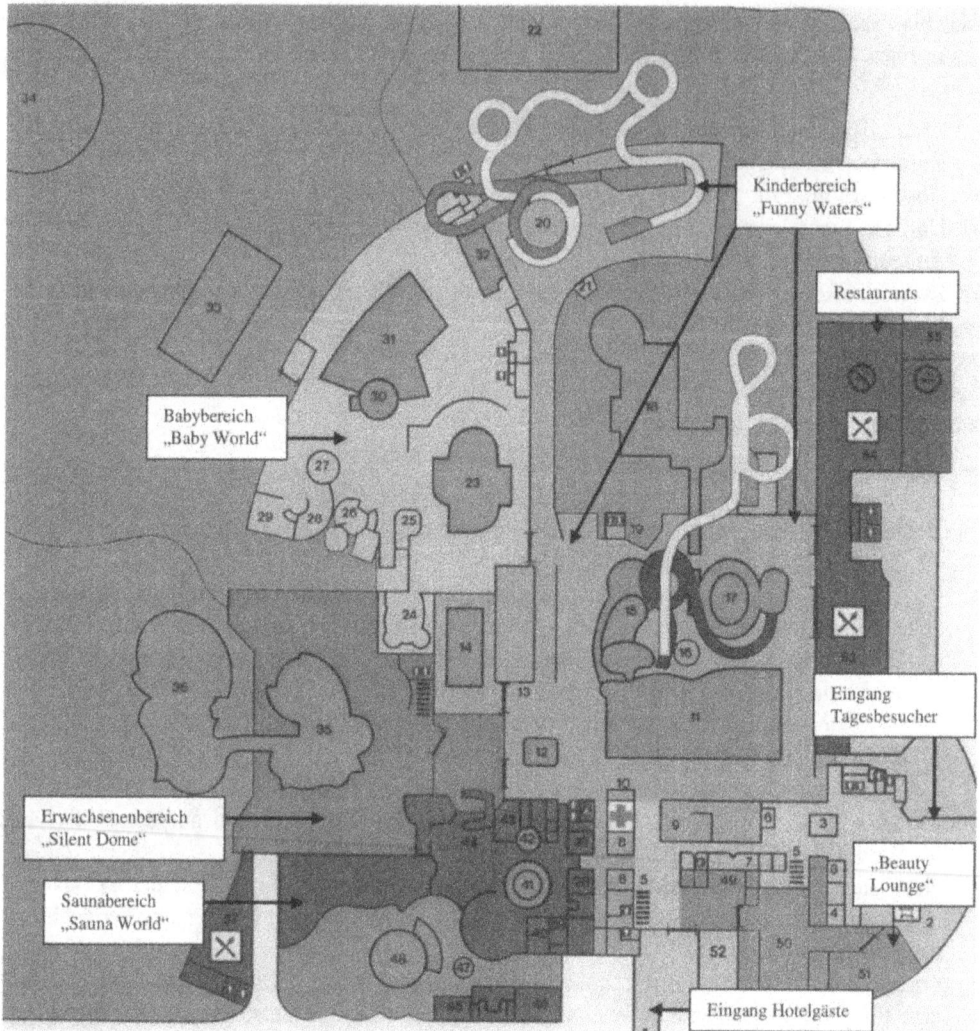

Abb. 205:   Übersichtsplan der Sonnentherme in Lutzmannsburg

Zeichenerklärung: 1: Sonnenland Information, 2: Thermenshop, 3: Kassen, 4: Wickel- und Stillecke, 5: Zu den Garderoben, 6: Babylift, 7: Behinderten-Garderobe. FunnyWaters (für ältere Kinder): 8: Dusche, 9: Baby und Kids Club, 10: Bademeister, 11: Wellenbecken, 12: Sprudelbecken, 13: Lift zum Family Club, 14: Activitybecken, 15: Kinderplanschbecken, 16: Gelbe und blaue Rutsche, 17: Wildbach und Sprungbrücke, 18: Außenbecken, 19: Wickelraum, Babydusche, 20: Twister & Speedy, 21: Bademeister, 22: Sportbecken. Für Babys: 23: Baby-planschbecken, 24: Babyschlafraum, 25 Sunny Bunny's Swim Academy, 26: Kindersauna und -dampfbad, 27: Wickeldom, 28: Stillwaben, 29: Babyküche, 30: Sprudelbecken und Babydusche, 31: Baby Lagunenbecken, 32: Baby-Aktiv-Becken, 33: Baby- und Kinderaußenbecken, 34: Kinderspielplatz. Silent Dome als Ruhebereich für Erwachsene: 35: Innenbecken, 36: Außenbecken. Saunaworld: 37: Finnische Innensauna, 38: Kräutersauna, 39: Dampfbad, 40: Biosauna, 41: Kneippgang und Tauchbecken, 42: Sprudelbecken, 43: Aromadampfbad, 44: Saunabar, 45: Große finnische Außensauna, 46: Kleine finnische Außensauna, 47: Tauchbecken, 48: Sprudel-becken. Beauty Lounge: 49: Turbosolarium, 50: Massage, 51: Kosmetik-Beauty. Fitness: 52: Fitnessraum. Restau-rant: 53: Self Service Restaurant, 54: Nichtraucher/Raucher-Essbereich, 55: Kinderpartyraum, 57: Pavillon Café, Snackbar.

6.3   Marketing-Controlling

Marketing-Controlling ist die Lehre von der Messung der Wirksamkeit kommunikativer Marketing-Maßnahmen.[523]

In Zeiten einer starken Konkurrenz gilt es, das Marketing-Budget effizient einzusetzen. Auch jene Organisationen, die von staatlicher Seite gefördert werden, spüren immer mehr Druck, ihre kommunikativen Maßnahmen zu rechtfertigen, in dem der Benefit dieser Maßnahmen nachgewiesen wird. Das Instrumentarium zur Messung, ob sich ein Messebesuch, eine Anzeige oder eine überarbeitete Homepage in höheren Gästezahlen oder höheren Umsätzen niederschlägt, ist in den letzten Jahren zwar immer mehr ausgefeilt worden, doch viele Unternehmen werben noch immer, ohne danach eine Kontrolle zu machen. Zudem steht der Tourismus vor einem besonderen methodischen Problem, da die werbende Institution z.B. in Form eines Destinationsmanagements ein Produkt bewirbt, das es selbst gar nicht besitzt. So gehört es zur Aufgabe eben dieser Organisation, z.B. alle Thermalbäder der Region zu bewerben, allerdings spielt sich Erfolg oder Misserfolg dieser Maßname in den einzelnen Betrieben ab. Überdies ist die Frage nach der Kausalität immer wieder eines der zentralen methodischen Probleme: Ist der Umsatz- oder Gästezuwachs auf eine erfolgreiche Kommunikation zurückzuführen oder (auch) auf das Wetter oder neues und freundliches Personal?

---

[523]   Siehe mehr unter: Reinecke et al. (2006).

Literatur- und Quellenverzeichnis

Abicht, L., Bärwald, H., Bals, T., Brater, M., Hemmer-Schranze, C., Meifort, B., Preuss, B. (2001). Gesundheit, Wellness, Wohlbefinden. Personenbezogene Dienstleistungen im Fokus der Qualifikationsentwicklung. Bielefeld: Bertelsmann.

About the industry (o.D.). The International Health Racquet & Sportsclub Association. Download am 29. 6. 2007 von http://cms.ihrsa.org/IHRSA/viewPage.cfm?pageId=149

Abraham, A., Sommerhalder, K., Bolliger-Salzmann, H., Abel, T. (2007). Landschaft und Gesundheit. Das Potential einer Verbindung zweier Konzepte. Universität Bern, Institut für Sozial- und Präventivmedizin, Abteilung Gesundheitsforschung.

Aggressives Auslandsmarketing einzelner Krankenkassen – Gefährdung deutscher Heilbäder und Kurorte. Positionspapier von DHV und VdKB (2006). Deutscher Heilbäderverband. Download am 1. 12. 2007 von http://www.deutscher-heilbaederverband.de/DB_Bilder/aktuelles/pdf/92.pdf

Ahrens, R. (2005). Breakdown by income, obesity rates increase from 1971–74 to 2001–02. USA Today, 3. 5. 2005, zitiert nach National Health and Nutrition Examination Service.

Aigner, K. (2007). Rehabilitation. Download am 8. 12. 2007 von http://www.prof-aigner.de/deutsch/ Seiten/woerterbuch.htm#R

Akzeptanz der Vorsorgeuntersuchung ist deutlich gestiegen (2006). Pressemitteilung der Gesetzlichen Krankenversicherungen Deutschland vom 23. 2. 2006. Download am 9. 2. 2008 von http://www.gkv.info/gkv/index.php?id=218

Albaner, J., Grozea-Helmenstein, D. (2002). Bestandsaufnahme der Entwicklungspotenziale im Gesundheitstourismus. Wien: Bundesministerium für Wirtschaft und Arbeit.

Albel, A., Tokaji, F. (2006). Alföld Spa, Heilen und Wellness in den Thermalbädern der südlichen Tiefebene. Gemeinnütziger Verein der Heil- und Thermalbäder der südlichen Tiefebene.

Alkire, S. (2002). Valuing Freedoms: Sen's Capability Approach and Poverty Reduction. Oxford: Oxford University Press.

Allmer, H. (1996). Erholung und Gesundheit – Grundlagen, Ergebnisse und Maßnahmen. Reihe Gesundheitspsychologie, 7. Göttingen: Hogrefe.

Alpentour Austria (o.D.). Homepage. Eingesehen am 23. 2. 2008 unter http://www.alpentour.at/125_de/x_default_normal.asp

Alpine Pearls (o.D.). Homepage. Eingesehen am 1. 12. 2007 unter http://www.alpine-pearls.com/home.php

Alpshealthcomp (o.D.) Homepage. Eingesehen am 23. 2. 2008 unter http://www.alpshealthcomp.org/index.php

Alpshealthcomp (2005). Pressemitteilung ITB, 2005.

AltiraSpa (o.D.). Homepage. Eingesehen am 27. 2. 2008 unter http://www.altiraspa.com/

Altman, N. (2000). Healing Springs. The ultimate guide to taking the waters. Vermont: Healing Arts Press.

American Society for Aesthetic Plastic Surgery (2007). Download am 16. 10. 2007 von http://www.surgery.org/index.php

Anbieterkompetenz auf dem Prüfstand. Mindestvoraussetzung für die Basis-Zertifizierung einer Klinik als Medical Wellness Zentrum (2008). Deutscher Wellnessverband. Download am 16. 3. 2006 von http://www.wellnessverband.de/medical/zertifizierte_anbieter.php

Andritzky, W. (o.D). Alternative Gesundheitskultur. Bestandsaufnahme und empirische Untersuchung von Kursteilnehmern. Institut für Medizinische Psychologie der Heinrich-Heine-Universität Düsseldorf.

Antonovsky, A. (1997). Salutogenese. Zur Entmystifizierung der Gesundheit. Tübingen: dgvt.

Antonovsky, A. (1987). Unraveling the mystery of health. How people manage stress and stay well. San Francisco: Jossey-Bass.

Antonovsky, A. (1979). Health, stress and coping. San Francisco: Jossey-Bass.

APA, L. Boltzmann-Institut für Epidemiologie rheumatischer Erkrankungen (o.D.), zitiert nach Die Presse (Österreich) vom 24. 9. 2004.

Arbeitsgemeinschaft für Methodik und Dokumentation in der Psychiatrie (AMDP) (Hg.) (2007). Das AMDP-System. Manual zur Dokumentation psychiatrischer Befunde. Göttingen: Hogrefe.

Ardell, D. (2008). Real wellness for quality of life. Vortrag an der FH Joanneum am 27. 2. 2008.

Ardell, D. (1982). 14 Days to a Wellness Lifestyle. Mill Valley, CA: Whatever Publishing.

Ardell, D. (1977). High Level Wellness: An alternative to doctors, drugs, and disease. Emmaus, PA: Rodale Press.

Armentrout, G. (1991). A comparison of the medical model and the wellness model: The importance of knowing the difference. Holistic Nurse Practice, 7/4, S. 57–62.

Arts in healthcare research (o.D.). National Endowment for the Arts. Download am 23. 2. 2008 von http://www.nea.gov/news/news03/AIHResearch.html (11. 10. 2007).

Asia Resort Linsberg (2005). Projektunterlage, MS.

Asreahan, C. (2007). Machbarkeitsstudie, Grundstück Bostancı – Edremit/Türkei, Errichtung eines Thermalbades (Diplomarbeit, FH-Joanneum Graz).

Association Fast Facts (o.D.). International Spa Association, Lexington. Download am 21. 2. 2008 von http://www.experienceispa.com/ISPA/Media+Room/Resources/

Astin, J. (1998). Why patients use alternative medicine. The Journal of the American Medical Association, 279/19, S. 1548–1554.

Auf eigene Rechnung (o.D.). Fritz-Beske Institut, zitiert nach Der Spiegel 2, 2003, S. 73.

Augurzky, B., Krolop, S., Schmidt, H., Schmitz, H., Schwierz, C. (2007). Reha-Rating Report 2007, Die Reha vor der Marktbereinigung, RWI Materialien Heft 38, Executive Summary. Essen. Download am 6. 1. 2008 von http://www.rwi-essen.de/

Aumüller, S. (2008). Öffentlich aufgefädelt. Der Standard (Österreich) vom 24./25. 5. 2008.

Australien spa benchmark report (2001–2008). Spa Industry Intelligence Newsletter, 20. Intelligent Spas, Singapore.

Austrian Climate and Health Tourism Initiative (ACTIVE), Kurzfassung (2004). Bundesministerium für Wirtschaft und Arbeit (Österreich).

Auszüge aus den Eckdaten 2006 (o.D.). Arbeitgeberverband deutscher Fitness- und Gesundheitsanlagen. Download am 6. 11. 2007 von http://www.dssv.de/index.php?id=44&PHPSESSID=42183ed59914574d85420d0b0cccf3b6

Bachvarov, M., Liszewski, S. (2004). Spas in Central-Eastern Europe between decline and revitalisation. In: M. Rulle (Hg), Recent Trends in Tourism – The Baltic and the world, S. 41–50.

Bäder-Monitor 2007 – Zusammenfassung der wichtigsten Ergebnisse (2007). Kohl&Partner. Download am 18. 5. 2008 von http://portal.wko.at/wk/format_detail.wk?angid=1&stid=379734&dstid=1639&opennavid=43381

Bad Gleichenberg Therapie und Thermen GmbH (2006). Therapie und Raumplan, Faltblatt.

Baladrón, C. (2002). Analyse der Erfolgsmöglichkeiten des Wellness-Tourismus in Spanien für den deutschen Markt. Bournemouth University. MA-Thesis.

Barie, L., Conrad, G. (1999): Gesundheitsförderung in Settings. Konzept, Methodik und Rechenschaftspflichtigkeit zur praktischen Anwendung des Settingansatzes der Gesundheitsförderung. Hamburg: Verlag für Gesundheitsförderung.

Barth, R., Werner, C. (2005). Der Wellness Faktor. Modernes Qualitätsmanagement im Gesundheitstourismus. Wien: Relax Verlag.

Bässler, R. (2006). Verhaltensmuster „Wellness" A. Krczal & K. Weiermair (Hg.), Wellness und Produktentwicklung. Erfolgreiche Gesundheitsangebote im Tourismus. Berlin: Erich Schmidt. S. 67–89.

Bässler, R. (2003). Wachaumarathon 2003. Eine Analyse der wirtschaftlichen und touristischen Ausstrahlungseffekte. IMC Fachhochschule Krems.

Bässler, R. (2002a). Wachaumarathon 2001. Eine Analyse der wirtschaftlichen und touristischen Ausstrahlungseffekte. IMC Fachhochschule Krems.

Bässler, R. (2002b). Qualitätsniveaus und Gesundheitskompetenz im österreichischen Kur- und Wellnesstourismus. Wien: Universität Wien.

BAT Freizeit-Forschungsinstitut (2007). Urlauber wollen auf der Wohlfühlwelle schwimmen. Download am 3. 3. 2008 von http://www.bat.de/OneWeb/sites/BAT_677KXQ.nsf/vwPagesWebLive/176B18C3B6992541C125727A003252CF?opendocument&SID=F8B70AA7F31BB02AC129C3376C4ABDDA&DTC=&TMP=1

Baur, N. (2004). Optimierung der Organisationsstrukturen im Destinationsmanagement, Zusammenfassung. Fachhochschule Braunschweig/Wolfenbüttel.

Beauty24 (o.D.). Homepage. Eingesehen am 27.3.2008 unter http://www.beauty24.de/

Becker, J. (2000). Marketing-Strategien – Systematische Kursbestimmung in schwierigen Märkten. München: Franz Vahlen.

Becker, P. (1982). Psychologie der seelischen Gesundheit. Bd. 1. Göttingen: Hogrefe.

Beerli, A., Martin, J. (2004). Factors influencing destination image. Annals of Tourism Research, 31/3, S. 657ff.

Begriffsbestimmungen – Qualitätsstandards für die Prädikatisierung von Kurorten, Erholungsorten und Heilbrunnen (2005a). Deutscher Heilbäderverband, Deutscher Tourismusverband, 12. Auflage. Download am 1. 12. 2007 von http://www.deutscher-heilbaederverband.de/DB_Bilder/aktuelles/pdf/86.pdf

Begriffsbestimmungen – Qualitätsstandards für die Prädikatisierung von Kurorten, Erholungsorten und Heilbrunnen (2005b). Deutscher Heilbäderverband & Deutscher Tourismusverband, 12. Auflage. Bonn.

Behrendt, J. (1999). Freizeitspaß – Bad. Planen – Bauen – Betreiben. Band 9, Edition Sport & Freizeit. Aachen: Meyer und Meyer.

Bei der Vorsorge ist Deutschland Spätzünder (2005). Financial Times Deutschland, Beilage Gesundheitswirtschaft A6 vom 15. 6. 2005.

Belhassen, Y., Caton, K. (2006). Authenticity matters. Annals of Tourism Research 33/3, S. 853ff.

Benge, S. (1999). The tropical Spa – Asian secrets of health, beauty and relaxation. Hongkong: Periplus.

Bengel, J., Strittmatter, R., Willmann, H. (2001). Was erhält Menschen gesund? Antonovskys Modell der Salutogenese – Diskussionsstand und Stellenwert. Forschung und Praxis der Gesundheitsförderung Band 6, Bundeszentrale für gesundheitliche Aufklärung, Köln.

Bengesser, R. (2001). Geschichte der Speläotherapie in Österreich. Download am 15. 4. 2008 von http://www.geologie.ac.at/filestore/download/BR0056_023_A.pdf

Berdel, D., Gödl, D., Schoibl, H. (2003). Qualitätskriterien im Tourismus für behinderte und ältere Menschen. Studie im Auftrag des Bundesministeriums für soziale Sicherheit, Generationen und Konsumentenschutz. Download am 20. 5. 2008 von http://www.bmsk.gv.at/cms/site/attachments/5/3/2/CH0055/CMS1057914735913/endbericht_qualitaet1.pdf

Berg, H. (2003). Der Tagungs- und Kongressreiseverkehr als wachsendes Nachfragesegment in Heilbädern und Kurorten. Heilbad & Kurort, 9, S. 196ff.

Bericht der Bundesregierung über die Lage der behinderten Menschen in Österreich (2003). Bundesministerium für soziale Sicherheit und Konsumentenschutz.

Berthold, M. (2008). Nasen-OP zur Matura? Österreichische Ärztezeitung, 12, S. 40–42.

Best Wellness Hotels Austria (o.D.). Homepage. Eingesehen am 3.3.2008 unter http://www.bestwellnesshotels.at/

Bey, T. (2007). Risiken und Nebenwirkungen des Medizintourismus. Deutsches Ärzteblatt, 4, S. 156–158.

Beyerle, T. (2003). Schaffen Sie das solide Fundament. Spa Management, 1, S. 72–73.

Bibiano, S. (2005). Filipino Hilot massage, Traditional healing techniques. ISPA Conference and Exhibition, Singapur, 5.–7. Mai. Conference Proceeding.

Bieger, T. (2005). Management von Destinationen. München: Oldenbourg.

Bienert, M. (2003). Nachholbedarf in Sachen Marketing. Krankenhaus Umschau, 12, S. 1207–1210.

Bikepark Bad Hindelang (o.D.). Homepage. Eingesehen am 27. 2. 2008 unter http://www.bikepark-hindelang.de/

Bindszus, H. (2001). Anforderungen an zukunftsorientierte medizinische Bäder in Heilbädern und Kurorten. Heilbad & Kurort, 1/2, S. 14–18.

Binnewitt, N. (2002). Wellness, die Perspektive für den Kurerfolg. Eine Herausforderung für Gesundheitswirtschaft, Gesundheitswissenschaft und Gesundheitsbildung. Bielefeld: Institut für Freizeitwissenschaft und Kulturarbeit.

Birch, D. (2007). The rise of medical travel. Medical Tourism Asia, Konferenz in Singapur, 26.–28. 2. 2007. Präsentationsunterlagen.

Blech, J. (2003). Die Krankheitserfinder. Wie wir zu Patienten gemacht werden. Frankfurt: Fischer.

Blech, J. (2002). Kleiner Unterschied. Der Spiegel, 44, S. 188.

Bleile, G. (2002). Kooperationen und Allianzen im Kur- und Bädersektor. Heilbad & Kurort, 4, S. 78–82.

Boanet (o.D). www.boanet.at, für Wien Oberlaa Projektentwicklung Gmbh.

Bobo, M., Yarbrough, M. (1999). The effects of long-term aerobic dance on agility and flexibility. The Journal of Sports Medicine and Physical Fitness, 39/2, S. 165–168.

Böhret, C., Kronenwett, J. (1988). Innenpolitik und politische Theorie. Opladen: Westdeutscher Verlag, zitiert nach Mundt 2001, S. 420.

Bookman, M., Bookman, K. (2007). Medical tourism in developing countries. Palgrave Macmillan.

Boom, B., Bitner, M. (1981), Marketing strategies and organisation structures for service firms. Donnelly, J., George, J.R. (Hg.), Marketing of Services, American Marketing Association, Chicago, Il.

Borman, E. (2004). Health tourism. Where healthcare, ethics, and the state collide. British Medical Journal, 328, S. 60–61.

Brade, I., Piterski, D. (1994). Die Kaukasischen Mineralbäder, Möglichkeiten und Grenzen der Entwicklung einer Tourismusregion. Europa Regional, 2/4, S. 10–19.

Bratl, H. (2004). Zukunftshandbuch Gesundheitsdestination Steirisches Thermenland. Endberichtsvorschlag. Invent, Institut für regionale Innovationen.

Brocca, C. (o.D.). Proyectos de futuro en la recuperacion de los balnearios. Balnearios des siglo XXI. Panorama actual de las Aguas Minerales y Minero-medicinales en España.

Brödner, E. (1983). Die römischen Thermen und das antike Badewesen. Eine kulturhistorische Betrachtung. Darmstadt: Wissenschaftliche Buchgesellschaft.

Buckley, R. (2002). Tourism ecolabels. Annals of Tourism Research, 29/1, S. 183–208.

Bumrungrad International (2008). Homepage. Eingesehen am 26. 2. 2008 unter http://www.bumrungrad.com/

Buse, A. (2005). Farb- und Raumpsychologie – Modischer Trend oder ganzheitliche Notwendigkeit? Deutsches Architektenblatt, 9, S. 22ff.

Canyon Ranch (o.D.). Homepage. Eingesehen am 26. 2. 2008 unter http://www.canyonranch.com/resorts/tucson-home.aspx

Carella, R. (o.D.) Health and tourism with geothermal resources in Italy, the spa situation. Download am 3. 10. 2007 von http://bibemp2.us.es/turismo/turismonet1/economia%20del%20turismo/turismo%20de%20salud/HEALTH%20AND%20TOURISM%20WITH%20GEOTHERMAL%20RESOURCES%20IN%20ITALY.PDF

Caudalíe Paris (o.D.). Homepage. Eingesehen am 23. 2. 2008 unter http://www.caudalie.com/

Chaynee, W. (2003). Health tourism to drive earnings. Malaysian Institute of Economic Research, Kuala Lumpur.

Chua, P. (2007). Globalization of health care – Medical tourism, the wave of the future. Medical Tourism Asia, Konferenz in Singapur, 26.–28. 2. 2007. Präsentationsunterlagen.

Club LaSanta (o.D.). Homepage. Eingesehen am 26.2.2008 unter http://www.clublasanta.de/

Cohen, E. (1979). Rethinking the sociology of tourism. Annals of Tourism Research, 6/1, S. 18–35.

Compensation and Benefits (2003). Pulse, July, S. 6.

Cook, G. (1995). Travel Associated Disease. Royal College of Physicians London, London.

Cosmetic surgery trends, surgical and nonsurgical cosmetic procedures: totals (o.D.). American Society for Aesthetic Plastic Surgery. Download am 26. 10. 2007 von http://www.surgery.org/download/2006-SurgicalandNonsurgical.pdf

Crebbin-Bailey, J., Harcup, J., Harrington, J. (2005). The spa book. The official guide to spa therapy. London: Thomson Learning.

Cronin, J., Taylor, S. (1992). Measuring service quality: A reexamination and extension. Journal of Marketing, 56/3, S. 55–68.

DAK Gesundheitsreport 2007 (2007). DAK (Deutsche Angestellten Krankenkasse). Download am 1. 3. 2008 von http://www.dak.de/content/filesopen/Gesundheitsreport_2007.pdf

DAK Gesundheitsreport 2005 (2005). DAK (Deutsche Angestellten Krankenkasse). Download am 3. 3. 2008 von http://www.presse.dak.de/ps.nsf/sbl/38A5A5A6BBF15309C1256FE0005578E2

DAK Gesundheitsreport 2002 (2002). DAK (Deutsche Angestellten Krankenkasse). Download am 3. 3. 2008 von http://www.dak.de/content/files/report.pdf

Danielson, J., Lohmann, M. (2003). Gesundheitsreisen – Wellness, Fitness und Kur. Hamburg, Kiel: F.U.R.

Danubius Hotels (2007). Übersicht über Behandlungen. Hotel Health & Spa, Margareten-Insel, Budapest (Ungarn).

Das alpinmedizinische Höhenprojekt AMAS 2000 und die Umsetzung in das medizinische Tourismusprodukt „Welltain®" (o.D.). Download am 9.2.2008 von http://www.welltain.at/winter/downloads/amas.pdf

Das Behindertenkonzept der österreichischen Bundesregierung (1992). Bundesministerium für Arbeit und Soziales, Sektion IV.

Das Schweizer Gesundheitswesen – Behandlungsvorschläge für einen Patienten. Eine Spezialstudie zum Reformpotenzial des schweizerischen Gesundheitswesens (2002). Credit Suisse Economic Research & Consulting (2002).

Day Spa. (o.D.). International Spa Association, glossary. Download am 23. 2. 2008 von http://www.experienceispa.com/TemplatesAdmin/GlossaryDisplay.aspx?NRMODE=Published& NRORIGINALURL=%2fISPA%2fVisit%2fSpa%2b101%2fGlossary%2ehtm&NRNODEGUID= %7bD9D53C26-53B8-4DC2-AF9B-C425CE887CCF%7d&NRCACHEHINT=NoModifyGuest

Day Spas in Österreich – Kenntnisse, Meinungen, Erfahrungen (2003). FH Joanneum, Bad Gleichenberg. MS.

Definition der Betriebsarten (2008). DEHOGA Bundesverband. Download am 17. 3. 2008 von http://www.dehoga-bundesverband.de/home/page_sta_1621.html

DEGEMED (2006). Stellungnahme zum Masterplan „Gesundheitsregion Berlin-Brandenburg".

Dehmer, S. (1996). Die Kur als Markenprodukt - Angebotsprofilierung und Markenbildung im Kurwesen. Dresden: FIT Forschungsinstitut für Tourismus.

De La Rosa, C., Mosso, Á. (2004). Historia de las aguas mineromedicinales en España. Departamento de Microbiología II, Facultad de Farmacia. Universidad Complutense de Madrid.

Delizo, H. (2007). The Philippines as preferred destination for health & wellness. Medical Tourism Asia, Konferenz in Singapur, 26.–28. 2. 2007. Präsentationsunterlagen.

Demhardt, I. (2004). Tourism in Slovakia: Mountains, spas and old cities. In: M. Rulle (Hg), Recent trends in tourism – The Baltic and the world, S. 60–68.

Demografie Spezial (2002). Deutsche Bank Research, 244. Download am 12. 10. 2007 von http://www.dbresearch.com/PROD/DBR_INTERNET_EN-PROD/PROD0000000000047511.pdf

Der deutsche Fitness- & Wellness-Markt im Jahr 2005 (o.D). Deloitte und Touche. Download am 29. 4. 2008 von http://www.reutlingen.ihk.de/showMedia.php/2572/Fitness-+u.+Wellnessmarkt+2005.pdf

Der europäische Gesundheitsbericht 2005, Maßnahmen für eine bessere Gesundheit der Kinder und der Bevölkerung insgesamt (2005). Weltgesundheitsorganisation Europa, WHO Regionalbüro Europa. Download am 11. 10. 2007 von http://www.euro.who.int/Document/E87325G.pdf

Derka, G. (2006). Yentl-Syndrom und Bikini-Medizin. Der Standard (Österreich), Spezial Frauen, 24. 8. 2006, S. 17.

Der Markt der Gesundheit (2005a). Focus Medialine. Download am 26. 10. 2007 von http://www.medialine.de/hps/upload/hxmedia/medialn/HBL3Fsd4.pdf

Der Markt für Fitness und Wellness (2005b). Focus Medialine. Download am 26. 10. 2007 von http://www.medialine.de/hps/upload/hxmedia/medialn/HBJfu2sv.pdf

Der Wellness-Bereich als Profit Center (2005). Hotel und Touristik, 6, S. 20.

Deschwanden, J. (1972). Klima in der Therapie – Vademecum in der Klimatherapie in den von der schweizerischen Anstalt für Klimafragen des Eidgenössischen Gesundheitsamtes anerkannten Klimakurorten der Schweiz, gedruckt durch die schweizerische Verkehrszentrale.

Destination Spa. (o.D.). International Spa Association, glossary. Download am 23. 2. 2008 von http://www.experienceispa.com/TemplatesAdmin/GlossaryDisplay.aspx?NRMODE=Published& NRORIGINALURL=%2fISPA%2fVisit%2fSpa%2b101%2fGlossary%2ehtm&NRNODEGUID= %7bD9D53C26-53B8-4DC2-AF9B-C425CE887CCF%7d&NRCACHEHINT=NoModifyGuest

Deutsche Gesellschaft für Mesotherapie (o.D.). Homepage. Eingesehen am 15. 6. 2008 unter http://www.mesotherapie.org/

Deutscher Medical Wellness Verband (o.D.). Homepage. Eingesehen am 20. 8. 2007 unter www.dmwv.de

Deutscher Sportstudio Verband (o.D.). Anlagentypen. Download am 26. 2. 2008 von http://www.dssv.de/index.php?id=42&PHPSESSID=fa4c40659eee5fb4ec88d73ace40826e

Deutscher Wellness Verband (o.D.). Homepage. Eingesehen am 11. 10. 2007 unter http://www.wellnessverband.de/

Diabetiker-Hotels per Mausklick (o.D.). diabetes-world.net. Download am 21. 5. 2008 von http://www.diabetes-world.net/Portal-fuer-Patienten-und-Interessierte/Services/Hintergruende/ Pressemeldungen-zu-diabetes-worldnet/Diabetiker-Hotels-per-Mausklick.htm?ID=2526&MID=2526

Die gesunde Kaufkraft (2000). Lebensmittelzeitung Spezial: Wellness, das Geschäft mit dem Körperkult, 2, S. 14–15.

Die Gesundheitskompetenz bei Frauen ist groß (2007). Frauenarzt, 48, S. 806.

Die Gesundheitsregion (2007). Berliner Wirtschaft, Zeitschrift der IHK Berlin, 6.

Die teuersten Krankheiten (o.D.). Statistisches Bundesamt, zitiert nach Management & Krankenhaus, 2006, 2, S. 24.

Die Todesursachen in der EU (2006). Eurostat, Bevölkerung und soziale Bedingungen, 10, S. 1. Download am 10. 102 007 von http://www.eds-destatis.de/de/downloads/sif/nk_06_10.pdf

Die volkswirtschaftliche und gesundheitspolitische Bedeutung der Fitness-Industrie – und was Gesellschaft, Politik und Krankenkassen daraus lernen können (2007). Fitness Initiative Deutschland (FID).

Die Wirtschaftsdaten zum Wellnessmarkt Deutschland 1999 bis 2005 (2004). Wellnessverband Deutschland. Download am 28. 1. 2008 von http://www.wellnessverband.de/infodienste/marktdaten/wellnessmarkt_deutschland.php

Digance, J. (2003). Pilgrimage at contested sites. Annals of Tourism Research, 30/1, S. 143–159.

Dilling, H., Mombour, W., Schmidt, M. (2000). Internationale Klassifikation psychischer Störungen, ICD-10 Kapitel V (F), klinisch-diagnostische Leitlinien. Weltgesundheitsorganisation. Bern: Hans Huber.

Dittmann, J., Goebel, J. (2007). Dein Haus, Dein Auto, Deine Bildung. Die Bedeutung des Wohnumfeldes für die individuelle Lebenszufriedenheit. Wissenschaftszentrum Berlin für Sozialforschung. Subjektives Wohlbefinden und subjektive Indikatoren der Lebensqualität: Befunde, Daten und Methoden – Eine vorläufige Bilanz. Internationale Tagung der Sektion Soziale Indikatoren in der DGS, 5.–6. Juli 2007.

Dollinger, F. (2004). Wahre Landschaft und Ware Landschaft. Der Gesamtcharakter einer Erdgegend als Grundlage für den Tourismus am Beispiel der Freizeitlandschaften im Zeller Becken. Begleittext zur Ausstellung von Chris Wittwer „Die Freizeitlandschaften des Wintertourismus in der Region Zell am See/Kaprun".

Donnelly, J., Eburne, N., Kittleson, M. (2001). Mental health – Dimensions of self-esteem & emotional well-being. San Francisco: Benjamin Cummings.

Dorn-Peterson H. (2005). Medical Wellness. Download am 26. September 2005 von http://www.wellnessverband.de/infodienst/050130_medical_wellness_beitrag.php

Dörr, G., Gassner, A. (1997). Gesundheitsurlaub und Kur. Erholung für den Körper, Ferien für die Seele. München: dtv.

Dreyer, A., Krüger, A. (1995). Sporttourismus. München: Oldenbourg.

Dunn, H. (1961). High level wellness. Arlington: R.W. Beatty.

Eberle, B. (2004). Wellness und Gesundheit als Marketingimpuls. Wie Sie den Megatrend für Ihre Produkte nutzen. Frankfurt: Redline Wirtschaft.

Ebner, H. (2004). Ergebnisse der Patientenbefragung der PKV. Verband der Versicherungsunternehmen Österreichs. Power Point Präsentation.

Ebrahimzadeh, I., Sakhavar, N. (2004). Health and spa tourism – case from Iran. Health and the role of Iranian mineral springs in the tourism industry. In: M. Rulle (Hg.), Recent trends in tourism – The Baltic and the world, S. 69–77.

Eder, E. (2005). Bewegter Alltag – Inszenatorische Prinzipien und spielpädagogische Strategien für Wellness. Spektrum Freizeit 1, S. 58–71.

Edinger, J. (2003). Entwicklungsleitlinien und Fördergrundsätze für den Kur- und Gesundheitstourismus. Wien: ETB.

Fresenius, W., Kußmaul, H. (o.D.). Einführung in Chemie und Charakteristika der Heilwässer und Peloide. Download am 30. 7. 2008 von http://www.baederkalender.de/pdf/broschuere/ddk_kap_2_4.pdf

Eisenberg, D., Kessler, R., Foster, C., Norlock, F., Calkins, D., Delbanco, T. (1993). Unconventional medicine in the United States – Prevalence, costs, and patterns of use (1993). The New England Journal of Medicine. 1993, 28.1., S. 246–258

Ekler, A. (2008). Actimel zerstört das Geschäft mit Vitaminpillen. Welt online. Download am 13. 7. 2008 von http://www.welt.de/wirtschaft/article2204283/ Actimel_zerstoert_das_Geschaeft_mit_Vitaminpillen.html

Elste, F. (2004). Marketing und Werbung in der Medizin – Erfolgreiche Strategien für Praxis, Klinik und Krankenhaus. Wien/New York: Springer.

Ender, W., Grabler, K., Zins, A. (1998). Gästebefragung Österreich 1997/1998, Gesundheitstourismus. ÖGAF, Österreichische Gesellschaft für Angewandte Fremdenverkehrswirtschaft. Wien.

Ender, W. (1998). Modernisierungsschub für den Kur- und Gesundheitstourismus durch Qualitäts- und Kommunikationsverbesserung. Wien: BMWA.

Ensenbach, S. (2007). Leitfaden zur Gestaltung von Medical Wellness Dienstleistungen in der gehobenen Spa Hotellerie, dargestellt an der Marke Arabella Spa. (Diplomarbeit, FH-Joanneum, Bad Gleichenberg).

Entwicklung des Marktes für Lifestyle-Drugs (o.D.). Reuters, Prognose DB Research, zitiert nach Deutsche Bank Research, Demografie Spezial, 12. 11. 2002, 244, S. 6.

Entwicklung einer Investorencheckliste für Projekte im österreichischen Gesundheitstourismus. Kurzfassung (o.D.). Erstellt von ÖGAF (Österreichische Gesellschaft für Angewandte Fremdenverkehrswissenschaft) im Auftrag des Bundesministeriums für Wirtschaft und Arbeit. Wien.

Entwurf zur 13. Auflage der Begriffsbestimmungen – Qualitätsstandards für die Prädikatisierung von Kurorten, Erholungsorten und Heilquellen (2005). Deutscher Heilbäderverband, Deutscher Tourismusverband, 13. Auflage. Download am 23. 4. 2008 von http://www.lrz-muenchen.de/ ~Prof_Kleinschmidt/DHV-Begriffsbestimmungen/Begr-Best-13Auflage-Version-h.pdf

Erbenich, G. (2001). Wellness als Tagungsevent. Konzepte einer Tagungsdidaktik zum Stressmanagement. IFKA, 18.

Erfolg mit dem Wohlfühltrend (2003). NGZ, Der Hotelier, 11/12, S. 20–29.

Euro Health Consumer Index 2006 (2006). Health Consumer Powerhouse AB.

European Spa Association (o.D.). Homepage. Eingesehen am 3. 3. 2008 unter http://www.visiteuropeanspas.com/europespa/

Europespa, International seal of approval for European spas and health resorts (o.D.). European Spa Association. Download am 3. 3. 2008 von http://www.visiteuropeanspas.com/europespa/

Evaluation der Auswirkung eines Zirbenholzumfeldes auf Kreislauf, Schlaf, Befinden und vegetative Regulation. Endbericht (2003). Joanneum Research.

Evaluierung der Marketingaktivitäten von Tourismusorganisationen (2003). Österreich Werbung. Download am 23. 11. 2007 von http://www.austriatourism.com/scms/media.php/ 8998/2003E_Marketingaktivit%C3%A4ten%20Evaluierung%20Bericht_%C3%96W.pdf

Ezzati, M., Lopez, A., Rodgers, A., Hoorn, S., Murray, C. (2002). Selected major risk factors and global and regional burden of disease. The Lancet 360, November 9, S. 1347–1360.

Fataler Wildwuchs (2004). Hotelverband Deutschland, zitiert nach Touristik Report, 6.

Female versus male spa consumers – Survey of behaviours, expectations, preferences and predictions (2005). Intelligent Spas, Singapore.

FEMTEC, World Federation of Hydrotherapy and Climatotherapie (o.D.). Homepage. Eingesehen am
3. 3. 2008 unter http://www.femteconline.com/

Ferré, J. (o.D.). Historia de los balnearios en España – Arquitectura, patrimonio, sociedad. Panorama
actual de las Aguas Minerales y Minero-medicinales en España.

Fitness im Westend, Der Club für die ältere Generation (2008). Homepage. Eingesehen am 20. 3. 2008
unter http://www.fitness-westend.de/Aktuelles.php5

Fit statt dick Diätferien (o.D.). Homepage. Eingesehen am 16.1.2008 unter http://www.sacre-coeur.org/
sommer/m3.html

Flöhl, R. (2002). Eine Krankheit für jede Pille. Frankfurter Allgemeine Zeitung vom 30. 4. 2002.

FobiCom Diabetes-Reisen (o.D.). Homepage. Eingesehen am 21. 5. 2008 unter
http://www.diabetes-reisen.com/

Forcher, R. (2001). Neuzeitliche Bädertechnik am Beispiel der Waldsee-Therme. Heilbad & Kurort,
1–2, S. 23–25.

Formadi, K. (2007). Making Tourism Work: An initiative for the health and wellness tourism sector –
Job analysis. WP2 Research Report, LEONARDO DA VINCI – Community Vocational Training
Programme MTW Project No: HU/06/B/F/PP-170025. MS.

Formadi, K., Miller, J. (2008). Professionalism in the wellness sector – A cross-cultural perspective.
Konferenzbeitrag zu "Auf dem Weg zur Gesundheitsgesellschaft?" der österreichischen, deutschen
und schweizer Fachgesellschaften für Gesundheits- und Medizinsoziologie am 29. 3. 2008 in Bad
Gleichenberg.

Forschungsgesellschaft entwickelt Naturkosmetiklinie (2008). SpaWorld, 1, S. 44.

Franck, J. (2004). Trends des innerstädtischen Freizeitmarktes. Berlin: Deutsches Seminar für Städte-
bau und Wirtschaft.

Franke, A. (2006). Modelle von Gesundheit und Krankheit. Bern: Huber.

Frauen sorgen besser vor (2004). Frauenarzt, 4, S. 294.

Freydl, U. (2006). Medical Wellness als Lösungskonzept für die Zukunft? Marktpotentialanalyse für
Medical Wellness im Wellness- und Kurhotel (Diplomarbeit, FH-Joanneum, Bad Gleichenberg).

Freyer, W. (2001). Tourismus – Einführung in die Fremdenverkehrsökonomie. München: Oldenbourg.

Friseure und Kosmetikinstitute (2006). Volksbanken und Raiffeisenbanken (VR) info 5/Juli 2006.

Frohburg, I. (1995). Blickrichtung Psychotherapie: Potenzen – Realitäten – Folgerungen. Humboldt-
Universität zu Berlin, Mathematisch-Naturwissenschaftliche Fakultät II, Institut für Psychologie,
Öffentliche Vorlesung vom 6. 5. 1999. MS.

Fründt, S. (2006). Bakterien mit verkaufsfördernder Wirkung. Welt am Sonntag, 22. 10. 2006, S. 30.

Fuchs, M. (2003). Opportunities for strategic alliances between tourism and health industry: A case
study from the European Alps. Recent Advances and Research Updates, 4/2.

Fuchs, M., Weiermair, K. (2004). Destination benchmarking: An indicator system's potential for
exploring guest satisfaction. Journal of Travel Research, 42, S. 212–225.

Fungairiño, L. (2002). Balnearios de Alhama de Granada. Historia y generalidades. Anal. Real Acad.
Nac. Farm., S. 68.

García-Altés, A. (2005). The development of health tourism services. Annals of Tourism Research,
32/1, S. 262–266.

Garten und Therapie (o.D.). Homepage. Eingesehen am 21.4.2008 unter http://www.garten-therapie.de

Gassner, A. (2002). Das Meer, besonders starke Quelle der Gesundheit. Die 2000 alte Thalasso-Therapie ist für Kur und Wellness gefragt, erster Europäischer Thalasso-Kongress. Heilbad & Kurort, 1/2, S. 4–7.

Gästebetreuung im Bäderland Nordrhein-Westfalen – Analyse des Leistungsprofils aus der Sicht des Gastes (1996). Ministerium für Wirtschaft und Mittelstand, Technologie und Verkehr des Landes Nordrhein-Westfalen, Düsseldorf.

Gee, C., Fayos-Solá, D. (1997). International tourism, A global perspective. Madrid: Word Tourism Organisation.

Geisendorfer, M. (2008). Die regionalwirtschaftliche Wirksamkeit von Thermen, gezeigt am Beispiel der Sonnentherme Lutzmannsburg. (Diplomarbeit, FH-Joanneum, Bad Gleichenberg).

Gemeinsame Empfehlungen der Spitzenverbände der Krankenkassen gemäß § 124 Abs. 4 SGB V zur einheitlichen Anwendung der Zulassungsbedingungen nach § 124 Abs. 2 SGB V für Leistungserbringer von Heilmitteln, die als Dienstleistung an Versicherte abgegeben werden in der Fassung vom 17. 1. 2005 (2005). Spitzenverbände der Krankenkassen. Download am 19. 4. 2007 von http://www.ikk.de/ikk/generator/ikk/fuer-medizinberufe/heilmittel/3586.pdf

Genussradeln Süd- und Südweststeiermark (o.D.). Homepage. Eingesehen am 18. 1. 2008 unter http://www.genussradeln.at/

Gesucht: Wellness. Was ist drin und dran? (2001). Verbraucher Zentrale Nordrhein-Westfalen. Düsseldorf.

Gesundheit und allgemeine Weiterbildung. Beitrag zu einer neuen Perspektive der Gesundheitsförderung (1997). Bundesministerium für Bildung, Wissenschaft, Forschung und Technologie.

Gesundheitsbauernhof (o.D.). Homepage. Eingesehen am 26. 2. 2008 unter http://www.gesundheitsbauernhoefe.at/

Gesundheitsreport 2007 (2007). TK (Techniker Krankenkasse). Download am 12. 6. 2008 von https://www.tk-online.de/centaurus/generator/tk-online.de/b01__bestellungen__ downloads/z99__downloads__bilder/pdf/gesundheitsreport__2007,property=Data.pdf

Gesundheitsressort Land Steiermark (2001). Richtlinien für das Gesundheitsgütesiegel des Landes Steiermark für Fitness-Betriebe.

Gesundheits- und Erholungspark Czestochowa, Pre-Feasibility-Studie (2007). Ingenos. Gleisdorf. MS.

Gesundheit und Landurlaub – Schulungskonzept (2006). Projekt M. Lorenz Tourismusberatung, Berlin.

Gesundheitsurlaub auf dem Lande – Leitfaden zur Angebotsentwicklung (2002). Sächsisches Staatsministerium für Umwelt und Landwirtschaft.

Gesundheitsurlaub im Aufwind (o.D.). Institut für Tourismus und Bäderforschung (N.I.T), zitiert nach Focus Medialine: Fitness und Wellness (2005), S. 35. Download am 23. 2. 2008 von http://www.dienstleister-info.ihk.de/branchen/Fitnesswirtschaft/Merkblaetter/05fitness.pdf

Gesundheitswebsites. Mehr als 10 Millionen Besucher (2004). PM Report, 12, S. 18.

Gesundheit & Wellness, Repräsentative Bevölkerungsumfrage in Österreich und Deutschland (2002). Österreich Werbung, Research and Development/Marktforschung. Wien.

Gesundheitswirtschaft in Schleswig-Holstein, Potenziale und Chancen aus wirtschaftspolitischer Sicht. Dokumentation des Workshops am 18. Dezember 2000 (2000). Ministerium für Wirtschaft, Technologie und Verkehr des Landes Schleswig-Holstein.

Gilbert, D., Abdullah, J. (2004). Holidaytaking and the sense of well-being. Annals of Tourism Research 31/1, S. 103–121.

Glückert, S. (2006). Neue Mode braucht das Land, Berufskleidung im Spa. Spa Business, 1, S. 22–23.

Gojcic, S., Rumbak, R. (2005). Kur- und Wellness-Tourismus in Slovenien. Spektrum Freizeit 1, S. 72–83.

Goodrich, J., Goodrich, G. (1991). Health-care tourism. In: Medlik, S. (Hg.). Managing Tourism. Butterworth-Heinemann, Oxford, S. 108–114.

Görs, A., Gramann, H. (2006). Seniorenspezifischer Tourismus. Marburg: Tectum.

Graf, V. (2007). Gender, age, and ethnicity related spa preferences in the Assawan Spa & Health Club – Burj Al Arab, Dubai, U.A.E. (Diplomarbeit, FH-Joanneum, Bad Gleichenberg).

Graf, M. (2007). Kundenbindungsmanagement und –instrumente der Spa-Hotellerie. (Diplomarbeit, FH-Joanneum, Bad Gleichenberg).

Grasser, G. (2006). Komplementär- und Alternativmedizin, Medical Wellness für Frauen. In: Österreichischer Frauengesundheitsbericht 2005/2006, S. 339–357.

Grieswelle, D. (1978). Sportsoziologie. Stuttgart: Kohlhammer.

Grobe, E. (2003). Gesundheitscluster Leipzig - Praxisprojekt Bericht. Leipzig Graduate School of Management. MS.

Groenewegen, P., van den Berg, A., de Vries, S., Verheij, R. (2006). Study protocol Vitamin G: Effects of green space on health, well-being, and social safety. BMC Public Health, 6:149 doi:10.1186/1471-2458-6-149.

Gross, M. (2007). Authentizität versus Exotismus von Spa-Produkten in ausgewählten Belvita Alpine Wellness Hotels in Südtirol. (Diplomarbeit, FH-Joanneum, Bad Gleichenberg).

Großschutzgebiete und regionale Produkte als Imagefaktoren für den Landurlaub – Leitfaden zur Angebotsprofilierung (2006). Sächsisches Staatsministerium für Umwelt und Landwirtschaft.

Gründe für aktive Gesundheitsförderung (2006). Dossier Männergesundheit, Epicure, F.A.Z Institut, zitiert nach Focus Medialine: Der Markt für Fitness und Wellness, S. 15. Download am 25. 2. 2008 von http://www.dienstleister-info.ihk.de/branchen/Fitnesswirtschaft/Merkblaetter/05fitness.pdf

G'sund & Vital (o.D.a). G'sund & Vital-Wohlfühlhotels. Das Konzept.

G'sund & Vital (o.D.b). Homepage. Eingesehen am 28.4.2008 unter http://www.gsund.com/

Gudacker, H. (2006). Arten der Dokumentation. Download am 24. 11. 2007 von www.bibs.kyf.th.schule.de/lehrer/gudacker/?download=Dokarten.pdf

Gutachten zur aktuellen und perspektivischen Situation der Einrichtungen im Bereich der medizinischen Rehabilitation (2006). GEBERA, Gesellschaft für betriebswirtschaftliche Beratung, Düsseldorf. Download am 1.3.2008 von http://www.degemed.de/pdf/GEBERA-Gutachten.pdf

Gutachten zur Wirtschaftlichkeit vorhandener Hallenbäder im Land Brandenburg und Handlungsempfehlunen zur Umsetzung der Bäderplanung 2000–2006. (2003). Regionomica. Auszug, Endbericht. MS.

Gutenbrunner, C., Hildebrandt, G. (1998). Handbuch der Balneologie und medizinischen Klimatologie. Berlin: Springer.

Haag, H. (2001). Bewegung, Sport, Spiel, Gesundheit: Eine ganzheitliche Sichtweise. Öffentliche Ringvorlesung, Institut für Sport und Sportwissenschaften, CAU Kiel.

Hahn, H., Kagelmann, H. (1993). Tourismuspsychologie und Tourismussoziologie. München: Quintessenz.

Handbuch des Gesundheitstourismus in Sachsen-Anhalt (2001). Ministerium für Wirtschaft und Technologie des Landes Sachsen-Anhalt, Tourismus-Studien Sachsen-Anhalt, 4.

Hank-Haase, G. (2006). Hotellerie und Medical Spa. Markt, Konzept und Wirtschaftlichkeit. Wiesbaden. ghh consult.

Hank-Haase, G., Illing, K. (2005). Wirtschaftlichkeit und Rentabilität von Wellnessbereichen in Hotels. Wiesbaden, ghh consult.

Hansen, W., Kamiske, G. (Hg.) (2003). Qualitätsmanagement im Dienstleistungsbereich. Assessment, Sicherung, Entwicklung. Düsseldorf: Symposion.

Harms, F. (o.D.). Gesundheitsmarketing als Managementkonzept. Download am 20. 9. 2007 von http://www.competence-site.de/healthcare.nsf/72A296554DCF9F42C1257185004BDADA/$File/harms_gesundheitsmarketing_als_managementkonzept.pdf

Härtel, A. (2008). Passt Medical Wellness in Ihr Spa-Konzept? Spa Business, 3, S. 26–27.

Hartmann, B. (2001). Kurort, Klima/Wetter und Gesundheit: Wirksamkeit der Gesundheitspolitik in der Regel unbekannt. Heilbad & Kurort, 9, S. 200–202.

Hartmann, C. (o.D.) Interwell – Grenzüberschreitendes Innovationsnetzwerk „Gesundheitstourismus und Kulinarik", Endbericht. Joanneum Research, Institut für Technologie- und Regionalpolitik.

Hartmann, C. (2005). Touristisches Kurzgutachten: „Chancen einer Netzwerkinitiative, Gesundheit-Wellness-Kulinarik in der Steiermark". Joanneum Research, Institut für Technologie- und Regionalpolitik.

Hartmann, H. (2003). Interne Qualitätssicherung im Kur- und Heilbäderbereich – ein nicht sichtbarer Mehrwert für Patienten und Kurgäste? Heilbad & Kurort, 4/5, S. 82–84.

Haubrock, M., Meiners, N., Albers, F. (1998). Krankenhaus-Marketing – Analysen, Konzepte, Methoden. Stuttgart: Kohlhammer.

Hauck, H. (2004). Vorschlag einer Kurorterichtlinie für das Land Vorarlberg. Umwelthygienische Anforderungen in Kurorten.

Hawks, S., Hull, M., Thalmann, R., Richins, P. (1995). Review of spiritual health: Definition, role, and intervention strategies in health promotion. The Science of Health Promotion, 9/5, S. 371–378.

Hazlewood, A. (2006). ActNow BC, Prevention through health promotion. http://www.cdc.ubc.ca/Publications/Presentations/Hazlewood_ActNow_Nov2006.pdf

Health benefits fact file – The market opportunities for health tourism in England (2002). English Tourism Concil. London.

Health tourism (o.D.). Transylvania Business Center, Romania. Download am 3. 10. 07 von http://bibemp2.us.es/turismo/turismonet1/economia%20del%20turismo/turismo%20de%20salud/HEALTH%20TOURISM%20IN%20ROMANIA.PDF

Heigl, A. (2003). Gesundheitsmarkt 2013. München: HVB Corporates & Markets.

Heilvorkommen- und Kurortegesetz (1958). Österreichisches Bundesgesetzblatt, I/272.

Heinze, R. (2006). Masterplan Gesundheitswirtschaft Mecklenburg-Vorpommern. Im Auftrag des Kuratoriums Gesundheitswirtschaft Mecklenburg-Vorpommern, erstellt von Institut für Wohnungswesen, Immobilienwirtschaft, Stadt- und Regionalentwicklung an der Ruhr-Universität Bochum und Institut Arbeit und Technik Forschungsschwerpunkt Gesundheitswirtschaft und Lebensqualität.

Heitmann, K (2006). Standards erleichtern den Austausch. Deutsches Ärzteblatt, S. B2020–2022.

Hellgrén, T., Järvinen, K. (o.D.). Health tourism project in Tampere region. Download am 3. 10. 2007 von http://bibemp2.us.es/turismo/turismonet1/economia%20del%20turismo/turismo%20de% 20salud/HEALTH%20AND%20TOURISM%20IN%20TAMPERE%20FINLAND.PDF

Henschel, K. (2001). Hotelmanagement. München: Oldenbourg.

Hermes, K. (2005). Medical Wellness. Wellnesskonzepte aus den USA in Deutschland. Ökotrophologische Forschungsberichte Bd. 7. Hamburg: Dr. Rüdiger Martienß.

Hibbeler, B. (2008). Auf der Suche nach dem eigenen Profil. Deutsches Ärzteblatt, 26, S. B1232–1235.

Hidding, J. (2005). Wohin bewegt sich der Wellness Markt. Spa Manager, 1, S. 12–14.

Hidding, J. (2003). Der englische Spa-Markt. Spa Manager, 3, S. 10–11.

Hirtenlehner, H., Mörth, I., Steckenbauer, G. (2002). Reisemotivmessung – Überlegungen zu und Erfahrungen mit der Operationalisierung von Urlaubsmotiven. Tourismus Journal, 1, S. 93–115.

Hödl, E. (2007). TUI VITAL Austria – Die Weiterentwicklung vom erfolgreichen Wellnessveranstalter zum weltweit führenden Anbieter des Neuen Gesundheitstourismus: Strategieentwicklung zur Etablierung eines kooperativen Gesundheitstourismus in Österreich. (Diplomarbeit, FH-Joanneum, Bad Gleichenberg).

Hoeth, U., Schwarz, W. (2002). Qualitätstechniken für die Dienstleistung – Die D7. Hanser Verlag: München.

Hoff, S. (2007). Neue Wege in der Apotheke. Kosmetik & Pflege, 1, S. 28–29.

Hofmarcher, M., Riedel, M., Röhrling, G. (2004). Gesundheitszustand in der EU: Erzeugt Krankenversicherung mehr Wohlbefinden? Schwerpunktthema: Arbeitsunfähigkeit infolge psychischer Leiden. Beilage zur Fachzeitschrift Soziale Sicherheit, erstellt durch das Institut für höhere Studien, HealthEcon, Herausgegeben vom Hauptverband der österreichischen Sozialversicherungsträger. Health System Watch, 4.

Holinski-Feder, E., Brandau, O,. Nestle-Krämling, C., Derakhshandeh-Peykar, P., Murken, J., Untch, M., Meindl, A., (1998). Genetik des erblichen Mammakarzinoms: Grundlagen – Forschung – Diagnostik. Deutsches Ärzteblatt, 95, S. A600–605.

Holland, D. (2005). Mindfulness meditation as a method of health promotion in educational settings – Proposal for an experiential pedagogy. Spektrum Freizeit 1, S. 107–005.

Horx, M. (2004). Ausblick 2004 – Die wichtigsten Trends für das kommende Jahr. Download am 28. 11. 2007 von http://www.horx.com/Zukunftstexte/Von_Wellness_zu_Selfness.pdf

Horx-Strathern, O., Horx, M., Gaspar, C. (o.D.). Was ist Wellness? Anatomie und Zukunftsperspektiven des Wohlfühl-Trends. Wien. Zukunftsinstitut.

Hotellerie und Gastronomie Betriebsvergleich (2005). BBG-Consulting, Düsseldorf.

Hotelpreis nach Körpergewicht (o.D.). Mandler's Landhaus. Homepage. Eingesehen am 14. 5. 2008 unter http://www.landhaus-mandler.at/

Huber, T. (2002). Wachstumsmarkt Gesundheitstourismus. Daten und Fakten zum Trend hinter dem Megatrend. Download am 28. 3. 2006 von http://www.wellbeingdestination.at/archiv/gespraech/kw27.htm

Huesmann, A. (2003). Attraktiv für Rehakliniken. Differenzierung durch medizinische Kompetenz. KU-Special, 11/22, 21–24.

Hufnagel, Pütz, Rafaelian (Architekten, Berlin) (o.D.). Plan der Badebene des Thermalbades in Bad Saarow-Pieskow (Deutschland).

Hunter-Jones, P. (2005). Cancer and Tourism. Annals of Tourism Research, 32/1, S. 70–92.

Hurrelmann, K., Klotz, T., Haisch, J. (2004). Lehrbuch Prävention und Gesundheitsförderung. Bern, Göttingen, Toronto, Seattle: Hans Huber.

Hurrelmann, K., Laaser, U. (Hg.) (1998). Handbuch der Gesundheitswissenschaften. (Neuausgabe). Weinheim, München: Juventa.

Hurrelmann, K. (1988). Sozialisation und Gesundheit. Somatische, psychische und soziale Risikofaktoren im Lebensverlauf. Weinheim Juventa.

IFCS – Internationale Fußballcamps Steiermark, Eine erfolgreiche Zwischenbilanz (o.D.). Download am 5. 6. 2008 von http://www.schuetzenhoefer.steiermark.at/cms/beitrag/10175741/870915/

Ihamäki, P. (2008). Geocoaching – A new experience for sports tourism. ATLAS Reflections 2008. S. 55–65.

Illing, K. (2008). Rentnerschwemme und Gesundheitswahn – Aufgaben für die Region der Zukunft. Vortrag im Rahmen der Konferenz: Produkte – Leistungen – Wissen in zukünftigen Gesundheitsregionen. 13. 6. 2008 Eberswalde. MS.

Illing, K. (2007a). Positions-, Kapazitäts- und Umsatzanalyse für das geplante Thermalbad in Hódmezővásárhely (Ungarn). Im Auftrag von Archipol + Architekten DI Alex Mautner und Architekt Dipl. Ing. Anton Handler. MS.

Illing, K. (2007b). Selbstzahler in Rehabilitationskliniken – Potenzialanalyse für eine Medical Wellness-Region unter besonderer Berücksichtigung der Rehabilitationskliniken der Saline Bad Sassendorf GmbH. Studie im Auftrag der Saline Bad Sassendorf.

Illing, K. (2005). Success factors for „Medical Wellness", Lifestyle medicine for self-payers in spas and clinics. ISPA Conference and Exhibition, Singapur, 5.–7. Mai. Conference Proceeding.

Illing, K. (2004a). „Medical Wellness" in Hotels und Klinken – Erfolgsvoraussetzung für Selbstzahlermedizin. In: Illing, K., Meder, N. (Hg.). Spektrum Freizeit, 2, S. 13–36.

Illing, K. (2004b). Medical Wellness. Den Körper ersetzen und der Seele schmeicheln. Hochschulforum, ITB.

Illing, K. (2004c). Mental issues of the health tourism industry – A macro-economic approach to relaxation, personal growth, and consciousness exploration. In: 2nd biennial conference. Changing patterns and use of leisure time, 10.–12. 11. 2004, Conference proceedings, Bozen (Italien).

Illing, K. (2003a). Neues Produkt und neue Märkte für Kliniken. KU-Spezial, 22/11, S. 2–5. Baumann-Verlag.

Illing, K. (2003b). Elf Schritte zum Erfolg, Erfolgreiche Medical Wellness-Angebote brauchen intensive Werbung. KU-Special, 11/22, 25–27.

Illing, K. (2003c). Marketing ist ein Muss. Kunden müssen professionell umworben werden. KU- Special, 11/22, S. 31–33.

Illing, K. (2002a). Zeit für Seele&Selbst – Märkte und Trends im Tourismus für Entspannung und mentale Fitness. Berlin: TDC.

Illing, K. (2002b). Medical Wellness und Selbstzahler. Zur Erschließung neuer Märkte für Rehabilitations-, Kurkliniken und Sanatorien. Berlin: TDC.

Illing, K. (2002c). Anti-Ageing in Rehabilitations-, Kurkliniken und Sanatorien – Chancen und Risiken eines neuen Geschäftsfeldes. Berlin: TDC.

Illing, K. (2001). Patient import and health tourism – international marketing for hospitals, spas, and health regions. Berlin: TDC.

Illing, K. (2000): Patientenimport und Gesundheitstourismus – Internationales Marketing für Kliniken, Kurorte und Gesundheitsregionen. Berlin: TDC.

Illing, K., Hamann, B. (2007): Selbstzahler in Rehabilitationskliniken – Erfolgsfaktoren für einen neuen Markt. Bad Sassendorf: Gesundheitsagentur NRW.

Integrative Medizin und Traditionelle Chinesische Medizin – Ergebnisse einer repräsentativen Bevölkerungsumfrage zu Bekanntheit und Bedeutung (o.D.). Institut für Demoskopie Allensbach.

Intelligent Spas (2007). Spa Industry Intelligence Newsletter, 17. Download am 28. 4. 2007 von http://www.intelligentspas.com/Newsletter/Newsletter_I170724T.asp

Internationale Fußballcamps Steiermark (o.D.). Homepage. Eingesehen am 5. 6. 2008 unter http://www.footballcampstyria.com/

Internationale Gesundheitsregion Geschriebenstein/Irottkö, Projekt IGGI (2007). Download am 19. 5. 2008 von http://www.otherworld.tv/Projekt_IGGI_Grundkonzept071130.pdf

International SPA Association 2006 spa industry update (2006). International SPA Association, Lexington. Download am 21.2.2006 von http://www.experienceispa.com/NR/rdonlyres/E78732B4-3F44-41F6-8C08-970640F9B786/5326/Big5Nov2006FINAL14.pdf

Jarosch, D., Borchardt, M. (2005). Kneipp baulich umgesetzt – Wie über 100 Jahre Erfahrung in modernes Ambiente einfließt. Spa Business, 4, S. 30.

Jede vierte Rehaklinik von Insolvenz bedroht (2007). Deutsches Ärzteblatt, 42, S. 2504.

Jelinek, R. (o.D.). Gesundheitsurlaub 2015 – Zukunftsszenarien für Oberösterreich. http://www.oberoesterreich-tourismus.at/sixcms/media.php/2022/Gesundheitsurlaub-2015_131006.pdf (eingesehen am 8.9.2007).

Jöllenbeck, T., Grüneberg, C. (o.D.). Prävention durch Nordic Walking – Gesundheitsbezogene Effekte für Bewegungsapparat und Herz-Kreislaufsystem. MS.

Jöllenbeck, T., Leyser, D., Classen, C., Mull, M., Grüneberg, C. (o.D.). Nordic Walking – Eine Fallstudie über den Mythos Gelenkentlastung. Manuskript.

Jugovitz, C. (2008). Wirtschaftlichkeit eines Spa in einem Business-Hotel. (Diplomarbeit, FH-Joanneum, Bad Gleichenberg).

Juszczak, J., Nöthen, M. (2006): Ausländische Krankenhauspatienten – Studie zeigt: Top Service gefragt. Deutsches Ärzteblatt, 20, S. B1154.

Kask, T. (2004). Resort of Pärnu – the heritage, which generates today's success story and new trends of the summer capital of Estonia. In: M. Rulle (Hg), Recent Trends in Tourism – The Baltic and the world, S. 51–59.

Kaspar, C. (1996). Gesundheitstourismus im Trend. In: Institut für Tourismus und Verkehrswirtschaft (Hg.). Jahrbuch der Schweizer Tourismuswirtschaft 1995/1996, S. 53–61.

Kassenärztliche Bundesvereinigung (KBV) (2007). Ausgaben der GKV 2006 nach ausgewählten Bereichen. Download am 27.2.2008 von http://daris.kbv.de/daris/doccontent.dll?LibraryName=EXTDARIS^DMSSLAVE&SystemType=2&LogonId=3d13f3385d2e4ed1cd9a393c99bffb25&DocId=003754964&Page=1

Kassl, B. (2008) Die Bekanntheit des Qualitätsgütezeichens Best Health Austria und dessen Funktion als Entscheidungshilfe für die Privatgäste im österreichischen Gesundheitstourismus. (Diplomarbeit, FH-Joanneum, Bad Gleichenberg). MS.

Kaworski, B. (2005). Vergleichsanalyse zur Qualitätssicherung im Wellnesstourismus – Eine Untersuchung von Qualitätssiegeln am Beispiel der Länder Schweiz, Österreich und Deutschland. (Diplomarbeit Hochschule Bremen).

Kern, A. (2005). Folgen der „Privatisierung". Deutsches Ärzteblatt, 26, S. A1874–1877.

Kern, D., Baker, J. (1997). A comparison of a mind/body approach versus a conventional approach to aerobic dance. Womens's Health Issues, 7/1, S. 30–37.

Kher, U. (2006). Outsourcing your heart. [elektronische Ausgabe] TIME 21. 5. 2006. Download am 24. 11. 2007 von http://www.time.com/time/magazine/article/0,9171,1196429.00.html

Kimmerle, J (2007). Kampf im Kurort. Financial Times Deutschland online.. Download am 3. 11. 2007 von http://www.ftd.de/unternehmen/gesundheitswirtschaft/266937.html?p=1

Kirschner, C. (2002). Heilbäder in Europa: Tradition und Vision, Stellung und Bedeutung im künftigen europäischen Gesundheitswesen. Heilbad & Kurort, 11, S. 260–265.

Kirschner, C. (o.D.). Grundlagen der zeitgemäßen Behandlung in den Heilbädern und Kurorten. Download am 20. 11. 2007 von http://www.baederkalender.de/upload/broschuere/DDK-Kap-2-2.pdf

KissSalis Therme (o.D.). Grundriss von Galerie und Erdgeschoss. Email vom 23. 6. 2008.

Kleine-Gunk, B. (2007). Anti-Aging-Medizin, Hoffnung oder Humbug? Deutsches Ärzteblatt, 28–29, S. A2054–2060.

Kleinschmidt, J., Bädorf, H. (2006). Das differenzierte System der Heilbäder und Kurorte in Deutschland. Heilbad & Kurort, 5–6, S. 98–106.

Kleinschmidt, J., Brauer, J., Kleinschmidt, A., Brauer, R. (2003). Rechtliche Rahmenbedingungen von Heilquellen- und Moorapplikationen: zwischen der Therapie am Kurort und dem Versand von Arzneimitteln oder Medizinprodukten. Heilbad & Kurort, 4/5, S. 87–91.

Klösterreich (o.D.). Homepage. Eingesehen am 7. 6. 2008 unter www.kloesterreich.at

Klotz, T., Haisch, J., Hurrelmann, K. (2006). Ziel ist anhaltend hohe Lebensqualität. Deutsches Ärzteblatt 10, S. B519–521.

Kneipp Gesundheitshöfe, Richtlinien (o.D.). Kneipp Bund. Download am 26. 2. 2008 von http://www.kneippbund.de/kur_urlaub/richtlinien/gesundheitshoefe.php?navlink=/kur_urlaub/richtlinien/gesundheitshoefe.php

Kohlmaier, W., Klinger, G. (o.D.). Die neue europäische Thermenregion. Wirtschaftsnachrichten Süd. S. 13–15.

Kommentar der Begriffsbestimmungen für Kurorte, Erholungsorte und Heilbrunnen mit Text der Begriffsbestimmungen in der Fassung vom 30. Juni 1979 (o.D.). Deutscher Heilbäderverband. Download am 1. 3. 2008 von http://www.lrz-muenchen.de/~Prof_Kleinschmidt/DHV-Begriffsbestimmungen/Kommentar-1979.pdf

KompetenzNetzwerk Orthopädie (o.D.). Homepage. Eingesehen am 27. 2. 2008 unter http://www.medicalscore.de/kompetenz/wer.html

Kopetsch, T. (2008). Das Ausland lockt. Deutsches Ärzteblatt, 14, S. B626–628.

Kotler, P., Bliemel, F. (2006). Marketing Management. Analyse, Planung und Verwirklichung, (10. Auflage), München: Pearson Education Deutschland.

Kotler, P., Armstrong, G., Saunders, J., Wong, V. (2003). Grundlagen des Marketing. München: Pearson Education Deutschland.

Kraemer, T. (2005). Gehälter in der Wellness-Branche. Spa Business, 1, S. 38–39.

Krankenhauseinnahmen durch Patientenimporte (1998). Studiengruppe für Sozialforschung. Marquartstein am Chiemsee.

Krankenhaus Umschau Spezial (2003). Medical Wellness. 22/11.

Krankheit. (1986). Pschyrembel klinisches Wörterbuch. 255. Auflage, S. 905. Berlin, New York: Walter de Gruyter.

Krczal, A., Weiermair, K. (Hg.) (2006). Wellness und Produktentwicklung. Erfolgreiche Gesundheitsangebote im Tourismus. Berlin: Erich Schmidt.

Kreiss, S. (2008). Fettes Geschäft. Financial Times Deutschland online, 3.7.2008. Download am 9. 7. 2008 von http://www.ftd.de/unternehmen/gesundheitswirtschaft/:Gesundheitswirtschaft% 20Fettes%20Gesch%E4ft/381266.html

Kreiss, S., Bast, V. (2007). Klinik unter Palmen. Financial Times Deutschland online, 20. 9. 2007. Download am 26.2.2008 von http://www.ftd.de/unternehmen/gesundheitswirtschaft/ :Die%20W%FCste%20Klinik%20Palmen/255474.html

Kriterien Alpine Wellness – Orte/Regionen (2005). Alpine Wellness International. Download am 14. 12. 2007 von http://www.alpinewellness.com/mmdb/1/2/34.pdf

Kriterienkatalog Best Wellness Hotels Austria (2004). Best Wellness Hotels Austria. MS.

Kroeber-Riehl, W., Weinberg, P. (1999). Konsumentenverhalten. München: Vahlen.

Kröher, O. (2000). Kassen im Koma. ManagerMagazin, 1, S. 142–152.

Krüger-Brand, H. (2003). Der Einfluss des Internet wächst. Deutsches Ärzteblatt. 20, S. B1110–1111.

Kulturreferat der Steiermärkischen Landesregierung (2006). Wege zur Gesundheit – Steirische Landesausstellung 2006. Ausstellungskatalog.

Kurformen (o.D.). Heilbäderverband Niedersachen. Download am 1. 2. 2008 von http://www.baederland-niedersachsen.de/index.php_pageId=10.html

Kurorttherapeutische Vorsorge-, Rehabilitations- und Anschlussheilbehandlungs-Maßnahmen. Fälle von 2001 bis 2006 (2007). Deutscher Heilbäderverband. Download am 1. 12. 2007 von http://www.deutscher-heilbaederverband.de/DB_Bilder/aktuelles/pdf/129.pdf

Kurth, B., Ellert, U. (2008). Gefühltes oder tatsächliches Übergewicht: Worunter leiden Jugendliche mehr? Deutsches Ärzteblatt, 23, S. S. 406–412.

Kurtherme Bad Gleichenberg (2003). Vollständig standardisierte schriftliche Befragung von Brandstätter Matuschkowitz Marketing im Auftrag der Gleichenberger und Johannisbrunnen AG.

Kur vor Ort (o.D.). Homepage. Eingesehen am 15. 3. 2008 unter http://www.kur-vor-ort-essen.de/

Kurzfassung der Ergebnisse des überörtlichen Betriebsvergleichs Bäderbetriebe (2004). Deutsche Gesellschaft für das Badewesen, Archiv des Badewesens, 2/6, S. 93.

Kusen, E. (2002): Health tourism. Tourism, 50/2, S. 175–188.

Kussmaul, H. (2001). Vergleichsstudie über Qualitätsanforderungen an Heilwässer/Mineralwässer und Peloide als Grundlage für eine Harmonisierung der Standards in Europa. Heilbad & Kurort, 1/1. S. 10–14.

Laimer, P., Smeral, E. (2003). Ein Tourismussatellitenkonto für Österreich. Im Auftrag des Bundes- ministeriums für Wirtschaft und Arbeit (BMWA), Österreich. Download am 2. 7. 2008 von https://ssl22.inode.at/shop.manova.at/catalog/free/101087A_D.pdf

Landesgesetz über die Anerkennung von Kurorten, Erholungsorten und Fremdenverkehrsgemeinden (Kurortegesetz) (1978). Rheinland-Pfalz, Gesetz vom 21. Dezember 1978.

Landesstrategien für den Wellness-Tourismus in Niedersachsen (2002). Tourismusverband Niedersach- sen, Power Point Präsentation.

Landkarte, Österreich-Karte (o.D.). MyGeo. Download am 23. 2. 2008 von http://www.mygeo.info/landkarten_oesterreich.html

Lanz-Kaufmann, E. (2002). Wellness-Tourismus. Entscheidungsgrundlage für Investitionen und Quali- tätsverbesserungen. Berner Studien zu Freizeit und Tourismus, 38, Forschungsinstitut für Freizeit und Tourismus der Universität Bern.

Lanz-Kaufmann, E. (1999). Wellness-Tourismus. Marktanalyse und Qualitätsanforderungen für die Hotellerie – Schnittstellen zur Gesundheitsförderung. Bern: Forschungsinstitut für Freizeit und Tou- rismus der Universität Bern.

Lanz-Kaufmann, E., Stettler, J. (o.D.). Aktuelle Entwicklungen im deutschsprachigen Wellnesshotel- Markt. Download am 2. 10. 2005 von http://www.lanzkaufmann.ch/doc/pub_tjb_lanz_stettler.pdf

Lauf und Walkingarena Bad Tatzmannsdorf (o.D.). Homepage. Eingesehen am 23. 2. 2008 unter www.walkingarena.at

Lautier, M. (2005). Les exportations de services de santé des pays en développement. Le cas Tunesien. Agence Francaise de Développement.

Leader Top, Die Leser haben entschieden – „Almenland" auf dem ersten Platz (o.D.). Forum Land, Leader Top, Innovationspreis im ländlichen Raum. Eingesehen am 1. 12. 2007 unter http://www.forum-land.at/index.php?mid=5069&etxsid=e0ae94a381dcaa73f2645eb5300c6d17& etxsid=e0ae94a381dcaa73f2645eb5300c6d17

Leading Spa of the World (2007). Homepage. Eingesehen am 1. 12. 20007 unter http://www.lhwspas.com/

Leavy, H. (2005). The evolution and future of the day spa industry. International Medical Spa Associa- tion.

Leder, S. (2007). Neue Muße im Tourismus. Eine Untersuchung von Angeboten mit den Schwerpunk- ten Selbstfindung und Entschleunigung. Paderborner Geografische Studien, 21. Universität Pader- born.

Leder, S. (2005). Auswertung der Gästebefragung in Klöstern der Vereinigung „Klösterreich", unveröf- fentlichter Ergebnisbericht. Paderborn, MS.

Lehrieder, S. (2007). Medical Beauty – Ein lukrativer Trend mit Tücken. Kosmetik und Pflege, 1, S. 26–27.

Leiner, F., Gaus, W., Haux, R., Knaup-Gregori, P. (1999). Medizinische Dokumentation: Lehrbuch und Leitfaden für die Praxis. Stuttgart: Schattauer.

Leistungen der Gesetzlichen Krankenversicherung in der Primärprävention und betrieblichen Gesund- heitsförderung (2005). Arbeitsgemeinschaft der Spitzenverbände der Krankenkassen gemäß § 20 Abs. 1 und 2 SGB V. Dokumentation 2005. Download am 5.11.2007, von http://www.gkv.info/gkv/fileadmin/user_upload/Pressemitteilungen/Pressemitteilungen_2007/ Praeventionsbericht_screen.pdf

Leitbild „Gesundheit und Kultur", Ausseerland–Salzkammergut, 2005–2020. Endbericht (o.D.). Erstellt von gfa, Gesellschaft für Absatzförderung, und Ingenos im Auftrag vom Regionalverein Steirisches Salzkammergut-Ausseerland.

Leitfaden Prävention – Gemeinsame und einheitliche Handlungsfelder und Kriterien der Spitzenverbände der Krankenkassen zur Umsetzung von § 20 Abs. 1 und 2 SGB V vom 21. Juni 2000 in der Fassung vom 10. Februar 2006, 2. korrigierte Auflage vom 15. Juni 2006 (2006). IKK-Bundesverband, Bergisch Gladbach. Download am 6.2.2008 von http://www.mds-ev.org/download/ Leitfaden_Praevention_Stand_2006.pdf

Lernende Regionen (o.D.). Homepage. Eingesehen am 23.2.2008 unter http://www.lernende-regionen.info/dlr/index.php

Lernende Region Tölzer Land (o.D.). Homepage. Eingesehen am 23. 2. 2008 unter http://www.lrtl.de/index.php

Lin, H. (2007). Development plan of medical tourism in Taiwan. Medical Tourism Asia, Konferenz in Singapur, 26.–28. 2. 2007. Präsentationsunterlagen.

Linser, F. (2006). Bedürfnisse des Wellnessgastes. A. Krczal & K. Weiermair (Hg.), Wellness und Produktentwicklung. Erfolgreiche Gesundheitsangebote im Tourismus. Berlin: Erich Schmidt. S. 103–107.

Lohmann, M. (2001). Gesundheit und Urlaubstourismus – Zunehmend differenzierte Nachfragestruktur verlangt spezifisches Angebot. Heilbad & Kurort, 11, S. 270–272.

Ludes, M. (2006). Heilende Räume – Raumgestaltung als ergänzende oder eigentliche Therapie in Krankenhäusern? MS. Vortrag an der FH JOANNEUM Bad Gleichenberg/Graz am 25. 4. 2005.

Ludgen, R. (2003). Investitions- und Betriebskosten von Wellnessanlagen und Spas. Spa Business Juni/Juli, S. 30–33.

Luxemburger Deklaration zur betrieblichen Gesundheitsförderung in der Europäischen Union in der Fassung von Januar 2007 (o.D.). Europäisches Netzwerk für Betriebliche Gesundheitsförderung. Download am 1. 12. 2007 von http://www.netzwerk-unternehmen-fuer-gesundheit.de/fileadmin/ rs-dokumente/dateien/Luxemburger_Deklaration_22_okt07.pdf

Maaka, T. (2007). South Africa a medical tourism destination. Medical Tourism Asia, Konferenz in Singapur, 26.–28. 2. 2007. Präsentationsunterlagen.

Maas, J., Verheij, R., Groenewegen, P., de Vries, S., Spreeuwenberg, P. (o.D.). Green space, urbanity and health: how strong is the relationship? NIVEL (Netherlands Institute for Health Services Research), Utrecht, the Netherlands.

MacCannell, D. (1999). The tourist. A new theory of the leisure class. London: University of California Press.

Malik, S. (2007). Role of accreditation in promoting medical tourism perspective from India. Medical Tourism Asia, Konferenz in Singapur, 26.–28. 2. 2007. Präsentationsunterlagen.

Marathon 2007, Finisher-Zahlen stabilisieren sich (2007). Marathon.de. Download am 7. 11. 2007 von http://www.marathon.de/news/marathonstatistikdeutschland2007.html

Marke. (1994). Gabler Wirtschaftslexikon, 13. Auflage, S. 2188–2189. Wiesbaden: Gabler.

Marketing für den Landtourismus – Ein Handbuch (2001). Sächsisches Staatsministerium für Umwelt und Landwirtschaft.

Marketingplanung. (1994). Gabler Wirtschaftslexikon, 13. Auflage, S. 2203. Wiesbaden: Gabler.

Marktchancen im Gesundheitstourismus (2003). Institut für Freizeitwirtschaft, Health-Care-, Anti-Aging-, Wellness- und Beauty-Urlaub bis 2010. München.

Marktforschung. (1994). Gabler Wirtschaftslexikon, 13. Auflage, S. 2207–2209. Wiesbaden: Gabler.

Marktl, W. (2004). Austrian climate and health tourism initiative. Wien: Boku-IMP.

Masser, S. (2007). Gesundheitsfördernde Wellnessangebote basierend auf dem Transtheoretischen Modell in österreichischen Thermen. (Diplomarbeit, FH-Joanneum, Bad Gleichenberg).

Matthies, M. (2006). KompetenzNetzwerk Orthopädie. Vortrag am 11. 12. 2006 im Rahmen der Jahrestagung Wellbeing Cluster Niederösterreich, Wien.

Mayerhofer, K. (2007). Kundenorientiertes Qualitätsmanagement im Kur- und Wellnessbereich anhand einer Fallstudie im Warmbaderhof des Thermenresorts Warmbad-Villach. DA an der Wirtschafts-universität Wien.

McCarthy, E. (1960): Basic Marketing: A Managerial Approach, Homewood, Irwin Professional.

McDonald's Kinderhilfe Stiftung (o.D.). Homepage. Eingesehen am 8. 9. 2007 unter http://www.mcdonalds-kinderhilfe.org/home/index.html

Mediaedge:cia (2006). Sensor Wellness, 3. Download am 26. 1. 2008 von http://wellnessverband.de/pdf/sensor_wellness.pdf

Medical retail markets: Participants, products & revenues (2007). Feedback Research Services, Feed-back.com.

Medical Wellness – Mehr als eine neue Marketing-Masche? (2008). Deutscher Wellness Verband. Download am 1. 3. 2008 von http://www.wellnessverband.de/medical/index.php

Medical Wellness Park Mecklenburgische Seenplatte (o.D.). Homepage. Eingesehen am 3. 3. 2008 unter http://www.medicalwellnesspark.de/

Medial spa definitions and guidelines (o.D.). Medial Spa Association. Download am 6. 2. 2008 von http://www.medicalspaassociation.org/guidelines.htm

Medical spa & specialty hospital markets, Assessments & overviews 2005 (2005). Feedback Research Services, Jacksonville.

Medical Tourism (o.D.). Travelite India. Download am 26. 2. 2008 von http://www.traveliteindia.com/medical.asp

Meditatives Wandern – Blick auf einen besonderen Markt (o.D.). Österreich Werbung. Download am 11. 6. 2008 von http://www.austriatourism.com/scms/media.php/8998/2007E_Meditatives%20Wandern_Presse-Kurztext_B2B.pdf

Medizinisches Konzept „Balancemedizin" im Rahmen des gesundheitsmedizinischen Schwerpunktes der Therme Aqualux Fohnsdorf (2006). hospitals Projektentwicklungsgesellschaft. Graz.

Meffert, H., Bruhn, M. (2000). Dienstleistungsmarketing, Grundlagen – Konzepte – Methoden. Wiesbaden: Gabler.

Mehr Österreicher/innen zum Sport – Eine Aktivierungsstudie zur Förderung des Sportengagements in Österreich (2005). Bundes Sportorganisation Österreich (BSO).

Mental Well-being (2006). European Commission, Special Eurobarometer, 248. Download am 1. 3. 2008 von http://ec.europa.eu/public_opinion/archives/ebs/ebs_248_en.pdf

Metaxotos, N. (2007). Greece as a destination for aesthetic surgery patients – The Symmetria clinic model. Medical Tourism Asia, Konferenz in Singapur, 26.–28. 2. 2007. Präsentationsunterlagen.

Michalkó, G., Rátz, T. (2006). The mediterranean tourist milieu. Anatolia, an international of tourism and hospitality research, 17/1, S. 55–71.

Michalkó, G., Rátz, T. (o.D.). The role of the tourist milieu in the social construction of the tourist experience. Manuskript.

Miglbauer, E. (2002). Gesundheitstourismus und Kliniktourismus in England – Trend- und System-analyse.

Miglbauer, E. & Schauer, G. (2003). Organisierte Nachfrager auf dem österreichischen und deutschen Gesundheitsmarkt. Wien: Österreichische Gesellschaft für Angewandte Fremdenverkehrs-wissenschaft

Miller, J. (2005). Wellness: The history and development of a concept. Spektrum Freizeit 1, S. 84–106.

Millstein, A., Smith, M. (2006). America's new refugees, seeking affordable surgery offshore. The New England Journal of Medicine, 355/16, S. 1637–1640.

Mlejnková, L. (2004). Wellness im tschechischen Kurwesen. Spektrum Freizeit 1, S. 60–70.

Modernisierungsschub für den Kur- und Gesundheitstourismus durch Qualitäts- und Kommunikations-verbesserung (1998). Bundesministerium für Wirtschaft und Arbeit (Österreich). Wien.

Monz, A., Monz, J. (2001). Design als Therapie – Raumgestaltung in Krankenhäusern, Kliniken und Sanatorien. Verlagsanstalt Alexander Koch, Leinfelden-Echterdingen.

Mundt, J. (2001). Einführung in den Tourismus. München: Oldenbourg.

Münster, M., Pütz-Willems, M. (2004). Auf der Wellness-Welle. fvw International, 8, S. 64–66.

Nahrstedt, W. (2008). Wellnessbildung – Gesundheitssteigerung in der Wohlfühlgesellschaft. Berlin: Erich Schmidt.

Nahrstedt, W. (2005). „Wellness im Kurort". Neue Qualität für den Gesundheitstourismus in Europa? Spektrum Freizeit 1, S. 37–52.

Nahrstedt, W. (1999). Freizeit und Wellness, Gesundheitstourismus in Europa. Die neue Herausforde-rung für Kurorte, Tourismus und Gesundheitssysteme. 11. ELRA Kongress vom 7. bis 9. 10. 1999.

Naidoo, J., Wills, J. (2003). Lehrbuch der Gesundheitsförderung. Werbach-Gamburg: Verlag für Gesundheitsförderung.

Naidoo, J., Wills, J. (2000). Health Promotion, Foundations for practice. Edinburgh: Baillière Tindall.

Nature and health, The influence of nature on social, psychological and physical well-being (2004). Advisory Council for Research on Spatial Planning, Nature and the Environment (RMNO). Den Haag.

Need for medical tourism (o.D.). Download am 19. 1. 2008 von http://www.traveliteindia.com/medical.asp

Neue Statistik der Schönheitsoperation (2007). Gesellschaft für Ästhetische Chirurgie Deutschland. Download am 25.2.2008 von http://www.gacd.de/presse/pressemitteilungen/2007/2007-09-14-statistik-schoenheits-op-2006.html

Neuhaus, G. (2007). Relevante, erprobte Fortbildungsinhalte im Medical Wellness-Bereich. Manu-skript.

Neuhaus, G. (2005). Die Mitarbeiter im Wellness-Unternehmen. In: Geiger, A., Gindhart, Th., Neu-haus, G., Rauch, J., Ritter, S., Schleinkofer, G. (Hg.) (2005). Unternehmen Wellness. Handbuch für Betriebe der Wellness und Medizinischen Wellness. Lengerich: Pabst Science Publishers, S. 125–138.

Normalgewicht und Übergewicht (o.D.). Gesundheitsberichterstattung des Bundes und Robert-Koch-Institut, zitiert nach Management & Krankenhaus 2006, 3, S. 28.

Nussbaum, M., Sen, A. (Hg.) (1993). The quality of life. Oxford: Clarendon Press.

Nutbeam, D. (1998). Health promotion glossary. Health promotion international 13/4.

OECD Health Data (2003). Obesity rates among the adult population, latest year available. Download am 13. 10. 2007 von http://www.oecd.org/dataoecd/10/20/2789777.pdf

Opaschowski, H.-W. (1995). Freizeitökonomie: Marketing von Erlebniswelten. Opladen: Leske + Budrich.

Orfer, B. (2008). Rasche Heilung für Bosnigl und Bettnässer. Der Standard (Österreich) vom 24./25. 5. 2008.

Örley, T. (2003). Neue Wege in der alpinmedizinischen Forschung: Vom Projekt AMAS-2000 zum Produkt Welltain. Innsbruck: Universität Innsbruck.

Österreichs Destinationen im Wettbewerb (2008). Österreichische Hoteliervereinigung.

Ottawa-Charta for Health Promotion (1986). First international conference on health promotion Ottawa, 21 November 1986 – WHO/HPR/HEP/95.1

Ottawa-Charta zur Gesundheitsförderung (o.D.). Weltgesundheitsorganisation Regionalbüro für Europa, zitiert nach Internationale Konferenz zur Gesundheitsförderung am 21. November 1986. Download am 10. 12. 2007 von http://www.euro.who.int/AboutWHO/Policy/ 20010827_2?language=German

Over The Wall (o.D.). Homepage. Eingesehen am 9. 7. 2007 unter http://www.otw.org.uk/

Parasuraman, A., Zeithaml, V., Berry, L. (1988). Servqual: A multiple-item scale for measuring consumer perception of service quality. Journal of Retailing, 64/1, S. 12–40.

Parsons, T. (1967). Definition von Gesundheit und Krankheit im Lichte der Wertbegriffe und der sozialen Struktur Amerikas. In: Mitscherlich, A., Brocher, T., von Mering, O., Horn, K.: Der Kranke in der modernen Gesellschaft. Kiepenheuer & Witsch, Köln 1967. S. 57–87.

Patientenherkunft in Vorsorge- und Rehabilitationseinrichtungen 2004 (o.D.). Statistisches Bundesamt, zitiert nach GEBERA, Gutachten zur aktuellen und perspektivischen Situation der Einrichtungen im Bereich der medizinischen Rehabilitation, 2006, S. 10.

Patient Gesundheitswesen: Der Blick aufs Ganze fehlt (2005). Die Presse (Österreich) Ausgabe vom 12 Feb., S. 10.

Pearce, P. (2005). Tourist behaviour, themes and conceptual schemes. Aspects of Tourism, 27. Clevedon: Channel View Publications.

Perlik, M., Messerli, P. (o.D.). Neuere Ansätze der Regionalentwicklung und ihre Implementierung in nationalen und internationalen Entwicklungsprogrammen. Geographisches Institut der Universität Bern.

Pfeifer, T. (1996). Qualitätsmanagement: Strategien, Methoden, Techniken. München, Wien: Hanser.

Pfleger, M. (2005). Alpine Wellness – Wie viel Authentizität brauchen alpine Wellnessangebote wirklich und wie kann Authentizität im alpinen Wellnessbereich verwirklicht werden? (Diplomarbeit, FH-Joanneum, Bad Gleichenberg).

Pichler, K. (2006). Die neusten Benchmarks als Richtlinie für Ihr Spa. Spa Business 3, S. 22f.

Pichler, K. (2005). Spa-Zahlen sind sexy. Benchmarks als Richtlinie für Ihr Spa. Spa Business, 5, S. 19–20.

Playas balnearios de calidad, Gestión turística y ambiental directrices y guía de autoevaluación (o.D.). Secretaría de Turismo de la Nación y la Secretaria de Ambiente y Desarrollo Sustenable de la Nación.

Ploberger, K. (2006). Feasibility-Studien im Kur- und Wellnessbereich. In: Krczal/Weiermair (Hg.), Wellness und Produktentwicklung. Berlin: Erich Schmid. S. 167-176.

Podhorski-Piotrowski, J. (2004). Implementation of sustainable tourism and spa practices in a country of transition – the case of a Baltic city, Sopot. In: M. Rulle (Hg), Recent Trends in Tourism – The Baltic and the world, S. 29–40.

Porter, M. (1990). The competitive advantage of nations. New York: Free Press.

Prae-Fit Gesundheitsstudio, Kriterien für die Anerkennung von Fitnessanlagen als Gesundheitsstudios, Überarbeitete Fassung vom 1.1.2004 (o.D.). Deutscher Sportstudio Verband. Download am 23. 2. 2008 von http://www.prae-fit.de/daten/prae-fit_kriterienkatalog_2004.pdf

Prasad, A. (2007). Medical tourism – Problems. Medical Tourism Asia, Konferenz in Singapur, 26.–28. 2. 2007. Präsentationsunterlagen.

Prävention im Kurort (o.D.). Deutscher Heilbäderverband. Eingesehen am 3. 3. 2008 unter http://www.praevention-im-kurort.de/lang42/cat895/cat896/art1649.html

Prävention und Gesundheitsförderung in Kurorten und Heilbädern, Position und Anspruch. Wellness im Kurort, Positionspapier (2003). Deutscher Heilbäderverband.

Praxisleitfaden Wellness (2002). Deutscher Tourismusverband. Neue Fachreihe, 27.

Premium-Class Heilklimatischer Kurort (o.D.). Homepage. Eingesehen am 23. 2. 2008 unter http://www.heilklima.de/pc/

Prettin, M. (2007). Der Wohlfühlfaktor. Download am 22. 2. 2007 von www.ftd.de/unternehmen/gesundheitswirtschaft/159031.html?mode=print

Prettin, M., Kreiss, S. (2007). Bei Reisefieber fragen Sie Ihren Apotheker. FTD-online vom 22. 3. 2007.

Programming and profit centers, The most profitable programs and services offered by clubs (o.D.) Download am 14.1.2008 von http://cms.ihrsa.org/index.cfm?fuseaction=Page.viewPage&pageId=18855&nodeID=15

Projektskizze Kneipp-Erlebnisregion (o.D.). Europäisches Gesundheitszentrum für Naturheilverfahren, Sebastian Kneipp Institut. MS.

Prontis, P. (2008). Einmal Bohren mit Massage, bitte! Spa Business 1, S. 22–23.

Pruthi, R. (2006). Medical tourism in India. Delhi: Arise publishers & distributors.

Pucher, R. (2006). Erfolgsfaktoren für Betriebskonzepte für multifunktionale Freizeitbäder und Thermen. (Diplomarbeit, FH-Joanneum, Bad Gleichenberg).

Qualitätskriterien, Definition und Kriterien des Verband Deutscher Thalasso-Zentren e.V. für Original Thalasso-Zentren (o.D.). Verband Deutscher Thalasso-Zentren. Download am 7. 2. 2008 von http://www.thalasso-verband.de/index.php?idcat=17

Qualitätsmerkmale des „Schlank und Schön"-Urlaubs, Standards für Mitgliedshotels (2005). Schlank und Schön in Österreich. MS.

Qualitätsnormen für die komplexe Anwendung von Kur- und Heilmitteln in den anerkannten Heilbädern und Kurorten (2007). Deutscher Heilbäderverband. Download am 1. 12. 2007 von http://www.deutscher-heilbaederverband.de/DB_Bilder/aktuelles/pdf/130.pdf

Raab, A. (2004). Wege für Krankenhäuser zur Gewinnung internationaler Patienten. FH Ingolstadt, Pressemappe.

Rad- und Bikearena (o.D.). Homepage. Eingesehen am 23. 2. 2008 unter www.rad-bike-arena.com

Rauluk, M. (2007). Mit der richtigen Marketingstrategie zum Erfolg. Spa Business, 2, S. 16f.

Rechnet sich „Wellness"? (2006). Österreichische Hotel- und Tourismusbank. Download am 1. 12. 2007 von http://www.oeht.at/news/WellnessROI.pdf

Reinecke, S., Tomczak, T. (2006). Handbuch Marketingcontrolling. Effektivität und Effizient einer marktorientierten Unternehmensführung. Wiesbaden: Gabler.

Reisenhofer, O. (2008). Konsumbereitschaft für Spa-Dienstleistungen durch Tagungs- und Konferenzgäste in Tagungs- und Spahotels. (Diplomarbeit, FH-Joanneum, Bad Gleichenberg). MS.

Reiseveranstalter. (1998). Schroeder, Lexikon der Tourismuswirtschaft. TourCon Hannelore Niedecken, S. 262.

Reppel, K., Berg, H. (2001). Gesundheitsurlaub und Wellness, Heilbäder und Kurorte haben beste Marktchancen. Heilbad & Kurort 4/5, S. 75–80.

Richter, B., Pütz-Willems, M. (2002). Wellness + Wirtschaft. Konzeption, Finanzierung und Vermarktung von Spa-Projekten. Augsburg: Michael Willems.

Richter, C. (2004). Massenleiden, wenn unser Immunsystem „spinnt". Die Presse vom 24. 9. 2004.

Richter, M. (2007). Provisionssystem für Spa-Mitarbeiter. Power-Point-Präsentation vom 29. 11. 2007.

Richter, M., Faulbaum, A. (2007). Betriebswirtschaftliche Kennzahlen in Spa-Bereichen – Benchmarking von Erfolgsfaktoren.

Richtlinien für den Bäderbau (1996). Koordinierungskreis Bäder. Essen: Wehlmann.

Richtlinien zur Verleihung der Anerkennungsplakette „Vom Kneipp-Bund anerkanntes Gästehaus" (o.D.). Kneipp-Bund, Bad Wörishofen. MS.

Rietfort, N. (2004). Goldgrube Beautykabine. Spa Business, 1, S. 18–19.

Ritchie, B., Adair, D. (2004). Sport tourism – interrelationships, impacts and issues. Clevedon: Channel View Publications.

Rogner-Bad Blumau (2007). Marketingplan. MS.

Rogner Bad Blumau (2003). Nachhaltigkeitsbericht. MS.

Rohrhofer, B. (2004). Gesundheitsurlaub bringt neue Energie für stressigen Alltag. TourismusNachrichten (Oberösterreich), 17.9., S. 9.

Roitner-Schobesberger, B., Wolf, U. (2006). Erfolgsfaktoren für die regionale Orientierung handwerklicher Lebensmittelverarbeiter. Reader Ökologischer Landbau & Regionale Entwicklung 2005/06. Download am 14. 6. 2006 von http://www.boku.ac.at/fileadmin/_/PF-BioLandwirtschaft/pubs/Sozokon/2005_Reader.pdf

Rootman, I., Goodstadt, M., Hyndman, B., McQueen, D., Potvin, L., Springett, J., Ziglio, E. (Hg.) (2001). Evaluation in health promotion – Principles and perspectives. WHO Regional Publications, European Series, 92.

Rosenmöller, M., McKee, M., Baeten, R. (Hg.) (2006). Patient mobility in the European Union, Learning from experience. The European Observatory on Health Systems and Policies. Download am 2. 9. 2007 von http://www.iese.edu/en/files/6_22160.pdf

Roth, R. (2000). Entwicklungskonzeption Sporttourismus im Naturpark Südschwarzwald. Power Point.

Röthig, P., Prohl, R. (2003). Sportwissenschaftliches Lexikon. Schorndorf: Karl Hofmann.

Rowanschek, E. (2008). Konkurrenzkampf am Thermenmarkt und Überlebensstrategien der öster-reichischen Thermen: Analyse von Erfolgsfaktoren und deren Adaptierbarkeit. (Diplomarbeit, FH-Joanneum, Bad Gleichenberg).

Rulle, M. (Hg.) (2004a). Recent trends in tourism – the Baltic and the world. In: Greifswalder Beiträge zur Regional-, Freizeit- und Tourismusforschung, 15.

Rulle, M. (2004b). Der Gesundheitstourismus in Europa — Entwicklungstendenzen und Diversifika-tionsstrategien. München, Wien: Profil.

Rulle, M. (2004c). Edu Wellness: Vom passiven Konsum zum selbstverantwortlichen Handeln. Spekt-rum Freizeit 1, S. 53–59.

Rulle, M. (2004d). Der europäische Gesundheitstourismus im Kontext veränderter Rahmenbedingun-gen. Spektrum Freizeit 1, S. 130–142.

Saarow-Therme (2000). Sport, Bäder, Freizeitbauten, 5, S. 7–20.

Salzkammergut – Der Gipfel der Gefühle (o.D.). Homepage. Eingesehen am 23. 2. 2008 unter http://www.biken.at/

Samitz, G., Baron, R. (2002). Epidemiologie der körperlichen Aktivität. In: G. Samitz und G. Mensink (Hg.), Körperliche Aktivität in Prävention und Therapie. München.

Saretzki, A., Sonnenberg, G., Wöhler, K. (o.D.). Wellness as a hybrid phenomenon. Universität Lüne-burg. MS.

Sauer, M. (1997). Reproductive prohibition: Restricting donor payment will lead to medical tourism. Human Reproduction, 12/9, S. 1844f.

Saunabad (o.D.). Deutscher Saunabund. Download am 15. 10. 2007 von http://www.sauna-bund.de/

Saurug, K. (2003). Der Gesundheitstrend als die Chance für modernen Tourismus unter besonderer Berücksichtigung der „Gesundheitsferien" der Jugend- und Familiengästehäuser. (Diplomarbeit an der Universität Innsbruck, Institut für Tourismus und Dienstleistungswirtschaft).

Scheffau ist 1. Kneipp-Erlebnisdorf Tirols (o.D.). Download am 14. 2. 2008 von http://www.wilderkaiser.info/de/scheffau-1-kneipp-erlebnisdorf.html

Scheftschik, A. (2005). Wellness lernen. Anforderungen an eine Freizeitdidaktik in der Gesundheits-bildung unter dem Aspekt der Nachhaltigkeit. Spektrum Freizeit, 1, S. 116–129.

Scheftschik, A. (2004). Körperkult und Wellness. Zeitschrift für Erwachsenenbildung, 4, S. 36–39.

Scheiber, P. (2006). Empirische Untersuchung unter Wellness-Tagesgästen bezüglich des Freizeitver-haltens und der Erwartungen im Hinblick auf den Erholungsbereich der in Planung befindlichen „Erlebnistherme Warmbad-Villach neu" unter besonderer Berücksichtigung der 45- bis 60-Jährigen Gäste. (Diplomarbeit, FH-Joanneum, Bad Gleichenberg).

Scheibner, K. (2006). European Spa World – Dokumentation, Evaluation & Zukunft eines internationa-len Marketingprojektes. (Diplomarbeit, FH-Joanneum, Bad Gleichenberg).

Scheurer, R. (2003). Erlebnis-Setting. Touristische Angebotsgestaltung in der Erlebnisökonomie. Forschungsinstitut für Freizeit und Tourismus (FIF) der Universität Bern.

Scheutterle, B. (2005a). Wellness-Bereich mit Hand und Fuß. Spa-Business, 5, S. 42–43.

Scheutterle, B. (2005b). Investition in Sachen Wellness. Ist- und Markt-Analyse sind ein Muss. Spa-Business, 2, S. 30–31.

Schletterer Wellness & Spa Design (o.D). Spa-Grundriss. Email vom 20. 6. 2008. Strass im Zillertal.

Schmid, M. (2005). Ein Zukunftsmarkt. Medical Wellness. gv-praxis, 7, S. 28–33.

Schober, R. (2006). Mehr Atmosphäre für die moderne Innenstadt – Zur Psychologie der Stadtattraktivierung. Vortrag, Bad Sassendorf.

Schober, R. (2005). Neues Lebensgefühl durch Landschaftstherapie, Landschaftswirkungen und kreative Impulse – Eine Freudetherapie. Spektrum Freizeit, 1, S. 46–57.

Schober, R. (2001). Atmosphäre – Die neue Dimension der Kurortentwicklung. Heilbad & Kurort, 8, S. 173–178.

Schober, R. (1993). Attraktionsanalyse. In: Hahn, H., Kagelmann, H. (Hg.), Tourismuspsychologie und Tourismussoziologie – Ein Handbuch zur Tourismuswissenschaft. München: Quintessenz. S. 533–535.

Schobersberger, W., Greie, S., Humpeler, E. (2006). Kundennutzenstiftung durch Kooperation von Medizin und Tourismuswirtschaft. A. Krczal & K. Weiermair (Hg.), Wellness und Produktentwicklung. Erfolgreiche Gesundheitsangebote im Tourismus. Berlin: Erich Schmidt. S. 91–101.

Schroeder, G. (1998). Lexikon der Tourismuswirtschaft. Hamburg: TourCon Hannelore Niedecken.

Schuh, A. (1998). Gesundheitsfördernde Auswirkungen von Urlaub und Kur in alpinen Höhen von 1000-2500 m, Medizin ohne Nebenwirkungen, S. 2–13.

Schuh, A. (1995). Angewandte medizinische Klimatologie. Stuttgart: Sonntag.

Schüle, K., Huber, G. (Hg.). (2004). Grundlagen der Sporttherapie – Prävention, ambulante und stationäre Rehabilitation. München: Urban & Fischer.

Schwaiger, J. (2007). Megatrend Gesundheitstourismus. Abgrenzung und Entwicklung. Saarbrücken: Dr. Müller.

Schwark, J. (Hg.). 2005. Sporttourismus und Großveranstaltungen – Praxisbeispiele. Münster: Waxmann.

Schwartz, F., Badura, B., Busse, R., Leidl, R., Raspe, H., Siegrist, J., Walter, U. (Hg.). Das Public Health Buch.

Schwartz, F., Badura, B., Leidl, R., Raspe, H., Siegrist, J. (Hg.) (2000). Das Public Health Buch – Gesundheit und Gesundheitswesen. München: Urban & Fischer.

Schweitzer, M., Gilpin, L., Frampton, S. (2004). Healing spaces: Elements of environmental design that make an impact on health. The Journal of Alternative and Complementary Medicine, 10/1, S. 71–83.

Schwimmbad&Sauna (2001). Wellness Erlebnisanlage, 11/12, S. 87–92.

Seekwellness.com (o.D.). Homepage. Eingesehen am 23.2.2008 unter http://www.seekwellness.com/index.htm

Selbstzahlerumfrage Theresienhof Frohnleiten (2006). FH Joanneum, Bad Gleichenberg. MS.

Selfness Center (o.D.). Homepage. Eingesehen am 24.10.2007 unter http://www.selfness-center.ch/5/Home_.html

Selker, M. (2006). Erfolgsvoraussetzung für Selbstzahlermedizin. Wie kann das steigende Gesundheitsbewusstsein und der boomende Gesundheitsmarkt für Reha- und Kurzentren am Beispiel des Revital Aspach genutzt werden, um den Selbstzahlermarkt zu erschließen? (Diplomarbeit, FH-Joanneum, Bad Gleichenberg).

Sen, A. (1985). Commodities and capabilities. Oxford: Oxford University Press.

Sen, A. (1979) Utilitarianism and welfarism. The Journal of Philosophy, LXXVI, S. 463–489.

Shah, B. (2007). Preparing your institution for the entrance of foreign patients. Medical Tourism Asia, Konferenz in Singapur, 26.–28. 2. 2007. Präsentationsunterlagen.

Shah, P. (2007). Attracting and managing the inflow of medical patients from the UK, USA, Canada and East Afrika. Medical Tourism Asia, Konferenz in Singapur, 26.–28. 2. 2007. Präsentationsunterlagen.

Sigrist, S. (2006a). Health horizons – Guide zu den neuen Gesundheitsmärkten. Gottlieb Duttweiler Institut (Schweiz).

Sigrist, S. (2006b). Zukunftsperspektiven des Gesundheitsmarktes – Kostenfaktor und Wachstumsbranche. Vortragsfolien vom 29. 8. 2006.

Simon, H. (2008). Fitness-Plan für die Gesundheitsregion Berlin. Berliner Wirtschaft, 1, S. 6–9.

Skinner, J. (2007). Barbados: A practical discussion on establishing a medical tourism destination from conception to reality. Medical Tourism Asia, Konferenz in Singapur, 26.–28. 2. 2007. Präsentationsunterlagen.

Skiunfälle sind gut für die Wirtschaft (2004). Economist (Österreich) vom 13. 12. 2004.

Slak, N., Robinsak, M. (2005). Research amongst providers of active sports holidays in Slovenia. Tourism Review, 60/2, S. 27–31.

Slunecko, T. (o.D.). Über Wirkung und Potential der AlphaLiege/AlphaSphere. MS.

Sonnentherme Lutzmannsburg (2008). Pressemappe. Sonnentherme Betriebsgesellschaft.

Sonnentherme (o.D). Homepage. Eingesehen am 23.2.2008 unter www.sonnentherme.at

Sozialgesetzbuch..de – Alle wichtigen sozialgesetze online (o.D.). Homepage. Eingesehen am 9. 6. 2008 unter http://www.sozialgesetzbuch.de/gesetze/09/index.php?norm_ID=0900200

Spa definition and total spa numbers (2001–2008). Spa Industry Intelligence Newsletter, 20. Intelligent Spas, Singapore.

SpaFinder (o.D.). Homepage. Eingesehen am 27. 3. 2008 unter http://www.spafinder.com/index.jsp

Spa industry profile benchmarks Asia Pacific report (2008). online newsletter. Intelligent Spas, Singapore.

Spa industry report (2007). The Leisure Database Company, zitiert nach: International SPA & Wellness Association (ISWA). Download am 29. 2. 2008 von http://iswa.de/archives/2007/08/spa_industry_re.php

Spa-Lageplan (o.D.). Hotel Neptun Warnemünde. Download am 23. 2. 2008 von http://www.hotel-neptun.de/wDeutsch/img/arkona_spa/uebersicht_spa/lageplanspa.jpg

Sport und Gesundheit (2007). GEO WISSEN, 39.

Sport und Gesundheit – Die Auswirkungen des Sports auf die Gesundheit, eine sozio-ökonomische Analyse (2000). Bundes Sportorganisation Österreich (BSO).

Sportunfälle in Österreich nach Alter (2005). Kuratorium für Verkehrssicherheit und Unfallstatistik.

Statistisches Jahrbuch 2005 (2005). Wien, Statistik Austria.

Steinbach, M. (2002). Prävention und Gesundheitsförderung in Kurorten und Heilbädern. Positionsbestimmung und Anspruch. Heilbad & Kurort, 12, S. 292–295.

Steiner, C., Reisinger, Y. (2005). Understanding existential authenticity. Annals of Tourism Research, 33/2, S. 299–308.

Steinmetz, R. (2000). Public Private Partnership: Der Weg aus der Krise? Archiv des Badewesens, Fachzeitschrift für Praxis, Technik, Wissenschaft und Betriebswirtschaft, 10, S. 567–569.

Steinmüller, P. (Hg.) (2000). Die neue Schule des Controllers. Bd. 1. Stuttgart: Schäffer-Poeschel.

St. Gregory (o.D.). Homepage. Eingesehen am 23. 2. 2008 unter http://www.stgregoryspa.com/main.html.

Stoyke, B. (2004). Wirtschaftliche Situation und Zukunftschancen der Heilbäder und Kurorte 2003/2004. Archiv des Badewesens, 7/4, S. 374–376.

Strasser, C. (2008). Komponenten der Regionalentwicklung, die für die Umsetzung einer touristischen Gesundheitsregion von Bedeutung sind. (Diplomarbeit, FH-Joanneum, Bad Gleichenberg).

Surgical and non-surgical cosmetic procedures: 10 year comparison, 1997-2006 (o.D.). American Society for Aesthetic Plastic Surgery. Download am 25.2.2008 von http://www.surgery.org/download/2006-10-year-comparison.pdf

Tan, J. (2005). The merging of Filipino traditional healing into Asian/Philippine spa and wellness. ISPA Conference and Exhibition, Singapur, 5.–7 Mai. Conference Proceeding.

Taylor, J. (2001). Authenticity and sincerity in tourism. Annals of Tourism Research, 28/1, S. 7–26.

Thailand spa benchmark report (2001–2008). Spa Industry Intelligence Newsletter, 20. Intelligent Spas, Singapore.

Thavisin, P. (2007). Future of medical spa in promoting health tourism. Medical Tourism Asia, Konferenz in Singapur, 26.–28. 2. 2007. Präsentationsunterlagen.

The Aspara (o.D.). Homepage. Eingesehen am 23. 2. 2008 unter http://www.aspara.com.sg/

The influence of nature on social, psychological and physical well-being (2004). Health Council of the Netherlands and Dutch Advisory Council for Research on Spatial Planning, Nature and the Environment. Nature and Health. The Hague: Health Council of the Netherlands and RMNO, publication no. 2004/09E; RMNO publication nr A02ae.

The Medical Tourist Company (o.D.). Homepage. Eingesehen am 29. 2. 2008 unter http://www.medicaltourist.co.uk/

Therme Geinberg (2008). Pressemappe, Leitbild. PDF-Version, zugesandt am 28. 7. 2008.

Thermen in Österreich 2007 (2007). Kreutzer, Fischer & Partner. Wien.

Thermen in Österreich 2005 (2005). Kreutzer, Fischer & Partner. Wien.

Thermenland, Das Markenkonzept (2005). Institut für Markenentwicklung. Graz.

Therme Piestany (o.D.). Werbeinformation der Danubius Hotels.

Thermodulor (2006). Erstellt im Auftrag von Geoteam, Graz. MS.

Tirol Wellness (o.D.). Homepage. Eingesehen am 23. 2. 2008 unter http://www.tirolwellness.info/home.aspx

Toral, R. (2007). The evolution of medical tourism. Medical Tourism Asia, Konferenz in Singapur, 26.–28. 2. 2007. Präsentationsunterlagen.

Tourism preparatory action, European destinations of excellence (o.D.) Europäische Kommission. Homepage. Eingesehen am 1. 12. 2007 unter http://ec.europa.eu/enterprise/services/tourism/european_destinations_of_excellence.htm

Touristisches Leitbild für das Nordseeheilbad Esens-Bensersiel (2002). Europäisches Tourismus Institut (ETI.), Endbericht.

Travis, J., Ryan, R. (1991). The wellness workbook – Creating vibrant health, Alternatives to illness and burnout. Berkeley: Ten Speed Press.

Trendanalyse Gesundheit (2005). Wellbeingdestination Austria. Download am 16. 1. 2006 von http://www.wellbeingdestination.com

Trend Report – Die Anti-Aging-Gesellschaft (2005). SevenOne Media GmbH, Unterföhring. Download am 15. 10. 2007 von http://194.31.246.88/mv_lerntour/download/links/33_trend_report_final.pdf

Trstenjak, M. (2008). Profilierung eines Thermenortes am Markt durch Qualität – Am Beispiel von Bad Radkersburg und Bad Waltersdorf im Steirischen Thermenland. (Diplomarbeit, FH-Joanneum, Bad Gleichenberg).

Tschirky, H. (2004). Nur die Praxis zählt? Richtig! Unsere Profis berichten. Hotel & Wellness Best Practice. Ein Spa der Luxusklasse stellt sich vor. Das Mardavall Hotel & Spa, Mallorca. Vortrag im Rahmen der Tagung „Wellness & Hotel – Zukunftsforum 2004" in München am 29. 11. 2004.

Typenspezifische und bedürfnisorientierte Angebotsgestaltung für das „Neue Wandern" (2003). Workshop Pilotdestinationen Swiss Alpine Walking vom 16./17. September 2003, Hertenstein/Weggis. MS.

Übersichtskarte Österreich (2005). Mygeo Landkarte Österreich. Download am 12. 12. 2007 von http://www.mygeo.info/landkarten_oesterreich.html

Umsatzentwicklung Viagra (o.D.). Reuters, Prognose DB Research, zitiert nach Deutsche Bank Research: Demografie Spezial, 244, 12. 11. 2002, S. 6.

Untermair, B. (2000). Kurtourismus – Wellnesstourismus. Linz: Universität Linz.

Unternehmenskonzept für den geplanten Bau eines Thermen- und Gesundheitszentrums. Vorabexemplar (o.D.). Hübschmann & Collegen, Rechtsanwälte.

Unzufriedenheit mit dem Arzt (2007). Management & Krankenhaus, 12, S. 32.

Url, M. (2006). Angebotsinnovation in der Wellness-Hotellerie. (Diplomarbeit, FH-Joanneum, Bad Gleichenberg).

Urlaub am Bauernhof in Österreich – Kategorisierung der Höfe (o.D.). Urlaub am Bauernhof. Download am 22. 1. 2008 von http://www.gesundheitsbauernhoefe.at/

Urlaub am Gesundheitsbauernhof (o.D.). Urlaub am Bauernhof. Download am 30. 1. 2008 von http://www.farmholidays.com/bundesverband/urlaubsthemen/gesundheit.html?L=%5C%5C%5C

U.S. club membership by age (o.D.). The International Health Racquet & Sportsclub Association. Download am 25. 2. 2008 von http://cms.ihrsa.org/index.cfm?fuseaction= Page.viewPage&pageId=18811&nodeID=15

U.S. club membership by gender (o.D.). The International Health Racquet & Sportsclub Association. Download am 25. 2. 2008 von http://cms.ihrsa.org/index.cfm?fuseaction= Page.viewPage&pageId=18859&nodeID=15

Using spa industry benchmarks for success (2008). online newsletter. Intelligent Spas, Singapore.

Van Laaten, M. (2005). Die Bedeutung des ganzheitlichen Gesundheitstourismus am Beispiel von Europas größtem Yoga Seminarhaus Yoga Vidya in Bad Meinberg – Eine Analyse der Marktchancen. (Diplomarbeit, Hochschule Bremen).

Vazquez-Illá Navarro, J. (o.D.). Estrategias competitivas para el sector balneario. Vocal de la Junta Directiva de ANET. Panorama actual de las Aguas Minerales y Minero-medicinales en España.

Verein MAS Alzheimerhilfe Bad Ischl (o.D.). Homepage. Eingesehen am 21. 5. 2008 unter http://www.mas.or.at/

Vergleichende Kurortanalyse Niedersachsen (Kurzfassung) (2003). Europäisches Tourismus Institut (ETI.).

Vertiefungskonzept im Sinne Aktiver Erlebnisprävention für den Medical Wellness-Bereich Thermenprojekt Allerheiligen (Steiermark) (Kurztitel: Medical Wellness-Konzept Allerheiligen) (2005). FH Joanneum, im Auftrag von Land Steiermark, Amt der Stmk. Landesregierung Abteilung 3 – Wissenschaft und Forschung.

Viabono (o.D.). Auf natürlichem Weg zum Erfolg. Antragsunterlagen für Hotels, Teil I und II. MS.

Vianova, Europäischer Pilgerweg (o.D.). Homepage. Eingesehen am 23. 2. 2008 unter http://www.pilgerweg-vianova.eu/web/de_index.html

Vigilius Mountain Resort (o.D.). Homepage. Eingesehen am 7. 5. 2008 unter www.vigilius.it

Vinea Cosmetics (o.D.). Homepage. Eingesehen am 12. 2. 2008 unter http://www.ndparking.com/vinea-cosmetics.at

Virchow, C. (1995). Medizinhistorisches um den „Zauberberg". „Das gläserne Angebinde" und ein pneumologisches Nachspiel. Augsburger Universitätsreden, 26, Herausgegeben vom Rektor der Universität Augsburg. Download am 19. 2. 2008 von http://www.opus-bayern.de/uni-augsburg/volltexte/2006/493/pdf/UR_26Virchow1995.pdf

Vits, U. (2004). Stellenwert des Internets in der Patientenkommunikation. PM-Report, 3, S. 18–20.

Vulkanisch-geomantische Gesundheitsregion im Steirischen Vulkanland - Endbericht (2006). Steirisches Vulkanland, MS.

Wachaumarathon (o.D.). Homepage. Eingesehen am 22.4.2008 unter http://www.wachaumarathon.at/

Wagener, A., Nösser, G., Korthus, A. (2005). Medizinische Wahlleistungen. Das Krankenhaus, 5, S. 396–400.

Wagner, M. (2002). Informationsstrukturen der protokollbasierten Medizin. Mainz, Johannes Gutenberg-Universität. Download am 12.3.2008 von http://deposit.ddb.de/cgi-bin/dokserv?idn=966356950&dok_var=d1&dok_ext=pdf&filename=966356950.pdf

Waldseetherme (o.D.). Grundriss von Erdgeschoss und Untergeschoss. Email vom 24. 6. 2008.

Wallner, D. (o.D.). Definition des Begriffs Sport in Anlehnung an Grieswelle (1978), Email an den Verfasser vom 20. 6. 2008.

Wang, N. (2000). Tourism and modernity. A sociological analysis. Amsterdam: Pergamon.

Wang, N. (1999). Rethinking authenticity in tourism experience. Annals of Tourism Research, 20/2, S. 349–370.

Warum im Winzerzimmer schlafen? (o.D.). Steirisches Weinland. Homepage. Eingesehen am 19. 7. 2008 unter http://www.weinland-steiermark.at/Winzerzimmer-im-Weinland.1449.0.html

Waschl, I. (2006). Der Kurpatient und der Wellnessgast in einem Hotel der gehobenen Kategorie – Eine Einzelfallstudie: Kurklinik und Wellnesshotel Eggensberger. (Diplomarbeit, FH-Joanneum, Bad Gleichenberg).

Was ist Leader+? (o.D.). Download am 13. 7. 2008 von http://www.leader-austria.at/network/leaderplus/de/view

Was ist Sport- und Bewegungstherapie? (o.D.). Deutscher Verband für Gesundheitssport und Sporttherapie. Download am 10. 10. 2007 von http://www.dvgs.de/index.php?article_id=38

Was ist überhaupt eine Kur? (o.D.). Baederkalender online, Fragen zur Kur. Download am 19. 2. 2008 von http://www.baederkalender.de/lang25/cat331/cat334/cat494/art1044.php

Was macht die Lernende Region Tölzer Land? (o.D.). Lernende Region Tölzer Land, Download am 23. 2. 2008 von http://www.lrtl.de/c-seiten/faq.htm

Wasser ist mehr (2001). Deutscher Heilbäderverband.

Weber, A. (2005). Medical Wellness ist das neue Zauberwort im Wohlfühl-Geschäft. Luxusherbergen genauso wie karge Reha-Kliniken buhlen mit der Kombination aus Heilen und Genießen um Kunden. Die Zeit online. Download am 9. 11. 2005 von http://www.zeit.de/2005/15/Well_Medical?page=all

Wehling, P., Viehöver, W., Keller, R., Lau, C. (2007). Zwischen Biologisierung des Sozialen und neuer Biosozialität: Dynamiken der biopolitischen Grenzüberschreitung. Berliner Journal für Soziologie, 17/4, S. 547–570.

Weiermair, K., Steinhauser, C. (2003). New tourism clusters in the field of sports and health, the case of Alpine Wellness. 12th International Tourism and Leisure Symposium, Barcelona.

Weiland, S., Rapp, K., Klenk, J., Keil, U. (2006). Zunahme der Lebenserwartung – Größenordnung, Determinanten und Perspektiven. Deutsches Ärzteblatt, 16, S. A1072.

Weineck, J. (2000). Sportbiologie. Balingen: Spitta.

Weiß, O., Russo, M. (2005). Mehr Österreicher/innen zum Sport – Eine Aktivierungsstudie zur Förderung des Sportengagements in Österreich. Österreichische Bundes-Sportorganisation, Bundesministerium für Bildung, Wissenschaft und Kultur.

Welling, H. (2003). Das Handbuch für den Praxiserfolg. Praxismarketing und Praxisorganisation für niedergelassene Ärzte. 2. Auflage. Stuttgart, New York: Thieme Verlag.

Wellness (1971): The Compact Edition of the Oxford English Dictionary, 2. Oxford University Press, S. 3738.

Wellness-Angebote. Akzeptanz, Zielgruppen, Marktchancen (2002). Institut für Freizeitwirtschaft, München.

Wellnessfinder (o.D.). Homepage. Eingesehen am 27. 3. 2008 unter http://www.wellnessfinder.com/

Wellness Hotels Deutschland (o.D.). Homepage. Eingesehen am 24. 4. 2007 unter http://www.w-h-d.de/

Wellness & Hotel, Zukunftsforum 2004 (2004). Vias Projects, Tagung am 29. 11. 2004. München.

Wellness im Kurort, Das Gütesiegel des Deutschen Heilbäderverbands für ausgewählte Wellness-Angebote (o.D.). Homepage. Eingesehen am 1. 12. 2007 unter http://www.wellness-im-kurort.info/

Wellness im Kurort, Handbuch zur Vorbereitung zertifizierter Angebote – Wellness im Kurort® (2003). Deutscher Heilbäderverband.

Wellness-Motive (2004/2005). TdW 04/05, zitiert nach Focus Medialine: Der Markt für Wellness und Fitness. Download am 23. 2. 2008 von http://www.dienstleister-info.ihk.de/branchen/Fitnesswirtschaft/Merkblaetter/05fitness.pdf

Wellness-Oasen und gesundheitstorientierte Erlebnisarenen (2003). Europäisches Tourismus Institut, ETI-Texte/19.

Wellness-Tag (o.D.). Freiöl-Institut, Nürnberg. Zitiert nach Gesunde Medizin 2002, 9, S. 48.

Welltain (o.D.). Homepage. Eingesehen am 9.2.2008 unter www.welltain.at

Wenzel, C., Adam, K. (2005). Wellness in Bädern: Zwingend ein Erfolgsgarant? Archiv des Bade-wesens, 04/05, S. 223–229.

Wenzel, C., Adam, K. (2004). Strukturierung des gesamten Bäderangebots. Archiv des Badewesens, 02/04, S. 84–89.

Wenzel & Partner (1999). Plausibilitätsprüfung Bodenseetherme Überlingen, Gutachten. MS.

Wie der Wellnessbereich profitabel wird (2006). Österreichischer Hoteliersverband. MS.

Wiesinger-Grabmer, M. (2007). Vorsicht bei Wellness-Benchmarks. Spa Business, 2, S. 18f.

Wiesner, K. (2007). Wellnessmanagement – Angebote, Anforderungen, Erfolgsfaktoren. Berlin: Erich Schmidt.

Willich, S. (2007). Gesundheitliche Wertschöpfung. Deutsches Ärzteblatt, 26, S. B 1672ff.

Winter, A. (2001). Medizinische Begriffs- und Dokumentationssysteme – Medizinische Dokumenta-tion. Institut für medizinische Informatik, Statistik und Epidemiologie. Universität Leipzig. Skript zur Vorlesung.

Wirth, A. (2004). Lebensstiländerung zur Prävention und Therapie von arteriosklerotischen Krank-heiten. Deutsches Ärzteblatt, 101/24 vom 11. 06. 2004, S. A-1745.

Wirtschaftliche Aus- und Folgewirkungen einer Schließung des Kurzentrums, Schlussbericht (2004). Kohl & Partner Tourismus GmbH im Auftrag der Bad Gleichenberg Therapie und Thermen AG.

Wirtschaftskammer Österreich. (2005). Tourismus in Zahlen. Österreichische und internationale Tourismus- und Wirtschaftsdaten. Wien: Wirtschaftskammer Österreich, Bundessparte Tourismus und Freizeitwirtschaft.

Wissenschaftszentrum Berlin für Sozialforschung (2007). „Subjektives Wohlbefinden und subjektive Indikatoren der Lebensqualität: Befunde, Daten und Methoden – Eine vorläufige Bilanz". Internatio-nale Tagung der Sektion Soziale Indikatoren in der DGS, 5.–6. Juli 2007.

What is Medical Wellness? (2004). Medical Wellness Association. Download am 23. 2. 2008 von http://www.medicalwellnessassociation.com/docs/medwellnessjourn.pdf

Wöhe, G. (1993). Einführung in die Allgemeine Betriebswirtschaftslehre. München: Vahlen.

Wolfgramm, M. (2005). Studie zu Thermalsolevorkommen in Mecklenburg-Vorpommern incl. karto-grafischer Darstellung. Auftrag vom Wirtschaftsministerium des Landes Mecklenburg-Vorpommern an Geothermie Neubrandenburg. Download von 15. 2. 2008 von http://www.lung.mv-regierung.de/dateien/fis_gt_mv_sole_kurzfassung.pdf

Woll, A. (2005). Skript zur Vorlesung Sport und Gesundheit. Universität Karlsruhe. MS.

World Health Organisation (1946). Preamble to the constitution of the World Health Organization as adopted by the International Health Conference, New York, 19–22 June, 1946; signed on 22 July 1946 by the representatives of 61 States (Official Records of the World Health Organization, no. 2, p. 100) and entered into force on 7 April 1948.

World Health Statistics (2007). Future health: Projected deaths for selected causes to 2030. Download am 10. 10. 2007 von http://www.who.int/whosis/whostat2007_10highlights.pdf

Wydra, G. (2005). Sport und Gesundheit. Skript zur Vorlesung. Institut für Sport und Sportwissen-schaft Universität Karlsruhe (TH).

Xundheitswelt, das Waldviertler Gesundheitsparadies (o.D.). Homepage. Eingesehen am 23. 2. 2008 unter http://www.xundheitswelt.at/index.htm?home.aspx~mainFrame

Zarrilli, S., Kinnon, C. (Hg.) (1998). International trade in health services – A development perspective. Genf, UNCTAD/World Health Organization.

Zawila, R. (2007). Product perspectives. Pulse, 11, S. 40–42.

Ziegenbalg, M. (1996). Chancenpotenziale der ambulanten Kur – Produktspezifisches Marketing unter tourismuswissenschaftlichen Gesichtspunkten. Dresden: Forschungsinstitut für Tourismus.

Zielgruppen im Fitnessstudio (o.D.). Deutscher Sportstudioverband. Download am 26. 6. 2007 von www.dssv.de.

Zivilisationskrankheiten. (2007). Meyers online 2.0. Download am 10. 10. 2007 von http://lexikon.meyers.de/meyers/Zivilisationskrankheiten

Zollman, C., Vickers, A. (1999). What is complementary medicine? British Medical Journal, 319, S. 693–696.

Zukunftshandbuch Gesundheitsdestination Steirisches Thermenland 2010 (2004). Erarbeitet von Invent, Institut für regionale Innovation, im Auftrag des Steirischen Thermenlands.

Abbildungsverzeichnis

Stichwortverzeichnis

Professionelle Managementmethoden

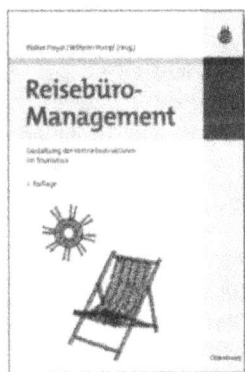

Walter Freyer, Wilhelm Pompl (Hrsg.)

Reisebüro-Management

Gestaltung der Vertriebsstrukturen im Tourismus

2., vollständig überarbeitete Auflage 2008
442 S. | gebunden
€ 39,80 | ISBN 978-3-486-58618-3

Die Reisebürobranche steht zahlreichen Veränderungen am Reisemarkt gegenüber, die eine verstärkte professionelle Anwendung von Managementmethoden erfordern. So gibt das Lehrwerk dem Leser einen umfassenden Einblick in das Management eines Reisebüros und einen Überblick über die Branchenentwicklung.

Aus dem Inhalt:
• Die Reisebürobranche: Entwicklung und Funktionen
• Management im Reisebüro
• Rahmenbedingungen des Reisebüro-Managements
• Zukunftsperspektiven

Das Buch richtet sich vorrangig an heutige und morgige Führungskräfte in Reisebüros und ist fokussiert auf die leitenden Aufgaben.

Prof. Dr. Walter Freyer ist Inhaber des Lehrstuhls für Tourismuswirtschaft an der TU Dresden.

Prof. Dr. Wilhelm Pompl lehrt Touristik und Luftverkehr an der Hochschule Heilbronn.

150 Jahre
Wissen für die Zukunft
Oldenbourg Verlag

Bestellen Sie in Ihrer Fachbuchhandlung oder direkt bei uns: Tel: 089/45051-248, Fax: 089/45051-333
verkauf@oldenbourg.de

Oldenbourg

Chinesen sind keine Japaner

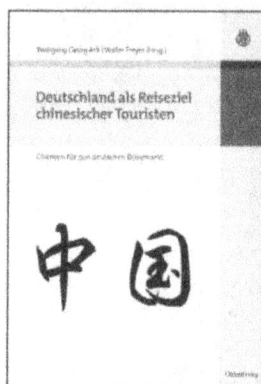

Wolfgang-Georg Arlt
und Walter Freyer (Hrsg.)
**Deutschland als Reiseziel
chinesischer Touristen –**
Chancen für den deutschen Reisemarkt

2008 | 212 Seiten | gebunden
€ 32,80 | ISBN 978-3-486-58359-5

China hat sich im ersten Jahrzehnt des 21. Jahrhunderts nicht nur zu einer führenden Wirt-
schaftsmacht entwickelt, sondern ist
inzwischen auch ein bedeutender Quellmarkt
für internationale Touristen. Europareisen dienen der chinesischen Oberschicht als Status-
symbol, Einkaufsmöglichkeit und zum Vergleich
des Fortschritts im eigenen Land mit der Situation in den besuchten Ländern. Für die deutsche
Tourismusindustrie stellen die Gäste aus dem
Reich der Mitte mit ihren besonderen Bedürfnissen und Verhaltensweisen eine Chance, aber
auch eine Herausforderung dar.

**Die Herausgeber des vorliegenden Bandes
beschäftigen sich seit vielen Jahren mit der
Tourismusentwicklung in China. Es ist ihnen
zudem gelungen, eine große Zahl von Wissen-
schaftlern und Praktikern aus Deutschland,
aber auch aus China für Beiträge zu gewinnen.
Auf dieser Grundlage kann der chinesische
Tourismus nach Deutschland aus ganz
unterschiedlichen Perspektiven beleuchtet
werden.**

Oldenbourg

150 Jahre
Wissen für die Zukunft
Oldenbourg Verlag

Bestellen Sie in Ihrer Fachbuchhandlung oder
direkt bei uns: Tel: 089/45051-248, Fax: 089/45051-333
verkauf@oldenbourg.de

Klimawandel:
Reisen ohne schlechtes Gewissen

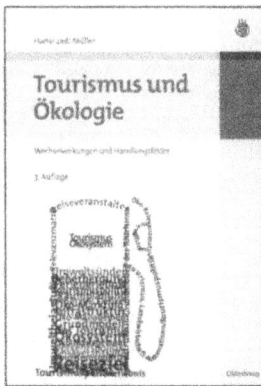

Hansruedi Müller
Tourismus und Ökologie
Wechselwirkungen und Handlungsfelder
3., überarbeitete Auflage 2007. XV, 245 Seiten,
gebunden € 32,80, ISBN 978-3-486-58336-6

Lehr- und Handbücher zu Tourismus, Verkehr und
Freizeit

Es geht in diesem Buch darum, dass die erlangte
Reisefreiheit als populärste Form von Glück auch
unseren Enkelkindern erhalten bleibt, und darum,
den Tourismus als Grundlage des Wohlstandes
und der kulturellen Identität vieler Regionen auch
unseren Enkelkindern mit Stolz zu vererben. Im
Vordergrund steht die Generationenverträglich-
keit, das heißt, dass mit dem heutigen Handeln
nicht Optionen zukünftiger Generationen maßgeblich eingeschränkt werden dürfen. Dies aber
wird nur möglich sein, wenn wir unsere natürliche
Umwelt lebenswert und erlebnisvoll bewahren.
Voraussetzung dazu ist ein ökologischer Kurs-
wechsel.

Dieses Buch umfasst das heutige, für den Tourismus relevante Wissen über die ökologischen Zusammenhänge und leitet daraus generelle
Verhaltensgrundsätze für eine auf Nachhaltigkeit
ausgerichtete touristische Entwicklung ab.

Prof. Dr. Hansruedi Müller, 1947,
lehrt „Theorie und Politik von
Freizeit und Tourismus" an der
Universität Bern und leitet das
Forschungsinstitut für Freizeit
und Tourismus (FIF) seit 1989.

Oldenbourg

Umfassend. Aktuell. Fundiert.

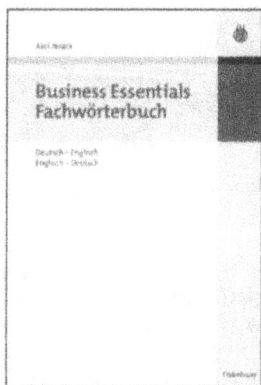

Axel Noack
Business Essentials:
Fachwörterbuch Deutsch-Englisch Englisch-Deutsch
2007. VII, 811 Seiten, gebunden
€ 59,80
ISBN 978-3-486-58261-1

Das Wörterbuch gibt dem Nutzer das Fachvokabular
des modernen, internationalen Geschäftslebens in
einer besonders anwenderfreundlichen Weise an die
Hand.

Der englisch-deutsche Teil umfasst die 11.000 wichtigsten Wörter und Begriffe des angloamerikanischen
Sprachgebrauchs.

Der deutsch-englische Teil enthält entsprechend
14.000 aktuelle Fachbegriffe mit ihren Übersetzungen.

Im dritten Teil werden 3.000 Abkürzungen aus dem internationalen Wirtschaftsgeschehen mit ihren verschiedenen Bedeutungen aufgeführt.

Das Lexikon richtet sich an Studierende der Wirt-
schaftswissenschaften sowie alle Fach- und Führungs-
kräfte, die Wirtschaftsenglisch für Ihren Beruf
benötigen. Für ausländische Studenten bietet es einen
Einstieg in das hiesige Wirtschaftsleben.

Prof. Dr. Axel Noack lehrt an der
Fachhochschule Stralsund BWL,
insbes. International Marketing.

Oldenbourg